HEYNE
BÜCHER

Tip des Monats

In derselben Reihe
erschienen außerdem als Heyne-Taschenbücher:

2 Romane in einem Band

Philippa Carr

besser bekannt als

Victoria Holt

Sturmnacht
Sarabande

WILHELM HEYNE VERLAG
MÜNCHEN

HEYNE TIP DES MONATS
Nr. 23/53

Inhalt

Sturmnacht

Sarabande

Sturmnacht

Die ›Passat‹

In unserer Familie war es Brauch, daß die Frauen Tagebuch führten. Meine Großmutter hat es schon getan, und meine Mutter hat es wohl von ihr übernommen. Sie erwähnte mir gegenüber einmal, daß man auf diese Weise das Leben in seiner ganzen Fülle erfasse, da man im Lauf der Zeit so vieles vergißt. Und selbst wenn man ein gutes Gedächtnis hat: Es entstellt im nachhinein die Erlebnisse, so daß sie mit der Wahrheit nicht mehr viel zu tun haben. Wenn man sie dagegen gleich niederschreibt, unter dem Eindruck der frischen Empfindung, so kann man sich später viel leichter alle Einzelheiten ins Gedächtnis zurückrufen. Man bewahrt sich auf diese Weise nicht nur ein klares Bild von Ereignissen, die wichtig waren, sondern gewinnt auch eine gewisse Selbsterkenntnis.

Ich begann meine Tagebucheintragungen in den Monaten nach unserem glorreichen Sieg über die Spanier. Dieser Zeitpunkt war offensichtlich gut gewählt, da sich von da an vieles in meinem Leben änderte. Wir befanden uns alle in einem Zustand, den man nur als euphorisch bezeichnen konnte. Kurz zuvor hatten wir erfahren müssen, daß wir dem Untergang nahe gewesen waren, obwohl wir dies nie für möglich gehalten hätten. Vielleicht war es sogar der unerschütterliche Glaube daran, daß wir nicht zu schlagen seien, der unserem Land zum Sieg verhalf. Doch andererseits mußten wir uns auch ehrlich klarmachen, was eine Niederlage bedeutet hätte. Uns waren Berichte über fürchterliche Greuel zu Ohren gekommen, von denen die Niederlande heimgesucht wurden, die sich gegen das mächtige Spanien aufgelehnt hatten. Wir wußten, daß die Armada nicht nur Kriegswaffen, sondern auch Folterwerkzeuge mit sich führte. Diejenigen, die Spaniens Religion nicht annahmen, wurden gefoltert und bei lebendigem Leibe verbrannt. Angeblich wurden auch Männer bis zum Hals in die Erde eingegraben und dann ihrem schrecklichen Schicksal überlassen. Wir hörten endlose Erzählungen über furchtbare Leiden, die wohl auch uns erwartet hätten, wenn die Spanier gekommen wären. Doch wir hatten sie besiegt.

An Englands Küsten lagen die Wracks ihrer Schiffe, viele

trieben noch auf hoher See, und ein paar Schiffe waren wohl auch nach Spanien zurückgekehrt. Wir dagegen lebten unbesiegt in unserem schönen, fruchtbaren England, auf dessen Thron Königin Elisabeth unangefochten saß. Alle waren überglücklich, und wir aus Devonshire ganz besonders, denn unser Francis Drake war es, der England gerettet hatte.

Mein Vater, Captain Jake Pennlyon, war ein Mann voller Tatendrang. Robust, stark, abenteuerlustig, fest entschlossen, die Spanier von den Meeren zu vertreiben, unduldsam gegen Schwäche, überzeugt von der Richtigkeit seiner Ansichten, hochmütig, offenherzig, alles andere als untertänig, war er für mich der typische Engländer unserer Zeit. Als Kind hatte ich ihn gehaßt, da ich sein Verhältnis zu meiner abgöttisch geliebten Mutter nicht begreifen konnte. Erst seit kurzem wußte ich, wie sehr sie einander zugetan waren. In meiner jugendlichen Unerfahrenheit hatte ich ihr Verhalten völlig falsch eingeschätzt. Sie schienen sich ständig zu streiten... Doch nun erkannte ich, daß diese Auseinandersetzungen eine Art Würze ihres Lebens darstellten. Manchmal mochte es ja den Anschein haben, als quälten sie sich nur und könnten nie in Harmonie zusammenleben, doch in Wahrheit fühlten sie sich tief unglücklich, wenn sie sich einmal trennen mußten.

Man konnte meinem Vater gegenüber keine unentschiedenen Gefühle haben. Da ich aufgehört hatte, ihn zu hassen und zu verabscheuen, begann ich ihn nun zu lieben und ungemein stolz auf ihn zu sein. Bei ihm war es wohl ähnlich: Er hatte mich nicht leiden können, weil ich ein Mädchen war, doch nun hatte er sich dazu durchgerungen, daß seine Tochter besser als jeder Junge war. Meine dreijährige Schwester Damask war noch zu klein, als daß sie ihn interessiert hätte. Inzwischen hatte er es aufgegeben, noch auf einen Sohn zu hoffen, da auch er einsah, daß seine Frau für eine erneute Schwangerschaft zu alt war. Nun gab er sich mit seinen außerehelichen Söhnen zufrieden. Meine Mutter pflegte zu behaupten, daß sie überall auf der Welt verstreut aufwüchsen, und er stritt dies nicht ab. Drei von ihnen waren mir wohlvertraut: Carlos, Jacko und Penn. Carlos hatte Edwina geheiratet, der Trewynd Grange gehörte, ein nahegelegenes Herrenhaus, das sie von ihrem Vater geerbt hatte. In gewisser Weise gehörte Edwina schon vorher zur Familie, da ihre Mutter von meiner Großmutter adoptiert worden war. Jacko und Penn wohnten bei uns, wenn sie nicht gerade über die Meere segelten. Jacko war Kapitän auf einem der Schiffe unseres Vaters, und auch der siebzehnjährige Penn – er war ein Jahr jünger als ich – fuhr schon zur See.

Wir hatten so lange mit der Angst vor den Spaniern gelebt, daß unser Leben uns nun plötzlich ganz leer vorkam. Obgleich ich mich dazu entschlossen hatte, mit den Tagebucheintragungen zu beginnen, erschien mir nur sehr wenig erwähnenswert. Während all dieser Wochen gab es ständig neue Berichte darüber, was mit der spanischen Armada geschehen war. Immer wieder wurden Schiffe angetrieben, deren Besatzung am Verhungern war. Viele Spanier ertranken, nur manche erreichten lebend die Küsten von Schottland und Irland. Doch es ging das Gerücht, der Empfang dort sei so ungastlich, daß die Ertrunkenen besser daran seien.

Mein Vater gab seinem Beifall lautstark Ausdruck. »Bei Gott, falls einer von diesen verdammten Dons es wagen sollte, seinen Fuß auf den Boden von Devonshire zu setzen, dann werde ich ihm die Kehle von einem Ohr zum anderen aufschlitzen.«

»Ihr habt sie doch besiegt«, widersprach meine Mutter. »Ist das denn nicht genug?«

»Nein, Madam«, gab er empört zurück. »Es genügt ganz und gar nicht! Es gibt keine Strafe, die für diese Spanier zu grausam wäre! Schließlich haben sie versucht, uns zu vernichten.«

Und so verstrich die Zeit. Viele Leuten besuchten uns, und bei Tisch drehte sich die Unterhaltung immer um die Spanier und um den niederträchtigen Schurken im Escorial, der sich zum Herrn der Welt hatte machen wollen und nun derartig geschlagen war, daß er sich nie mehr erheben konnte. Wie herzlich wurde gelacht, wenn Geschichten über die Wut jener Spanier erzählt wurden, die zu Hause geblieben waren und nun wissen wollten, warum die Armada, die mit so ungeheurem Geldaufwand aufgestellt worden war, nicht zurückkehrte. Warum kam der Herzog von Medina-Sidonia, der sich schon mit seinem Sieg über die Engländer gebrüstet hatte, nicht nach Spanien zurück, um sich feiern zu lassen? Was war aus der mächtigen Armada geworden? War sie so rein und heilig, daß sie für diese Welt zu gut und in den Himmel eingegangen war?

»Eher in die Hölle«, schrie mein Vater und schlug mit der Faust auf den Tisch

Dann berichtete er wieder von den Geschehnissen, an denen er beteiligt gewesen war, und alle lauschten gebannt. Carlos und Jacko nickten zustimmend, und so ging es immer weiter...

Darüber wollte ich aber nichts in mein Tagebuch eintragen,

denn das war ohnehin jedem bekannt. Wie bei uns ging es zur Zeit in Tausenden von englischen Familien zu.

»Was für Fortschritte macht dein Tagebuch?« fragte meine Mutter.

»Da nichts passiert, gibt's auch nichts zu schreiben«, antworte- te ich. »Du hast so viel erlebt«, fügte ich neidisch hinzu. »Da ist es natürlich etwas anderes.«

Ihr Gesicht verdüsterte sich, und ich wußte, daß sie sich an ihre Jugend erinnerte.

»Meine kleine Linnet«, sagte sie liebevoll. »Hoffentlich wirst du immer nur über glückliche Erlebnisse berichten können.«

»Das wäre doch langweilig. Meinst du nicht?«

Sie legte mir lachend den Arm um die Schulter.

»Dann hoffe ich, daß dein Tagebuch recht, recht langweilig sein wird.«

Es hatte ganz den Anschein, als würde sie damit recht behal- ten. Deshalb vergaß ich das Tagebuch auch völlig bis zu dem Tag, an dem das Schiff ›Passat‹ in unsere Bucht gesegelt kam. Von da an machte ich regelmäßig Eintragungen.

Die ›Passat‹ glich den großen venezianischen Viermastern: Fock- mast, Großmast, Besanmast und ein kleiner Mast am Heck, bei uns in England *bonaventure* genannt.

Mein Vater, der an Land immer ruhelos wirkte, hielt ständig nach Schiffen Ausschau. Ich stand mit ihm wie so oft am Hafen, als die ›Passat‹ in Sicht kam. Irgend jemand schrie etwas und im Nu ruhten alle Blicke auf diesem Schiff.

»Ganz schöner Kahn. Sieht mir aber nach einem Kauffahrt- schiff aus«, sagte mein Vater geringschätzig, obwohl ja auch er fast so etwas wie ein Kaufmann gewesen war, denn in seiner besten Zeit hatte er gar manche Fracht nach Hause gebracht, die er einem Spanier abgenommen hatte. Nach Ansicht meiner Mut- ter war er im Grunde allerdings nicht viel besser als ein Pirat.

Breitbeinig stand er da und schaute zu, wie der Kapitän in einem Boot an Land gerudert wurde. »Bei Gott, das ist ja Fenni- more Landor«, brüllte mein Vater plötzlich los. »Willkommen!«

Da sah ich Fennimore zum erstenmal. Er war braun gebrannt, das Haar war von der Sonne gebleicht, und um die hellblauen Augen lagen viele winzige Lachfältchen. Er war groß und breit- schultrig – ein echter Seefahrer.

»Dies ist meine Tochter Linnet«, stellte mich mein Vater vor und legte mir die Hand auf die Schulter. Diese Geste drückte aus, wie stolz er auf mich war. Obgleich häufig unduldsam war und sogar grob, war ich doch sehr glücklich darüber, daß ich ihm gefiel. »Und dies ist Fennimore Landor, Kind. Seinen Vater kenne ich gut. Ein besserer Kapitän ist nie zur See gefahren. Willkommen! Was bringt Euch nach Plymouth?«

»Der Wunsch, Euch zu sehen.«

»Mich zu sehen«, wiederholte mein Vater verwundert. »Nun, das habt Ihr ja bereits. Kommt mit uns nach Hause, wo Ihr herzlich willkommen seid. Nicht wahr, Linnet?«

Ich nickte und schaute den jungen Mann forschend an. Hoffentlich gefiel ich Fennimore ebenso gut wie er mir!

Unser Haus hieß Lyon Court und war von meinem Urgroßvater erbaut worden, als er zu Reichtum gekommen war. Lyon Court wirkte etwas überladen im Vergleich zu älteren Gebäuden wie Trewynd, dem Heim von Edwina und Carlos. Meine Mutter warf meinem Vater im Streit manchmal vor, daß die Pennlyons, die früher nie Geld besessen hätten, nun glaubten, sie müßten jedermann vor Augen führen, wie wohlhabend sie waren. Den Mittelpunkt des Hauses bildete eine gotische Halle, die bis unters Dach reichte. Von der Halle führte eine breite Treppe zu einer Galerie hinauf, wo einige Ahnenbilder hingen – Familienbilder, mein Urgroßvater, Großvater und Vater. Vermutlich hinge auch mein Porträt daneben, wenn ich ein Junge gewesen wäre. Unsere Wohnräume lagen im Ost- und Westflügel. Es gab viel Platz für Festlichkeiten, und wir hatten häufig Gäste.

Auf dem Heimweg unterhielten sich Fennimore Landor und mein Vater über Schiffahrtsangelegenheiten. Verstohlen musterte ich den Neuankömmling von der Seite, und gelegentlich fing auch ich einen Blick von ihm auf. Als Lyon Court mit den steinernen Löwen zu beiden Seiten des Portals in Sicht kam, lief ich voraus, um meiner Mutter unseren Gast anzukündigen.

Sie kam mir in der Halle entgegen. Meine Mutter war von großer Lebhaftigkeit und Frische, und das wirkte weit anziehender als Schönheit allein. Sie war zwar schon achtundvierzig, hatte sich aber ein erstaunlich jugendliches Aussehen bewahrt. Vielleicht lag das an ihrem abwechslungsreichen, erfüllten Leben.

»Vater bringt einen Gast mit«, rief ich atemlos. »Er heißt Fennimore Landor und ist Kapitän. Ach, da sind die beiden ja schon.«

Fennimore verbeugte sich vor meiner Mutter. Als die Begrüßung vorüber war, führte sie ihn in die sogenannte Winterstube, die gemütlicher als die Halle war.

Bei einigen Gläsern Malvasier drehte sich die Unterhaltung hauptsächlich um das Meer. Fennimore wurde eingeladen, mit uns zu Abend zu essen, bevor er wieder auf sein Schiff, die ›Passat‹, zurückkehrte, die noch einige Tage hier in der Bucht vor Anker liegen würde. Meine Mutter und ich ließen die beiden Männer allein. Sie ging in die Küche, ich auf mein Zimmer, um eine Eintragung ins Tagebuch zu machen.

Als wir später alle um den großen Tisch in der Halle versammelt waren, bemühte sich Fennimore, bei meinem Vater Anteilnahme für ein neues Unternehmen zu wecken, an das er mit ganzem Herzen glaubte. Mir gefiel sein Enthusiasmus, der seine Augen leuchten ließ und seine Rede beflügelte. Er war offensichtlich ein Idealist. Im Augenblick wollte er meinen Vater für die Idee begeistern, mit vielen verschiedenen Ländern Handel zu treiben. Ich hörte Fennimore voller Vergnügen zu und ärgerte mich über meinen Vater, weil er etwas zweifelnd dreinsah.

»Die Spanier werden uns von nun an kaum Schwierigkeiten machen«, sagte Fennimore. »Sie können nicht mehr kämpfen.«

Mein Vater nickte. »Ja, bei Gott, das stimmt – und vom Meer sind sie verjagt.« Und schon verbreitete er sich wieder über das alte Thema, wie sie sich damit gebrüstet hatten, uns in ein, zwei Tagen zu vernichten, und statt dessen von uns besiegt worden waren. Fennimore war etwas verwirrt, denn er wollte sicher nicht über die Vergangenheit, sondern über die Zukunft sprechen.

Er unterbrach meinen Vater. »In Barcelona und Cadiz stechen keine spanischen Galeeren mehr in See. Wo sind all die Galeeren geblieben?«

»Auf dem Meeresgrund«, erwiderte mein Vater lachend.

»Es gibt allerdings noch die Holländer...«

»Die Holländer!« Mein Vater tat diesen Einwand geringschätzig ab.

»Gute Seeleute«, widersprach Fennimore.

»Keiner ist so gut wie ein englischer Seemann. Und wir aus Devonshire sind die besten.«

Meine Mutter lachte mit jenem liebevollen Spott, den sie oft meinem Vater gegenüber zeigte, und wandte sich dann an Fennimore. »Mein Mann hat gewisse Vorurteile, wie Ihr sicher schon gemerkt habt.«

Ich schaute mich in unserer Tischrunde um. Bestimmt machten

wir auf Fennimore einen merkwürdigen Eindruck, falls er in völlig normalen Familienverhältnissen lebte, wie ich annahm. Da gab es meinen Vater mit Frau und Tochter, drei uneheliche Söhne und die Mutter des einen von ihnen. Es war klar, daß mein Vater nicht dem Durchschnitt entsprach, und das gleiche galt für meine Mutter. Heute waren wir nur eine verhältnismäßig kleine Tischgesellschaft, da es sich noch nicht herumgesprochen hatte, daß wir einen Gast aus der Fremde bewirteten. Aber es war immerhin ausreichend Zeit gewesen, um Carlos und Edwina dazuzubitten, die ohnehin sehr häufig bei uns waren.

Carlos' Mutter war Spanierin gewesen, aber er glich nicht ihr, sondern war ganz der Sohn unseres Vaters. Sein Haar war dunkel, die Augen glänzten in einem warmen Haselnußbraun. Er trat auch ebenso großspurig auf wie Jake Pennlyon, dem er in allem und jedem ähnlich sein wollte. Ebenso verhielt es sich mit Jacko, dem Sohn der Zofe meiner Mutter. Jennet, die seit vielen Jahren bei uns war und viele Abenteuer meiner Mutter miterlebt hatte, war von unbezähmbarer Sinnlichkeit. Sie hatte viele Liebhaber gehabt – im Augenblick war es der Gärtner. Jeder wußte darüber Bescheid, denn Jennet machte keinerlei Geheimnis aus ihren Liebschaften. Sie war nun über vierzig und nach Aussage meiner Mutter noch genauso leidenschaftlich wie als Zwanzigjährige. Sie war ungemein stolz auf Jacko und sehr glücklich darüber, daß er in unserer Familie hatte aufwachsen dürfen und nun Seemann wurde wie sein Vater. Jennet hielt Captain Pennlyon für einzigartig und bildete sich viel darauf ein, Jacko als lebenden Beweis dafür zu haben, daß der Captain sich einmal mit ihr abgegeben hatte.

Dann war da noch Penn, der unserem Vater gleichfalls ähnlich sah. Es war für Außenstehende vermutlich am schwersten zu begreifen, daß auch er und seine Mutter bei uns am Tisch saßen. Romilly Girling war völlig mittellos zu uns gekommen, nachdem ihr Vater auf See umgekommen war. Als meine Eltern, wie dies früher öfter geschah, wieder einmal uneins miteinander waren, hatte mein Vater Romilly geschwängert. Penn kam zur Welt und blieb bei uns, denn Romilly wußte nicht, wo sie hätte hingehen sollen. Erst viel später entdeckte meine Mutter, wer der Vater des Jungen war. Zu diesem Zeitpunkt war es völlig ausgeschlossen, die beiden aus dem Haus zu jagen. Mein Vater hätte es auch gar nicht zugelassen...

Und so saßen wir alle an jenem Tag beisammen, als Fennimore nach Lyon Court kam. In unserer Runde fehlte nur Damask, meine kleine Schwester. Wahrscheinlich hatte mein Vater nach ihrer Geburt endgültig die Hoffnung aufgegeben, von meiner Mutter noch einen Sohn zu bekommen. So wurde er gegen mich freundlicher gestimmt.

Fennimore war wohl viel zu erfüllt von seinen hochfliegenden Plänen, als daß er sich viele Gedanken über unsere Familienverhältnisse gemacht hätte. Ganz offenkundig wünschte er die Unterstützung meines Vaters und wollte ihn womöglich als Partner gewinnen.

Fennimore hatte für einen Seemann eine ungewöhnlich sanfte, melodische Stimme. Ich konnte mir nicht vorstellen, wie er seiner Mannschaft auf Deck Befehle zubrüllte. Er war in allem völlig anders als mein Vater. Wie merkwürdig, daß ich alle Männer mit ihm verglich...

»Wenn wir die Handelsbeziehungen ganz vernachlässigt hätten, wäre die Armada nie von uns besiegt worden, denn dann hätten wir viel zu wenig Schiffe gehabt«, sagte Fennimore.

»Handel! Der hat überhaupt nichts damit zu tun«, protestierte mein Vater energisch. »Wir haben die Dons geschlagen, weil wir die besseren Seeleute sind.«

»Ja, natürlich, Captain Pennlyon, das ist schon wahr. Trotzdem wäre auch der beste Seemann ohne Schiffe machtlos gewesen. Zum Glück hatten wir sie aber...«

»Junger Mann, glaubt ja nicht, daß dieser Sieg Glückssache war«, unterbrach ihn mein Vater. »Es lag am seemännischen Können und an sonst gar nichts.«

Fennimore ließ sich nicht aus dem Konzept bringen. »Wißt Ihr eigentlich, daß wir 1560 nur einundsiebzig Handelsschiffe hatten, und schon 1582 war die Anzahl auf einhundertfünfzig erhöht worden. 1560 existierte unsere Handelsmarine so gut wie nicht; wir gehörten nicht zu den seefahrenden Ländern. Unser Küstenhandel war unbedeutend: das bißchen mit den Ostseehäfen, den Niederlanden und mit den Mittelmeerländern Spanien, Portugal und Frankreich war kaum der Rede wert. Doch das wird sich gründlich ändern. In Zukunft werden wir nicht nur zu den wichtigsten Handelsnationen der Welt zählen, sondern die bedeutendste schlechthin sein. Nachdem wir nun endlich die Spanier von den Meeren vertrieben haben, müssen wir auch Nutzen daraus ziehen.«

Mein Vater war ganz Ohr. Jede Methode, den Spaniern eins auszuwischen, interessierte ihn.

Für mich war es geradezu faszinierend, Fennimore zu lauschen. Carlos erweckte ganz den Eindruck, als würde er ihm gerne zustimmen, wagte es aber nicht ohne das Stichwort unseres Vaters. Auch Jacko hörte mit glänzenden Augen zu. Falls die Familie beim Seehandel mitmachte, wollte er natürlich dabei sein. Penns Blick wich nicht vom Gesicht unseres Vaters. Ich beobachtete dessen Miene, sah, wie die blauen Augen sich bei der Erwähnung der Spanier verdunkelten, und war mir wie nie zuvor bewußt, was für ein unduldsamer Mensch er war. Ich wünschte mir sehr, daß er Fennimore Landor akzeptierte. Fennimore war auf seine Art genauso zielstrebig wie mein Vater. Doch der eine argumentierte lautstark, während der andere die gleiche Wirkung durch ruhige Beharrlichkeit erzielte.

Während ich zuhörte, malte ich mir im Geiste die Erfüllung eines Traums aus. Fennimore wollte unser Land groß machen, und zwar nicht durch Krieg, was für viele immer die einzige Methode gewesen war, sondern durch Handel. Friedliche Handelsbeziehungen mit aller Welt zu unterhalten, sei bestimmt besser, als schwer bewaffnet auf hoher See andere Schiffe zu entern, mit deren Mannschaft zu kämpfen, sie zu töten oder aber getötet zu werden, war seine Ansicht.

»Unsere Zeit ist gekommen«, sagte er eindringlich. »Der Streit zwischen den Niederlanden und Spanien hat beide erledigt. Was für Dummköpfe die Männer doch sind, die morden, statt Handel zu treiben. Vor gar nicht langer Zeit war Antwerpen eine reiche Hafenstadt, eine der mächtigsten der Welt. Als vor drei Jahren die Schelde für die Schiffahrt blockiert wurde, war es damit aus und vorbei. Wir haben Amsterdam als Konkurrenten – jedenfalls für eine gewisse Zeit noch. Und das ist übrigens gar nicht schlecht, denn Wettbewerb ist wichtig, weil er alle Kräfte anspornt.«

Fennimore trank einen Schluck Wein, bevor er weitersprach. »Ich prophezeie Euch, daß wir im nächsten Jahrzehnt eine Handelsflotte aufbauen, um die uns die ganze Welt beneiden wird. Wir haben soeben eine schwere Herausforderung siegreich bestanden. Trotzdem sollten wir uns jetzt nicht über unsere Feinde lustig machen, sondern nach wahrer Größe streben. Unser Spott kann sie nicht schädigen, unsere Flotte dagegen schon. Wir müssen die Handelsschiffe Venedigs und die Tartanen von Marseille schlagen. Unsere Seeleute haben mit Hilfe Gottes die Galeeren Barcelonas ja schon vernichtet.«

Ich klatschte unwillkürlich in die Hände und errötete dann verlegen, da alle Blicke sich mir zuwandten.

»Meinen Glückwunsch, Captain Landor«, murmelte ich. »Es hat mich geradezu mitgerissen.«

Er lächelte mir zu und wir blickten uns an – sehr lange.

»Die Handelsschiffe müßten mit Kanonen ausgerüstet sein«, sagte mein Vater.

»Selbstverständlich«, stimmte Fennimore sofort zu. »Leider wird es wohl immer Piraten geben. Unsere Schiffsbauer müssen von jetzt an mit doppeltem Fleiß arbeiten, denn wir brauchen Schiffe, Schiffe und nochmals Schiffe.«

»England war immer auf Schiffe angewiesen«, meinte Carlos.

»Aber noch nie so sehr wie zur Zeit. Wir haben jetzt einen gewissen Vorsprung, denn ich glaube kaum, daß sich die Spanier je von dieser vernichtenden Niederlage erholen werden. Unsere Konkurrenten sind die Holländer, und die dürfen wir nicht unterschätzen. Wir müssen uns vielmehr gut vorbereiten.«

»Und darüber wollt Ihr Euch mit mir unterhalten?« fragte mein Vater.

»Captain Pennlyon, Euer Lob erklingt allenthalben an diesen Küsten. Selbst die Königin schätzt Euch als einen der Beschützer des Reichs.«

»Gott segne sie«, sagte mein Vater, hob den Becher, und wir tranken alle auf Königin Elisabeth.

»Möge dies der Beginn einer neuen Epoche, eines großen Zeitalters des Friedens, von Handel und Wohlstand sein!« Fennimores Stimme klang ernst.

»Amen«, fügte meine Mutter hinzu.

Mein Vater schaute sie an, und ich sah sie beide lächeln. Da wußte ich, daß Mutter ihn dazu überreden wollte, über Fennimores Vorschläge nachzudenken. Und ich wußte auch, daß er sich überreden lassen würde.

Kurz darauf wandte sich die Unterhaltung allgemeineren Dingen zu.

Jacko zeigte uns zwei neue Münzen, die zur Verherrlichung des großen Sieges geprägt worden waren. Wir amüsierten uns köstlich über den eingravierten Spruch ›Venit, vidit, fugit‹, eine Anspielung auf Caesars ›Veni, vidi, vici‹. Die Spanier waren gekommen, hatten gesehen und waren geflohen.

Mein Vater mußte immer wieder laut lachen, wenn sein Blick darauf fiel.

»Der Captain hat einen großen Verlust erlitten«, sagte meine Mutter schmunzelnd, »denn er hat seine Spanier verloren. Was willst du nun eigentlich tun, Jake, da du keinen mehr verfluchen, keinem die Kehle durchschneiden und dein Schwert in den Bauch rammen kannst?«

Er warf ihr einen funkelnden Blick zu. »Ich bin sicher, daß sich noch einige in unserem Land herumtreiben, die den Stahl meines Schwertes zu spüren bekommen werden.«

Edwina warf die Bemerkung ein, daß Robert Dudleys Tod der Königin offensichtlich großen Kummer bereitet habe. »Sie hat ihn sehr geliebt. Wie traurig, daß sie ihn nicht heiraten konnte. Bestimmt hätte sie nichts lieber getan als das.«

»Dazu war sie viel zu klug«, wandte Fennimore ein. »Sie ist eine große Königin, und England kommt bei ihr an erster Stelle. Sie würde nie einen Mann zwischen sich und ihre Pflichten gegenüber ihrem Land treten lassen.«

»Mir gefällt die Münze mit dem Spruch ›Dux femina facti‹, der betont, daß eine Frau maßgeblich am Sieg beteiligt war. So etwas geben Männer im allgemeinen ja nicht gerne zu«, sagte meine Mutter.

»Vergiß nicht, daß sie eine ungewöhnliche Frau ist und eine Krone trägt«, sagte mein Vater. »Wo kämen wir denn hin, wenn alle Frauen glaubten, sie können die Männer regieren.«

»Es käme auf einen Versuch an«, widersprach meine Mutter.

Nach Edwinas Ansicht sollten Männer und Frauen zusammenarbeiten und keine Rivalen sein, sondern einander ergänzen.

»Wenn die Männer das beherzigen würden, gäbe es zwischen den Geschlechtern kein Mißverständnis mehr«, stimmte meine Mutter zu.

»Ist es eigentlich wahr, daß Robert Dudley vergiftet wurde?« fragte Penn.

Es entstand ein kurzes Schweigen, denn üblicherweise sprach man über solche Dinge nicht offen. Doch durch die Aufregung der letzten Wochen waren wir wohl ein bißchen leichtsinnig geworden.

Hofgeschichten interessierten uns alle brennend. Einer der Gründe dafür war wohl, daß wir so weit von London entfernt lebten. Diese Distanz brachte es wohl auch mit sich, daß wir etwas unvorsichtiger waren, als wir dies in größerer Nähe zu Elisabeths Hof gewagt hätten.

Meiner Mutter war zu Ohren gekommen, daß Robert Dudleys

Frau sich in ihren Oberstallmeister Christopher Blount verliebt hatte. Es ging das Gerücht um, daß Dudley von ihr ermordet worden sei, damit sie sich mit Blount vermählen könne.

»Nun ja, er ließ seine erste Frau umbringen«, meinte Penn. »Also kann er sich eigentlich nicht darüber beklagen, wenn ihn seine zweite vergiftet.«

Wir mußten alle lachen, doch Romilly schüttelte besorgt den Kopf. »Still, Penn! So was solltest du nicht sagen.«

»Wieso nicht, wenn es wahr ist?« erwiderte er und schaute meinen Vater beifallheischend an, doch der verzog keine Miene. Vielleicht dachte er immer noch über die Handelsschiffe nach.

»Es gibt bisher keinen Beweis dafür«, mischte sich nun meine Mutter ein. »Edwina, erzähl uns doch mal den neuesten Hofklatsch.«

Edwinas Stiefvater, Lord Remus, bekleidete eine Stellung am Hof, was dazu führte, daß ab und zu Besuch aus London in Trewynd eintraf. Und außerdem berichtete Edwinas Mutter regelmäßig brieflich über alle wichtigen Neuigkeiten.

»Anscheinend hat es immer viel Gerede über Robert Earl of Leicester gegeben«, begann Edwina. »Daran ist wohl hauptsächlich seine Beziehung zur Königin schuld. Es heißt, sie sei über seinen Tod untröstlich. Andererseits glaube ich, daß sie ihm seine Heirat nie verziehen hat.«

Die Liebschaften am Hofe waren ein unerschöpfliches Thema. Zu den größten Frauenhelden hatte Robert Dudley, Earl of Leicester, gezählt. Inzwischen drehte sich unsere Unterhaltung um Gift, das immer raffinierter angewendet wurde. Es gab unzählige Geheimnisse des Giftmischens, und viele Leute starben eines unerklärlichen Todes. Leicester sagte man nach, er habe es auf diesem Gebiet zu wahrer Meisterschaft gebracht.

Jeder wußte Bescheid, wie leidenschaftlich die Königin ihn geliebt hatte und auf welch merkwürdige Weise seine erste Frau, Amy Robsart, umgekommen war. Die allgemeine Ansicht lautete, daß er sie aus dem Weg geräumt hatte. Die Königin hatte es jedenfalls nicht gewagt, den Witwer zu heiraten. Als Maria Stuart, die schottische Königin, in Fotheringay enthauptet worden war – es war gerade knapp ein Jahr her –, war viel über Königin Elisabeth, Amy Robsart und den Earl of Leicester getuschelt worden, da Maria sich in ganz ähnlicher Lage befunden hatte. Ihr Ehemann, Lord Darnley, war ermordet worden, und Maria hatte seinen Mörder, den Earl of Bothwell, geheiratet. Es hieß, daß damit ihr Schicksal, der Tod auf dem Schafott, besiegelt gewesen sei. Unsere eigene Königin wurde ihrer Klugheit wegen sehr bewundert. Sie hatte Leicester nicht geheiratet, sondern ihn weiterhin hoffen lassen und in ihrer engsten Umgebung behalten. Als er erkannte, daß Elisabeth ihn nie zum Mann nehmen würde, und daraufhin eine andere heiratete, war seine Frau Lettice vom Haß der Königin verfolgt worden. Es ging das Gerücht, daß Leicester zuvor schon heimlich Lady Sheffield geheiratet hatte, deren damaligem Ehemann er Gift gab, um freie Bahn zu haben. Als er sie dann später wieder loswerden wollte, hatte er auch sie zu vergiften versucht.

»Ihre Nägel wurden brüchig, und die Haare fielen ihr aus«, sagte Edwina. »Die Königin vermutete schon, daß es irgendeine Liaison zwischen den beiden gab, und ließ sie überwachen. Merkwürdig, daß sie Leicester trotz allem immer noch die Treue hielt.«

»Unsere Königin ist eben eine treue Frau«, sagte mein Vater. »Ein Vorbild für euch alle.«

Er schaute dabei meine Mutter an, die den Blick senkte. Vielleicht dachte sie daran zurück, daß sie vor einiger Zeit krank gewesen war und Jake verdächtigt hatte, er wolle sie umbringen. Was für ein unsinniger Gedanke! Ich glaube, daß sie das inzwischen auch ganz klar erkannte.

»Ja, wirklich«, stimmte meine Mutter zu. »Sicher war sie sehr in Versuchung, Leicester zu heiraten. Er hoffte jahrelang darauf, daß sie ihre Meinung ändern und ihn doch heiraten würde, aber vergeblich. Der alte Skandal wäre sonst sicher wieder aufgerührt worden, denn die Menschen haben für so etwas ein sehr gutes Gedächtnis.«

»Und nun ist er tot. Glaubt ihr, daß er wirklich an Gift gestorben ist?« fragte ich.

»Bei Gift kann man nie ganz sicher sein«, meinte Edwina. »Falls es stimmt, daß Lettice in Christopher Blount verliebt war, Leicester ihn deshalb zu vergiften versuchte und von seiner Frau einen von ihm selbst zubereiteten Gifttrank bekam...«

»Könnte es wirklich so gewesen sein?« fragte ich dazwischen.

»Ja, durchaus...«

Edwina mußte es eigentlich wissen, denn ihre Mutter war angeblich die Urgroßenkelin einer Hexe. Die Ärmste wurde deshalb häufig in unserer Familie aufgezogen.

Nun begann Edwina über Kräuter zu sprechen, die sie in

großen Mengen im Garten von Trewynd züchtete und für deren Heilwirkung sie sich sehr interessierte. Wenn einer von uns sich nicht ganz wohl fühlte, fragte er immer zuerst Edwina, ob sie irgendeine Heilpflanze wüßte, bevor er den Apotheker oder den Arzt befragte.

Sie hatte erst kürzlich herausgefunden, daß Waldmeister gut für die Leber war, und behandelte nun einen der Pferdeknechte von Trewynd damit. Fennimore war von diesem Thema offensichtlich weit faszinierter als von dem Geplauder über Leicesters Affären.

»Es wäre wunderbar, wenn Ihr etwas fändet, das die Seeleute auf langen Schiffsreisen vor Krankheiten bewahrt«, sagte er eifrig. »Die gesunde Verpflegung der Mannschaft bietet große Schwierigkeiten. Es gibt an Bord schreckliche Leiden, wozu auch Skorbut gehört. Wenn Ihr ein Kraut ziehen könntet, das Skorbut heilt, würdet Ihr allen Seefahrern einen unschätzbaren Dienst erweisen.«

Edwina versprach, sich damit zu befassen, fügte aber bescheiden hinzu, daß sie nur einfache Kräuter pflanze und ein wenig herumprobiere.

»Vielleicht hilft schon ein ganz einfaches Kraut, um Skorbut zu heilen«, erwiderte Fennimore ernst.

Kurz darauf sprach er wieder über das Meer und den Seehandel, von dem er sich soviel für England erhoffte.

Ich beobachtete von meinem Fenster aus, wie Fennimore Landor zu seinem Schiff hinübergerudert wurde. Meine Mutter kam ins Zimmer und trat neben mich. Gemeinsam schauten wir über die Bucht zur ›Passat‹ hinüber, die vom Mond geheimnisvoll beleuchtet wurde.

»Ein schönes Schiff«, sagte meine Mutter. »Was hältst du von seinem Kapitän?«

»Ich halte ihn für einen zielstrebigen Mann.«

»Zweifellos. Übrigens klang alles sehr vernünftig, was er vorbrachte.«

Ich freute mich über dieses Lob. Meine Mutter mußte dies wohl gemerkt haben, denn sie warf mir einen prüfenden Blick zu.

»Mir gefiel er gut«, fuhr sie fort. »Vor allem seine Ernsthaftigkeit. Er ist ein Idealist, und das sollte ein junger Mann eigentlich immer sein.«

»Wieviel besser wäre friedlicher Handel als dieser ewige Krieg!«

»Auch dabei wird es wohl nicht ohne Kampf abgehen«, erwiderte meine Mutter kopfschüttelnd. »Männer scheinen ohne das nicht auszukommen.«

»Wird Vater ihm bei seinem Vorhaben helfen?«

Meine Mutter überlegte und nickte dann. »Schon möglich. Als Kapitän, der daran gewöhnt ist, sich zu nehmen, was er braucht, wird Jake wohl anfangs Schwierigkeiten haben, sich an einen geregelten Handel zu gewöhnen. Aber er schien im Verlauf der Unterredung immer weniger Zweifel gegenüber Landors Plänen zu haben.«

»Wirst du ihn dazu überreden?«

Sie lachte. »Liebes Kind! Glaubst du wirklich, daß irgend jemand das bei deinem Vater fertigbrächte?«

»Ich glaube, dir würde es gelingen.«

»Ganz im Gegenteil! Wenn ich etwas für gut halte, wird Jake zu beweisen versuchen, daß ich im Irrtum bin. Dir hat der Captain also gefallen, Linnet?«

»Ja. Mich hat auch der Ernst und der feste Glaube an seine Pläne beeindruckt.«

»Falls dein Vater mit ihm gemeinsame Sache macht, werden wir ihn häufig sehen. Ich weiß inzwischen übrigens, wo er wohnt – an der Küste in Richtung auf Falmouth zu.«

»Also gar nicht so weit von hier entfernt.«

Meine Mutter nickte und lächelte dann plötzlich strahlend. »Edwina hat mir zugeflüstert, daß sie endlich ein Kind bekommt.«

»O wie schön! Sie kam mir heute abend auch so verändert vor, als ob sie irgendein Geheimnis mit sich herumtrüge.«

»Ich glaube, Edwina und Carlos hatten schon fast die Hoffnung aufgegeben, denn schließlich sind sie schon an die sieben Jahre verheiratet.«

»Eine lange Zeit«, stimmte ich zu.

»Ich kann mir so gut vorstellen, wie ihnen zumute ist.« Meine Mutter hatte jenen nach innen gekehrten Blick, wie immer, wenn sie sich an etwas längst Vergangenes erinnerte. »Das größte Glück empfindest du, Linnet, wenn du dein eigenes Kind in den Armen hältst. Ich weiß noch genau . . .«

Impulsiv schlang sie die Arme um mich und drückte mich fest an sich. Sie dachte bestimmt, auch ich solle bald heiraten und Kinder haben.

Auf solche Gedanken war sie durch das Auftauchen Fennimore Landors gekommen, daran bestand für mich kein Zweifel. Also mochte sie ihn und würde sich bestimmt bemühen, meinen Vater zur Zusammenarbeit zu überreden. Das bedeutete, daß der junge Mann von nun an möglicherweise häufiger Gast in Lyon Court sein würde...

Als die ›Passat‹ aus der Bucht segelte, war zwischen den beiden Kapitänen ein weiteres Treffen vereinbart worden. Mein Vater hatte immer stärkeres Interesse an Fennimores Plänen entwickelt und wollte ihn in wenigen Wochen zu weiteren Verhandlungen besuchen.

Ich freute mich sehr – meine Mutter nicht weniger –, als wir eingeladen wurden, mit von der Partie zu sein.

»Ich verstehe nicht, was Frauen bei Handelsgesprächen zu suchen haben«, brummte mein Vater.

»Eine Frau sollte immer wissen, in welche Geschäfte ihr Mann verwickelt ist«, widersprach meine Mutter. »Auf jeden Fall nehme ich die Einladung für Linnet und mich gerne an.«

Als es dann soweit war, befand sich mein Vater mit Jacko auf einer kurzen Seereise. Deshalb sollten meine Mutter und ich zusammen mit ihrer Zofe Jennet und zwei Knechten die Reise nach Trystan Priory, dem Haus der Landors, über Land machen.

Wir brachen an einem Novembertag auf, der ungewöhnlich neblig und warm war. In den Hecken hingen glitzernde Spinnweben, und die kahlen Zweige zeichneten gegen den grauen Himmel ein Spitzenmuster. Stechginster, der eigentlich ständig unser Begleiter war, brachte etwas Farbe in das graue Einerlei. Mir fiel ein Spruch meines Vaters ein: ›Die einzige Zeit, da ein Mann nicht mit einer Frau schlafen soll, ist die, wenn der Stechginster nicht blüht.‹ Der Stechginster blüht aber bekanntlich das ganze Jahr...

Ich war erwartungsvoll und aufgeregt. In der Luft lag etwas, das mir Abenteuer zu verheißen schien. Sicher hatte es etwas mit Fennimore zu tun, auf den ich mich schon sehr freute.

»Was für ein trübseliger Tag«, sagte meine Mutter, als wir Seite an Seite dahinritten.

»Findest du?« erwiderte ich in bester Laune, worauf sie plötzlich ganz verschmitzt lachte. Ihre Gedanken waren leicht zu erraten. Ich war achtzehn Jahre alt, also heiratsfähig. Jede Mutter möchte ihre Tochter unter die Haube bringen und träumt von Enkelkindern – und meine Mutter machte hier keine Ausnahme. Sie hatte beschlossen, daß es Fennimore sein sollte, dessen Aufrichtigkeit sie beeindruckt hatte. Vielleicht spielte auch die Überlegung eine Rolle, daß sie mich dann weiterhin häufig sehen konnte, da er nicht allzuweit entfernt wohnte. Sie war nämlich sehr traurig darüber, daß ihre eigene, inniggeliebte Mutter im fernen London lebte.

Ja, ich war an jenem Morgen bester Dinge. Vielleicht lauerte auch eine gewisse Warnung im dichten Nebel, aber ich wollte sie nicht wahrnehmen...

Die Reise führte uns über Landstraßen zwischen hohen grünen Böschungen und Hecken hindurch, in denen noch einige wilde Blumen blühten – Feuernelken, Taubnesseln, Hirtentäschel. Ab und zu hatten wir einen kurzen Durchblick auf das Meer, das an diesem windstillen Tag grau und ruhig dalag. Wir begegneten nur wenigen Leuten und sahen auch nur ganz vereinzelt Bauern bei der Arbeit auf dem Feld.

Wir kamen gut voran und erreichten noch vor Dunkelheit eine Herberge, wo wir die Nacht verbrachten. Der Wirt setzte uns einen saftigen Braten und Ale vor. Wir ließen uns beides gut schmecken, dann begaben wir uns zur Ruhe. Meine Mutter und ich schliefen in einem breiten Bett, Jennet auf einem Strohsack. Die Knechte übernachteten bei den Pferden im Stall. Wir würden auch noch in einer zweiten Herberge absteigen müssen, bevor wir in Trystan Priory ankamen.

Trotz der Erregung, in der ich mich befand, schlief ich tief und fest. Bei Tagesanbruch waren wir alle frisch und munter und machten uns auf die Weiterreise.

Der zweite Tag glich dem ersten, nur die Landschaft veränderte sich ein wenig: Die Küste wurde felsiger, Wiesen und Felder waren nicht mehr so üppig-grün wie bei uns in Devonshire. Am Abend gelangten wir zu dem Gasthaus ›Wanderers Ruh'‹.

Der Wirt kam zur Begrüßung an die Haustür und verbeugte sich tief. Selbstverständlich hatte er ein erstklassiges Zimmer für uns, würde ein Feuer im Kamin anzünden und uns eine Wärmepfanne ins Bett legen lassen. Er rieb sich beim Sprechen dauernd die Hände. Am Spieß drehte sich schon ein Spanferkel; Rindfleisch, Hammel und Pasteten warteten nur auf uns: er hatte folglich alles, was hungrige und müde Reisende locken konnte. Wenn wir nur die Güte hätten, uns ein Weilchen in der Gaststube aufzuhalten, würde unser Zimmer inzwischen hergerichtet werden. Natürlich das beste Quartier im ganzen Haus. Er teilte uns mit vertraulicher Miene mit, daß es das Eichenzimmer genannt wurde, da es eine ausnehmend schöne Täfelung habe. Einige seiner Gäste meinten gar, daß es selbst für die Königin gut genug wäre.

»Wenn unsere große Königin je in diese Gegend kommen sollte, dann kann ich sie so komfortabel einlogieren, wie sie es wohl kaum außerhalb ihres Palastes finden wird«, brüstete er sich.

Wahrlich ein herzliches Willkommen! Der Wirt fuhr fort, sich bei der Aussicht auf Verdienst die Hände zu reiben. Zwei Ladys, deren Zofe und zwei Pferdeknechte kehrten vermutlich nicht häufig auf einmal bei ihm ein.

Wir setzten uns in die Gaststube, tranken Wein und aßen kleine Kuchen, die recht gut mundeten. Der Braten würde erst in einer Weile fertig sein. In der Zwischenzeit hatte man in unserem Zimmer ein prasselndes Kaminfeuer entfacht, und wir stiegen erwartungsvoll in den ersten Stock hinauf. Im Licht zweier Kerzen sah der Raum sehr wohnlich aus. Der flackernde Widerschein der Flammen beleuchtete die wirklich ungewöhnlich schöne Täfelung mit sanftem Schimmer. »Es ist hübsch hier«, sagte ich anerkennend. »Der Wirt biedert sich zwar ein bißchen zu sehr an, scheint aber um unser Wohlergehen recht besorgt.«

»Wir können ihm eigentlich gleich mitteilen, daß wir auf der Rückreise auch wieder bei ihm Station machen wollen. Ungefähr in einer Woche... Ich bin nämlich nicht dafür, die freundliche Einladung nach Trystan Priory allzu lange auszudehnen.«

Jennet packte alles aus, was wir für die Nacht benötigten. Kurz darauf klopfte eine Magd an die Tür und teilte uns mit, daß das Abendessen bereitstehe.

»Wir kommen gleich hinunter«, sagte meine Mutter. »Ehrlich gesagt, habe ich großen Appetit.«

In diesem Augenblick drang vom Erdgeschoß Lärm herauf. »Was hör ich da, Mann?« schrie jemand mit befehlender Stimme. »Führ mich sofort hin! Wer auch immer das Eichenzimmer belegt hat, muß es sofort räumen! Du denkst wohl, ich begnüge mich mit einer deiner lausigen Kammern!«

Ich hörte den Wirt etwas erwidern. Sein einschmeichelnder Tonfall war einem ängstlichen Stottern gewichen. »Aber Mylord... wenn ich's gewußt hätte... erst vor einer Stunde ungefähr... eine kleine Reisegesellschaft...«

»Das ist mir völlig gleichgültig«, lautete die scharfe Antwort. »Du mußt sie eben woanders einquartieren. Bei Gott, habe ich hier nicht immer im Eichenzimmer geschlafen? Was für ein ande-

Zwischen  durch:

Kein Wunder, daß die Reisenden großen Appetit haben. Schließlich sind sie ja den ganzen Tag geritten.

Wir haben wahrscheinlich weniger Anstrengendes hinter uns – und spüren deshalb jetzt nur den kleinen Hunger zwischendurch. Doch auch hier haben sich die Zeiten geändert. Während Linnet und ihre Mutter für etwas Warmes den Herd bemühen mußten, brauchen wir heute nur heißes Wasser, einen Löffel und die…

Zwischen durch:

Die kleine, warme Mahlzeit in der Eßterrine. Nur Deckel auf, Heißwasser drauf, umrühren, kurz ziehen lassen und genießen.
Die 5 Minuten Terrine gibt's in vielen leckeren Sorten – guten Appetit!

res Ruhelager könntest du mir schon anbieten? Verrate mir das mal!«

»Keins, das für Eure Lordschaft angemessen wäre, das gebe ich ja zu, aber...«

»Aus dem Weg!«

Gleich darauf hörte ich schwere Tritte auf der Treppe.

Er blieb stehen, als er mich mit einer Kerze auf der Türschwelle stehen sah, und schaute zu mir herauf. Zu meinem Erstaunen war er ein noch junger Mann, wohl an die dreißig. Seine großen dunklen Augen glänzten, das Haar wirkte im Kerzenschein schwarz. Am auffälligsten war jedoch seine Körpergröße; ich schätzte ihn auf fast zwei Meter. Die breiten Schultern wirkten durch das wattierte Wams aus Satin und Seide mit den gebauschten, geschlitzten Ärmeln noch wuchtiger. Die Kniehosen waren aus feinstem Material geschneidert, den weiten Reisemantel hatte er achtlos um die Schultern geworfen. Dieser anmaßende Mensch, der offenbar Anspruch auf das Zimmer erhob, das man uns bereits vermietet hatte, war ein Stutzer, wie er im Buche steht.

»Soso, also Ihr habt mir mein Zimmer weggenommen, Madam!«

»Gehört es denn Euch, Sir?« erwiderte ich. »Ich hielt es für einen Raum, den der Wirt für seine Gäste bereithält, und meine Mutter und ich haben uns schon einquartiert.«

»Ach, tatsächlich?« Mit unangenehmem Lächeln stieg er weiter die Treppe herauf.

»Ich kehre häufig hier ein«, erklärte er schroff. »Ab und zu bleibe ich auch über Nacht, und dieses Zimmer steht mir immer zur Verfügung.«

»Dann ist der heutige Tag eine Ausnahme.«

Meine Mutter war neben mich getreten, und ich spürte – niemand sonst hätte es bemerkt – ihre leise Unruhe. Doch sie war kein Mensch, der seine Rechte kampflos aufgab.

»Wollt Ihr mir bitte erklären, worum es sich handelt, Sir?« sagte sie höflich.

Er verbeugte sich kurz vor ihr. »Es hängt ganz von Euch ab, Madam, ob es sich um etwas Unangenehmes handelt oder nicht. Ihr habt mein Zimmer belegt. Räumt es, und Ihr werdet eine ruhige, wenn auch etwas weniger komfortable Nacht verbringen.«

»Wir haben es aber bereits gemietet.«

»Mag sein. Aber das geschah vor meiner Ankunft. Nessie!« brüllte er gleich darauf los. »Zum Teufel, wo steckt deine Tochter, Mann?« ging es in derselben Lautstärke weiter.

Der Gastwirt drückte sich am Fuß der Treppe herum. »Ich werde sie holen und zu Euch schicken, Mylord.«

»Aber schnell! Ich kann es nicht leiden, wenn man mich warten läßt.«

Sein Blick ruhte auf mir. »Glaubt nur nicht, daß es mir Spaß macht, eine schöne Dame aus ihrem Bett zu vertreiben.«

»Davon bin ich völlig überzeugt«, gab ich scharf zurück. »Und ebenso überzeugt bin ich, daß unser Wirt Euch ein anderes bequemes Quartier zur Verfügung stellt.«

Er hatte das Zimmer bereits betreten. Meine Mutter musterte ihn kühl, während Jennet ihn mit offenem Mund anstarrte. Ich ahnte, was in ihrem Kopf vorging. Er war die Art Mann, die sie geradezu anbetete. Wenn er sie eines Blickes gewürdigt hätte, sie hätte alle seine Wünsche mit äußerster Bereitwilligkeit erfüllt. Aber er schien sie überhaupt nicht wahrzunehmen. »Ist diese Täfelung nicht wunderbar?« murmelte er und strich mit den Fingerspitzen darüber. »Sogar für ein Herrenhaus wäre sie nicht schlecht. Auch das Bett ist übrigens hervorragend. Es gibt in keinem Gasthaus weit und breit ein besseres.«

»Bestimmt schließe ich mich Eurer Meinung gern an, nachdem ich darin gelegen habe«, sagte ich.

»Nun, wir werden uns rascher einigen müssen, denn ich will diese Nacht in diesem Bett schlafen...«

»Da ich heute darin liegen werde, kommt das wohl kaum in Frage, Sir«, unterbrach ich ihn.

»Wieso? Das würde mich keineswegs stören«, erwiderte er frech.

Ich wurde rot, und meine Mutter mischte sich in die Unterhaltung ein. »Ich muß Euch bitten, uns jetzt allein zu lassen, Sir. Falls Ihr uns weiterhin beleidigt, wird mein Mann davon erfahren.«

»Und wer ist der Gentleman, wenn ich fragen darf? Unser Wirt hat es bedauerlicherweise versäumt, uns vorzustellen.«

»Captain Jake Pennlyon. Und er hat es noch nie geduldet, daß Frau und Tochter beleidigt werden«, erklärte meine Mutter schroff.

»Sein Ruf ist bis zu mir gedrungen. Wer kennt ihn nicht? Na, da ist Nessie ja endlich! Du hast dir reichlich viel Zeit gelassen, Mädchen. Meine Ankunft ist dir wohl entgangen?«

Nessie machte hastig einen Knicks. Sie war ein rundliches, hübsches Ding mit rosigen Wangen und einer Fülle blonder Locken. Ihr Kleid war tief ausgeschnitten, und es schoß mir durch den Kopf, daß sie diesen Gentleman wohl sehr gut kannte. Er kniff sie ins Ohrläppchen, worauf sie einen Schrei ausstieß und ihn abzuwehren versuchte. Vergnügt lachend strich er ihr über den Busen.

»Nessie, an die Arbeit! Dies Gepäck hier schaffst du hinaus, meins herein.«

»Das werde ich nicht zulasen«, wandte meine Mutter aufgebracht ein.

»Verehrte Lady, wie wollt Ihr es denn verhindern?«

»Als erstes werde ich mit dem Gastwirt sprechen.«

»Gehen wir am besten gleich zu ihm hinunter«, stimmte ich zu. »Komm, Jennet.«

Sie ließ das Gepäck, wo es war, und folgte uns zur Treppe.

Der Wirt wartete schon in der geräumigen Diele. Ich sah, daß er zitterte wie Espenlaub.

»Das ist ja eine feine Art, Gäste zu behandeln«, beschwerte sich meine Mutter.

»Glaubt mir, ich kann nichts dafür!« jammerte er. »Ich hatte keine Ahnung, daß er heute abend herkommen würde, denn er war ja erst letzte Woche hier ... Ich habe aber ein anderes sehr hübsches Zimmer ...«

»Nein«, unterbrach ihn meine Mutter sofort, doch ihre Stimme klang unentschlossen. Draußen war es schon dunkel. Wohin sollten wir uns wenden, falls wir dieses Gasthaus verließen? Das nächste lag sicher meilenweit entfernt. Außerdem waren die Pferde müde. Es blieb ihr also wohl nichts anderes übrig, als zu bleiben, auch wenn sie voller Zorn war wegen des rüpelhaften Benehmens des Fremden.

»Mylady, Ihr kennt Squire Colum Casvellyn nicht«, meinte der Wirt seufzend.

»Wenn das der Name dieses Flegels ist, dann lege ich auch gar keinen Wert darauf!«

»Ach, Mylady, da kann man nichts machen als nachgeben. Ich werde ein gutes Zimmer für Euch herrichten lassen. Es ist zwar nicht unser bestes, aber wahrlich auch nicht schlecht, und Ihr könnt die Nacht über friedlich schlafen.«

»Ihr habt anscheinend schon vergessen, daß Ihr uns das Eichenzimmer bereits gegeben hattet.«

»Nein, Madam, aber Squire Cavellyn kann sehr, sehr unangenehm werden. Er ist ein Mann, der völligen Gehorsam verlangt. Ich wage mir nicht auszumalen, was aus uns allen wird, wenn ich ihm sein gewohntes Quartier verweigere.«

»Ich werde mich mit meiner Tochter beraten«, entgegnete sie.

Er nickte, und wir betraten die Gaststube, die zum Glück leer war. Jennet setzte sich in einiger Entfernung von uns hin. »Mach kein solches Gesicht, Jennet«, sagte meine Mutter unwillig. »Dieser Prahlhans schenkt dir keinen einzigen Blick. Du bist schließlich nicht mehr die Jüngste.«

Jennet lächelte geziert, und ich wunderte mich wieder einmal über ihren unerschütterlichen Gleichmut. Von meiner Mutter wußte ich, daß sie schon immer so gewesen war. Was sie auch in der Vergangenheit erlebt haben mochte – und wie oft war sie brutal verführt worden! –, sie hatte ihr Schicksal ohne Klagen auf sich genommen. Meine Mutter meinte, daß sie vielleicht sogar ein recht williges Opfer gewesen sei.

»Es ist wohl das beste, wir nehmen das kleinere Zimmer«, sagte meine Mutter. »Ich wünschte, dein Vater wäre hier.«

»Dann gäbe es eine Schlägerei, und das mag ich gar nicht.«

»Dein Vater würde kurzen Prozeß mit ihm machen.«

Ich war nicht so sicher, denn ich spürte in diesem Mann eine ähnliche Kraft wie in meinem Vater, und außerdem war er um viele Jahre jünger.

»Oh, wie ich es hasse, diesem Rohling nachgeben zu müssen!« sagte ich erbittert.

»Mir geht es genauso, Linnet. Aber was geschieht, wenn wir uns weigern, das Zimmer zu räumen? Vielleicht wirft er uns eigenhändig hinaus. Nein, es ist schon besser, einzulenken und Würde zu bewahren.«

Meine Mutter hatte völlig recht. Wir konnten uns nicht mit ihm anlegen, und seine Bemerkung, daß er ja die Nacht im selben Zimmer mit uns verbringen könne, hatte mich sehr beunruhigt.

»Dann wollen wir dem Wirt sagen, daß er uns das zweitbeste Zimmer herrichten soll«, sagte meine Mutter seufzend.

Jennet holte ihn herbei. Er hielt die zitternden Hände unter der Schürze verschränkt und tat mir ehrlich leid.

»Wir haben uns gezwungenermaßen entschlossen, Euer Angebot anzunehmen.«

Der arme Kerl wirkte unendlich erleichtert. »Ein weiser Entschluß, Madam. Ich verspreche, daß alles getan wird, um...«

»Uns ist klar, daß die Schuld nicht bei Euch liegt«, unterbrach ihn meine Mutter. »Wer ist dieser Mann eigentlich, der Euch und Eure Bediensteten in dieser Weise herumkommandiert?«

»Er ist Herr auf Schloß Paling und in der ganzen Gegend gefürchtet, weil er große Macht hat. So ist das mit den Casvellyns schon immer gewesen. Ihnen gehört viel Land ringsum, und er kann uns von Haus und Hof verjagen, wenn wir seinen Zorn erregen. Er kennt keine Gnade. Auch sein Vater war unser Herr, aber verglichen mit seinem Sohn war er geradezu gütig.«

»Ihr lebt also in ständiger Angst vor ihm?«

»Er kommt nicht häufig hier vorbei, deshalb hatte ich ihn heute ja auch gar nicht erwartet. Squire Casvellyn entlohnt mich sehr großzügig für sein Quartier, denn knauserig ist er nicht. Auf Schloß Paling soll er in großem Luxus leben, wie ich gehört habe. Meine Tochter war einmal dort ...«

»Eure Tochter ... Nessie?« fragte ich scharf.

Der Wirt machte ein verlegenes Gesicht, und ich dachte mir, daß Nessie vermutlich in dem Bett schlafen würde, das man uns weggenommen hatte.

»Ja, er geruht, sie zu ... bemerken. Zu denen, die sein Wohlgefallen erregen, ist er gut.«

Ich fühlte mich angeekelt. »Man soll uns das andere Zimmer zeigen«, sagte ich zu ihm und wandte mich dann an meine Mutter. »Das Ganze ist unwichtig. Morgen haben wir es schon hinter uns.«

»Myladys, ich bin Euch für Euer Verständnis sehr dankbar. Und glaubt mir, daß ich den Vorfall zutiefst bedaure.«

»Schon gut«, sagte meine Mutter. »Laßt unser Gepäck in das andere Zimmer schaffen.«

»Das wird erledigt, während Ihr zu Abend eßt« erwiderte der Wirt, der sich rasch wieder gefaßt hatte. »Ich hoffe, daß ich delikat zubereitete Spanferkel – bestimmt habt Ihr noch nie ein zarteres gekostet – Euch ein wenig für die ganze Aufregung entschädigen wird.«

In der Gaststube war der Boden mit frisch geschnittenen Binsen ausgelegt, und es roch sehr verheißungsvoll. Ich war hungrig und sah mit Freude, daß schon aufgetischt war. Das Spanferkel hätte nicht saftiger und appetitlicher aussehen können. Es gab verschiedene Fleischpasteten, Roastbeef und Hammel, Wildgeflügel, Gewürzkuchen, Marzipan und Pfeffergebäck.

Wir ließen uns gerade das Spanferkel schmecken, als Colum

Casvellyn hereinkam. Ich schaute nicht hin zu ihm, sondern unterhielt mich weiter mit meiner Mutter, als sei er überhaupt nicht anwesend.

Natürlich war er nicht der Mann, der sich so einfach übersehen ließ!

Er rief gebieterisch den Wirt herbei, verlangte das beste Stück des Bratens und die größte Pastete. Nessie bediente nur ihn, damit jeder seiner Wünsche unverzüglich befriedigt werden konnte.

»Heute war ein herrlicher Tag, nicht wahr?« sprach er mich an.

»Ja.«

»Habt Ihr eine weite Strecke zurückgelegt?«

»Ein Tagesritt liegt hinter uns.«

»Und wie weit ist das?«

»Das hängt selbstverständlich von den Reitern ab.«

»Meine Frage bezog sich auf die Reiterinnen.« Er machte eine Kopfbewegung zu uns hin.

»Wir sind vor zwei Tagen in Plymouth aufgebrochen.«

»Plymouth... ja natürlich. Captain Jake Pennlyon. Einer unserer Nationalhelden.«

»Zweifellos wart doch auch Ihr bei der Kriegsflotte, Sir.«

»Aye, aye. Ich habe mich sogar bestens bewährt.«

»Auch daran habe ich nicht gezweifelt... Mutter, bist du fertig?«

Sie nickte.

»Dann wollen wir uns jetzt ansehen, wo wir die Nacht verbringen müssen. Ich bin schon sehr neugierig... Sicher gar kein Vergleich mit dem Zimmer, das uns dieser Gentleman weggenommen hat.«

Er lachte laut auf.

Leider mußten wir beim Hinausgehen dicht an ihm vorbei. Er nützte diese Gelegenheit sofort aus und packte mein Kleid, so daß ich gezwungenermaßen stehenblieb.

Nun konnte ich seinem Blick nicht mehr ausweichen. In den dunklen Augen funkelte Bosheit und... etwas anderes. Ich war verwirrt und versuchte mich loszureißen, doch umsonst.

»Sir?« sagte ich so eisig wie möglich.

Meine Mutter zog mich am Arm, da sie nicht gemerkt hatte, daß er mich festhielt.

»Laßt sofort mein Kleid los!« sagte ich empört.

»Ich möchte mich nur als höflicher Mensch erweisen.«

»Höflich! Ich begreife Euer Verhalten nicht«, gab ich zurück.

Jetzt mischte sich meine Mutter erregt ein. »Wie könnt Ihr es wagen, meine Tochter zu belästigen! Wenn Ihr nicht sofort...«

Mit ironisch hochgezogenen Brauen und unverschämtem Grinsen wartete er darauf, daß sie weitersprach. Er wollte sich voller Vergnügen ihre Drohungen anhören, da er ganz genau wußte, daß sich dadurch nichts ändern würde. Er war hier der Herr, vor dem alle Angst hatten. Was konnten zwei hilflose weibliche Wesen gegen einen solchen Mann schon ausrichten?

»Ich wollte gerade erklären, Madam, daß ich von Euch nicht zu ungünstig beurteilt werden möchte. Deshalb werde ich dem Wirt sagen, daß ich mich mit der bescheidenen Schlafstatt begnüge und Euch das Eichenzimmer überlasse.«

Wir waren vor Überraschung buchstäblich sprachlos.

Meine Mutter gewann als erste ihre Fassung zurück. »Das ist nicht nötig«, sagte sie kühl. »Wir haben uns schon völlig darauf eingestellt, in einer der Kammern zu schlafen.«

Er ließ meinen Rock los und schlug mit der Faust krachend auf die Tischplatte. »Ihr bekommt das Eichenzimmer, und ich schlafe friedlich in der Kammer. Nessie, hol deinen Vater! Mach schnell, Mädchen! Steh nicht so dumm herum!«

Beim Verlassen des Gastraumes trafen wir auf den herbeihastenden Wirt. »Die Ladys sollen das Eichenzimmer haben«, rief Colum Casvellyn. »Schaff ihr Gepäck zurück. Ich trete ihnen mein Bett ab. Nessie, her mit dem Wein!«

Meine Mutter wandte sich an den Wirt. »Was ist das für ein lächerliches Hin und Her! Damit muß endlich Schluß sein. Wir werden das Eichenzimmer nicht mehr betreten, sondern es diesem... diesem... Rüpel überlassen!«

Der Wirt schüttelte den Kopf und begann von neuem zu zittern. »Er hat befohlen, wie es sein soll, Madam, und genauso muß es auch geschehen.«

Er wirkte so verängstigt, daß meine Mutter achselzuckend nachgab. Unsere Reisetaschen wurden in das Eichenzimmer zurückgebracht, Jennet begann auszupacken, und wir machten uns für die Nacht zurecht.

Meine Mutter verriegelte die Tür. Wenn solche Leute im Gasthof logierten, könne man nicht vorsichtig genug sein, meinte sie.

Ich war viel zu unruhig, um rasch einzuschlafen. Dauernd mußte ich an Colum Casvellyn denken und stellte ihn mir mit Nessie im Bett vor, denn ich war überzeugt davon, daß sie die

Nacht gemeinsam verbrachten. Ich fühlte mich auf unangenehme Weise erregt. In mir war etwas geweckt worden, dessen ich mir bisher nicht bewußt war.

Auch meine Mutter wirkte zunächst hellwach. Wir unterhielten uns noch ein Weilchen, verstummten dann, und schließlich schlummerte sie ein. Jennet hatte sich auf ihren Strohsack ausgestreckt und atmete tief und gleichmäßig. Ich versuchte, mich sowenig wie möglich herumzuwälzen, um meine Mutter nicht zu stören, und lag folglich recht steif und unbequem da.

Mitten in meine Gedanken hinein glaubte ich plötzlich ein leises Klopfen am Fensterrahmen zu hören. Zuerst hielt ich es für Einbildung, blieb still liegen und lauschte. Dann klopfte es wieder. Vorsichtig schlüpfte ich unter der Decke hervor und ging zum Fenster hinüber. Ich stieß es auf und schaute hinaus. Weißes Mondlicht lag auf Bäumen, Hecken und Wiesen. Es war ein wunderschöner Anblick, und süßer Blütenduft lag in der Luft. Dann löste sich eine Gestalt aus dem Dunkel der Bäume und stellte sich breitbeinig unter mein Fenster.

Ich zuckte zurück und hörte ihn lachen. Er führte die Hand an die Lippen, drückte einen Kuß darauf und schien ihn mir mit einer raschen Bewegung zuwerfen zu wollen. Ich war so verblüfft, daß ich einige Sekunden bewegungslos stehenblieb und ihn nur anschaute. Er breitete weit die Arme aus, als lade er mich ein, zu ihm hinauszukommen.

Hastig schloß ich das Fenster und stieg wieder ins Bett. Ich zitterte am ganzen Körper und behielt das Fenster im Auge, als erwartete ich, ihn im nächsten Augenblick dort auftauchen zu sehen. Angespannt lauschte ich auf ein Geräusch an der Tür.

Nichts geschah.

Erst viel später fiel ich in unruhigen Schlummer, gequält von wirren, unzusammenhängenden Träumen, in denen er die Hauptrolle spielte.

Schon vor Tagesanbruch erwachten wir. Der Wirt tischte uns ein herzhaftes warmes Frühstück auf, und wir ritten mit den ersten Sonnenstrahlen los, bevor das Gasthaus seine volle Geschäftigkeit entfaltet hatte.

Ich war froh wegzukommen, wußte aber genau, daß ich mich an Colum Casvellyn mit einer Mischung aus Schrecken und Faszination noch lange erinnern würde.

Trystan Priory war ein herrschaftlicher Besitz, der an die fünf Meilen landeinwärts lag. Das Haus war erst kürzlich an Stelle einer alten Priorei errichtet worden, die zerstört worden war, als während der Regierung von Königin Elisabeths Vater die Klöster aufgehoben wurden. Ein paar Ruinen der alten Priorei waren erhalten geblieben, und Fennimore zeigte sie uns am ersten Tag, als wir alle auf die Ankunft meines Vaters warteten, mit sichtlichem Vergnügen.

Die Landors waren ganz reizend – er war Seekapitän wie mein Vater –, und Fennimore selbst gefiel mir immer besser. Ich mochte seinen ruhigen Ernst und seine Zielstrebigkeit. Plötzlich ertappte ich mich dabei, daß ich ihn unwillkürlich mit dem Mann verglich, den wir in dem Gasthaus kennengelernt hatten. Jener nahm sich, was er haben wollte, und das traf in gewisser Weise sicher auch auf Fennimore zu. Doch wie sehr unterschieden sie sich in ihrer Art! Fennimore würde meiner Meinung nach immer auf andere Menschen Rücksicht nehmen...

Trystan Priory war in Form eines E gebaut worden wie so viele Häuser unserer Zeit. Meine Mutter und ich bekamen nebeneinanderliegende Zimmer, und auch Jennet wurde nahebei in einer kleinen Kammer untergebracht. Als erstes fiel mir die friedliche Stimmung auf, die über dem ganzen Besitz zu ruhen schien.

Auch meiner Mutter gefielen unsere Gastgeber ausnehmend gut, und sie schien mit ihnen ein stillschweigendes Abkommen getroffen zu haben, daß Fennimore sich um mich kümmern sollte. Am ersten Vormittag erbot er sich, mich auf dem Besitz herumzuführen. Er war der Ansicht, daß ich nach einem Dreitageritt sicher eine Ruhepause nötig hätte. Daher würden wir uns alles zu Fuß ansehen. Ich war damit sehr einverstanden.

Die große Treppe, die von der Halle zur Galerie hinaufführte, hatte ein wundervoll geschnitztes Geländer. Oben hingen wie bei uns die Familienporträts. Ich blieb vor dem Bild Fennimores stehen, der den Betrachter mit offenem Blick geradewegs anzuschauen schien – ein Mann, der ganz genau wußte, was er wollte.

Unmittelbar daneben war ein Platz frei gelassen. Bestimmt hatte dort einmal ein Gemälde gehangen, und ich überlegte flüchtig, warum es wohl abgenommen worden war...

Das Haus war sehr wohnlich, weniger überladen als Lyon Court und im Vergleich mit dem alten Besitz Trewynd Grange nach neuester Mode. Auch hier gab es eine Winterstube, die während der kalten Jahreszeit und im Familienkreis viel benutzt wurde. Die Küche war sehr geräumig, und es gab viele Feuerstellen und Bratspieße. Fennimore wies mich darauf hin, wie praktisch es sei, daß die Küche so nahe an Winterstube und Haupthalle lag. Diese Halle war wie in Lyon Court und in Trewynd der Mittelpunkt des Hauses, wo getafelt wurde, wenn eine große Tischrunde versammelt war.

Fennimore schlenderte mit mir in den kunstvoll angelegten Park. Es gab Springbrunnen, von Bäumen beschattete Wege, viele Marmorstatuen und noch mehr Blumenbeete, die ganz reizend mit Rosmarin, Lavendel und Majoran eingefaßt waren. Etwas weiter zurück gelegen befand sich ein umfriedeter Garten mit einem Teich in der Mitte. Derartige Anlagen waren große Mode geworden und stellten eine Kopie des Gartens von Heinrich VIII. in Hampton Court dar. Vor neugierigen Blicken durch eine hohe Hecke geschützt, konnten sich hier die Familienmitglieder im Sommer ungestört aufhalten. Die Ladys stickten oder malten hübsche kleine Bilder, die Gentlemen unterhielten sich mit ihnen und ruhten sich aus.

Fennimore und ich setzten uns an den Teich, und er erzählte mir von seinen Zukunftsvisionen. Ich hörte ihm gern zu und ermunterte ihn zum Weiterreden. Allgemeiner Wohlstand würde sich ausbreiten, von dem man sich heutzutage nicht einmal träumen ließ, versicherte er mir. Er hatte schon mehrere englische Schiffsbauer aufgesucht und ihnen erklärt, wie nötig es sei, noch mehr und vor allem größere Schiffe zu bauen, die schwere Ladung an Bord nehmen konnten und auch schwere See unbeschadet überstanden.

»Wahrscheinlich müssen diese Schiffe mit Kanonen bestückt sein«, meinte ich.

»Nun ja, anders geht es wohl auf dieser Welt nicht zu, und zweifellos wird es auf See Kämpfe geben. Wo Reichtum und Gewinn zu holen sind, gibt es immer Neider, die mit Gewalt ans Ziel gelangen wollen. Eine gute, ehrliche Rivalität muß sogar sein, aber das läßt sich wohl kaum von heute auf morgen erlernen. Die Menschen sind nicht plötzlich vernünftig, sondern werden weiterhin versuchen, sich zu nehmen, was nicht ihnen gehört. Die meisten glauben ohnehin, daß sich durch Raub mehr gewinnen läßt als durch harte Arbeit. Es muß wohl auch immer Menschen geben, die großartiger, kühner, reicher als die übrigen sind. Und einige wollen unbedingt Macht über andere ausüben...«

Mir fiel plötzlich der Mann aus der Herberge ein, und ich war drauf und dran, Fennimore von unserem Erlebnis zu erzählen, unterließ es dann jedoch. Hier im Garten war es so schön und friedlich, daß ich keinen Mißton hineinbringen wollte. Je mehr ich über jenen Fremden nachdachte – und ich muß zugeben, daß dies ziemlich oft geschah –, desto unerfreulicher erschien mir unsere Begegnung. Er war ungehobelt und unverschämt, ja, er hatte es sogar gewagt, mich aufzuwecken, so daß ich ans Fenster kam. Hatte er mir wirklich eine Kußhand zugeworfen, oder ging meine Phantasie mit mir durch? Hatte er tatsächlich angedeutet, daß ich zu ihm hinauskommen sollte, obwohl er wissen mußte, daß so etwas überhaupt nicht in Frage kam? Nein, er hatte mich bestimmt nur verwirren wollen und das war ihm leider auch gelungen.

Fennimore verbreitete sich wieder darüber, daß nun, nach dem Sieg über die Armada, viel mehr Schiffe als bisher gebaut werden müßten. »Die Spanier hatten ja keine Ahnung, was für Möglichkeiten es für sie gab«, sagte er. »Sie waren geradezu von dem Drang besessen, den Völkern der Erde ihre religiöse Überzeugung aufzuzwingen. Darin lag ihre Schwäche. Der spanische König ist ein Fanatiker. Wie elend muß er sich jetzt fühlen! Ich empfinde fast Mitleid für ihn.«

»Laßt das bloß nicht meinen Vater hören!«

Fennimore nickte. »Er könnte mich bestimmt nicht verstehen. Aber ich bin nun einmal der festen Überzeugung, daß auch die grausamsten Menschen einen guten Kern haben, den man nur entdecken muß. Dann würde vieles anders sein.«

In diesem Augenblick erkannte ich deutlich, wie sehr Fennimore sich von meinem Vater unterschied, denn er war gütig und duldsam. Zweifel beschlichen mich, ob für das Überleben in unserer rauhen Welt nicht jene Skrupellosigkeit nötig war, die Männer wie mein Vater besaßen. Sie hatten es leicht, da sie ein Problem immer nur aus ihrer Sicht betrachteten. In Fennimores Natur lag es, beide Seiten zu sehen.

Fennimore berichtete äußerst anschaulich, er ließ vor meinen Augen unsere Häfen erstehen, in denen nur friedliche Handelsschiffe vor Anker lagen. Ich stellte mir das Entladen von Gewürzen, Gold und Elfenbein vor. Fennimore hatte nämlich den Plan, daß seine Schiffe nicht nur die Ostsee- und die Mittelmeerhäfen anlaufen, sondern sogar bis Indien vorstoßen sollten.

Es bereitete mir großes Vergnügen, mit einem gutaussehenden

jungen Mann durch den Garten zu schlendern, seinen Erzählungen zu lauschen und allerlei über seine Familie zu erfahren.

Meine Mutter und ich waren uns in der guten Meinung über Fennimores Eltern einig. Captain Landor hatte als alter Seemann eine gewisse Ähnlichkeit mit meinem Vater, trat allerdings nicht so laut und lärmend wie Jake Pennlyon auf, der auf seine Weise sicher einmalig war. Doch auch Captain Landor war von den blutigen Abenteuern auf See geprägt worden, während Fennimore eher die sanfte Natur seiner Mutter geerbt hatte. Dies machte ihn nachdenklicher und empfindsamer, als es bei seiner Zunft üblich war. Fennimore war wißbegierig und konnte logisch denken. Dank dieser Eigenschaften – ich war mir gar nicht sicher, ob sie vorteilhaft für ihn waren – erkannte er, daß ein Problem stets mehrere Seiten hatte.

Wenn zwei Familien in ähnlichen Verhältnissen leben und heiratsfähige Söhne und Töchter haben, wird es vermutlich immer gewisse Spekulationen geben. Mir war klar, daß auch meine Mutter und Fennimores Eltern darüber nachdachten. Fennimore gefiel meiner Mutter gut und wäre ihr als Schwiegersohn durchaus genehm gewesen. Ich war fast sicher, daß die Landors mich gleichfalls mit offenen Armen aufgenommen hätten.

Wie stand es mit Fennimore? Zog auch er es in Betracht? Wahrscheinlich; aber er war nicht sehr impulsiv. Sicher hielt er es für das beste, wenn wir uns langsam aneinander gewöhnten – und an die Vorstellung, eines Tages zu heiraten.

In jenen ersten Tagen meines Aufenthaltes in Trystan Priory hielt ich es durchaus für möglich, hier eines Tages als Herrin zu leben.

Fennimores Mutter sprach gern über Haushaltsdinge, und am zweiten Tag bat sie mich auf ihr Zimmer, um mir den Gobelin zu zeigen, an dem sie gerade arbeitete. Er sollte den glorreichen Sieg über die Armada darstellen; die Komposition hatte sie selbst entworfen. Die Fertigstellung würde noch Jahre beanspruchen, erzählte sie mir.

Auf das Leinen, das über einen riesigen Rahmen gespannt war, hatte sie bereits das Bild skizziert. Es gab kleine Schiffe und große spanische Galeonen, den König von Spanien in seinem düsteren Escorial und den Herzog von Medina-Sidonia inmitten seiner Flotte. Ihnen gegenüber waren unsere Königin im Tilbury und Sir Francis Drake beim Bowlspiel dargestellt.

»Das ist ja fast ein Lebenswerk«, sagte ich bewundernd.

»Ich habe es begonnen, und zukünftige Mitglieder meiner Familie werden es vollenden« erwiderte sie.

Es fehlte eigentlich nur noch, daß sie mir eine Nadel gab und befahl, gleich mit dem Sticken zu beginnen...

»Der Gobelin wird wundervoll sein, wenn er fertig ist.«

»Hoffentlich erlebe ich das noch!«

»Aber bestimmt!«

»Hunderte von bunten Seidengarnsträngen liegen schon bereit.« Sie schilderte mir die Farben, die sie verwenden wollte: schwarz für das Gewand Philipps II., scharlachfarben und gold für unsere Königin. »Ach, Linnet, was war das doch für eine schreckliche Zeit! Ich bete nur, daß ich so etwas nicht mehr erleben muß. Noch nie habe ich derartiges Leid empfunden... außer...«

Sie brach ab und biß sich auf die Lippe. »Aber nun ist ja alles vorbei«, fuhr sie gleich darauf heiter fort. »Zwar lauern auf See ständig Gefahren, aber wenigstens die Spanier können uns nicht mehr viel tun. Ich hatte immer schreckliche Angst vor ihnen. Wenn die Männer fortsegelten, schloß ich mich oft in mein Sanktuarium ein« – sie machte eine Kopfbewegung zu der Tür hin, die in einen Nebenraum führte – »und betete darum, daß sie gesund zurückkehren sollten. Du als Tochter eines Seemanns weißt ja, wie man wochenlang bangt.«

Merkwürdig, dachte ich. So gut wie nie hatte ich an die Möglichkeit gedacht, daß mein Vater nicht zurückkommen könne. Er wirkte so, als könne nichts ihn besiegen.

»Der Verlust der beiden wäre mein Tod gewesen. Dann hätte ich niemanden mehr gehabt... niemanden! Nachdem Melanie...« Sie brach ab, überlegte kurz und stand dann auf. »Komm einmal mit, liebes Kind.«

Ich folgte ihr zu der Tür, hinter der es ziemlich dunkel war, da nur durch ein kleines bleigefaßtes Fenster Licht drang. Auf dem Tisch unter einem Kruzifix standen Kerzen. Es wirkte wie ein Altar.

»Ich komme oft hierher, um für mich allein zu beten.«

Mein Blick fiel auf das Porträt eines ungefähr fünfzehnjährigen Mädchens mit blonden, langen Locken und blauen Augen. Es glich Fennimore sehr.

»Ist sie nicht wunderschön?« fragte meine Gastgeberin.

Ich nickte.

»Meine Tochter, meine Melanie!«

»Ich wußte gar nicht, daß Ihr eine Tochter habt.«

»Ich hatte sie«, verbesserte sie mich. »Sie ist gestorben.«

»Oh, wie traurig!«

Sie schlug die Augen nieder, als könne sie es nicht länger ertragen, das zauberhafte junge Gesicht zu betrachten.

»Ich ließ das Gemälde hier aufhängen, denn ich ertrug es nicht, das Bild jedesmal beim Vorbeigehen in der Galerie zu sehen. Ich wollte es hier haben, damit ich es in aller Stille anschauen und über Melanies Tod weinen konnte.«

»Ist sie schon lange tot?« fragte ich.

»Seit drei Jahren.«

Da ich nicht wußte, ob sie noch weiter über Melanie sprechen wollte, wagte ich keine weitere Frage.

»Sie wurde ermordet«, stieß sie hervor.

»Gemordet?« wiederholte ich entsetzt.

»Bitte, ich möchte lieber nicht... sie war viel zu jung für die Ehe. Ich hätte es nie zulassen dürfen... das arme kleine Ding starb...«

»Hattet Ihr nur diese eine Tochter?«

Sie nickte.

»Fennimore ist sicher Euer ganzer Trost«, sagte ich hilflos.

Ihr Gesicht erhellte sich ein wenig. »Einen besseren Sohn kann es gar nicht geben. Ja, Gott sei Dank, daß wir Fennimore haben. Aber trotzdem... wir haben unsere liebste Melanie verloren. Immer wieder halte ich mir vor, daß ich es nicht hätte zulassen dürfen. Nie werde ich den Tag vergessen, an dem sie mir berichtete, daß sie wieder schwanger sei.«

»Hatte sie denn schon ein Kind?«

»Nein. Es waren immer Fehlgeburten. Oh, es war völlig klar, daß sie nicht fürs Kindergebären geschaffen war. Als sie mir von ihrer neuerlichen Schwangerschaft erzählte, überkam mich schreckliche, eisige Furcht. Es war, als sei der Todesengel eingetreten. Hier... hier in diesem kleinen Raum war es. Ich sehe sie deutlich vor mir, sehe die Angst auf ihrem süßen Gesicht und wünschte... aber Schluß damit. Ich sollte nicht so mit dir reden, liebe Linnet.«

»Bitte, sprecht weiter, wenn es Euch nicht zu sehr schmerzt. Ich bin für Euer Vertrauen dankbar.«

»Sie war anders als du, hatte nicht deine Kraft. Nie, nie hätte sie heiraten dürfen, denn sie konnte keine Kinder bekommen. Ach, wenn ich doch nur alles ungeschehen machen könnte!«

Sie streckte die Hand aus, und ich ergriff sie.

»Du solltest es wissen, weil... weil es mir vorkommt, als seiest du eine von uns.«

Fast war es, als mache sie mir an ihres Sohnes Statt einen Heiratsantrag.

Wenig später traf mein Vater ein, und plötzlich war das Haus laut und von Unruhe erfüllt. Er zeigte sich von Trystan Priory beeindruckt, stellte aber dennoch selbstgefällig fest, daß es nicht so prunkvoll wie Lyon Court sei. Die nun etwas opulenteren Mahlzeiten wurden meinem Vater zu Ehren in der großen Halle eingenommen. Wir dinierten gegen elf Uhr vormittags und nahmen das Souper zwischen sieben und acht Uhr abends ein. Bei Tisch herrschte eine muntere Stimmung, und mein Vater verhandelte mehrmals mit den beiden Landors. Ich gewann den Eindruck, daß er gut mit ihnen auskam und immer stärker an dem Projekt interessiert war.

Er hatte jedoch nicht die Absicht, lange zu bleiben. Es drängte ihn geradezu danach, bald wieder fortzusegeln. An jedem Morgen ritt er zur Küste hinüber und ging an Bord seines Schiffes. Er wollte um Land's End zur Nordküste herumsegeln und vor seiner Heimkehr noch einige Wochen unterwegs sein. Meine Mutter und ich würden auf dem gleichen Wege zurückreiten, auf dem wir hergekommen waren.

Wir hatten beide nichts von dem Abenteuer im Gasthof erwähnt. Der unverschämte Flegel hatte uns ja zu guter Letzt das bessere Zimmer überlassen, so daß wir uns nicht darüber beklagen konnten, er habe es uns weggenommen. »Dein Vater würde mehr daraus machen, als wirklich passiert ist. Du weißt ja, wie sehr er den Streit liebt«, sagte meine Mutter. »Außerdem ließe er uns dann nie mehr allein reisen.« Also sagten wir gar nichts...

Tag für Tag wurde mein Vater wieder auf das Handelsthema gebracht, und er gewann mehr und mehr Gefallen daran. Schließlich war ja auch der Handel eine Art Kampf – es ging wieder um die Vorherrschaft auf See. Jake Pennlyon zweifelte natürlich keinen Augenblick daran, daß England siegen würde, und konnte es schon bald kaum mehr erwarten.

Immer noch gab es Berichte über spanische Schiffe, die an der Küste antrieben, über Männer, die im Schutz der Dunkelheit an Land gekommen waren und sich bis zu unseren Dörfern durchgeschlagen hatten, wobei sie vorgaben, alles mögliche zu sein, nur keine Spanier. Mein Vater konnte von diesen Geschichten nie genug hören, und seiner Meinung nach verdienten die armen Teufel ein schreckliches Schicksal.

Ich merkte, daß die Landors seine Ansichten für zu übertrieben hielten. Andererseits billigten sie ihm als dem Mann, der als tüchtiger Seefahrer und treuer Diener der Königin im ganzen Westen Englands berühmt war, zu, Ansichten zu äußern, auch wenn sie nicht zustimmen konnten. Er hatte eine Schwäche für alle Seeleute und kritisierte daher ein wenig die Sparsamkeit der Königin ihnen gegenüber. Es war das erste Mal, daß ich aus seinem Mund etwas anderes als ergebenes Lob für Elisabeth hörte.

»Bei Gott!« rief er aus. »Den Seeleuten ist doch zu verdanken, daß unser Land gerettet wurde. Sollen Sie jetzt verhungern, weil ihre Aufgabe getan ist?«

»Der Hilfsfonds ist besser als nichts«, meinte Captain Landor.

»Aber nicht gut genug für solch mutige Männer«, widersprach mein Vater hitzig. »Warum soll eigentlich jeder Seemann etwas von seinem Sold abgeben, um Kameraden zu unterstützen, die in dem großen Kampf verwundet wurden? Nein, nein, Sir. Es bleibt Pflicht und Schuldigkeit der Königin und dieses Landes, sich um die zu kümmern, die Not leiden. Sie haben sich schließlich für England geopfert. Nun ist es an England, für sie zu sorgen.«

Er bezog sich auf den sogenannten Fonds von Chatham, der eingerichtet worden war, um diejenigen zu entschädigen, die während der Schlacht mit der Armada verwundet worden waren.

»Jeder Seemann, der bei mir anklopft, wird versorgt«, erklärte mein Vater erregt. »Er soll in Lyon Court die Zuflucht finden, die England ihm verweigert.«

»Es gibt sicher sehr viele Bedürftige.«

»Erst recht ein Grund, sich um sie zu kümmern. Ich habe gehört, daß Philipp von Spanien fünfzigtausend Scudi zur Unterstützung der Verwundeten zur Verfügung gestellt hat. Soll es so weit kommen, daß für die Besiegten gut gesorgt wird, während die Sieger auf die Hilfe ihrer Kameraden angewiesen sind?«

Es stimmte, daß die Königin, die sich nur zu gern mit kostbaren, juwelenbesetzten Gewändern schmückte, häufig kein Geld für Untertanen hatte, die bereit gewesen waren, ihr Leben zu opfern, um den Königsthron zu retten.

»Kein armer Seeman, der nach Lyon Court kommt, wird hungrig wieder weggehen«, versicherte meine Mutter.

»Dafür werden wir bei Gott sorgen«, sagte mein Vater, der endlich einmal einer Meinung mit ihr war.

Die Landors waren offensichtlich froh, als sich die Unterhaltung anderen Themen zuwandte. Ob es nun daran lag, daß sie wußten, wie unklug es war, auch nur geringfügige Kritik an der Königin zu üben, oder ob sie einfach lieber von ihren eigenen Plänen redeten, weiß ich nicht. Auf jeden Fall wurde schon bald wieder darüber diskutiert, wie viele Schiffe man bauen und welche Waren man in den verschiedenen Häfen der Welt absetzen sollte.

Und so verstrichen die Tage äußerst angenehm, bis es für uns Zeit wurde, nach Hause zurückzukehren. Vor unserem Aufbruch luden meine Eltern unsere Gastgeber ein, einen Gegenbesuch zu machen. Sie schlugen vor, kurz nach Weihnachten zu kommen und mit uns gemeinsam Neujahr zu feiern.

Eine Nacht auf Schloß Paling

Auf unserer Rückreise verbrachten wir die erste Nacht im Gasthof ›Wanderers Ruh‹. Wir hatten hin und her überlegt und waren zu dem Schluß gekommen, daß es höchst unwahrscheinlich ist, dort ein zweites Mal auf den verhaßten Casvellyn zu treffen.

Der Wirt war hoch erfreut, uns wiederzusehen. Das wohlbekannte Eichenzimmer wurde für uns hergerichtet, und der Abend verging ohne Störung. Wir ließen uns das ausgezeichnete Essen schmecken und machten es uns in dem breiten Bett im Eichenzimmer bequem. Einmal wachte ich mit Herzklopfen auf und lauschte unwillkürlich, ob ans Fenster gepocht würde. Nichts war zu hören. Wie sollte es auch? Schließlich war dieser Mensch ja meilenweit entfernt.

Wir brachen am nächsten Morgen früh auf. Das Wetter hatte gewechselt, Wind war aufgekommen und hatte dicke Wolken mitgebracht. Wir ritten stundenlang durch feinen Nieselregen, der unseren Ritt nicht gerade angenehm machte. Es wurde zu dieser Jahreszeit schon früh dunkel, und wir beschlossen, uns so rasch wie möglich ein Quartier zu suchen, obwohl dies die Reise vermutlich um einen Tag verlängern würde.

Wir ritten gerade eine gewundene Straße entlang – einer der Pferdeknechte ritt voraus, der andere bildete die Nachhut –, als wir Hufgetrappel hörten. In den letzten beiden Stunden hatten wir keine Menschenseele gesehen. »Bei so schlechter Witterung wagt sich doch niemand freiwillig hinaus«, war die Ansicht meiner Mutter.

Die Reiter hinter uns holten auf, und wir ritten an den Straßenrand, um sie vorbeizulassen.

Nun waren sie an unserer Seite, und im nächsten Augenblick hatten sie uns umringt. Es waren vier Männer mit Gesichtsmasken. Jennet stieß einen Schrei aus, denn es war nur zu klar, daß sie Übles im Schilde führten. Der eine schwang drohend seinen Knüttel und verlangte mit rauher Stimme unsere Geldbörsen.

Als einer der Pferdeknechte sich zu wehren versuchte, wurde er brutal vom Pferd gestoßen; ein anderer Maskierter griff nach dem goldenen Gürtel meiner Mutter. Sie versetzte ihm mit der

Reitgerte einen scharfen Schlag über die Hand, so daß er nur mühsam einen Schmerzenslaut verbiß.

»Ihr seid Räuber und wollt unser Geld«, rief meine Mutter unerschrocken. »Falls ihr uns etwas zuleide tut, wird es euch übel ergehen, das könnt ihr mir glauben! Falls Ihr uns jedoch unverletzt weiterziehen laßt, werde ich euch freiwillig das Geld geben.«

Der Pferdeknecht, der zu Boden geworfen worden war, kam gerade mühsam auf die Knie, als einer der Räuber einen Warnruf ausstieß. Im Galopp näherte sich uns ein Reiter.

»Was geht hier vor?« rief eine gebieterische Stimme, die ich sofort voller Aufregung und Erleichterung erkannte: Colum Casvellyn in voller Lebensgröße!

»Myladys, seid Ihr in Schwierigkeiten?« fragte er. »Packt euch, ihr Schurken!« schrie er die maskierten Männer an. Obwohl sie in der Überzahl waren, spürte ich, daß die Räuber Angst vor ihm hatten. Einer drängte sich ganz dicht an mich heran, ergriff blitzschnell mein Pferd beim Zügel und ritt wie der Teufel los. Mich zerrte er hinter sich her.

Ich versuchte, die Zügel anzuziehen, war aber völlig machtlos. In halsbrecherischer Geschwindigkeit ging es dahin, bis der Räuber die Pferde schließlich langsam gehen ließ, so daß ich keine Angst mehr haben mußte, mich zu Tode zu stürzen. Seine Kumpane kamen hinter uns hergeritten.

Ich schrie laut, doch niemand kümmerte sich darum. Die anderen drei überholten uns, da ich nicht so schnell mitkam. Dann hörte ich, daß wir verfolgt wurden, und ich wußte auch, von wem.

Mein Peiniger wollte seine Beute nicht so leicht aufgeben und gab seinem Gaul die Sporen. Wir schienen eine Ewigkeit dahinzugaloppieren. Ich hörte Colum Casvellyn dem Mann neben mir zubrüllen, was alles er mit ihm machen würde, wenn er ihn in die Finger bekäme.

Wir ritten über eine Ebene und dann einige Wege entlang. Die drei Maskierten waren nicht mehr zu sehen. Kurz darauf machte der Schurke einen Fehler. Wir waren auf eine Straße eingebogen und galoppierten dahin, auf einen Waldrand zu. Die Bäume vor uns schienen ein unüberwindliches Hindernis zu bilden. Entweder mußten wir in das Dickicht eindringen oder aber umkehren. Kehrten wir um, dann standen wir Colum Casvellyn gegenüber.

Wir ritten in den Wald hinein, und nun ging es sehr viel langsamer vorwärts. Plötzlich wurde mein Pferd so plötzlich losgelassen, daß ich fast stürzte. Im nächsten Augenblick war Colum Casvellyn an meiner Seite.

»Das war ja eine schöne Hetzjagd«, meinte er.

»Vermutlich muß ich mich jetzt bei Euch bedanken«, flüsterte ich.

»Es wäre jedenfalls höflich, denn ich habe Euch schließlich vor diesem Scheusal bewahrt. Man kann sich leicht denken, was für Absichten er hatte. Übrigens habe ich Euch sofort erkannt. Ihr seid die junge Lady vom Eichenzimmer.«

»Ihr habt mir einen Dienst erwiesen, und ich danke Euch.«

»Vielleicht ist dadurch mein unhöfliches Benehmen von neulich wettgemacht.«

Ich nickte. »Wenn Ihr mich jetzt gleich zu meiner Mutter und den Bediensteten zurückbrächtet, wäre ich Euch noch dankbarer.«

»Wir wollen versuchen, sie zu finden.«

»Ihr helft mir also?«

»Ich stehe Euch ganz zu Diensten.«

»Danke.«

Er brachte sein Pferd dicht neben meines. »Ihr zittert ja am ganzen Leib. Ein fürchterliches Erlebnis, nicht wahr? Diese Bösewichte! Ich wollte bei Gott, ich hätte Hand an den einen legen können! Der hätte schon bald um Gnade gewinselt.«

»Mir ist es lieber, daß er mit seinen Kumpanen auf und davon ist. Können wir gleich losreiten? Meine arme Mutter wird in schrecklicher Sorge sein.«

»Es wird etwas schwierig werden, den Weg zurück zu finden, denn ich habe vorhin in der Eile nicht darauf geachtet.«

»Wißt Ihr noch, wo Ihr gerade wart, als Ihr auf unser Mißgeschick aufmerksam wurdet? Falls ja, könnten wir uns doch dorthin wenden, oder?«

»Ich bin mir leider nicht ganz sicher. Ich hörte laute Stimmen und bin querfeldein galoppiert. Aber wir müssen unser Glück eben versuchen. Wie dämmrig es schon ist! Seid Ihr bereit?«

Ich fühlte mich ganz krank vor Ungeduld. Wie schrecklich mußte dies alles für meine Mutter sein! Ob sie wohl Colum Casvellyn erkannt hatte?

Es wurde immer dunkler, und dichter Nebel stieg auf. Ich zitterte, war mir aber nicht sicher, ob es nur an der Kälte lag.

»Ist dies die Richtung, aus der wir gekommen sind?« fragte ich, nachdem wir einige Meilen schweigend geritten waren.

»Ich glaube schon.«

»Könnten wir etwas schneller reiten? Bitte!«

»Wie Ihr wünscht.«

Die Landschaft kam mir unbekannt vor, denn ich sah viele Hecken und Bäume, während wir zuvor über eine kahle Ebene galoppiert waren.

»Ich glaube, wir sind auf dem falschen Weg«, murmelte ich.

Er hielt an.

»Schloß Paling liegt etwa eine Meile von hier entfernt.«

»Euer Heim?«

»Ja, ganz recht.«

»Und wie weit wart Ihr von Eurem Schloß entfernt, als Ihr auf uns gestoßen seid?«

»Ungefähr eine Meile, so meine ich.«

»Dann ist es ja möglich, daß wir schon nahe der Stelle sind, an der wir überfallen wurden.«

»Glaubt Ihr denn, daß Eure Mutter und die anderen dort auf Euch warten? Ich halte es für viel wahrscheinlicher, daß sie in der nächsten Herberge einkehren und Leute ausschicken, um Euch zu suchen.«

»Ja, das ist wahr. Gibt es in der Nähe irgendwo einen Gasthof?«

»Ich kenne in dieser Gegend nur zwei.«

»Dann laßt uns dorthin reiten! Meine Mutter wird hoffentlich schon dort sein, wie Ihr eben vermutet habt.«

So schnell dies in der Dunkelheit möglich war, ritten wir zu einer Schenke mit dem Namen ›Rote und Weiße Rose‹. Das Wirtshausschild schwankte im Wind karrend hin und her. Ein Mann trat mit einer Laterne vor die Tür. Auf das Schild waren die Gesichter Heinrichs VII. von Lancaster – er war der Urgroßvater unserer Königin – und seiner Frau Elisabeth von York unbeholfen gemalt. Wie merkwürdig, daß mir das in einem solchen Augenblick auffiel!

Colum Casvellyn sprang aus dem Sattel, worauf ein Pferdeknecht herbeieilte, um die Zügel zu nehmen. »Wo ist der Wirt?« schrie Colum in seiner üblichen gebieterischen Art.

»Ist hier eine Reisegesellschaft eingekehrt? Eine Lady mit Zofe und zwei Pferdeknechten?« fragte er, als der Wirt vor ihm stand.

»Nein, Mylord. Wir haben nur einen Gast, einen Händler auf dem Weg nach Plymouth.«

Ich fühlte mich völlig entmutigt und kaum noch einer vernünftigen Überlegung fähig. Sollte ich hier über Nacht bleiben und erst am nächsten Morgen weiter nach meiner Mutter suchen?

»Es gibt noch eine andere Herberge, wo wir es versuchen könnten«, sagte Colum Casvellyn mitten in meine Gedanken hinein.

»Gut«, stimmte ich zu, denn mir gefiel die Aussicht gar nicht, allein in einem fremden Gasthof die Nacht zu verbringen.

»Wirt«, rief Colum mit scharfer Stimme, als er wieder in den Sattel stieg. »Falls eine solche Lady mit Begleitung herkommen sollte, wie ich sie dir beschrieben habe, dann teilst du ihr gefälligst mit, daß ihre Tochter wohlauf ist.«

»Gewiß, Mylord.«

Wir ritten wieder in die Nacht hinaus. Keiner von uns sprach.

Als wir ungefähr eine Meile zurückgelegt hatten, fragte ich Colum, wie weit das Gasthaus denn noch entfernt sei.

»Ich weiß nicht genau, aber es müßte eigentlich ganz in der Nähe sein. Ah, hier ist schon der richtige Weg.«

Die Wolken waren verschwunden, und das Mondlicht ließ uns die Umgebung besser erkennen.

»Folgt mir«, sagte Colum. Ich ritt hinter ihm einen Pfad entlang. Gleich darauf hörte ich seinen Ausruf. »Großer Gott!« Vor uns lag eine Ruine, die im bleichen Mondlicht gespenstisch wirkte. Panik erfaßte mich. Es kam mir vor, als sei ich in einem Alptraum gefangen. Was war mit mir geschehen? Ich war an diesem grausigen Ort mit einem Mann zusammen, den ich beim ersten Anblick schon gehaßt und auch gefürchtet hatte. Einen Augenblick lang versuchte ich mir einzureden, daß dies nicht die Wirklichkeit sein konnte. Gewiß träumte ich alles nur...

Wie geisterhaft wirkte das alles! Es standen nur noch die Außenmauern, und zwischen ihnen schienen böse Geister zu hausen.

Ich warf einen furchtsamen Blick auf den Mann an meiner Seite. Das leise Rauschen in den Bäumen klang für mich wie das Wimmern armer Seelen, und ich glaubte eine Warnung zu vernehmen: Geh weg von hier. Such deine Mutter. Geh dorthin zurück, wo du sicher bist!

Als zu allem Übel auch noch ein Käuzchen schrie, zuckte ich schreckhaft zusammen und malte mir aus, wie der graue Nachtvogel sich auf eine nichtsahnende Beute stürzte.

»Wer hätte das gedacht?« rief Colum Casvellyn erstaunt aus.

48

»Dieser Gasthof kann erst vor kurzem niedergebrannt sein. Als ich das letzte Mal hier vorbeikam, herrschte noch reger Betrieb.«

»Wo könnte meine Mutter denn noch eingekehrt sein?«

»Ich habe leider keine Ahnung«, erwiderte er achselzuckend.

»Am besten ist wohl, wen ich zur Herberge ›Rote und Weiße Rose‹ zurückreite und dort den Rest der Nacht verbringe.«

»Ohne Begleitung?«

»Das läßt sich nun nicht ändern. Was sollte ich denn sonst tun?«

»Ihr könnt mit nach Schloß Paling kommen.«

»Zu Euch nach Hause?«

»Ja. Warum nicht? Ich würde dann einige meiner Diener ausschicken, damit sie die Straßen absuchen.«

»Wenn ich in der Herberge übernachte, könntet Ihr doch gleichfalls Eure Leute losschicken.«

»Aber es verzögert sich alles, denn ich muß Euch zuerst zum Gasthaus begleiten und dann nach Schloß Paling reiten, um meinen Bediensteten Anweisungen zu geben. Wenn wir uns statt dessen gleich für das Schloß entscheiden, kann die Suche nach Eurer Mutter in weniger als einer Stunde beginnen.«

Ich zögerte. »Mir ist es trotzdem lieber, zum Gasthof zurückzukehren«, sagte ich schließlich.

Er zuckte die Achseln, und wir ritten los, nachdem ich mich noch einmal umgesehen hatte. Wie war es wohl dazu gekommen, daß dieses Haus abgebrannt war? Hoffentlich war niemand dabei umgekommen! Meine Einbildungskraft ließ mich Schreckensschreie hören. Es heißt, daß Menschen, die eines gewaltsamen Todes sterben, wieder zurückkehren. Daher gelten auch manche Orte als verhext...

Der Wunsch, so schnell wie möglich meinen Begleiter zu verlassen, war so stark, daß ich ganz kurz erwog, einen Fluchtversuch zu wagen. Aber wohin sollte ich mich wenden? Nein, nein... außerdem hatte er mich ja vor den Räubern gerettet. Was hatten diese Kerle vorgehabt? Raub und vielleicht... Schändung. Ich mußte Colum Casvellyn wirklich dankbar sein, und dennoch blieb ich mißtrauisch. Bei der abgebrannten Herberge hatte ich das deutliche Gefühl einer Warnung gehabt.

Ich wollte zum Gasthof ›Weiße und Rote Rose‹ zurückkehren und dort die Nacht über warten. Falls seine Leute meine Mutter tatsächlich fanden, würde ich ihm für alle Zeiten dankbar sein.

Wir ritten in gleichmäßigem Trab nebeneinander her, und ich

grübelte, wie spät es wohl sein mochte. Sicher waren es schon mehr als zwei Stunden, seit ich von meiner Mutter getrennt worden war.

Wir kamen in offenes Gelände, und mir bot sich ein Anblick, der mich unter anderen Umständen sicher begeistert hätte. Vor mir ragten die vier mit Pechnasen versehenen trutzigen Ecktürme eines Schlosses hoch über felsigen Klippen auf. Dahinter lag das Meer.

Ich schaute stumm das wuchtige Gemäuer an, das so wenig einladend wirkte. Es war eine Burg, die jedem Angriff trotzen konnte, da sie an einer Seite durch das Meer, zur Landseite hin durch starke Mauerbefestigungen geschützt war.

»Schloß Paling heißt Euch willkommen«, sagte Colum Casvellyn.

Ich wandte mich hastig um. »Ihr verspracht mir, mich zum Gasthaus zu bringen.«

»So ist es viel besser«, erwiderte er. »Ich war mir des richtigen Weges nicht ganz sicher. Außerdem glaube ich kaum, daß Eure Mutter Euch gern ohne Begleitung in einer Schenke wüßte.«

»Aber...«

»Kommt, meine Dienstboten werden bestens für Euer Wohl sorgen. Wir können nicht die ganze Nacht ziellos herumirren.«

»Ziellos? Das stimmt doch nicht, denn wir suchen schließlich nach meiner Mutter.«

»Meine liebe junge Lady, was könnt Ihr denn noch ausrichten? Ihr wißt nicht, wohin sich Eure Mutter gewendet hat. Ich verspreche Euch, von meinen Dienern die ganze Gegend absuchen zu lassen. In der Zwischenzeit könnt Ihr Euch etwas stärken und ausruhen. Sobald sie gefunden ist, bringe ich Euch unverzüglich zu ihr.«

»Warum tut Ihr das alles für mich?«

»Weil sich ein Gentleman einer Lady in Not gegenüber eben so verhält. Außerdem schäme ich mich noch heute meines unmöglichen Benehmens Euch gegenüber. Das Schicksal hat mir die Möglichkeit geboten, den schlechten Eindruck wettzumachen, den ich bei Euch hinterlassen haben mußte. Wollt Ihr mir dies verweigern?«

»Ihr habt schon genug getan, Sir. Vielen Dank für Eure Gastfreundschaft, aber ich möchte lieber im Gasthaus übernachten.«

»Wenn Ihr es unbedingt so wollt... glaubt mir, ich werde nichts gegen Euren Willen tun. Sollen wir sofort zurückreiten?

Das würde uns viel Zeit kosten. Kann ich Euch dort ohne Begleitung allein lassen? Bestimmt würden weder Eure Mutter noch Euer Vater mir das je verzeihen. Nein, nein, ich bin Euch heute genau im richtigen Augenblick begegnet. Ich konnte Euch vor räuberischem Gesindel retten, das mit Sicherheit böse Absichten hatte. Manchmal endet so ein Überfall sogar mit Mord. Es gibt Räuberbarone, die schutzlose Frauen und zuweilen sogar Männer in ihre Festungen verschleppen. In früherer Zeit war dies allgemeiner Brauch, und so etwas verschwindet nicht von heute auf morgen. Ich biete Euch nochmals meine Gastfreundschaft an und verspreche Euch, ohne Verzögerung etliche Knechte auf die Suche zu schicken. Bestimmt werden sie schon bald Kunde von Eurer Mutter bringen. Sobald es tagt, könnt Ihr in Frieden weiterziehen!«

Ich zögerte immer noch. Das Meer brandete in gleichmäßigen Schlägen gegen die Felsen. Was sollte ich tun? Es hatte ganz den Anschein, als bliebe mir gar keine Wahl, als mit ihm zu gehen...

Colum Casvellyn spürte sofort, daß meine Spannung nachließ. »Alles wird wieder gut werden«, sagte er aufmunternd.

Ich ritt hinter ihm den gewundenen Pfad zur Burg hinauf. »Wie schade, daß ich Euch nicht unter angenehmeren Umständen in meinem Heim willkommen heißen kann.«

»Ihr seid sehr gut zu mir«, war das einzige, was mir als Antwort darauf einfiel.

»Ich bin glücklich, Euch helfen zu können. Grübelt nun nicht länger! Diese Nacht geht schnell vorüber, und bei Tageslicht sieht alles viel besser aus.«

Ich nickte teilnahmslos.

»Schloß Paling hat einige Jahrhunderte überstanden und ist heute so uneinnehmbar wie kurz nach seiner Erbauung. Oft mußte es fremde Eindringlinge abwehren, und ständig ist es wilden Stürmen ausgesetzt. Es ist aus kornischem Stein und hat meiner Sippe seit Generationen eine sichere Bleibe geboten. Die Grundmauern wurden schon unter Wilhelm dem Eroberer errichtet... aber ich sehe schon, daß Ihr einem Gespräch über Baukunst keinerlei Anteilnahme entgegenbringt. Ihr denkt nur darüber nach, wie wir Eure Mutter finden können. Ich wollte Euch mit meinen Worten ein wenig ablenken. Das ist mir leider nicht gelungen.«

Wir näherten uns dem Fallgitter. Kühler Wind strich über mein erhitztes Gesicht und brachte den würzigen Salzgeruch des Meeres mit sich. Wieder hatte ich jenes merkwürdige Empfinden einer Warnung. Wie sollte ich diesem Mann trauen, der sich bei unserer ersten Begegnung so wenig ritterlich benommen hatte? Oh, wann hörte dieser Alptraum endlich auf!

Erneut mußte ich gegen den Wunsch ankämpfen, mein Pferd herumzureißen und wegzugaloppieren. Was konnte ich schon tun? Ich hatte ihn gebeten, mich zum Gasthof zu begleiten, doch er brachte mich statt dessen hierher. Er tat nur, was *er* wollte. Auf eine seltsame Weise beunruhigte und erregte er mich. Ich war mir über meine Gefühle ihm gegenüber durchaus nicht im klaren. Von ihm ging eine unbändige Kraft aus, die ich im Moment sehr nötig hatte.

Ich ritt weiter, weil ich mir nicht vorstellen konnte, was aus mir werden sollte, falls ich mich alleine in die Nacht hinauswagte.

Nun hatten wir das Fallgitter passiert.

»Ein sehr steiler Weg, nicht wahr? Aber hier oben ist man unangreifbar. Der Wächter auf dem Turm kann meilenweit sehen. Niemand könnte sich vom Land her unbemerkt nähern, und von der anderen Seite wäre es nur mit einem Boot möglich.«

Colum Casvellyn rief, und im Nu kamen mehrere Männer herbeigelaufen.

Er sprang vom Pferd und übergab einem Knecht die Zügel. Dann trat er zu mir und half mir aus dem Sattel.

Galant reichte er mir den Arm und führte mich zu einer Tür, wo eine Frau, die eine Laterne hielt, einen tiefen Knicks vor uns machte. »Gemma, wir haben einen Gast«, sagte er zu ihr. »Laß ein Zimmer für die Lady herrichten und eine warme Mahlzeit auftragen.«

Sie huschte weg, und er geleitete mich durch die große Halle in die Wachstube.

Ich hatte plötzlich die aberwitzige Vorstellung, daß er mich zu seiner Gefangenen machen wollte. An den Wänden hingen Speere und Hellebarden, in den vier Ecken standen Ritterrüstungen.

»Setzt Euch einen Augenblick«, forderte er mich auf, und ich ließ mich auf einem mächtigen hölzernen Sessel nieder, der selbst einem Riesen genug Platz geboten hätte.

Colum Casvellyn beugte sich zu mir herunter, nahm meine Hände und tätschelte sie.

»Euch ist kalt, nicht wahr? Und blaß seid Ihr auch. Heute ist nicht mehr viel von der kühlen jungen Lady aus dem Eichenzimmer übrig. Das bedaure ich. Wie schön wäre es gewesen, hätte ich

Euch mit Euren Eltern hier in allen Ehren empfangen können. Aber wir sollten die traurigen Umstände lieber vergessen.«

»Das kann ich nicht.«

Er nickte. »Dies ist übrigens die Wachstube, wohin man in früheren Zeiten die Gefangenen führte, ehe sie in die Verliese gebracht wurden. Ihr schaut mich so fragend an. Natürlich haben wir hier Verliese. Seht Ihr dort drüben die Falltür? Eine Wendeltreppe führt tief hinunter, und die eisenbeschlagene Tür ist so dick, daß keiner sie aufbrechen kann.«

Angst stieg wieder in mir hoch.

»Ich habe Euch absichtlich hierher gebracht, bevor ich Euch ins Schloß führe, weil ich zuerst mit Euch reden möchte. Leider habe ich bei unserer ersten Begegnung einen schlechten Eindruck auf Euch gemacht, der noch heute nachwirkt, stimmt's? Ich will aber, daß Ihr gut über mich denkt. Falls Ihr nun trotz allem gehen wollt, dann steht es Euch frei, denn ich werde keinen Versuch unternehmen, Euch aufzuhalten.« Er öffnete die Tür. »Ihr habt die Wahl.«

Was konnte ich ich schon tun? Nichts als hierbleiben, auf seine Hilfe bauen und den Morgen herbeisehnen.

»Ich bleibe.«

Er lächelte. »Eine kluge Entscheidung«, lobte er mich. »Nun werde ich Euch in das Zimmer führen lassen, das hergerichtet worden ist. Dann gibt es einen Imbiß. Ihr könnt für Euch allein bleiben oder mir Gesellschaft leisten. Schloß Paling steht Euch ganz zur Verfügung.«

Ich dankte ihm und fühlte mich etwas schuldbewußt, weil ich mich so mürrisch zeigte. Er hatte sich in der Herberge zwar zuerst wie ein Rüpel benommen, uns dann aber doch sein gewohntes Schlafgemach abgetreten. War ich zu unduldsam? Schließlich hatte er uns nicht mehr gestört, nachdem ich ihm das Fenster vor der Nase zugemacht hatte. Durch sein Dazwischentreten heute war sein Benehmen von damals mehr als wettgemacht. Es war schwierig, in diesem Mann, der so besorgt um mich zu sein schien, jenen hochfahrenden Tyrannen zu sehen, als der er zuerst von mir eingeschätzt worden war. Hatte ich mir ein Bild von ihm zurechtgezimmert, das verzeichnet und daher falsch war? Ich neigte leider dazu; meine Mutter hatte mir dies schon häufig vorgehalten.

»Nun werden wir diesen ungastlichen Raum aber verlassen und in einem kleinen Gemach, wo ich ab und zu Freunde bewirte, zu Abend essen. Vorher wollt Ihr Euch aber sicher die Hände waschen und den Mantel ablegen.«

Er zog an einer Klingelschur, worauf ein Dienstmädchen hereinkam.

»Bring die Lady zu dem Zimmer, das für sie vorbereitet wurde«, befahl er.

Sie knickste. Ich folgte ihr eine Treppe hinauf und eine Galerie entlang. Als sie eine Tür aufstieß, drang warmer goldener Kerzenschein heraus. Zwei Frauen waren gerade damit beschäftigt, das Bett herzurichten. Bei meinem Eintreten drehten sie sich um und machten gleichfalls einen Knicks.

Der Raum war prächtig möbliert. Das Bett hatte vier kunstvoll geschnitzte hohe Pfosten, zwischen denen schwere, bestickte Vorhänge hingen. Ich hätte den Dienstmägden gerne gesagt, daß sie sich die Arbeit sparen könnten, denn ich hatte nicht vor, im Bett zu schlafen, sondern wollte die Nacht über wach bleiben.

Die ältere Magd brachte warmes Wasser und eine Schüssel, damit ich mir Hände und Gesicht waschen konnte.

Nachdem ich Mantel und Haube abgelegt hatte, fühlte ich mich schon etwas wohler. Mit beiden Händen strich ich mir über das lange Haar, das mir fast bis zur Taille ging. Meine Mutter behauptete immer, es sei das Schönste an mir. Mein kastanienbraunes Haar, das im Sonnenschein golden schimmerte, war so dicht, daß es sich keiner Frisur fügen wollte. Am besten gefiel es mir eigentlich, wenn es mir locker über die Schultern hing. Im Augenblick war es mir allerdings völlig gleichgültig, wie ich aussah...

Gleich darauf wurde ich in ein nahe gelegenes Zimmer geführt, wo der Tisch schon gedeckt war. In hübschen Zinnschüsseln wurde heiße Suppe aufgetragen. Erst jetzt bemerkte ich, daß ich ganz schwach vor Hunger war.

»Versucht ein Stück von diesem Kapaun. Ich bin sicher, er wird Euch schmecken, auch wenn Ihr in Gedanken bei Eurer Mutter seid. Ihr helft niemandem damit, wenn Ihr hungert. Ich habe meine Leute übrigens schon losgeschickt, um weit und breit alles abzusuchen, und zweifle nicht daran, daß Eure Mutter bald hier sein wird, oder uns zumindest Nachricht zukommen läßt.«

Das Essen schmeckte mir tatsächlich gut, und ich fühlte mich langsam wieder etwas kräftiger.

»Nehmt einen Schluck von diesem guten Wein, das wird Euch ermuntern. Trinkt, trinkt...«

Er schnitt sich eine gehörige Portion von der Pastete ab und füllte seinen Pokal bis zum Rand mit Wein. Dann aß und trank er mit ausgezeichnetem Appetit.

»Wunderbar! Eure Wangen röten sich ein wenig«, meinte er wohlwollend. »Hier, nehmt noch ein Glas. Fühlt Ihr Euch schon etwas wohler?«

Ich nickte.

»Schon morgen könnt Ihr mit Eurer Mutter herzlich über dieses ganze Abenteuer lachen.«

»Ich glaube eher, daß wir uns mit Schaudern daran erinnern werden.«

»Es war ein übler Anblick, als dieser Schurke mit Euch davongaloppierte. Aber ich zweifelte keinen Augenblick daran, Euch aus seinen Händen befreien zu können. Leider, leider war es mir nicht möglich, ihn nach Gebühr zu bestrafen. Nun, vielleicht läßt sich das nachholen.«

»Würdet Ihr ihn denn wiedererkennen?«

»Da er maskiert war, ist das natürlich schwierig. Aber sein Pferd habe ich mir genau angesehen.«

Er füllte erneut meinen Becher. »Danke, es ist genug«, wehrte ich ab.

»Nicht doch! Eure Lebensgeister müssen geweckt werden, damit Ihr recht munter seid, wenn Eure Mutter hier eintrifft.«

»Glaubt Ihr denn wirklich, daß sie gefunden wird?«

»Warum nicht? Ich habe vier Leute in vier verschiedene Richtungen losgeschickt. Sie müssen sie also finden. Entweder ist sie noch unterwegs oder aber in einem Gasthof abgestiegen.«

»Aber es gab doch nur eine einzige Herberge, und dort war meine Mutter nicht«, wandte ich ein.

»Vielleicht ist sie erst nach uns gekommen.«

»Ich hätte dort bleiben sollen.«

»Aber nein, Ihr seid hier viel besser aufgehoben...«

Ich fühlte mich ein bißchen benommen, was vermutlich an dem ausgestandenen Schrecken und auch am Wein lag. Colum Casvellyns Stimme wurde immer leiser, als komme sie von weit her.

»Laßt Euch noch ein Stück vom Rebhuhn schmecken!«

Der Raum begann leicht zu schwanken, und ich dachte entsetzt: Gott steh mir bei! Der Wein scheint ja sehr stark zu sein. Während mein Gastgeber geschickt das Rebhuhn tranchierte, warf er mir ab und zu einen forschenden Blick zu und lächelte.

Ich konnte sein Gesicht nicht mehr klar erkennen, denn alles wurde immer verschwommener. »Ich glaube... ich muß gehen...«, hörte ich mich selbst stammeln.

Mühsam erhob ich mich, und schon war er an meiner Seite. Der Boden schien mir unter den Füßen wegzugleiten, und ich war mir nur noch seiner Augen bewußt, die riesengroß wirkten... dicht vor mir... wie tiefe schwarze Seen... mir war so, als würde ich in dunklen Wassern zu schwimmen versuchen und langsam sinken.

Dann packten mich starke Hände, und ich wurde wieder aufgerichtet.

Ich hörte seine Stimme, die fremd und näselnd klang. »Alles ist in Ordnung, in bester Ordnung...«

Ich fuhr hoch. Was war mit mir geschehen? Wo war ich? Ein grünes Gefängnis schloß mich ein. Von irgendwoher schien Licht herein. Ich war verändert... mir fast fremd. Leise schrie ich auf, als ich merkte, daß ich unter einer leichten Decke nackt war.

Verwirrt setzte ich mich auf. Und plötzlich wußte ich, daß ich in dem Bett mit den vier Pfosten lag, das ich in der Nacht zuvor zum ersten Mal gesehen hatte. In Sekundenschnelle kam mir wieder alles ins Gedächtnis. Ich befand mich auf Schloß Paling, nachdem ich von meiner Mutter getrennt worden war, und hatte mich an einen Tisch gesetzt, um zu essen und zu trinken.

Schreckliches Wissen lauerte im Hintergrund meines Bewußtseins. Erinnerte ich mich an etwas Bestimmtes? Was war in dieser Nacht geschehen? Es war unmöglich... und doch wußte ich mit Sicherheit, daß es passiert war. Eine verschwommene Erinnerung kam zurück. Der Wein! Er hatte mich umnebelt, mich irgendwie verändert. Edwina hatte mir einmal erzählt, daß es Kräuter gebe, die alle Sinne betäuben, damit man nicht merkt, was geschieht... und doch...

Ich redete mir ein, daß ich träumte, und war mir doch nur zu gut der Veränderung in meinem Körper bewußt. Es war unmöglich! Rasch zog ich im Knien die schweren grünen Bettvorhänge beiseite. Es war heller Tag. Ich stieg aus dem Bett. Meine Kleider lagen achtlos verstreut auf dem Boden. Als ich an meinem Körper hinuntersah, entdeckte ich die vielen blauen Flecken.

Da wußte ich es mit völliger Sicherheit.

Er trat durch eine Tür, die in den Vorraum zu führen schien. Er trug ein loses Gewand; unter dem er wohl nackt war. Hastig hob ich mein Kleid hoch und hielt es schützend vor mich.

»Diese Sittsamkeit! Wie reizend«, sagte er.

Colum Casvellyn lachte und glich wieder ganz jenem hochnäsigen Flegel aus dem Gasthof. Er genoß seinen Triumph! Wenn ich zuvor noch einige Zweifel gehabt hatte, so waren sie mir nun völlig genommen.

»Ich möchte wissen, was geschehen ist«, sagte ich.

»Kannst du dich nicht mehr erinnern?«

»Was habt Ihr in meinen Wein getan?«

»Ein wenig von meiner... ›Spezialmedizin‹.«

»Ihr müßt vom Teufel besessen sein!«

»Das halte ich nicht für ausgeschlossen.«

»Ihr... Ihr habt das absichtlich...«

»Es ergab sich... zufällig.«

»Mein Vater wird Euch töten.«

»Ich habe gehört, daß er sehr gut mit dem Schwert umzugehen versteht«, erwidert er ungerührt. »Von mir berichtet man allerdings ähnliches.«

»Glaubt Ihr denn, daß Ihr ungestraft davonkommen werdet?« fragte ich empört. »Ihr werdet dafür sterben.«

»Ich war lediglich galant und zuvorkommend. Nichts ist gegen deinen Willen geschehen.«

»Ich hatte keinen eigenen Willen mehr.«

»Also kann ich auch nicht gegen ihn gehandelt haben.«

»Was habt Ihr mit mir gemacht?«

»Ich habe eine Frau aus dir gemacht, Linnet. Was für ein dummer, unpassender Name! Du hast nichts von einem kleinen Hänfling an dir. Ganz im Gegenteil! In deiner Leidenschaft gleichst du eher einer Tigerin.«

»In meiner Leidenschaft...«

»O ja, du warst sehr leidenschaftlich, und es gefiel dir gar nicht schlecht, so genommen zu werden. Es war ein großes Erlebnis für uns beide.«

»Geht! Ich möchte mich anziehen und so rasch wie möglich von hier weg!«

»Wie jammerschade! Du und ich könnten so glücklich zusammen sein. Übrigens habe ich gute Nachrichten für dich, denn deine Mutter ist heil zu Hause angelangt. Ich habe noch gestern nacht Boten zu ihr geschickt mit der tröstlichen Bestätigung, daß du in Sicherheit bist...«

»In Sicherheit!«

»Ganz recht. Ich ließ ihr ferner ausrichten, daß du noch heute heimgebracht würdest.«

Ich wandte mich von ihm ab. »O mein Gott, was soll ich bloß tun?« stieß ich verzweifelt hervor.

»Es gibt mehrere Möglichkeiten. Ich werde dir zuerst die schmackhafteste unterbreiten. Ich brauche eine Frau. Da ich dich ausprobiert und für gut befunden habe, kämst du durchaus dafür in Frage.«

»Das ist eine Zumutung! Lieber würde ich sterben!«

»Nicht so voreilig, liebes Kind. Gestern nacht warst du ganz und gar nicht unglücklich, sondern hast willig mitgemacht.«

»Zum Glück erinnere ich mich an gar nichts mehr. Das ist mein einziger Trost.«

»Alles wird dir wieder einfallen, glaub mir. Natürlich will die kleine Jungfrau, die du warst, nichts davon wissen, aber nun bist du eine Frau, eine sehr leidenschaftliche, das kann ich dir versichern. Wie käme ich dazu, eine Lady zu verschmähen, deren Bedürfnisse so gut mit den meinen harmonieren.«

»Schweigt endlich!«

»Du solltest zu deinem Herrn und Meister nicht so sprechen!«

»Das werdet Ihr nie für mich sein!«

»Warum denn nicht? Wir sind eben ein hitziges Pärchen, das nicht erst das Ehegelöbnis abwarten wollte.«

»Hoffentlich ist dies alles nur ein Alptraum! Es kann einfach nicht wahr sein.«

»Irrtum. Und die Geschichte ist einfach genug. Du kamst hierher und trankst zuviel Wein, was in dir ganz natürliche Wünsche weckte. Wie schon gesagt, bin ich nicht der Mann, der etwas zurückweist, was ihm so reizend angeboten wird. Du wirst nie einen zweiten Liebhaber wie mich finden und erst recht keinen Mann, der dir ritterlich die Ehe anbietet, obwohl du dich leichtfertig aufgeführt hast. So würden viele Leute dein Benehmen nämlich einschätzen. Na, komm schon, sei nicht so zimperlich. Schließlich habe ich dich nackt gesehen, hast du das vergessen? Und du bist sehr, sehr schön. Nun, wie steht's? Würde es dir nicht gefallen, Herrin auf Schloß Paling zu werden?«

»Geht weg! Ich werde keinen Augenblick länger hier bleiben als unbedingt nötig.«

Zu meiner Verwunderung nickte er und verbeugte sich leicht.

»Du solltest noch etwas essen, bevor wir aufbrechen. Ich lasse dir eine Kleinigkeit hereinbringen. Dann begleite ich dich heim.«

Ich war allein. Als ich zum Bett hinübersah, fröstelte ich. Was für eine Törin war ich gewesen, mit ihm hierherzukommen! Wie klar war mir jetzt alles! Warum hatte ich es nicht gleich durchschaut? Welch übler Schicksalsstreich, daß ich ausgerechnet Colum Casvellyn in die Hände gefallen war! Er hatte mir versichert, daß ich mich bald schon an alles erinnern würde. Erwachten dann in mir Empfindungen, die mich ebenso ängstigten und zugleich faszinierten wie... er selbst?

Hastig zog ich mich an, um die blauen Flecken nicht mehr sehen zu müssen. Eine Dienerin brachte mir einen Krug Ale, Brot und kalten Braten. Ich konnte nichts essen, sondern trank nur einige Schlucke Ale.

Draußen im Hof half mir Colum Casvellyn in den Sattel meines Pferdes. Einen Augenblick hielt er meine Hand fest und schaute zu mir empor. Es machte fast den Eindruck, als wolle er mich um etwas bitten, doch ich sah deutlich den Spott in seinen Augen.

»Ein längerer Ritt liegt vor uns, Geliebte.«

»Ich möchte ihn möglichst rasch hinter mich bringen.«

Wir schwiegen beide, als wir den Weg an der Küste entlang ritten. Nach ungefähr einer Viertelstunde wandte er sich lächelnd an mich.

»Es sind wohl an die fünfzehn Meilen. So sehr weit wohnen wir also gar nicht voneinander entfernt.«

»Um so schlimmer«, erwiderte ich.

Meine Mutter war in Sicherheit. Da ich mir ihretwegen also keine Sorgen mehr machen mußte, konnte ich über das Ungeheuerliche nachsinnen, was mit mir geschehen war.

Ich war natürlich nicht die erste, der so etwas widerfahren war. Viele Männer von der Art eines Colum Casvellyn nahmen sich nicht einmal die Mühe, ihre Opfer erst zu betäuben. Wenigstens war mir erspart geblieben, alles ganz bewußt zu erleben. Was immer er auch behaupten mochte, ich konnte mich an nichts erinnern. Es gab lediglich jene vagen, merkwürdigen Empfindungen in mir... und das Wissen, daß ich verändert war.

Es war ein wunderschöner, sonniger Tag, der so gar nicht zu meiner Stimmung paßte. Graues, trübes Wetter wäre mir lieber gewesen. Ein- oder zweimal stimmte Colum ein Lied an... ein Jagdlied. Er erweckte ganz den Anschein, als sei er so zufrieden mit dem Leben und sich selbst, daß er seine Freude nicht unterdrücken konnte.

Ich schwieg beharrlich und gab ihm auf seine Fragen nur einsilbige Antworten.

Als ungefähr die Hälfte des Weges hinter uns lag, schlug er unserer Pferde wegen eine kurze Rast vor. Uns könne es auch nicht schaden, fügte er hinzu.

Kurz darauf kamen wir zu einer Herberge. Er ritt in den Hof und lenkte durch seine gebieterische Haltung sofort die Aufmerksamkeit der Bediensteten auf sich. Während die Pferde versorgt wurden, setzten wir uns in die Gaststube, wo uns Ale und Pasteten vorgesetzt wurden.

Wir waren die einzigen Gäste. Das war mir unangenehm, denn ich hatte keine Lust, Konversation zu machen. »Sei doch nicht so niedergeschlagen«, meinte er. »Ein Mädchen sollte seiner Jungfernschaft nicht derart nachtrauern. So wertvoll ist sie auch nicht, glaub mir. Nur die Frauen, die in Gefahr sind, sie für immer zu behalten, nehmen sie so ungemein wichtig.«

Ich erwiderte nichts.

»Du bist wirklich töricht, mein Mädchen. Ich nenne dich so, weil ich deinen lächerlichen Vornamen nicht leiden kann.«

»Ich bin nicht Euer Mädchen!«

»Du bist sogar meine Geliebte, wie du genau weißt.«

Impulsiv hob ich die Hand, um ihm eine Ohrfeige zu geben, doch er hielt sie mit festem Griff gefangen.

»Ganz ruhig! Wir wollen hier doch keinen Streit vom Zaun brechen, oder? Stell dir vor, der Wirt käme herein? Soll ich ihm dann sagen: Die Lady hat letzte Nacht mein Lager geteilt und bereut es jetzt.«

»Ihr lügt.«

»Du lügst, während ich die Wahrheit sage. Und ich will dir noch etwas sagen. Ich mag dich wirklich... sehr sogar. Und ich werde dich heiraten.«

»Niemals!«

»Vielleicht wirst auch du es noch für gut und richtig halten.«

»Richtig, Euch zu heiraten? Eine lächerliche Vorstellung!«

»Es war eine großartige Nacht«, sagte er und schaute versonnen in seinen Bierkrug. »Eine Nacht, wie man sie nur selten erlebt. Du könntest schwanger werden.«

Ich fuhr zusammen. »Unmöglich«, stammelte ich.

»Nun, wir werden ja sehen. Es würde mich jedenfalls nicht überraschen. Du bist ein sehr sinnliches kleines Ding. Du wirst Kinder haben... mit mir zusammen. Ich könnte schwören, daß wir schon damit begonnen haben.«

»Nein!« Meine Stimme überschlug sich fast. »Nein! Ich will sofort weiterreiten, denn ich kann Euch nicht mehr ertragen.«

»Wie du willst. Dann bringe ich dich jetzt zu deines Vaters Haus.«

»Je eher ich Euch los bin, desto besser.«

»Überleg's dir nicht zu lange«, sagte er beim Hinausgehen. »Wer weiß, vielleicht finde ich sonst eine andere, die mir gefällt. Ich bin jetzt reif für die Ehe und nicht gerade bekannt für meine Engelsgeduld.«

»Ich werde die Ärmste von Herzen bemitleiden, wenn es soweit ist«, sagte ich sarkastisch.

Er lachte. »Wollen wir hoffen, daß du es bist. Selbstmitleid ist schließlich weit häufiger verbreitet als Mitleid mit anderen. Mein kleines Vögelchen. Puh: Hänfling! Mehr ein junger Adler, wenn du mich fragst. Für mich bleibst du mein Mädchen, bis du meine Frau wirst.«

»Ich glaube kaum, daß Ihr in Zukunft noch einmal die Möglichkeit bekommen werdet, mich irgendwie anzureden.«

»Warten wir's ab!«

Wir ritten weiter, und ich war glücklich wie nie zuvor, endlich das wohlvertraute Portal mit den beiden steinernen Löwen zu sehen. Meine Mutter hatte unsere Ankunft schon bemerkt und kam aus dem Haus gelaufen, gefolgt von Jennet und meiner kleinen Schwester Damask. Ich sprang vom Pferd und warf mich meiner Mutter in die Arme.

»Mein Liebes«, flüsterte sie. »Oh, meine liebe kleine Linnet, was für eine schreckliche Nacht das gewesen ist!«

Es war für mich so wunderbar, wieder bei ihr zu sein, daß ich im Augenblick alles andere vergaß. Sie schaute mich immerfort an, und ich wußte, was für schreckliche Ängste sie ausgestanden hatte, bis sie erfuhr, daß ich ›in Sicherheit‹ war. Ich zitterte bei dem Gedanken, wie sehr es sie treffen würde, wenn ich ihr gestand, was mir widerfahren war.

Nun kam mir Colum Casvellyn wieder in den Sinn. Er stand breitbeinig da und musterte uns so wohlwollend, als habe er uns einander wiedergegeben. Am liebsten wäre ich ins Haus gelaufen und hätte mich irgendwo verkrochen. Wie spöttisch er mich betrachtete! Wartete er darauf, daß ich ihn anklagte, mich geschändet zu haben? Sicher würde er dann damit prahlen, daß ich keinerlei Widerstand geleistet hätte. Nahm er etwa an, daß meine Eltern ihm mehr glauben würden als mir?

Dieser Augenblick im Hof schien sich endlos in die Länge zu ziehen. Es war, als warte die Zeit darauf, daß ich endlich etwas unternähme. Aber was? Natürlich konnte ich ihn anklagen. Und dann? Mein Vater – er war auf einer Schiffsreise – würde Colum

Casvellyn töten oder aber bei der Auseinandersetzung mit dem Jüngeren selbst getötet werden. Wie sinnlos das alles war! Was geschehen war, war geschehen.

Ich war über mich selbst überrascht. War ich etwa schon mit ihm ausgesöhnt? Ich sehnte mich danach, von ihm wegzukommen, um gründlich nachdenken zu können. Ich mußte abwarten, über das Geschehene nachgrübeln, bevor ich mich für irgend etwas entschloß.

Meine Mutter wandte sich an Colum. »Es war sehr aufmerksam von Euch, mir eine Botschaft zu senden und Linnet so rasch wie möglich nach Hause zurückzubringen.«

»Ich tat nur, was jeder Gentleman in meiner Lage getan hätte«, sagte er und verbeugte sich leicht.

Ich mußte an mich halten, um ihm nicht ins Gesicht zu schreien, was für ein lügnerisches Scheusal er sei. Doch ich ließ es sein, denn meine Mutter wäre sehr erregt geworden.

»Kommt herein und nehmt eine kleine Erfrischung zu Euch«, forderte sie ihn höflich auf.

Sie führte ihn ins Haus, und Colum machte ihr einige Komplimente darüber. »Wie neumodisch hier alles ist, verglichen mit Schloß Paling. Man baute in alten Zeiten zwar sehr weitläufig und großzügig, aber ohne viel auf Bequemlichkeit zu achten. Natürlich haben wir im Schloß einige Verbesserungen durchgeführt, aber es bleibt ein altes Gemäuer.«

»Dennoch haben diese alten Gebäude ihren eigenen Reiz«, erwiderte meine Mutter.

»Gewiß. Sie haben so vieles gesehen. Wenn ich überlege, was meine Vorfahren an üblen Dingen vollbracht haben, dann fürchte ich fast, das Schloß ist von bösen Geistern bewohnt.«

Meine Mutter führte ihn in einen kleinen Raum, der von der Galerie zugänglich war. Damask schaute staunend und bewundernd zu Colum auf, der ihr wie ein Riese erscheinen mußte. Er schwang sie hoch über seinen Kopf, und ich ärgerte mich darüber, daß meine kleine Schwester ihre Bewunderung so offen zeigte.

»Damask scheint Euch gern zu mögen«, sagte meine Mutter.

»Und ich mag Damask. Was für ein ungewöhnlicher Name! In Eurer Familie habt Ihr überhaupt sehr originelle Namen.«

Meine Mutter war erfreut. Sie konnte ja nicht ahnen, daß er sich nur lustig machte.

»Damask wurde nach ihrer Großmutter genannt. Sie wurde in

dem Jahr geboren, als Dr. Linacre die Damaszenerrose nach England brachte.«

»Und woher hat Linnet ihren Namen?« Er lächelte mir unverfroren zu.

»Wir glaubten, daß es ein Junge würde, und wollten sie aus alter Familientradition Penn nennen. Dann mußten wir uns rasch umstellen. Da sie wie ein kleines Vögelchen aussah…«

Ich war fast krank vor Scham. Wo blieb der gesunde Menschenverstand meiner Mutter? Merkte sie denn nicht, daß dieser Mann ein Feind war? Allerdings konnte sie ja wirklich nicht wissen, wie er mich behandelt hatte. Für sie war er mein Retter. Ich sollte eigentlich die Wahrheit hinausschreien. Merkwürdigerweise hatte ich das Gefühl, daß Colum nur darauf wartete, es sogar erhoffte. Warte ab, sagte ich zu mir selbst. Handle nicht unbesonnen. Denk erst gründlich darüber nach.

Warum machte er sich nicht endlich auf den Rückweg? Ich wollte in mein Zimmer gehen, meine Schürfwunden und blauen Flecken untersuchen, mich waschen und reine Kleider anziehen. Als ob ich mich je wieder völlig rein fühlen könnte…

»Du siehst sehr erschöpft aus, liebes Kind«, sagte meine Mutter besorgt.

»Ich möchte mich gerne waschen und dann hinlegen…«

»Aber natürlich, Liebes.« Sie lächelte Colum Casvellyn zu. »Ihr versteht gewiß. Aber reitet nicht überstürzt weg. Ich habe für Euch ein Zimmer herrichten lassen, wo Ihr Euch ein Weilchen ausruhen könnt.«

»Oh, besten Dank, aber ich bin an lange Ritte gewöhnt. Da meine Mission erledigt ist, möchte ich mich gleich wieder auf den Weg machen.«

Ich war schon aufgestanden, und meine Mutter klingelte nach Jennet. »Ruh dich aus, mein Liebes«, sagte sie zu mir. »Was für qualvolle Stunden liegen hinter dir.«

Am liebsten hätte ich ihr zugerufen: Du weißt ja nicht, wie qualvoll sie in Wirklichkeit waren!

Jennet kam herein und wurde von meiner Mutter gebeten, mir heißes Wasser aufs Zimmer zu bringen. Sie selbst wollte für mich ein heißes Milchgetränk mit Alkohol zubereiten, dessen Rezept noch von ihrer Großmutter stammte.

Jennet zog die widerstrebende Damask hinter sich her, die nur ungern Colum verließ, während ich mich äußerst frostig von ihm verabschiedete.

Er verbeugte sich. »Es war mir ein großes Vergnügen, Euch zu Diensten zu sein. Dies um so mehr, als ich mich beim ersten Mal so schlecht benommen habe.«

»Immerhin habt Ihr uns das Eichenzimmer zu guter Letzt überlassen«, erwiderte meine Mutter lächelnd.

»Könnt Ihr mir wirklich mein rüpelhaftes Benehmen verzeihen, Madam? Ich muß gestehen, daß ich dem guten Wein des Wirtes etwas zu sehr zugesprochen hatte.«

»Für das, was Ihr in dieser Nacht für uns getan habt, würde ich Euch alles verzeihen.«

Am liebsten hätte ich laut hinausgeschrien. Ich sah genau, daß Colum sich das Lachen verbiß. Er hatte nicht abgestritten, vom Teufel besessen zu sein. Anscheinend hatte er nur zu recht damit.

Als Jennet mir das heiße Wasser ins Zimmer gebracht hatte, zog ich mir das Kleid aus. Ich konnte das Bild nicht loswerden, wie er es mir abgestreift hatte. Nie mehr wollte ich es tragen... Ich wusch mich und zog neue, saubere Sachen an. Erstaunlicherweise fühlte ich mich hinterher tatsächlich etwas wohler. Als ich von unten Stimmen hörte, trat ich ans Fenster. Meine Mutter zeigte Colum gerade unseren Garten.

Unglücklicherweise schaute er in diesem Moment herauf, sah mich und warf mir wieder eine Kußhand zu...

Als meine Mutter mit dem heißen Milchgetränk hereinkam, lag ich schon auf dem Bett.

Sie kniete sich neben mich und legte mir zärtlich die Hand auf die Stirn. »Oh, Linnet, nie im Leben werde ich den schrecklichen Augenblick vergessen, als ich diesen maskierten Kerl mit dir davonreiten sah. Hätten wir die Reise bloß nicht gemacht oder wenigstens mehr Knechte mitgenommen! Bei nächster Gelegenheit werde ich dafür sorgen, daß sie bewaffnet sind. Gott sei Dank, daß dieser Mann zur Stelle war! Wer hätte gedacht, daß ausgerechnet er dich retten würde! Er, den wir so abscheulich fanden.«

Jetzt mußte ich ihr alles erzählen, und sie würde mir raten, was zu tun sei.

Nein, jetzt noch nicht, sagte ich mir. Erst muß ich allein darüber nachdenken.

Darüber nachdenken! Zu etwas anderem war ich gar nicht in der Lage. Es peinigte mich in meinen Träumen und bei Tage. Ständig tauchten Bilder vor meinen Augen auf.

Als die Tage verstrichen, wurde mir immer deutlicher klar, daß ich meiner Mutter nichts erzählen durfte, da sonst alles nur noch schlimmer geworden wäre. Sicher würde sich mein Vater dann auf die Suche nach dem Verführer seiner Tochter machen und erst zufrieden sein, wenn er dessen Kopf hatte.

Colum Casvellyns Tod würde mich zwar völlig kaltlassen, aber ich war inzwischen davon überzeugt, daß er stets als Sieger aus einem Kampf hervorging. Er war wie mein Vater, hatte aber den entscheidenden Vorteil, wesentlich jünger zu sein.

Colum Casvellyn sollte nicht noch mehr Leid über meine Familie bringen! Die einzige Möglichkeit, dies zu verhindern, lag darin, daß ich schwieg.

Die abscheulichen Geschehnisse jener Nacht mußten mein Geheimnis bleiben... und das seine.

Die überstürzte Hochzeit

Weihnachten kam, und es gab die üblichen Feierlichkeiten. Mein Vater hatte außerdem noch ganz besondere Lustbarkeiten zur Feier unseres glorreichen Sieges über die Spanier angekündigt. Nun war bereits ein Monat seit meinem Abenteuer verstrichen, aber es quälte mich immer noch. Meine Mutter hatte gemerkt, wie verändert ich war, und mich immer wieder besorgt ausgefragt. Ich hatte sie beruhigt, aber noch immer nichts verraten. Das war sehr ungewöhnlich, da ich ihr bisher stets alles anvertraut hatte.

Wir schmückten die große Halle festlich mit Stechpalmen und Efeu. Es wurde viel getanzt und gesungen, man spielte Karten und würfelte. Die Dienerschaft macht es besonders viel Spaß, da es für sie nur während der Weihnachtszeit erlaubt war. Es gab ein Gesetz, das Handwerkern und Bediensteten grundsätzlich das Glücksspiel verbot; nach Meinung der meisten Bürger geschah dies nur zu deren Bestem. Natürlich konnte ein wohlhabender Mann sein Glück wagen, und mein Vater machte da keine Ausnahme. Er war der geborene Spieler und gewöhnlich recht nachsichtig den Dienern gegenüber, die auf besagte Weise das Gesetz brachen.

Weihnachten wurde also mit Würfeln und Karten, mit Mummenschanz und Maskeraden gefeiert. So war es gewesen, seit ich mich erinnern konnte.

»Während des vorjährigen Weihnachtsfestes hing die Furcht vor den Spaniern wie eine schwarze Wolke über uns«, sagte meine Mutter. »In diesem Jahr sind wir frei.«

Ich wünschte, auch ich hätte mich frei fühlen können. Über mir hing eine noch größere schwarze Wolke; ein nationales Unglück trifft den einzelnen nie so schwer wie sein ganz persönliches...

An Neujahr kamen die Landors wie geplant zu Besuch. Mein Vater überlegte, wie er vor den Gästen mit seinem Besitz Eindruck erwecken könnte. Er wollte, daß Neujahr ganz ähnlich wie Weihnachten gefeiert würde. Nach Vorstellung meines Vaters sollte das Jahr besonders fröhlich begrüßt werden, da es nach seiner Prophezeiung großen Wohlstand für England bringen würde.

»Es ist schön, die Landors wiederzusehen«, sagte meine Mutter zu mir. »Freust du dich auch, Linnet?«

Sie schaute mich forschend an, und ich wich ihrem Blick aus, als ich zustimmend nickte.

»Es sieht ganz so aus, als würden sie mit deinem Vater handelseinig. Bestimmt werden wir uns in Zukunft häufig sehen.«

Ich ahnte, daß sie in Gedanken wohl schon meine Hochzeit plante. Also war es allerhöchste Zeit, ihr alles zu gestehen.

»Mutter ...«, begann ich, brachte es aber wieder nicht fertig, ihr von jener Nacht auf Schloß Paling zu erzählen.

Am letzten Tag des alten Jahres trafen die Landors ein. Fennimore ergriff bei der Begrüßung meine beiden Hände und lächelte mich an. Er war wirklich ganz anders als Colum Casvellyn. Wie sanft er mit mir umging ...

Meine Eltern begrüßten im Hof die Gäste. Mein Vater schrie laut Befehle, so daß die Dienstboten wie aufgescheucht hin und her schossen, meine Mutter gab ruhige Anordnungen.

Wir geleiteten die Landors auf ihre Zimmer, und sie machten meinem Vater die Freude, Lyon Court unverhohlen zu bewundern. Duft nach Gebratenem und Gebackenem zog verheißungsvoll durch das Haus, und wir waren eine muntere Gesellschaft, als wir uns zum Abendessen niederließen. Edwina war mit Carlos herübergekommen, denn Carlos war an dem neuen Unternehmen sehr interessiert und wollte sich daran beteiligen. Mit Jacko verhielt es sich ebenso, und auch der junge Penn war begierig darauf, soviel wie möglich darüber zu erfahren.

Edwina begann man die Schwangerschaft allmählich anzusehen. Meiner Meinung nach war sie noch schöner als früher, da sie Heiterkeit und Glück ausstrahlte.

»Ich bin überglücklich, Linnet, denn Carlos und ich haben uns so sehnlich ein Kind gewünscht«, sagte sie, als wir allein waren. »Wir hatten schon gefürchtet, ich würde nie schwanger. Es ist eigentlich recht merkwürdig, denn manche Paare bekommen im Nu ein Kind.«

Ich fragte sie, ob sie sich ein Mädchen oder einen Jungen wünschte. »Carlos will natürlich einen Sohn haben. In diesem Punkt sind wohl alle Männer gleich.«

»Meine Mutter sagt, die Männer bewundern sich selbst so sehr, daß sie ein Abbild haben wollen – einen Sohn.«

Edwina lachte. »Mir ist völlig egal, was es wird. Ich will ein Kind, das ist alles. Du wirst mir eines Tages nachfühlen können, wie mir zumute ist, Linnet.«

In der folgenden Woche wurde viel gemeinsam unternommen.

Mein Vater zeigte den Landors seine Schiffe, die in der Bucht vor Anker lagen, und sie disputierten über alle möglichen Veränderungen, um die Fahrzeuge dem neuen Verwendungszweck besser anzupassen. Meine Mutter war die ganze Zeit über in bester Laune. Offensichtlich erwartete sie, daß noch vor Ablauf des Besuches die Verlobung von Fennimore und mir angekündigt werden würde.

Am Neujahrstag kam mir zum ersten Mal der schreckliche Verdacht. Es konnte passiert sein. Colum Casvellyn selbst hatte es in Erwägung gezogen. Noch war ich nicht sicher, aber was sollte ich bloß tun, wenn es bald schon keinen Zweifel mehr gab?

Ich schützte Kopfschmerzen vor und zog mich in mein Zimmer zurück. Kurz darauf wurde mir das altbewährte Milchgetränk von Jennet gebracht. Sie war eine sehr gesprächige Person, und ihre Unterhaltung steckte immer voller Anspielungen auf Männer.

Sie setzte sich neben mich auf die Bettkante und hielt mir das Getränk unter die Nase.

»Mistress Linnet, trinkt bitte brav aus. Dann werdet Ihr friedlich schlafen und bald wieder frisch und munter sein.«

»Dank dir, Jennet.«

Sie beugte sich ganz nahe zu mir und musterte mich forschend. »Es ist doch nichts passiert, Mistress Linnet, oder?«

»Passiert? Was meinst du denn damit?« fragte ich zurück.

Sie errötete wie immer, wenn sie etwas Ungehöriges gedacht hatte. Obwohl sie die Geliebte vieler Männer gewesen war, hatte sie immer noch etwas Jungfräuliches an sich. Vermutlich lag darin auch der Reiz, den sie trotz ihrer Jahre auf Männer ausübte.

»Ach nichts, Mistress. Ich dachte nur gerade an den Gentleman im Gasthof.« Sie kicherte. »Du liebe Zeit, ich erinnere mich noch genau, wie er hereinkam und alles nach seinem Willen haben wollte. Man konnte ihm gleich ansehen, daß er zu der Sorte gehört. Er hat mich an Captain Pennlyon erinnert, weiß Gott.« Sie sprach meines Vaters Namen immer voller Verehrung aus. Jennet kicherte wieder, beobachtete mich dabei aber verstohlen weiter. »Und dann hat er Euch gerettet. Als ich zusehen mußte, wie der andere Kerl Euch mit sich wegriß und er hinterherjagte... du liebe Güte!«

»Ich will jetzt versuchen, ein wenig zu schlafen, Jennet.«

»Ja, Mistress. Und dann hat er Euch auf sein Schloß mitgenommen wie in einer alten Sage von Rittern und Ladys. Ja, genauso.«

In Jennets Augen lag ein träumerischer Ausdruck, aber auch eine gewisse Schläue. Sie weiß, was geschehen ist, dachte ich. Also wäre es wirklich möglich? Und die Furcht peinigte mich...

Der Vorabend der Heiligen Drei Könige kam, der den Höhepunkt der Festlichkeiten darstellte. Am nächsten Tag mußten Stechpalmen und Efeu abgenommen und feierlich verbrannt werden, denn es brachte Unglück, sie weiterhin an den Wänden zu lassen. Der Dreikönigskuchen wurde aufgetragen, und wir vergnügten uns bei vielen Spielen. Meine Mutter hatte einen Schatz versteckt, und wir sollten paarweise nach ihm suchen. Ich war erfreut, als Fennimore mich zu seiner Begleiterin erwählte. Wir machten uns Hand in Hand auf die Suche. Fennimore hielt den Kerzenleuchter hoch, und ich war mir bewußt, daß unsere Eltern uns wohlwollend nachsahen. Sicher waren sie sich einig, daß dies ein passender Zeitpunkt war, um unser Verlöbnis bekanntzugeben. Familienbande würden die geschäftlichen Beziehungen noch fester knüpfen.

Meine Mutter hatte Spuren gelegt. Fand man die eine, führte sie zur nächsten. Diese Schatzsuche hatten wir unser Leben lang gespielt, und sie wurde immer als der Höhepunkt angesehen. Soeben hatte sich gezeigt, wie sehr meine Eltern Fennimore vertrauten, denn im allgemeinen wurden junge Paare getrennt. Bestimmt hätten sie es nicht zugelassen, falls ein Mann wie Colum Casvellyn an Fennimores Stelle gewesen wäre. Warum mußte ich eigentlich ständig an diesen Mann denken? Was für eine Frage! Natürlich konnte ich ihn nie mehr vergessen! Was für eine verhängnisvolle, schlimme Reise das doch gewesen war! Sie würde mein ganzes Leben beeinflussen. Wie seltsam, daß eine einzige Nacht dies bewirken konnte.

»Ist Euch kalt?« fragte Fennimore besorgt.

»Ach, nur ein bißchen«, erwiderte ich ausweichend.

»Was meint Ihr? Werden wir den Schatz finden?«

»Das hängt davon ab, wie geschickt Ihr seid.«

»Von uns beiden seid Ihr die Geschicktere.«

»Ich? Wie kommt Ihr denn darauf?«

»Ich glaube es eben. Aber Ihr seid wirklich ein außergewöhnliches Mädchen, Linnet.«

»Ach, bestimmt nicht«, wehrte ich ab. – »O doch!«

Wir hatten die Halle durchquert und stiegen zur Estrade hinauf. Von dort führte eine Tür in kleinere Eß- und Wohnräume, die benutzt wurden, wenn wir allein waren. Die Zeiten hatten sich geändert, und es war nur noch bei besonderen Anlässen üblich, in der Halle zu speisen, wobei dann auch alle Dienstboten am unteren Ende der Tafel Platz nahmen.

Wir schauten in sämtliche Zimmer, stellten uns aber recht ungeschickt bei der Suche an. Vermutlich waren wir beide nicht mit unseren Gedanken bei der Sache.

Nun ging es weiter die Treppe hinauf und dann die Galerie entlang. Fennimore setzte sich plötzlich in eine der Fensternischen und zog mich nahe an sich. Dann hielt er den Leuchter höher und schaute mir eindringlich ins Gesicht.

Einen Augenblick später stellte er ihn wieder ab. »Linnet, ich möchte dir etwas sagen.« Zum erstenmal duzte er mich...

Mein Herz begann schneller zu schlagen. Ich ahnte, was er nun aussprechen würde, und wollte ihn daran hindern. Sein Antrag mußte noch warten, bis mehr Zeit nach jener Nacht auf Schloß Paling vergangen war. Konnte ich denn das Geschehene so völlig vergessen, als sei niemals etwas gewesen? Bis ich darüber Klarheit hatte, wollte ich nicht, daß Fennimore sich erklärte...

»Ich bin sehr froh, daß unsere Eltern zusammenarbeiten werden, Linnet. Deinen Vater bewundere ich sehr, obwohl ich ganz anders bin als er.«

»Oh, ich bin überzeugt, daß er sich nicht immer bewundernswürdig aufgeführt hat, Fennimore.«

»Auf jeden Fall hat er als Seemann großen Mut bewiesen und unserem Land zum Sieg verholfen. Selbst unsere Königin hat ihm ja höchstes Lob gezollt. Und auch deshalb finde ich es so wunderbar, daß er nun bereit ist, ein anderes Unternehmen zu beginnen... ein friedliches. Aber nun möchte ich von etwas anderem reden, Linnet. Vom ersten Augenblick an habe ich mich zu dir hingezogen gefühlt. Auch wenn dein Vater nicht gemeinsame Sache mit uns gemacht hätte, wären meine Gefühle die gleichen.«

Ich mußte ihn unbedingt daran hindern weiterzureden. Er durfte mich nicht bitten, ihn zu heiraten... noch nicht!

Ich hob hilflos die Hand. Er nahm sie und drückte einen zärtlichen Kuß darauf. Sofort wurde in mir die Erinnerung an heiße, fordernde Lippen auf meiner Haut wach. Würde ich denn nie vergessen können?

Wie liebevoll Fennimore war, wie gut! Was hätte ich dafür gegeben, wenn ich die Zeit um zwei Monate hätte zurückdrehen können!

Fennimore hielt noch immer meine Hand. »Auch unsere Familien wollen es, Linnet. Das macht mich ganz besonders glücklich. Du wirst nicht weit von deinem Vaterhaus entfernt leben, und deine Mutter kann uns oft besuchen. Ich weiß doch, wie sehr ihr euch liebt und braucht.«

»Sprich bitte nicht weiter, Fennimore«, bat ich.

»Warum nicht, Linnet? Du weißt doch sicher, daß ich dich liebe. Und ich wage zu glauben, daß auch du mich gern hast...«

»Ich... ich weiß es nicht«, stammelte ich unbeholfen. »Ich muß Zeit haben. Es ist zu... früh. Ich bin noch nicht... bereit.«

»Ich hätte vielleicht noch warten sollen, Linnet. Du bist so jung und so unschuldig...«

Hoffentlich bemerkte er mein tiefes Erröten nicht! Ich versuchte, die Erinnerungen zu verdrängen, die mich überfielen. Hatte ich das nicht die ganze Zeit über getan?

Fennimore war ganz zerknirscht.

»Liebste Linnet, wir wollen nicht weiter darüber reden. Ich war viel zu ungestüm, anstatt dich langsam darauf vorzubereiten. Mir war nicht klar, wie wenig du meine Gefühle erkannt hattest. Wir wollen es nun auf sich beruhen lassen, doch du mußt darüber nachdenken, Linnet. Versprichst du mir das?«

»Ja, ich werde darüber nachdenken. Laß mir nur noch etwas Zeit.«

»Du hast Zeit, Liebste«, sagte er gefühlvoll. Mir war zum Weinen zumute. »Ich war ein Tölpel und habe dich überrumpelt, Linnet. Nimm's mir nicht übel. Ich schwöre dir, daß ich alles in meiner Macht Stehende täte, um dich glücklich zu machen.«

Ich stand auf. »Bitte, laß uns jetzt weiterspielen und den Schatz suchen«, bat ich leise.

»Der Schatz – wir werden jeder des anderen Schatz sein, Linnet.«

Abermals überlief mich ein Schauer. Ich wollte wieder das Mädchen sein, das ich vor jener Nacht auf Schloß Paling gewesen war – jung und unschuldig und verliebt in Fennimore. Aber jetzt wußte ich nicht mehr, wie ich mich verhalten sollte – ob ich Fennimore überhaupt liebte und heiraten konnte. Und am allerwenigsten war mir klar, was in jener Nacht geschehen war, als Colum Casvellyn meine Sinne halb betäubt, halb erweckt und eine Frau aus mir gemacht hatte, obwohl ich noch ein halbes Kind war.

Ich versuchte, nur an die Schatzsuche zu denken, und es gelang mir auch, einige der Hinweise zu entschlüsseln.

Fast hätten wir das Spiel sogar gewonnen, doch zuletzt wurden Carlos und Edwina Sieger.

Meine Mutter warf mir ab und zu einen forschenden Blick zu, und ich ahnte, wie enttäuscht sie war darüber, daß sie in jener Nacht noch nicht meine Verlobung ankündigen konnte.

Am nächsten Tag nahmen wir Efeu und Stechpalmen ab, trugen sie aufs Feld hinaus und verbrannten sie feierlich. Die Weihnachts- und Neujahrsfeierlichkeiten waren wieder einmal für zwölf Monate vorüber. Im nächsten Jahr um die gleiche Zeit würde die Nacht auf Schloß Paling so weit zurückliegen, daß ich nicht mehr beständig daran denken mußte, überlegte ich hoffnungsvoll.

Wir waren alle um das Feuer versammelt, denn nach altem Brauch brachte es Unglück, der Zeremonie fernzubleiben. Gerade als die Flammen heruntergebrannt waren, hörten wir aus der Ferne Geschrei. »Die alte Maggie Enfield ist heute dran«, sagte einer der Bediensteten. »Sie wird aufgeknüpft.«

Maggie Enfield war eine fast blinde alte Frau, deren Gesicht durch zahlreiche häßliche braune Warzen verunstaltet war. Sie lebte in einer winzigen Hütte und war in der ganzen Nachbarschaft als Hexe bekannt. Wir hatten ihr häufig Nahrungsmittel vor die Tür gelegt. Meine Mutter tat dies nicht etwa aus Angst vor bösen Folgen, falls sie der Alten keine Unterstützung gewährte, sondern weil sie die arme Maggie tief bemitleidete.

Wenige Jahre zuvor hatte sie noch als weise Frau gegolten. Sie zog im Garten vor ihrer Hütte gewisse Kräuter und braute Arzneien, die viele Krankheiten kurierten. Maggie stellte auch Liebestränke her, und sie tat das, was man ›Fasten‹ nannte. Dann saß sie mehrere Tage lang ruhig in ihrer Hütte, ohne etwas zu essen, und richtete all ihre Kräfte auf einen bestimmten Gegenstand. Auf diese Weise hatte sie oftmals geholfen, Verlorenes wiederzufinden. Wenn sich ein Schaf oder eine Kuh verirrte, ging man zu Mutter Enfield und bezahlte für das ›Fasten‹. So gut wie immer konnte sie angeben, wo man das Tier zu suchen hatte.

Aber Hexen – gute oder böse – führten ein gefährliches Dasein, denn sie mußten darauf gefaßt sein, daß sich die Leute plötzlich gegen sie wandten. Bauern, die Unglück mit dem Vieh hatten, Eltern, deren Kinder plötzlich eines unerklärlichen Todes starben, unfruchtbare Frauen – alles konnte auf Hexenwerk zurückgeführt werden. Wenn die Menschen mit ihrem persönlichen

Schicksal hadern, scheint es ihren Zorn zu lindern, die Schuld auf irgendein unschuldiges Opfer abwälzen zu können.

Und so war es auch der armen Maggie Enfield ergangen. Ein Kind war tot geboren worden, einem Bauern wurden die Kühe krank. Man hatte Maggie Enfield in beiden Fällen in der Nähe der Unglücksstätte gesehen.

Also war man plötzlich der Ansicht, daß sie eine böse Hexe sei und sich dem Teufel verschrieben habe, um besondere Kräfte zu erlangen. Maggie Enfield wurde von rachsüchtigen Bauern aus ihrer Hütte gezerrt.

Sie wollten sie an einem Baum aufhängen.

Es lief mir kalt über den Rücken, und ich nahm mir vor, die Gibbet Lane für einige Zeit nicht mehr zu benutzen. Deutlich erinnerte ich mich noch daran, wie ich das erste Mal jenen düsteren Pfad entlanggeritten war. Dort standen zwei Bäume, die Galgen glichen. Es gibt wohl kaum einen gräßlicheren Anblick als einen leblosen Körper, der leise schwankend an einem Baum hängt!

Mein Vater wollte sich der makabren Veranstaltung anschließen, doch meine Mutter versuchte ihn am Arm zurückzuhalten.

»Ich gehe nicht, Jake – und du solltest es auch nicht tun. Was werden unsere Gäste davon halten?«

»Denken, daß eine Satansbrut ihr gerechtes Schicksal erleidet.«

»Vergiß nicht, daß die Landors vornehme Leute sind. Ein solches Schauspiel wird sie abstoßen.«

»Gerechtigkeit sollte niemanden abstoßen!«

Meine Mutter wandte sich fast schroff von ihm ab. Dann ging sie zu den Landors hinüber und drängte auf rasche Heimkehr, damit das Fleisch am Spieß nicht etwa verkohlte.

Mein Vater war wieder einmal belustigt wegen des Eigensinns meiner Mutter, ließ sich jedoch nicht von dem Vorhaben abbringen, bei der Hinrichtung dabeizusein. Mit einem fröhlichen Gruß ritt er in entgegengesetzter Richtung davon. Bei Tisch kam das Gespräch dann verständlicherweise auf Hexen, und mein Vater vertrat seine Meinung wie immer sehr hitzig.

»Die Frau war schuldig und bekam nur ihre angemessene Strafe! Die Male auf ihrem Gesicht waren ein sichtbarer Beweis dafür, daß der böse Geist sie nächtlich heimsucht. Auf ihrem ganzen Körper hat man diese Zeichen gefunden.«

»Ach was, das waren doch nur Warzen«, erwiderte meine Mutter achselzuckend. »Viele Menschen haben solche.«

»Dann erklär mir bitte, wieso Maggie Enfield diese Warzen bei anderen heilen konnte, bei sich selbst aber nicht?«

»Ich bin auf diesem Gebiet leider nicht bewandert«, gab meine Mutter zurück.

»Es sieht ganz so aus«, stichelte mein Vater. »Nun, Maggie Enfield ist jetzt bei ihrem Meister und kann in der Hölle braten!«

»Warum sollte sie denn unter Qualen braten, wenn sie ihrem Meister gut gedient hat?« wandte meine Mutter ein. »Vielleicht wird sie belohnt.«

»Wenn ich in diesem Lande etwas zu sagen hätte, gäbe es bald keine Hexen mehr. Ich würde sie überall aufspüren, und die Galgen wären nie leer.«

Fennimore wandte ein, daß häufig unschuldige Frauen der Hexerei angeklagt wurden, nur weil sie alt waren, allein für sich hausten, schielten, eine schwarze Katze oder Warzen hatten.

»Wenn sie unschuldig sind, müssen sie es auch beweisen können«, gab mein Vater heftig zurück.

»Die Menschen sind viel zu schnell bereit, andere anzuklagen«, sagte meine Mutter. »Dabei sollten sie lieber mehr auf ihre eigenen Fehler achten.«

»Großer Gott, Frau!« stöhnte mein Vater. »Wir sprechen von Hexerei!« Mein Vater war sehr unduldsam und wich von seinen eisernen Grundsätzen keinen Zoll ab. Er hatte viele Frauen verführt, wie ich wußte. Carlos war der lebende Beweis. Colum Casvellyns tückisches Verhalten mir gegenüber ähnelte den Schlichen, die auch mein Vater nur zu gern bei einer Frau anwandte. Und dennoch würde er in meinem Fall rasen und toben, weil er eben mein Vater war. Meine Mutter hatte völlig recht mit ihrer Ansicht, daß man mit ihm nicht vernünftig reden konnte.

Inzwischen sprach man über das, was mein Vater den Kult des Satans nannte. Meine Mutter meinte, daß es Hexerei bereits vor der Christianisierung in unserem Land gegeben habe. Sie sei Bestandteil der Religion unserer Ahnen gewesen. Hexerei habe im Christentum keinen Platz mehr, denn sie bedeute die Verehrung des gehörnten Gottes, den die Christen Teufel nannten.

Meine Mutter hatte sich mit diesem Thema befaßt und wußte gut Bescheid. Der Hexensabbat stellte im Grunde eine Art religiöser Zeremonie dar, bei der man den gehörnten Gott anbetete. Die Tänze, die zu seinen Füßen aufgeführt wurden, waren wohl Fruchtbarkeitsriten, da der Wunsch dahinterstand, die Erde zu bevölkern.

Mein Vater hörte meiner Mutter mit einem Lächeln zu, das Stolz und Spott zugleich ausdrückte. Fennimore gab meiner Mutter völlig recht. Seiner Meinung nach konnte man die Hexerei nicht dadurch aus der Welt schaffen, daß man hilflose alte Frauen tötete. Man mußte vielmehr alle dazu bringen, den heidnischen Religionen abzuschwören und Christen zu werden.

»Ach, Ihr seid also ein Reformator«, sagte mein Vater lachend.

»Nun, vielleicht ist das gar nicht so schlecht«, erwiderte Fennimore.

»Es ist sogar sehr gut«, meinte meine Mutter und lächelte ihm liebevoll zu. Kein Zweifel, sie mochte Fennimore sehr gern.

Am nächsten Morgen reisten die Landors wieder ab. Viele Pläne hatte man geschmiedet, Schiffe wurden bereits umgebaut, und das neue Unternehmen konnte beginnen.

Ich war nun sicher, daß in jener Nacht auf Schloß Paling ein Kind gezeugt worden war. Mir schien es, als schlössen sich die Stäbe eines Käfigs um mich.

Nun mußte ich meiner Mutter alles gestehen. Mein Vater war zum Glück auf einer kurzen Reise. Ich bat sie, in mein Schlafzimmer zu kommen, da ich ihr etwas Wichtiges mitzuteilen habe.

Als wir uns gegenübersaßen, brach es aus mir hervor: »Mutter, ich bekomme ein Kind.«

Sie schaute mich völlig fassungslos an, und alle Farbe wich aus ihrem Gesicht.

»Linnet! Unmöglich!«

»Ich fürchte, es gibt keinen Zweifel mehr.«

»Fennimore...«, sagte sie stockend. »Es wundert mich sehr...«

Ich suchte verzweifelt nach den richtigen Worten.

»Nein, Mutter! Nicht Fennimore.«

»Nicht... Fennimore?« fragte sie noch verwirrter.

Ich begann zu stammeln. »Es passierte in jener Nacht... er... hat mich nach Schloß Paling gebracht... und dort...«

»Er war es?« schrie sie schrill.

Ich nickte. »Du... er... liebst du ihn denn?« fragte sie weiter.

Ich schloß die Augen und schüttelte den Kopf. Deutlich konnte ich sein spöttisches Lachen vernehmen. Hatte er in jener Nacht so gelacht? Hatte ich es trotz meiner Betäubung gehört?

»Er brachte mich aufs Schloß und dort... ich weiß nicht genau, was geschehen ist. Ich war völlig erschöpft, und er ließ ein

Zimmer für mich herrichten... mit einem Himmelbett. Dann wurde uns in einem anderen Raum ein Essen aufgetischt. Er sagte, daß er seine Bediensteten auf die Suche nach dir geschickt hätte. Ich aß und trank und... das ist schon alles. Am nächsten Morgen wachte ich in dem Bett auf... nackt und irgendwie anders... und er war auch da...«

»Mein Gott, dein Vater wird ihn töten«, rief meine Mutter.

»Das fürchte ich auch...«

Ihr Entsetzen wich großem Mitgefühl. Sie nahm mich in die Arme und wiegte mich sanft hin und her, als sei ich noch ein Kind. »Meine kleine Linnet! Hab keine Angst. Wir werden schon einen Ausweg finden. Oh, ich würde diesen Unmenschen am liebsten eigenhändig erwürgen!«

Wie ich geahnt hatte, war ein Teil der Bürde von mir genommen, seit ich meiner Mutter von meinem Unglück erzählt hatte. Sie würde wie immer eine Lösung finden.

»Linnet, an wieviel kannst du dich noch erinnern?«

»Ich... ich weiß nicht. Manchmal denke ich, daß ich es mir nur einbilde. Ich saß am Tisch, und er füllte meinen Becher. Er meinte, ich sei erschöpft und brauche eine Erfrischung.«

»Dieser Teufel!« schrie sie empört. »Ach, Linnet, manchmal hasse ich alle Männer.« Bestimmt dachte sie dabei auch an meinen Vater. Ich wußte einiges aus ihrem stürmischen Leben und war mir sicher, daß sie oft schlecht behandelt worden war. Ich hatte irgendwo in Spanien einen Halbbruder – den Sohn aus ihrer ersten Ehe. Warum hatte ich mich ihr nicht schon längst anvertraut?

»Und dann?« fragte sie in meine Gedanken hinein.

»Dann? Ich trank, und völlige Benommenheit überkam mich. Alles schien von mir wegzugleiten. Aber ich war mir seiner Anwesenheit bewußt und entsinne mich auch noch, daß er mich hochhob und wegtrug. Am anderen Morgen wachte ich auf und wußte, was geschehen war.«

Meine Mutter nickte und schlang die Arme fester um mich.

»Ich hatte solche Angst!«

»Du hättest es mir schon eher erzählen sollen, Linnet. Aber es macht nichts. Jetzt weiß ich ja Bescheid.«

»Was kann ich tun?« fragte ich.

Sie strich mir übers Haar. »Falls dein Vater davon erfährt, wird er geradewegs nach Schloß Paling reiten. Das könnte den Tod für einen der beiden bedeuten.«

»Dabei hat er…«, begann ich.

»Ja«, unterbrach sie mich. »Er hat ganz Ähnliches getan. Aber Männer denken nicht vernünftig. Was bei ihm ein Kavaliersdelikt ist, sieht er bei einem anderen als Verbrechen an. Vergiß nicht, du bist seine inniggeliebte Tochter! Die Töchter anderer können ruhig verführt werden.« Sie lachte bitter auf. »Wie sehr mußt du in letzter Zeit gelitten haben, armes Kind. Wie hat sich… dieser Mann… am nächsten Morgen verhalten?«

»Er hat gelacht und behauptet, ich hätte keinerlei Widerstand geleistet. Außerdem sei es ja genauso mein Wunsch gewesen wie seiner.«

»Er ist wirklich ein Scheusal! Wie mußt du ihn hassen!«

»Das tue ich auch, und doch…«

Sie unterbrach mich. »Erinnerst du dich an irgend etwas, das in jener Nacht zwischen euch passiert ist?«

»Ich kann's nicht sagen. Ist es denn möglich, daß ich nichts davon behalten habe?«

Sie nickte. »Nun, es ist geschehen, daran läßt sich nichts mehr ändern. Du trägst sein Kind. Du bist doch ganz sicher, oder?«

»Ich glaube schon, Mutter.«

»Wir müssen uns Gewißheit verschaffen, aber ich möchte noch niemanden einweihen… nicht einmal meinen Arzt. Was ist zu tun? Du bist unverheiratet und schwanger. Der Mann, der dich heiraten will, ist nicht der Verführer. Ach, wenn es doch Fennimore gewesen wäre! Aber Fennimore hätte sich nie so schändlich verhalten.«

»Er ist ganz anders als Fennimore.«

»Wenn ich mich daran erinnere, wie unverschämt dieser Mensch in dem Gasthof aufgetreten ist und welche Angst alle vor ihm hatten«, rief meine Mutter. »Ich wünsche diesen Männern die Pest an den Hals, die immer glauben, alles auf der Welt sei nur für sie da. Aber es hat keinen Sinn zu hadern. Wir müssen uns vielmehr genau unsere nächsten Schritte überlegen. Es gibt Heilkräuter… Maggie Enfield hätte sie uns geben können, aber die arme Seele hängt ja schon am Galgen. Soll man sich an eine andere wenden? Nein, ich habe vor dergleichen Angst, Linnet. Das ist nichts für dich. Fennimore ist ein guter Mann und zudem verständnisvoll, was sehr selten ist. Wir könnten ihm die Wahrheit sagen.«

»Du willst ihn fragen, ob er sich das Kind eines anderen unterschieben läßt?« fragte ich entgeistert.

»Wenn er dich liebt, willigt er vielleicht ein.«

»Nie im Leben brächte ich es fertig, ihn darum zu bitten...«

»Ich könnte ihm ja erklären, wie es dazu gekommen ist.«

Ich schüttelte den Kopf. »Unmöglich! Colum Casvellyn würde erraten, daß es sein Kind ist. An jenem Morgen hat er schon angedeutet, daß ich von ihm schwanger werden könnte.«

»Dieser Mann ist wirklich durch und durch böse.«

»Er würde es nicht auf sich beruhen lassen, Mutter. Es könnte sogar sein, daß er das Kind von mir fordert... falls es ein Junge ist.«

»Das könnte sein«, stimmte meine Mutter nachdenklich zu. »Es gibt anscheinend nur eine Möglichkeit: Du mußt nach London zu meiner Mutter übersiedeln. Sie wird für dich sorgen, und das Kind kann dort ohne viel Aufsehen zur Welt kommen. Sie kann ja behaupten, du seist eine junge Witwe, deren Mann vor kurzem gestorben sei. London liegt so weit entfernt, daß das keiner nachprüfen wird.«

»Dann muß ich dich verlassen...«

»Mütter und Töchter müssen sich immer eines Tages trennen, Linnet.«

»Du wolltest doch, daß ich Fennimore heirate, damit wir uns nahe sind und einander oft besuchen können«, wandte ich traurig ein.

»Nicht nur deshalb, Linnet, sondern vor allem, weil Fennimore ein guter Ehemann für dich wäre. Ich hatte so sehr gehofft, daß ihr eure Verlobung ankündigt...«

»Dazu wäre es auch gekommen, wenn ich jene Nacht auf Schloß Paling ungeschehen hätte machen können!«

»Dein Vater darf nichts davon erfahren. Ich fürchte diesen Casvellyn, habe ihn vom ersten Augenblick an gefürchtet. Nun begreife ich, wie richtig meine bösen Vorahnungen damals waren. Hätten wir doch nur eine andere Straße genommen!«

Ich nickte. »Es geht im Leben eigentlich immer darum, den richtigen oder falschen Weg einzuschlagen.«

Meine Mutter straffte die Schultern, als gäbe sie sich innerlich einen Ruck.

»Wir dürfen keine Zeit verlieren, denn niemand soll merken, daß du schwanger bist. Zum Glück ist es ja noch nicht lange her.«

Sie rechnete rasch nach.

»Knapp zwei Monate. Wir sollten innerhalb der nächsten vier Wochen nach London reisen, Linnet.«

»Was wird Vater dazu sagen?«

»Wahrscheinlich wird er Schwierigkeiten machen, denn auch er rechnet ja fest mit deiner Verlobung. Deinen plötzlichen Wunsch, nach London zu ziehen, wird er nicht verstehen und sich daher widersetzen. Du kennst ja seine Ungeduld. Da er sich nun entschlossen hat, mit den Landors zusammenzuarbeiten, kann er es kaum erwarten, daß du heiratest und ihn mit Enkelkindern beglückst, die das Unternehmen später weiterführen werden.« Sie machte eine kleine Pause. »Natürlich bleibt dir immer noch die Möglichkeit, dich Fennimore anzuvertrauen, Linnet. Da dir kein Mensch einen Vorwurf machen kann, würde er dich vielleicht trotz allem heiraten.«

»Das brächte ich aber nicht fertig, Mutter. Wegen des Kindes...«

Sie seufzte. »Wir werden nichts überstürzen, dürfen uns aber auch nicht allzulange Zeit lassen. Ach, Kind! Es war für mich doch ein furchtbarer Schreck, und ich muß erst in Ruhe über alles nachdenken, bevor ich...«

»Wie bin ich froh, daß du es nun weißt, Mutter«, unterbrach ich sie. »Ich fühle mich sehr erleichtert.«

Sie strich mir wieder übers Haar. »Bestimmt werden wir einen Ausweg finden, Linnet. Bestimmt...«

Der Ausweg wurde gefunden – aber nicht von uns. Wenige Tage, nachdem ich meiner Mutter alles gestanden hatte, besuchte uns Colum Casvellyn.

Ich saß gerade mit einer Näharbeit in meinem Zimmer, als Jennet in heller Aufregung hereingestürzt kam.

»Er ist hier«, sagte sie. »Er ist zu Besuch gekommen.«

»Wer denn?« fragte ich gleichgültig.

»Er, der Euch gerettet hat und nach Hause brachte!«

Mir wurde die Kehle eng. »Das kann nicht sein.«

»O doch, Mistress! Er kam in den Hof geritten, als wäre er hier der Herr, ist vom Pferd gesprungen und hat einen der Knechte angebrüllt, der ihn mit offenem Mund anstarrte. Dann sah er mich. Er befahl mir: ›Geh und sag deiner Mistress, deiner jungen Mistress, daß sie einen Besucher hat.‹«

»Bist du ganz sicher, daß es derselbe Mann ist?«

Jennet errötete wieder auf diese merkwürdige scheue Art, als sei sie noch ein ganz junges Mädchen. »Ja, Mistress. Den kann man nicht verwechseln.«

»Führ ihn in die Winterstube. Ich komme gleich dorthin.«

Sie eilte hinaus, und ich überlegte, daß es besser wäre, ihm in Anwesenheit meiner Mutter gegenüberzutreten. Andererseits... Nein, ich wollte ihn zuerst allein sehen, um meine Gefühle zu prüfen.

Er stand in herausfordernder Pose vor dem Fenster und erweckte den Eindruck, er sei hier der Besitzer. »Ich wünsche dir einen guten Tag«, sagte er zur Begrüßung und lächelte breit. Dann trat er auf mich zu, zog mich an sich und küßte mich auf den Mund.

Ich wurde brennend rot und zuckte zurück.

»So spröde?« fragte er erstaunt. »Nach allem, was wir zusammen erlebt haben!«

Ich hatte so starkes Herzklopfen, daß ich kein Wort herausbrachte. Solch überwältigende Gefühle hatte ich noch nie empfunden. Es war vermutlich Haß, aber ganz sicher war ich mir nicht.

Colum Casvellyn musterte mich forschend. »Ich wollte sehen, wie es steht.«

»Was meint Ihr damit, Sir?«

»Wonnen, wie wir sie erlebt haben, könnten Folgen haben... Ich machte mir Sorgen um deine Gesundheit.«

»Woher wißt Ihr...?« rief ich unbedacht.

»Es ist also geschehen«, rief er begeistert. »Tatsächlich?«

Er versuchte, mich bei den Schultern zu fassen, aber ich wich rasch einige Schritte zurück. »Bei Gott, ich hab's gewußt«, sagte er völlig unbeeindruckt von meinem Widerstand. »Du bist dazu geschaffen, Söhne zu gebären, darauf könnte ich schwören. Ich hab's schon damals im Gasthaus gespürt. Du und ich gemeinsam...« Er warf den Kopf zurück und lachte laut und triumphierend auf.

»Bist du ganz sicher?« fragte er weiter.

»Ich habe es schon meiner Mutter gestanden.«

Er zog seine schwarzen, buschigen Augenbrauen hoch. »Und was meint sie dazu?«

»Geht weg!« rief ich. »Ich will Euch nie wiedersehen!«

»Was? Mich? Den Vater deines Kindes?«

»Ihr müßt das vergessen. Ich ziehe fort von hier. Wir haben schon alles geplant.«

»Du gehst weg? Wohin denn?«

»Das werde ich Euch bestimmt nicht verraten.«

»Du willst weg... mit meinem Kind?«

»Laßt mich doch endlich in Ruhe! Habt Ihr mir nicht schon genug angetan? Ich will Euer Gesicht vergessen!«

»Dabei bin ich hergekommen, um dir die Ehe anzubieten.«

»Wie edel von Euch«, erwiderte ich spöttisch.

»Ich bin ein Mann, der zu seinen Verpflichtungen steht.«

»In diesem Fall ist das völlig überflüssig. Den größten Gefallen tätet Ihr mir nämlich, wenn Ihr endlich weggingt, Sir.«

»Und das Kind?«

»Dafür wird gut gesorgt werden. Es soll vor allem nie erfahren, daß seine Mutter als unschuldiges Mädchen betäubt wurde, um die Gelüste eines brutalen Mannes zu befriedigen. Wenn Ihr etwas Gutes für mich tun wollt, dann geht jetzt.«

»Wir heiraten unverzüglich«, sagte er unbeirrt. »Unser Sohn wird zwar etwas zu früh zur Welt kommen, aber das braucht uns nicht zu kümmern.«

»Wie könnte ich Euch heiraten?«

»Das ist ganz einfach. Ich kann heute noch einen Priester herschaffen. Je eher, desto besser für das Kind.«

Nach einem schüchternen Klopfen trat Jennet mit Wein und Gebäck ins Zimmer. Sie strahlte über das ganze Gesicht, als bereite es ihr großes Vergnügen, einen so vornehmen Gentleman zu bedienen. Es entging mir nicht, daß Casvellyn Jennet einen anerkennenden Blick zuwarf, obgleich sie doch schon so alt war. Vermutlich war es ihre starke Sinnlichkeit, die ihn ansprach.

»Sag bitte meiner Mutter, daß Squire Colum Casvellyn hier ist, Jennet. Sie soll möglichst schnell zu uns kommen.«

»Wir brauchen doch keinen Beistand, um zu einer Entscheidung zu kommen«, sagte er vorwurfsvoll, als Jennet hinausgegangen war.

»Ich will nicht mehr allein mit Euch sein.«

»In jener denkwürdigen Nacht waren wir auch allein...«

»Wie könnt Ihr es wagen, so zu reden! Als ob ich bewußt oder freiwillig daran... teilgenommen hätte.«

»Du machtest jedenfalls keinen Versuch, vor mir wegzulaufen.«

»Wie hätte ich denn gekonnt?«

»Es wäre nicht einfach gewesen, das gebe ich zu. Aber im Grunde wolltest du bei mir bleiben, denn ich habe etwas in dir geweckt – etwas, das du nie vergessen wirst. Und deshalb wirst du so klug sein, mein Angebot anzunehmen. Ich brauche eine

Frau und will Söhne haben. Du bist genau die Richtige, um sie mir zu gebären.«

Meine Mutter stieß die Tür auf, blieb wie angewurzelt stehen und musterte den Eindringling mit blitzenden Augen. »Was fällt Euch ein, hierherzukommen?« rief sie empört.

Er machte mit ironischem Lächeln eine kleine Verbeugung. »Madam, ich kam her, um mich nach der Gesundheit Eurer Tochter zu erkundigen und ihr mein Herz und meine Hand zur Ehe anzubieten.« – »Ehe!«

»Dies erscheint mir geziemend, da wir schließlich schon das Bett geteilt haben... und das nicht ohne Folgen.«

»Wenn mein Mann hier wäre...«, brachte meine Mutter mit mühsam beherrschtem Zorn hervor.

»Ist er nicht zu Hause? Ich hätte ihn gern kennengelernt.«

»Ihr würdet es rasch bedauern, denn das wäre ein schwarzer Tag in Eurem Leben.«

»Madam, seid Ihr nicht etwas ungerecht? Ich bin hergekommen, um ein Unrecht wiedergutzumachen, um mich als ehrenhaft zu erweisen. Ich bitte Euch um die Hand Eurer Tochter.«

Meiner Mutter verschlug es die Sprache. Sie schaute zu mir herüber, doch ich wich ihrem Blick aus. Ich grübelte darüber nach, wie es wohl wäre, ihn zu heiraten und meine Tage und Nächte mit ihm zu verbringen. Dabei überkam mich eine Neugierde, so wild, daß ich sie fast als Lust empfand.

Colum Casvellyn brachte es im nächsten Augenblick sogar fertig, den Demütigen und Bescheidenen zu spielen, was ihm unerwarteten Charme verlieh.

»Ich gebe ja zu, daß ich ein Sünder bin, Madam. Schon in jenem Gasthaus habe ich Eure Tochter begehrt, wie es wohl jeder heißblütige Mann täte. Leider ließ mein Benehmen zu wünschen übrig...« Er zuckte bedauernd die Achseln. »Vielleicht war das meine Art von Rache, da ich ja wußte, daß sie für mich unerreichbar war. Eine Woche später bot sich mir die Gelegenheit, sie aus den Händen von Räubern zu retten. Ich zittere noch heute bei dem Gedanken, was für ein Schicksal sie erlitten hätte! Dann suchten wir nach Euch, konnten Euch aber nicht finden. Also nahm ich sie mit auf mein Schloß. Und dort kam die Versuchung über mich... ich verdiene Eure Verachtung und Euren Haß vollauf. Aber versucht Euch vorzustellen, was es bedeutet, von solch wilder Begierde erfaßt zu sein. Dann gibt es keine Vernunft mehr, nichts, gar nichts außer dem Wunsch, diese Begierde zu befriedigen. Vielleicht könnte Euer Mann mich verstehen, denn ich habe gewisse Geschichten über ihn gehört. Mein besseres Ich war zum Schweigen gebracht...«

»Kein wirklicher Gentleman hätte sich so verhalten wie Ihr«, sagte meine Mutter streng.

»Wie wahr, wie wahr! Doch danach konnte ich Eure Tochter nicht mehr aus meinen Gedanken verbannen, und so beschloß ich, ihr einen Heiratsantrag zu machen. Mir war klar, daß sie nur unter einer einzigen Voraussetzung einwilligen würde. Was ich erhoffte, ist tatsächlich eingetroffen, und ich bin so kühn, mich als Ehemann anzubieten. Als meine geachtete Frau, die Mutter meiner Kinder, soll sie es gut haben. An dem Kleinen, das sie unter dem Herzen trägt, wird auch nicht der leiseste Makel haften.«

Meine Mutter erwiderte nichts, und ich ahnte, daß sie fieberhaft hin und her überlegte. Es wäre eine passable Lösung, denn er war schließlich der Vater des Kindes. Es wäre sogar die beste Antwort auf all unsere bangen Fragen, wenn nicht ausgerechnet Colum Casvellyn es wäre, den ich zum Ehemann bekäme.

Sie wandte sich zum ersten Mal an mich. »Ich nehme an, daß du sein Angebot ausschlägst, oder?«

»Ja. Ich weigere mich. Und ich möchte diesen Menschen nie mehr sehen.«

»Du wirst mich in deinem Kind wiedererkennen«, wandte er ein. »Außerdem willst du ihm doch sicher nicht den Namen seines Vaters verweigern?«

»Wir werden gewisse Vorkehrungen treffen, die uns durchaus zu Gebote stehen«, sagte meine Mutter.

»Ich werde mein Kind von Euch fordern!«

»Da es auf solche Art und Weise gezeugt wurde, habt Ihr keinerlei Rechte!«

»Ein Vater soll keinerlei Rechte auf sein Kind haben? Madam, das glaubt Ihr doch selbst nicht. Ich bitte Euch! Seid gerecht!«

»Wie schade, daß Ihr nicht an Gerechtigkeit gedacht habt, als sich meine Tochter in Eurer Gewalt befand.«

»Eure Tochter war so verführerisch, daß mein Gewissen verstummte. Ihr seid übrigens in gewisser Weise schuld daran, denn von Euch hat sie so viel Geist und Schönheit geerbt...«

»Genug davon«, sagte meine Mutter mit Entschiedenheit. »Ihr habt uns großes Unrecht zugefügt. Tut uns nun den einzigen Gefallen und verschont uns mit Eurer Gegenwart.«

»Ich habe bereits für alles gesorgt«, sagte Colum völlig unberührt. »Morgen komme ich mit einem Priester herübergeritten, der uns in aller Stille traut. Dann werde ich das Gerücht verbreiten lassen, daß eure Tochter und ich zu verliebt waren, um die große Hochzeit abzuwarten, die Ihr uns hättet ausrichten lassen. Folglich haben wir schon im November ohne alles Aufsehen geheiratet und unsere Ehe geheimgehalten. Selbstverständlich könnt Ihr nun, da Ihr Bescheid wißt, immer noch eine große Feier ausrichten, wenn Ihr wollt, Madam.«

Ich sah ihr an, daß sie an meinen Vater dachte. Wenn man ihm eine solch romantische Geschichte auftischte, würde er sie glauben und sich wohl oder übel mit dem unbekannten Schwiegersohn abfinden.

Nachdenklich schaute sie zu mir herüber. Vielleicht erinnerte Colum Casvellyn sie an meinen Vater? Fragte sie sich, ob dieser Mann, obgleich ich vorgab, ihn zu hassen, übermächtige Gefühle in mir erweckt hatte? Sie hätte recht gehabt mit dieser Vermutung . . .

Sein hoher Wuchs, sein siegessicheres Auftreten, die Kraft, die von ihm ausging, hatten durchaus Eindruck auf mich gemacht. Ich verstand mich selbst nicht recht, aber bei einem Vergleich zwischen Colum und Fennimore kam mir dieser fast ein wenig unbedeutend und farblos vor.

Colum lehnte lässig am Fenster und machte ein melancholisches Gesicht. »Was für ein trauriges Schicksal erwartet Eure Tochter, Madam, wenn sie meinen Antrag ausschlägt! Sie wird moralisch verdammt werden, weil sie schon vor der Hochzeit ihre Gunst verschenkt hat. Natürlich bin ich ganz Eurer Meinung! Das arme Ding wurde dazu gezwungen. Aber die Welt ist so schlecht, daß sie einem Mädchen selbst dann seinen sogenannten Fehltritt nicht verzeiht. Ich bin der Schuldige, da ich sie in diese Lage gebracht habe, und möchte es wiedergutmachen, Madam. Erlaubt mir, morgen mit einem willigen Geistlichen hierherzukommen, um in Eurer Hauskapelle in aller Stille die Trauung vornehmen zu lassen. Wenn Ihr wollt, könnt Ihr unser kleines Geheimnis gleich darauf aller Welt kundtun. Ich habe auch nichts gegen eine baldige große Hochzeitsfeier einzuwenden. Wenn ich meine Braut nach Schloß Paling mitnehme, dann sieht man ihr vielleicht schon an, daß sie ein Kind trägt. Doch kann ihr Ruf deshalb keinen Schaden erleiden, da sie ja bereits seit November heimlich verheiratet ist.«

Schweigen. Mein Herz klopfte stürmisch. Colum hatte recht: Dies war ein Ausweg. Selbst jene Leute, die nicht glaubten, daß wir schon im November heimlich getraut worden waren, würden dies nicht auszusprechen wagen. Mein Kind würde in allen Ehren zur Welt kommen – als Erbe von Schloß Paling! Und ich würde Colums Frau sein. Ich gebe zu, daß mich dieser Gedanke mit Entsetzen, gleichzeitig aber auch mit einer Art von schauderndem Entzücken erfüllte... Colum ergriff als erster wieder das Wort. »Ich komme morgen mit dem Pfarrer.«

»Wir müssen erst über Euren Vorschlag nachdenken«, wandte meine Mutter ein. »So schnell geht das nicht.«

»Wir dürfen nicht viel Zeit verlieren, Madam. Denkt daran, daß unser Kind jeden Tag wächst. Also, es bleibt dabei: Ich bestelle den Geistlichen für den morgigen Tag. Bis dahin werdet auch Ihr erkannt haben, daß es so das beste ist.«

Er verabschiedete sich mit einer Verbeugung und ging in den Hof hinaus. Er rief, man solle ihm sein Pferd bringen. Schweigend warteten wir ab, bis er weggeritten war.

Dann nahm meine Mutter mich beim Arm. »Komm, Linnet. Setzen wir uns in mein Zimmer und unterhalten wir uns in Ruhe.«

Die nächsten Stunden verbrachten wir mit ernsthaften Gesprächen über meine Zukunft.

»Liebes Kind, nur du selbst kannst eine Entscheidung treffen«, sagte meine Mutter gegen Abend. »Vergiß nicht, daß sie fürs Leben ist. Falls dich der Gedanke an eine Ehe mit ihm abstößt, solltest du ihn auf keinen Fall heiraten. Alles, ja wirklich alles ist besser als das. Schließlich war es nicht deine Schuld. Das wird jeder einsehen.«

»Würden die Leute es denn glauben?« fragte ich. »Bestimmt wird es Getuschel geben, das mich mein Leben lang verfolgt.«

»Das muß nicht sein. Romilly ist dafür das beste Beispiel. Sie hat ein Kind geboren, und Jake hat sich zu der Vaterschaft bekannt. Einen größeren Skandal kann man sich wohl kaum denken, oder? Und dennoch hat sie weiterhin in unserer Familie gelebt und empfindet keinerlei Scham.«

»Aber ich bin nicht Romilly.«

»Nein. Und deine Lage ist ja auch ganz anders. Er hat dich schändlich behandelt, bietet aber erstaunlicherweise an, das Unrecht gutzumachen.«

»Es geht ihm nur um das Kind.«

»Er könnte eine andere heiraten und mit ihr Kinder haben, wenn es ihm in erster Linie darauf ankäme. Doch er will dich!«

»Ja, du hast recht«, stimmte ich zögernd zu.

»Liebes, du mußt ganz klar überlegen und darfst einer Lösung nicht nur deshalb zustimmen, weil sie dir am einfachsten erscheint. Verrate mir doch, was in deinem Kopf vorgeht!«

Ich sah sie unschlüssig an. »Ich weiß selbst nicht recht . . .«

»Übt dieser Squire Casvellyn vielleicht eine große Anziehungskraft auf dich aus?« fragte sie behutsam.

»Ich . . . ich weiß wirklich nicht recht.«

Sie nickte verständnisvoll. »Es geht sehr viel Kraft von ihm aus, das läßt sich nicht leugnen. Habe ich dir eigentlich einmal erzählt, daß ich deinen Vater zuerst nicht heiraten wollte? Doch verglichen mit ihm kamen mir dann alle anderen Männer klein und unbedeutend vor. Du hast es ja miterlebt, daß wir uns immer in gewisser Weise bekämpft und manchmal sogar gehaßt haben. Trotzdem besteht zwischen uns . . . ist es Liebe? Auf jeden Fall ist es ein Band, das nicht zerschnitten werden darf, oder unserem Leben wird etwas ganz, ganz Wichtiges fehlen. Vermutlich ist es das auf eine gewisse Weise . . . Liebe. Als dieser Casvellyn ins Gasthaus kam, mußte ich sofort an deinen Vater denken. Solche Männer sind die Freibeuter dieser Welt, und heutzutage sehen manche in ihnen sogar das Ideal eines Mannes, denn das Leben ist nicht schön und einfach. Wir müssen stets um unseren Platz auf der Welt kämpfen, und solche Männer verschaffen uns das Recht und sorgen dafür, daß wir es auch behalten. So sehe ich es jedenfalls.« Sie seufzte. »Aber dieses Gerede hilft uns nicht weiter, Kind. Sag mir, was du für Fennimore gefühlt hast?«

»Ich mochte ihn sehr gern. Er hat angenehme Manieren und sieht gut und freundlich aus. Ich glaube, er würde einen wunderbaren Ehemann abgeben.«

»Da bin ich ganz deiner Meinung. Er ist zartfühlend und rücksichtsvoll. Bestimmt würde er einsehen, daß es nicht dein Fehler war.«

»Wenn ich kein Kind bekäme, wäre es vielleicht möglich, Mutter. Natürlich könnte ich versuchen, das Kind loszuwerden, aber das will ich nicht. Irgendwie gehört es schon zu mir . . .«

»Gut. Übrigens würde ich es dir gar nicht erlauben, denn es ist viel zu gefährlich. Wie viele Mädchen sind schon daran gestorben! Sollen wir trotz allem mit Fennimore sprechen?«

Ich schüttelte den Kopf.

»Dann willst du also nach London zu meiner Mutter?«

»Nein, ich bringe es nicht fertig, dich zu verlassen.«

»Einverstanden. Dann bringst du das Kind eben hier zur Welt, und wir ziehen es gemeinsam auf.«

»Mein Vater...«

Ihr Lachen klang fast vergnügt. »Jake wird akzeptieren müssen, was geschehen ist.«

»Es wird bestimmt Ärger geben, Mutter. Er wird Colum Casvellyn nicht so ohne weiteres ungeschoren davonkommen lassen.«

»Das ist wahr.«

»Und wenn meinem Vater dabei etwas zustößt...?«

Sie legte mir die Hände auf die Schultern und schaute mich ernst an.

»Linnet, irgendwo tief in dir ist der Wunsch, ihn zu heiraten, gib es ruhig zu.«

Ich schaute zu Boden.

Sie drückte mich an sich und streichelte mich. »Du brauchst dich deshalb nicht zu schämen. Ich kann dich gut verstehen, denn mir ist es mit Jake wohl ähnlich ergangen. Casvellyn ist sehr männlich, Linnet, und du bist empfänglich dafür. Das ist ganz natürlich... Wenn du ihn heiratest, wagst du viel. Du beginnst eine Reise ins Unbekannte, auf einem Schiff mit einem unberechenbaren Kapitän, der den Kurs bestimmt. Aber keine Angst, Linnet, du bist schließlich die Tochter eines Seemanns.«

Nachts konnte ich nicht schlafen. Nach Mitternacht kam meine Mutter ins Zimmer und legte sich zu mir ins Bett. Zum ersten Mal erzählte sie mir ausführlich von ihrer Jugend, in der sie so viele abenteuerliche Dinge erlebt hatte...

Am nächsten Tag wurden Colum Casvellyn und ich heimlich in der Hauskapelle von dem Pfarrer getraut, den er mitgebracht hatte.

Ich war erstaunt darüber, wie gesittet er sich benehmen konnte. Als die Zeremonie vorüber war, umarmte er mich geradezu zärtlich.

Er zeigte sich auch sofort einverstanden, so lange abzuwarten, bis meine Mutter mit meinem Vater gesprochen hatte.

Sie mußte ihn natürlich belügen, denn sie wollte ja ein Blutvergießen vermeiden. Sie wollte ihm erklären, daß ich Colum Casvellyn schon vor einigen Monaten in aller Stille geheiratet hatte. Da wir meines Vaters Widerstand fürchteten – schließlich hatte er ja gewollt, daß seine Tochter den jungen Fennimore Landor zum

Mann nähme –, war meine Heirat unser Geheimnis geblieben, bis ich schwanger wurde. Meine Mutter und ich standen nebeneinander und schauten Colum Casvellyn nach, als er wieder davonritt. Dann wandte sie sich mir zu und schaute mir ernst in die Augen. »Eine Lösung haben wir also gefunden, Linnet. Beten wir zu Gott, daß es die richtige ist!«

Die erste Frau

Colum und ich ritten zum Schloß Paling.

Am Morgen dieses Tages hatte eine zweite Hochzeitszeremonie stattgefunden – diesmal mit den üblichen Festlichkeiten.

Mein Vater war alles andere als ärgerlich gewesen.

»Du schlaues kleines Biest«, hatte er zu mir gesagt. »Etwas Ähnliches habe ich von dir erwartet. Und meinen Enkel trägst du auch schon. Gib gut auf ihn acht, oder du bekommst es mit mir zu tun!«

»Vielleicht wird's ein Mädchen«, wandte ich ein.

»Du willst also deiner Mutter nacheifern, was? Du kannst wohl keinen Jungen kriegen? Nun, wir werden ja sehen.«

Wir machten zusammen einen kleinen Ausritt, aber er gestattete mir nicht zu galoppieren. »Denk an meinen Enkel«, war zu seiner ständigen Redensart geworden. Colum gefiel ihm sehr gut.

»Bei Gott, da hast du dir aber ein ganzes Mannsbild eingefangen! Du bist mir eine! Ihn heimlich zu heiraten.« Er schlug sich vor Vergnügen auf den Schenkel. »Ehrlich gesagt, habe ich mir nie besonders viel aus Fennimore Landor gemacht. Sicher, er ist auf eine Art ein guter Kerl. Aber er hat nicht genug Kampfgeist. Da ist dein Mann schon ein anderes Kaliber. Bestimmt wird's zwischen euch oft Kämpfe geben, Kind. Denk immer dran, daß du meine Tochter bist, und schlag zurück. Sei wie deine Mutter! Die hat bei uns gar nicht so selten die Oberhand.« Offensichtlich hielt er seine Ehe für vollkommen. Eine friedliche Beziehung, wie sie mir sicher mit Fennimore beschieden gewesen wäre, war in seinen Augen wohl langweilig.

Hätte er die Wahrheit gekannt, er hätte anders gesprochen. Wir hatten ganz recht daran getan, ihn zu belügen.

Nach der Trauungszeremonie hatten Colum und ich einige Zeit an dem üppigen Festgelage teilgenommen, dann waren wir aufgebrochen. Die Gäste feierten noch weiter. Schloß Paling lag zum Glück nur etwa fünfzehn Meilen von Lyon Court entfernt. Als wir auf mein künftiges Heim zuritten, war meine aufgeregte Erwartung weit größer als meine Ängstlichkeit. Colum trug ein zufriedenes Lächeln zur Schau, und ich konnte ein Gefühl des

Stolzes nicht ganz unterdrücken, daß er so auf unsere Heirat gedrängt hatte. Fast drei Monate waren seit jener Nacht vergangen, die mein Leben so verändert hatte. Mir schienen es ebenso viele Jahre zu sein. Ich konnte mir kaum vorstellen, wie mein Leben gewesen war, als ich Colum noch nicht gekannt hatte.

»Jetzt sind wir gleich auf Schloß Paling angelangt«, rief er vergnügt. »Und dort werden wir von nun an glücklich und zufrieden bis ans Ende unserer Tage leben.«

In seiner Stimme schwang Spott, aber ich kümmerte mich nicht darum. Es war ein wundervoller Februartag, an dem man den Eindruck hatte, der Frühling sei es leid zu warten und komme schon frühzeitig. An den Holundersträuchern zeigten sich die ersten Blattknospen, und hie und da wagte sich ein kleiner gelber Huflattich hervor.

Unwillkürlich lächelte ich. »Du hast dich hoffentlich mit der Heirat ausgesöhnt, die notgedrungen so hastig geschlossen werden mußte«, sagte Colum.

»Ich habe eben die zauberhafte Landschaft bewundert«, erwiderte ich.

»Es heißt, daß die ganze Welt schöner wird, wenn man verliebt ist«, sagte er.

»Ich glaube eher, es liegt am Frühling.«

»Schon bald werde ich dich davon überzeugt haben, was für ein Glück du hast. Eines Tages wirst du die Nacht preisen, in der du zum ersten Mal nach Schloß Paling kamst.«

Ich schwieg. »Ich muß darauf bestehen, daß du mir antwortest, wenn ich mit dir rede«, sagte Colum.

»Ich hatte nicht den Eindruck, daß deine Bemerkung eine Antwort erfordert.«

»Und ob! Du sollst mir leidenschaftlich beteuern, daß du dich an jene Nacht als die glücklichste deines Lebens erinnern wirst... später jedenfalls.«

»Ich möchte eine Ehe nicht damit beginnen, daß ich meinen Mann anlüge.«

»Das tätest du ja nicht, denn es wäre die reine Wahrheit.«

»Wie kann ich behaupten, mich zu erinnern, wenn ich mich an gar nichts erinnere?«

»Das stimmt nicht. Es ist genug geschehen, dessen du dir durchaus bewußt warst.«

»Mir wäre es lieber, wir sprächen von etwas anderem.«

»Gut. Ich gewähre dir Aufschub.«

Als wir weiterritten, sang er jenes Jagdlied, das ich schon einmal aus seinem Mund gehört hatte.

»Es klingt sehr fröhlich«, sagte ich.

»Es ist das Lied des Jägers, der seine Braut heimbringt.«

»Dann paßt es ja sehr gut.«

»Ja, sehr gut!« Er lachte überlaut, wie es seine Art war. Ich gewöhnte mich langsam daran. Obgleich ich Mißbilligung heuchelte, war ich doch bester Laune.

Schloß Paling – mein Zuhause! Es ragte grau und abweisend, aber auch geheimnisvoll vor uns auf. Die grauen Mauern, die schon vierhundert Jahre standen, sahen aus, als seien sie uneinnehmbar.

»Willkommen auf Schloß Paling, mein Weib«, sagte Colum, als wir unter dem Fallgitter hindurchritten.

Wie durch Zauberei tauchten mehrere Pferdeknechte auf. Colum sprang vom Pferd und hob mich dann mit Schwung aus dem Sattel.

Seite an Seite schritten wir durch den Hof. Als wir zu einer kleinen Tür kamen, hob er mich hoch und trug mich über die Schwelle.

»Wir drei gemeinsam«, flüsterte er.

Wir stiegen über eine enge Treppe zu der großen Halle hinauf, um die auf halber Höhe eine Galerie führte.

»Dein Heim«, sagte Colum stolz. »Meine Familie haust hier seit den Tagen Wilhelms des Eroberers, denn mit ihm sind sie aus der Normandie herübergekommen. Wir haben uns auch immer zu den Eroberern gezählt, doch in den vergangenen fünfhundert Jahren sind wir echte Einwohner Cornwalls geworden. Von Zeit zu Zeit wurde diese Burg erweitert, und auch ich werde sicher noch einiges dazubauen.«

Er gab mir einen herzhaften Kuß. »Sicher bist du müde nach unserer Reise. Wir werden in aller Ruhe essen und dann zu Bett gehen.«

Als wir zusammen tafelten, erinnerte mich alles ein wenig an jenen anderen Abend.

Das Schlafzimmer, in das er mich brachte, war jedoch wesentlich größer als mein damaliges. Das riesige Bett mit den vier Pfosten hatte einen Baldachin und Vorhänge aus bestickter Seide. Viele Kerzen brannten. Ich konnte mich nicht genauer umsehen, denn mein Mann zog mir eilends das Reitgewand samt den Unterröcken aus und trug mich zum Bett.

Hinterher wußte ich, daß ich eines Tages nicht mehr an jene schicksalshafte Nacht zurückdenken würde. Viele Nächte würden noch kommen, und mit der Zeit würden sie alle zu einer einzigen verschmelzen. Sicher vergaß ich auch, daß ich mich so dagegen gewehrt hatte. Denn nun war ich auf einmal begierig danach, mit diesem Mann gemeinsam auf Entdeckungen auszugehen. Colum hatte bereits begonnen, mein Leben zu beherrschen und den Kurs zu bestimmen.

Am nächsten Morgen wurde ich mir zum ersten Mal meiner Gefühle ihm gegenüber voll bewußt. Ich beobachtete, wie das Morgenlicht immer heller durch die Seidenvorhänge drang, und lauschte den ersten Vogelstimmen.

Auch Colum war wach. »Ich muß dir etwas gestehen: Ich hatte das alles eingefädelt.«

»Was denn?« fragte ich.

»Ich war fest entschlossen, dich zu bekommen, als ich dich das erste Mal im Gasthof sah. Wie gut behütet du warst! Deine Mutter ist ja wie eine Tigerin, wenn es um dich geht. Ich wußte genau, daß ich in jener Nacht nichts tun konnte, sondern sorgfältig planen mußte.«

Ich stützte mich auf den linken Ellbogen. »Erzähl weiter.«

»Euer Reiseziel erfuhr ich – Trystan Priory. Ich kenne den Besitz der Landors gut. Ihr hattet vor, eine Woche dortzubleiben. Eure Zofe erzählte einem meiner Bediensteten, daß ihr auf dem gleichen Weg zurückreisen wolltet...«

»Du meinst...«

»Ah, du verstehst mich. Es waren meine Leute, die euch auf der Straße aufgelauert haben.«»

»Die Räuber...«

»...waren nichts als gute, brave Diener. Ich wartete darauf, dich retten zu können und hierherzubringen... wo schon alles vorbereitet war. Es war nicht euer Geld, hinter dem wir her waren.«

»Du bist ein Schuft!«

»Eine Frau sollte ihren Mann kennen«, erwiderte er lächelnd.

»Du hast alles ganz bewußt geplant... hast uns soviel Angst eingejagt... mir... und vor allem meiner armen Mutter!«

»Manchmal ist es nötig zu leiden, damit man dann glücklich wird. Alles hat ein gutes Ende genommen. Du hast einen starken Mann und ein prächtiges Heim. In sechs Monaten wird unser Sohn geboren, und er wird nicht der einzige bleiben, das verspreche ich dir jetzt schon. Mir gefällt, was ich habe. Ich mochte dich vom ersten Augenblick an. Ich weiß ganz genau, wann ich eine Frau haben will.«

»Du hast zweifellos schon viele haben wollen.«

»Gewiß! Aber du bist die, die ich zur Ehefrau wünschte.«

»Warum ausgerechnet mich?«

»Du bist etwas Besonderes und würdig, die Mutter meiner Söhne zu sein. Außerdem bist du aus guter Familie und bekommst eine anständige Mitgift, denn dein Vater ist ein reicher und großzügiger Mann. Du bist in jeder Hinsicht passend. Aber du wärst nie für mich in Frage gekommen, wenn ich dich nicht so sehr begehrt hätte. Ich könnte mit Leichtigkeit eine reiche Frau auftreiben, wollte aber eine, die mir auch gefällt.«

»Ich müßte dich eigentlich verabscheuen.«

»Aber du tust es nicht, das weiß ich genau. Glaub mir, du kannst mir nichts vormachen. Selbst in jener ersten Nacht habe ich bereits gespürt, wie du mir... entgegenkamst. Du wolltest mich haben, obgleich du so hilflos und unwissend warst. Du hast doch Bescheid gewußt? Ganz tief in dir war der Gedanke: Er hat alles vorausgeplant, denn er gehört zu den Männern, die sich nehmen, was sie wollen.«

Ich erwiderte nichts. Hatte ich es wirklich vermutet? Schon möglich. Die große Überraschung war für mich jedenfalls nicht, daß Colum den Überfall geplant hatte. Nein, am erstaunlichsten war, daß ich es nun wußte und glücklich darüber war.

In den Wochen nach meiner Ankunft auf Schloß Paling war ich sehr glücklich. Es war kein ruhiges, friedliches Glück, sondern glich eher einem Zustand ständiger freudiger Erregung. Ganz bestimmt hätte ich mit Fennimore Landor niemals etwas Ähnliches erleben können!

Ich war völlig verzaubert von meinem Ehemann. Er war der unumschränkte Herr auf Schloß Paling, und alle bemühten sich, seine Wünsche und Befehle zu erfüllen. Im Zorn konnte er schrecklich sein. Ich sah, wie er Dienstboten, über die er sich geärgert hatte, mit der Reitgerte züchtigte. Jeder zitterte vor ihm. Wenn er nicht im Schloß war, atmeten alle auf, und Ruhe kehrte für kurze Zeit ein. Doch bald konnte man wieder seine laute, herrische Stimme durch die Gänge hallen hören.

Für mich war es ein erhebendes Gefühl, daß ich so wichtig für ihn war. Es war mir immer zum Lachen zumute, wenn ich daran dachte, wie er meine Entführung geplant hatte. Er mußte mich sehr begehrt haben, um so weit zu gehen. Und ich hatte seine Erwartungen nicht enttäuscht. Ich war zwar unerfahren, aber leidenschaftlich, und es bereitete ihm großes Vergnügen, mein Lehrer zu sein. Es gab für mich keinen Zweifel, daß auch er mit mir wunschlos glücklich war. Ich machte mir keine Gedanken darüber, wie lange dieser schöne Zustand wohl anhalten würde...

Er freute sich schon sehr auf das Kind. Wie mein Vater wünschte er sich sehnlichst einen Sohn. Er sprach ständig von ›unserem Jungen‹, obwohl ich ihm immer wieder zu bedenken gab, daß es genausogut ein Mädchen werden könnte.

»Nein, nein«, widersprach er dann lächelnd und legte mir die Hand auf den noch kaum gewölbten Leib. »Es wird ein Junge, das weiß ich genau.«

»Wenn es aber trotzdem ein Mädchen wird? Wirst du deine kleine Tochter denn gar nicht mögen?«

»Ich werde mich damit abfinden. Es bleibt ja noch genug Zeit, Söhne zu bekommen.«

Und ohne auf meinen Widerspruch zu achten, redete er weiter von ›unserem Jungen‹.

Er drang darauf, daß ich gut auf mich achtete, denn schließlich sollte ich einen gesunden Nachfolger zur Welt bringen. Nichts durfte meine Schwangerschaft gefährden. »Ein Mann kann genug kräftige Söhne in die Welt setzen, wenn er mit dieser und jener ins Bett geht. Aber manchmal ist das Glück gegen ihn, wenn er einen legitimen Erben zeugen will. Uns darf so etwas nicht geschehen«, fügte er fast drohend hinzu. Ich hätte schwören mögen, daß zwischen meinen Eltern einst ähnliche Gespräche stattgefunden hatten, und auch meine Mutter hatte nichts sehnlicher gewünscht, als ihrem Mann seinen Wunsch zu erfüllen.

Das Schloß war so groß und die Dienstboten waren so zahlreich, daß ich Mühe hatte, sie mir alle zu merken.

Die vier bewehrten Ecktürme bildeten den wichtigsten Teil des Gebäudes. Im sogenannten Krähenturm, der an der Landseite aufragte, und in Nonnas Turm, an dessen Fundamente das Meer brandete, lebten wir mit unserem Hauspersonal. Über die anderen beiden Türme machte ich mir oft Gedanken. In dem zweiten Turm, der unmittelbar am Meer lag, hausten anscheinend Dienstboten, die in unserem Teil des Schlosses nicht beschäftigt waren.

Manchmal stieg ich zu den Zinnen von Nonnas Turm hinauf

und schaute übers Meer. Von hier oben waren bei Ebbe die großen schwarzen Felszacken, *Devil's Teeth* genannt, zu sehen. Es war eine Gruppe scharfkantiger, seltsam geformter Felsen, die die Bezeichnung ›Teufelszähne‹ durchaus verdienten. Bei Flut konnte man sie nicht sehen, da verbargen sie sich tückisch dicht unter der Wasseroberfläche. Sie lagen ungefähr eine halbe Meile vom Ufer entfernt.

Ich empfand meinen Wunsch, hoch oben auf den Zinnen zu stehen und in die Tiefe zu blicken, irgendwie als symbolisch für das Leben, das ich hier führte.

Einmal überraschte mich Colum auf meinem Ausguck, packte mich und hob mich hoch in die Luft. Dabei lachte er auf jene Weise, die ein Böswilliger hätte als satanisch bezeichnen können.

»Was tust du denn hier oben? Du hast dich viel zu weit vornübergebeugt. Wenn du nun hinuntergestürzt wärst! Dann hättest du dich und unseren Sohn getötet. Bei Gott, das hätte ich dir nie verziehen!«

»Da ich dann von deiner Rachsucht für immer bewahrt gewesen wäre, hätte mir das nichts ausgemacht.«

Er küßte mich heftig auf den Mund. »Ich könnte jetzt nicht mehr ohne dich sein, Frau«, sagte er.

Ich strich ihm über das dunkle Haar. »Warum nennst du mich eigentlich immer ›Frau‹? Das klingt so unromantisch... so könnte ein Gastwirt sein Weib nennen.

»Was bist du denn außerdem noch?«

»Linnet.«

»Äh!« Er verzog das Gesicht. »So heißt ein dummer kleiner Vogel.«

»Wenn man jemandem liebt, mag man doch auch seinen Namen! Vielleicht gefällt er dir mit der Zeit besser.«

»Niemals! An dem Tag, an dem ich dich Linnet nenne, habe ich aufgehört, dich zu lieben.«

Es entging ihm nicht, daß ich bei seinen Worten leicht zusammenzuckte.

»Du mußt eben dafür sorgen, daß ich mich bei dir wohl fühle. Tu deine Pflicht als Frau und schenk mir viele, viele Söhne.«

»Allzu viele Schwangerschaften schaden der Schönheit.«

»Kann sein. Aber ein Mann wird durch seine Söhne dafür entschädigt.«

»Was ist, wenn die Frau sein Verlangen nicht mehr erweckt?«

»Dann sucht er bei anderen sein Vergnügen. Das ist ein Naturgesetz«, sagte er kurz angebunden.

»Und wenn sich eine Frau vernachlässigt fühlt und woanders Liebe findet?« fragte ich weiter.

»Falls sie mit mir verheiratet wäre, dann sollte sie sich verdammt in acht nehmen.«

»Was würdest du mit ihr machen, wenn sie dir untreu wäre?«
Er hob mich hoch und setzte mich schwungvoll auf eine der Zinnen. »Mich natürlich rächen«, erwiderte er mit einem bösen Lachen. »Vielleicht würde ich sie in die Tiefe stürzen.«

Er zog mich an seine Brust. »Was fällt mir ein, dich zu ängstigen! Das ist nicht gut für unseren Jungen. Warum redest du überhaupt von solchen Dingen? Habe ich dir nicht Beweise genug gegeben, daß ich nur dich haben wollte?« Er hob mein Kinn hoch. »Wie steht's mit Fennimore Landor? Wolltest du ihn nicht heiraten?«

»Es war einmal die Rede davon.«

»Hat er um deine Hand angehalten!«

»Ja.«

»Merkwürdig, daß du diesen Ausbund an Tugenden nicht genommen hast«, sagte Colum spöttisch.

»Es war nach...«

»Nachdem ich dir beigebracht hatte, was es heißt, mit einem richtigen Mann zusammenzusein, wie?« fragte er amüsiert.

»Vergiß nicht, daß ich betäubt war.«

»Wach genug, um vieles zu verstehen, stimmt's?«

»Ich wußte jedenfalls, daß ich entjungfert worden war.«

»Was für ein törichter Ausdruck: entjungfert! Gibt doch zu, daß ich dir eine große Ehre angetan habe und daß du verdammt froh darüber bist!«

»Gut«, erwiderte ich lächelnd. »Ich will es hier zugeben, wo es außer dir und den Raben keiner hören kann.«

Er küßte mich von neuem und streichelte mich so zärtlich und sanft, wie dies nur selten geschah. Dann erzählte er mir, wie er als kleiner Junge zwischen diesen Zinnen herumgelaufen sei und davon geträumt habe, einmal der Herr des Schlosses zu sein.

»Es gibt viele Geschichten über meine Vorfahren, die von einer Generation zur nächsten überliefert werden«, sagte Colum. Sicher freute er sich schon darauf, daß unser Sohn später mit großen Augen lauschen würde, wenn er sie ihm erzählte.

»Wir waren immer ein wilder Haufen. Unter der Regierung von

König Stephan war einer meiner Ahnen ein richtiger Raubritter. Er lauerte Reisenden auf und brachte sie in sein Schloß. Man nannte ihn den ›Teufel von Paling‹. In diesem Turm« – Colum deutete hinüber – »setzte er seine Opfer gefangen. Dann verlangte er eine bestimmte Summe Lösegeld von ihren Familien. Zahlten sie nicht, wurde der Gefangene gefoltert. Oft gab mein Ahnherr eigens ein Bankett für seine Kumpane und ließ die armen Kerle zur Freude der ganzen Tischrunde quälen. Es heißt, daß man nachts die Schreie längst zu Tode gefolterter Männer und Frauen hören kann.«

Colum warf mir einen raschen Blick zu. Offensichtlich war ihm unser Kind eingefallen. »Du hast nichts zu befürchten«, versicherte er mir. »Das ist schließlich alles lange her. Unter Heinrich II. kehrten Recht und Ordnung im Lande zurück. Er verfolgte mit unerbittlicher Härte die Raubritter, so daß sich die Casvellyns eine neue Geldquelle suchen mußten.«

»Ständig gehen Männer in jenem Turm ein und aus, in dem früher die Gefangenen hausten«, sagte ich neugierig.

»Das sind alles meine Leute, hauptsächlich Fischer, die für unsere Tafel ihre Netze auslegen. Im unteren Teil des Turms liegen die Boote, mit denen sie sich aufs Meer hinauswagen. Hast du schon einmal dabei zugesehen?«

»Nein. Mir ist noch nicht einmal ein Boot zu Gesicht gekommen.«

»Du wirst das noch alles kennenlernen. Jetzt erzähle ich dir von einem anderen Vorfahren, der eine schöne Frau hatte, den jedoch auch andere Frauen nicht kaltließen. Ein typischer Charakterfehler – vielleicht aber auch eine Tugend – der Männer unserer Familie. Sie vergöttern die Frauen.«

»Sagst du mir das, damit ich auf der Hut bin?«

»Man muß immer auf der Hut sein, um etwas Wertvolles nicht zu verlieren... aber ich wollte dir von meinem Ahnen berichten. Trotz der Liebe zu seiner schönen Frau verliebte er sich in eine andere, die ebenso anziehend war. Diese zweite Lady war von großer Sittsamkeit, obwohl auch sie ihn begehrte. Casvellyn war klar, daß er sie nur bekommen würde, wenn er sie brutal vergewaltigte oder aber... heiratete. Er wollte sich jedoch nicht von seiner Frau trennen, denn die Ehe mit ihr behagte ihm sehr. Was sollte er tun?« Colum drehte sich herum, so daß wir nun beide auf die Türme schauten, die zum Land hin erbaut waren. »Dort stehen Ysellas und der Krähenturm.«

»Ich wußte gar nicht, daß sie alle einen Namen haben.«

»Doch. Den sogenannten Meeresturm und Nonnas Turm, die beide unmittelbar am Meer aufragen, kennst du ja schon. Ysella und Nonna sind die Namen jener schon längst gestorbenen Frauen Casvellyns. Zehn Jahre lang lebte Ysella in ihrem Turm, doch Nonna hatte keine Ahnung von ihrer Anwesenheit im Schloß. Dieser Bursche machte es sehr geschickt. Von Nonna nahm er Abschied und ritt davon. Im Dunkeln kam er zurück, betrat durch eine Geheimtür Ysellas Versteck und benahm sich so, als sei er soeben von einer langen Reise heimgekehrt. Er blieb eine Weile bei ihr, ritt dann angeblich weg und beehrte wiederum Nonna mit seiner Anwesenheit.«

»Das ist ja kaum zu glauben«, rief ich. »Zwei Ehefrauen, die im gleichen Schloß hausen! Warum haben die beiden denn nicht das ganze Schloß erkundet?«

»Er hat es ihnen verboten, und in diesen Tagen waren die Ladys noch gehorsam. Er erklärte Ysella, daß Nonnas Turm verhext sei, und warnte Nonna vor den bösen Geistern, die in Ysellas Turm spukten. Wenn eine von ihnen sich dem verbotenen Gemäuer nähern würde, käme Unheil über das Schloß. Er behauptete, der Fluch einer Hexe liege darauf. Außerdem erlaubte er keiner von beiden, das Schloß ohne seine Begleitung zu verlassen.«

»Es klingt völlig unglaublich.«

»Wenn jemand meinem Vater mit diesem Einwand kam, dann pflegte er zu sagen, daß man bei den Casvellyns mit allem rechnen müsse.«

»Wie ging es weiter? Haben sie einander doch noch entdeckt?«

»Ja. Eines Tages lehnte Nonna hier an den Zinnen und sah eine Gestalt auf Ysellas Turm. Beiden war es eigentlich untersagt, hier heraufzusteigen . . . Bis Nonna ihre Dienstboten gerufen hatte, war Ysella schon wieder verschwunden. Auf diese Weise verstärkte sich das Gerücht, daß es in jenem Turm spuke. Nonna gestand ihrem Mann, daß sie auf den Zinnen gewesen war, und schlug vor, mit ihm den anderen Turm zu erforschen. Gemeinsam brauchten sie schließlich keine Angst vor Geistern zu haben! Er weigerte sich und machte sie dadurch nur um so neugieriger. Nonna nahm sich fest vor, Genaueres über den Geist herauszufinden. Eines Tages betrat sie mit einer Magd Ysellas Turm, kam aber nicht weiter, als bis zu einer verriegelten Tür. Sie wußte natürlich nicht, daß es zwischen den Felsen einen zweiten geheimen Eingang gab.«

Colum machte eine kleine Pause, und meine Spannung wuchs.

»Eines Tages folgte sie ihrem Mann heimlich, als er sich auf eine seiner Reisen machte. Aus einem Versteck konnte sie beobachten, wie er Ysellas Turm durch die Geheimtür betrat. Sie ging ihm nach und stand plötzlich Ysella gegenüber. Beiden Frauen wurde klar, was geschehen war, und ihrem Mann blieb nichts anderes übrig, als seine Schuld einzugestehen. Am gleichen Tag noch stürzte Nonna von Ysellas Turm in die Tiefe. Mein Ahn holte Ysella aus ihrem bisherigen Versteck, erklärte sie zu seiner rechtmäßigen Gemahlin und lebte mit ihr bis an sein Lebensende. Seither soll Nonna angeblich in Ysellas Turm herumgeistern. Was sagst du nun? Dies ist die spannendste unserer Familiensagen. Außerdem ist sie recht lehrreich für ungehorsame Frauen, die zu neugierig sind.«

»Du hältst Nonna also für zu neugierig.«

»Hätte sie sich nicht in Ysellas Turm geschlichen, wäre sie nicht gestorben.«

»Es war also Mord?«

»Was weiß ich? Ich erzähle dir nur, was ich gehört habe.«

»Das ist ja eine gefährliche Familie, aus der du stammst!«

Über uns zogen Schwärme von Krähen ihre Kreise. »Hast du mir die Legende als Warnung erzählt?« fragte ich leise.

»Nun, in gewisser Weise schon. Wir Casvellyns haben es immer für richtig gehalten, unsere Frauen rechtzeitig zu warnen.«

Sein Blick wurde wieder liebevoll.

»Es ist sehr windig hier oben. Du wirst dich erkälten. Komm, suchen wir uns ein wärmeres Plätzchen.«

Als wir Arm in Arm die Wendeltreppe hinunterstiegen, fühlte ich mich froh und glücklich, obwohl mich die Geschichte der beiden Frauen ziemlich erschreckt hatte.

Als meine Mutter zum ersten Mal zu Besuch kam, freute ich mich wie ein kleines Kind. Ich führte sie durch alle Räume und erzählte ihr auch die Geschichte der beiden Türme.

»Du fühlst dich also wohl hier?« fragte sie ganz erstaunt.

»Das Leben ist für mich so spannend und ... erfüllt«, erwiderte ich mit strahlenden Augen.

Sie stellte mir eine Menge Fragen über meine Gesundheit und schien mit den Antworten zufrieden zu sein.

Es war nun schon gegen Ende April; überall blühten wilde Blumen, und das Wetter war häufig launisch. Oft saß ich nur still da und lauschte auf die Drosseln, die Uferschwalben und den Kuckuck. Auch ich fragte natürlich viel, und meine Mutter gab mir bereitwillig Auskunft. Edwinas Kind sollte im Juni auf die Welt kommen; sie und Carlos konnten es kaum mehr erwarten. Jacko machte einem Mädchen in Plymouth den Hof, und es gab wohl bald eine Hochzeit. Meinem Vater lag im Augenblick am meisten am Herzen, ob ich ihm einen Enkelsohn bescheren würde.

Ich lachte, fühlte mich aber gleichzeitig ein bißchen schuldbewußt, da ich sie alle sowenig vermißt hatte.

Meine Mutter erwähnte, daß die Landors wieder nach Lyon Court gekommen waren. Sehr bald schon würden ihre ersten Schiffe in See stechen. Plymouth sollte das ›Hauptquartier‹ des ganzen Unternehmens werden.

Noch etwas erzählte sie mir. Fennimore hatte von ihr die Geschichte meiner heimlichen Hochzeit hören wollen. Er war äußerst verwirrt gewesen, was mich nicht wunderte. Da das Gerücht verbreitet worden war, wir hätten bereits im November geheiratet, war ich ja scheinbar bereits Ehefrau, als Fennimore mir seinen Antrag machte. Meine Mutter seufzte. »Der liebe Kerl war nicht ärgerlich, sondern nur ratlos. Ich mußte ihm die Wahrheit sagen, denn ich wollte nicht, daß er dich für treulos hält. Es traf ihn schwer, Linnet. Und dann meinte er, du hättest es ihm erzählen sollen. Ich bat ihn, nichts von dem zu verraten, was ich ihm anvertraut hatte, und er versprach es mir. Oh, Linnet, ich bin sicher, er hätte dich auch mit dem Kind geheiratet!«

»Es ist besser so, wie es ist«, widersprach ich.

»Du bist also so glücklich, daß du nicht tauschen würdest, auch wenn du könntest?« fragte sie gespannt, und ich nickte.

»Wenig später hörte ich dann, daß er sich mit einem Mädchen verlobt hat, das er schon von Kindheit an kannte. Ihre Eltern sind die Nachbarn der Landors.«

»Er hat sich schnell getröstet«, sagte ich.

»Darüber sollten wir sehr froh sein!«

Ich überlegte, wie verschieden er von Colum war. Welch Gluck, daß alles so gekommen war! Ich konnte mir inzwischen keinen anderen als Ehemann vorstellen.

Meine Mutter wurde von Colum sehr bewundert. Sie würde wohl immer eine sehr anziehende Frau bleiben, was weniger auf ihr gutes Aussehen, als auf ihren Charme, Witz und Geist zurückzuführen war.

Meine Mutter machte Colum den Vorschlag, ich solle in der

letzten Zeit meiner Schwangerschaft nach Lyon Court kommen, damit sie selbst für mich sorgen könne.

»Ihr meint doch nicht etwa, daß ich meine Frau hergebe?« rief Colum. »Nein, nicht einmal ihren Eltern gönne ich sie. Mein Sohn soll auf Schloß Paling geboren werden.«

»Ich möchte, daß Linnet so gut wie möglich betreut wird«, wandte meine Mutter ein.

»Glaubt Ihr, daß dies hier nicht auch geschehen kann?«

Sie schienen sich kampflustig abzuschätzen, was ihre gute Laune allerdings nicht minderte. Dann schlossen sie einen Vergleich: Im August wollte meine Mutter nach Schloß Paling kommen, um bei der Geburt anwesend zu sein.

Mitte Mai ritt meine Mutter nach Hause, und wir begleiteten sie ein Stück zu Pferd. Als sie sich verabschiedet hatte, erklärte mir Colum, daß ich von nun an nicht mehr reiten dürfe, da sonst Gefahr für das Kind bestünde.

Die Wochen verstrichen rasch. Ich war mit Vorbereitungen für die Geburt beschäftigt. Meine Mutter schickte mir Jennet und meinte, ich solle sie doch ganz behalten, da sie ein ausgezeichnetes Kindermädchen sei.

Ich hatte Jennet immer gern gemocht und fühlte mich nun doppelt wohl, seit ihre vertraute Gestalt immer um mich war.

Es dauerte nicht lange, bis sie sich mit einem der Bediensteten angefreundet hatte. Sie erzählte mir viel von ihm. Er hieß Tobias. Man hätte glauben können, Jennet habe nie einen anderen Mann gekannt, so überschwenglich schwärmte sie von ihm.

»Er wohnt im Meeresturm«, erklärte sie mir. Tobias gehörte also zu jenen Männern, die ich schon oft beobachtet und über deren Beschäftigung ich mir viele Gedanken gemacht hatte.

An einem Junitag brauchte ich Jennet für eine Näharbeit. Da ich sie nicht fand, machte ich mich auf die Suche nach ihr. Ich vermutete, daß sie sich in Tobias' Nähe, also im Meeresturm, aufhielt. Obwohl ich schon seit ungefähr vier Monaten im Schloß wohnte, kannte ich weite Teile des Gebäudes nicht. Natürlich waren mir der Krähenturm und Nonnas Turm vertraut, denn dort wohnten wir ja, aber in die beiden anderen Türme hatte ich noch nie einen Fuß gesetzt. Einmal war ich durch die verschiedenen Höfe geschlendert und hatte plötzlich vor einer eisenbeschlagenen Tür gestanden, die jedoch versperrt war. Daraufhin hatte ich beschlossen, Colum bald einmal zu bitten, mir das ganze Burggelände zu zeigen.

Ich war gespannt, ob ich Jennet dort finden würde, wo ich sie vermutete. Als ich in die Nähe des Meeresturmes kam, hörte ich Lärm und lautes Gelächter. Ich stieß ein eichenes Tor auf und stieg vorsichtig die steile Treppe hinab, die nach unten führte. Der salzig-würzige Meeresgeruch war hier noch stärker, das gleichmäßige Anbranden der Wellen deutlich zu hören.

Ich gelangte in ein großes Geviert, das als Stall benutzt wurde. Voller Erstaunen musterte ich die vielen Pferde, Maultiere und Esel. Aber wo waren die Leute, deren Stimmen ich vernommen hatte? An der gegenüberliegenden Wand befand sich ebenfalls eine Tür, und als ich sie öffnete, stand ich auf einem schmalen Pfad, der sich zum Strand hinaufwand. Mehrere kleine Boote lagen da an Holzpfählen vertäut.

Es herrschte Ebbe, so daß die scharfen Spitzen der *Devil's Teeth* deutlich zu erkennen waren.

Da ich Jennet auch hier nirgends erblickte, ging ich zurück, betrat abermals den Turm und befand mich wieder in dem engen Vorgemach, von dem aus ich den Stall betreten hatte. Als ich mich im Halbdunkel umsah, entdeckte ich eine niedrige Pforte, die ich zuvor übersehen hatte. Von dort drang Stimmengemurmel zu mir.

Nach kurzem Zögern öffnete ich die Tür. Dahinter befand sich ein hoher Raum mit einem langen Tisch in der Mitte, an dem mehrere Männer und einige Frauen saßen – darunter auch Jennet. Ich erkannte in den Männern jene Fischer, von denen Colum mir erzählt hatte.

Jennets schrille Stimme rief: »Oh, da ist unsere Herrin!«

Die Männer kamen langsam auf die Füße und schienen sich sehr unbehaglich zu fühlen.

»Ich habe dich gesucht, Jennet«, sagte ich.

»Ach, wirklich?« erwiderte sie und errötete leicht.

»Ich will euch bei eurem Mahl nicht stören«, fuhr ich zu den Männern gewandt fort.

Einer, der der Anführer zu sein schien, murmelte etwas vor sich hin, was ich nicht verstand. »Komm, Jennet«, forderte ich sie auf, und sie verließ sofort die Runde.

Mir war nicht klar, warum ich mich eigentlich so beklommen fühlte. Schließlich waren dies die Gefolgsleute von Colum, und ich war die Schloßherrin. Wieso hatte ich das Gefühl, daß dies keine gewöhnlichen Dienstboten waren? Obgleich sie sich respektvoll benahmen, wirkten sie so, als seien sie über meinen

Besuch erschrocken. Warum? War denn diese Burg nicht mein Heim?

Der Mann, der am Kopfende der Tafel gesessen hatte, trat zu mir. »Ihr solltet Euch mit der Treppe vorsehen, Mistress. Auf den Stufen kann man leicht ausgleiten.«

»Mir ist ganz neu, daß es in diesem Teil der Burg so viele Pferde gibt«, sagte ich. »Auch von dem Pfad, der zur Küste führt, wußte ich nichts.«

»Der Herr will bestimmt nicht, daß Ihr solch steile Treppen benutzt!« wiederholte er warnend.

»Ich werde achtgeben.«

Merkwürdigerweise kam mir dieser Mann bekannt vor. Die Art und Weise, wie er sich bewegte...

Ich war mir auf unangenehme Weise der vielen Blicke bewußt. Weshalb konnte ich mich des Eindrucks nicht erwehren, daß hier etwas ganz und gar nicht stimmte?

Sicher liegt es an meiner Schwangerschaft, redete ich mir ein. »Du hast dich ja schon recht gut mit den anderen Dienstboten angefreundet, Jennet«, sagte ich, als wir in den Hof hinausgingen.

Sie kicherte auf ihre mädchenhafte Art. »Ja, Mistress Linnet, ich war schon immer eine, die schnell Freundschaften schließt. So bin ich nun einmal.«

»Und dein Freund...?«

Sie errötete. »Das ist ein ganz feiner Mann, Mistress. Ich hab ihm vom ersten Augenblick an gefallen. Und dabei ist es doch schon so lange her...«

»Wieso ist es schon lange her? Du bist doch erst seit kurzem hier, Jennet.«

Sie schlug sich mit der Hand auf den Mund, wie immer, wenn sie etwas Falsches gesagt hatte. »Ich erzähl's Euch, Mistress. Er hat mich schon damals gesehen, als... ich mit Euch und Eurer Mutter unterwegs war.«

»Sicher auf der Rückreise von Trystan Priory, oder?«

Jennet wirkte so verlegen, daß mir alles klar wurde. Sie wußte also auch über den Plan Bescheid, den Colum ausgeheckt hatte, um mich auf sein Schloß zu locken.

Zuerst war ich sehr ärgerlich, doch dann zuckte ich die Achseln. »Schon gut, Jennet. Ich weiß, wer die Räuber waren. Mein Mann hat mir alles... gestanden.«

Jennet war offensichtlich erleichtert. »Du meine Güte, was ist das für ein Herr! Es gibt nur einen, der ihm das Wasser reichen kann, und das ist der Captain.«

Ich erzählte Colum, daß ich im Meeressturm gewesen war und einige seiner Leute kennengelernt hatte, die dort hausten.

»Es sind gute, tapfere Männer.«

»Frauen waren auch dabei«, fuhr ich fort.

»Ja, sie haben sie ständig bei sich. Sie kommen nicht aus ohne sie, verstehst du?«

»Und ob! Meine Jennet hat sich ihnen übrigens zugesellt.«

Er brach in Gelächter aus. »Das wundert mich kein bißchen.«

»Sie hat recht schnell einen Freund unter deinen angeblichen Räubern gefunden.«

»Jennet würde überall einen Liebhaber finden. Wer ist es denn?«

»Ich weiß keinen Namen, aber ich glaubte, den Anführer von deiner Räuberbande zu erkennen.«

Colum lachte wieder vergnügt auf, doch ich ärgerte mich.

»Alle hier im Schloß wissen also, wie ich hereingelegt worden bin. Das gefällt mir gar nicht, Colum.«

»Sei ohne Sorge. Sie sind verschwiegen wie ein Grab. Kein Vergleich mit den gewöhnlichen Dienstboten.«

»Gewiß nicht. Mir scheint, sie erledigen auch ganz besondere... Arbeiten für dich.«

Er zog die buschigen Augenbrauen in die Höhe. »Was meinst du damit?«

»Nun, sie entführen Frauen auf offener Straße...«

»Eine Aufgabe, die sie bewundernswert ausgeführt haben, das mußt du zugeben«, unterbrach mich Colum gut gelaunt.

»Sie werden sich über mich lustig machen...«

»Das würden sie nie wagen. Im Gegenteil! Da sie gern meine Diener sind, freuen sie sich, daß sie mir dabei helfen konnten, zu einer Ehefrau zu kommen und glücklich zu werden.«

Colum legte mir mit einer beschützenden Geste die Arme um die Schultern und zog mich eng an sich. »Du sollst nicht allein auf dem Burggelände herumspazieren. Wie leicht könntest du auf einer der Wendeltreppen ausgleiten... Kurzum, ich verbiete es dir!«

»Sicher hat Nonnas Ehemann ganz ähnlich mit ihr geredet. Herumlaufen soll ich nicht, reiten auch nicht... was darf ich eigentlich?«

»Du könntest deinem Mann gehorchen. Dem steht nichts im Wege.« – »Du bist... der reinste Despot!«

»Wenn das Kind geboren ist, hast du genug zu tun. Außerdem können wir dann wieder gemeinsam ausreiten, deine Eltern und vielleicht sogar die Landors besuchen. Ich habe übrigens erfahren, daß sich dein Verehrer recht schnell getröstet hat und bald Hochzeit feiern will.«

»Ich interessiere mich nicht besonders für seine Angelegenheiten«, erwiderte ich achselzuckend.

Noch nie war mir ein Juli so heiß und drückend vorgekommen. Ich kletterte oft zu den Zinnen hinauf, obwohl ich wußte, daß Colum damit nicht einverstanden war. Manchmal nahm ich Jennet mit, deren Blicke dann immer wie magisch angezogen zum Meeresturm schweiften.

Sie erzählte mir einiges über das Leben, das jene Männer und Frauen führten. Ihr Liebhaber hatte sie einmal im Boot mit aufs Meer hinaus genommen, und sie hatten viele Fische gefangen.

Ich fühlte mich allmählich so schwerfällig, daß ich den Tag der Niederkunft kaum noch erwarten konnte. Eines Abends schlenderte ich durch einen Innenhof und kam schließlich zu Yselles Turm. Ob die Sage wohl der Wahrheit entsprach? Wie konnte ein Mann zehn Jahre lang die Anwesenheit einer Geliebten vor seiner Frau geheimhalten, wenn sie so nahe beieinander lebten?

Eine so wildromantische Geschichte paßte gut in solch alte Gemäuer wie Schloß Paling, dachte ich, als ich die eisenbeschlagene Tür von Ysellas Turm zu öffnen versuchte. Sie ließ sich keinen Zoll bewegen.

Ich fühlte mich plötzlich schrecklich erschöpft und machte mich wieder auf den Rückweg zum Krähenturm.

Endlich kam der August – jener langersehnte Monat! Ein Bote hatte von Lyon Court die Nachricht gebracht, daß meine Mutter in wenigen Tagen bei mir eintreffen würde.

Eines Nachts fuhr ich erschrocken aus tiefem Schlaf hoch und stellte fest, daß ich allein war. Tagsüber hatte mir die brütende Hitze sehr zu schaffen gemacht, doch nun war es etwas kühler geworden.

Ich zog die Bettvorhänge beiseite und ging ans Fenster. Es regnete und stürmte. Ein greller Blitz beleuchtete die grauen Türme. Fast unmittelbar darauf folgte der krachende Donnerschlag.

Ich schlüpfte wieder ins Bett, konnte aber nicht einschlafen, sondern grübelte darüber nach, warum Colum in einer solchen Nacht das Zimmer verlassen hatte...

Als ich am Morgen erwachte, lag Colum neben mir. Ich stand möglichst geräuschlos auf und hatte mich schon fertig angekleidet, bevor er sich reckte, und laut gähnte.

»Was war denn heute nacht los?« fragte ich.

Bildete ich es mir nur ein, oder schien er plötzlich auf der Hut zu sein? »Einen solch gewaltigen Sturm habe ich lange nicht erlebt«, erwiderte Colum.

»Ich bin durch das Gewitter aufgewacht. Ein Blitz schien in unmittelbarer Nähe eingeschlagen zu haben.«

»Ich bin draußen gewesen«, erklärte Colum. »Ein Schiff war in Seenot geraten.«

»Wie schrecklich!«

»Wir hatten gehofft, helfen zu können.«

»Wie gut von dir, Colum!«

Er lächelte mich auf jene zärtliche Weise an, die ich besonders liebte, da sie bei ihm so ungewöhnlich war.

»Wenn du mich erst richtig kennst, wirst du schon noch merken, daß ich gar kein so übler Bursche bin.«

»Das könnte stimmen«, sagte ich liebevoll.

Den ganzen Tag über fuhren immer wieder Boote zu der Felsgruppe *Devil's Teeth* hinaus, um nach Überlebenden des Schiffes zu suchen, das an den tückischen Klippen zerschellt war.

Colum berichtete mir abends, daß niemand gerettet worden sei.

Wie froh war ich, als ich meine Mutter begrüßen konnte. Ich hatte ihre Ankunft von der Plattform des Turmes aus beobachtet und stellte voller Stolz fest, wie vornehm sie aussah, als sie mit den Pferdeknechten und zwei Dienern herangeritten kam.

Rasch stieg ich in den Hof hinunter und wartete am Fallgitter auf sie. Sie umarmte mich, bevor sie mich von Kopf bis Fuß einer genauen Musterung unterzog.

»Wie ich sehe, geht es dir sehr gut, Linnet. Ich brauche mir zum Glück also keine Sorgen zu machen.«

Zu Colums Freude bewunderte sie gebührend die Wiege, in der schon unzählige Casvellyns gelegen hatten. Flüchtig überlegte ich, ob Nonna und Ysella wohl Kinder gehabt hatten, und nahm mir vor, Colum danach zu fragen.

In meinem Zustand konnte ich das heiße Wetter nur schwer

ertragen. Am angenehmsten war es noch, in einem der schattigen Höfe zu sitzen. Meine Mutter breitete dann auf dem Gras eine Decke aus, auf der ich es mir bequem machen konnte, und wir unterhielten uns.

Sie war inzwischen auch davon überzeugt, daß ich den Richtigen geheiratet hatte, obgleich der Beginn ja alles andere als vielversprechend gewesen war. »Colum und Jake sind von gleicher Art«, sagte sie nachdenklich. »Frauen wie du und ich brauchen solche Männer.«

»Mir kommt es ganz merkwürdig vor, daß ich Colum vor einem Jahr noch nicht einmal gekannt habe.« Mir fiel etwas ein. »Wann will Fennimore Landor eigentlich heiraten, Mutter?«

»Im September.«

»Ich hätte nie geglaubt, daß er zu solch einem raschen Entschluß überhaupt fähig wäre.«

»Mrs. Landor erwähnte mir gegenüber, daß er diese Mistress Lee schon seit seiner Kindheit kennt. Vor eineinhalb Jahren hat er sich dann Hals über Kopf in dich verliebt und wollte dich zur Frau. Als du nicht mehr für ihn in Frage kamst, hat er seine Freundschaft mit Mistress Lee erneuert.«

Ich nickte. Es klang alles so vernünftig, wie von Fennimore nicht anders zu erwarten.

»Jake und Captain Landor hoffen, im nächsten Jahr mit dem Seehandel beginnen zu können. Keiner von uns hätte gedacht, daß die Vorbereitungen so viel Zeit kosten. Du kannst dir vorstellen, wie ungeduldig dein Vater ist. Meiner Meinung nach geht es ihm bei der ganzen Angelegenheit hauptsächlich darum, den Spaniern eins auszuwischen.«

»Aber die Spanier sind doch ohnehin schon am Ende.«

Meine Mutter machte ein sorgenvolles Gesicht. »Da bin ich nicht so sicher. Admiral Drake hat mit einigen Kriegsschiffen spanische und portugiesische Küstenstädte angegriffen. Warum sollte er das tun, wenn von ihnen nichts mehr zu befürchten wäre? Kurz vor meiner Abreise kam die Nachricht, daß er mit über tausend Männern fortgesegelt ist, aber nur mit rund dreihundert zurückgekehrt sei. Dann haben unsere Leute sechzig Schiffe auf dem Tajo erobert, die Hansestädten gehörten. Man hat festgestellt, daß diese Schiffe Gegenstände und Proviant geladen hatten, um eine Flotte gegen uns auszurüsten.«

»Vater und Colum sind beide der Ansicht, daß die Spanier für immer geschlagen sind.«

»Ich kann mir nicht vorstellen, daß ein so mächtiges Reich völlig besiegt werden kann, Linnet. Oh, wie ich ein Ende dieser schrecklichen Auseinandersetzungen und Kriege herbeisehne! Es gibt soviel schönere Dinge als dieses ewige Kämpfen. Ich habe gehört, daß in einem Ort namens Dartford in Kent eine Mühle erbaut worden ist, wo man Papier herstellen kann. Stell dir das vor, Linnet! Wieviel einfacher wird es dann sein, Briefe zu schreiben. Das nenne ich Fortschritt... Übrigens soll es auch ein neues Gewürz geben, Safran genannt. Es macht den Kuchen schön gelb und gibt ihm ein ganz besonderes Aroma.«

»Hast du's schon ausprobiert, Mutter?«

»Nein, ich hab's noch nicht mal zu Gesicht gekriegt. Es ist gerade erst nach England eingeführt worden. Aber bei nächster Gelegenheit werde ich versuchen, ob es wirklich so gut ist.«

Und so vergingen unsere Tage friedlich und schön. Meine Mutter hatte viele Kinderkleidchen und neue schmackhafte Rezepte mitgebracht, die mich erfreuten. Aber vor allem empfand ich in ihrer Nähe ein Wohlbehagen, das nur sie mir vermitteln konnte.

Sie erzählte viel von meinem Vater und der kleinen Damask, die eigenhändig eine Puppe für mein Kind angefertigt hatte. Edwina hatte einen Sohn zur Welt gebracht und war sehr glücklich darüber.

Als es dann bei mir soweit war, ging alles viel müheloser, als ich erwartet hatte. Zu meiner großen Freude war auch mein Kind ein Junge.

Nie zuvor hatte ich Colum so erlebt; er schien geradezu außer sich vor Freude. Er nahm meiner Mutter das Kind aus dem Arm und ging damit im Zimmer auf und ab. Dann trat er an mein Bett und schaute mich lange an. Ich war so stolz und zufrieden wie nie bisher.

Wir nannten unser Kind Connell und waren beide ganz vernarrt in den kleinen Kerl. Sobald Colum von einem Ausritt zurückkam, lief er als erstes ins Kinderzimmer, um sich davon zu überzeugen, daß alles in bester Ordnung war. Sein größtes Vergnügen war es, Connell, trotz meines Protests, hoch in die Luft zu schwingen, und seinem Sohn schien dies ebensoviele Freude zu bereiten.

Meine Mutter blieb nach der Geburt Connells noch einen Monat bei uns, bevor sie nach Lyon Court zurückkritt. Sie machte mir den Vorschlag, Weihnachten gemeinsam zu feiern, da wir ja zum Glück so nahe beieinander wohnten. Ich sollte Colum zu überreden versuchen, nach Lyon Court zu reisen. Falls dies wegen des Kindes nicht möglich sei, würden sie uns besuchen.

Wir sagten uns Lebewohl. Es war nun September, und schon lag eine Vorahnung herbstlicher Kühle in der Luft. Am Morgen war es häufig dunstig, das Meer ruhig und von einer bleigrauen Färbung. Mir kam in den Sinn, daß in Lyon Court nun bald Äpfel und Birnen geerntet werden würden ... Ich schaute meiner Mutter nach, solange ich sie sehen konnte, doch sie wandte sich nicht um. Wahrscheinlich hatte sie Tränen in den Augen ...

Connells Taufe wurde gebührend gefeiert; Colum hatte zum erstenmal viele Gäste aus der Umgebung eingeladen. Die meisten waren mir unbekannt. Zwei Tage und zwei Nächte lang wurde im Schloß lärmend getafelt und gezecht.

Ich lebte in einem Zustand ständiger Glückseligkeit, und Colum schien es nicht anders zu ergehen. Die Taufzeremonie in der normannischen Hauskapelle war für mich ein großes, unvergeßliches Erlebnis. Mein Sohn hatte das Taufkleid an, das vor ihm mehrere Generationen von Casvellyns getragen hatten.

Colum hatte als Taufpaten gute alte Freunde gewählt, wie er mir erklärte.

Sir Roderick Raymont gefiel mir leider gar nicht, und aus Lady Alice Warham wurde ich nicht ganz klug. Sie war hübsch und war mit einem unbedeutenden, wesentlich älteren Mann vermählt.

Lady Alice trug meinen Sohn zum Taufbecken. Über uns wölbten sich die normannischen Rundbogen, die auf massiven Steinsäulen ruhten.

Connell ließ alles friedlich über sich ergehen, aber ich mußte den Wunsch unterdrücken, ihn der Frau aus den Armen zu reißen, die nun seine Taufpatin war. Mir war nicht klar, woher diese wilde Eifersucht kam. Wie froh würde ich sein, wenn alle Besucher das Schloß wieder verließen!

Als die Taufe vorüber, der Kuchen angeschnitten und Connell von allen bewundert worden war, trug ich ihn in das Kinderzimmer und betrachtete ihn voller Entzücken. Ich hielt mich für die glücklichste Frau auf Erden, da ich einen Ehemann hatte, der mir mehr bedeutete als alles, und ein Kind, das unsere Verbindung krönte.

Mehrere Gäste blieben noch einige Tage länger bei uns. In dieser Zeit machte ich eine Entdeckung.

Eines Morgens fragte ich Colum, ob unsere Gäste es nicht

merkwürdig fänden, daß wir kein großes Hochzeitsfest gefeiert hatten.

»Es ist mir schon immer gleichgültig gewesen, was die Leute denken, vorausgesetzt, es bedeutet keine Beleidigung für mich«, erwiderte Colum.

Gleich darauf kehrte er wieder zu seinem Lieblingsthema zurück: unserem Sohn. Er hielt Connell für schöner, größer und gescheiter als alle anderen Kinder und konnte es kaum erwarten, ihn zu einem richtigen Casvellyn heranwachsen zu sehen.

»Nicht nur unser Kind wird älter, sondern auch du, vergiß das nicht«, sagte ich.

»Und du ebenfalls«, rief er lachend und zog mich an sich. Ich war bester Stimmung, da ich spürte, wie zufrieden er mit unserer Ehe war.

Vermutlich war dies die letzte Gelegenheit, bei der ich so unbeschwert war, denn noch am gleichen Abend erfuhr ich etwas, wovon ich bisher nichts gewußt hatte. Ich verdankte dieses Wissen Lady Alice. Später fragte ich mich oft, ob sie es absichtlich getan hatte, weil sie mich um mein sorgloses Glück beneidete.

Wir saßen bei Tisch. Das Wildbret schmeckte besonders gut, die vielen Pasteten waren vortrefflich gelungen, der Wein floß in Strömen. Es wurde viel geplaudert und gelacht. Colum saß in übermütiger Laune am Kopfende der Tafel und brüstete sich immer wieder mit seinem wohlgeratenen Sohn.

Mögen er und ich immer so glücklich sein wie jetzt! dachte ich gerade, als Lady Alice sich mir zuwandte.

»Ihr habt Euren Mann sehr stolz und froh gemacht«, sagte sie.

»Oh, es ist ja auch wunderbar, ein Kind zu haben!«

»Und so rasch nach der Hochzeit«, fuhr sie fort. »Ihr seid wirklich glücklich zu schätzen.«

Sie hatte ausdrucksvolle dunkle Augen, die ich sehr schön fand. Naiv, wie ich war, bemerkte ich die Bosheit in ihrem Blick nicht.

»Ich wundere mich nicht darüber, daß Colum ganz aus dem Häuschen ist«, sagte sie lächelnd. »Wenn man an die bisherigen Enttäuschungen denkt...«

»Enttäuschungen?«

»Aber ja! Immer wieder hat er gehofft... umsonst. Doch beim zweitenmal ist er ja nun erfolgreich. Es ist noch kein ganzes Jahr vergangen seit Eurer Hochzeit, oder? Man könnte fast sagen, daß es geradezu eine... Erlösung gewesen ist, obwohl es natürlich sehr traurig war.«

»Ihr sprecht von...?« begann ich zögernd.

»Von Colums erster Ehe. Eine tragische Angelegenheit! Aber nun hat sich ja alles zum besten gewendet, nicht wahr?«

Ich mußte ein Frösteln unterdrücken. Colums erste Ehe! Er hatte nichts davon erwähnt. Was war mit seiner Frau geschehen? Sie mußte wohl tot sein, denn sonst hätte er mich wohl kaum heiraten können.

Ich merkte, daß Lady Alice mich gespannt ansah. Es kam mir so vor, als ob in ihrem Blick leise Belustigung läge. Sicher hatte sie begriffen, daß Colum mir nichts erzählt hatte.

Erst lange nach Mitternacht zogen wir uns zum Schlafen zurück. Zuvor schauten wir wie immer ins Kinderzimmer, um uns davon zu überzeugen, daß es Connell gutging.

Als wir im Bett lagen und die Vorhänge zugezogen waren, schaute ich Colum etwas vorwurfsvoll an.

»Ich habe vorhin erfahren, daß du schon einmal verheiratet warst.«

»Ach, wußtest du das nicht?«

»Wie sollte ich? Du hast es mir ja nicht erzählt.«

»Dachtest du wirklich, daß ein Mann meines Alters noch nie verheiratet war?«

»Ich finde es sehr merkwürdig, daß es nie erwähnt wurde.«

»Wir kamen auch nie auf dieses Thema«, sagte Colum leichthin.

»Gerade das finde ich so merkwürdig.«

Er zog mich in seine Arme. »Genug von anderen...«

Aber ich wollte mich noch nicht zufriedengeben. »Ich kam mir so töricht vor, Colum. Lady Alice erwähnte deine erste Frau, und ich wußte nicht einmal, wovon sie sprach!«

»Alice ist eine recht durchtriebene Person. Außerdem ist sie natürlich eifersüchtig auf dich.«

»Warum denn? Sie hat schließlich auch einen Ehemann. Haben die beiden eigentlich Kinder?«

Er lachte laut hinaus. »Einen Ehemann hat sie! Einen rechten Stockfisch! Der kann ihr keine Kinder machen!«

»Oh, wie traurig für sie!«

»Verschwende dein Mitleid nicht an Alice. Es stört sie im Grunde gar nicht, vorausgesetzt, sie kann sich ihre Bettgenossen aussuchen, wie sie will, und er macht gute Miene dazu. Ich bezweifle, ob sie sich überhaupt Kinder wünscht. Schließlich könnte sie dabei die Schönheit ihrer Gestalt einbüßen.«

»Du kennst sie... gut?«

»Oh, sehr gut sogar.«

»Du meinst also, daß...«

»Ganz genau, du hast's erraten.«

In seinem Verhalten war eine Änderung eingetreten. Zum ersten Mal seit der Zeit vor Connells Geburt war er wieder schroff und ungeduldig. Ihn störte offensichtlich, daß ich die Rede auf seine erste Ehe gebracht hatte.

»Sie und du...«, begann ich zögernd, wurde jedoch sofort unterbrochen.

»Was soll das? Ich habe viele Weiber gekannt. Glaubst du, Schloß Paling sei eine Art Kloster und ich ein Mönch?«

»Natürlich nicht, Colum. Aber unsere Gäste...«

»Du mußt langsam erwachsen werden und nicht immer der dumme kleine Hänfling sein, der in seinem Käfig herumzwitschert und denkt, dies sei die ganze Welt. Mir hat es noch nie gepaßt, allein zu Bett zu gehen.«

»Also war es tatsächlich Eifersucht, warum Lady Alice...«

»Keine Ahnung. Zweifellos hat sie einen anderen Liebhaber. Aber was soll's? Diese Unterhaltung langweilt mich.«

»Ich möchte etwas über deine erste Frau erfahren, Colum.«

»Jetzt nicht!« protestierte er nachdrücklich.

Ich kam jedoch einige Tage später auf das Thema zurück. Die Taufgesellschaft hatte sich in alle Winde zerstreut, und wir standen wieder einmal gemeinsam im Kinderzimmer. Das Kindermädchen hatten wir hinausgeschickt, um allein mit Connell zu sein. Colum schaukelte sanft die Wiege hin und her, Connell schaute seinen Vater unverwandt an.

Es war ein rührender Anblick, und mich überkam ein tiefes Glücksgefühl. Dennoch konnte ich nicht aufhören zu grübeln. Ich wußte, daß Colum mehrere Geliebte gehabt hatte, wie nicht anders zu erwarten. Aber eine Ehefrau war etwas anderes. Ich wollte wissen, ob er sie geliebt hatte und wie traurig er über ihren Tod gewesen war. Warum sträubte er sich so sehr, über sie zu reden?

»Colum, ich möchte einiges über deine erste Ehe erfahren«, sagte ich.

Er hielt in der Bewegung inne und starrte mich finster an, doch ich sprach rasch weiter. »Es ist für mich peinlich, wenn die Leute

112

deine frühere Frau erwähnen und ich als einzige nichts darüber weiß. Vermutlich werden wir von nun an häufiger Gäste haben, nicht wahr? Wenn du ein solches Geheimnis daraus machst...«

»Es ist kein Geheimnis. Ich heiratete, sie starb, und damit war die Angelegenheit zu Ende.«

»Wie... lange warst du verheiratet?«

»Ungefähr drei Jahre.«

»Woran ist sie gestorben, Colum?« fragte ich weiter.

»Sie starb im Kindbett.«

»Starb das Kind ebenfalls?«

Colum nickte, und er tat mir plötzlich sehr leid. Was für Ängste muß er ausgestanden haben!

Als ich schwieg, machte er eine ungeduldige Bewegung mit den Schultern. »Nun, ist das Verhör vorüber?«

»Entschuldige, Colum, aber ich hielt es für wichtig, Bescheid zu wissen.«

»Es ist aus und vorbei. Zwecklos, noch darüber zu grübeln.«

»Kann ein... so wichtiger Teil des Lebens einfach... vergessen werden?«

Sein Gesicht verzog sich unmutig. »Es ist vorbei, wie ich dir schon sagte. Laß es endlich gutsein!«

Natürlich hätte ich nun den Mund halten sollen, aber ich brachte es nicht fertig. Ich mußte noch mehr wissen!

»Sicher denkst du manchmal an sie, Colum.«

»Nein«, erwiderte er schroff.

»Aber sie hat doch zu deinem Leben gehört! Ich verstehe dich nicht.«

Er hörte unvermittelt auf, die Wiege zu schaukeln, und kam zu mir. Ich glaubte, er würde mich schlagen, doch er nahm mich nur bei den Schultern und schüttelte mich ein wenig.

»Ich bin mit dem zufrieden, was ich jetzt habe. Meine Frau gefällt mir. Sie kann Lust schenken und empfangen. So war es früher nicht. Außerdem hat sie mir einen Sohn geboren. Sollte ich etwa bereuen, was mir dazu verhalf? Begreif doch endlich, Frau! Ich bin zufrieden und würde es dir ganz bestimmt zu verstehen geben, wenn es nicht so wäre. Laß es dabei bewenden!«

Ich lehnte mich an seine Brust und spürte, wie mir die Tränen in die Augen stiegen. Da ich ahnte, wie ungern er dies sähe, wandte ich mich ab und kniete mich neben die Wiege, um Connell anzusehen.

Colum stellte sich auf die andere Seite und betrachtete uns

beide. Endlich kehrte wieder Frieden in mein Herz ein. Was für eine Rolle spielte es, daß er verheiratet war und Lady Alices Liebhaber gewesen war? Er war kein Mann, der seine Begierden unterdrückte, und er würde sich wohl nie ändern. Wieder einmal dachte ich an meinen Vater. Wie merkwürdig, daß die beiden sich so ähnelten.

Plötzlich wußte ich, daß seine erste Frau zu sanft und demütig war. Er hatte sie bestimmt weniger geliebt als mich. Colum selbst hatte mir dies gesagt, und ich muß zugeben, daß ich darüber sehr befriedigt war.

Doch ich erfuhr noch mehr, und zwar von Jennet. Sie gehörte zu jenen Frauen, die man mit Leichtigkeit an einen anderen Ort verpflanzen konnte. In der kurzen Zeit, seit sie auf Schloß Paling lebte, hatte sie sich nicht nur einen Liebhaber genommen, sondern auch Freundschaften mit anderen Dienstboten geschlossen. Sie benahm sich, als habe sie ihr ganzes Leben im Schloß verbracht.

Jennet war warmherzig und großzügig und von gewinnendem Wesen, obwohl sie alles andere als tüchtig war. Meine Mutter war oft ungeduldig mit ihr gewesen. Vielleicht hatte sie ihr im Innersten nie die Affäre mit meinem Vater verziehen. Es war ja auch nicht gerade angenehm, die Geliebte des eigenen Mannes und ihr uneheliches Kind bei sich im Haus zu haben. Und mit Romilly verhielt es sich ebenso. Meine Mutter war wirklich eine außergewöhnliche Frau. Ich überlegte, wie mir wohl zumute wäre, wenn Colum seine Mätressen und Kinder aufs Schloß brächte.

Jennet hatte eine verantwortungsvolle Aufgabe als Connells Kindermädchen. Ich kannte ihre große Liebe zu Kindern, und dies schien mir die beste Voraussetzung für diese Stellung.

Eines Tages stand sie an Connells Wiege und schäkerte mit ihm. »Dein Vater hält dich für das schönste Kind auf der ganzen Welt, mein Kleiner. Ja, so steht's mit ihm. Das ist sonnenklar.«

Ich mußte lächeln und stellte mir Jennet als junge Frau und Mutter von Jacko vor.

Jennet redete weiter. »Jungen! Immer wollen sie Söhne haben. Der Captain war genauso. Man mußte ihm bloß einen Jungen zeigen, und schon war er begeistert. Nichts war ihm für die kleinen Kerlchen gut genug. Master Casvellyn ist genauso. Es muß eine schreckliche Enttäuschung für ihn gewesen sein...«

»Was denn, Jennet?«

»Na ja, mit seiner ersten Frau konnte er keinen Sohn bekommen. Dabei hat er's immer wieder versucht und war immer wieder enttäuscht.«

»Du scheinst ja viel über die Angelegenheiten deines Herrn zu wissen, Jennet.«

»Ach, in der Küche wird oft darüber geredet, Mistress.«

»Was denn?«

»Daß sie'n armes krankes Wesen war und der Master sie nicht so behandelt hat wie Euch, Mistress.«

»Dienstboten sollten nicht so reden«, mahnte ich, konnte aber insgeheim ein Gefühl des Triumphes nicht unterdrücken.

Jennet war mein vorwurfsvoller Ton nicht aufgefallen, und ich war froh darüber. Durch Jennet und die Dienerschaft konnte ich vielleicht mehr herausfinden als durch Colum. Es war nur natürlich, daß ich große Neugier beim Gedanken an meine Vorgängerin empfand. Ich konnte nichts Schlimmes dabei finden.

Als Jennet mein Interesse spürte, erwärmte sie sich immer mehr für das Thema, denn es gab kaum etwas, das ihr mehr Spaß machte als Klatschereien.

»Ja, sie war wohl so'n kleines, schüchternes Ding, das vor seinem eigenen Schatten Angst hatte. Der Master braucht eine, die sich nicht alles bieten läßt, so eine wie Euch, Mistress, sagen die in der Küche. Ihr seid genau die Richtige für ihn, und das weiß er auch. Diese arme blutjunge Lady hatte vor allem Angst, aber am meisten vor ihm.«

»Die Ärmste!«

»Weiß Gott, Mistress. Und der Master wollt' unbedingt einen Sohn haben, aber sie konnt' es anscheinend nicht schaffen. Oft genug haben sie's ja versucht, könnte man sagen. Dann schien sie wieder schwanger zu sein, doch dann hat sie das Kind verloren. Nur einmal dauerte es bis zum Ende... und das war das letzte Mal. Die anderen... hat sie nie lang behalten können.«

»Wie schrecklich muß das für sie gewesen sein!«

»Ja, Mistress. Und der Master war wie'n Wahnsinniger. Er schrie herum... sagte, sie ist völlig nutzlos. Alle haben's gehört, wie er sie anbrüllte, und in seinem Zorn war er furchtbar. Sie hatten sogar Angst, er würd' sie umbringen. Auch sie selbst hat's wohl befürchtet... Das hat sie jedenfalls ihrer Zofe Mary Anne erzählt. Die ist jetzt mit einem der Männer im Meeresturm zusammen und arbeitet auch da.«

Ich hatte mehr als genug gehört. Selbstverständlich wollte ich gern bestätigt bekommen, daß Colum in seiner zweiten Ehe glücklicher war. Aber ich konnte es kaum ertragen, zu hören, wie grausam er das arme Ding behandelt hatte.

»Laß es gut sein, Jennet«, sagte ich. »Dienstboten übertreiben immer, wie du selbst wohl am besten weißt.«

»Nein, Mistress, denn Mary Anne hat ja alles miterlebt. Als die arme Herrin wieder... war, Ihr wißt schon, was ich meine, da war sie so furchtsam, daß sie nicht wußte, was sie tun sollte. Sie glaubte nämlich, daß sie das Kind auch diesmal nicht zur Welt bringen könne, weil sie ja immer so krank und schwach war. Sie war nicht fürs Kinderkriegen gemacht. Auch der Doktor hat's gesagt. Sie erzählte Mary Anne, daß sie den Master angefleht hat, sie in Ruhe zu lassen. Aber er hat gesagt, daß sie für ihn völlig überflüssig und nutzlos ist, wenn sie ihm keine Kinder schenkt...«

»Ich will nichts mehr von diesem Gewäsch hören, Jennet«, sagte ich scharf.

»Ich bin gleich fertig, Mistress. Die in der Küche wundern sich bloß, warum die arme Herrin nicht zu ihrer Familie heimgerannt ist. Die wohnt ja gar nicht weit weg.«

»So?« sagte ich obenhin.

»Ich hab's kaum glauben können«, sagte Jennet eifrig. »Wir waren doch dort und kennen die Familie gut.«

»Was soll das heißen?«

»Na ja, Mistress, das war so. Die erste Frau vom Master war die Schwester von dem jungen Gentleman, von dem wir alle meinten, Ihr nehmt ihn zum Mann. Sie hieß vor der Heirat Melanie Landor.«

Mir schwindelte. Ich stand wieder in einer kleinen Kammer in Trystan Priory und schaute das Porträt eines schönen jungen Mädchens an.

»Sie wurde gemordet«, hörte ich eine Stimme sagen.

Dieses Mädchen war Colums erste Frau gewesen.

Ysellas Turm

Es verfolgte mich. Ich mußte ständig an sie denken. Da ich ihr Bildnis gesehen hatte, konnte ich sie mir nur zu gut in Schloß Paling vorstellen. Die Angst in den Augen ihrer Mutter und der unterdrückte Haß in ihrer Stimme, als sie sagte: »Sie wurde gemordet«, waren in mein Gedächtnis eingebrannt.

Dazu kam noch Jennets Satz: »Manchmal hatte die arme Lady Angst, der Master würde sie umbringen.«

Warum hatte Colum sie geheiratet? War er in das zarte, blondlockige Mädchen verliebt gewesen? Er liebte die Unschuld, hatte sie auch bei mir gemocht. Es bereitete ihm ein wildes Vergnügen, diese Unschuld zu zerstören, wie es ihm in jener ersten Nacht gelungen war, die ich auf Schloß Paling verbracht hatte.

Ich grübelte über diesen Mann nach, der der Vater meines Kindes war. Wenn ich nun auch versagt hätte wie Melanie Landor? Er war nur deshalb mit mir zufrieden, weil ich ihm gegeben hatte, was er haben wollte.

Während ich auf dem Turm stand und aufs Meer hinausschaute, stellte ich mir Melanie in ihrer panischen Angst vor. Es kam mir manchmal vor, als gehe sie neben mir, als tauche sie in bestimmten Augenblicken auf, um einen Schatten über mein Glück zu werfen. Arme zarte Melanie, der es nicht gelungen war, ihm zu gefallen, und die deshalb sterben mußte.

Unsinn! Sie ist nicht deshalb gestorben, sondern hat die Geburt nicht überlebt wie so viele Frauen. Es wäre ungerecht, dem Ehemann die Schuld daran zu geben...

Wie merkwürdig, daß Colums erste Frau ausgerechnet Fennimores Schwester sein mußte! Merkwürdig? Nein. Die Landors wohnten ja nicht weit entfernt. Zwischen Familien dieses Standes wurden oft Heiraten vereinbart.

Was dachten die Landors wohl über mich, die sie als Frau für Fennimore willkommen geheißen hätten? Denn sie wußten ja, daß ich die Gemahlin des Mannes war, mit dem ihre Tochter verheiratet gewesen war.

Weshalb hatte meine Mutter, die die Landors ja gesehen hatte nach meiner Heirat, nichts davon erwähnt?

Ich nahm großen Anteil am Schicksal der ersten Frau meines

Mannes, und Jennet spürte das. Immer wieder brachte sie das Gespräch auf dieses Thema.

»Im Roten Zimmer ist sie gestorben, Mistress«, erzählte sie, und gleich zog es mich wie magisch dorthin.

Wie düster es war, wie voller Schatten! An der einen Wand stand ein breites Bett. Ich ging zum Fenster und schaute hinunter, wo die Wellen eintönig gegen die Felsen schlugen. Fast glaubte ich Melanies Gegenwart zu fühlen, ihr Flüstern zu hören: »Ja, oft war ich nahe daran, mich in die Tiefe zu stürzen. Ein rascher Tod wäre besser gewesen als... mein Leben mit ihm.«

Wirre Phantasiegebilde! Was war nur mit mir los? Es lag sicher an dem Raum mit den dunkelroten Bettvorhängen aus schwerer bestickter Seide. Ich stellte sie mir dahinter eingeschlossen vor, wenn sie furchtsam darauf wartete, daß er zu ihr kam. »Dies war ihr Zimmer«, erklärte Jennet. »Hier hat er sie besucht, denn sie hatten kein gemeinsames Schlafzimmer. Man sagt, daß er nur deshalb mit ihr zusammenlag, um einen Sohn zu bekommen.«

Manchmal schämte ich mich, daß ich mir soviel erzählen ließ, aber eine brennende Neugier trieb mich dazu. Dabei handelte es sich gar nicht in erster Linie darum, möglichst viel über Colums Verhältnis zu seiner ersten Frau herauszufinden. Viel mehr ging es mir darum, neue Einblicke in sein Wesen zu gewinnen.

Ich ahnte, daß er Melanie ihrer Schwäche wegen gehaßt hatte. Am meisten mochte er mich nämlich, wenn ich ihm Widerstand leistete. Sie war zu lieb, zu schwach und verängstigt. Er wollte nur eines: mit ihr einen Sohn zeugen. Vermutlich empfing er dort, wo ich jetzt mit ihm wohnte, seine Geliebten und besuchte nur ab und zu seine Frau in dem düsteren Roten Zimmer.

Melanie tat mir unendlich leid. Wenn sie schwanger wurde, hatte sie Angst vor dem Sterben, war sie es nicht, fürchtete sie sich vor ihrem unzufriedenen Ehemann.

Sie war so gar nicht gerüstet, gegen ihr Schicksal anzukämpfen. Aufgewachsen in einem Elternhaus, wo alle freundlich und höflich miteinander verkehrten, war sie hier hilflos. Ich kam mir ihr gegenüber geradezu erfahren vor. Meinen Vater, der Colum so sehr glich, hatte ich kennen- und liebengelernt. Ich war nicht unvorbereitet gewesen...

Wenn ich sie nur hätte aus meinen Gedanken verdrängen können! Doch es gelang mir nicht. Immer wieder schaute ich in das Rote Zimmer. »Arme Melanie, hoffentlich hast du jetzt Frieden«, flüsterte ich dann, als könnte sie mich hören.

Edwina, die mütterlicherseits von einer Hexe abstammte, verfügte über geheimnisvolle Fähigkeiten und konnte manchmal Ereignisse vorhersehen. Eines Tages hatte sie mir erzählt, daß schreckliche Erfahrungen, die ein Mensch an einem bestimmten Ort gemacht hatte, diesen veränderten und daß dies spüren könne, wer dafür besonders empfänglich sei.

Hatte auch Melanie diesen Raum verändert? Mir fehlte Edwinas besondere Begabung, aber weil ich Melanies Platz eingenommen hatte, spürte auch ich etwas davon.

Halb hoffte und halb fürchtete ich, daß Melanie in irgendeiner Gestalt wiederkehren würde. Vielleicht betrat ich deshalb so häufig das Rote Zimmer.

Am liebsten ging ich in der Abenddämmerung dorthin, wenn der Raum am geisterhaftesten wirkte.

Am Jahrestag meines ersten Besuchs auf Schloß Paling im November überraschte mich Colum mit einem Vorschlag. »Wir wollen heute allein zu Abend essen wie damals. Es handelt sich schließlich um den Tag, den ich als einen der glücklichsten meines Lebens betrachte.«

Ich trug ein rostbraunes Samtgewand. Meine Haare flossen nun in weichen Wellen über den Rücken – eine reichlich unmodische Frisur, aber mir gefiel sie eben am besten. Selbst an diesem Tag zog es mich in das Rote Zimmer.

Ich stand ganz still inmitten der grauen Schatten. Bald würde das Tageslicht dem Dunkel gewichen sein.

»Melanie, bist du da?« flüsterte ich.

Ein eiskalter Schauer überrieselte mich, denn die Tür wurde vorsichtig geöffnet.

Ich konnte den Blick nicht davon wenden. Dann flog sie mit Schwung auf, und Colum stürmte herein.

»Um Gottes willen, was tust du hier drin?« rief er.

Einen Augenblick konnte ich kein Wort herausbringen. Er kam zu mir und schüttelte mich an den Schultern.

»Was fehlt dir? Was ist los?«

»Ich hielt dich für einen Geist«, stammelte ich.

Er wand mein Haar um seine Hand und zog heftig daran. Colum mochte es, wenn seine Liebkosungen etwas schmerzten.

»Wer hat es dir erzählt?« wollte er wissen.

»Oh, ich habe nur hie und da etwas Geschwätz gehört.«

»Ich werde jeden auspeitschen lassen, der dein Gemüt vergiften will.«

»Das wirst du nicht tun, oder du erfährst von mir kein Sterbenswort«, erwiderte ich mit fester Stimme.

»Du wirst mir antworten, wenn ich dich frage!«

»Nicht in diesem Zimmer«, widersprach ich.

»Doch. Hier in diesem Zimmer, wo ein Gespenst in irgendeiner Ecke lauert.«

Es ging eine gewisse Größe von ihm aus. Colum fürchtete wirklich weder Tod noch Teufel, er wollte sein Schicksal immer herausfordern. Also konnte man von ihm auch kaum erwarten, daß er den Geist der armen Melanie scheute, falls ihm überhaupt der Gedanke kam, daß es ihn geben könnte.

»Ich weiß, daß deine erste Frau hier starb«, sagte ich.

»Nun, schließlich mußte sie ja irgendwo sterben.«

»Du hast mir nicht erzählt, daß sie eine Landor war.«

»Warum auch?«

»Aber die Landors... Fennimore Landors Schwester!«

»In gewisser Weise war es eine sehr passende Verbindung. Das Mädchen stammte aus guter Familie und brachte eine anständige Mitgift in die Ehe.«

»Du nahmst die Mitgift, hast das Mädchen aber nicht geliebt.«

»Es gab auch keinen Grund, sie zu lieben.«

»Sie war immerhin deine Frau.«

Er zog mich eng an sich und küßte mich leidenschaftlich. »Es gibt nur eine Frau für mich. Gott sei gelobt, daß ich sie gefunden habe!«

»Ich wünschte, du hättest mir erzählt, daß sie eine Landor war«, murmelte ich.

»Warum denn? Ich hab mich keinen Deut darum geschert, daß du einmal eine Vorliebe für diesen Feigling hattest.«

»Was fällt dir ein, Colum! Fennimore ist alles andere als feige. Außerdem hat er Ideale.«

»Die werden ihm viel einbringen«, meinte Colum verächtlich.

»So kann nur ein Freibeuter reden.«

»Wir leben nun einmal in einer Welt der Freibeuter.«

»Veränderungen sind im Gange«, widersprach ich. »Handel wird an die Stelle räuberischer Auseinandersetzungen treten. Alle, die weiter Krieg führen wollen, werden leiden, während die friedlich Lebenden zu Wohlstand kommen.«

»Du scheinst deine Lektionen ja gut gelernt zu haben«, rief Colum ärgerlich. »Ich will in diesem Haus nichts mehr von Fennimore Landor hören.«

»Warum den? Macht dir dein Gewissen zu schaffen?«

»Mein Gewissen?«

»Ja. Schließlich hast du den Landors einiges Leid zugefügt.«

»Du bist ja von Sinnen, Frau! Ich habe nichts anderes getan als ihre Tochter geheiratet. Sie starb im Kindbett wie andere vor ihr.«

»Sie war schwach und krank, doch du wolltest ja unbedingt, daß sie einen Sohn zur Welt bringt!«

»Ja, zum Teufel! Hat ein Mann denn kein Recht auf einen Sohn?«

»Nicht, wenn er dabei seine Frau töten muß!«

In dem Schweigen, das nun folgte, schienen die geisterhaften Schatten näher zu kriechen. Einige Augenblicke lang war Colum verwirrt. Ich wußte nun, daß er sich um Melanies Flehen nicht gekümmert und sie vergewaltigt hatte wie mich in jener ersten Nacht. Sein Wille war auf Schloß Paling Gesetz, und wenn er dabei ein hilfloses Wesen zu Boden stampfen mußte, das ihm im Weg stand!

Ich hatte plötzlich eine Vision meiner Zukunft. Es kam mir vor, als ob Melanie mich warnen wollte: Jetzt braucht er dich, und du bist für ihn wichtig... aber wie lange noch?

Colum lachte. »Ich sehe schon, daß jemand zuviel geredet hat.«

»Nein, nein«, widersprach ich rasch, denn ich befürchtete eine strenge Bestrafung der Dienerschaft. »Ich habe mir das alles ganz allein zusammengereimt. Dies war das Zimmer, in dem sie litt und starb. Spürst du nicht auch, daß sie noch hier ist?«

»Du hast ja den Verstand verloren! Sie liegt im Grab und ist genausowenig hier wie dein hübscher Fennimore.«

»Die Toten kehren manchmal zurück, Colum«, sagte ich leise.

»Unsinn!« schrie er wütend. »Unsinn!«

Sein Blick wanderte durch das dunkle Zimmer, das voller Erinnerungen für ihn sein mußte. Seine Schritte im Gang, Melanies Zusammenzucken, die körperliche Überwältigung, die auf ein so zartes, hilfloses Wesen brutal und gemein wirken mußte...

Ich war voller Mitleid für sie.

»Du bist überempfindlich«, sagte er.

»Ich fühle mich zu diesem Raum hingezogen.«

»Und ausgerechnet heute nacht?«

»Ja, gerade deshalb...«

»Du willst wohl, daß ich in diesem Zimmer Vergebung von ihr erbitte? Wofür denn? Weil ich von ihr verlangt habe, daß sie ihre ehelichen Pflichten erfüllt? Weil ich Söhne haben wollte? In Gottes Namen! Aus welch anderem Grund hätte ich sonst ein dummes, albernes Mädchen heiraten sollen, das mir kein Vergnügen bereiten konnte?«

»Du hast mit dieser Heirat einen Fehler gemacht, doch man muß sich zu seinen Fehlern bekennen, Colum.«

»Nein! Wenn man einen falschen Schritt getan hat, dann wechselt man die Richtung. Genug davon!« In seinen Augen funkelte es böse, als er mich zum Bett zerrte.

»Nein, Colum! Bitte nicht hier... bitte!«

Aber er hörte nicht auf mich. »Ja, ja und nochmals ja. Ich sage ja, und bei Gott und all seinen Engeln werde ich auch meinen Willen durchsetzen.«

Später saßen wir uns an jenem Tisch gegenüber, an dem wir in meiner ersten Nacht auf Schloß Paling soupiert hatten.

Plötzlich stand Colum auf und kam zu mir herüber. In seinen Händen funkelte eine Kette, die mit Diamanten besetzt war und an der ein Medaillon aus Rubinen und Diamanten hing. Er legte sie mir um den Hals.

»Sie steht dir gut«, sagte er anerkennend. »Dies ist mein Geschenk für dich, mein Lieb. Ein Dank dafür, daß du mir einen Sohn geboren hast und mir all das gibst, was ich bei einer Frau gesucht habe.«

Ich streichelte seine Hand und sah zu ihm auf. Was in dem Roten Zimmer geschehen war, hatte mich erschreckt. Colum hatte die Geister bannen wollen, die meine Einbildungskraft heraufbeschwor. Das war seine Art, gegen einen Feind vorzugehen, in diesem Fall gegen die Erinnerung an Melanie.

Ganz sicher ging ich nun nicht so bald wieder in das Rote Zimmer. Ich wollte nicht daran denken, wie wir auf dem Bett gelegen hatten, in dem Melanie gestorben war.

»Gefällt dir der Schmuck?« fragte er.

»Oh, er ist wundervoll, Colum!«

Darauf küßte er mich mit jener Zärtlichkeit, die mich immer so tief bewegte.

»Bist du froh, daß dich ein Bandit in dem Gasthaus gesehen und sofort beschlossen hat, daß du die Seine werden mußt?«

Ich nickte, nahm seine Hand und küßte sie liebevoll.

»Ich will dir etwas sagen: Noch keine Frau hat mir so gut gefallen wie du.«

»Hoffentlich wird das immer so sein.«

»Dafür mußt du eben sorgen«, meinte er leichthin.

»Ich werde älter werden«, sagte ich. »Du allerdings auch...«

»Bei Frauen geht es schneller als bei Männern.«

»Ich bin aber zehn Jahre jünger als du, Colum.«

»Zehn Jahre sind nichts... jedenfalls für einen Mann. Nur die Frauen müssen das Alter bekämpfen.«

»Du bist überheblich.«

»Zugegeben.«

»Eingebildet!«

»Stimmt.«

»Selbstsüchtig und manchmal sogar grausam!«

»Ich erkläre mich für schuldig.«

»Und du erwartest, daß ich solch einen Mann liebe?«

»Ich erwarte und verlange es sogar.«

»Wie könnte ich?«

»Das will ich dir sagen. Du liebst mich, weil du mußt. Du kennst mich gut, und es stimmt alles, was du eben aufgezählt hast. Du weißt aber auch, daß ich meinen Willen durchsetze. Wenn ich fordere, daß eine Frau mich lieben soll, dann kann sie nicht anders.«

»Du hältst dich wohl für einen Gott, neben dem alle anderen Männer nichts wert sind?«

»Ich weiß, daß es so ist.«

»Du glaubst also wirklich, daß du einer Frau nur zu befehlen brauchst, sie solle dich lieben, und schon tut sie es?«

Er nickte nachdrücklich. »Du hast mich anfangs gehaßt, doch nun bist du ebenso voll Begierde wie ich. Ist das etwa kein Beweis?«

Ich lächelte ihn an. »Es muß wohl so sein.«

Ich war an diesem Abend sehr glücklich. Erst am nächsten Morgen dachte ich wieder an Melanie und überlegte, ob sie zu Beginn ihrer Ehe auch zu zweit getafelt und von Liebe gesprochen hatten.

Hatte er sie erst dann verachtet, als sie ihm nicht geben konnte, was er haben wollte?

Ein unangenehmer Gedanke ließ mich nicht mehr los: Was wird, wenn du aufhörst, ihm zu gefallen?

Weihnachten kam heran. Mein kleiner Connell war nun vier Monate alt. Er war kräftig und munter und tat all das, was nach

Jennets Ansicht kleine Jungen tun sollten. Ich erlaubte es nicht, daß er fest gewickelt wurde, und Colum war zum Glück ganz meiner Meinung. Sonst hätte es nämlich eine heftige Auseinandersetzung zwischen uns gegeben. Ich war strikt dagegen, daß mein Kind wochenlang in Binden eingeschnürt wurde. Wir sahen ihm gern zu, wenn er strampelte, und seine Beinchen waren so gerade gewachsen wie eine Tanne.

Wir feierten das Fest in großem Stil, denn meine Eltern, die kleine Damask, Penn und Romilly besuchten uns im Schloß. Edwina wagte die Reise nicht, da ihr Sohn noch zu klein war. Jacko hatte vor, die Festtage mit der Familie seiner Verlobten in Plymouth zu verbringen, begleitete aber die anderen mit zu uns, da er seine Mutter Jennet wiedersehen wollte. Er blieb jedoch nur eine Nacht bei uns.

Es machte mir viel Spaß, als Hausherrin die Halle mit Stechpalmen und Efeu zu schmücken und in der Küche Befehle zu erteilen. Für meinen Vater sollten ganz bestimmte Pasteten hergestellt werden, und in Backwerk und Puddings wurden die obligaten Münzen versteckt.

Ich freute mich sehr, endlich auch meinen Vater zu Gast zu haben. Er verlangte kategorisch, sogleich zu seinem Enkel geführt zu werden. Er hatte ihm ein geschnitztes Schiffchen mitgebracht – eine Nachbildung seines Viermasters ›Der springende Löwe‹. Lachend meinte ich, daß Connell für solch ein Spielzeug noch viel zu klein sei, doch mein Vater war ganz anderer Ansicht.

Er stand an der Wiege und streckte dem Kind seine große Hand hin, und Connell klammerte sich mit seinen winzigen Fingern daran fest. Ich hatte meinen Vater noch nie so gerührt gesehen. Mir schien, als habe er sogar Tränen in den Augen.

Er wandte sich unvermittelt mir zu. »Meine Tochter Linnet hat also einen gesunden, prächtigen Sohn. Gott segne dich, Mädchen! Du hast mich zu einem glücklichen Mann gemacht.«

Als wir am nächsten Tag zusammen ausritten, was uns immer großes Vergnügen bereitete, seit wir unsere gegenseitige Zuneigung entdeckt hatten, wirkte mein Vater ungewöhnlich nachdenklich. »Jahrelang habe ich mich erbittert gegen das Schicksal aufgelehnt, das mir einen ehelichen Sohn verweigert hat. Als du geboren wurdest, verfluchte ich Gott, weil du nur ein Mädchen warst. Ich weiß inzwischen, wie unrecht ich hatte. Mit der Zeit erkannte ich nämlich, daß du es mit jedem Jungen aufnehmen kannst. Und nun hast du mir einen Enkel geschenkt.«

Ich war sehr bewegt von seinen Worten und vertraute ihm eine Sorge an. »Ich muß darauf achten, daß mein Sohn von Colum nicht zu sehr verwöhnt wird. Auf keinen Fall soll er in dem falschen Glauben aufwachsen, daß er nur zu lächeln braucht und die ganze Welt liegt ihm zu Füßen.«

»Keine Angst, Kind. Dieser Junge gerät nach seinem Großvater, das habe ich gesehen. Er wird Seefahrer ... er hat schon den gewissen Ausdruck in den Augen.«

Ich lachte meinen Vater an, doch er blieb ernst.

»Ich bin froh, daß du einen Mann bekommen hast, der ein wirklicher Mann ist. Fennimore Landor hatte es mir nie besonders angetan. Er hat zuviel von einem Gecken.«

»Du bist ungerecht. Er ist ein tüchtiger, guter Seemann.«

»Er ist viel zu zimperlich«, entgegnete mein Vater. »Kannst du ihn dir vielleicht vorstellen, wie er auf Deck herumläuft und das Blut von seinem Entermesser tropft?«

»Ich fände das nicht bewunderungswürdig.«

»Er ist ein hübscher Kerl, das gebe ich ja zu. Aber du hast einen ganzen Mann, und ich bin stolz auf dich.«

Kein Zweifel, mein Vater mochte Colum. Die beiden ritten mehrmals zusammen aus und unterhielten sich häufig.

Meine Mutter schien sich auch wohl zu fühlen, und Damask war wieder völlig hingerissen von Colum. Ihm machte das zwar Spaß, im übrigen aber kümmerte er sich kaum um das kleine Mädchen. Das schien Damask jedoch nicht zu stören. Ihr genügte es, wenn sie in seiner Nähe sitzen und ihn ansehen konnte.

Unsere Feier ähnelte den Weihnachtsfesten in Lyon Court, worauf ich großen Wert gelegt hatte. Die Diener kamen mit ihren Familien in die große Halle, aßen Weihnachtskuchen und tranken Wein dazu. Man sang viele Lieder, und auch Maskeraden wurden aufgeführt.

Als meine Mutter und ich allein waren, erzählte ich ihr meine Neuigkeiten. »Colum war schon einmal verheiratet, und zwar mit Melanie Landor, Fennimores Schwester. Hast du das gewußt?«

»Wir erfuhren es erst nach deiner Hochzeit. Was war das für eine aufregende Zeit! Zuerst die geheime Zeremonie und später dann noch das offizielle Hochzeitsfest. Alles ging ja ziemlich drunter und drüber, weil es so eilig sein mußte.«

»Wann hast du erfahren, daß Colums erste Frau Melanie Landor war, Mutter?«

»Nach deiner Hochzeit, als du mit Colum nach Schloß Paling

aufgebrochen warst. Die Landors kamen zu einem vereinbarten Besuch, doch Mistress Landor blieb zu Hause da sie angeblich krank war. Später gestand sie mir dann, sie habe uns nicht gegenübertreten wollen, da sie inzwischen wußte, daß du den früheren Ehemann ihrer Melanie geheiratet hattest.«

»Es muß ein schwerer Schlag für sie gewesen sein.«

»Ganz sicher. Wie hast du es eigentlich herausgefunden, Linnet? Vermutlich hat es dir Colum selbst gesagt, oder?«

»Nein, ich habe es von Jennet gehört.«

»Das ist echt Jennet«, sagte meine Mutter, zwischen Ärger und Nachsicht schwankend. »Hast du dann mit Colum darüber gesprochen?«

Die Erinnerung an den dämmrigen Raum mit den dunkelroten Bettvorhängen und den unheimlichen Schatten überfiel mich.

»Ja. Er war ganz und gar nicht angetan davon.«

»Wollte er denn nicht, daß du es erfährst?«

»Ich weiß nicht. Er hat seine erste Frau einfach nicht erwähnt. Für ihn war alles vorbei, sie war tot und nun war er mit mir verheiratet. Erzähl mir doch, was Mistress Landor gesagt hat, als sie von meiner Hochzeit mit Colum erfuhr.«

»Der Tod eines geliebten Menschen läßt die Hinterbliebenen oft verbittert werden. Mistress Landor war immer gegen eine Schwangerschaft ihrer Tochter Melanie gewesen, da sie überzeugt davon war, diese würde das nicht überstehen. Natürlich gibt sie nun Colum die Schuld...«

»Sie erwähnte einmal, daß ihre Tochter gemordet worden sei. Es war für mich furchtbar, als ich entdeckte, daß Colum...«

»Du darfst nie vergessen, daß sie Melanie über alles geliebt hat. Deshalb muß sie jemandem die Schuld am Tod ihrer Tochter zuschieben. Vielleicht wurde ihr Kummer durch den Zorn auf den Schwiegersohn etwas gemildert. Manchmal ist Wut sehr heilsam, wenn der Schmerz über einen Verlust unerträglich wird.«

Ich nickte. »Haben die Landors gar keine Verbindung mehr zu Schloß Paling gehabt, seit Melanie tot ist?«

»Nein. Aber vielleicht wird sich das mit der Zeit ändern. Am wichtigsten ist für mich, daß du glücklich bist! Du hast einen prächtigen Jungen und einen Ehemann, der dich liebt. Wenn ich daran denke, daß alles erst vor einem Jahr begann... Gott segne dich, Linnet. Mögest du immer so zufrieden sein wie jetzt.«

Meine Mutter wollte im Schloß herumgeführt werden, und ich

erzählte ihr von Ysella und Nonna. »Ysellas Turm ist uns nicht zugänglich. Er wird als eine Art Vorratshaus benutzt, und im Meeresturm leben einige der Dienstboten.«

»Haben sie den ganzen Turm für sich?«

Ich nickte. »In so einem Schloß gibt es viel Platz, Mutter.«

Als ich ihr alles zeigte, kamen wir auch zu dem Roten Zimmer. Ich sah es zum ersten Mal seit der Nacht, in der mich Colum hier gefunden hatte. Eine dünne Staubschicht lag auf allen Möbeln.

Auch meiner Mutter entging dies nicht, und sie zog fragend die Augenbrauen hoch. Mit zunehmendem Alter war sie eine sehr ordentliche und gewissenhafte Hausfrau geworden.

»Die Dienstboten kommen nicht gern hier herein«, erklärte ich.

»Dann ist dies wohl das Spukzimmer? Was für eine schaurige Sage hängt denn damit zusammen?« fragte meine Mutter neugierig.

»Hier ist Colums erste Frau gestorben.«

»Ach so. An deiner Stelle würde ich die roten Draperien und die Bettvorhänge abnehmen lassen und eine andere Farbe dafür verwenden.«

»Auf diesen Gedanken bin ich noch gar nicht gekommen.«

»Man sollte nur glückliche Geschichten im Gedächtnis bewahren, Kind.«

»Ich werd's mir überlegen«, sagte ich. In gewisser Weise hatte meine Mutter natürlich recht. Andererseits würden andere Vorhänge und neue Möbel nichts daran ändern, daß Melanie in diesen vier Wänden gelitten hatte und gestorben war.

Nach Neujahr kehrten meine Eltern nach Lyon Court zurück. Ich vermißte sie zuerst sehr, war andererseits aber viel zu glücklich darüber, wie prächtig Connell sich entwickelte, als daß ich lange hätte traurig sein können. Noch immer übte das Rote Zimmer auf mich diese schaurige Anziehungskraft aus. Ich stattete ihm mehrere Besuche ab. Ernsthaft überlegte ich, ob die Vorhänge ausgewechselt werden sollten, und einmal nahm ich sogar meine Näherin mit, um mich mit ihr darüber zu beraten.

Mir fiel sofort auf, wie zögernd sie auf meine Vorschläge einging. Sie schien sogar vor der Aufgabe Angst zu haben.

Schließlich gab sie auf meine Frage widerstrebend zu, daß sie fürchtete, dies könne Unglück bringen.

»Unsinn!« rief ich. »Wieso denn?«

»Es könnte doch sein, Madam, daß sie wünscht, alles solle so bleiben wie es war.«

In diesem Augenblick erkannte ich, daß meine Mutter recht gehabt hatte. Ich müßte das Zimmer so vollständig verändern, daß keiner mehr an die arme tote Melanie denken würde, wenn er hereinkam.

Aber ich fand nicht den Mut dazu. Außerdem redete ich mir ein, daß ich dem Aberglauben zuviel Gewicht beimessen würde, wenn ich das Zimmer neu gestalten ließe. Aber das war nicht die ganze Wahrheit.

Im Innersten glaubte ich, daß von Melanie etwas zurückgeblieben war. Vielleicht würde ich eines Tages ihre Hilfe brauchen.

Was geschah, wenn Colum irgendwann meiner überdrüssig würde, wie es ihm mit Melanie ergangen war? Meiner überdrüssig, der Mutter seines Sohnes und der anderen Kinder, die wir noch bekommen würden. In diesem Punkt war ich mir nämlich genauso sicher wie Colum... Ich mußte unbedingt noch viel über meinen Mann dazulernen. Bisher wußte ich sowenig über ihn. Aber wahrscheinlich machte gerade das seinen Reiz aus.

Er war rücksichtslos, das wußte ich. Wie sehr, mußte ich noch herausfinden. Auch brutal konnte er sein. Ich war nur sicher, das ich ihm gefiel. War er zu Melanie wenigstens anfangs liebevoll gewesen? Ich konnte mir gut vorstellen, wie gleichgültig er gegenüber ihrem Leiden gewesen war. Zu genau erinnerte ich mich noch an die Szene im Gasthaus! Nichts als nackte Gier hatte in dem Blick gelegen, mit dem er mich von Kopf bis Fuß gemustert hatte.

Colum erregte und faszinierte mich, aber ich war mir sicher, daß ich ihn nicht verstand. Ich wußte auch, daß er nur so lange gut zu mir sein würde, wie er mich begehrte.

Ich beschloß, das Rote Zimmer in seinem alten Zustand zu belassen und auf irgendeine Weise mehr über meinen Mann herauszufinden. Was unternahm er eigentlich, wenn er nicht im Schloß war? Schließlich wollte ich sein Leben teilen und nicht ausgeschlossen sein.

Ich mußte alles in Erfahrung bringen! Merkwürdigerweise erfüllte mich dieser Vorsatz mit einer gewissen Besorgnis. Wie recht ich damit hatte, sollte sich bald herausstellen.

Der Frühling kam, und ich wußte, daß ich wieder schwanger war. Colum schien darüber noch beglückter als ich.

»Hab ich's dir nicht prophezeit, daß wir eine ganze Kinderschar kriegen«, sagte er. »Schenk mir noch einen Sohn! Wenn wir ein halbes Dutzend beisammen haben, können wir uns ja ein oder zwei Mädchen leisten.«

»Ich habe nicht vor, mein Leben lang schwanger zu sein«, gab ich zurück.

»Nein? Ich dachte, dies gehöre zu den Pflichten einer Frau.«

»Sicher, sie soll einige Kinder bekommen, braucht aber auch einmal eine Ruhepause.«

»Meine Frau nicht«, erwiderte er, hob mich hoch und schaute mich voller Liebe an.

Ich war glücklich. Alle düsteren Gedanken waren verschwunden. Ich malte mir die Zukunft aus: Colum und ich als etwas gereifteres Paar inmitten seiner spielenden Kinder.

Sobald ich wußte, daß ich wieder ein Kind erwartete, war mein Wunsch, Neues über Colum zu erfahren, nicht mehr so stark. Es gab Zeiten, da er mehrere Tage unterwegs war, und ich gab es vorübergehend auf zu überlegen, wo er wohl sein mochte. Er war alles andere als mitteilsam, was seine Angelegenheiten anging, und haßte es, ausgefragt zu werden. Als ich einmal vorsichtig nachgeforscht hatte, waren die Antworten unbestimmt und nichtssagend gewesen, aber sein Blick wirkte dabei unheilverkündend. Ich hatte schon miterlebt, wie er durch Dienstboten zu einem Wutausbruch gereizt worden war, und fürchtete mich vor seinem Jähzorn. Einmal kam mir der Gedanke, ob er wohl eine Geliebte besuchte, hielt es dann aber für unwahrscheinlich, da er immer eine Schar Diener mitnahm, wenn er ausritt.

Wieder war es Jennet, durch die ich etwas erfuhr. Sie sollte eigentlich im Dienstbotenquartier des Krähenturms schlafen, aber ich wußte, daß sie meistens zum Meeresturm hinüberlief, um ihren Geliebten zu treffen. Eines Nachts entdeckte ich, daß sie ausnahmsweise nicht im Meeresturm schlief.

Colum hatte mir erklärt, daß er früh am nächsten Morgen aufbrechen würde – noch bevor ich aufstand. Er hatte wieder irgendwelche Geschäftsangelegenheiten zu erledigen.

Da fiel mir ein, daß Jennet schon früher einmal, als Colum weggeritten war, nicht im Meeresturm übernachtet hatte. Ich beschloß, sie behutsam auszufragen. Vielleicht wußte sie mehr über die Reisen meines Mannes als ich.

Als ich am nächsten Morgen erwachte, sandte ich nach Jennet. »Du hast heute anscheinend einsam und allein geschlafen«, neckte ich sie lächelnd.

Sie errötete. »Der Master hat angeordnet, daß ich hierbleibe.«

»Eigentlich müßte diese Anordnung immer gelten, Jennet.«

»Ja, Mistress. Aber er befiehlt es nur in den Nächten, bevor er eine Reise macht. Er muß dann viele Vorbereitungen mit seinen Leuten treffen und bricht immer bei Morgengrauen auf.«

»Hat er dir verraten, wohin er reitet?«

»Nie sagt er was, Mistress. Er ist ein guter Herr, aber er wird zornig, wenn ich's nur erwähne. ›Halt deinen Mund, Weib‹, brummt er dann, ›oder du sollst was erleben!‹«

Ich fand das alles sehr merkwürdig. Weshalb mußte ein solches Geheimnis daraus gemacht werden? Colum gehörte schließlich nicht zu den Männern, die etwas in aller Stille taten. Falls die anderen seine Handlungsweise nicht guthießen, so scherte er sich keinen Deut darum. Warum also hielt er ausgerechnet diese ganze Angelegenheit so geheim?

Wenn er von einer Reise zurückkam, war er immer guter Laune und schien froh, mich wiederzusehen. Warmer Junisonnenschein flutete durch die Fenster des Schlosses. Ich war nun im dritten Monat schwanger und hatte die erste unangenehme Zeit, in der einem leicht übel wird, hinter mir. Ich fühlte mich so wohl und unternehmungslustig, daß Colum und ich gemeinsam einen Ausritt machen wollten. Wir würden sogar über Nacht wegbleiben, da er am Abend eine geschäftliche Besprechung habe, erklärte er mir.

Ich freute mich, da ich annahm, daß er mich zu guter letzt nun doch in sein Vertrauen zöge. Mir schien der Juni immer schon der schönste aller Monate zu sein. Der Himmel leuchtete kobaltblau hinter hauchzarten weißen Wolkenschleiern. Möwen kreisten über dem Meer und stürzten sich gelegentlich senkrecht hinab. Als wir weiter ins Landesinnere kamen, entzückte mich die anmutige Landschaft. Der weißblühende Kerbel auf den Böschungen sah wie Spitze aus, und die Wiesen waren mit blauen Vergißmeinnicht und roten Lichtnelken gesprenkelt.

Colum sang lauthals jenes Jagdlied, da er besonders gerne mochte. Ich erkannte den Weg erst, als wir schon fast an dem Gasthaus ›Wanderers Ruh‹ angelangt waren. Vor der Tür stand der Wirt, den wir damals in solche Verlegenheit gebracht hatten. Nun strahlte er übers ganze Gesicht.

Colum sprang vom Pferd und hob mich aus dem Sattel. Zwei Pferdeknechte nahmen uns die Zügel ab.

»Das Eichenzimmer, Wirt«, rief Colum.

»Es steht Euch zur Verfügung, Mylord.«

Wir stiegen die Treppe hinauf, und ich trat in das Zimmer, an das ich mich so gut erinnerte.

»Das Wildbret ist so zubereitet, wie Ihr es gerne mögt, Mylord«, sagte der Wirt. »Verschiedene würzige Pasteten werden hoffentlich Eurem Gaumen munden. Und wenn Mylord es wünscht, gibt's auch einen guten Tropfen, um alles hinunterzuspülen.«

»Tisch alles auf«, rief Colum in bester Laune. »Wir haben einen langen Ritt hinter uns und sind hungrig.«

Der Wirt verbeugte sich und schlurfte hinaus. Einen Augenblick lang standen wir still da und sahen uns nur an. Dann kam Colum zu mir und legte die Hände auf meine Schultern. »Ich hatte mir fest vorgenommen, daß wir einmal zusammen in diesem Bett schlafen.«

»Du verträgst es nicht, zurückgewiesen zu werden, nicht wahr?«

»Welcher richtige Mann verträgt das schon?«

»Die meisten Männer erkennen aber, daß es im Leben einiges gibt, was sich nicht erringen läßt.«

»Dieser Mann hier nicht«, gab er zurück.

Ich lachte, und Colum zuckte die Achseln. »Ich habe eine geschäftliche Verabredung hierher verlegt, damit wir zusammen das Eichenzimmer bewohnen können. Dadurch wird meine Frau wieder auf die Tatsache hingewiesen, daß sie einen Mann hat, der seinen Willen früher oder später immer durchsetzt.«

»Ich werde nie begreifen, warum einer, der als unumschränkter Herr in seinem Schluß residiert, solche Mühen auf sich nimmt, um seine Macht immer wieder neu zu beweisen«, erwiderte ich kopfschüttelnd.

»Weil er nicht so sicher ist, daß eine gewisse Person dies voll und ganz begreift. Und ehrlich gesagt, ist es gerade diese Person, bei der er am meisten Wert darauf legt.«

Ich lehnte meinen Kopf an seine Brust. »Ich bin zufrieden mit dem Leben, das ich führe, Colum. Du bist sehr stark, und ich wäre die letzte, dies zu bestreiten. Aber ich werde immer meine eigenen Ansichten haben... und dir gefällt das ja auch ganz gut, nicht wahr?«

»Ich möchte um nichts auf der Welt ein dummes, albernes Wesen... wie...«

Ich war froh, daß er mitten im Satz abbrach. Sicher hatte er Melanie gemeint.

Ich wollte das Thema wechseln. »Du willst hier irgend etwas Geschäftliches erledigen?« fragte ich. »Erzähl mir doch davon. Ich bin sehr gespannt, um was es sich handelt.«

Colum trat zum Fenster und schaute hinaus. Als er sich wieder umwandte, war sein Gesicht finster. »Was weißt du von meinen Geschäften?«

»Bisher noch nichts. Und das bedaure ich sehr.«

»Da gibt's nicht viel zu wissen. Ich möchte einem Händler Ware zeigen und habe mich zu diesem Zweck hier mit ihm verabredet.«

»Was für Ware willst du denn verkaufen, Colum? Und woher stammt sie?«

Er umging die Beantwortung meiner Frage. »Bald werden zwei meiner Leute mit Packpferden hier eintreffen. Sie bringen die Ware.«

»Aber was ist es denn?« fragte ich beharrlich.

»Oh, einmal dies, einmal jenes...«

Er zog mich zum Bett und nahm mir den Umhang ab. »Weißt du, was?« sagte er, als er das Netz löste, das mein langes Haar bändigte. »Du brauchst nur zu wissen, wie du mir gefällst. Dann bist du ein gutes und liebenswertes Eheweib.«

»Natürlich möchte ich dir gefallen, Colum. Auf jede Art und Weise! Aber ich will dir auch helfen.«

Er küßte mich sanfter, als ich es von ihm gewöhnt war. »Du machst mir viel Freude, Frau. Aber die meiste Freude machst du mir, wenn du abwartest, bis ich dir sage, was ich will.«

»Deine Geschäfte sind also ein Geheimnis?«

»Wer spricht denn von Geheimnis! Du hast wirklich eine Vorliebe dafür, aus simplen Dingen ein Drama zu machen. Du bevölkerst das Rote Zimmer ja sogar mit Geistern.«

»Du hast mir viel zuviel verschwiegen!«

»Verschwiegen! Ausgerechnet ich! Ich vergaß etwas längst Vergangenes, das für keinen mehr von Wichtigkeit ist. Du solltest froh sein, daß meine erste Ehe ein Fehlschlag war, denn deshalb bin ich ganz besonders zufrieden mit meiner zweiten.«

»Ich weiß, daß du zufrieden bist, Colum. Aber ich will doch so gern alles... verstehen, um dir zu helfen.«

Er lachte und drückte mich in die Kissen. Dann küßte er mich auf den Hals. »Das Essen wartet schon auf uns. Danach werde ich mich meinem Geschäft widmen, und dann... dann werden wir hier im Eichenzimmer zusammen im Bett liegen, wie ich es mir schon beim ersten Mal ersehnt habe, als ich dich hier sah.«

Er stand auf und zog mich hoch.

»Aber Colum . . .«, begann ich.

»Ihr habt einen hungrigen Mann, Madam«, erklärte er mit energischer Stimme. »Er muß sich erst stärken, bevor er weitere Fragen beantworten kann.«

Wir stiegen in die Gaststube hinunter, und ich entsann mich, wie Colum hier am Tisch gesessen und mich am Rock gepackt hatte, als ich an ihm vorbeigehen wollte. Wie sehr hatte ich ihn damals gehaßt! Es war unglaublich, daß in so kurzer Zeit aus Haß leidenschaftliche Liebe geworden war. Er aß mit herzhaftem Appetit die Pastete, die aus den Innereien von Lämmern mit Sahne sauer zubereitet war – ein kornischer Brauch, den wir in Devonshire nie angenommen hatten, obwohl wir wegen unserer dicken Sahne ebenso gerühmt wurden wie die Leute aus Cornwall. Er trank für seine Verhältnisse wenig Wein; das fiel mir auf. Als wir noch bei Tisch saßen, steckten zwei Männer den Kopf zur Tür herein.

Colum erwiderte ihren Gruß, stellte sie mir aber nicht vor. Die beiden gingen wieder hinaus und warteten vermutlich in der Diele, bis wir mit dem Abendessen fertig waren. Sie sahen wie Handelsherren aus, die sich in Sonntagsstaat geworfen hatten. Der eine trug eine rostbraune Jacke mit gebauschten Ärmeln und Zinnknöpfen, der andere einen braunen Spenzer und eine graue wollene Kniehose. Beide hatten spitze, hohe Hüte auf.

»Sind das Freunde von dir, Colum?« fragte ich.

»Es sind die Männer, derentwegen ich hergekommen bin.«

»Geschäftlich?«

»Ja, geschäftlich.«

»Ich habe dich für einen wohlhabenden Mann gehalten, nicht für einen Kaufmann.«

»Aber Handelsleute sind wohlhabende Männer. Ich habe gutes Land, ein Schloß und viele Dienstboten. Einen solchen Besitz und eine Frau zu unterhalten, ist heutzutage kostspielig. Daher bin ich ab und zu ein Kaufmann, wenn mich die Laune ankommt.«

»Was für Waren hast du?«

»Was sich eben so ergibt.«

»Also verkaufst du gar keine bestimmte Ware?«

»Genug der Fragerei! Diese üble Neugier wird sonst bald einen Hausdrachen aus dir machen.«

»Nur weil ich meinem Mann helfen will, möchte ich etwas über seine Gepflogenheiten erfahren.«

»Er wird dir rechtzeitig Bescheid sagen, wie du ihm am besten hilfst. Jetzt bringe ich dich ins Eichenzimmer, und du legst dich lieber gleich hin. Sobald ich fertig bin, komme ich zu dir.«

Nachdem Colum mich im Eichenzimmer allein gelassen hatte, setzte ich mich aufs Bett und überlegte. Was hatten die zwei Fremden mit den Packpferden wohl gebracht? Es war eigenartig, daß ein Schloßherr wie Colum Casvellyn, der als Herrscher der ganzen Gegend galt, Handel trieb. Warum wollte er mit mir nicht darüber reden? Mir fielen zwei Gründe ein. Er fand, wie so viele, daß Frauen ihre Nase nicht in die Angelegenheiten der Männer stecken sollten, da sie ohnehin nichts begreifen würden. Doch weder meine Mutter noch ich waren gewillt, dies hinzunehmen. Ich wußte, daß Colum einerseits Vergnügen an meiner aufgeweckten Art fand, anderseits aber fest entschlossen war, mir einen Dämpfer aufzusetzen. Er wollte, daß ich da blieb, wo es sich für eine gehorsame Frau geziemte. Es schien ihm nicht klar zu sein, daß er bestimmt das Interesse an mir verlöre, wenn ich brav und folgsam würde. Wer weiß? Vielleicht wäre ihm das sogar recht. Vielleicht fände er es am besten, mich als Mutter seiner Kinder zu behalten und amouröse Abenteuer mit anderen Frauen zu suchen. In gewisser Weise störte ihn die Leidenschaft zwischen uns. »Keine kann mich jetzt mehr befriedigen außer dir«, hatte er einmal fast empört gesagt. Colum war ein Mensch, der es zutiefst verabscheute, gebunden zu sein. Möglicherweise versuchte er, mich von seinen Geschäften fernzuhalten, weil er fürchtete, daß ich zu wichtig für ihn wurde.

Ein zweiter möglicher Grund für seine Geheimnistuerei war der, daß es sich um etwas handelte, dessen er sich schämte. Nein, ausgeschlossen! Colum würde sich niemals schämen, sagte ich mir gleich darauf.

So überlegte ich hin und her und wäre am liebsten die Treppe hinuntergeschlichen, um an der Tür zu lauschen.

Statt dessen rückte ich einen Stuhl ans Fenster und dachte noch einmal an alle Einzelheiten unserer ersten Begegnung in diesem Gasthof. Es war in gewisser Weise der wichtigste Tag meines Lebens gewesen. Wäre ich nicht hier vorbeigekommen, hätte ich Colum vermutlich nie kennengelernt.

Erst nach einer geraumen Weile hörte ich im Hof Stimmen. Als ich hinunterschaute, erkannte ich die beiden Männer, die in die Gaststube gekommen waren. Ein Knecht führte zwei Packpferde heran, die offensichtlich den Kaufleuten gehörten, mit denen

Colum sich noch unterhielt. Gleich darauf verabschiedeten sie sich und ritten davon.

Rasch ging ich zum Bett hinüber und setzte mich. Nach wenigen Minuten kam Colum hereingestürmt. »Was? Du bist noch auf? Höchste Zeit, sich hinzulegen!«

Ich schlief schlecht und hatte unangenehme Träume, an die ich mich allerdings nur unklar erinnern konnte, da alle Ereignisse sich vermengten. Auf jeden Fall spielten Colum, die beiden Handelsherren und die Packpferde eine Rolle darin. Ganz plötzlich tauchte auch Melanie auf, und ich befand mich auf einmal im Roten Zimmer. »Sei nicht zu neugierig«, warnte sie mich. »Du könntest sonst etwas aufdecken, was dir gar nicht recht wäre.«

Am nächsten Morgen ritten wir nach Hause. Es war ein herrlicher Tag, und die nächtlichen Ängste wurden vom Sonnenlicht weggezaubert. In sechs Monaten würde mein zweites Kind geboren werden, und nun war ich auf dem Weg nach Schloß Paling, wo mein kleiner Sohn auf mich wartete. Was wollte ich mehr?

Im August kamen mir die Tage lang und drückend vor, denn ich durfte kaum noch etwas unternehmen. Als eines Nachts ein heftiger Sturm tobte, erwachte ich und sah, daß Colum sich hastig ankleidete.

Ich setzte mich im Bett auf, doch er befahl mir, ruhig liegen zu bleiben und die Vorhänge geschlossen zu lassen. Er selbst wolle hinaus, da er glaube, ein Schiff sei in Seenot.

Als ich fragte, ob ich nicht doch aufstehen sollte, da ich ja vielleicht in irgendeiner Weise helfen könnte, verbot er es mir. Ich müsse an das Kind denken, das ich in mir trage. Trotzdem schlüpfte ich aus dem Bett und ging in den angrenzenden Raum, in dem Connell schlief, der inzwischen ein Jahr alt war. Ich war etwas in Sorge, daß ihn Donner und Blitze erschrecken könnten, doch das Gegenteil war der Fall. Er jauchzte vor Vergnügen, wenn das Zimmer taghell erleuchtet wurde, und glaubte, daß das Krachen des Donners zu einem Spiel gehörte, das eigens für ihn ersonnen worden war.

Als ich mich wieder hingelegt hatte, dachte ich an jene andere Nacht, als es auch so gestürmt und Colum nachgesehen hatte, ob er irgendwie helfen könnte.

Er hatte mir erklärt, daß er in dunklen Nächten Laternen in

den Turmgemächern, die aufs Meer hinausblickten, aufstellen ließe, um die Seeleute wissen zu lassen, daß sie sich ganz in Nähe der *Devil's Teeth* befänden.

»Es ist ein alter Brauch unserer Familie, den Schiffern diesen Dienst zu erweisen. In allen mondlosen Nächten brennen Lichter in Nonnas Turm und auch im Meeresturm!« hatte er damals gesagt.

Ich betete für die Besatzung des Schiffes, das gegen den wütenden Sturm ankämpfen mußte, um sicher an den *Devil's Teeth* vorbeizukommen.

Der Sturm ließ nach, und ich schlummerte ein. Es war schon fast hell, als ich dadurch aufwachte, daß Colum ins Zimmer kam.

Seine Kleidung war vom Regen völlig durchnäßt, sein Gesicht vor Anstrengung gerötet.

»War tatsächlich ein Schiff in Seenot?« fragte ich als erstes.

Er nickte. »Es ist an den Felsen zerschellt.«

»Die Mannschaft hat das Licht in den Türmen also nicht rechtzeitig gesehen?«

Colum begann, sich die nassen Kleider auszuziehen. »Wir haben alles nur Menschenmögliche getan. Du kannst das Wrack übrigens sehen, wenn es etwas heller wird. Was für eine furchtbare Nacht!«

Ich sah die armseligen, traurigen Überreste eines einst stolzen Schiffes und konnte lange den Blick nicht abwenden. Mir fiel mein Vater ein, der gerade eine Handelsfahrt zu den Westindischen Inseln unternahm. Auch Fennimore und Carlos waren auf hoher See. Jedem von ihnen konnte solch ein Unglück zustoßen.

Als ich noch am Fester lehnte, trat Colum neben mich und legte mir den Arm um die Schultern.

»Geh heute lieber nicht hinaus«, sagte er.

»Warum?«

»Mußt du eigentlich immer Fragen stellen?« erwiderte er ärgerlich. »Warum kannst du mir nicht einfach gehorchen wie eine gute Frau?«

»Aber wieso soll ich nicht hinausgehen?«

»Weil der Boden durch den Regen glatt und schlüpfrig geworden ist. Ich würde es dir nie verzeihen, wenn dem Kind etwas zustieße.«

Am Nachmittag brach Colum überraschend zu einer kurzen Geschäftsreise auf. Ich schaute ihm nach. Die Sonne schien von einem wolkenlosen Himmel, des Meer ließ nicht mehr erkennen, wie gefährlich es nachts gewesen war. Warum sollte ich eigentlich nicht meinem Wunsch nachgeben, im Freien etwas herumzuspazieren?

Ich nahm mir vor, nicht den Klippenpfad zu benutzen, wo es vermutlich sehr schlüpfrig war, sondern nur ein bißchen innerhalb der Burgmauern herumzuschlendern.

Ich ging durch den kopfsteingepflasterten Hof vor Ysellas Turm. Als ich an dem grauen Gemäuer hochsah, überlegte ich mir wieder einmal, wie es möglich gewesen war, daß ein Mann zwei Frauen in dieser Burg beherbergt hatte, die nichts voneinander wußten. »Aberwitzig!« sagte ich laut.

Plötzlich fiel mir auf, wieviel Sand zwischen den gepflasterten Steinen lag. Ich dachte darüber nach, wie er wohl hierhergekommen war. Konnte ihn der Sturm hergeweht haben? Unmöglich! Die einzig logische Erklärung war, daß Leute, die am Strand entlanggelaufen waren, ihn an ihren Stiefeln hereingetragen hatten. Sehr merkwürdig! Ich war am Vortag hiergewesen und hatte nichts bemerkt.

Auf der Steinstufe vor der eisenbeschlagenen Tür glitzerte etwas. Ich bückte mich und hob ein Amulett auf, das aus Gold zu sein schien.

Ich betrachtete es ganz genau. Es war oval, etwa einen Zoll breit, zwei Zoll lang und kunstvoll graviert. Der abgebildete Gegenstand fesselte meine Aufmerksamkeit: Es war die Gestalt eines schönen Jünglings mit einem Heiligenschein, zu dessen Füßen ein gehörnter Ziegenbock lag. Der Jüngling hatte dem Bock einen Fuß auf den Nacken gesetzt, als sei dieser von ihm besiegt worden. In winzigen Buchstaben war ein Name eingeritzt, den ich zuerst nicht lesen konnte. Ich nahm das Amulett mit in mein Zimmer, wo ich schließlich den Namen *Valdez* entzifferte. Es stammte also aus Spanien. Jemand mußte es verloren haben, der kurz zuvor am Strand gewesen war. Ich legte das Amulett in eine Schublade. Colum kam zwei Tage später zurück. Ich sah ihn schon von weitem, als er mit seinen Männern und den Packpferden auf das Schloß zugeritten kam. Die Pferde waren unbeladen.

Ich ging in die Küche und befahl, daß in aller Eile eine kräftige Mahlzeit zubereitet werden solle. Dabei durften natürlich auch Colums Lieblingspasteten nicht fehlen.

Wir speisten zu zweit in dem kleinen Raum, in dem wir unser erstes gemeinsames Mahl eingenommen hatten. Colum wollte nach einer Trennung immer, daß wir auf diese Weise feierten, und bewies damit eine Gefühlsseligkeit, die man bei ihm nicht erwartete.

Ich hatte das Diamanthalsband mit dem Anhänger aus Rubinen umgelegt, und wir verbrachten einen sehr vergnügten Abend. Als ich die Kette vor dem Zubettgehen weglegen wollte, öffnete ich den Anhänger, weil mir plötzlich der Einfall kam, ich könnte darin eine Miniatur meines kleinen Sohnes aufbewahren.

Ich lächelte, als ich mir überlegte, was Colum wohl von meiner Idee hielte. Vielleicht würde er sogar ein klein wenig enttäuscht sein, daß ich nicht sein Bild haben wollte... Ich mußte wohl in Gedanken an dem Anhänger herumgespielt haben, denn zu meinem Erstaunen sprang der für die Miniatur vorgesehene Teil auf. Ich blickte in das Gesicht einer wunderschönen Frau mit olivfarbenem Teint, schwarzen Locken und sehnsüchtigen dunklen Augen. Das Bildnis war so vollkommen gemalt, daß trotz seiner Winzigkeit alles deutlich zu erkennen war.

Wie seltsam, daß das Gesicht einer unbekannten Frau in einem Anhänger abgebildet war, den mir mein Ehemann geschenkt hatte! Es konnte eigentlich nur bedeuten, daß dieses Medaillon vor mir einer anderen gehört hatte.

Colum kam ins Zimmer, während ich das Schmuckstück noch immer betrachtete.

»Sieh nur, Colum«, sagte ich und reichte es ihm.

Als er das Gesicht der Frau erblickte, war er sichtlich überrascht.

»Das ist aber höchst merkwürdig!«

»Das finde ich auch, Colum. Wo hast du das Medaillon eigentlich her?«

Ich merkte, daß er nicht wußte, was er sagen sollte. Doch rasch fing er sich wieder. »Es kann nicht der Anhänger sein, den ich für dich anfertigen ließ. Der Goldschmied hat mich belogen. Viele Leute veräußern ihre Wertsachen, und diese goldenen oder silbernen Gegenstände und kostbaren Steine werden als neu verkauft. Wie kann man also sicher sein, ob der Schmuck eben erst angefertigt wurde oder nicht?«

»Der Goldschmied hat dir diesen Anhänger als neu verkauft?«

»Und mich hereingelegt«, fuhr Colum fort. »Ich werde mir den Burschen einmal vornehmen. Nun sag mir aber ehrlich deine Meinung! Magst du den Schmuck tragen, obwohl er nicht für dich angefertigt wurde?«

»Ich würde mich nur ungern von dem Medaillon trennen.

Vielleicht begegne ich sogar eines Tages der geheimnisvollen Dame. Der Maler muß sehr begabt gewesen sein, der so ein exquisites Kunstwerk zustande brachte.«

»Gib's her«, sagte Colum. »Die Miniatur wird entfernt. Statt dessen lasse ich deine Initialen eingravieren. Dieser Bursche von einem lügnerischen Goldschmied soll es kostenlos tun, da er mir dieses gebrauchte Schmuckstück als neu verkauft hat.«

»Ich behalte es lieber so, wie es ist«, erwiderte ich nach kurzem Nachdenken. »Vielleicht kann ich eine Miniatur meiner Kinder darin aufbewahren. Oh, das erinnert mich an etwas.« Ich öffnete eine Schublade und zog das Amulett hervor. »Sieh, was ich gefunden habe, Colum.«

Er runzelte die Stirn und riß mir das kleine goldene Schmuckstück fast aus der Hand. »Wo?« fragte er scharf.

»Im Hof bei Ysellas Turm.«

Colum betrachtete es schweigend von allen Seiten, und ich überlegte mir, ob er wirklich so daran interessiert war oder nur seinen Zorn zügeln wollte.

»Ich habe dir doch verboten, dorthin zu gehen«, sagte er schließlich gereizt.

»Dabei konnte mir nicht das geringste passieren, Colum«, protestierte ich. »Irgendwie muß ich mir schließlich Bewegung verschaffen, wenn ich schon nicht mehr ausreiten kann. Es ist ein Amulett, nicht wahr?«

Er nickte. »Ich glaube, es gehörte einem Katharer.«

»Was sind das für Leute?« fragte ich neugierig.

»Es ist eine Sekte, die es seit vielen Jahren gibt und deren Ursprünge sogar in vorchristlicher Zeit liegen. Sie bekennen sich in ihrer Glaubenslehre zu zwei Göttern, einem guten und einem bösen.«

»Wie die Christen auch.«

»Stimmt. Aber man nimmt allgemein an, daß diese Leute dem Teufel dienen. Sie streiten dies natürlich entschieden ab und tragen diese Art von Amulett bei sich – als eine Art Beweis. Doch sie treffen sich um Mitternacht zum sogenannten Hexensabbat und beten den Gehörnten an. Auf dieser Darstellung hier siegt das Gute über das Böse. Ich habe solche Amulette schon früher gesehen.«

»Wem gehört es wohl? Glaubst du, daß bei uns im Schloß einer von diesen Katharern haust?«

»Das werde ich schon noch herausfinden, verlaß dich darauf.«

»Es ist höchst kunstvoll gearbeitet. Hast du schon entdeckt, daß der Name Valdez eingraviert ist? Das ist doch spanisch, oder?«

»Ja, bei Gott! Ich möchte darauf schwören, daß auch dies Schmuckstück aus zweiter Hand ist.« Er steckte es rasch in die Tasche.

»Sag's mir bitte, wenn du den Eigentümer herausgefunden hast. Ich möchte gerne wissen, wer es ist.«

Ich spürte deutlich, daß Colum beunruhigt war.

Etwas später am gleichen Nachmittag ging ich zur Küste hinunter. Hauchfeiner Dunst lag in der Luft. Ich konnte das Wrack des Schiffes erkennen, das an der Felsgruppe *Devil's Teeth* zerschellt war und nun wie betrunken auf den Wellen hin- und herschwankte.

Zersplitterte Schiffsplanken trieben immer noch auf dem Wasser – nutzlose Holzstücke ... Wieder mußte ich an meinen Vater denken, der über die Meere segelte, die so trügerisch ruhig und sanft und im nächsten Moment so mörderisch sein konnten. Aber Männer wie Jake Pennlyon, die ihr Leben sozusagen auf See verbracht hatten, hielten sich selbst für unbesiegbar.

Ein Stück Holz wurde immer näher ans Ufer gespült, da Ebbe war. Ich beobachtete es und hatte plötzlich große Lust, es in der Hand zu halten.

Endlich schwemmte eine größere Welle es fast vor meine Füße. Ich hob es auf und sah, daß Buchstaben eingekerbt waren: ›San Pedro‹.

Also stammte das zerstörte Schiff aus Spanien. Mir schoß sofort durch den Kopf, daß ja auch das Amulett spanisch gewesen war.

Ein bedeutsamer Zusammenhang schien zwischen diesen beiden Tatsachen zu bestehen, aber ich war mir trotz vieler Grübelei nicht sicher, welcher ...

Der Zeitpunkt meiner Niederkunft kam näher, und meine Mutter war mit Damask zu uns aufs Schloß gezogen. Diesmal wurde sie sogar von Edwina und ihrem kleinen Jungen begleitet, denn bald schon kam Weihnachten, das wir gemeinsam feiern wollten. Mein Vater, Carlos und auch Jacko, der inzwischen geheiratet hatte, waren auf hoher See. Sie waren noch nicht aus Ostindien zurückgekehrt. Meine Mutter sagte mir, daß Entscheidendes vom Erfolg dieses ersten Unternehmens abhänge.

Ich war so mit den Vorbereitungen für mein zweites Kind beschäftigt, daß ich kaum noch an das Amulett und den Anhänger dachte. Colum hatte das Amulett nicht mehr erwähnt, und ich nahm an, er habe es schon längst vergessen. Er machte von Zeit zu Zeit kurze Reisen, auf denen er Geschäftliches erledigte. Ich hatte ihn kein zweites Mal begleitet.

An diesem Weihnachtsfest weilten unsere Gedanken häufig bei den Männern auf See. Meine Mutter schien voller Gottvertrauen, daß mein Vater alle Gefahren überlebte, während Edwina sichtlich in großer Angst um Carlos war.

Ich erfuhr von meiner Mutter, daß Fennimores Frau im September einen Sohn zur Welt gebracht hatte, der nach seinem Vater genannt worden war.

Sie und Edwina schmückten die Halle des Schlosses, denn ich war inzwischen viel zu schwerfällig dazu. Die Geburt wurde fast stündlich erwartet.

Am Heiligen Abend des Jahres 1590 wurde mein Kind geboren – diesmal ein Mädchen. Ich fürchte, Colum war etwas enttäuscht, aber nur vorübergehend. Schließlich war ich erst zwanzig und bereits Mutter von zwei gesunden Sprößlingen.

»Töchter können oft ein großer Trost sein«, sagte meine Mutter und küßte mich liebevoll.

Damask war derart in das Kind vernarrt, daß sie am liebsten bei uns geblieben wäre, als es Zeit für die Heimkehr nach Lyon Court wurde. Kurz nach Neujahr war ich mit Colum und den beiden Kindern wieder allein.

In den nächsten Monaten wurde ich völlig von den Kindern mit Beschlag belegt. Connell war äußerst lebhaft, und ich stellte mir vor, daß Colum in seinem Alter sicher genauso gewesen war. Colum gebärdete sich ganz närrisch mit dem Kleinen und schien es kaum erwarten zu können, daß er erwachsen werde.

Man glaubt stets, daß Mütter ihre Kinder alle gleich lieben. Doch ich war meiner kleinen Tochter mit solcher Hingabe zugetan, wie ich sie vermutlich keinem anderen Kind gegenüber hätte empfinden können. Vielleicht kam das zum Teil auch daher, daß Colum weniger Teilnahme für sie zeigte als für den Jungen. Oder es lag daran, daß sie viel verletzlicher wirkte als Connell. Dieser schien bereits mit jenem großen Selbstvertrauen auf die Welt gekommen zu sein, das auch seinen Vater auszeichnete. Wir nannten unser Töchterchen Tamsyn, die weibliche Form von Thomas, dem Namen von Colums Vater. Zusätzlich nannte ich sie nach meiner Mutter Catherine.

Den Winter, Frühling und Sommer hindurch nahm ich kaum etwas von der Außenwelt wahr, so wurde ich von meinen Mutterpflichten in Anspruch genommen.

Jennet erwies sich als vorzügliches, hingebungsvolles Kindermädchen, und wir wurden bessere Freundinnen als je zuvor. Ich war sehr froh darüber, daß sie nun ständig bei uns lebte.

Im August kam meine Mutter wieder zu Besuch. Sie hatte sich nach ihren Enkeln gesehnt. Tamsyn war nun fast acht Monate alt und zeigte bereits einen eigenwilligen Charakter. Sie würde ein aufgewecktes Mädchen werden, davon war ich überzeugt.

Die Neuigkeiten aus Lyon Court klangen etwas zwiespältig. Mein Vater, Mr. Landor und Fennimore, Carlos und Jacko waren alle heil und gesund von ihrer Ostindienfahrt zurückgekehrt. Sie hatten wertvolle Waren nach England gebracht und Handelsbeziehungen mit jenem Teil der Welt aufgenommen. Doch eine solche Reise barg immer viele Gefahren, und nicht alle Schiffe waren wieder an Englands Küsten gelandet. Aus der Flotte von fünfzehn Fregatten waren einige mitsamt der Mannschaft gesunken; zwei waren von Piraten gekapert worden; drei hatten sich in Kampfhandlungen mit Schiffen unbekannter Nationalität eingelassen, doch waren dies ebenfalls Handelsschiffe gewesen. Folglich waren nur acht Fregatten wieder in den Heimathafen eingelaufen, diese allerdings reich mit Gewürzen, Elfenbein und Gold beladen. Daher konnte man das Unternehmen letzten Endes doch als erfolgreich bezeichnen.

»Ich danke Gott, daß unsere Männer gesund zurückgekommen sind«, sagte meine Mutter. »Und ich bete für jene armen Seelen, die nicht so glücklich waren.«

Ich nickte, und mir fiel plötzlich wieder die ›San Pedro‹ ein, die an den Felsklippen vom Sturm zerschmettert worden war.

»Manchmal wünschte ich, daß mein Vater und die anderen keine Seeleute wären, sondern einen Beruf auf dem Land nachgingen!«

»Welch Glück, daß Colum mit seinen Ländereien beschäftigt ist«, stimmte meine Mutter zu. »Ich bin froh für dich, daß er keine langen und abenteuerlichen Seefahrten unternimmt.«

Meine Mutter blieb bis Ende September bei uns, und ich vermißte sie hinterher mehr als nach ihren bisherigen Besuchen. Eine gewisse Ruhelosigkeit überkam mich. Und in dieser Stimmung wurde es für mich zur Gewißheit, daß auf Schloß Paling eine Menge vor sich ging, wovon ich keine Ahnung hatte.

Es war inzwischen Oktober geworden. Die Tage wurden merklich kürzer. Bald würden die tückischen Herbststürme einsetzen... Ich mußte immer wieder an das spanische Schiff denken, das seine Heimat nicht mehr erreicht hatte.

Eines Nachmittags stand ich vor Ysellas Turm, wo ich das Amulett gefunden hatte, und bemerkte, daß die eisenbeschlagene Tür nur angelehnt war.

Ich konnte meine Neugier nicht bezähmen, stieß die Tür ganz auf und ging hinein. Als erstes fiel mir der Geruch auf; es roch nach Meerwasser, Seegras und modrigen, verschimmelten Wänden.

Ich kam in ein weitläufiges Gemach, das der Halle in den anderen Türmen glich. Es war sehr düster. Das kam nicht nur daher, daß kaum Tageslicht hereindrang, sondern lag auch daran, daß der Raum mit Gegenständen vollgestopft war, sperrigen Kisten und aufeinandergehäuften Waren aller Art. Ich stieß mit dem Fuß an etwas Weiches und schrie auf, da ich zuerst glaubte, ein Mann liege dort. Doch es war nur ein Tuchballen. Ich bückte mich. Der Salzwassergeruch war hier noch stärker, und der Stoff fühlte sich feucht an.

Ich wanderte kreuz und quer durch die Halle und betrachtete alles voller Erstaunen. Was hatte das zu bedeuten? Ich verstand nichts mehr. Wie lange lagen diese Waren schon hier, und woher stammten sie?

Ich stieg eine Treppe hinauf und ging die Galerie entlang, wo es noch stärker nach Meerwasser roch. Aufs Geratewohl stieß ich eine Tür auf. In dem kleinen Zimmer stand eine hölzerne Truhe; ich entdeckte mehrere Schmuckstücke aus Gold und Silber. Eine der Ketten erinnerte mich an das Halsband mit dem rubinbesetzten Anhänger, den Colum mir geschenkt hatte.

Während ich den kostbaren Schmuck betrachtete, hörte ich ein Geräusch. Mir lief es kalt über den Rücken. Plötzlich wurde mir wieder bewußt, daß ich in Ysellas Turm war, der als verhext galt... der Turm, in dem Ysella vor so langen Jahren ein geheimes Dasein geführt hatte.

Doch schnell überwand ich meinen ersten Schrecken. Jemand hatte die Halle unter mir betreten und wollte vermutlich etwas herausholen.

Ich lief die Galerie bis zur Treppe. Von dort aus war kein Mensch zu sehen. Hastig stieg ich hinunter und erschrak abermals, denn der Raum schien noch dunkler als zuvor. Im nächsten

Augenblick sah ich auch, weshalb. Die schwere, eisenbeschlagene Tür, die ich offengelassen hatte, war nun geschlossen.

Ich versuchte sie zu öffnen, doch vergeblich. Sie war verriegelt.
Die Erklärung war höchst einfach. Entweder war schon jemand
hier gewesen, als ich hereinkam, hatte mich aber nicht gesehen,
oder der Betreffende hatte die Halle kurz verlassen, ohne die Tür
zu verschließen, und das hatte man nun nachgeholt.

Aber wie auch immer: Ich war in Ysellas Turm gefangen.

Mit beiden Fäusten schlug ich gegen die Tür, da ich hoffte, daß
jemand in der Nähe sein könnte. Doch bald gab ich es auf, da ich
mir dabei nur die Hände aufschürfte. Ich rief mehrere Male laut
um Hilfe, meine Stimme klang jedoch nicht durch die dicken
Mauern.

Was konnte ich tun? Gab es vielleicht noch einen anderen
Ausgang? Ich durfte auf keinen Fall in blinde Panik geraten,
sondern mußte ruhig überlegen. Ich kannte den Grundriß, da er
derselbe war wie bei den anderen Türmen. Der unangenehme
Schimmelgeruch schien immer durchdringender zu werden. Ich
ging mit Herzklopfen in den Raum, wo einst die Küche gewesen
war. Ja, die große Feuerstelle, der riesige Herd und die Bratspieße
waren noch vorhanden und zeugten von früherer Tätigkeit.
Einige Kessel waren bis zum Rand mit den verschiedensten
Dingen angefüllt. In dem einen fand ich ausländische Münzen, in
einem zweiten lag kostbarer Schmuck.

Mir schoß ein Gedanke durch den Kopf... Wenn Colum seiner
Frau ein Geschenk machen wollte, kam er einfach hierher und
suchte sich ein passendes aus.

In dem engen Durchgang neben der Küche entdeckte ich eine
Tür, doch auch sie war verschlossen. Also tastete ich mich wieder
in die Halle zurück. An dem diffusen Licht merkte ich, daß es bald
Abend werden würde. Eine fürchterliche Vorstellung! Doch dann
tröstete ich mich damit, daß man mich gewiß suchen würde. Ob
man allerdings auf den Gedanken kam, auch in Ysellas Turm
nachzusehen, war äußerst fraglich...

Wieder und wieder schlug ich mit aller Kraft gegen das Eingangstor und schrie, so laut ich konnte. Als nichts geschah, stieg
ich erneut die Treppe hinauf. Vielleicht konnte ich auf die Turmplattform gelangen und mich von dort durch ein Zeichen bemerkbar machen.

Die Wendeltreppe war ziemlich eng und verlangte große Vorsicht beim Hinauf- und Hinuntersteigen. Ein dickes Seil an der

Mauer diente als Geländer. Unentwegt ging es rund herum, bis mir schwindelte und ich mir plötzlich einbildete, im nächsten Augenblick irgend etwas Furchtbares zu Gesicht zu bekommen.

Es hieß, daß hier Nonnas Geist umgehe, da sie die Geliebte ihres Mannes entdeckt hatte und gleich darauf gestorben war.

Sie hätte eben nicht so neugierig sein dürfen, hatte Colum leichthin gemeint. Weil ich ebenso neugierig gewesen war, befand ich mich jetzt in dieser abscheulichen Lage.

Ich schaute in mehrere Zimmer; sie hatten alle schmale, tief in die dicken Mauern eingelassene Fenster. Es war sehr kalt, auch hier roch es nach Salzwasser.

Zu meiner Erleichterung war die Tür zur Turmplattform nicht versperrt. Ich stieß sie auf und atmete in tiefen Zügen die frische Luft ein, nach dem muffigen Geruch ein wahres Labsal für mich. Zwischen den Zinnen sah ich den Meeresturm vor mir aufragen. Ich beugte mich weit über die Mauerbrüstung und schaute hinunter in den Hof, wo ich das Amulett gefunden hatte. Mir war völlig klar, daß dieses kleine Schmuckstück jetzt in einer der Holzkisten oder einem großen Kessel mit dem anderen Geschmeide läge, wäre es nicht auf irgendeine Weise – wahrscheinlich beim Transport – auf das Pflaster gefallen.

Am Himmel zogen dicke Wolken eilends dahin. Wind war aufgekommen und verschluckte meinen Hilferuf:

»Ich bin hier oben! In Ysellas Turm! Holt mich heraus!«

Ich zog meinen Unterrock aus und schwenkte ihn in der Hoffnung, jemand würde das weiße Geflatter sehen. Doch nichts geschah.

Ich rief wieder und wieder... Über mir kreisten Schwärme von Möwen. Sie flogen vom Meer aufs Land, was angeblich bedeutete, daß der Wind stärker wurde. Vielleicht tobte auf hoher See sogar schon ein Sturm. Die melancholischen Schreie der Vögel paßten gut zu meiner düsteren Stimmung.

Ich bekam es langsam mit der Angst zu tun, als all meine Versuche, mich bemerkbar zu machen, keinen Erfolg hatten. Das Tageslicht schwand zusehends, und ich fürchtete, daß abends keiner mehr in Ysellas Turm gehen würde, um etwas zu holen.

Ich begann zu frieren. Unmöglich konnte ich hier oben in der Kälte bleiben, bis jemand kam. Andererseits widerstrebte mir die Vorstellung, in den unheimlichen Turm zurückzukehren.

Wie töricht hatte ich mich verhalten! Warum war ich nicht an der Tür stehengeblieben, um mich etwas umzusehen! Wenn dann jemand gekommen wäre – wie es ja tatsächlich der Fall war –, hätte ich ihn bitten können, mich im Turm herumzuführen und mir alles zu zeigen.

Ich lief weiter an den Zinnen entlang, bis ich an eine Stelle kam, wo die Brüstung ziemlich niedrig war. Ich lehnte mich weit hinüber, wurde aber sofort sehr schwindlig.

Nonna war gestorben, nachdem sie Ysella gefunden hatte. Sie hätte nicht so neugierig sein sollen... Mir kam es vor, als lachten die bösen Fratzen, die aus den steinernen Zinnen herausgemeißelt waren, mich aus.

Plötzlich hörte ich einen schrillen, durchdringenden Schrei und sah eine Dienerin durch den Torbogen laufen, der von Ysellas Hof in den nächsten führte.

Ich rief, so laut ich konnte, doch sie war schon verschwunden, und meine Worte wurden vom Wind verweht.

Wahrscheinlich hatte sie mich hier zwischen den Zinnen gesehen und mich für den Geist Nonnas gehalten. Bestimmt würde sie gleich ihr Erlebnis weitererzählen, und jemand würde kommen. Ich lauschte erwartungsvoll.

Niemand kam, und es wurde immer dunkler. Ich konnte unmöglich die Nacht hier oben verbringen. Da war es immer noch besser, wieder hinunterzugehen, so sehr mir davor graute. Einer plötzlichen Eingebung folgend warf ich meinen Unterrock über die Brüstung. Das sah geradezu unheimlich aus. Fast hätte man glauben können, eine weibliche Gestalt stürze hinab. Was hatte Nonna wohl empfunden, als sie entdeckte, daß ihr Ehemann ihr untreu gewesen war? Das Leben war ihr sinnlos vorgekommen, und sie hatte beschlossen zu sterben.

Sicher lag es an dem spärlichen Licht und an meiner inneren Spannung, daß ich eine so lebhafte Einbildungskraft entwickelte, aber es kam mir wirklich vor, als falle ein Mensch in den Hof hinunter. Lautes Kreischen ließ mich zusammenzucken. Natürlich waren es nur die Möwen, die das weiße Gebilde, das für sie wie ein unheimlicher Riesenvogel aussehen mochte, aufgescheucht hatte.

Bald wird jemand meinen Unterrock finden und mich hier herausholen, redete ich mir zu.

Stufe um Stufe tastete ich mich die Wendeltreppe hinunter, bei den schlechten Lichtverhältnissen ein ziemlich schwieriges Unterfangen. Endlich kam ich auf der Galerie an, und von dort stieg ich in die Halle hinab.

Durch die wenigen Fenster, die eher Mauerschlitzen glichen, sickerte kaum noch Licht. Da der Turm als Bollwerk gegen angreifende Feinde erbaut worden war, hätten größere Öffnungen eine Gefahr bedeutet.

Ich bahnte mir meinen Weg zwischen durchnäßten Tuchballen, Kleidungsstücken, Gewürzen, Gold, Silber und Elfenbein... Kurz, es waren genau die Waren, mit denen mein Vater und die Landors Handel trieben.

So vieles erkannte ich nun in seiner wahren Bedeutung: Colum, der in Sturmnächten nicht im Bett blieb und dann morgens durchnäßt zurückkehrte; Ysellas Turm, der verschlossen blieb; der Hof, in dem ich nicht spazierengehen durfte; Jennet, die nicht im Meeresturm bleiben konnte, wenn Colum und einige seiner Leute ausritten; die Männer, die im Meeresturm wohnten und anders waren als die übrigen Dienstleute. »Es sind Fischer, die für uns ihre Netze auslegen«, hatte Colum mir erklärt. In Wirklichkeit wohnten nur Seeleute im Meeresturm. Und dort gab es eine Menge Boote, Pferde und Esel – Packtiere...

Ich fühlte mich elend. Ob es nun an dem modrigen Geruch lag, an der neuen Erkenntnis, die ich gewonnen hatte, oder an der Angst vor Colums Zorn, wenn er erfuhr, daß ich Ysellas Turm betreten hatte, wußte ich nicht. Sicher suchte man inzwischen schon nach mir und würde meinen Unterrock im Hof entdecken.

Alles war nun klar, schrecklich klar. Die Waren, die sich hier im Turm stapelten, stammten aus Schiffswracks. Wenn in stürmischen Nächten ein Schiff an unserer Küste zerschellte, waren Colum und seine Leute sofort zur Stelle. Sie retteten die Fracht aus den Fluten, brachten sie an Land, verstauten sie im Turm... Und dann machte Colum Geschäfte mit Leuten wie jenen beiden, die er im Gasthaus ›Wanderers Ruh‹ getroffen hatte.

Und das ganze Unternehmen sollte geheimgehalten werden! Verstieß man gegen das Gesetz, wenn man Schiffsfracht aus dem Meer barg? Mußte deshalb alles so still und heimlich ablaufen? Colum war wütend geworden, als ihm mein Interesse an Ysellas Turm aufgefallen war. Bestimmt hatte er mir jene Familiensage deshalb erzählt. Ich sollte Angst vor dem angeblich verhexten Turm bekommen und ihm fernbleiben.

Er hatte verhindern wollen, daß ich hinter das Geheimnis dieses Turmes käme. Als ich ihm das spanische Amulett zeigte, wußte er ganz genau, daß es beim Transport irgendeiner Schiffsladung vor dem Turm herausgefallen war. Die Kette, die er mir geschenkt hatte, stammte auch aus diesem ›Warenlager‹, da war ich mir sicher. Er suchte einfach etwas aus, das wie neu aussah… Hätte ich nicht zufällig das winzige Geheimfach in dem Anhänger entdeckt, in dem sich die Miniatur einer fremden Frau befand, ich hätte nie Verdacht geschöpft.

Ein Mann, der sich am Unglück anderer bereicherte und mit diesen Besitztümern Geschäfte machte, war schrecklich.

Ich fröstelte. Tief in meinem Herzen wußte ich, daß Colum etwas Furchteinflößendes an sich hatte. Hätte ich Fennimore Landor geheiratet, mein Leben wäre friedlich und glücklich verlaufen. Die einzige Sorge wäre gewesen, ob er heil und gesund von seinen Seefahrten zurückkäme…

Was für ein merkwürdiger Gedanke? Aber mir war, als sei ich plötzlich hellsichtig, als wäre ein verstaubter Spiegel blank gerieben worden, so daß ich nunmehr klarsah.

Auf welche Weise würde sich wohl Colums Ärger und Wut äußern? Wenn er rasend vor Zorn wäre oder mich sogar – zum ersten Mal – schlüge? Es wäre mir, glaube ich, lieber gewesen, als wenn er schweigend hingenommen hätte, was ich getan hatte.

Bestimmt würde er irgendeine Erklärung bereit haben. Aber das war völlig unnötig, denn ich kannte nun die Wahrheit, hatte die wahre Tätigkeit meines Mannes entdeckt. Er besaß zwar viel Land, und es hieß, daß er sehr wohlhabend sei. Doch vielleicht stammte sein Reichtum hauptsächlich aus dem Verkauf von Juwelen und anderen Kostbarkeiten, die er aus sinkenden Schiffen barg.

Kein Wunder, daß er die Handelspläne meines Vaters und der Landors etwas verächtlich abtat. Er hatte eine einfachere Methode gefunden, zu Waren zu kommen. Er brauchte nicht die Meere zu befahren; denn er fand alles vor der eigenen Haustür.

Ich konnte kaum noch die Umrisse der verschiedenen Gegenstände wahrnehmen und mußte an die Menschen denken, die an Bord der verunglückten Drei- und Viermaster gewesen waren. Ich stellte mir vor, wie die vom Sturm gegen die Felsen getriebenen Schiffe dort zerschellten, wie die Kisten mit Waren aus den Schiffsrümpfen herausgeschleudert und von den Wogen schließlich an Land gespült wurden, wo die ›Altwarenhändler‹ sie einsammelten.

Altwarenhändler! Ja, dafür hielt ich ihn. Ich haßte diesen Geldverdienst meines Mannes, und anscheinend schämte auch

148

er sich dessen, sonst würde er wohl kaum versuchen, das Ganze geheimzuhalten.

Ich sah mich in der Halle um. Wenn ich doch nur etwas Licht machen könnte! In dieser Düsternis wirkte alles unheimlich und gespenstisch.

Ich ließ mich matt auf einen Stoffballen sinken und schloß die Augen. »Bitte, kommt und holt mich hier raus«, flüsterte ich flehend. »Ich kann doch nicht die ganze Nacht hier sitzen!«

Auf der Treppe raschelte und schnurrte es. Vermutlich waren es Mäuse... vielleicht auch Ratten. Ich schauderte. Ratten, die sich in einen der Tuchballen hineingefressen und deshalb den Schiffsuntergang überlebt hatten.

Wie man sich doch einbilden konnte, Geräusche zu hören! Eben hatte ich geglaubt, Schritte auf der Treppe zu vernehmen. War es vielleicht Nonnas Geist? Die Ärmste hatte ihre Neugier nicht bezähmen können und war kurz darauf gestorben. Sie war wegen ihrer Neugier gestorben, war gemordet worden. Nonna war die unerwünschte Ehefrau... Wenn jener Vorfahr von Colum zufrieden mit seiner Frau gewesen wäre, hätte er Ysella bestimmt nicht in einem zweiten Turm einquartiert.

Der Wind wurde immer heftiger. Deutlich konnte ich die schweren Brecher hören, die an die Fundamente der Burg brandeten. Bei diesem Sturm lagen die *Devil's Teeth* vollständig unter der Wasseroberfläche. Vielleicht geriet auch heute wieder ein Schiff in Seenot, und Colum hielt schon Ausschau, damit er und seine Leute zur Stelle waren, wenn es zum Ärgsten kam.

Wie sehr ich das alles haßte! Dabei war doch auch mein Vater ein Pirat gewesen, der es für sein gutes Recht hielt, die spanischen Galeonen auszuplündern, die seinen Weg kreuzten. Wie oft war er zu Hause angekommen, das Schiff mit Schätzen vollbeladen, die er den Spaniern weggenommen hatte.

Meine Mutter hatte ihrem Mann deutlich ihre Meinung gesagt. »Das ist nichts anderes als Raub, Jake. Du bist ein Bandit, ein Freibeuter.«

»Wir leben in einer Zeit der Freibeuter«, war seine Antwort gewesen.

Windböen fegten um die Turmmauern. Dann war es für einen Augenblick ganz still, und ich hörte von oben ein Geräusch. Was war das? Mäuse oder Ratten... oder etwa der Schritt einer längst Gestorbenen, die nicht zur Ruhe kommen konnte?

Ich wußte, daß ich eine blühende Phantasie hatte; aber was

sollte ich dagegen tun? Ich starrte ins Dunkel und erwartete jeden Augenblick, eine geisterhafte Erscheinung auf der Treppe zu sehen. Nonna, die langsam auf mich zu schreitet, eine schreckliche Kälte mit sich bringt... und mir zuflüstert: »Ich warne dich. Ich bin hier, um dich zu warnen...«

Das war natürlich alles Einbildung. Nichts war zu sehen als die Halle mit ihren helleren und dunkleren Schatten, die ich nun undeutlich erkennen konnte, da meine Augen sich an das Dämmerlicht gewöhnt hatten.

Wieviel Uhr mochte es wohl sein? Ich war auf jeden Fall lange genug weg, um von den anderen vermißt zu werden...

Wie oft hatte ich den Wunsch verspürt, einen Blick in Ysellas Turm zu werfen. Nun hatte ich es gewagt und war schrecklich dafür bestraft worden. Wie eine Gefangene mußte ich hier womöglich die ganze Nacht verbringen.

Ich zitterte vor Furcht, denn ich war mir sicher, nicht allein in dem feuchten, modrigen Gemäuer zu sein. Was hatte Nonna empfunden, als sie erkannte, daß ihr Mann seine Geliebte in diesem Turm versteckt hielt? Ich konnte mir ihren Kummer und ihr tiefes Erschrecken gut vorstellen. Und gleich darauf war sie gestorben. War sie freiwillig aus dem Leben geschieden, oder hatte jemand nachgeholfen?

Wieder überlegte ich, wie lange ich nun schon im Turm war. Ich war gegen drei Uhr hergekommen und meiner Schätzung nach bereits zwei Stunden hier. Also mußte es jetzt ungefähr fünf Uhr sein.

Wenn ich doch nur eine Kerze auftreiben könnte! Dann würde ich sie anzünden und in eines der Fenster stellen. Konnte ich auf die Dienerin hoffen, die mich zwischen den Zinnen hatte stehen sehen? Nein. Selbst wenn sie den anderen davon erzählt hatte, würde man sie doch nur auslachen. Schließlich hatte immer wieder einmal einer der Bediensteten steif und fest geschworen, den Geist in Ysellas Turm gesehen zu haben.

Vielleicht sollte ich wieder zur Turmplattform hinaufsteigen? Wenn jemand in den Hof käme, könnte ich laut um Hilfe rufen.

Ich stand auf. Die Furcht umschlang mich wie ein dunkler Mantel. Im nächsten Augenblick fiel ich fast über einen Ballen, den ich nicht bemerkt hatte.

Meine Schritte hallten auf den Steinstufen, als ich mich zur Galerie hinauftastete. Endlich hatte ich die enge Wendeltreppe gefunden und griff nach dem dicken Seil, das als Geländer diente.

Das Hinaufsteigen war das furchtbarste von allem bisher Erlebten. Ich war überzeugt, daß etwas Unheimliches hinter der nächsten Biegung auf mich lauerte. Dennoch ging ich weiter. Oben auf dem Turm würde man mich eher entdecken. Sicher hatte man schon mit der Suche nach mir begonnen, und irgend jemand würde mich hören, wenn ich immer wieder so laut wie möglich schrie.

Hoffentlich war ich bald ganz oben! Ich berührte die Wand, die sich feucht und rissig anfühlte. Die Wendeltreppe kam mir plötzlich weniger eng vor... Vorsichtig tastete ich mit der Schuhspitze vor mir die Stufen ab und machte erst dann einen Schritt, wenn ich sicher war, festen Halt zu haben.

Ein kalter Lufthauch strich über mich hin. Mein Herz drohte vor Entsetzen stillzustehen, als bei einem jähen Blitz die Szenerie vor mir gespenstisch beleuchtet wurde. Die gräßliche in Stein gemeißelte Fratze eines Wasserspeiers starrte mich an. Ich schrie auf und taumelte zurück.

Zum Glück fiel ich nicht tief, da mich die engen Mauern der Wendeltreppe auffingen. Unfähig, mich zu bewegen, lag ich auf den kalten Steinstufen und fühlte nur noch, wie mich das Dunkel der Bewußtlosigkeit umfing.

Lärm – Stimmen. Starke Arme hoben mich hoch.

»Colum?« flüsterte ich.

»Alles ist gut. Du bist in Sicherheit.«

An dem Salzgeruch erkannte ich, daß ich mich immer noch in Ysellas Turm befand. Es war ziemlich hell, da mehrere Männer mit Laternen uns umstanden.

Colum brachte mich in die Halle hinunter. »Ich muß meine Frau hinübertragen«, sagte Colum zu zwei Männern. »Leuchtet mir! Sie hat sich offensichtlich den Knöchel verletzt.« Erst da spürte ich den pochenden Schmerz am Fußgelenk.

Jennet kleidete mich aus und hüllte mich in ein warmes Nachtgewand. Dann zog sie die Bettvorhänge zu. Zwei heilkundige Frauen wurden zu mir geschickt und untersuchten meinen Fuß. Eine dicke Paste wurde aufgetragen und ein fester Verband angelegt. Die Ältere erklärte mir, daß ich nicht aufstehen dürfe.

Wie benommen lag ich da und erlebte noch einmal die quälenden Augenblicke, als ich voller Angst die Wendeltreppe hinaufgestiegen war. Kurz darauf flößte mir Jennet einen Schlaftrunk ein.

Den ganzen nächsten Tag über blieb ich im Bett, da mir jeder

Schritt große Schmerzen bereitete. Erst gegen Abend kam Colum zu mir ins Schlafzimmer.

Er zog die Bettvorhänge zurück und schaute mich an. »Ich möchte gerne wissen, was du in Ysellas Turm zu suchen hattest.«

»Als ich die Tür offen fand, sah ich eben hinein.«

Er beugte sich mit finsterem Gesicht über mich. »Du wußtest genau, daß du nicht hineingehen solltest.«

»Die Tür stand offen«, wiederholte ich. »Es kam mir nicht in den Sinn, daß ich etwas Verbotenes tue, wenn ich einen Blick hineinwerfe.«

»Ich habe mich schon mit dem Schuldigen befaßt«, sagte Colum grimmig.

»Was meinst du damit?« fragte ich.

»Derjenige, der die Tür offenließ, wurde bestraft.«

»Bestraft? Wie denn?«

»Du stellst zu viele Fragen.«

»Aber es war doch meine Schuld, daß ich hineinging, Colum.«

»Stimmt. Du hattest kein Recht dazu.«

»Ich wollte endlich wissen, was dort drinnen ist.«

»Wenn ich gewollt hätte, daß du es weißt, hätte ich es dir dann nicht selbst erzählt?«

»Falls es sich um etwas Unwichtiges gehandelt hätte, wärst du sicher mitteilsamer gewesen. Da du es verschwiegst, mußte es etwas von Bedeutung sein«, wandte ich ein. »Natürlich ließ mir das keine Ruhe.«

»Ich verlange, daß du mir gehorchst! Hast du dir eigentlich je Gedanken darüber gemacht, was geschieht, wenn du mich zornig machst?«

»Du könntest mich ebenso umbringen wie dein Vorfahr seine Frau Nonna.«

Das Schweigen schien den Raum zu füllen. Colum stand mit verschränkten Armen so unbeweglich wie eine steinerne Statue da. »Reiz mich nicht zu sehr«, sagte er schließlich. »Du begreifst anscheinend nicht, daß ich sehr unduldsam sein kann.«

»Oh, das ist mir nicht entgangen. Schließlich habe ich einige deiner Wutausbrüche miterlebt.«

»Das war noch gar nichts.«

In diesem Augenblick hatte ich das Empfinden, daß ich Colum kaum kannte. Ein Fremder schien vor meinem Bett zu stehen, obwohl er der Vater meiner Kinder war. Ich spürte, daß er die Maske langsam ablegte und sein wahres Gesicht enthüllte.

Merkwürdigerweise hatte ich keine Angst, obwohl mir der Gedanke durch den Kopf schoß: Er ist durchaus dazu imstande, mich zu töten, wenn ich ihn erzürne oder wenn er mich loswerden will!

Ich empfand eine geradezu tollkühne Lust, Colum meine Entdeckung mitzuteilen. Warum sollte ich ihm etwas vortäuschen?

Er stand immer noch mit verschränkten Armen vor mir, als wolle er sich auf diese Weise gewaltsam im Zaum halten. Ob er mich im nächsten Augenblick umarmen oder aber packen und würgen würde, wußte ich nicht. Nur eines wußte ich: dieser Mann war mir wie ein Fremder.

»Du hättest nicht in den Hof und schon gar nicht in den Turm gehen sollen«, sagte er. »Im schlimmsten Fall wärest du dort tagelang von niemand entdeckt worden. Hätte die Magd nicht wie eine Verrückte geschrien wegen eines angeblichen Gespenstes auf den Zinnen und wäre dein Unterrock nicht gefunden worden, hätten wir dich nie in Ysellas Turm vermutet. Du hast mich in große Unruhe versetzt.«

»Das tut mir leid ...«

»Das soll es auch! Tu so was nie wieder, oder es wird dir noch viel mehr leid tun!«

»Das hört sich ja an, als könntest du mich eines Tages töten.«

»Du sollst mich ruhig fürchten.«

»Ich habe nicht behauptet, daß ich dich fürchte, Colum. Ich habe lediglich gesagt, daß du wohl imstande wärst, mich zu töten. Vielleicht haßt du mich jetzt sogar, weil ich nun über deine sogenannten Geschäfte Bescheid weiß.«

»Was hast du denn entdeckt?«

»Im Turm lagern unzählige Waren, die aus dem Meer geborgen wurden.«

»Und?«

»Verrate mir doch, warum du sie so verborgen hältst.«

»Findest du nicht, daß es besser ist, wenn ich sie an mich nehme, statt sie dem Meer zu überlassen?«

»Es geht um die Fracht von gestrandeten Schiffen, Colum. Gehören diese Schiffe denn dir?«

»Bergungsgut gehört denen, die es an Land schaffen.«

»Bestimmt gibt es doch ab und zu auch Überlebende. Was ist dann?«

»Dann würden die Sachen natürlich ihnen gehören. Falls sich aber keine lebende Seele entdecken läßt, holen eben wir die Fracht aus dem Wasser.«

»Wenn das alles so einfach ist, hättest du mir doch davon erzählen können. Warum hast du es nicht getan?«

»Ich denke nicht daran, weitere Fragen zu beantworten. Nun bin ich an der Reihe. Hast du deiner Mutter schon davon berichtet?«

»Wie könnte ich? Ich habe sie doch seither nicht gesehen.«

»Vielleicht hattest du bereits zuvor einen gewissen Verdacht?«

»Ich habe ihr nichts gesagt.«

Er beugte sich plötzlich zu mir und packte mich beim Handgelenk. »Du wirst auch mit keinem darüber sprechen! Hast du mich verstanden?«

»Oh, sehr gut.«

»Was in meiner Burg geschieht, geht nur mich etwas an. Vergiß das nicht!«

»Ich will den Rubinanhänger nie mehr tragen.«

»Und ob du ihn tragen wirst!«

»Die Kette gehörte einer Frau... die mit einem Schiff untergegangen ist. Hast du sie der Leiche vom Hals gerissen?«

»Still, törichtes Weib! Sei froh, daß du einen Mann hast, der dich genug mag, um dir Geschenke zu machen.«

»Ich will keine Geschenke, die Toten weggenommen wurden!«

Er drehte sich um und ging zu meiner Schmuckschatulle. Als er wieder zu mir ans Bett trat, hielt er die Diamantkette mit dem Anhänger in der Hand.

»Leg sie an!« befahl er.

»Ich möchte lieber nicht.«

»Du tust sofort, was ich dir sage!«

Ich schüttelte den Kopf. Darauf legte er sie mir selbst mit einer heftigen Bewegung um. Das Metall fühlte sich kalt auf der Haut an.

Ich schloß die Augen und lag ganz still, hilflos wie ich war. Colum warf sich neben meinem Lager nieder, streichelte meinen Hals und spielte mit der Kette.

»Du gefällst mir heute ebenso gut wie früher«, sagte er. »Noch nie war ich so lange mit derselben Frau zufrieden. Du kannst dich wirklich glücklich schätzen! Doch auf einem bestehe ich: Du sollst nur tun, was ich will, und das gut finden. Du mußt sagen:

›Ich habe keinen anderen Willen als er. Was immer er auch tun mag, ich werde es für richtig halten.‹ Sag es, sag's jetzt gleich!«

»Nein! Du kannst mir eine Kette umlegen, die ich nicht tragen will, du kannst auch das tun, was du damals in jener Nacht getan hast, als du ein Schlafmittel in meinen Wein mischtest. Aber auf meine Gefühle hast du keinen Einfluß. Wenn mir nicht paßt, was du tust, dann wird nichts meine Meinung ändern. Es kann höchstens sein, daß ich es nicht laut ausspreche...«

Er lachte schallend.

»Du hast Verstand. Das gefällt mir, denn auch meine Söhne sollen Verstand haben. Wie schlimm wäre es, wenn sie den duckmäuserischen Charakter einer törichten Frau geerbt hätten! Du gefällst mir verdammt gut, wie du bist.« Er biß mich plötzlich äußerst schmerzhaft ins Ohr. »Aber eins muß dir immer klar sein: Ich tue, was ich will, und du wirst weder hinter mir her spionieren noch ein Sterbenswörtchen über das verlieren, was hier vor sich geht. Verstanden? Du kannst ja die Augen schließen, wenn du so zimperlich bist!«

»Ich verstehe deine Worte.«

»Verstehst du auch, daß von dir Gehorsam erwartet wird?«

»Und wenn ich nicht folge?«

»Dann wirst du die volle Wucht meines Zornes zu spüren bekommen, der fürchterlich sein kann. Vergiß das nie!« Furcht überkam mich. Mir war, als hätte ich mich bisher selbst um die Wahrheit betrogen. Als Colum kurze Zeit später mit mir schlief, fehlte alle Zärtlichkeit. Ich wußte, daß er mich nur gefügig machen wollte.

Die Kette der Toten schien mir ins Fleisch zu schneiden. Ständig glaubte ich die schönen dunklen Augen der Fremden auf mich gerichtet. Ob Colum sie wohl gesehen hatte? Oder war ihr die Kette etwa vom Hals gerissen worden, als sie noch am Leben war?

Zum ersten Mal wünschte ich, daß ich nie den Fuß in Ysellas Turm gesetzt hätte. In meiner Unwissenheit war ich glücklicher gewesen. Andererseits war es gewiß besser, wenn man das Böse erkannte. Das Böse! Paßte dieses Wort auch auf das Leben mit meinem Ehemann?

Etwas hatte sich verändert, das war mir klar. Ich war nun hellwach und auf der Hut. Ich wartete auf etwas... nur wußte ich nicht, worauf.

Die Frau aus dem Meer

Ich versuchte, mir nicht allzu viele Gedanken darüber zu machen, was in den Nächten geschah, wenn Colum und seine Diener aus dem sturmgepeitschten Meer angeschwemmte Frachtgüter bargen. Wie erstarrt lag ich dann im Bett und wartete darauf, daß Colum wiederkam.

In jenen Tagen verschloß ich absichtlich meine Augen, denn ich wollte so vieles einfach nicht wissen. Ich liebte Colum vielleicht nicht mehr, doch er blieb sehr wichtig für mich. Die Nächte schenkten uns nach wie vor Erfüllung. Colum bezauberte mich immer noch, und seine unbändige Lebenskraft übte eine starke sinnliche Anziehungskraft auf mich aus. Er war für mich auch erregend, mich gegen seine Herrschsucht zur Wehr zu setzen. Mir gefielen sogar seine Bemühungen, mich zu unterjochen, und wenn es ihm auch oftmals gelang, über mich zu siegen, so wußte ich doch, daß ich mir stets einen Teil meiner Freiheit bewahren würde, gleichgültig, was er sagte oder tat.

Colum war sich dessen natürlich auch bewußt. Es ärgerte, reizte und faszinierte ihn zugleich.

So vergingen die Monate. Gelegentlich besuchte uns meine Mutter, doch erzählte ich ihr nichts von dem, was ich in Ysellas Turm entdeckt hatte.

Sie berichtete mir jedesmal ausführlich von dem Unternehmen, das mein Vater und die Landors gemeinsam aufbauten. Es gab verständlicherweise auch Rückschläge, doch im großen und ganzen verlief alles recht erfolgreich.

»Ich wünschte nur, die Landors wären nicht so dagegen, mit euch zusammenzutreffen! Dich möchten sie natürlich nur zu gern wiedersehen, auf keinen Fall jedoch deinen Mann«, berichtete sie mir einmal.

»Geben sie Colum immer noch die Schuld am Tod ihrer Tochter?«

Meine Mutter nickte. »Ich habe ihnen klarzumachen versucht, wie häufig Frauen im Kindbett sterben. Das ist traurig, läßt sich aber leider nicht verhindern. Doch sie wollten nicht auf mich hören.«

»Wie geht's Fennimore?«

»Er lebt mit Frau und Kind in Trystan Priory, ist allerdings meist auf hoher See. Sein kleiner Junge scheint sich prächtig zu entwickeln.«

»Der Enkel wird die Landors sicher über den Verlust der Tochter hinwegtrösten.«

»Gewiß. Aber das hindert sie nicht daran, Melanie weiterhin zu betrauern.« Sie wechselte das Thema. »Nun steht übrigens fest, daß die Spanier durch die Niederlage der Armada doch nicht völlig von den Meeren vertrieben wurden. Sie haben immer noch viele Hochburgen in Amerika... Sir Walter Raleigh und der Earl of Cumberland stellen mit Unterstützung der Londoner Geschäftswelt eine Kriegsflotte zusammen, um die spanischen Siedlungen in Amerika anzugreifen.«

»Das bedeutet also wieder Krieg?«

»Dein Vater meint, daß wir mit den Spaniern immer im Kampf liegen werden. Sie sind ja über die ganze Welt verstreut und haben überall Besitzungen.«

»Und dennoch konnten wir die große Armada besiegen.«

»Ja, gottlob! Ich wünschte so sehr, daß Schiffe nur noch für Handelszwecke benutzt würden!« seufzte sie.

»Du verlangst etwas Unmögliches, Mutter. Leider sind nicht alle gegen den Krieg wie du. Übrigens fürchte ich, daß auch aus dem angeblich friedlichen Seehandel Schwierigkeiten entstehen werden.«

Im September kehrte meine Mutter nach Lyon Court zurück. Am 31. Oktober, dem Abend vor Allerheiligen, trat die Frau aus dem Meer in mein Leben.

Diese eine Nacht sollte mein weiteres Leben entscheidend beeinflussen. Am Abend vor Allerheiligen, an Halloween, gab es immer eine gewisse Aufregung. Wie so häufig herrschte in Cornwall zu diesem Zeitpunkt warmes, nebliges Wetter. Jeder Busch schien von silbrigen Spinnweben überzogen, in denen winzige Wassertropfen wie Juwelen funkelten. Auf den Wegen lag ein Teppich aus goldgelben, braunen und roten Blättern.

Jennet plapperte unaufhörlich darüber, wie unruhig und ängstlich sich das Gesinde verhielt. Angeblich war es diese Nacht, in der die Hexen auf Besenstielen ritten, um am Hexensabbat teilzunehmen. Und wehe dem, der sich um Mitternacht hinauswagte und in ihre Runde verirrte!

Vor Jahren soll dies einer der Frauen aus dem Meeresturm

geschehen sein. Kein Mensch hat sie je wieder in ihrer ursprüng-
lichen Erscheinung gesehen, aber es gab da eine schwarze Katze, die seither auf unheimliche Weise herumstrich.

»Geht an Halloween nicht vor die Tür, Mistress«, warnte mich
Jennet.

»Das habe ich auch nicht vor«, erwiderte ich.

»Ich glaube, es wird einen furchtbaren Sturm geben«, prophezeite Jennet schaudernd. »Aber den Hexen ist das Wetter ja
gleichgültig.«

Als es dunkelte, wurde auf einem kleinen Hügel außerhalb
der Befestigungen ein großes Feuer entfacht. Ich hüllte mich in
meinen Umhang und ging mit den Kindern hinaus, ließ sie
jedoch nicht nahe an die Flammen heran, da der aufkommende
Wind glühende Funken in alle Richtungen trieb. Mein dreijähri-
ger Connell war ein mutiger kleiner Kerl, und ich hatte Jennet
mitgenommen, damit auch sie auf ihn aufpaßte.

Die Dienstboten tanzten um den hochauflodernden Holzsta-
pel. Als das Feuer heruntergebrannt war, sammelten sie die
Asche ein, um sie aufzubewahren.

»Die Asche bringt Glück und schützt gegen den bösen Blick«,
sagte Jennet. »Ich hole Euch ein bißchen davon, Master Connell
und Mistress Tamsyn.«

Die Kinder beobachteten alles mit großen Augen, und Connell
stellte einige Fragen nach den Hexen. Ich ließ Jennet nicht antworten, da ich fürchtete, sie würde den beiden nur Angst und
Schrecken einjagen. Vielmehr erklärte ich ihnen, daß es auch
gute Hexen gäbe, die kranke Leute heilten.

»Ich möchte eine böse schwarze Hexe sehen«, erklärte Connell.

Es kostete mich meine ganzen Überredungskünste, bis ich die
beiden später zum Einschlafen brachte. Heftiger Wind heulte um
die Mauern; es klang unheimlich.

Dies war wieder eine jener Nächte, in denen Colum nicht bei
mir blieb. Das bedeutete, daß ein Schiff in Seenot war.

Ruhelos wälzte ich mich im Bett. Es war inzwischen kurz vor
Mitternacht, und ich mußte ständig an die Menschen auf dem
sinkenden Schiff, aber auch an Colum und seine Leute denken,
die hinausruderten, um das Treibgut aufzusammeln.

Warum gab es eigentlich nie Überlebende?

Ein unwiderstehlicher Zwang trieb mich aus dem Bett. Ich
wollte endlich wissen, was da draußen vor sich ging. Rasch zog

ich mir einen Umhang mit Kapuze über und schlüpfte in derbe Stiefel.

Als ich ins Freie kam, zerrte der Sturm an meinem weiten Mantel. Ich hielt mich möglichst dicht an den Mauern und kämpfte mich den Pfad zum Ufer hinauf. Es war unmöglich, aufrecht zu gehen. Ich kroch beinah zum Strand. Im Windschatten des Schlosses war es besser. Ich sah dunkle Gestalten hin und her laufen. Die Wogen donnerten wie riesige, gefährliche Ungeheuer ans Ufer. Ich hörte Colums Stimme: »Jetzt können wir noch nicht hinausrudern. Wartet!«

Dies bedeutete, daß ein Schiff auf die *Devil's Teeth* aufgelaufen war. Der nächste Windstoß riß mir die Kapuze vom Kopf; mein langes Haar flatterte wild um meinen Kopf, Regen lief mir in die Augen, so daß ich einige Zeit nichts sah. Plötzlich tauchte vor mir eine hohe Gestalt auf. »Großer Gott! Was hast du denn hier zu suchen, Frau?« rief Colum.

»Können wir denn nichts tun, um dem Schiff dort draußen zu helfen?« schrie ich zurück.

»Was denn tun? Bei so schwerer See ist nichts zu machen. Geh sofort zurück ins Schloß!«

Er nahm mich bei den Schultern. Ich konnte ihn nicht deutlich sehen, hatte aber den Eindruck, daß sein Gesichtsausdruck geradezu teuflisch war.

»Komm ja nicht wieder hierher! Geh endlich! Tu, was ich dir sage!«

»Ich möchte helfen...«

»Geh hinein, in Gottes Namen! Das ist das einzige, womit du uns helfen kannst.« Er stieß mich von sich, und ich stolperte über den unebenen Boden auf das Burgtor zu. Ich wußte, daß ich nichts tun konnte, um den armen Schiffbrüchigen beizustehen. Nichts...

Als ich die Mauer erreicht hatte, lehnte ich mich erschöpft mit dem Rücken dagegen. Ich fror und zitterte am ganzen Leib, denn meine Kleidung war völlig durchnäßt.

Während ich noch dort stand, tauchten Männer mit Packeseln und Laternen auf. Zum Glück sah mich keiner von ihnen. Die kleine Prozession zog den Pfad zum Meeresturm entlang und verschwand.

Als ich wieder im Schlafzimmer war, zerrte ich die nassen Sachen herunter und rieb mich trocken. Mir war ganz elend vor Entsetzen. Nun war ich sicher, daß ich immer noch nicht alles wußte, was in Nächten wie dieser geschah...

Vom Fenster aus war nur pechschwarze Dunkelheit zu sehen, und außer dem Brausen des Sturmes und dem Krachen der Wogen konnte ich nichts hören.

Ich ging nicht wieder zu Bett, denn ich hätte ja doch kein Auge zutun können. Colum blieb die ganze Nacht weg. Gegen Morgen ließ der Sturm endlich nach.

Ich wußte, daß die kleinen Boote eilfertig hin und her fuhren und alles an Land brachten, was sie im Wasser fanden. Danach schaffte man alles in Ruhe in den Meeresturm. Und in ein paar Tagen würde Colum ausreiten und einen Käufer für die gerettete Fracht finden.

Vielleicht kämpften immer noch schiffbrüchige Männer mit den mörderischen Fluten, doch keiner würde sie retten. Menschenleben waren unwichtig, es ging nur um die Schiffsladung. Schließlich hätte es ja Schwierigkeiten geben können, wenn man ein Menschenleben rettete. Was, wenn die Überlebenden das zurückverlangten, was von ihrem Schiff und seiner Fracht übriggeblieben war? Für Colum konnte es nichts Besseres geben, als daß alle ertranken.

Meine Gedanken kamen davon nicht los.

Kurz nach Tagesanbruch zog ich mich an und ging wieder zur Küste hinunter. Und dort fand ich sie. Sie lag im seichten Wasser und ihr langes schwarzes Haar umfloß sie. Das Gesicht sah so wächsern aus, daß ich sie für tot hielt.

Ich watete hinaus, ergriff ihren Arm und versuchte sie an Ufer zu ziehen. Mit der nächsten Woge wäre ich beinahe mit ihr zusammen ins Meer hinausgeschwemmt worden. Doch schließlich schaffte ich es, sie auf den feuchten Sand zu schleppen.

Ich kniete mich neben sie und tastete nach ihrem Handgelenk. Ganz schwach konnte ich den Pulsschlag spüren. Als ich sie genauer betrachtete, stellte ich zu meinem Entsetzen fest, daß sie hochschwanger war.

Mein Vater hatte mir eine Art von künstlicher Beatmung beigebracht, und ich versuchte sofort mein Glück. Nachdem ich den leblosen Körper auf den Bauch gedreht hatte, legte ich ihr beide Hände flach auf den Rücken und preßte mit aller Kraft das Wasser aus der Lunge. Vermutlich hat ihr das das Leben gerettet.

Fieberhaft rieb ich ihre eiskalten Hände, dann wickelte ich sie in meinen warmen Umhang ein. Dabei beobachtete ich ängstlich ihr Gesicht. Ich war unendlich erleichtert, als ich ihre Atemzüge hörte.

Sie mußte unbedingt ins Schloß geschafft werden, wo sie alle nötige Pflege bekommen konnte. Ich ließ sie allein liegen, um einige Dienstboten zu holen. Wir brachten ein Maultier zum Strand, und es gelang uns, die immer noch halb bewußtlose Frau in den Sattel zu heben und sie in den äußeren Burghof zu schaffen. Dort befahl ich einigen Männern, sie in ein Zimmer zu tragen.

Sie brachten sie ausgerechnet in das Rote Zimmer und legten die reglose Gestalt auf das Bett. Es war mir zwar gar nicht recht, aber ich hielt es für besser, sie dort vorerst ruhig liegen zu lassen.

»Wir dürfen sie noch nicht stören«, sagte ich zu Jennet. »Hol einige Sachen aus meinem Schlafzimmer. Ihr Zustand ist besonders gefährlich, da sie zu allem auch noch schwanger ist.«

»Du liebe Güte! Die arme Frau wird sicher ihr Kind verlieren.«

»Wir werden alles tun, um das zu verhindern«, erwiderte ich.

Als erstes schickte ich einen der Männer aus, um meinen Arzt zu holen, der ungefähr fünf Meilen entfernt lebte. Inzwischen wurde auf meinen Befehl in der Küche heiße Suppe bereitet, und Jennet und ich machten uns daran, die Fremde zu entkleiden.

Ich schätzte, daß sie mit mir gleichaltrig war. Die weiße Haut war makellos, und trotz ihrer Schwangerschaft bestand kein Zweifel daran, daß diese Frau außerordentlichen Liebreiz besaß. Sie war immer noch nicht bei vollem Bewußtsein, schien aber unsere Fürsorge dankbar zu empfinden. Ihre Hände waren zart und edel – nicht zum Arbeiten geschaffen. Das Gesicht strahlte Vornehmheit und eine fast unirdische Schönheit aus. Vielleicht lag dies auch daran, daß sie dem Tode so nahe gewesen. Ihr dichtes langes Haar war von jenem Blauschwarz, das man in England fast niemals sieht. Die Wimpern, schwarz wie ihr Haar, betonten die wächserne Blässe ihrer Gesichtszüge.

»War sie auf dem Schiff?« flüsterte Jennet.

»Ganz bestimmt. Wie wäre sie sonst ins Wasser geraten in einer solchen Nacht.«

Es war erstaunlich, wie rasch sie sich erholte. Ich konnte ihr einige Löffel heißer Brühe einflößen, und bald schon trat eine feine Röte auf ihre Wangen. Es sah aus, als sei ein Licht hinter weißem Alabaster entzündet worden. Mir schoß es durch den Kopf, daß ich nie im Leben eine schönere Frau gesehen hatte.

Mir graute davor, Colum gegenübertreten zu müssen. Ich wußte schon im voraus, wie wütend er sein würde. Was hätte er wohl mit der Schiffbrüchigen getan? Sie vermutlich mitleidlos dem Meer überlassen.

Als ich in unser Schlafzimmer kam, wartete er schon auf mich. »Du hast also eine fremde Frau ins Schloß gebracht?«

»Sie war halb ertrunken, und ich werde sie gesund pflegen. Sie bekommt außerdem ein Kind, Colum.«

Er packte mich am Arm. »Und was geht das dich an?«

»Wenn ich eine Sterbende finde, tue ich natürlich alles, um ihr nach besten Kräften zu helfen.«

»Und schaffst sie in mein Schloß!«

»Es ist auch mein Zuhause.«

»Vergiß nicht, daß du durch meine Gnade hier lebst.«

»Und vergiß du nicht, daß meine Mitgift dir dabei geholfen hat, deinen Besitz zu erhalten.«

Er kniff die Augen zusammen. Ich wußte ganz genau, welch großen Wert er auf irdische Güter legte. Bestimmt hatte er mich nicht nur aus reiner Leidenschaft geheiratet, sondern auch, weil ich eine ansehnliche Geldsumme mit in die Ehe brachte. Meine Mutter hatte meinen Vater dazu überredet, sich in diesem Punkt besonders großzügig zu zeigen.

Ich fand unser Gespräch sehr unerquicklich, doch Colum schien das nicht zu berühren. »Du entwickelst dich allmählich zu einem Zankteufel«, sagte er unfreundlich.

»Und ich lerne dich allmählich immer besser kennen.«

»Dann lerne gefälligst auch dies, daß ich allein entscheide, wer in meinem Haus Gast sein darf.«

»Und was schlägst du vor? Willst du die Frau vor die Tür setzen? Sie ist krank... Was soll aus ihr werden?«

»Das ist nicht meine Sache.«

»Das sollte es aber sein, denn schließlich eignest du dir ja auch die Waren an, die ihr Schiff geladen hatte. Willst du das leugnen?«

»Soll ich vielleicht zusehen, wie sie im Meer versinken?«

»Du könntest die Fracht retten und ihren rechtmäßigen Eigentümern zurückgeben. Ein Ehrenmann würde so handeln.«

Er brach in Gelächter aus. »Ich seh schon, daß meine tüchtige Frau die Geschäfte allein führen sollte.« Er hörte auf zu lachen. »Besser ist's aber wohl, ich bringe ihr endlich bei, sich um ihre eigenen Angelegenheiten zu kümmern. Das heißt, daß sie sich nicht in etwas einmischen soll, was sie nichts angeht. Tut sie's trotzdem, wird sie's mit Sicherheit bereuen.«

»Was hast du dann vor? Willst du mich halbnackt an den

Schandpfahl binden, als sei ich ein ungehorsamer Dienstbote? Wirst du mich eigenhändig auspeitschen, oder ist das für einen so edlen Herrn eine zu gemeine Aufgabe?«

Er machte einen Schritt auf mich zu und hob die Hand. Das war schon mehrmals passiert, doch auch diesmal bezähmte er sich.

»Nimm dich in acht, Frau! Wenn ich einmal ernsthaft böse mit dir werde, ist mit mir nicht zu spaßen«, sagte Colum drohend.

Ich schaute ihm gerade in die Augen. »Das weiß ich.«

»Und dennoch forderst du meinen Zorn heraus?«

»Ich will nicht dein willenloses Geschöpf sein. Lieber tot...«

Er lachte, und sein Gesicht entspannte sich etwas. Dann drückte er mich schmerzhaft fest an seine Brust. »Du bist meine Frau und hast mir den besten Sohn geschenkt, den man sich vorstellen kann. Ich bin nicht unzufrieden mit dir. Trotzdem dulde ich keinen Widerstand. Mein Wille ist Gesetz. Du hast nach wie vor meine Gunst. Keine Frau hat mir je so lange Zeit gefallen. Lassen wir es dabei.«

»Und was geschieht mit der Fremden aus dem Meer? Willst du sie hinauswerfen?«

Er dachte einen Augenblick nach. Es störte ihn natürlich, daß ich die einzige Überlebende des Schiffbruchs gerettet hatte. Ihm wäre es lieber gewesen, sie wäre gestorben, damit es keine Zeugen gab. Er konnte sie zwar immer noch wegjagen, doch dann bestand die Gefahr, daß sie die Geschichte des Schiffsunglücks herumerzählte.

»Nun gut. Sie kann eine Weile hierbleiben«, sagte Colum.

»Sie ist schwanger.«

»Und wann wird das Kind kommen?«

»Ich weiß es nicht genau. Vermutlich in zwei Monaten.«

»Also gut. Auf jeden Fall kann sie im Schloß bleiben, bis das Kind geboren ist. Hast du schon mit ihr gesprochen?«

»Sie ist noch viel zu schwach. Außerdem sieht sie... sehr ausländisch aus.«

»Bestimmt eine Spanierin«, sagte Colum und verzog den Mund.

»Ach, es war also ein spanisches Schiff?« fragte ich rasch.

Er überging meine Frage einfach.

»Wir müssen ja nicht gleich entscheiden, was mit ihr geschieht«, sagte er kurz.

»Ich bin sicher, daß sie von edler Herkunft ist.«

»Dann lassen wir sie am besten niedrige Küchenarbeit verrichten, damit sie's rasch vergißt.«

Ich war sehr erleichtert, daß für die Fremde wenigstens bis zu ihrer Niederkunft keine Gefahr bestand, in diesem fremden, feindseligen Land ausgesetzt zu werden. Wenn ich mir vorstellte, daß sie mit einem Kind im Arm um Brot betteln müßte, wurde mir ganz kalt vor Entsetzen.

»Du sagst, sie sehe fremdländisch aus«, wandte sich Colum wieder an mich. »Wo ist sie eigentlich untergebracht?«

»Im Roten Zimmer.«

»Das Zimmer meiner ersten Frau – von dem du glaubst, daß es dort spukt. Nun, vielleicht wird der Geist unseren ungebetenen Gast vertreiben. Ich will mir die Lady einmal ansehen. Komm mit.«

Gemeinsam gingen wir zum Roten Zimmer. Colum stieß die Tür auf und trat an das breite Bett.

Sie sah aus wie aus Alabaster gemeißelt. Die glänzenden langen Locken breiteten sich auf dem Kissen wie ein dunkler Seidenvorhang aus. Das vollkommene Edelmaß ihrer Züge trat nun deutlich in Erscheinung. Die Lider bedeckten immer noch die Augen, aber ich war davon überzeugt, daß diese ebenfalls wunderschön waren.

Colum betrachtete sie stumm.

»Mein Gott, was für eine schöne Frau!« sagte er schließlich.

Nach einigen Tagen konnte sie schon aufstehen und etwas herumgehen. Ich ließ die Hebamme aufs Schloß holen, die mir bei der Geburt meiner beiden Kinder beigestanden hatte. Sie untersuchte die junge Frau und erklärte, daß sie in guter Verfassung sei. Anscheinend hatte das schreckliche Schiffsunglück keinerlei böse Folgen für ihren Gesundheitszustand.

Sie sprach nur stockend englisch. Wie ich vermutet hatte, war sie Spanierin. Das war schlimm für sie. Der Haß auf dieses Volk hielt bei uns Engländern unvermindert an, obwohl wir doch die Armada besiegt hatten.

Sie konnte uns nur wenig erzählen. Als ich ihr Fragen stellte, schüttelte sie den Kopf, da sie sich nicht daran erinnern konnte, was geschehen war. Sie wußte lediglich, daß sie auf einem Schiff gewesen war.

Auch ihres Namens konnte sie sich nicht mehr entsinnen. In der ersten Novemberwoche ließ ich mich an einem völlig windstillen Tag von einem der Bediensteten zu den *Devil's Teeth* hinausrudern.

Tückisch verborgen unter der Wasseroberfläche ragten die spitzen Felsnadeln empor. Zwischen ihnen – in der Mitte auseinandergebrochen – lag das Wrack. Ich konnte am Bug den Namen entziffern: ›Santa Maria‹

Ich überlegte, warum die geheimnisvolle Fremde wohl an Bord gewesen war... vielleicht die Frau des Kapitäns? Wie merkwürdig, daß sie sich an nichts mehr erinnern konnte! Doch vielleicht würde sich ihr Erinnerungsvermögen mit der Zeit wieder einstellen.

Andererseits war es sogar ganz gut, daß ihr die Vergangenheit verschlossen war. Dann gab es wenigstens nichts zu betrauern...

Die Hebamme erklärte mir, daß das Kind wohl gegen Ende Dezember zur Welt kommen würde. Ich empfand große Verantwortung gegenüber der Fremden und war fest entschlossen, ihr alles so schön wie möglich zu machen. Ein Bild peinigte meine Vorstellung wieder und wieder: der lange Zug der Bediensteten, der mit den beladenen Maultieren und den Laternen zum Meeresturm zurückkehrte. Wo waren die Männer gewesen? Ich hatte wohl einen Verdacht, wagte aber nicht, ihn mir einzugestehen, weil ich fürchtete, meines Bleibens hier sei dann nicht länger.

Nach dem spanischen Schiff nannte ich die Fremde Maria. Natürlich fragte ich sie zuerst, ob es ihr recht sei.

»Maria«, wiederholte sie langsam und schüttelte den Kopf. Ich wußte nicht, was sie damit ausdrücken wollte, aber schon bald hieß sie bei allen im Schloß nur noch Maria.

Im Dezember war es offenkundig, daß die Niederkunft kurz bevorstand. Meine Mutter, Edwina und Romilly kamen, um Weihnachten bei uns zu feiern. Penn war mit einem der Handelsschiffe auf hoher See, worauf er sich besonders gefreut hatte, da es für ihn die erste lange Reise war. Nachdem sich das Handelsunternehmen als Erfolg erwiesen hatte, waren alle begeistert bei der Sache.

Wir sprachen allerdings nicht viel über die Ostindienfahrt, denn diese Reisen machten uns immer etwas Angst. Und ich wollte, daß alle die Weihnachtsfeierlichkeiten fröhlich und unbeschwert genießen sollten.

Wir erwarteten täglich, daß Marias Kind geboren würde. Ich hatte dafür gesorgt, daß die Hebamme im Schloß blieb, denn ich fürchtete immer noch, daß die abenteuerliche Rettung schädliche

Nachwirkungen haben könnte. Es lag mir sehr daran, daß alles seine Ordnung hatte, obwohl ich keine übermäßige Zuneigung für Maria empfand; sie machte es einem schwer, sich mit ihr anzufreunden. Ihre Zurückhaltung konnte natürlich an der mangelnden Beherrschung unserer Sprache liegen, aber ich zweifelte daran. Sie nahm unsere Sorge und Hilfsbereitschaft an, als ob sie ihr rechtmäßig zustünde, und zeigte sich keineswegs besonders dankbar.

Als meine Mutter Maria kennenlernte, schien sie einen Augenblick fast sprachlos zu sein. Ich hatte sie ihr gegenüber nur flüchtig in einem Brief erwähnt. Inzwischen wußte ich, daß jeder von Marias Aussehen völlig überwältigt wurde. Das lag nicht nur an ihrer außergewöhnlichen Schönheit, doch ich hätte nicht zu sagen gewußt, woran.

»Wie schön sie ist«, sagte meine Mutter bewundernd, als wir allein waren. »Eines steht für mich fest, Linnet. Maria ist von hoher Geburt, Aristokratin bis in die Fingerspitzen. Wohin will sie sich eigentlich wenden, wenn das Kind geboren ist?«

»Ich weiß es nicht. Sie erinnert sich ja nicht mehr, woher sie eigentlich stammt.«

»Recht eigenartig, daß jemand wie sie auf diesem Schiff fuhr.«

»Vielleicht war sie die Frau des Kapitäns, Mutter. Übrigens hege ich die Hoffnung, daß sie ihr Gedächtnis nach der Niederkunft zurückgewinnt.«

»Bestimmt will sie dann sofort zu ihrer Familie zurück.«

»Falls sie wirklich Spanierin ist, könnte das sehr schwierig werden.«

»Für mich besteht daran kein Zweifel, Linnet. Vielleicht kann ich noch genug Spanisch, um mich mit ihr zu unterhalten. Da mein erster Mann Spanier war, wie du weißt, habe ich einiges von der Sprache gelernt.«

»Oh, darüber wäre Maria sicher sehr glücklich«, stimmte ich zu. »Es muß ja furchtbar für sie sein, mit niemandem reden zu können.«

»Ich will sehen, ob ich etwas in Erfahrung bringe.«

Als sie etwas später mit Maria zusammensaß, war diese zwar offensichtlich froh, endlich wieder ihre Muttersprache zu hören, erzählte aber nichts Neues. Nur undeutlich schien sie sich an den furchtbaren Sturm zu erinnern und an ihre Versuche, an Land zu kommen. Warum sie auf dem Schiff gewesen war, blieb für uns ebenso unerklärlich wie bisher.

Am Nachmittag des Heiligen Abends setzten bei Maria die Wehen ein. Jennet teilte es mir sofort aufgeregt mit. Als die Hebamme mit mir zu Marias Zimmer eilte, war das Kind schon geboren – ein wunderhübsches kleines Mädchen.

Wir konnten es kaum fassen. »Ist denn wirklich alles in Ordnung?« fragte ich die Hebamme besorgt.

»Solch eine leichte Geburt habe ich noch nie erlebt«, erwiderte sie kopfschüttelnd.

Maria lag wunderschön und vollkommen gelöst in den Kissen. Die roten Vorhänge waren zurückgezogen, und ich mußte plötzlich an die arme Melanie denken, die auf diesem Bett so viele Fehlgeburten gehabt hatte. Nach all diesen Qualen war sie bei dem Bemühen gestorben, Colum den langersehnten Erben zu schenken. Und nun hatte hier eine Fremde mühelos ein gesundes und kräftiges Kind geboren!

Es herrschte in meiner Familie eine eigenartige Stimmung. Wir hielten zwar die üblichen Festlichkeiten ab, aber weder ich noch meine Mutter, noch Edwina konnten vergessen, daß soeben ein Kind unter unserem Dach zur Welt gekommen war.

Bei den Spielen, den Gesängen und Tafeleien waren meine Gedanken immer wieder im Roten Zimmer, wo Maria im Bett lag. Dicht neben ihr stand die Wiege, in der auch meine Kinder gelegen hatten.

Am Tag nach Weihnachten begegnete ich auf der Treppe Edwina. Sie wirkte anders als sonst. »Was ist dir, Edwina? Du siehst irgendwie... beunruhigt aus«, sagte ich.

»Oh, nichts, Linnet. Reine Einbildung, sonst gar nichts.«

»Aber irgendwas macht dir Sorgen, gib's zu.«

»Nun, ich spüre, daß sich hier etwas verändert hat... daß hier etwas ist, daß...«

Sie brach ab, und ich starrte sie an. Meine Mutter hatte mir öfter versichert, daß Edwina über außergewöhnliche Wahrnehmungsfähigkeiten verfügte, weil eine ihrer Urahninnen eine Hexe gewesen war.

Plötzlich fühlte ich mich unbehaglich, obwohl ich früher eher dazu geneigt hatte, Edwinas Kräfte als Einbildung abzutun.

Sie schüttelte mich leicht am Arm. »Gib gut acht, Linnet! Etwas Böses ist in diesem Haus.«

»Was, in aller Welt, meinst du denn damit?«

»Ach, nichts. Ich hätte lieber den Mund halten sollen. Vergiß es. Mir war nur plötzlich ein Gedanke gekommen...«

»Spielt dir deine Phantasie wieder einmal einen Streich? Ich ahne schon, woran das liegt... an den heiseren Möwenschreien, aus denen man Warnungen heraushören kann.« Ich wußte jedoch genau, daß Edwina am Meer lebte und folglich an die Möwenschreie gewöhnt war. Nein, sie konnte etwas Böses fühlen und hatte recht damit. O ja, ich hatte schon lange vor Marias Auftauchen und jener Nacht, in der die Männer mit den Maultieren zum Meeresturm zurückkehrten, den Verdacht gehabt, daß hier schlimme Dinge vor sich gingen.

Ich ließ Edwina meine Ängste nicht merken. Sie hatte diese besondere Gabe, vor der sie sich sogar etwas fürchtete, wie so viele, die ihre eigenen geheimnisvollen Kräfte nicht verstanden. Edwina war immer nur zu gern bereit, alles als Einbildung abzutun...

Also taten wir beide so, als dächten wir nicht mehr daran. Doch ich konnte ihre Warnung nicht vergessen.

Maria hatte so gut wie keine Erholung nötig. Sie überraschte uns aber nicht nur durch ihre schnelle Genesung, sondern auch durch ihre mangelnde Anteilnahme an dem Kind.

Jennet sorgte für die Kleine und brachte sie nur dann zu ihrer Mutter, wenn sie gestillt werden mußte. Sie achtete streng darauf, daß dies in regelmäßigen Abständen geschah.

»So ein unnatürliches Verhalten!« schimpfte Jennet. »Sie ist eben eine Ausländerin!«

Das Kind war gesund und wohlgebaut. Als ich es meinen beiden Kindern zeigte, blieb Connell völlig unbeeindruckt, doch die inzwischen zweijährige Tamsyn war ganz entzückt. Sie lief hinter Jennet her und schaute voller Wonne Marias Kind an.

»Was für Pläne habt Ihr eigentlich?« fragte ich eines Tages Maria, die mich jedoch entweder nicht verstand oder nicht antworten wollte.

»Natürlich müßt Ihr Euch zuerst von der Geburt erholen«, fuhr ich fort. »Dann können wir immer noch entscheiden, was zu tun ist.« Maria machte nicht den Eindruck, als ob sie sich die leiseste Sorge über ihre Zukunft machte.

»Die Kleine muß einen Namen bekommen. Wie möchtet Ihr sie gerne nennen, Maria?«

»Nennen?« wiederholte sie und zuckte die Achseln.

Ich wartete auf einen Vorschlag von ihr, doch sie blieb stumm. Daraufhin fragte ich sie, ob sie dem Kind vielleicht einen unserer kornischen Namen geben wolle.

Sie lächelte. In solchen Augenblicken verzauberte sie einen völlig. Man glaubte, eine herrliche Statue erwache zum Leben. Mit jedem Tag schien Maria wundervoller aufzublühen.

Endlich beschloß ich, selbst für das Kind einen Namen auszuwählen, und bat sie um Erlaubnis. Als sie zustimmte, suchte ich nach etwas Passendem. Dabei stieß ich auf Senara, eine Heilige, von der man nur äußerst wenig wußte. Das erschien mir sehr passend. Und so wurde aus der Kleinen Senara.

Die Stimmung im Haus war unmerklich anders geworden. Auch Colum hatte sich verändert. Ich glaube, er haßte Maria, und dieses Gefühl übertrug er zum Teil auf mich, denn ich hatte Maria ja gerettet und ins Schloß gebracht.

Den ganzen Januar hindurch, der bitterkalt war und ausnahmsweise Schnee brachte, kam Maria kaum aus dem Roten Zimmer heraus. Sie hatte angeordnet, daß tagsüber und auch nachts im Kamin ein Feuer loderte, und ich hatte nichts dagegen eingewandt. Wenn ich ab und zu Lust dazu verspürte, dachte ich daran, wie sie halb tot im Wasser gelegen hatte, und unterließ jeden Einspruch.

Meine Mutter blieb bis Mitte Februar bei uns, da das Wetter zu schlecht für den Heimritt war. Erst nach ihrer Abreise erkannte ich, wie sehr sich vieles geändert hatte.

Durch Jennet erfuhr ich, daß dies auch den Dienstboten nicht verborgen geblieben war.

»Sie mögen es gar nicht, wenn man sie ins Rote Zimmer schickt«, verriet sie mir. »Sie huschen rein und raus, so schnell wie's geht. Sie sagen, wenn sie aufschauen, sieht die Maria sie immer starr an. Ihnen kommt's vor, als ob sie einen verzaubert.«

»Verzaubert? Was für ein Unsinn, Jennet!« sagte ich.

»Na ja, sie ist schließlich an Halloween gekommen, Mistress.«

Ich war etwas beunruhigt. Bald schon würde Maria als ›Hexe‹ gelten, wenn das so weiterging.

Ich vermutete, daß Maria unter anderen Umständen ganz gut für sich selbst hätte sorgen können, aber hier in England würde sie ein gefährliches Dasein führen. Hexen wurden auf den geringsten Verdacht hin aufgeknüpft oder verbrannt. Ich wollte auf keinen Fall, daß irgendein Hexenspuk mit meinem Heim in Verbindung gebracht würde.

»Sie kam nur deshalb an Halloween, weil damals das Schiff verunglückte«, erklärte ich Jennet ungehalten.

»Ja, so hat's wenigstens den Anschein, Mistress.«

»Es hat nicht den Anschein, sondern es war so«, entgegnete ich scharf.

»Na ja, die meinen, daß sie's als Hexe schon fertigbringt, so aufzutauchen, als ob's natürlich wäre. Wenn nötig, kann so eine sogar einen Sturm auf dem Meer hervorrufen.«

»Du redest gefährliches Zeug, Jennet.«

»Und sie tut so, als ob sie nicht sprechen kann, damit wir nichts aus ihr herausholen können.«

»Da sie aus dem Ausland stammt, spricht sie natürlich eine andere Sprache als wir, Jennet.« Meine Geduld war fast erschöpft.

»Bei Fremden kann man nie sicher sein, Mistress.«

»Wenn man Maria beschuldigt, eine Hexe zu sein, wird es auch Senara übel ergehen«, gab ich zu bedenken.

»Sie ist doch nur ein kleines Kind«, protestierte Jennet erschrocken.

»Das ist den Leuten doch gleichgültig. Wenn sie sich Maria holen, nehmen sie Senara gleich mit.«

Jennet straffte die Schultern und nahm eine so resolute Haltung ein wie immer, wenn es um ein hilfloses Kind ging.

»Das ist alles ein Haufen Unsinn, was die in der Kirche so reden«, sagte sie abfällig. »Schließlich gab's ja das Schiffswrack, und Maria ist von dort gekommen. Zufällig war's gerade Halloween, das ist aber auch alles.«

Offensichtlich hatte ich also die richtigen Argumente vorgebracht, dachte ich erleichtert. Ich war überzeugt, daß Jennet einen gewissen Einfluß auf die Meinung der anderen haben würde, aber auch ihr gelang es sicher nicht, den Verdacht ganz zu beseitigen. Maria war an Halloween aufgetaucht. Das war für Menschen, die immer stärker vom Gedanken an Hexerei besessen waren, höchst bedeutungsvoll.

Der März war in diesem Jahr besonders mild und frühlingshaft. Es schien viel mehr Gänseblümchen als je zuvor zu geben. Alle Wiesen und Hügel waren mit weißgoldenem Schimmer überzogen. Ich hatte von meiner Großmutter die Liebe zu Blumen geerbt und freute mich immer wieder aufs neue, wenn nach dem Winter die ersten Blüten erschienen. Um diese Zeit machte ich besonders gern Ausritte und suchte wilde Narzissen, Waldanemonen und Weidenkätzchen. Doch in diesem Jahr war alles anders. Bei meinen Ausflügen grübelte ich über Maria und ihre Zukunft, denn sie konnte schließlich nicht ständig mit Senara bei uns auf Schloß Paling bleiben.

Wohin sollte Maria sich wenden? Wie konnte sie nach Spanien gelangen? Am ehesten kam noch in Betracht, sie von einem Schiff meines Vaters mitnehmen zu lassen, doch sicher würde das schwer zu bewerkstelligen sein, da die beiden Länder immer noch verfeindet waren.

Am eigenartigsten berührte es mich, daß Colum Marias Anwesenheit gar nicht zu beachten schien, obwohl sie sich manchmal fast als Hausherrin aufspielte. Colum war sonst der letzte, der so etwas duldete, doch er hatte nach seinem ersten Wutanfall keine weiteren Einwände gegen Marias Anwesenheit erhoben.

Eines Tages war ich von einem Ritt heimgekehrt, führte mein Pferd in die Stallungen und wollte gerade durch einen engen Torweg in den nächsten Hof gehen, als ich die Stimmen von Colum und Maria hörte. Dies überraschte mich so, daß ich unwillkürlich stehenblieb.

Sie waren offenbar mitten in einem hitzigen Streit, und ich merkte, daß Colum seinen Zorn nur mühsam unterdrückte.

»Verschwinde«, sagte er gerade. »Ich will dich nicht unter meinem Dach haben! Verschwinde und nimm dein Balg mit.«

Marias Lachen klang haßerfüllt und böse. Sie sprach wie immer unsicher und langsam, doch an der Bedeutung ihrer Worte konnte kein Zweifel bestehen. »Du schuldest es mir. Solange ich will. Du zerstörst unser Schiff, du... du Mörder! Du nimmst unsere Fracht... unser Leben. Nur ich lebe... und mein Kind... und deshalb schuldest du uns alles, was wir wollen.«

»Ich schulde dir nichts.«

»Überlege, Schloßherr, überlege! Ich gehe von hier weg. Ich erzähle...«

»Unsinn! Was willst du schon erzählen?«

»Wie du reich wirst...«

Ich zuckte zusammen und zog mich tiefer in den dunklen Torweg zurück. Mir war schlecht vor Angst. Ich dachte an jene stürmischen Nächte und an die Männer, die mit den Packeseln zum Meeresturm zurückgekehrt waren.

»An manches erinnere ich mich«, sagte Maria. »Das Schiff... die Lichter... dort sind böse Felsen im Meer. Es gab Lichter, um uns zu warnen. Aber die Lichter waren nicht da, wo die Felsen sind... ich weiß, was du tust. Du lockst das Schiff zu den Felsen und raubst unsere Sachen.«

»Wer würde solch einen Unsinn glauben?« schrie Colum wut-entbrannt, worauf Maria wieder höhnisch lachte.

Ich wagte nicht länger zu bleiben, denn schon im nächsten Augenblick konnte Colum aus dem Hof kommen und mich beim Lauschen überraschen.

Wie gehetzt rannte ich die Treppe hinauf und flüchtete mich ins Schlafzimmer. Nicht, daß ich besonders erschrocken gewesen wäre, denn ich hatte längst schon schreckliche Vermutungen gehabt.

So etwas Abscheuliches brachte mein Mann also fertig! Er schickte seine Leute mit Laternen und Maultieren aus, damit sie einige Meilen entfernt durch die Lichter signalisierten, daß sich dort Schloß Paling befand. Die Seeleute wußten, daß unmittelbar vor dem Schloß die tödliche Falle der *Devil's Teeth* lauerte. Beim Versuch, dieser Gefahr zu entgehen, liefen sie geradewegs auf den Felsen auf.

Welch teuflischer Plan!

Und Colum tat dies nur, um die Fracht der Unglücklichen zu bergen und zu verkaufen. Wie viele Schiffe hatten dieses Schick-sal wohl erlitten? Ich konnte mich an fünf stürmische Nächte erinnern, in denen Colum nicht im Bett geblieben war. Was sollte ich bloß tun? Er war schließlich mein Mann, der Vater meiner geliebten Kinder...

Es war ein Fehler gewesen, mich im Schlafzimmer zu verkrie-chen, denn schon nach wenigen Minuten flog die Tür auf, und Colum kam mit hitzig gerötetem Gesicht hereingepoltert.

Es war mir unmöglich, so zu tun, als ob ich nichts gehört hätte. »Ich stand im Hof, Colum, und habe zufällig belauscht, was du mit Maria geredet hast.«

Er sah mich aus zusammengekniffenen Augen erstaunt an.

»Ja und?«

»Ich weiß, daß sie die Wahrheit sagt. Oh, es ist unfaßbar!«

»Du also auch noch! Nur zu, sprich weiter! Ich bin genau in der richtigen Stimmung, um... euch beiden was anzutun!«

»Gib es doch zu, Colum! Du hast das Schiff auf die Felsen gelockt, um die Fracht an dich zu bringen. Durch Zufall hat sie den Untergang überlebt. Ich...«

»Und du mußtest sie ja unbedingt herbringen! Hätte ich ge-ahnt, was du vorhast...«

»Dann hättest du sie bestimmt ins Meer zurückgestoßen. Das paßt zu dir; du hast keinerlei Achtung vor einem Menschenleben.

Weg damit, wenn es dir im Weg steht! Es wird mir ganz schlecht, wenn ich nur daran denke.«

»Dann mußt du dich eben daran gewöhnen, daß dir schlecht wird. Wenn ich einen Angsthasen von Frau geheiratet habe, dann helf ihr Gott, denn ich werde sie dazu bringen, mir zu gehorchen und den Mund zu halten, weil ich es will.«

»Ich habe schon längst etwas Ähnliches vermutet.«

Er trat dich an mich heran und packte mich beim Arm. »Hast du deine... Vermutung irgend jemandem mitgeteilt?«

»Wem denn?«

»Vielleicht deiner Mutter?«

»Das brächte ich nicht fertig. Sie wäre angeekelt und würde darauf bestehen, daß ich mit ihr nach Lyon Court zurückkehre.«

Er ließ mich los. » Hier ist dein Zuhause, und du wirst bei Gott so lange hierbleiben, wie ich dich hierhaben will. Was den Ekel deiner Mutter betrifft, so kann ich darüber nur lachen. Dein Vater ist schließlich alles andere als zimperlich. Es würde mich interessieren, wie viele Spanier er schon auf dem Gewissen hat.«

»Wir haben immer mit Spanien im Krieg gelegen...«

»Lag's am Krieg, daß diese Spanier sterben mußten, oder nicht vielmehr daran, daß sie Gold und andere Schätze an Bord hatten? Antworte mir!«

Ich konnte nicht antworten, denn er hatte leider recht. Und ich wußte auch, daß meine ehrenhafte und friedliebende Mutter bei meinem Vater blieb und ihn auf ihre Weise liebte, obwohl er blutbefleckte Hände hatte.

Ich mußte unbedingt allein sein, um in Ruhe nachdenken zu können. Trotz allem wollte ich bei Colum bleiben, denn körperlich befriedigte er meine Wünsche vollkommen. Wenn ich mit ihm zusammen war, konnte ich alles vergessen. Manchmal sehnte ich mich sogar danach, von ihm bezwungen zu werden, und mir gefiel seine ungestüme, oft sogar grobe Art, mit mir zu schlafen. Doch wenn ich von ihm getrennt war und über ihn nachgrübelte, fühlte ich mich abgestoßen und wollte am liebsten nach Lyon Court zurück.

Colum beobachtete mich. Seine dunklen Augen glänzten, und ich entdeckte in ihnen eine Leidenschaft, wie ich sie aus den ersten Monaten unserer Ehe kannte.

»Du sollst mir antworten!» rief er.

»Was andere Männer verbrochen haben, tut hier nichts zur Sache«, erwiderte ich ausweichend.

»Ach nein?« sagte er sarkastisch. »Du hast doch eine gute Meinung von deinem Vater, oder? Ich verlange, daß du von deinem Mann genausoviel hältst.«

»Du kannst Menschen nicht zu irgendwelchen Meinungen zwingen.«

»Das werden wir ja sehen.« Colum kam wieder zu mir und packte mich an den Schultern. »Nun weißt du also über meine Geschäfte Bescheid. Und was hast du nun vor?« Ich schwieg. »Nun gut, dann werde ich's dir sagen. Du wirst es hinnehmen und mir bei allem helfen, wie es sich für eine gute Frau geziemt.«

»Ich würde dir nie dabei helfen zu... morden.«

Er schüttelte mich wie einen jungen Hund. »Ein Schiff sinkt... Ich habe ebensoviel Recht auf seine Ladung wie jeder andere.«

»Es geht um ein Schiff, das man zum Sinken... gebracht hat.«

»Bin ich vielleicht daran schuld, wenn ein Kapitän nicht richtig navigiert?«

»Wenn du ihn mit falschen Signalen in die Irre leitest, bist ganz eindeutig du daran schuld, Colum. Du hast den Tod unzähliger Menschen verursacht... und das alles nur, um dich an ihren Besitztümern zu bereichern.«

»Schluß jetzt, du Närrin! Warum mußtest du bloß dieses Weib aus dem Meer fischen!«

»Weil ich kein... Mörder bin wie du.«

»Jetzt sitzt sie hier bei uns mit ihrem Balg! Was erwartest du dir davon?«

»Immerhin sind wenigstens zwei Leben gerettet worden – zwei von all denen, die du genommen hast.«

»Du zeterst wie der schlimmste Zankteufel!«

»Das ist doch nichts Neues für dich«, erwiderte ich spöttisch.

»Und du hältst dich jetzt wohl für zu tugendhaft, um weiter unter meinem Dach zu bleiben?«

»Ich glaube... ich würde gerne zu meiner Mutter ziehen.«

»Du willst tatsächlich Mann und Kinder verlassen?«

»Ich könnte Connell und Tamsyn ja mitnehmen.«

Er lachte.

»Niemals! Glaubst du, ich erlaube den Kindern oder dir, mein Haus zu verlassen? Sie werden hier so erzogen, wie ich es will, und damit Schluß.«

»Du willst aus meinem Sohn auch einen Mörder machen!«

»Ich mache aus ihm einen Mann nach meinem Geschmack.«

Mutlosigkeit überfiel mich. »Ich muß erst über das nachdenken, was ich heute entdeckt habe, Colum.«

»Du solltest endlich einmal eines verstehen, Frau. Ich bin nicht nur der Herr dieses Schlosses, sondern auch dein und der Kinder Herr. Du warst ungehorsam, als du diese Fremde herbrachtest.«

»Ihr hattet es nicht ausdrücklich verboten, o Herr«, sagte ich sarkastisch.

»Du bist eine Törin und wirst deine gutmütige Dummheit noch tief bereuen.«

»Weshalb nennst du mich gutmütig und dumm?«

»Weil dieses Weib so ist, wie es ist...«

Ich schüttelte verständnislos den Kopf. »Laß mich jetzt bitte allein. Ich will nachdenken.«

»...um deine Abreise zu planen? Du bleibst hier! Zieh dein Reitkleid aus!«

»Ich bin nicht in Stimmung!« protestierte ich.

»Aber ich!« Er riß mir den Hut vom Kopf und warf ihn auf den Boden. Dann nestelte er die vielen Nadeln aus meiner Frisur und zog mich wie üblich schmerzhaft an den langen Haaren. Ich spürte in seinen Bewegungen wachsende Leidenschaft. Doch es ging ihm um etwas anderes: Er wollte mir eine Lektion erteilen. Ich sollte lernen, daß ich ihm gehörte und ihm zu Willen sein mußte, wann und wo es ihm gerade gefiel. Solche Umarmungen fanden häufig statt, nachdem ich mich ihm auf irgendeine Weise widersetzt hatte. Dies war seine Art, mich zu unterwerfen, und sie war wirkungsvoll, denn er hatte von Anfang an in mir ein Verlangen geweckt, das dem seinen nicht nachstand. Colum hatte sofort meine starke Sinnlichkeit gespürt, von der ich nichts gewußt hatte, bis ich ihn kennenlernte.

Soeben hatte ich vom Weggehen gesprochen. Nun wollte er mir beweisen, daß ich ihn ebenso begehrte wie er mich...

Es war so herrlich wie immer – und doch war da ein Unterschied. Vielleicht hätte ich es gleich merken sollen. Aber wie so viele wichtige Dinge im Leben fiel es mir erst später auf.

Maria blieb bei uns. Sie spielte jetzt die Rolle eines Gastes, der uns auch bei Tisch Gesellschaft leistete. Ihre Tochter wurde im Kinderzimmer mit meinen beiden Kindern versorgt.

Ich war mir nicht sicher, wie es eigentlich dazu gekommen war. Colum und ich speisten nur selten allein und benutzten bei diesen Gelegenheiten die sogenannte Winterstube, einen gemütlichen kleinen Raum.

Bei bestimmten Festlichkeiten oder bei den Besuchen der zahlreichen Freunde und Nachbarn aßen wir in der großen Halle. Ich hielt es für selbstverständlich, daß sich Maria dann unserer Runde zugesellte. Doch sie war auch immer dabei, wenn wir in der Winterstube aßen. Ich verstand nicht, weshalb Colum nichts dagegen hatte. Vielleicht machte ihm sein schlechtes Gewissen doch zu schaffen? Dies schien mir allerdings zweifelhaft. Oder aber Maria erpreßte ihn auf die eine oder andere Art.

Colum sorgte nach unserer Auseinandersetzung dafür, daß ich mich viel in seiner unmittelbaren Nähe aufhielt. Er schien mich dazu bringen zu wollen, daß ich ihn so nahm, wie er war. Einmal warnte er mich. Er würde mich aus Lyon Court zurückholen, falls ich dorthin zu fliehen versuchte. Er fügte hinzu, daß es ihm gleichgültig sei, ob er meinen Vater zu diesem Zweck umbringen müsse oder nicht.

»Fordere mich nie zu weit heraus, Frau! Ich würde vor nichts zurückschrecken, um mir Genugtuung zu verschaffen. Hast du das inzwischen begriffen?«

»Ich fange langsam an, es zu lernen.«

»Wenn du tust, was ich verlange, werde ich gut für dich sorgen. Ich möchte noch mehr Kinder haben.«

»Das liegt nicht in meinem Ermessen«, erwiderte ich.

»Connell wurde in unserer ersten gemeinsamen Nacht gezeugt, weil du und ich füreinander bestimmt waren. Du hast das sofort gemerkt.«

»Wie hätte ich, da du mich doch betäubt hattest!«

»Und doch hast du es getan! Von da an wußte ich, daß ich dich zur Frau nehmen wollte.«

»Ich dachte, dieser Wunsch habe etwas mit meiner Mitgift zu tun gehabt«, sagte ich spöttisch.

»Das kam später hinzu.« Er schaute mich forschend an. »Warum bist du seit unserer kleinen Tochter nicht mehr schwanger geworden?« fragte er dann.

»Da mußt du einen Höheren fragen.«

Er schüttelte den Kopf. »Du hast dich mir entzogen, tadelst mich häufig. Das werde ich nicht dulden. Gib gut acht, Frau!«

»Worauf denn?«

»Darauf, daß du mir weiterhin so gefällst wie bisher.«

Was meinte er wohl? Stimmte es, daß ich ihn im ersten Jahr

unserer Ehe nicht nur mit der körperlichen Leidenschaft liebte, die ich auch jetzt noch für ihn empfand? Hatte ich damals tiefere Gefühle für ihn gehabt? War er damals für mich ein Mann gewesen, den ich achten konnte?

Warum erlaubte er Maria, mit uns zu soupieren? Diese Abendessen *à trois* waren alles andere als angenehm. Colum und ich unterhielten uns recht gezwungen, während Maria uns nachdenklich beobachtete und nur wenig zum Gespräch beitrug.

So konnte es unmöglich weitergehen. Irgend etwas mußte geschehen. Und dann wurde mir plötzlich manches klar. Ich bemerkte durch Zufall einen Blick, mit den Colum Maria ansah. Er hatte genau den gleichen Gesichtsausdruck wie in jener denkwürdigen Nacht, als ich ihn zum erstenmal im Gasthaus ›Wanderers Ruh‹ getroffen hatte.

Ich war wie vor den Kopf geschlagen.

Immer mehr fand ich über das Spiel heraus, mit dem die beiden sich ›vergnügten‹. Maria zeigte sich hochmütig, distanziert, ablehnend ihm gegenüber, und ihn brachte dieses Verhalten zur Raserei. In gewisser Weise stellte es eine Wiederholung dessen dar, was er und ich miteinander erlebt hatten.

Es kam ein Abend, als Maria in ihrem Zimmer blieb und ein Mädchen mit der Nachricht schickte, sie sei unpäßlich. Colum und ich speisten allein. Er war denkbar schlechter Laune und äußerste kaum ein Wort.

Maria hatte sich eins der Pferde ausgesucht, das nun zu ihrer alleinigen Verfügung stand. Ich hatte ihr Reitkleidung geschenkt und meiner Näherin den Auftrag gegeben, alles sonst Nötige für sie anzufertigen.

Maria zierte sich nicht im mindesten, etwas anzunehmen. Sie entwarf ihre Kleider selbst und gab ganz genaue Anweisungen. Als alles fertig war, hatte sie eine wundervolle Garderobe, die fremdartig und zauberhaft anmutete. Sie bewegte sich sehr graziös und hatte eine geradezu königliche Haltung.

Colum beobachtete sie auch weiterhin auf Schritt und Tritt, doch zwischen uns wurde ihr Name kaum noch erwähnt.

Wenn wir Gäste bewirteten, nahm sie mit uns an dem Tisch auf der Empore Platz. Obwohl Colum und ich in der Mitte der langen Tafel saßen, hätte ein Fremder durchaus den Eindruck gewinnen können, sie sei die Herrin des Hauses – nicht ich.

Manchmal drückte sich in Marias Auftreten eine übermütige Unbeschwertheit aus, die den Anschein erweckte, als ob sie sich insgeheim köstlich amüsierte. Einer der Ritter aus der Umgebung hatte sich in sie verliebt und flehte sie an, ihn zu heiraten. Sie gab ihm keine eindeutige Antwort, so daß er einen Vorwand nach dem anderen ersann, um uns einen Besuch abzustatten.

»Der junge Madden ist schon wieder hier«, sagte Colum bei solchen Gelegenheiten. »Der arme liebeskranke Narr! Glaubt er vielleicht, sie will ihn haben?«

Einmal hielt ich es nicht mehr aus. »Colum, wie lange soll Maria eigentlich noch hier bleiben?«

Er fuhr ärgerlich herum.

»Ich dachte, es sei dein Wunsch gewesen, sie hier zu haben. Du warst ja so begierig darauf, meine Grausamkeit wiedergutzumachen, oder?«

»Stimmt. Aber sie gehört nicht hierher.«

»Wer kann schon genau sagen, wer wohin gehört? Einst hast du auch nicht hierher gehört, jetzt aber...«

»Das ist doch etwas ganz anderes. Ich bin schließlich deine Frau.«

»Denk öfter daran«, erwiderte Colum recht mißmutig.

Der Sommer war ungewöhnlich heiß, das Meer lag so ruhig wie ein See da und sah von den Zinnen wie ein schimmerndes Seidentuch mit blauen und grauen Lichtern aus. Oft schaute ich zu den scharfen Felsspitzen der *Devil's Teeth* hinaus, die bei Ebbe aus dem Wasser ragten. Dazwischen steckten immer noch Wrackteile. Was dachte Maria wohl, wenn sie hinüberblickte und Überreste der ›Santa Maria‹ sah? Erinnerte sie sich dann an ihren Ehemann, der auf immer für sie verloren war? Es blieb ein unlösbares Rätsel, welche Gedanken sie bewegten.

Colum sprach oft von seinem Wunsch, ein weiteres Kind zu haben. Was war nur mit mir? Weshalb wurde ich nicht schwanger? Sein Verhalten mir gegenüber hatte sich gewandelt, und ich war empfindsam genug, um dies zu spüren. Seiner Leidenschaft fehlte das Spontane, und ich glaubte auch den Grund dafür zu kennen.

Im Juni schrieb ich meiner Mutter, wie sehr ich sie vermißte, und lud sie ein, uns wieder zu besuchen. Mein Brief hatte wohl wie ein flehentliche Bitte auf sie gewirkt, denn sie teilte mir unverzüglich mit, daß sie bereits Vorbereitungen treffe, zu uns zu kommen. Ich fühlte mich sehr erleichtert, denn ich hatte beschlossen, ihr alles anzuvertrauen. Mir war klar, daß ich damit

Colums Wunsch zuwiderhandelte, aber das war mir nun gleichgültig. Ich mußte mit jemandem reden! Doch ihre Ankunft zögerte sich hinaus. Damask hatte eine fiebrige Erkrankung, so daß sie
es nicht wagte zu reisen.

»Wenn Damask wieder gesund ist, besuchen wir dich, liebe
Linnet«, schrieb sie mir und berichtete ausführlich, was zu Hause
vor sich ging. Mein Vater war soeben von seiner zweiten Ostindienfahrt zurückgekehrt, ohne auch nur ein einziges Schiff verloren zu haben. Die Landors waren zu Besuch in Lyon Court
gewesen, und man hatte hauptsächlich über den Erfolg des
gemeinsamen Unternehmens gesprochen.

»Fennimores kleiner Sohn ist sein ganzer Stolz«, schrieb sie.
»Er heißt Fenn und ist etwa einen Monat älter als dein Töchterchen Tamsyn.«

Ich dachte oft an meine so sehr verschiedenen Eltern und war
der Meinung, daß Colum und ich ihnen in vielem glichen. Ihre
Ehe hatte die Jahre überdauert, und sie konnten offensichtlich
ohne einander nicht glücklich sein. Bei uns würde es genauso
sein, versicherte ich mir etwas allzu nachdrücklich.

Ich beobachtete manchmal Maria, wenn sie leichtfüßig zu den
Stallungen hinüberlief. Hoch zu Roß sah sie wie eine der Göttin-
nen aus der griechischen Mythologie aus. Eigentlich war es
ungerecht, daß soviel Schönheit in einer Person vereinigt war...

Oft fragte ich mich, wohin ihre langen Ausritte führten. Es war
abermals ein Geheimnis, und Geheimnisse gehörten nun einmal
zu Maria.

Im Juli wurde es drückend schwül. »Es wird ein erfrischendes
Gewitter geben«, prophezeiten die Wetterkundigen, doch sie
irrten sich. Die Hitze stieg eher noch. Der St.-Swithin's-Tag kam,
und wir hielten nach Regenwolken Ausschau – vergeblich.

Ich erinnerte mich an einen Reim, den meine Mutter mir
vorgesprochen hatte:

> »Wenn's an St. Swithin regnen mag,
> dann regnet's weiter vierzig Tag.
> Strahlt an St. Swithin heller Sonnenschein,
> läßt der Himmel das Regnen vierzig Tage sein.«

Im August waren die Nächte so unerträglich schwül, daß wir die
Bettvorhänge nicht zuzogen, um ein wenig frische Luft atmen zu
können. Im einen Hof hing ein Wespennest, und Connell wurde

gestochen. Ich behandelte den Stich mit einer Salbe, die Edwina mir gegeben hatte. Wie gerne hätte ich sie wiedergesehen! Dabei fiel mir ein, daß sie von etwas Bösem hier im Schloß gesprochen hatte...

Böse? Ja, hier war etwas Böses, daran bestand kein Zweifel. Im tiefsten Inneren dachte ich: Die Frau aus dem Meer hat es mitgebracht.

Ich wachte nachts auf. Colum lag nicht neben mir. Wie viele Male war es so gewesen! Ich ging zum Fenster und schaute aufs Meer hinaus. Der Widerschein des Mondes zeichnete auf dem stillen Wasser einen silbrigen Pfad. Die Spitzen der *Devil's Teeth* waren deutlich zu sehen. Kein Schiff war in Sicht.

Einem plötzlichen Einfall folgend, nahm ich einen Umhang, öffnete die Tür und trat in den schmalen Korridor hinaus, wo es völlig dunkel war, da es keine Fenster gab, die das helle Mondlicht eingelassen hätten. Rasch zündete ich eine Kerze an.

Wenn ich etwas entdecken würde, was ich nicht für ausgeschlossen hielt, was sollte ich dann tun? Ich würde zu meiner Mutter ziehen... das Haus heimlich verlassen und die Kinder mit mir nehmen. Oder ich würde sie brieflich um ihr Kommen bitten, da ich sie ebenso dringend brauchte wie Damask.

Das Kerzenlicht warf zitternde Schatten an die grauen Steinmauern. Ich stand vor der Tür zum Roten Zimmer, brachte es aber nicht gleich über mich, sie zu öffnen. Vor meinem geistigen Auge sah ich die beiden deutlich. Es würde genauso sein wie damals bei uns, denn sie hatte ihn behext.

Warum gebrauchte ich dieses Wort? Behext. Nein, das stimmte nicht. Es war keine Frage der Hexerei. Sie war eine schöne, sinnliche Frau und er ein lüsterner Mann. Er begehrte sie, wie er früher mich begehrt hatte. Ich wußte es ja schließlich am besten, wie wenig er es zuließ, daß sich der Erfüllung seiner Wünsche etwas in den Weg stellte.

Das Zimmer der Geister und Schatten, dachte ich. Die zarte, schwache Melanie hatte dort drinnen gelitten. Was empfand der arme Geist Melanies, falls Colum Maria hier besuchte? Stimmte es, daß unglückliche Tote ›umgingen‹, wie die Dienstboten behaupteten? Hofften sie, auf diese Weise noch etwas Glück zu erhaschen? Oder suchten sie sich an denen zu rächen, die sie zum Leiden gebracht hatten?

Wie ähnlich sähe es ihm, mit Maria in dem Bett zu schlafen, in dem Melanie gestorben war. Mich hatte er ja auch schon dazu gezwungen.

Vorsichtig öffnete ich die Tür. Die Bettvorhänge waren zurückgezogen, und ein breiter Streifen des blassen Mondlichts beleuchtete das Lager.

Es war leer.

Ich schämte mich, als ich auf Zehenspitzen zu unserem Schlafzimmer zurückschlich. Nachdem ich mich hingelegt hatte, überlegte ich mir, wie seltsam es doch war, daß Colum und Maria in dieser mondhellen Nacht draußen waren. Zusammen...?

Auch im September hielt die Hitze an. Das Verlangen, meine Mutter zu sehen, wurde immer größer. Ich erklärte Colum, daß ich zu ihr reisen würde, wenn sie nicht bald zu uns käme. Er gab mir keine Antwort, sondern schien mit den Gedanken ganz woanders.

Während der Sommermonate hatte es kein Schiffsunglück gegeben. Colum ritt häufig tagelang allein aus und verriet mir nie, wo er gewesen war.

Maria wirkte wie immer verschlossen, ja sogar grüblerisch, doch manchmal entdeckte ich auf ihrem Gesicht ein geheimnisvolles Lächeln.

An einem Septembertag – es war nun fast ein Jahr her, seit ich Maria vor dem Ertrinken gerettet hatte – kam Colum von einem seiner Ausritte zurück. »Ich habe meiner Mutter geschrieben«, erzählte ich ihm nach der Begrüßung. »Mir kommt es wie eine Ewigkeit vor, seit ich sie das letzte Mal gesehen habe.«

Er schaute mich an. In seinem Blick lag keine Wärme.

»Du hast es also noch nicht erfahren? Ich wollte dich bisher nicht beunruhigen, aber in Plymouth wütet die Pest.«

»Wie? Die Pest?« rief ich entsetzt. »Dann muß sie unverzüglich die Stadt verlassen. Hier ist sie in Sicherheit.«

»Auf keinen Fall! Die Kinder könnten sich anstecken.«

»Aber... vielleicht ist sie krank.«

»Wenn es so wäre, hätte man's dir bestimmt mitgeteilt.«

»Ich muß zu ihr!«

»Du bleibst hier!«

»Wenn sie aber in Gefahr ist?«

»Ich glaube nicht, daß sie krank ist. Aber sie lebt ganz in der Nähe des Seuchenherds, und die Krankheit breitet sich mit rasender Eile aus. Du mußt dich fernhalten!«

»Ich habe solche Sehnsucht danach, sie zu sehen, Colum!«

»Du redest wie ein verzogenes Kind. Du mußt zuallererst an uns, deine Familie, denken. Damit du eines weißt: Deine Mutter kommt nicht hierher, und du reist nicht zu ihr!«

Ich machte mir schreckliche Sorgen wegen meiner Mutter, doch zum Glück kam bald eine beruhigende Botschaft von ihr. Viele Nachbarn waren schon erkrankt, und sie hielt sich klugerweise von der Stadt fern. Vorübergehend hatte sie Angst gehabt, Damask habe sich angesteckt, doch es war zum Glück nur ein Aufflackern der fiebrigen Erkrankung gewesen, die sie bereits vor einiger Zeit geplagt hatte.

Meine Mutter teilte Colums Ansicht, daß es unvorsichtig wäre, wenn wir uns gegenseitig besuchten.

»Ich werde oft von mir hören lassen, liebes Kind«, schrieb sie mir. »Solange diese schreckliche Seuche wütet, müssen wir uns leider mit Briefen begnügen.«

Sie schickte mir ein Paar neuartiger Strümpfe, wie ich sie noch nie gesehen hatte. Die Webart war von einem Gentleman aus Cambridge, Reverend Lee, entwickelt worden. Meine Mutter war ganz begeistert darüber.

»Sieh selbst, wie sich diese Strümpfe an das Bein anschmiegen«, schwärmte sie. »Deine Großmutter behauptet, daß die Adligen in London nur noch solche Strümpfe tragen. Bald wird es wohl die bisherigen gar nicht mehr geben. Ich hörte übrigens noch weitere Neuigkeiten aus London, Linnet. Ein Mr. Jansen, der bisher Brillen hergestellt hat, erfand ein Gerät, mit dem man Dinge wie von nahem sehen kann, die aber in Wirklichkeit weit entfernt sind. Er nennt es Teleskop. Was wird wohl noch alles passieren? In was für einer Zeit leben wir! Ich wünschte, man könnte endlich irgendein Mittel finden, um dieser schrecklichen Krankheit vorzubeugen, die alle paar Jahre von neuem ausbricht, und eine Methode, sie zu kurieren...«

Es war für mich immer wieder schön, Briefe von meiner Mutter zu bekommen, doch viel lieber hätte ich mich natürlich mit ihr unterhalten. Ich wollte ihr von der seltsamen Atmosphäre berichten, die sich bei uns immer mehr ausbreitete.

Es bestand für mich kein Zweifel, daß Maria etwas damit zu tun hatte. Und auch Colum trug dazu bei. Waren die beiden etwa schon ein Liebespaar? fragte ich mich ständig. Wenn ja, so würde das vieles erklären.

Wieder nahte Halloween. Das Wetter war umgeschlagen, es regnete leicht.

»Genau ein Jahr ist es jetzt her, daß sie gekommen ist«, sagte Jennet zu mir, und ich fragte mich, wieviel sie wohl von den Schwierigkeiten ahnte, die es seit einiger Zeit bei uns auf dem Schloß gab. »Dies Jahr ist mir besonders lang vorgekommen«, fuhr Jennet fort. »Viel Merkwürdiges ist passiert...« Ihr Gesicht war sorgenvoll.

»Und die kleine Senara ist gerade zehn Monate alt«, fügte ich hinzu, worauf Jennets Augen zu leuchten anfingen.

»Eine süße kleine Miss«, sagte sie. »Es ist zu nett, wenn unsere Tamsie mit ihr spielt. Und Senara scheint sie auch zu erkennen und schreit nach ihr. Ich könnte schwören, daß sie neulich ›Tamsie‹ gebrabbelt hat. Glaubt mir, Mistress! Das wird bestimmt das erste Wort sein, was sie sprechen kann.«

Ich freute mich, daß meine Tochter so lieb mit dem Kind umging, denn darin zeigte sich Tamsyns guter Charakter. Offensichtlich kannte sie keine Eifersucht.

An Halloween hing der Nebel so tief, daß er die Zinnen und Türmchen einhüllte und in die Zimmer drang. Das Meer verbarg sich hinter dem weißen Dunst. Für die Schiffe, die in der Nähe unserer Küste kreuzten, bedeutete diese Witterung schwieriges, gefahrvolles Navigieren. Heute waren die Laternen von Colums Leuten nicht nötig, um sie in die Irre zu leiten, weil der Nebel so dicht war.

Wir waren von einer lautlosen, düsteren Welt umgeben. Ich mußte an den tosenden Sturm denken, der vor einem Jahr gewütet hatte. Ob sich Maria wohl auch daran erinnerte?

An diesem Abend wurde kein Freudenfeuer entzündet.

Als ich Jennet nach dem Grund dafür fragte, klang ihre Antwort ausweichend. »Das Wetter taugt nicht dafür.« Ich war überzeugt, daß es nicht nur am Wetter lag. Viele der Dienstboten glaubten, daß eine Hexe unter uns lebte, und fürchteten möglicherweise, sie mit dem Entzünden des Scheiterhaufens zu erzürnen.

Am nächsten Morgen konnten wir Maria nirgends finden. Ihr Bett im Roten Zimmer war unberührt. Den ganzen Tag über warteten wir darauf, daß sie wieder auftauchte, doch sie kam nicht. Mit der Zeit hörten wir auf, an ihre Rückkehr zu glauben.

Sie hatte uns Senara als Erinnerung an jene stürmische Nacht hinterlassen und war ebenso plötzlich verschwunden, wie sie damals in unserem Leben aufgetaucht war.

Weihnachten im Schloß

Diesmal verlief das Weihnachtsfest nicht so, wie ich es mir eigentlich gewünscht hätte. Meine Mutter konnte uns nicht besuchen, da die Seuche noch immer viele Opfer forderte. Bei uns im Schloß war Stille eingekehrt. Die Dienstboten flüsterten und tuschelten miteinander. Keiner von ihnen wagte es, das Spukzimmer zu betreten.

Tag um Tag wartete ich darauf, daß etwas passierte. Manchmal ging ich zu jenem Zimmer, öffnete leise die Tür und glaubte, Maria dort zu sehen. Der Raum war immer leer, und doch spürte ich die Anwesenheit irgendeines Wesens. War es Melanie, oder hatte Maria eine geheimnisvolle Aura hinterlassen?

Die Dienerschaft war fest davon überzeugt, daß Maria eine Hexe war. Schließlich war sie ja an Halloween gekommen und auch wieder gegangen. Ich hielt es nicht für ausgeschlossen, daß dies ein schlechter Scherz Marias war. Oft hatte ich nämlich den Eindruck gehabt, als mache sie sich insgeheim über uns lustig und verachte uns.

In den ersten Stunden nach ihrem Verschwinden hatte ich angenommen, daß sie mit James Madden auf und davon gegangen sei. Als er dann jedoch völlig verstört im Schloß auftauchte, um sich selbst davon zu überzeugen, daß seine heißgeliebte Maria nicht mehr da war, wurde das Rätsel noch größer. Einen Monat später nahm Madden sich das Leben. Man fand ihn erhängt in seinem Schlafzimmer.

Als wir diese schreckliche Nachricht im Schloß erfuhren, geriet die Dienerschaft noch mehr in Angst und Schrecken. Maria hatte den armen Kerl sicherlich verhext...

Auch ich machte mir meine Gedanken und unterhielt mich einmal mit Colum. Ihn schien Marias Verschwinden nicht zu betrüben, ganz im Gegenteil! Manchmal hatte ich sogar den Eindruck, als sei er froh und erleichtert darüber. Zweifellos war er von ihr hingerissen gewesen, kein Wunder bei dieser ungewöhnlichen und fremdartigen Schönheit. Kein Mann hätte ihrem Zauber widerstehen können! Ich empfand wieder liebevollere Gefühle für Colum und wunderte mich selbst, wie leicht mir das fiel. Nur zu gern redete ich mir ein, daß er gegen seinen Willen von

Maria angezogen worden war und nun froh war, weil die Versuchung nicht mehr bestand.

Mit jedem Tag merkte ich, daß sich mein Abscheu und mein Entsetzen über die Art und Weise, wie Colum zu Geld kam, verringerten. Konnte man sich etwa an solche Lebensumstände gewöhnen? Meine Mutter hatte es fertiggebracht. Ähnelte ich ihr auch hierin?

Vermutlich lag es daran, daß wir beide von starker Sinnlichkeit waren und keine zimperlichen Weibchen, die vor der körperlichen Liebe zurückschraken. Sie bereitete uns im Gegenteil großes Vergnügen, während sie verfeinerte Naturen angeblich abstößt. Colum konnte mir volle körperliche Befriedigung verschaffen wie auch ich ihm. Mein Verhältnis zu ihm schien sich auf zwei Ebenen abzuspielen. Eigentlich hätte ich entsetzt sein müssen über das, was er tat – und im Grunde war ich es ja auch –, und doch verließ ich ihn nicht, selbst wenn ich Mittel und Wege gefunden hätte. Außerdem würde dies ja den Verlust meiner Kinder bedeuten. Vielleicht war ich schwach, weil ich meinen Abscheu unterdrückte. Seit ich sein Geheimnis entdeckt hatte, war ich nicht mehr glücklich, und mein Leben war vergiftet, das spürte ich genau. Dennoch brachte ich es nicht fertig, ihn zu verlassen.

In diesem Jahr verlief unser Leben ziemlich einförmig. Ein- oder zweimal lief ein Schiff auf die Felsen auf, aber ich versuchte, nicht daran zu denken. Wenn der Sturm tobte, lag ich bei geschlossenen Vorhängen im Bett und verdrängte die schrecklichen Visionen. Mir war inzwischen noch einiges bekanntgeworden. Colum hatte Agenten in verschiedenen ausländischen Häfen – natürlich auch in englischen –, die ihm darüber berichteten, wann Frachtschiffe ausliefen. Er erfuhr, welche Route sie nehmen würden und ob sie möglicherweise in die Nähe unserer Küste kämen. Dann hielt er Ausschau nach ihnen, und seine Leute standen an der Küste Wache. Falls das Wetter günstig für ihn war, versuchte er das bedauernswerte Schiff auf die *Devil's Teeth* zu locken.

Manchmal konnte ich die schwarzen Gedanken nicht verjagen und lag zitternd im Bett. »Du bist ein Teufel, Colum«, flüsterte ich dann vor mich hin. »Grausam und tückisch! Ich sollte dich mitsamt meinen Kindern verlassen! Was wird aus ihnen werden – bei solch einem Vater?«

Meine kleine Tochter hatte zum Glück wenig zu befürchten.

Colum war zwar stolz auf ihr gesundes Aussehen, kümmerte sich aber wenig um sie. Der Junge war sein ein und alles. Der fünfjährige kleine Kerl zeigte erste Ähnlichkeit mit seinem Vater. Colum nahm ihn auf vielen Ausritten mit, und ich beobachtete ihn, wenn er auf seinem Pony neben Colum galoppierte. Connell entzückte seinen Vater durch die schrankenlose Bewunderung, die diesem so viel bedeutete. Bestimmt liebte Colum seinen Sohn mehr als alles andere auf der Welt. Er war entschlossen, ›einen Mann aus ihm zu machen‹, was bedeutete, daß er ihn nach seinem Vorbild formen wollte. Er machte darin große Fortschritte. Der Junge kam nur zu mir, wenn er krank wurde, aber das war sehr selten der Fall. Nur dann verhielt er sich wie jedes andere Kind, das seine Mutter brauchte.

Meine kleine Tamsyn war ein sehr anschmiegsames und dazu noch aufgewecktes Ding. Mit ihren knapp vier Jahren zeigte sich bereits, daß sie klüger werden würde als Connell. Sie war von rascher Auffassungsgabe und stelle unaufhörlich Fragen. Hübsch war sie allerdings nicht besonders; sie hatte eine Stupsnase und nicht die schönen dunklen Haare ihres Vaters – Connell hatte sie geerbt –, sondern brünette Locken und große haselnußbraune Augen. Ihr Mund war zu groß, die Stirn zu hoch, aber für mich war sie trotz allem vollkommen.

Tamsyn hatte schon jetzt beschützerische Instinkte. Vielleicht spürte sie unklar, daß in der Beziehung zwischen mir und ihrem Vater nicht alles so war, wie es wünschenswert gewesen wäre. Wenn Colum ins Kinderzimmer kam, hatte ich immer den Eindruck, daß Tamsyn nur darauf wartete, mich irgendwie zu beschützen. Es rührte mich tief, wenn ich das winzige tapfere Persönchen vor mir stehen sah, bereit, für mich zu kämpfen. Die gleiche Haltung zeigte sie auch Senara gegenüber. Allem Anschein nach würde sie einmal zu den Menschen gehören, die für die Rechte anderer eintreten.

Senara war zehn Monate alt, als ihre Mutter spurlos verschwand, und vergaß sie rasch. Zum Glück hatte Maria ohnehin nie eine wichtige Rolle in ihrem Leben gespielt. Jennet und ich gaben ihr die Zuneigung und das Gefühl von Sicherheit, die Kinder brauchen.

Sehr früh schon ließ sich erkennen, daß sie eine Schönheit werden würde, wie bei einer so reizvollen Mutter nicht anders zu erwarten. Sie hatte ebenso seidiges schwarzes Haar, mandelförmige dunkle Augen, eine Haut wie Magnolienblüten und einen lieblich geschwungenen Mund. Sie strahlte eine Unschuld aus, die Maria – ich war mir da ganz sicher – wohl nicht einmal in der Wiege gehabt hatte.

Als es nach Marias Verschwinden viel Gerede über Hexerei gab, fürchtete ich für Senara, denn schließlich war sie ja die Tochter der angeblichen Hexe. Einige der Dienstboten wagten nicht, sich ihr zu nähern, und ich hielt es für angebracht, mich mit Jennet ernsthaft darüber zu unterhalten.

»Du mußt mir immer erzählen, was die Leute so reden, Jennet. Was halten sie denn davon, daß Maria plötzlich verschwunden ist?«

»An Halloween ist sie gekommen, und das heißt was! Sie ist 'ne Hexe, Mistress. Woher kam sie denn, und wo ist sie jetzt?«

»Wir wissen, daß sie eine Schiffbrüchige war, Jennet. Wohin sie sich nun gewendet hat, ist uns unbekannt, aber solche Dinge geschehen gar nicht so selten. Leute verschwinden ganz überraschend, und keiner weiß, wohin.«

»Bestimmt zu 'nem Liebhaber, darauf möchte ich wetten«, sagte Jennet und fuhr sich mit der Zunge über die Lippen. »Die gehört zu der Sorte, die 'nen Mann verhext. Schließlich hat sie auch...«

Ich unterbrach sie, denn ich wußte, daß sie jetzt den Verdacht äußern wollte, Maria habe auch den Schloßherrn verzaubert.

»Um Senara mache ich mir große Sorgen, Jennet.«

»Um Senara?« Sofort waren Jennets mütterliche Gefühle hellwach. »Was ist mit Senara nicht in Ordnung?«

»Es hat nichts mit ihrer Gesundheit zu tun«, beruhigte ich Jennet rasch. »Du hast wie eine Mutter für sie gesorgt.«

»Es läßt einen wieder richtig jung werden, wenn man so'n Kleines im Arm hält, Mistress.«

»Paß gut auf, daß ihr kein Leid geschieht!«

»Was denn, Mistress? Wo sie doch nur 'n kleines Kind ist...«

»Die Leute werden sagen, daß sie ein Hexenkind ist.«

»Aber einem kleinen Kind werden die nichts tun.«

»Sorg dafür, Jennet! Du mußt sie vor allem Bösen behüten.«

»Du liebe Güte, Mistress! Keiner wird dem süßen Dingelchen was tun, solange ich da bin.«

»Und wie steht's mit den Nächten, wenn du im Meeresturm bei deinem Freund bist?«

Jennet errötete wie ein junges Mädchen. »Na ja, das ist so 'ne Sache. Aber da gibt's dieses Mädchen Amy. Ich hab mit ihr geredet... wenn meinen kleinen Lieblingen was zustößt, dann brech ich ihr jeden Knochen im Leib. Außerdem liegt ja unsere kleine Tamsie dicht neben ihr und paßt auf. Sie hält die ganze Nacht durch ihr Händchen. Und wenn das Baby schreit, tröstet Tamsie sie... wie 'ne richtige kleine Mutter. Nein, nein, Senara passiert schon nichts.«

»Achte trotzdem auf das, was die Leute reden, Jennet. Sie machen sich so leicht selber verrückt, und Hexerei jagt den meisten ohnehin Angst und Schrecken ein. Maria ist verschwunden. Nun gut. Falls sie wirklich eine Hexe war, dann wirken ihre Kräfte jetzt woanders.«

»Gerade noch rechtzeitig ist sie verschwunden. Ich hab deutlich gemerkt, daß sie 'nen bösen Einfluß hatte.«

Ich wußte, daß Jennet an Colum dachte. Da sie viel von Männern verstand, hatte sie bestimmt die wachsende Spannung zwischen ihm und Maria gespürt.

Die Monate verstrichen. Das Gesinde weigerte sich zwar auch weiterhin, das Rote Zimmer zu betreten, und bekreuzigte sich, wenn es daran vorbeiging, aber ich war sicher, daß es in der Küche nicht mehr so viel Geschwätz über Hexerei gab wie zuvor.

Erst im August konnte meine Mutter endlich zu uns kommen. Ich erzählte ihr alles über Maria und ihr plötzliches Verschwinden. »Gut, daß sie weg ist«, sagte sie. »Eine solche Frau bringt immer große Unruhe in einen Haushalt.«

Meine Mutter brachte viele Neuigkeiten aus London mit, wo achtundzwanzigtausend Einwohner der Pest zum Opfer gefallen waren.

»Werden diese furchtbaren Seuchen denn niemals ein Ende haben?« sagte sie seufzend. »Wenn man doch nur ein Heilmittel dagegen fände!« Dann wechselte sie das Thema. »Du mußt bald zu uns nach Lyon Court kommen, Linnet. Dein Vater beschwert sich schon darüber, wie selten er dich zu sehen bekommt.«

»Warum begleitet er dich dann nicht hierher?«

»Er ist entweder unterwegs oder bereitet die nächste Schiffsreise vor.«

»Kommt er gut mit den Landors aus, Mutter?«

»So gut es bei ihm eben möglich ist. Du kennst ja deinen Vater... es ist weiß Gott nicht einfach, mit ihm zusammenzuarbeiten. Immer will er alles nach seinem Willen durchsetzen.«

»Und Fennimore...?«

Meine Mutter warf mir einen forschenden Blick zu. Sie spürte sicher, daß sich bei uns einiges geändert hatte, und fragte sich vermutlich, ob ich die Heirat mit Colum etwa bedauerte. Ich hätte nicht zu sagen vermocht, ob dem so war. Ab und zu dachte ich an Fennimore, an sein offenes freundliches Gesicht und seinen idealistischen Schwung. Er wollte das Seine tun, um eine bessere Welt zu schaffen. Colum war die Welt völlig gleichgültig, ihn interessierte nur sein eigener Profit. Bisweilen malte ich mir aus, wie anders mein Leben wohl verlaufen wäre, wenn ich Colum nicht kennengelernt hätte.

Beklagte ich mein Schicksal? Vielleicht manchmal... Aber mit einem anderen Mann hätte ich auch andere Kinder gehabt, und wie konnte ich das wollen, da ich Connell und Tamsyn doch so sehr liebte?

»Fennimore ist noch mit derselben Begeisterung bei der Sache wie früher«, sagte meine Mutter. »Erfreulicherweise ist jetzt auch dein Vater mit ganzem Herzen dabei. Sie haben ein neues Schiff bauen lassen und es ›Landors Löwe‹ genannt. Anfang nächsten Jahres soll es auf große Fahrt nach Ostindien auslaufen.«

»Und Fennimores kleiner Sohn...«

»Oh, er lebt mit seiner Mutter in Trystan Priory.«

»Siehst du die Familie Landor ab und zu?«

Meine Mutter nickte.

Ich hätte zu gern recht viel über Fennimores Frau erfahren, darüber, ob er glücklich mit ihr war und ob er vielleicht manchmal an mich dachte. Ich fragte jedoch nur wenig, denn es war sicher besser für uns beide, wenn wir nicht mehr aneinander dachten.

»Hat er noch mehr Kinder?«

»Nach dem kleinen Fenn ist noch ein Mädchen gekommen.«

»Wie heißt es?«

»Melanie«, erwiderte meine Mutter nach kurzem Zögern.

»Oh, sie haben es also nach Fennimores Schwester genannt! Mutter – sie sind doch sicher glücklich?«

»Ja. Sie leben sehr ruhig und zurückgezogen. Fennimore ist natürlich ebenso oft auf See wie dein Vater, Carlos oder Jacko. Auch Penn segelt jetzt ständig mit deinem Vater. Romilly ist deshalb oft traurig, denn sie vermißt ihren Sohn sehr.«

»Wie schön, daß sich dieses Handelsunternehmen als so erfolgreich erwiesen hat«, meinte ich.

»Erfolgreich oder nicht – sei froh, daß dein Mann nicht zur See fährt, Linnet. Bei jeder Fahrt deines Vaters bange ich, ob er lebend zurückkehrt.«

Ich schwieg und dachte daran, wie Colum in seinem kleinen Boot mit den stürmischen Wogen kämpfte und viele Seeleute in den Tod lockte, um sich ihre Schiffsfracht anzueignen.

Ich war nahe daran, meiner Mutter alles zu enthüllen, unterließ es aber wie schon oft zuvor in letzter Minute.

Die Zeit verging, und von Maria wurde kaum noch gesprochen. Ob Colum wohl an sie dachte?

Merkwürdigerweise widersetzte Colum sich entschieden, daß ich meine Eltern in Lyon Court besuchte. Vielleicht fürchtete er, daß ich nicht zu ihm zurückkehren könnte. Ständig brachte er neue Einwände vor, warum ich nicht reisen durfte: Er hatte gehört, daß unterwegs Räubergesindel lauerte; er konnte mich nicht begleiten, da er zuviel zu tun hatte – wie sollte ich mit drei kleinen Kindern die große Entfernung bewältigen? Es gab immer irgendeinen Grund... Ich durfte mich auf keinen Fall allein auf den Weg machen, sondern mußte warten, bis er mitkommen konnte.

»Vagabunden und Räuber werden aus den Städten verjagt«, erklärte er mir. »Wohin werden die sich wohl wenden? Natürlich aufs Land! Der Bürgermeister von London und die Sternkammer sind fest entschlossen, die Hauptstadt vom Gesindel zu befreien. Viele Strolche baumeln schon an Londons Galgen zur Abschreckung für die anderen Bettler. Aus Angst strömen sie in Scharen aufs Land und betteln am Wegesrand. Wenn man ihnen freiwillig nichts gibt, nehmen sie's sich notfalls durch Mord und Totschlag. Glaubst du wirklich, daß ich da meine Kinder reisen lasse?«

Einiges davon stimmte tatsächlich, denn meine Mutter schrieb mir, daß in London auf Anordnung des Magistrats jeder aufgehängt wurde, der immer noch bettelte.

Also mußte meine Mutter stets zu uns kommen, wenn wir uns sehen wollten. Sie ließ sich immer von einem Trupp bewaffneter Bediensteter begleiten, die es mit jedem Räuber aufgenommen hätten. Ich schlug Colum vor, mich ebenfalls mit Begleitschutz ziehen zu lassen, doch er wollte auch davon nichts hören.

Erst zu Weihnachten war er endlich damit einverstanden, nach Lyon Court aufzubrechen. Wir nahmen die drei Kinder, Jennet, zwei weitere Mägde und vier oder fünf Diener mit.

Auch mein Vater war zu Hause und freute sich sehr, die Kinder wiederzusehen. Connell gefiel ihm ausnehmend gut, und es machte ihm großen Spaß, wie der Kleine breitbeinig die Haltung von Vater und Großvater nachahmte. Mich betrübte dieser Anblick eher, denn ich ahnte, daß er genau wie sie werden würde.

Mein Vater nahm Connell auf seine Schiffe mit und bemühte sich, ihn schon jetzt für die Seefahrt zu begeistern. Ich unterstützte dies. Es war mir schließlich weit lieber, er trat beruflich in die Fußstapfen seines Großvaters als in die seines Vaters. Tamsyn war der Liebling meiner Mutter. Es war rührend mitzuerleben, wie meine kleine Tochter darauf achtete, daß Senara nicht ausgeschlossen wurde. Wo Tamsyn war, da konnte man mit Gewißheit auch Senara finden.

Die Kleine war nun drei Jahre alt und von einer frühreifen Schönheit. Mein Vater betrachtete sie sehr genau und nickte ihr dann freundlich zu. Bestimmt nahm er an, daß sie ein uneheliches Kind von Colum war.

Er lauschte aufmerksam, als ihm die Geschichte von Marias Rettung aus stürmischer See und von ihrer Niederkunft bei uns auf der Burg erzählt wurde. Ich sah deutlich, daß er Colum verständnisinnig zuzwinkerte. Seiner Ansicht nach hatte Colum sein Kind auf diese Weise äußerst geschickt ins Schloß geschmuggelt.

Er hätte nicht so gedacht, wenn er das arme, halbertrunkene Wesen gesehen hätte, das ich am Strand entdeckt hatte. Seinem Kennerblick entging Senaras anmutiger Reiz nicht.

»Die Kleine wird später eine Schönheit«, lautete sein Kommentar, und er lachte schallend dabei. Es gefiel ihm immer, wenn andere Männer einen Fehltritt begingen. Wahrscheinlich erschienen ihm dann seine eigenen als nichts Ungewöhnliches.

Ich erinnere mich noch gut an die hitzigen Dispute während dieser Weihnachtsfeiertage. Mein Vater wütete gegen die Spanier wie früher. Er schein fast an seinem Zorn zu ersticken, wenn er von dem feindlichen Angriff redete, der in diesem Juli gegen Penzance in Cornwall geführt worden war.

»Bei Gott, diese Dons haben unsere Küste verwüstet. Wie konnten sie bloß vergessen, wie wir sie von den Meeren vertrieben haben?«

»Stimmt das denn?« wandte meine Mutter spöttisch ein. »Wenn ja, wie sind sie dann überhaupt nach Penzance gelangt?«

»Uns im eigenen Land frech anzugreifen!« polterte mein Vater. »Was meinst du, Schwiegersohn? Findest du nicht auch, daß wir sie mit unseren Schiffen verfolgen sollten?«

»Und ob ich das finde!«

»Handel«, sagte mein Vater geringschätzig. »Dafür ist Zeit, wenn wir die Dons vernichtet haben. Solange diese Burschen so unverschämt sind und unsere Küsten verwüsten, gibt's nur eins: ihre eigenen Küsten verwüsten!«

»Du kannst ihnen viel mehr schaden, wenn du sie mit Hilfe des Seehandels ausstichst«, gab meine Mutter zu bedenken.

»Schaden! Das genügt mir nicht! Ich will den ganzen Haufen am liebsten umbringen, ihn von der See verjagen.« Mein Vater war dafür, seine Schiffe nicht mehr für den Seehandel einzusetzen, sondern mit ihnen gegen die Spanier zu kämpfen.

Colum und mein Vater waren sich in ihrer Verachtung der Spanier völlig einig. Mein Vater konnte nur nicht begreifen, warum Colum nicht zur See fahren wollte.

Penn war von der Abenteuerlust der Jugend erfüllt. »Wenn ich doch nur eine Goldmine entdecken könnte wie Sir Walter Raleigh!«

»Er hat sie ja noch gar nicht gefunden«, widersprach meine Mutter lächelnd.

»Er wird's aber«, rief Penn. »Das weiß ich ganz genau.«

»Er muß es jedenfalls, wenn er die Gunst der Königin wiedergewinnen will. Er ist in Ungnade, seit er eine der Hofdamen verführt hat.«

»Armer Raleigh!« sagte mein Vater mitfühlend. »Bestimmt wollte die betreffende Lady verführt werden. Keine Frau kann gegen ihren Willen genommen werden, soviel steht für mich fest.«

»Ihr Männer haltet euch alle für unwiderstehlich«, sagte meine Mutter. »Doch ab und zu habt ihr auch Opfer, die ganz und gar nicht willig sind.«

Mein Vater warf seiner Frau einen amüsierten Blick zu. Ich sah hoch und merkte, daß Colum mich beobachtete.

Wenn ich nur mit meinen Kindern hierbleiben könnte, schoß es mir durch den Kopf. Hier fühlte ich mich sicher und geborgen.

Edwina und ihr kleiner Sohn lebten immer in Lyon Court, wenn Carlos auf See war. Meine Mutter wußte genau, welche Angst Edwina um ihn hatte. Und durch ihre meist unheilvollen Vorahnungen wurde diese Angst noch verstärkt.

Edwina und ich unterhielten uns öfter miteinander. »Ich habe jetzt ein viel besseres Gefühl, was dich und dein Schicksal betrifft«, sagte sie bei einer dieser Gelegenheiten. »Du weißt ja, daß ich bei meinem letzten Besuch etwas Böses bei euch auf der Burg spürte.«

»Das hatte sicher etwas mit Maria zu tun. Sie verschwand übrigens ebenso plötzlich, wie sie aufgetaucht ist.«

»Es war ein höchst beunruhigender Einfluß ... umbestimmt und schwer zu erfassen. So ist es häufig. Aber jetzt sind meine bösen Ahnungen zum Glück vergangen.«

»Also bin ich jetzt in Sicherheit«, sagte ich leichthin.

»Es kommt mir so vor, als ob sich das drohende Unheil zurückgezogen hätte. Genauer kann ich es dir leider nicht erklären.«

Bestimmt war es Marias Aura gewesen, die auf Edwina unheilvoll gewirkt hatte. Oft grübelte ich darüber nach, was wohl aus ihr geworden war. Sie hatte nichts mitgenommen ...

Edwina umarmte mich liebevoll.

»Paß gut auf, Linnet.«

Bedeutete dieser Rat, daß sie immer noch nicht ganz beruhigt war?

Das Jahr verging wie im Fluge. Ich war froh, daß Maria völlig vergessen zu sein schien. Für Senara war es sicher besser so. Doch das Rote Zimmer galt immer noch als verhext.

Senara entwickelte sich zu einem kleinen Mädchen wie andere auch, nur war sie von außergewöhnlicher Schönheit. Die Zuneigung zwischen ihr und Tamsyn hatte sich sogar noch vertieft, und Tamsyn war die einzige, der Senara aufs Wort gehorchte.

Ich verbrachte viel Zeit bei den Kindern, um sie zu unterrichten. Vermutlich war ich wie fast alle Mütter voreingenommen, aber ich hielt Tamsyn für außergewöhnlich klug. Sie war ein warmherziges kleines Ding und fühlte sich nach wie vor als Beschützerin von mir und Senara.

Wenn ich die Wahrheit über Colums Reichtum nicht entdeckt hätte, wäre ich in diesem Abschnitt meines Lebens bestimmt sehr glücklich gewesen. Erst nach zwei weiteren Jahren erkannte ich, daß dies nur eine Ruhepause vor dem Sturm gewesen war, der jederzeit über mich hereinbrechen konnte.

Bei uns an der Küste blieb es in jener Zeitspanne ruhig, obwohl immer wieder größere und kleinere Seegefechte stattfanden. Der Sieg über die Armada hatte uns eine Invasion der Spanier erspart, den Feind jedoch nicht völlig vernichtet.

Es kam ein trauriger Tag für England – ganz besonders für das West Country –, als sich die Kunde verbreitete, daß Sir Francis Drake tot war. Er und Sir John Hawkins waren mit einer Kriegsflotte aufgebrochen, um die spanischen Niederlassungen in Westindien anzugreifen. Beide waren dabei gestorben. Es kam uns allen schrecklich sinnlos vor, daß Sir Francis, der so viel Gutes bewirkt hatte, in die Fremde gezogen war, um dort zu sterben. Er hatte die Wasserversorgung der Stadt durch den Fluß Meavy in die Wege geleitet und sechs Getreidemühlen bauen lassen. Er besaß einen Sitz im Parlament – natürlich als Vertreter von Plymouth – und hatte den Bau von Wällen und Befestigungen veranlaßt. Meine Mutter war wütend und traurig zugleich. »Im Frieden hat er so viel Gutes geschaffen! Warum mußte er unbedingt diesen Kriegszug unternehmen? Was macht es schon, daß die Spanier in jenem fernen Kontinent eine Art Schatzhaus haben? Sollen sie ihre Schätze doch behalten! Es lohnt sich wahrhaft nicht, wenn viele Männer ihr Leben verlieren, nur weil sie diese Reichtümer erobern wollen.«

»Er starb genauso, wie er es sich gewünscht hat«, wandte mein Vater brummig ein.

Wir machten uns große Sorgen, als wir erfuhren, daß die Spanier Calais eingenommen hatten. Bedeutete dies, daß sich der Feind mit neuer Kraft gegen uns erhob? Die Königin ging ein Bündnis mit den Franzosen ein, die bei uns allerdings kaum beliebter waren als die Spanier.

Alle atmeten erleichtert auf, als Admiral Howard Cadiz plünderte. Mein Vater sprach noch das ganze folgende Jahr begeistert davon. »Die Verluste der Spanier belaufen sich auf zwanzig Millionen Dukaten«, prahlte er.

Inzwischen machte ich ziemlich regelmäßig Besuche in Lyon Court. Meine Beziehung zu Colum hatte sich verändert. Ich war nun nicht mehr so wichtig für ihn. Zwar flammte gelegentlich noch zwischen uns die alte Leidenschaft auf, doch manchmal behandelte er mich mit völliger Gleichgültigkeit. Er war auch viel mehr unterwegs als früher, und ich wollte gar nicht mehr wissen, so er sich dann aufhielt. Ich zog mich in mich selbst zurück. Was für einen Ausweg konnte es aus meiner Lage geben? Entweder mußte ich mich mit Colum und seinen Handlungen abfinden oder aber ihn verlassen. Das jedoch würde bedeuten, daß ich meine Kinder verlor, und dies brachte ich nicht über mich. Also tat ich das einzige, was mir in meiner Lage übrigzubleiben schien.

Ich verschloß meine Augen vor dem, was ich nicht sehen wollte, und blieb.

Die Besuche bei meiner Mutter waren meine Rettung. Der Handelsgesellschaft war so großer Erfolg beschieden, daß sie inzwischen über eine ganze Flotte verfügte.

»Natürlich ist es immer noch Fennimore Landor, der die wichtigste Rolle bei dem ganzen Geschäft spielt«, sagte meine Mutter einmal. »Dein Vater ist manchmal begeistert, dann wieder gelangweilt. Sein Herz hängt nun einmal an der Freibeuterei. Wenn ich ihm erkläre, daß unserem Land durch den Handel ein weit besserer Dienst erwiesen würde als durch diese ständigen Kämpfe, dann widerspricht er hitzig und führt als Beweis den großen Sieg über die Armada an. Auch ich weiß, daß dies ein Tag des Sieges für uns war, aber die Ausgaben haben unser Land fast ebenso sehr ausgeblutet wie Spanien.«

Ich wußte, daß sie recht hatte, die Zustimmung meines Vaters jedoch nie erringen würde.

Für Colum wie mich war es überraschend, daß ich nach Tamsyns Geburt nicht wieder schwanger wurde. Ich hielt es durchaus für möglich, daß dies etwas mit meinem Seelenzustand zu tun hatte, der mir nicht gestattete, noch ein Kind zu bekommen. Vielleicht wollte ich nicht, daß das arme Ding einen Mörder zum Vater haben würde. Doch wer von uns konnte schon mit gutem Gewissen behaupten, daß sein Vater ein Ehrenmann war? Ich jedenfalls nicht, denn Jake Pennlyon hatte viele Spanier getötet, weil er sie als seine Feinde ansah. Immerhin hatte er dabei sein eigenes Leben gewagt, Colum dagegen lockte unschuldige Opfer in den Tod, um sich ihren Besitz anzueignen. Im tiefsten Inneren würde ich mich wohl nie damit abfinden können, ich glaubte auch, daß ich insgeheim nur auf eine Gelegenheit zur Flucht wartete.

Könnte ich aber wirklich ganz von vorne anfangen und glücklich werden, wenn ich mich von Colum befreite? Ich wußte es nicht, spürte nur deutlich, daß dies eine Wartezeit war. Meine Kinder wuchsen schnell heran. »Sobald sie nicht mehr so hilflos sind, wird mir eine Entscheidung leichter fallen«, redete ich mir ein.

Dann geschah etwas sehr Seltsames.

Nach mehrwöchigem Aufenthalt in Lyon Court kehrte ich auf die Burg zurück.

Es war ein heißer, ruhiger Tag. Die Kinder freuten sich, wieder nach Hause zu kommen. Als ich zu den Ecktürmen aufschaute, erfaßte mich eine gewisse Erregung wie immer, wenn ich einige Zeit fortgewesen war.

Connell war schon sehr gespannt darauf, ob der Diener Jerry gut für die Hunde und Falken gesorgt hatte. Tamsyn und Senara wurden gleich von Jennet ins Kinderzimmer gebracht, und ich betrat unser Schlafgemach. Als ich mich umsah, fühlte ich mich etwas fremd. So ging es mir eigentlich immer nach längerer Abwesenheit. Lyon Court war ja, verglichen mit dieser alten Burg, sehr viel wohnlicher.

Aus irgendeinem Grund zog es mich schon kurz nach meiner Ankunft wieder zum Roten Zimmer. Vielleicht lag es an der eigenartigen Atmosphäre, die Schloß Paling ausstrahlte. Die kleinen, eher düsteren Räume, die vielen Wendeltreppen und die unzähligen Ecken und Winkel schienen voller Geheimnisse zu stecken.

Ich blieb einige Atemzüge lang vor dem Roten Zimmer stehen. Edwina hätte sicher behauptet, eine übernatürliche Macht habe mich hierhergeführt.

Als ich die Tür schließlich öffnete, überlief es mich kalt, und ich hatte das unangenehme Empfinden, daß meine Haare tatsächlich zu Berge standen. Das Zimmer war wie immer ziemlich dunkel, doch ich wußte, daß ich nicht allein war. Plötzlich schien ein Schatten Gestalt anzunehmen, als löse er sich von den schweren Fenstervorhängen.

Ich hielt den Atem an. Meine Knie zitterten.

Dann kam sie auf mich zu, glitt völlig geräuschlos näher. Moschusduft hüllte mich ein. Und schon war sie an mir vorbei und auf den Korridor hinausgegangen.

Einen Augenblick war ich so entsetzt, daß ich mich nicht rühren konnte. Ich stand unbeweglich und atmete den unverwechselbaren Geruch ein.

»Maria! Was tut Ihr hier?« brachte ich schließlich heraus.

Das Schweigen war fürchterlich. Endlich gehorchten mir meine Beine wieder. Ich eilte aus dem Raum. Niemand war zu sehen.

»Ich bin einem Geist begegnet«, sagte ich laut.

Ich konnte mein Erlebnis nicht für mich behalten und erzählte es Colum. »Glaub mir, ich habe sie so deutlich vor mir gesehen wie jetzt dich.«

»Unmöglich! Wo soll sie sich denn verstecken?«

»Aber ich schwöre dir, sie war's! Sie kam auf mich zu und ging an mir vorbei. Ich konnte deutlich ihr Parfüm riechen!«

»Warum hast du sie nicht festgehalten? Das wäre doch das Vernünftigste gewesen.«

»Ich war viel zu überrascht. Du kannst dir anscheinend nicht vorstellen, wie entsetzt ich war.«

Colum packte mich bei den Schultern und schüttelte mich. »Du bist ja schon ebenso abergläubisch wie die Dienstboten! Wenn Maria hiergewesen wäre, hätte sie unmöglich das Schloß verlassen können, ohne daß jemand sie gesehen hat. Nimm noch Vernunft an!«

Zuerst war ich mir ganz sicher, doch dann begann ich zu zweifeln. Wohin war Maria gegangen? Wohl hatte sie einen kleinen Vorsprung, da ich wie angewurzelt stehengeblieben war. Aber wohin hatte sie sich dann gewandt, ohne bemerkt zu werden? Colum hatte recht...

Ich erzählte niemandem außer Colum, was ich erlebt hatte.

Jennet gestand mir kurz darauf, daß die Dienstboten überzeugter denn je waren, das Rote Zimmer sei verhext.

»Hat denn einer von ihnen tatsächlich etwas gesehen, Jennet?« fragte ich.

»Gehört haben sie etwas. Der junge Jim mußte einmal nachts am Zimmer vorbei, und er hat etwas gehört... er sagte, da könnten einem die Haare zu Berge stehen.«

Edwina würde der Erscheinung sicher große Bedeutung beimessen. War der gefährliche Einfluß wieder da? Drohte mir neuerlich Unheil, wie schon einmal?

Inzwischen war ich der festen Überzeugung, einem Geist begegnet zu sein.

Dennoch zog mich das Rote Zimmer nach wie vor magisch an. Ständig glaubte ich, den Moschusduft zu riechen. Er schien aus den Kissen aufzusteigen. Immer wieder drehte ich mich jäh um und erwartete, daß Maria hinter mir stand.

Unruhe und Unsicherheit beherrschten mich wiederum.

Meine Mutter berichtete mir weiterhin alle Neuigkeiten. In Lyon Court und Trystan Priory herrschte großer Jubel. Das gemeinsame Unternahmen war so erfolgreich, daß es urkundlich in die große Gesellschaft aufgenommen wurde, die Handel mit Ostindien trieb.

Fennimore ist darüber begeistert, schrieb meine Mutter. Dein Vater ist eher dagegen, weil er keine Einmischung von außen will.

Aber auch er weiß, daß dies ein Fortschritt ist. Fennimores Pläne sind viel weiter gediehen, als er es sich je hätte träumen lassen. Diese Ostindische Gesellschaft wird überall in der Welt Agenturen und Handelsniederlassungen haben. Du kannst dir sicher vorstellen, wie glücklich Fennimore darüber ist.

Als ich Colum davon erzählte, lächelte er zynisch.

»Viel Mühe und Anstrengung«, sagte er abfällig. »Und was wird damit erreicht? Die Seeleute tun wie immer die ganze Arbeit, und den Gewinn stecken andere ein.«

»Man scheint anzunehmen, daß die Handelsgesellschaft dazu beiträgt, England mächtig zu machen.«

»Wer ist ›man‹? Dein Fennimore etwa? Findest du, daß du doch lieber ihn hättest heiraten sollen?«

Ja, ich war dieser Ansicht. Warum sollte ich mir etwas vormachen? Ich hatte damals über Fennimore sehr wenig gewußt, eigentlich nur, daß er ein großer Idealist war. Bestimmt hätte es mir Freude bereitet, mit ihm gemeinsam Pläne zu schmieden, um Englands Ruhm zu vergrößern. Was wäre, wenn ich Colum nicht kennengelernt hätte? Ich stellte mir ihn und mich in Lyon Court vor: Die lange Tafel in der Halle war festlich gedeckt, es gab alle möglichen Köstlichkeiten zu essen und zu trinken, da wir ja schließlich den Erfolg des Unternehmens feiern wollten, das Fennimore so sehr am Herzen lag.

Ich fand, daß das Schicksal gegen mich entschieden hatte. Ich hätte Fennimore Landor heiraten und seinen Triumph mit ihm zusammen erleben sollen! Colums Erfolge wollte ich nicht teilen, denn sie bedeuteten immer das Unglück anderer Menschen. Es war ein Fehler gewesen, Colum zu heiraten, sagte ich mir verzweifelt – ein tragischer Irrtum.

In diesem Jahr setzten die Herbststürme sehr früh ein. Bereits Anfang Oktober wühlten sie die Meere auf und brachten schwere Regenfälle. Ab und zu trafen Besucher im Schloß ein, die von Schiffen berichteten, die nahe an unserer Küste vorbeisegeln würden. Inzwischen wußte ich ganz genau, wie vollkommen Colums diabolisches Unternehmen aufgebaut war.

Wenn ich in stürmischen Nächten angstvoll allein im Bett lag, nahm ich mir immer wieder fest vor, Colum zu verlassen, sobald die Kinder etwas älter waren. Ich würde abreisen, als ob ich wie üblich einen Besuch bei meinen Eltern machen wollte. Auf Connell würde ich verzichten müssen, denn er war der wahre Sohn seines Vaters und würde nie mit mir ziehen. Tamsyn, die inzwischen zehn Jahre alt war, und die etwas jüngere Senara konnte ich mitnehmen. Und dann wollte ich meiner Mutter erklären, warum ich nie mehr zu Colum zurückkehren konnte.

Mir war klar, daß dies nur Träumereien oder eine Art von Besänftigung meines schlechten Gewissens war, denn ich fühlte mich von Colums Mordtaten wie besudelt. Manchmal hielt ich mich sogar für mitschuldig, da ich nicht gutheißen konnte, was Colum tat, und trotzdem seine Frau blieb.

War das Wetter längere Zeit gut, dann beruhigte sich mein Gewissen wieder. Ich sagte mir, daß eine Frau immer an die Seite ihres Mannes gehörte. Sie habe schließlich das Gelübde getan, in guten wie in schlechten Tagen bei ihm auszuharren. Am merkwürdigsten fand ich, daß ich tief im Innersten auch wirklich bei Colum bleiben wollte.

Mitte Oktober kam ein Tag, an dem der Sturm gegen Abend immer stärker tobte. Mir wurde ganz elend, als ich die ersten Anzeichen für die abscheuliche nächtliche Tätigkeit bemerkte. Die Laternen in den beiden Türmen wurden gelöscht. Das bedeutete, daß die Dienstboten Maultiere mit Lichtern einige Meilen weit entfernt auf den Klippen postieren würden. Colum hatte offensichtlich Nachricht erhalten, daß ein reichbeladenes Schiff in der Nähe unserer Küste vorbeisegeln sollte.

Ich lag im Bett und grübelte. Was konnte ich nur tun, um das Unglück zu verhindern? Nichts... Ich konnte nur beten, daß der Kapitän in einem weiten Bogen um die *Devil's Teeth* herumfahren würde.

Fast die ganze Nacht wälzte ich mich ruhelos von einer Seite auf die andere, und schon bei Morgengrauen zog ich mich an und ging zur Küste. Colum und seine Leute waren eifrig damit beschäftigt, das Treibgut in Ruderbooten an Land zu schaffen. Als ich einem der Diener begegnete, hielt ich ihn an.

»Was für ein Schiff war es diesmal?« fragte ich.

»Ein besonders prächtiges, Mistress.« Sein Blick war verschlagen, er leckte sich aufgeregt die Lippen. Zweifellos überlegte er bereits, welchen Gewinn ihm so reiche Beute einbringen würde. »Es is' ein Schiff von den Ostindienfahrern«, fuhr er fort. »Eins von den ›Löwen‹«

Die ›Löwen‹! Das waren die Schiffe meines Vaters! Wußte er das denn nicht? Ich begann zu zittern. »Wißt ihr den Namen des Schiffes?«

Er nickte. »»Landors Löwe‹, Mistress.«

Mir drohte das Herz stehenzubleiben. Doch gleich darauf schlug es so dröhnend, daß ich seinen Schlag in den Ohren zu hören glaubte.

Der Mann warf mir einen schiefen Blick zu, in dem Verlegenheit lag. Offensichtlich hatte er in der Aufregung einen Augenblick lang vergessen gehabt, daß mein Vater Jake Pennlyon war, der Besitzer der Schiffahrtslinie.

Er tippte sich hastig an die Mütze und eilte davon. Bestimmt war er nun zu Tode erschrocken, weil er mir etwas verraten hatte, das hätte geheimgehalten werden sollen. Ich schaute aufs Meer hinaus. Die Wellen gingen so hoch, daß ich kaum etwas sehen konnte. Irgendwo dort draußen lag ein Schiff meines Vaters hilflos gestrandet, von meinem Teufel von Ehemann in die tödliche Falle gelockt.

Doch schon peinigte mich der nächste schreckliche Gedanke. Wer befand sich auf dem Schiff?

Konnte ich mit einem Boot zu dem Wrack hinausrudern? Nein, das war bei diesem Wellengang völlig unmöglich. Einer von den Leuten mußte mich dorthin bringen. Diese Ungewißheit ertrug ich nicht länger. Wenn nun mein eigener Vater auf dem Schiff gewesen war? Nein, nein... er kannte die ganze Küste wie seine Westentasche.

Ich ließ ins Schloß und kletterte zu den Zinnen hinauf, von wo ich einen weiten Ausblick hatte. Die Sonne stieg gerade am Horizont empor, und ich konnte die *Devil's Teeth* erkennen. Auf den Wellen trieb Ladung... und auch menschliche Körper glaubte ich zu sehen. Was geschah eigentlich mit Überlebenden – wenn überhaupt jemand überlebt hatte?

Ich fühlte mich dem Ansturm meiner Gefühle gegenüber ebenso hilflos wie den tobenden Wellen.

Später am Tag wurde ein Toter angespült – und ich war es, die ihn fand. Ich war stundenlang die Küste entlanggewandert und hatte versucht, Ordnung in meine wirren Gedanken zu bringen. Was konnte, was sollte ich bloß tun? fragte ich mich immer wieder.

Er lag in nassen Sand. Ich sank auf die Knie und schaute in sein Gesicht. Es war Fennimore. Tot.

Wie viele Jahre war es her, seit ich diese edlen Züge gesehen hatte! Oh, Fennimore! Du hattest große Träume, du warst ein Idealist, dem es gelungen war, ein großes Unternehmen zu beginnen und auszubauen... ein Unternahmen, daß unserem Land viel mehr Ehre einbringen konnte, als diese Kriege es vermochten.

Ich sah den hochherzigen Reformer vor mir, der eine Idee mehr als alles geliebt hatte und der mein Mann hätte sein können.

Ich bettete seinen Kopf in meinen Schoß und strich im das blonde Haar aus der Stirn. Wie hatten diese toten Augen einst vor Begeisterung und auch vor Liebe geleuchtet!

Ich dachte darüber nach, wie merkwürdig das Leben mir mitgespielt hatte. Wenn Fennimore nicht zu meinem Vater gekommen wäre, hätte ich seine Familie nie besucht und wäre folglich Colum nicht begegnet. In gewisser Weise war sein Dasein mit dem meinen eng verknüpft.

Ich konnte ihn nicht allein lassen.

Colum fand mich. Ich sah, wie sich sein Blick verdunkelte, als er mich mit dem Toten im Schoß da sitzen sah.

»In Gottes Namen...«, schrie er mich an.

»Ja, er ist auch eins deiner Opfer«, sagte ich.

»Schon wieder mischst du dich ein! Bleib gefälligst bei den Kindern!«

»Nein! Du hast ein Schiff meines Vaters zerstört.«

»Wenn der Kapitän besser navigiert hätte...«

»Hör auf! Hier liegt dieser Kapitän vor dir. Das Schiff hieß ›Landors Löwe‹, gebaut von meinem Vater und den Landors... Es kam mit reicher Ladung aus Ostindien zurück, und du, in deiner Gier, wolltest sie haben. Das böse Werk einer einzigen Nacht verschafft dir das, wofür sie monatelang geplant und gearbeitet haben. Ich hasse dich und alles, was du verkörperst!«

»Wirklich hübsch, wenn die eigene Frau am Strand ihren Liebhaber beweint.«

»Er war nicht mein Liebhaber.«

»Nein, dazu hatte er nicht das Zeug. Er wollte dich zwar haben, überließ dich aber kampflos einem anderen, weil er ein feiger Geck war. Und dann hat er sich eben eine andere genommen. Meinst du vielleicht, du hättest mit ihm so viel Spaß im Bett gehabt wie mit mir?«

Ich bettete Fennimore sanft auf den Sand und stand auf.

»Er muß ein anständiges Begräbnis bekommen«, sagte ich. »Darauf bestehe ich.«

»Wer bist du, daß du auf etwas bestehen kannst?« fragte er mich herausfordernd.

»Nicht deine Sklavin, sondern deine unglückselige Frau.«

»Ich werde ihn ins Meer zurückwerfen lassen!«

»Wage es nicht! Wenn du das tust, soll jeder wissen, wie du zu deinem Reichtum gekommen bist.«

»Das wagst du mir zu sagen! Du hast überhaupt nichts zu befehlen. Ich werde meinen Willen durchsetzen, und du wirst gehorchen.«

»Warum sollte ich?«

»Weil du es sonst den Rest deines Lebens bereuen wirst.«

»Das ist mir gleichgültig. Tu mit mir, was du willst... töte mich doch! Ich bin nicht die erste, an deren Tod du schuld bist!«

»Geh zurück ins Schloß!«

»Ich bleibe bei Fennimore Landor, bis er in die Kapelle getragen wird. Dort soll man ihn aufbahren und einen Sarg für ihn zimmern. Begraben wird er neben seiner Schwester, jenem armen Mädchen, das einmal deine Frau war.«

Colum betrachtete mich mit einer Art widerwilliger Bewunderung.

»Ich bedaure jetzt, daß ich stets so sanft mit dir umgegangen bin«, sagte er kurz. Ich schwieg. »Und wenn ich nun nein sage?« fragte er.

»Dann werde ich das Schloß verlassen und nach Lyon Court reiten. Dort erzähle ich als erstes meinem Vater, was seinem Schiff ›Landors Löwe‹ und dessen Kapitän zugestoßen ist.«

»Du willst gegen deinen eigenen Mann aussagen, dem du vor dem Altar Gehorsam geschworen hast? Du würdest deinen Schwur brechen?«

»Ohne das geringste Zögern«, erwiderte ich mit fester Stimme.

»Und du glaubst, ich würde das zulassen?«

»Auf jeden Fall ließe ich es auf einen Versuch ankommen.«

»Bei Gott, ich glaube tatsächlich, du brächtest es fertig. Du bist widerspenstig und schenkst mir keine Kinder mehr. Dennoch habe ich dir noch eine gewisse Zuneigung bewahrt. Also gut, du sollst deinen Willen haben. Er bekommt neben seiner Schwester ein Grab. Auf seinem Grabstein wird nichts stehen, und ich will den Namen seines Schiffes nie mehr von deinen Lippen hören. Man soll glauben, daß er fern von hier umgekommen ist. Nun, war ich jetzt nachgiebig genug?«

Ich gab keine Antwort, sondern kauerte mich wieder neben Fennimore in den Sand.

Colum ließ mich allein, und kurz darauf kamen vier Dienstleute, um Fennimore in die Kapelle zu tragen.

Am nächsten Tag wurde er neben Melanie beigesetzt. Die
Grabstätte lag dicht bei Ysellas Turm.

Dies war das Ende eines Lebensabschnitts; ich konnte nie mehr so
sein wie früher. Fennimores totes Gesicht schien mich zu verfolgen. Was würde geschehen, wenn meine Mutter uns besuchte?
Es war mir klar, daß ich ihr die Greueltaten nicht länger ver-
schweigen konnte. Fast war ich froh, daß wir uns vorläufig nicht
sahen, denn sie hätte die Veränderung in mir bestimmt sofort
gespürt.

Die Sturmnacht lag nun schon lange zurück. Colum hatte sich
erstaunlicherweise sehr darum bemüht, meine Zuneigung wie-
derzugewinnen, doch vergeblich. Der Anblick von Fennimores
Leiche hatte etwas in mir für immer getötet.

Wieder einmal kam Halloween heran, die Nacht, in der die
Hexen angeblich auf dem Besen reiten. Tagsüber war das Wetter
wie immer um diese Jahreszeit und in dieser Gegend – warm und
neblig.

Es war nun genau sieben Jahre her, seit Maria verschwunden
war. Jennet hatte den Kindern anscheinend von Hexen erzählt.
Senara stellte viele Fragen und Tamsyn beantwortete sie so, daß
Jennets Einfluß deutlich erkennbar war.

»Sie gehen zum Hexensabbat«, erklärte Tamsyn gerade, als ich
hereinkam.

»Was ist Hexensabbat?« fragte Senara.

»Da fliegen sie auf Besenstielen hin, und dort ist auch ihr Herr,
der Teufel. Manchmal ist er eine große schwarze Katze, und
manchmal ist er ein Ziegenbock. Er ist riesig groß... größer als
jeder. Und dort tanzen sie dann.«

»Ich möchte dorthin«, sagte Senara.

»Wenn du's tust, bist du eine Hexe«, sagte Connell. »Dann
fangen wir dich, binden dich an deinesgleichen und werfen dich
ins Meer.«

»Was sind denn meinesgleichen?«

»Vielleicht eine Katze.«

»Kann's auch ein Hund sein?«

»Ja, auch ein Hund«, rief Connell. »Manchmal ist's eine Maus
oder ein Käfer... oder auch ein Pferd.«

»Und wenn's nun Nonna ist?« meinte Senara nachdenklich.

Nonna war ihre Lieblingspuppe, die sie nach dem Turm genannt hatte.

»Ausgeschlossen«, protestierte Tamsyn. »Wenn sie's wäre, müßten dich die anderen für eine Hexe halten.«

»Und dann würden wir dich an einem Galgen aufhängen«, rief Connell begeistert. Er war wirklich ganz seines Vaters Sohn.

»Connell darf dir nichts tun«, sagte Tamsyn besänftigend. »Ich werd's nicht zulassen.«

»Eher würd ich ihn aufhängen«, erwiderte Senara.

»Versuch's doch!« Und schon hatte Connell Senara bei den Haaren gepackt, während sie versuchte, ihn gegen das Schienbein zu treten. Es war höchste Zeit für mich, einzugreifen. Ich wunderte mich selbst darüber, weshalb ich die Unterhaltung nicht schon längst unterbrochen hatte.

»Genug!« sagte ich streng. »Ihr redet schrecklichen Unsinn. Niemand wird hier aufgehängt, und es gibt auch keine Hexen.«

»Jennet sagt...«, begann Tamsyn.

»Und ich sage, daß ihr auf die Geschichten von ungebildeten Dienstboten nicht hören sollt! Mögen sie ruhig an Hexen glauben. Wir lassen uns auf solchen Unsinn nicht ein.«

Ich forderte sie auf, ihre Bücher zu holen, und wir lasen in dem Werk ›Utopia‹ von Sir Thomas More, das nicht das geringste mit dem unangenehmen Thema ›Hexen‹ zu tun hatte. In jener Nacht kam Maria zurück.

Colum und ich speisten in der Winterstube. Es war wieder ein recht schweigsames Mahl, doch war uns dies schon zur Gewohnheit geworden. Colum tat nichts, um eine Unterhaltung in Gang zu bringen.

Vermutlich hatte er sich inzwischen damit abgefunden, daß seit Fennimores Tod eine unüberwindliche Schranke zwischen uns bestand. Es herrschte eine ungute Spannung. Colum schlief auch nicht mehr ständig bei mir. Mehrere Nächte hatte er auswärts verbracht, wohl um Fracht von Fennimores Schiff zu verkaufen. Wenn er mich nahm, spürte ich, daß er vor allem seine Rechte geltend machen wollte. Ich haßte es, wenn er zu mir kam, und dennoch erregte er mich auch jetzt noch körperlich. Ich spürte sogar eine gewisse Enttäuschung, wenn er nicht bei mir war.

So stand die Sache zwischen uns an jenem Abend.

Maria mußte geradewegs zur Winterstube gekommen sein. Jedenfalls stand sie plötzlich vor uns.

Im ersten Augenblick glaubte ich, wieder einen Geist zu sehen.

»Ich bin zurück«, sagte sie ruhig.

Colum starrte sie an, offensichtlich nicht weniger überrascht als ich.

»Zurück?« rief Colum. »Großer Gott, Maria!«

»Ja, ich bin zurück und will wie früher hier leben.«

»Aber...«, begann Colum.

Ich stand mit zitternden Knien auf. »Wo seid Ihr gewesen?« fragte ich. »Und warum kommt Ihr wieder her?«

»Es geht Euch nichts an, wo ich gewesen bin«, erwiderte sie in stockendem Englisch. »Es spielt keine Rolle. Ich bin zurück.«

»Wenn Ihr glaubt, Ihr könntet hier so einfach hereinspazieren«, sagte Colum aufgebracht.

»Ja, das glaube ich! Ihr habt mein Schiff genommen... meine Freunde getötet. Ihr schuldet mir ein Heim. Ich bleibe. Versucht nicht, mich wegzuschicken. Wenn Ihr's tut... Ihr werdet es bereuen!«

»Aber das ist unmöglich«, brachte ich mühsam heraus.

»Doch, es ist möglich.« Sie schaute Colum unverwandt an.

Maria war noch schöner, als ich sie in Erinnerung hatte. Sie trug einen Samtumhang mit Kapuze, die zurückgestreift war. Das glänzende schwarze Haar war zu einer kunstvollen Frisur hochgesteckt, die dunklen, mandelförmigen Augen hatten eine fast magische Wirkung. Etwas Überirdisches umgab sie. Ich muß träumen, dachte ich.

»Ich gehe in mein Zimmer, das Rote Zimmer«, kündigte sie an.

»Ihr könnt nicht hierbleiben«, begann ich.

Sie beachtete mich nicht und wandte sich an Colum. »Mein Gepäck wird bald eintreffen. Ich werde für eine Weile hier wohnen.«

Damit ließ sie uns allein.

»Was soll das heißen?« fragte ich völlig verwirrt. »Was will sie hier? Woher kommt sie?«

»Sie bleibt jedenfalls hier«, sagte Colum.

»Ist das der Preis, den du dafür zahlen mußt, daß du ihre Leute umgebracht hast?«

»Sag, was du willst. Sie bleibt hier.«

Und damit war Maria wieder auf Schloß Paling.

Die gesamte Dienerschaft war in Aufruhr. Die ›Hexe‹ war zurückgekehrt. Maria hätte ihr Auftauchen zeitlich nicht besser planen können, um den Hexenglauben zu stärken. Das erste Mal war sie an Halloween erschienen und auf den Tag genau ein Jahr später verschwunden. Und nun war sie, sieben Jahre später, ausgerechnet an Halloween zurückgekommen.

Außerdem lebte sie wieder in dem Roten Zimmer, aus dem angeblich seltsame, beunruhigende Geräusche gedrungen waren, in dem Zimmer, in dem ich selbst ihren Geist gesehen oder es mir zumindest eingebildet hatte.

Ich ließ Jennet kommen. »Du weißt, daß Maria zurück ist. Sicher gibt es viel Gerede darüber, ob sie eine Hexe ist, stimmt's?«

Jennet nickte.

»Ich will nicht, daß dieses Geschwätz den Kindern zu Ohren kommt. Erst neulich habe ich gehört, daß sie über Hexen sprachen. Sie sollen von all diesen Dingen verschont bleiben.«

»Maria ist Senaras Mutter«, wandte Jennet ein.

»Senara darf gerade deshalb nichts von diesen Gerüchten erfahren!«

»Das wird sie auch nicht«, versprach Jennet.

»Ich wußte, daß ich dir vertrauen kann«, sagte ich erleichtert.

Die Dienstboten lebten in panischer Angst vor Maria. Wenn sie etwas befahl, beeilten sie sich, es zu tun, denn sie fürchteten sich vor dem bösen Blick.

Maria ritt jeden Tag allein aus. Als ich ihr einmal begegnete, grüßte sie mich nicht, sondern galoppierte in die entgegengesetzte Richtung davon. Das lange dunkle Haar wehte wie ein Schleier hinter ihr her.

Kurz vor Weihnachten erhielt ich einen Brief meiner Mutter, der mit tief betrübte:

»Liebste Linnet, die Landors verbringen das Weihnachtsfest bei uns. Wie Du weißt, haben sie einen schrecklichen Schicksalsschlag erlitten. Fennimore ist verschollen, und das Schiff ›Landors Löwe‹, das vor über einem Monat eintreffen sollte und schon zehn Meilen vor der Küste gesichtet wurde, bleibt spurlos verschwunden. Wir fürchten, es könnte in jenem schrecklichen Sturm Ende Oktober untergegangen sein. Dein Vater und Captain Landor haben viel zu besprechen. Schon der Verlust des Schiffes ist ein harter Schlag. Daß aber Fennimore tot sein könnte, ist für seine arme Mutter kaum zu ertragen. Sie ist völlig außer sich. Ich werde sie alle hier bei uns haben – auch Fennimores junge Frau und seine Kinder. Ich will versuchen, sie ein wenig auf andere Gedanken zu bringen. Das heißt, mein liebes Kind, daß wir diesmal auf ein gemeinsames Fest verzichten müssen. Du kannst ja schließlich nicht ohne Colum kommen, und er ist aus Gründen unerwünscht, die Du sehr wohl kennst. Fennimores Verlust hat die Erinnerung an Melanies Tod wieder aufgerührt und Mrs. Landor noch mehr verbittert. Sobald sie wieder abgereist sind, eile ich zu Dir. Oder vielleicht kannst auch Du uns besuchen. Deine Dich liebende Mutter.«

Die Tage kamen mir lang vor, obgleich es so spät hell wurde und so früh dunkelte. Ein unguter Einfluß machte sich im Haus geltend, das merkte ich deutlich. Wäre Edwina hier, sie würde mich bestimmt wieder warnen.

Ich spürte, daß eine bedrohliche Kraft vom Roten Zimmer ausging, eine Kraft, die sich gegen mich richtete.

Vielleicht stimmte es doch, daß Maria eine Hexe war. Vielleicht war sie gar nicht auf dem Schiff gewesen, sondern hatte im Meer gelegen und darauf gewartet, daß ich sie fände. Wilde Vorstellungen bedrängten mich.

Es wurde allmählich offenbar, welch wichtige Rolle Maria bei uns spielte. Was für eine schöne Frau sie war! Möglicherweise war es die Schönheit des Bösen, die aber dadurch nichts von ihrem Zauber verlor. Sie schien über viele Persönlichkeiten zu verfügen, die sie so rasch wechselte wie eine Schlange die Haut. Und so schätzte ich sie auch ein – als schönes, geschmeidiges Reptil.

Selbst die Kinder waren wie verzaubert von ihr.

»Bleibt Senaras Mutter jetzt bei uns?« fragte Tamsyn.

Ich nickte. »Ja, für eine Weile.«

»Die meisten Mütter leben doch immer bei ihren Kindern, nicht wahr? Aber Senaras Mutter ist ja auch anders als andere...«

»Du bist meine wirkliche Mutter«, sagte Senara zu mir. »Sie ist meine Traummutter. Ich schaue sie gern an, aber am wichtigsten ist mir, daß du da bist.«

»Ich bin immer für dich da, Senara«, sagte ich gerührt.

»Sie ist jedenfalls die schönste Mutter von der Welt«, mischte sich nun Connell ein.

Tamsyn wurde rot, als sie mich forschend musterte. »Das stimmt nicht«, protestierte sie und errötete noch mehr, weil sie log. »Meine Mutter ist am schönsten.«

Wie immer war Tamsyn meine Beschützerin. Liebe Tamsyn...

Da Kinder sich ohnehin mit unerwarteten Ereignissen besser abfinden als Erwachsene, nahmen die drei es hin, daß Senaras

Mutter plötzlich aufgetaucht war und bei uns lebte. Nach kurzer Zeit hatten sie sich völlig an sie gewöhnt. Maria zeigte sich nun sehr an ihrer Tochter interessiert, die ihr im Aussehen geradezu verblüffend glich. Ihr fehlte lediglich das Geheimnisvolle; Senara war ein fröhliches, bildhübsches Mädchen.

Maria zeigte jetzt eine Seite ihres Wesens, die uns allen an ihr unbekannt war. Sie verhielt sich wie jede andere Mutter auch, besuchte das Schulzimmer und hörte den Kindern beim Unterricht zu. Sie hätschelte Senara und machte ihr Geschenke. Das Gepäck war inzwischen im Schloß eingetroffen, darunter auch wundervolle Stoffe. Sie ließ die Näherin Kleider für sich selbst und ihre Tochter anfertigen, worüber Senara natürlich sehr stolz war. Meine kleine Tamsyn, die neben Senaras außergewöhnlicher Schönheit eher farblos wirkte, freute sich neidlos mit ihr.

Ich war sehr froh, daß Marias Erscheinen nichts an der Freundschaft der beiden Kinder geändert hatte. Sie schliefen immer im selben Zimmer und waren unglücklich, wenn sie einmal für längere Zeit getrennt wurden.

Maria gab sich große Mühe, meine Tochter zu bezaubern. Ab und zu hatte ich den Verdacht, daß sie versuchte, die tiefe Zuneigung zwischen uns zu zerstören, doch gelang ihr dies nicht. Tamsyn schien eher noch stärkere Beschützerinstinkte mir gegenüber zu entwickeln.

Am meisten beunruhigte mich Marias Wirkung auf Colum. Da ich ihn so gut kannte, spürte ich, daß er sie nun ebenso leidenschaftlich begehrte wie früher mich. Wir speisten wieder zu dritt bei flackerndem Kerzenlicht. Mir fiel auf, daß die beiden mir immer weniger Beachtung schenkten.

Es ist einfach unerträglich, hämmerte ich mir immer wieder ein. Ich muß zu meiner Mutter ziehen. Längst schon hätte ich mich ihr anvertrauen, mich von ihr beraten lassen müssen! Manchmal nahm ich an, daß die beiden schon miteinander geschlafen hatten. Dann wieder war ich mir dessen nicht sicher. Wo war Colum in den Nächten, in denen ich allein im Bett lag? War er im Roten Zimmer?

Wilde, phantastische Träume verfolgten mich. Maria tauchte darin auf, manchmal auch Colum. Ich sah die beiden eng umschlungen und erwachte dann schweißgebadet und benommen.

»Dir geht's gar nicht gut, Mutter«, sagte Tamsyn zu mir. »Soll ich dir eine Arznei aus Kräutern bereiten, wie Tante Edwina es uns beigebracht hat? Ich weiß, wie man's macht.«

»Was möchtest du mir denn zusammenbrauen, Tamsyn?«

»Die Pimpernelle bringt Fröhlichkeit, also würde ich dir das am liebsten geben, Mutter. Aber es ist noch nicht die richtige Zeit dafür. Mohn verschafft guten Schlaf, aber Mohn gibt's auch noch nicht. Aber ich habe einen Eschenzweig... Wenn wir den unter dein Kopfkissen legen, vertreibt er die bösen Geister.«

»Mein gutes Kind, ich bin schon glücklich, mit dir zusammenzusein«, sagte ich liebevoll.

»Du magst mich wirklich am liebsten«, erwiderte sie. »Ich weiß es und bin glücklich darüber. Ich werde immer auf dich aufpassen, Mutter.«

»Gott segne dich, mein Kind.«

Sie schwieg nachdenklich. »Wenn ich älter wäre, würdest du mir verraten, was dir Kummer macht, oder?«

»Nichts...«

»Doch, ich glaube, daß dir etwas Sorgen macht. Aber ich werde mich schon um dich kümmern.«

Ich drückte sie fest an mich. »Dann wird bald alles wieder gut sein«, flüsterte ich.

Maria kam in den Hof geritten, wie ich von meinem Fenster aus beobachten konnte. Sie sprang aus dem Sattel, übergab einem Knecht die Zügel und betrat das Schloß. Sicher ging sie gleich ins Rote Zimmer, überlegte ich. Zehn Minuten später tauchte Colum auf.

Ich wußte, daß auch er auf dem Weg ins Rote Zimmer war.

Was sagte er wohl zu Maria? Nein, nein, Worte waren überflüssig, denn die beiden waren ein Liebespaar. Seit zwei Wochen war er nicht mehr zu mir gekommen. Ich empfand Zorn und Ekel, weil Maria schöner und begehrenswerter für ihn war als ich. Ich haßte und fürchtete ihn. Und doch sehnte ich mich auch nach ihm. Es war unerklärlich, aber wahr.

Könnte ich doch nur mit meiner Mutter darüber reden! Ich weiß, daß sie mich verstanden hätte. Wie gern würde ich ihr davon erzählen, daß mich manchmal unvermutet panische Furcht erfaßte.

Sie liebten sich im Roten Zimmer. Hinterher unterhielten sie sich vermutlich... vielleicht sogar über mich! Aber warum sollten sie? Ich war ihnen doch gleichgültig. Es sei denn, ich stand ihnen im Weg, weil sie heiraten wollten.

Colum hatte mich satt, das wußte ich genau. Er war nicht mehr nachgiebig, wie er es früher mir gegenüber gewesen war. Ich reizte und ärgerte ihn. War es so auch mit Melanie gewesen? Er hatte sie verabscheut. Hatte er damals seine jeweilige Geliebte mit ins Schloß gebracht?

Soweit durfte es mit uns nicht kommen! Vor gar nicht langer Zeit hatte er mich so glühend begehrt, daß er viel gewagt hatte, um mich zu bekommen.

Vielleicht würde er nie mehr mit mir schlafen wollen. Ich hatte ihm nicht die vielen Kinder geboren, die er sich so sehr gewünscht hatte. Nur zwei... und eins davon war ›nur‹ ein Mädchen.

Er sehnte sich nach Söhnen, die einst sein grausiges Handwerk von ihm erlernen würden.

Ich ging zu Bett und ließ die Vorhänge offen. Waren sie geschlossen, malte ich mir aus, daß die schrecklichsten Dinge im Zimmer vor sich gingen.

Plötzlich hörte ich auf dem Korridor Schritte... langsame schleifende Schritte, die vor meiner Tür anhielten.

Der Schnappriegel wurde gehoben. »Wer ist da?« rief ich erschrocken. Es kam keine Antwort.

»Wer ist da?« wiederholte ich. Zitternd wartete ich ab. Wer konnte es sein? Vor wem hatte ich Angst? Vor Maria? Vor Colum?

Schließlich hielt ich es nicht mehr aus, ging auf Zehenspitzen zur Tür und öffnete sie.

Niemand war zu sehen.

Die Kinder schmückten die Halle mit Stechpalmenzweigen und Efeu.

Ich ging mit ihnen ins Freie, um das Weihnachtsscheit zu holen. Sie lachten und schrien vor Vergnügen, und ich wurde vorübergehend auch besserer Stimmung. Die feuchte Luft ließ mein Gesicht rosig glühen, und ich fühlte mich besser als seit langem.

Selbst das Schloß kam mir weniger kalt und abweisend vor. Endlich war Weihnachtsstimmung eingekehrt. Ich hatte mir fest vorgenommen, nach dem Fest zu meiner Mutter zu reisen und ihr alles zu erzählen. Insgeheim hoffte ich, daß sie mir den Rat geben würde, nicht ins Schloß zurückzukehren.

Ich war immer sehr vorsichtig, was mein Tagebuch – falls man es so nennen konnte – betraf. Der Gedanke, daß Colum es lesen könnte, hatte mich von Anfang an entsetzt. Doch nun wäre es eine Katastrophe gewesen! Folglich versteckte ich es immer sorgfältig an einer geheimen Stelle, wo nur ich es finden konnte.

Seit Maria zurückgekommen war, hielt ich es natürlich für noch wichtiger, meine Aufzeichnungen geheimzuhalten. Nur so hatte ich das Gefühl, völlig frei und offen schreiben zu können. Und nur so sollte ein Tagebuch ja geführt werden.

Je näher Weihnachten kam, desto mehr zeigte sich, wie verändert Colum und Maria waren. Hätte ich nicht alles genau aufgeschrieben, könnte ich mir nun fast einreden, daß ich maßlos übertrieben hatte. Doch so las ich immer wieder nach, was bisher geschehen war. Es war wirklich erstaunlich, wie sehr mir dies half, meine Lage richtig einzuschätzen.

Erstaunlicherweise war Colum äußerst wohlwollend, und auch Maria wirkte menschlicher und nicht mehr so verschlossen wie früher.

»In diesem Jahr haben wir weder deine Familie zu Besuch, noch reisen wir nach Lyon Court«, sagte Colum zu mir. »Da müssen wir uns schon was Besonderes einfallen lassen. Wir laden ein paar Komödianten ein, die uns etwas vorspielen sollen. Nun, wie findet ihr das?«

Alle waren natürlich begeistert. Die beiden Mädchen machten eine hübsche Krippe, und Tamsyn beschloß, mit Kindern aus der Nachbarschaft ein Weihnachtsspiel aufzuführen. Wir Erwachsenen waren als Zuschauer geladen.

Tamsyn war im Unterricht die Beste, und so fiel ihr die Aufgabe zu, das Stück zu verfassen. Es sollte als Pantomime aufgeführt werden, denn Connell weigerte sich hartnäckig, einen Text auswendig zu lernen. Zwei oder drei der Ritter aus der Nachbarschaft wurden dazu eingeladen, und deren Kinder durften auch Rollen übernehmen.

Senara sollte zuerst die Jungfrau Maria spielen, doch stellte sich heraus, daß sie dafür gar nicht geeignet war. Als Hirte, der den Stern im Osten sieht, bot sie dagegen einen entzückenden Anblick. Schließlich bekam Tamsyn zu meiner Freude die Rolle der Maria. Trotz des etwas zu großen Mundes und des kecken Näschens strahlte sie Lieblichkeit und Reinheit aus. Ich machte mich daran, für sie ein Kostüm zu nähen. Wieder einmal überraschte mich Maria, weil sie Stoffe beisteuerte und sogar beim Nähen half. Connell spielte einen der Heiligen Drei Könige.

Tänze, Musik und Gesänge standen auf dem Programm. Die Kinder sollten Madrigale singen, und wir würden alle einstimmen. Hinterher wollten wir hören, wie gut sie schon Laute spielen konnten.

Aus der Küche drang der köstliche Duft nach Gebratenem und Gesottenem. Es sollte gefeiert werden wie nie zuvor.

Ich gab mich tagsüber fast einem Gefühl der Sicherheit und des Wohlbehagens hin. Doch sobald ich mich in mein Schlafzimmer zurückzog, fielen mir wieder die Blicke ein, die Colum und Maria miteinander gewechselt hatten. Oder bildete ich mir dies nur ein?

Lag ich dann im Bett, überfiel mich schreckliche Angst. Ich fuhr immer wieder aus wirren, üblen Träumen auf. Es war, als ließe ein sechster Sinn mich nicht schlafen, als warnte er mich, daß es gefährlich für mich sei.

In einer Nacht, etwa eine Woche vor dem Weihnachtsfest, war ich noch furchtsamer als sonst. Nachdem ich mich schlaflos bis Mitternacht herumgewälzt hatte, zog ich mir ein Morgengewand über und setzte mich ans Fenster.

Ich konnte gerade noch die Spitzen der *Devil's Teeth* sehen, da Flut herrschte. Das sanfte Plätschern der Wellen schläferte mich ein. Doch plötzlich war ich hellwach. Ein Geräusch hatte mich geweckt. Im Halbschlaf glaubte ich zu erkennen, daß die Tür geöffnet wurde. Jemand sah zu meinem Bett hinüber. Der Riegel klickte, als er einschnappte.

Wie früher schon einmal lief ich zur Tür und schaute hinaus. Niemand war zu sehen. Vielleicht war alles nur ein böser Traum gewesen. Ich zitterte am ganzen Leibe und wagte es nicht, mich ins Bett zu legen. Eine innere Stimme riet mir, auf keinen Fall einzuschlafen.

Am Morgen sah ich bleich und übernächtigt aus. Tamsyn musterte mich mit großen, besorgten Augen. »Geht's dir nicht gut, Mutter?«

»Ich hatte böse Träume, Kind.«

Am Abend kam Jennet mit einem Schlaftrunk herein. »Der Master meint, daß Ihr dies nehmen sollt, Mistress.«

»Warum denn?«

»Er findet, Ihr habt zuviel zu tun gehabt und seid jetzt erschöpft. Er sagt, er macht sich Sorgen um Eure Gesundheit. Wenn es nicht bald besser mit Euch wird, will er den Doktor holen.«

Diese Besorgnis rührte mich zuerst, doch dann mußte ich an jenen anderen Trank denken, der mich in meiner ersten Nacht auf Schloß Paling zu Colums willenlosem Opfer gemacht hatte.

»Hat der Master den Schlaftrunk selbst zubereitet, Jennet?« fragte ich ängstlich.

»Aber nein, Mistress. Er sagte mir, ich soll ihn machen.«

»Dann weißt du also, was darin ist?«

»Freilich, Mistress. Den mach ich immer, wenn die Kinder unpäßlich sind. Ich hab die Kräuter selbst getrocknet und in gut duftenden Gläsern verschlossen, wie ich's von Eurer Mutter gelernt habe, und die hat's von ihrer eigenen gelernt. Er tut sehr gut, wenn Ihr Euch schlecht fühlt.«

»Nun gut, ich will dein Gebräu trinken, Jennet. Und schon morgen werde ich sicher wieder ganz gesund sein.«

Das Getränk hatte auf mich eine so beruhigende Wirkung, daß ich fast unmittelbar darauf einschlief.

Doch schon bald fuhr ich voller Schreck aus tiefem Schlaf auf. Jemand stand neben meinem Bett. Ich hatte das Gefühl, als ob Tausende von Ameisen über meine Haut liefen. Es war kaum etwas zu sehen, der Mond schien von Wolken verdunkelt zu sein. Hände tasteten nach mir...

»Nein!« schrie ich in Panik.

»Ich bin's, Mutter«, sagte eine sanfte Stimme.

»Tamsyn?«

Sie lachte, als sie zu mir unter die Decke schlüpfte. »Ich habe dir Furcht eingejagt, stimmt's?«

Ich drückte sie eng an mich. »Sicher habe ich vorher böse geträumt«, erwiderte ich.

»Ich hätte dich anders wecken sollen. Wie du zitterst, Mutter!«

»Warum bist du eigentlich gekommen, Tamsyn?«

»Ich machte mir Sorgen um dich und konnte nicht schlafen. Du sahst gestern so schrecklich erschöpft aus. Dann dachte ich mir, ich will zu ihr gehen und bei ihr sein. Vielleicht braucht sie mich. Und ohne weiter nachzudenken, bin ich hierhergekommen.«

»Oh, Tamsyn, ich bin sehr froh, daß du bei mir bist.«

Sie schmiegte sich an mich. »Geht es dir wirklich besser, weil ich hier bin, Mutter?«

»Viel, viel besser. Ich bin sehr glücklich...«

»Eigentlich dachte ich, daß auch mein Vater hier wäre«, sagte sie nach einer Weile leise.

»Nein. Er ist nicht immer hier, Kind.«

Sie schien nachzudenken. »Er ist viel unterwegs«, meinte sie dann zögernd. »Aber bestimmt will er dich nicht beunruhigen.«

»Damit magst du recht haben, Tamsyn.«

»Wirst du schon ein bißchen müde, Mutter?«

»Ja...«

»Dann wollen wir jetzt schlafen, denn du hast es nötig. Bald wirst du wieder so fröhlich sein wie früher.«

Schon kurz darauf schlummerte ich ein, und am nächsten Morgen fühlte ich mich tatsächlich wohler.

»Ich werde so lange bei dir im Zimmer schlafen, bis du wieder ganz gesund bist, Mutter«, sagte Tamsyn. »Ich glaube, daß du mich wirklich brauchst.« Es war natürlich unsinnig, aber mich überkam große Erleichterung. Wenn meine kleine Tochter neben mir lag, fühlte ich mich tatsächlich sicher.

Der Weihnachtstag kam heran, und die Weihnachtssänger wurden von uns willkommen geheißen. Es gab eine große Kanne mit Glühwein, von dem alle ein Glas tranken. Wir überreichten unsere Gaben und versicherten einander, die Geschenke hätten gar nicht besser ausgesucht werden können.

Am Nachmittag führten die Kinder ihr Weihnachtsspiel auf. Ich war sehr gerührt, mit welchem Ernst Tamsyn ihre Rolle spielte. Alle Darsteller erhielten viel Beifall.

Ich saß inmitten unserer Gäste und beobachtete Colum und Maria. Vielleicht war ihr Verhältnis für andere nicht so offenkundig, für mich dagegen schon. Die beiden bemühten sich, einander nicht anzusehen, schienen es dann aber nicht lassen zu können. Alles sprach für eine tiefe Leidenschaft zwischen ihnen. Nachdem die Kinder einige Stücke auf der Laute gespielt hatten, begann der große Festschmaus. Es gab Rindfleisch, Hammel, Spanferkel und Schweinskopfsülze, allerhand Pasteten und verschiedene Weine.

Alle ließen es sich nach Herzenslust schmecken. Nach dem Essen wurde getanzt. Ich fühlte mich plötzlich fast glücklich.

»Bisher ist alles gutgegangen, nicht wahr?« meinte Colum.

»Den Kindern macht alles große Freude, und das ist ja die Hauptsache«, erwiderte ich.

»Ach was! Wir haben ebensoviel Recht darauf, an Weihnachten vergnügt zu sein, wie unsere Kinder. Komm, wir wollen allein sein!« Wir streiften durchs Schloß und kletterten schließlich zu den Zinnen hinauf.

Die Aussicht war einzigartig schön. Das Meer lag ruhig da, die obersten Spitzen der *Devil's Teeth* bildeten ein bizarres Muster, und links von uns ragte der Meeresturm mit seinen brennenden Laternen auf.

Colum lehnte sich über die Brüstung. »Wie tief unten das Wasser ist«, sagte er nachdenklich.

»Ja, sehr tief«, stimmte ich zu,

Unvermittelt trat er auf mich zu und faßte mich um die Mitte. Eine Schrecksekunde lang glaubte ich, er wolle mich hinunterstürzen. Ich versteifte mich in seinen Armen.

»Ja«, sagte er langsam. »Es geht tief, sehr tief hinunter.«

Ich beugte mich etwas zurück und schaute ihn im Mondlicht an. Seine Augen leuchteten. Jetzt wird er mir erzählen, daß er Maria liebt, dachte ich.

»Meinst du nicht, wir sollten wieder zu unseren Gästen zurückkehren?« sagte ich und wunderte mich selbst darüber, wie ruhig meine Stimme klang.

»Was immer ich heute nacht haben will, bekomme ich.«

»Bist du nicht immer Herr in deinem Schloß?«

»Solltest du das endlich begriffen haben?« fragte er.

Ich lachte, und wir stiegen wieder in die Halle hinunter.

Senara hatte offensichtlich zuviel gegessen, denn es wurde ihr schlecht, und Tamsyn erbot sich, sie zu Bett zu bringen.

Einige unserer Gäste wollten für mehrere Tage im Schloß bleiben und wurden von Dienstboten zu ihren Zimmern geleitet.

Sobald ich im Schlafzimmer allein war, konnte ich dem Wunsch nicht widerstehen, rasch alles aufzuschreiben, was an diesem Tag geschehen war. Als ich Schritte vor meiner Tür hörte, legte ich hastig die beschriebenen Seiten weg. Es war Tamsyn, die seit einer Woche jede Nacht gekommen war, um bei mir zu schlafen.

»Senara fühlt sich sehr schlecht«, sagte sie. »Sie möchte gern, daß ich bei ihr bleibe, weil's ihr dann besser geht.«

»Natürlich, mein Liebes. Geh gleich wieder zu ihr.«

»Du bist heute fröhlicher gewesen als seit langem, Mutter.«

»Du hast recht. Nun lauf, und mach dir meinetwegen keine Sorgen.«

»Jennet bereitet für Senara gerade eine Arznei. Sie behauptet, damit kann man alles kurieren.«

»Morgen wird sie schon wieder obenauf sein.«

Tamsyn klammerte sich einen Augenblick an mich. »Macht es dir auch sicher nichts aus, wenn ich dich allein lasse?«

»Aber nein, Liebling. Gute Nacht. Paß gut auf Senara auf.«

Ich gab ihr einen liebevollen Kuß, und sie verließ mein Zimmer.

Dann setzte ich mich wieder hin und schrieb weiter. Ich wollte alles genau bis zu dem Augenblick schildern, in dem ich Tamsyn geküßt hatte und sie mich allein ließ. Dann würde ich meine Aufzeichnungen wie immer verstecken und zu Bett gehen.

Das Grab des unbekannten Seemanns

Die Weihnachtstage sind für mich keine glückliche Zeit: Ich kann nicht vergessen, daß meine Mutter an Weihnachten starb. Obgleich es nun schon sechs Jahre zurückliegt, erinnere ich mich so deutlich daran, als sei es erst gestern passiert.

Damals war ich zehn Jahre alt. Wir hatten einen heiteren Tag verlebt, hatten eine Pantomime aufgeführt, den Komödianten zugeschaut, gesungen und getanzt.

Immer wieder denke ich mir, daß meine Mutter nicht gestorben wäre, hätte ich in jener Nacht wie in den vorhergehenden Nächten bei ihr geschlafen. Doch leider war Senara krank geworden, und ich blieb bei ihr. Ich entsinne mich auch jener Nächte, in denen meine Mutter so froh gewesen war, mich bei sich zu haben. Ich war damals noch sehr jung und unerfahren...

Am nächsten Morgen war sie tot. Ich weiß noch genau, wie alles war. Jennet heulte und schrie, als sie zu mir gerannt kam. Sie brachte keinen vernünftigen Satz heraus. Völlig verstört lief ich ins Zimmer meiner Mutter. Dort lag sie im Bett und sah gar nicht mehr so aus wie sonst, sondern starr und bleich. Ihre Wange war eiskalt, als ich darüberstrich. Das merkwürdigste war, daß es keinerlei Anhaltspunkte dafür gab, woran sie gestorben war.

Der herbeigerufene Arzt meines Vaters meinte, ihr Herz habe versagt, da auch ihm kein besserer Grund einfiel.

Mein Vater erklärte, daß sie sich schon seit Wochen unpäßlich gefühlt habe. Er sei sehr besorgt um sie gewesen. Das konnten wir alle bestätigen.

Ich war ganz krank vor Zorn auf mich, denn ich war überzeugt davon, daß sie am Leben geblieben wäre, wenn ich sie nicht allein gelassen hätte. In der Zeit vor Weihnachten hatte ich gespürt, daß meine Mutter Angst hatte.

Unter den Dienstboten gab es viel Gerede und Geflüster, das jedoch immer verstummte, sobald ich in die Nähe kam.

Sie sagten dann rasch etwas ganz Unwichtiges, so daß ich sicher war, sie hatten schnell das Thema gewechselt.

Meine Großmutter kam aus Lyon Court herübergeritten. Sie war ebenso verzweifelt und verwirrt wie ich. Sie nahm mich in die Arme, und wir weinten gemeinsam. »Es darf nicht sein«, wiederholte sie immer wieder. »Linnet war doch viel zu jung. Wie konnte das bloß geschehen?«

Mein Großvater und meine Onkel Carlos, Jacko und Penn waren auf hoher See. Nur Tante Edwina kam, die anscheinend unter großer Anspannung stand. Sie sagte schluchzend, daß sie etwas hätte unternehmen müssen, denn sie habe es ja kommen sehen. Da sie nichts weiter erklärte, wußten wir nicht, was sie damit meinte. Sie war zu traurig und auch zu aufgeregt, um sich klar zu äußern. Ich fühlte mich besonders zu ihr hingezogen, da sie sich auf ganz ähnliche Weise mit Gewissensbissen herumzuschlagen schien wie ich.

In unserer alten normannischen Schloßkapelle wurde ein Gottesdienst abgehalten, und man begrub meine Mutter neben dem Grab eines unbekannten Mannes, der nach einem Schiffsunglück an Land geschwemmt worden war. Auf der anderen Seite lag die erste Frau meines Vaters.

Ich hatte meine Mutter mehr als jeden anderen Menschen geliebt. Ich sagte meiner Großmutter, daß ich über dieses Unglück bestimmt nie hinwegkommen würde.

Sie strich mir liebevoll übers Haar. »Der Schmerz wird mit der Zeit erträglicher werden, Tamsyn, für dich wie für mich, obwohl wir uns das jetzt nicht vorstellen können.«

Ich sollte mit ihr nach Lyon Court reiten, denn dort würde die erste schwere Zeit leichter für mich zu ertragen sein, wie sie meinte. Ich war gern damit einverstanden. Immer wieder sah ich meine Mutter so vor mir wie an jenem letzten Abend, als ich in ihr Zimmer gekommen war. Es hatte mir geschienen, als habe sie gerade etwas versteckt. Aber vielleicht bildete ich mir das auch nur ein.

Senara meinte, ich solle mir keine Vorwürfe machen. Da ihr so übel geworden war, sei es doch ganz natürlich gewesen, daß ich bei ihr blieb. Meine Mutter sei ja nicht wirklich krank gewesen. Jedenfalls habe niemand etwas davon gewußt.

»Was hättest du denn schon tun können?« fragte sie. Ich konnte Senara nicht erklären, weshalb ich ein solch ungutes Gefühl hatte. Eins war mir klar: Meine Mutter hatte mir irgend etwas verschwiegen. Hätte sie es mir verraten, wäre vielleicht alles anders gekommen.

Als meine Großmutter mir vorschlug, sie nach Lyon Court zu begleiten, erklärte ich ihr, daß ich Senara nicht allein lassen wolle. Sie sah dies sofort ein und meinte, auch Senara könne gerne mitkommen. Senara war begeistert, denn auch sie fühlte sich nicht mehr wohl auf Schloß Paling. Mein Vater hatte nichts dagegen einzuwenden. Er war überhaupt so ruhig und freundlich, wie ich ihn nie zuvor erlebt hatte.

Es war für mich tatsächlich ein Trost, in Lyon Court sein zu können. Dort wirkte alles offener, fröhlicher und fortschrittlicher als bei uns im Schloß. Meine Großmutter lachte, weil ich so sehr von Lyon Court schwärmte. Ihrem Geschmack nach war es viel zu überladen. Doch für mich war es ein Haus, das stolz auf sich zu sein schien, und das gefiel mir gut.

Der Garten war wegen seiner Schönheit in der ganzen Gegend berühmt, und mein Großvater legte großen Wert darauf, daß es auch so blieb. Natürlich war jetzt nichts von all der Blumenpracht zu ahnen, doch ich wußte ja von früher, wie wundervoll die Anlagen im Frühling und Sommer blühen würden.

Vom Haus aus konnten wir bis nach Plymouth hinübersehen und beobachten, wie die Schiffe ein- und ausliefen. Senara trauerte natürlich nicht so sehr um meine Mutter wie ich, obwohl auch sie ihr von Herzen zugetan gewesen war. Ab und zu mußte sie über etwas lachen, dann schaute sie mich immer ganz schuldbewußt an, doch ich beruhigte sie. Meiner Mutter wäre es bestimmt nicht recht gewesen, wenn wir nur getrauert hätten.

Meine Tante Damask war erst fünfzehn und kümmerte sich rührend um uns. Aber sie wirkte oft geistesabwesend, da sie an ihre Schwester – und meine Mutter – denken mußte, die sie sehr geliebt hatte.

Wenn ich mich an jene Zeit in Lyon Court zurückerinnere, ist mir deutlich bewußt, wie traurig wir alle waren. Senara und ich konnten unserem Kummer nicht entfliehen, indem wir Schloß Paling verließen. In Lyon Court erinnerte alles viel zu sehr an meine Mutter.

Im Februar wurden die Landors erwartet, die auf einer Reise einen kurzen Abstecher zu uns machen wollten. Ich wußte, daß die Landors mit meinem Großvater geschäftlich verbunden waren. Ich wußte auch, daß mein Vater der ganzen Sache zweifelnd gegenüberstand, denn mir war sein spöttisches Lächeln nicht entgangen, als die Rede auf das Unternehmen gekommen war.

Senara und ich saßen im Garten bei Damask, die eine neues Lied auf der Laute einübte. Sicher wollte sie mich dadurch auch ein wenig von meinem Kummer ablenken. Plötzlich hörten wir

Hufschlag und fremde Stimmen. Damask brach mitten in der Melodie ab.

»Wer das wohl ist?« meinte sie neugierig.

Senara sprang auf und wollte gleich selbst nachsehen, was los war, denn sie war sehr lebhaft und etwas unbeherrscht.

»Wir sollten lieber warten, bis man uns ruft, nicht wahr?« fragte ich Damask.

Damask nickte. »Wir bekommen viel Besuch. Wie ist das eigentlich bei euch auf dem Schloß?«

Ich dachte an unsere Besucher. Zu Weihnachten und bei anderen Festlichkeiten wurden die Ritter der Umgebung eingeladen. Es gab allerdings auch überraschenden Besuch. Doch das waren dann Männer, die mit meinem Vater über geschäftliche Angelegenheiten sprechen wollten. Meine Mutter schien immer unruhig zu werden, wenn sie im Haus waren.

»Wenn mein Vater nicht auf See ist, haben wir meistens Gäste von morgens bis abends«, fuhr Damask fort.

Ich war froh, daß er nicht da war, denn er würde seinem Kummer über den Tod der Tochter sicher lautstark Ausdruck gegeben haben. Bestimmt würde er auch nach einem Schuldigen suchen und wahrscheinlich wissen wollen, warum keine Ärzte gerufen worden waren. Und ganz sicher gab er dann meinem Vater die Schuld.

Ich bin heute der Meinung, daß es mir damals am meisten geholfen hat, Fenn Landor kennenzulernen. Er war wie ich zehn Jahre alt, hatte ein hübsches, offenes Gesicht und ernste blaue Augen. Vermutlich wählte er mich zu seiner bevorzugten Spielkameradin, weil ich gleichaltrig war. Senara war zu jung, Damask etwas zu alt. Durch Fenn begann ich wieder Teilnahme am Leben zu gewinnen.

Er war gern mit mir allein, weil wir uns gut unterhalten konnten. Am meisten ärgerte es ihn, daß er noch so jung war. Wir lagen oft auf den Klippen über dem Meer und ritten manchmal auch gemeinsam aus. Meine Großmutter schien unser Zusammensein zu billigen, vielleicht auch deshalb, weil ihr klar war, daß Fenn mehr für mich tun konnte als alle anderen. Er gehörte nicht zu meinem bisherigen Leben und erinnerte mich folglich nicht an meine Mutter.

Fenn erzählte viel von seinem Vater, der seiner Meinung nach der beste aller Männer gewesen sei. »Er war nicht so grob und prahlerisch wie viele Seeleute. Nein, er war gut und edel. Am meisten haßte er das Morden. Daher hat er auch in seinem ganzen Leben niemanden getötet. Er wollte den Menschen nur Gutes tun.«

»Was ist mit ihm geschehen?«

»Es heißt, er sei für immer verschollen, aber ich glaub's nicht. Bestimmt kommt er eines Tages wieder nach Hause. Wir haben bisher täglich auf ihn gewartet... Jeden Morgen beim Aufwachen sage ich mir: Heute ist der große Tag, an dem ich ihn wiedersehe!«

Ich konnte Fenn die Verzweiflung anmerken und hätte ihn zu gern getröstet. Obwohl er behauptete, sein Vater sei noch am Leben, befürchtete er insgeheim doch, daß es nicht so war.

»Das Schiff meines Vaters hieß ›Landors Löwe‹. Es gehörte zu einer gemeinsamen Handelsschifffflotte der Pennlyons und Landors.«

»Schiffe verspäten sich oft monatelang.«

»Das ist richtig. Aber dieses wurde schon im Oktober in Küstennähe gesichtet. Und kurz darauf gab es einen gewaltigen Sturm.«

»Ja, ich erinnere mich an den Sturm«, erwiderte ich. »Trotzdem darfst du nicht die Hoffnung aufgeben! Vielleicht hat man gar nicht das Schiff deines Vaters, sondern ein anderes gesehen. Da kann man nie sicher sein.«

Er nickte und erzählte mir gleich darauf von der Ostindischen Gesellschaft, die vor kurzem gegründet worden war und an deren Erfolg Captain Landor maßgeblich beteiligt war.

»Weißt du, es war nämlich seine Idee. Lange vor meiner Geburt fing das Ganze schon an. Nach dem Sieg über die Armada fand er, daß friedliche Handelsbeziehungen viel besser seien, statt ständig neue Kriege zu führen.«

»Wie lange mußt du noch warten, bis du bei deinem Vater mitmachen kannst?« fragte ich absichtlich, um ihn in dem Glauben zu bestärken, Captain Landor lebe noch.

Ein plötzliches Lächeln verzauberte sein Gesicht. Wie schön er aussah, wenn er an etwas Beglückendes dachte!

»Mit sechzehn kann ich anfangen... also in sechs Jahren.«

Da auch er einen geliebten Menschen verloren hatte, konnte ich ihm leichter vom Tod meiner Mutter erzählen als jedem anderen. Es schien uns beide etwas zu trösten, daß wir in gewisser Weise das gleiche Schicksal hatten.

Ich brachte ihn dazu, mir immer mehr über die Schiffe und die Gesellschaft zu berichten. Sein Vater hatte anscheinend viel mit seinem Sohn besprochen. Ich konnte mir den Captain gut vorstellen. Sicher war er ein Vater, vor dem Kinder keine Angst haben, für den sie aber viel Liebe und Achtung empfinden. Einen solchen Vater zu haben war ein großes Glück, ihn zu verlieren dafür um so schrecklicher.

Einmal überlegten Fenn und ich, warum wir uns nicht eigentlich schon früher kennengelernt hatten, obwohl wir doch beide häufig in Lyon Court zu Besuch waren.

Während meines Aufenthaltes passierte etwas sehr Merkwürdiges, das ich nie mehr vergessen konnte.

Senara, Damask und ich schliefen in einem großen Zimmer mit drei Betten. Eines Nachts lag ich wieder einmal schlaflos da – seit meiner Mutter Tod geschah dies sehr häufig –, denn ich träumte oft von ihr und wachte dann ganz verzweifelt auf. Ich war aus einem Alptraum hochgefahren und wußte nicht gleich, wo ich mich eigentlich befand. Dann erkannte ich die vertraute Umgebung wieder und beruhigte mich etwas.

In der Stille glaubte ich leises Weinen zu hören. Ich stand auf, hüllte mich in einen Umhang und ging auf den Korridor. Das Weinen schien aus dem Nachbarzimmer zu kommen. Ich klopfte leise an, bekam aber keine Antwort. Als ich vorsichtig die Tür öffnete, sah ich Fenns Großmutter am Fenster sitzen. Über ihr Gesicht liefen helle Tränen, wie ich im Mondlicht deutlich sehen konnte.

Sie zuckte zusammen, als sie mich bemerkte. »Entschuldigung«, sagte ich rasch. »Ich hörte Euer Schluchzen. Kann ich Euch irgendwie helfen?«

»Tamsyn«, flüsterte sie. »Habe ich dich aufgeweckt?«

»Ich konnte ohnehin nicht schlafen«, beruhigte ich sie.

»Armes Kind, dich plagt auch ein großer Kummer. Du hast deine Mutter verloren und ich Tochter und Sohn«

»Vielleicht ist er gar nicht ertrunken...«

»O doch! Fennimore erscheint mir oft im Traum. Seine Augenhöhlen sind leer, und Fische schwimmen um ihn herum. Er liegt tief auf dem Meeresgrund, und ich sehe meinen geliebten Sohn nie wieder!«

Ihr starres Gesicht wirkte fast beängstigend auf mich. Ich spürte, daß ihre Trauer wie eine Krankheit war, die sie fest in den Klauen hielt.

»Mein Sohn... und meine Tochter«, flüsterte sie vor sich hin.

»Eure Tochter ist auch tot?«

»Meine Tochter ist ermordet worden«, stieß sie hervor.

»Ermordet!« wiederholte ich entsetzt.

Sie hielt den Atem an. »Mit dir darf ich nicht über meine Tochter reden, kleine Tamsyn Casvellyn«, sagte sie dann.

»Ihr könnt mit mir über alles sprechen, wenn es Euch etwas tröstet«, widersprach ich.

»Mein liebes, armes Kind.«

Ich mußte plötzlich weinen. Sie brachte mir im Gegensatz zu Fenn meinen schrecklichen Verlust überdeutlich zu Bewußtsein. Ich stand wieder an jenem Weihnachtsmorgen vor dem Bett meiner Mutter, auf dem sie bleich und tot lag.

Fenns Großmutter zog mich in die Arme und wiegte mich wie ein kleines Kind hin und her. »Das Leben ist zu uns beiden grausam gewesen, grausam...«

»Wann ist Eure Tochter gestorben?« fragte ich nach einer Weile.

»Bevor du geboren wurdest... es mußte sein, bevor du geboren wurdest.«

Ich verstand nicht, was sie meinte.

»Sie wurde von ihrem Mann ermordet. Er ist ein Mörder. Eines Tages wird ihn sein Schicksal ereilen. Du wirst es sehen. Ich bin ganz sicher. Und nun ist mir auch noch mein wunderbarer Sohn genommen worden... vom Meer. Er war viel zu jung. Warum mußte das nur geschehen? Er war schon in sicherer Nähe der Küste...«

»Vielleicht wird er doch noch zurückkommen.«

»Niemals. Ich werde sein Gesicht nie wiedersehen.«

»Immerhin habt Ihr noch Hoffnung«, wandte ich ein.

Ich dagegen habe keine Hoffnung, dachte ich trostlos. Ich war dabei, als meine Mutter ins Grab gelegt wurde. Deutlich sah ich plötzlich die Familiengrabstätte neben dem Turm vor mir...

Mrs. Landor begann nun Näheres von ihrem Sohn und ihrer Tochter zu erzählen und steigerte sich immer mehr in Erregung. Ich versuchte sie zu trösten, doch sie jammerte nur um so lauter.

Ich wußte nicht, was ich tun sollte. Sie war so aufgeregt, daß ich fürchtete, sie sei ernsthaft krank. Zuletzt klammerte sie sich an mich, doch es gelang mir schließlich, mich loszureißen. Dann lief ich zum Zimmer meiner Großmutter.

Ich weckte sie und erzählte ihr, was geschehen war.

»Die arme Frau! Das spurlose Verschwinden ihres Sohnes hat den Verlust ihrer geliebten Tochter natürlich noch unerträglicher gemacht. Sie gibt sich zu sehr ihrem Schmerz hin. Ich fürchte, ihr Geist ist bereits gestört.«

Als wir gemeinsam zu ihr gingen, hatte sie die Hände vors Gesicht geschlagen und weinte immer noch vor sich hin.

»Geh wieder ins Bett, Tamsyn«, sagte meine Großmutter, doch ich gehorchte nicht. Ein Gefühl sagte mir, ich könnte vielleicht etwas für Mistress Landor tun.

»Komm, Janet«, bat meine Großmutter und nahm die Weinende beim Arm. »Du mußt dich jetzt hinlegen. Ich werde dir etwas bringen, damit du schlafen kannst.« Ich stützte die alte Frau von der anderen Seite, und es gelang uns, sie zum Bett zu führen.

»Versuch zu schlafen«, fuhr meine Großmutter fort. »Grüble nicht dauernd! Wir können uns selbst und anderen am besten dadurch helfen, daß wir unseren Kummer zu unterdrücken versuchen.«

Ich war sehr stolz auf sie, da ich genau wußte, wie sehr sie unter dem Tod ihrer Tochter litt. Ich wollte gern ebenso tapfer sein wie sie.

»Ist die Mutter dieses Kindes auch ermordet worden?« brachte Janet Landor stockend heraus.

Meine Großmutter ergriff mich beim Arm. »Sie phantasiert«, flüsterte sie mir zu. »Geh jetzt bitte, Tamsyn! Ich kümmere mich schon um Janet. Gute Nacht.«

Ich lief in mein Zimmer hinüber. Ein Satz ging mir nicht aus dem Kopf: »Ist die Mutter dieses Kindes auch ermordet worden?«

Sie hatte damit anscheinend meine Mutter gemeint. Aber was konnte das bedeuten?

Nein, sie mußte doch von einer anderen gesprochen haben. Außerdem war sie nicht mehr ganz bei sich und phantasierte, wie meine Großmutter mir erklärt hatte.

Ich bekam Mistress Landor einige Tage lang nicht zu Gesicht. Als ich das nächste Mal mit ihr sprach, war sie wieder ruhig und teilnahmslos. Erst viel später habe ich mich überdeutlich an diesen nächtlichen Zwischenfall erinnert.

Senara und ich blieben bis zum Frühling in Lyon Court. Als wir im Mai aufs Schloß zurückkehrten, erwartete uns eine Überraschung. Mein Vater hatte wieder geheiratet. Senaras Mutter war nun meine Stiefmutter.

Nach der Zeit in Lyon Court wirkte Schloß Paling auf mich völlig fremd. Alles schien sich während unserer Abwesenheit geändert zu haben, und der Einfluß meiner Mutter war kaum noch zu spüren. Etwas anderes, aber ich hätte nicht zu sagen gewußt, was es war, war an seine Stelle getreten.

Auch die Einrichtung war nicht mehr die gleiche. Das Schlafzimmer, das meine Mutter und mein Vater bewohnt hatten, sah nun ganz anders aus. Am Bett und an den Fenstern hingen schwere Samtvorhänge, die dem Raum einen düsteren Reiz verliehen. Das Rote Zimmer war im Gegensatz dazu völlig unberührt gelassen worden, und auch das kleine Kabinett meiner Mutter, in dem sie sich so gern aufgehalten hatte, war unverändert. Auf dem schweren Eichentisch stand wie eh und je ein Schreibpult aus Sandelholz.

Senara war insgeheim stolz darauf, daß ihre Mutter nun nicht mehr ein etwas geheimnisvoller Gast war, sondern die unumstrittene Herrin des Hauses. Senara war sich früher als nicht ganz dazugehörig vorgekommen, weshalb ich ihr immer wieder versichert hatte, daß sie meine Schwester sei.

Die Dienstboten schienen auch nicht mehr die alten. Sie flüsterten in den Ecken miteinander und bekreuzigten sich ständig, als suchten sie auf diese Weise Schutz vor dem bösen Blick. Ich wußte, daß sie vor meiner Stiefmutter Maria Angst hatten. Manchmal glaubte ich, daß sogar mein Vater sie etwas fürchtete.

Ich konnte ein gewisses Gefühl der Abneigung nicht ganz unterdrücken. Erstens schmerzte es mich, eine andere Frau an Stelle meiner Mutter zu sehen. Zweitens fand ich, daß alles zu schnell gegangen sei. Bereits drei Monate nach dem Tod seiner Frau hatte mein Vater Maria geheiratet! Daß sie schon davor im Schloß bei ihm gelebt hatte, berührte mich besonders unangenehm.

Mein Vater hatte mich nie besonders beachtet. Sein Liebling war Connell. Um Mädchen kümmerte er sich nicht – das galt auch für seine eigene Tochter. Er ging mir soviel wie möglich aus dem Weg, als bringe ihn meine Anwesenheit in Verlegenheit. Schließlich wußte er ja, wie sehr ich meiner Mutter zugetan gewesen war.

Zuerst versuchte Senara sich wichtig zu machen, aber das gab sich bald wieder. Unsere Freundschaft war zu fest, als daß sie ernstlich hätte gestört werden können.

Mein Vater hatte für einen Lehrer gesorgt, der uns an Stelle meiner Mutter unterrichten sollte. Er hieß Master Eller und kam mir sehr alt vor, dabei war er wohl nicht älter als fünfundvierzig.

Er war gewissenhaft und streng. Selbst Connell wurde zur Aufmerksamkeit gezwungen, obwohl er die Unterrichtsstunden haßte und fand, daß er mit seinen zwölf Jahren schon darüber erhaben sei.

Jennet hatte sich kaum verändert, nur schien sie gealtert. Sie war ja nur ein Jahr jünger als meine Großmutter und hatte meine Mutter wohl wie ihre eigene Tochter geliebt. Sie redete jetzt viel mit sich selbst und konnte, wie es schien, meine Stiefmutter nicht leiden, wagte allerdings nicht, dies offen zu zeigen.

Viele Leute hatten Angst vor meiner Stiefmutter. Sie war eben an Halloween aufgetaucht – wenn die Hexen unterwegs sind. Es war für jeden offenkundig, daß sie sich von anderen Menschen unterschied. Sie schien nie ärgerlich zu werden. Wenn ihr etwas mißfiel, dann begannen ihre Augen jedoch auf eine Weise zu glitzern, die genauso beängstigend war wie die lauten Wutausbrüche meines Vaters. Das Schloß schien jetzt mehr denn je voll düsterer Schatten, und Jennet, die so fröhlich und zufrieden mit dem Leben gewesen war, lief nun ständig trübsinnig herum.

Einmal ließ sie sich in meiner Anwesenheit gehen und weinte.

»Ich habe deine Mutter in den Armen gehalten, als sie ein kleines Kind war. Deine Großmutter war zwar gut zu mir, aber oft auch sehr streng. Mehr als einmal hat sie die Hand gegen mich erhoben. Aber Mistress Linnet... die nie, nein, niemals.«

Im nächsten Augenblick bekreuzigte sie sich. »Gott helfe uns allen«, sagte sie mit dumpfer Stimme. »Der Platz der guten Mistress Linnet – eingenommen von einer...«, dann schaute sie furchtsam über ihre Schulter und biß sich auf die Lippen, »...von einer anderen.«

Einmal hörte ich einen Dienstboten von meinem Vater sagen: »Der Master ist verhext von ihr.«

Ab und zu fühlte ich den Blick von Marias schwarzen Augen auf mir ruhen. Vermutlich war ich ihr ein Rätsel. Sie hatte sicher erwartet, daß ich offen meinen Haß zeigte, weil sie den Platz meiner Mutter eingenommen hatte. Haß auf sie würde jedoch nicht meine geliebte Mutter zurückbringen. So gab ich auch niemandem die Schuld an meinem Kummer. Als Maria das begriffen hatte, übersah sie mich meist, und ich war froh darüber. Obgleich sie Senara nie offen ihre Zuneigung zeigte, schien sie doch sehr besorgt um ihre Zukunft und legte großen Wert darauf, daß Master Eller eine gebildete Lady aus ihr machte. Sie stellte zudem einen jungen Mann ein, der uns in Gesang und Tanz unterrichten sollte. Er hieß Richard Gravel, doch wir nannten ihn alle Dickon. Er spielte Laute und Virginal mit einer Meisterschaft, die einen entweder zu Tränen rührte oder aber in heiterste Stimmung versetzte. Außerdem tanzte er mit solcher Eleganz, daß man den Blick nicht von ihm wenden konnte. Senara war besonders begeistert von ihm und zeigte sich als eifrige Schülerin. Es kam mir in den Sinn, daß Maria wohl nicht glaubte, Senara werde ihr ganzes Leben auf dem Lande verbringen. Sie wurde erzogen wie eine künftige Hofdame.

Es ist wirklich erstaunlich, wie rasch junge Menschen sich in eine neue Lage fügen. Bevor noch das Jahr um war, hielt ich Schloß Paling nicht mehr für ein merkwürdiges, befremdliches Zuhause. Es war jedoch nicht etwa so, daß ich meine Mutter vergessen hätte. Ich ging sehr häufig an ihr Grab und brachte Blumen dorthin. Da es mir unrecht erschienen wäre, die anderen beiden Gräber ungeschmückt zu lassen, legte ich auch dort einige Blüten nieder.

Als besondere Zierde pflanzte ich auf das Grab meiner Mutter einen Rosmarinstrauch. Als ich ihn einsetzte, hatte ich plötzlich den Eindruck, daß meine Mutter nicht ganz verloren für mich war. Sie schien mir allzeit nahe zu sein, besonders, wenn ich ihre Hilfe brauchte.

Unser Tag war nun ganz anders eingeteilt. Den größten Teil verbrachten wir mit den Unterrichtsstunden von Master Eller und Dickon. Wir ritten auch viel in Begleitung von Pferdeknechten aus und besuchten regelmäßig Lyon Court. Meine Großmutter kam nie zu uns. Vermutlich wollte sie die dritte Frau meines Vaters nicht sehen. Wenn ich einen Besuch in Lyon Court machte, begleitete Senara mich jedesmal, denn es war für uns beide undenkbar, getrennt zu werden. Wir stritten uns allerdings ab und zu, da wir von sehr unterschiedlichem Naturell waren, ich ruhig, ernst und nicht leicht zu ärgern, Senara fröhlich und alles andere als geduldig. Sie haßte ernsthaften Unterricht, und Master Eller verzweifelte schier an ihr. Virginal und Laute spielte sie ausnehmend gut, sie sang schön und tanzte so graziös, daß es ein Vergnügen war, sie dabei zu beobachten.

Da ich leidenschaftlich gern Bücher las, fühlte sich Senara manchmal ausgeschlossen und war geradezu eifersüchtig auf meine Lektüre. Trotz all dieser Unterschiede waren wir sehr glücklich miteinander.

Als ich dreizehn Jahre alt war, starb die Königin. Ich war

damals, im März des Jahres 1603, gerade zu Besuch bei meinen Großeltern. Ich war sehr traurig, weil mir durch den Tod der Königin zum ersten Mal bewußt geworden war, wie alt meine Großeltern waren. Meine Urgroßmutter war in hohem Alter kurz nach meiner Mutter gestorben. Dies war ein zweiter schwerer Schlag für meine Großmutter gewesen, da sie ihre Mutter im fernen London trotz der seltenen Zusammenkünfte sehr geliebt hatte.

Vielleicht würden noch mehr sterben? »So was passiert nicht nur einmal«, prophezeite Jennet.

Mein Großvater, der unternehmungslustige Kapitän, fuhr nicht mehr zur See. Er war nun schon über siebzig, saß stundenlang am Hafen und schaute aufs Meer hinaus. Sicher dachte er dann an seine vielen abenteuerlichen Reisen. Er mußte am Stock gehen, da sein linkes Bein steif wurde.

Meine Onkel Carlos und Jacko saßen oft mit ihrem Vater zusammen in Lyon Court und berichteten ihm von ihren letzten Unternehmungen. Sie waren ihrem Vater in tiefer Liebe und Verehrung zugetan. Auch Edwina war mit ihren Söhnen oft zu Besuch in Lyon Court. Damask stand kurz vor der Hochzeit mit einem Kapitän der Handelsgesellschaft. Mit einer gewissen Traurigkeit merkte ich, daß sich alles änderte – ein bißchen hier und ein bißchen da, bis das ganze Bild plötzlich anders war. – Am Todestag der Königin saßen wir mit einigen Gästen am großen Tisch in der Halle. Der zukünftige Ehemann von Damask war mit seinen Eltern und einigen anderen Seeleuten, die für die Handelsgesellschaft arbeiteten, zum Essen geladen.

Das Gespräch drehte sich natürlich um die Königin. Was war sie doch für eine große Herrscherin gewesen! Nach ihrem Tod würde sich bestimmt vieles ändern... Im Grunde konnte sich keiner vorstellen, wie es ohne sie weitergehen sollte. England ohne Königin Elisabeth – undenkbar!

Mein Großvater hatte sie immer verehrt. Für ihn war sie das lebende Symbol Englands. Sie hatte ihn einst zu sich rufen lassen, und er war die Themse flußaufwärts nach Greenwich gesegelt, wo sie ihn huldvoll empfangen hatte. Dies war noch vor dem Sieg über die Armada gewesen. Die Königin wußte genau, von welchem Nutzen Männer wie Jake Pennlyon für sie sein konnten. Sie hatte ihn wegen seiner Seefahrten gerühmt und durchblicken lassen, sie erwarte von ihm, daß er weiterhin die Spanier ausplündere, die erbeuteten Schätze nach Hause bringe und dafür sorge, daß auch das Land seinen Teil davon bekomme. Zur gleichen Zeit machte sie die Spanier glauben, daß sie ihre räuberischen Seeleute scharf bestrafe. Meinem Großvater hatte das natürlich imponiert, und es hatte auch seiner Eitelkeit geschmeichelt. Er hatte immer wieder erklärt, daß er für Königin Elisabeth sein Leben geben würde.

Nun war sie tot. Wir hatten immer gespannt den vielen Geschichten gelauscht, die über sie erzählt wurden. Sie war so eitel, daß sie, obwohl sie gemalte Wangen hatte und Perücken trug, den Höflingen geglaubt hatte, die ihr einredeten, sie sei die schönste Frau der Welt. Sie hatte den Grafen von Essex glühend geliebt und dennoch hinrichten lassen. Bis zu ihrem Tod hatte sie erwartet, daß Männer in Liebe zu ihr entbrannten. Taten sie es nicht, hielt sie die Unglücklichen für Verräter. Wie wütend war sie immer gewesen, wenn diese Männer heirateten oder sich Geliebte nahmen, obwohl sie selbst nie die Absicht gehabt hatte, auch nur das kleinste Stück ihrer Herrschaft durch eine Heirat aufzugeben. Sie hatte dreihundert Gewänder in ihren Schränken, war cholerisch, schlau und gerissen, grausam, aber auch liebenswürdig. Wie auch immer sie gewesen war – auf jeden Fall war sie eine große Königin!

»Wir werden nie wieder eine Herrscherin haben wie sie«, murmelte mein Großvater trübsinnig.

Sie war nach Richmond gefahren, als sie schwer erkrankte, denn sie hoffte, daß die Ruhe dort und die gute Luft ihr Genesung bringen würden. Zuerst schien es auch so, doch dann war eine schwere Benommenheit über sie gekommen. Sie hatte die fixe Idee, sie könne nie wieder aufstehen, falls sie sich ins Bett legte. Deshalb ließ sie die Dienstboten viele Kissen auf dem Boden ausbreiten.

Captain Stacy, der Vater von Damasks Verlobtem, war erst kürzlich aus London gekommen und wußte daher das Neueste. Angeblich hatte die Königin eindeutig bestimmt, wer ihr Nachfolger werden solle. Sie hatte zu ihrem Minister Cecil gesagt: »Mein Thron ist der Thron von Königen gewesen, und ich will von keinem Gauner abgelöst werden.«

»Ihre Majestät meinte mit ›Gauner‹ jemanden, der nicht königlichen Geblüts ist«, sagte Stacy. »›Niemand als ein König soll mein Nachfolger werden‹, hat die Königin noch gesagt.«

»Sie bezog sich dabei sicher auf König Jakob von Schottland, den Sohn ihrer alten Feindin Maria Stuart«, sagte meine Großmutter. »Ich halte dies für eine ausgezeichnete Wahl, denn er ist ja wirklich der rechtmäßige Erbe.«

»Außerdem ist er trotz seiner papistischen Mutter ein guter Protestant«, fügte mein Großvater hinzu.

Königin Elisabeth war siebzig Jahre alt geworden und hatte fünfundvierzig Jahre lang regiert.

Nun bekamen wir einen neuen Monarchen: König Jakob I., der Jakob VI. von Schottland gewesen war.

»Ich wünschte, meine Mutter hätte diesen Tag noch erleben können«, sagte meine Großmutter. »Diese Verbindung von England und Schottland wird uns vielleicht den Frieden bringen. Ihr Leben lang sehnte sie sich nach Frieden, doch immer waren Kriege im Land – Religionskriege.«

»Glaubst du, daß das nun ein Ende hat, Großmutter?« fragte ich.

Sie schaute mich traurig an und schüttelte den Kopf.

Es wurde viel von unserem neuen König und dessen Gemahlin gesprochen. Zu Beginn der neuen Regentschaft ist jeder Bürger hoffnungsvoll gestimmt. Und so glaubte man nun auch in England, daß die früheren Mißstände verschwinden würden. Die Nachrichten, die wir über unseren neuen König erhielten, waren sehr unterschiedlich. Die einen hielten ihn für klug und weise; er galt gar als ein ›britischer Salomon‹. Einige erhofften von ihm auch, daß die grausamen Gesetze gegen die Katholiken gemildert würden, da ja seine eigene Mutter eine glühende Katholikin gewesen war. Es würde sich natürlich erst mit der Zeit herausstellen, was für einen König wir bekommen hatten. Als er mit seiner Frau nach England kam, lebte leider Gottes das Interesse an Hexen wieder neu auf.

Dreizehn Jahre zuvor hatte Anna von Dänemark nach England reisen wollen, um dort als Gemahlin König Jakobs von Schottland zu residieren. Sie war ihm bereits durch einen Stellvertreter anvertraut worden, und eine große Flotte wurde aufgeboten, um sie zu ihrem Gemahl zu bringen. Im September 1589 verließ sie mit dem Großzeremonienmeister und elf Begleitschiffen den dänischen Heimathafen. Als sie sich der schottischen Küste näherten, brach ein schrecklicher Sturm los, so daß die Schiffe in Seenot gerieten. Sie wurden an die norwegische Küste abgetrieben. Nach einiger Zeit beruhigte sich das Wetter, und sie machten sich zum zweiten Mal auf. Doch kaum näherten sie sich Schottland, als wieder ein Sturm aufkam und sie erneut zurücktrieb.

Peter Munch, der dänische Admiral, hegte von da an keinen Zweifel mehr, daß Hexerei im Spiel war. Er brachte Königin Anna nach Dänemark zurück und begann darüber nachzusinnen, wer der Schuldige sein könnte. Er hatte verschiedene Leute in Verdacht. Da diese jedoch allesamt Männer waren, Hexerei üblicherweise aber dem weiblichen Geschlecht zugeschrieben wurde, ließ er die Frauen der Verdächtigen verhaften. Nachdem sie lange genug gefoltert worden waren, gestanden sie ihre Schuld ein und wurden lebendig verbrannt.

Wieder machten sich die Schiffe nach Schottland auf den Weg, und wieder brachen Stürme los, sobald die neue Heimat Königin Annas in Sicht kam. Erneut wurden sie nach Norwegen abgetrieben.

Da es inzwischen Winter geworden war, wagte der Admiral keinen vierten Versuch.

Aber es gab noch einen anderen Zwischenfall. Jane Kennedy, die Maria Stuart, Königin von Schottland, lange Jahre gedient hatte, heiratete Sir Andrew Melville, einen treuen Anhänger der verstorbenen Königin. Beide wurden von Jakob hoch geachtet und geschätzt und er ernannte Jane sofort zur ersten Hofdame seiner jungen dänischen Gemahlin, die bald eintreffen sollte. Die frischgebackene Lady Melville machte sich unverzüglich auf den Weg zum Königspalast, mußte dabei aber den Leith Ferry überqueren. Kaum hatte sie die kurze Überfahrt angetreten, als sich starker Wind erhob; ihr Schiff wurde von einem anderen gerammt und sie ertrank.

Dies alles konnten keine Zufälle sein – es war Hexerei. Daraufhin wurde in Schottland auf Hexen Jagd gemacht, und mehrere alte Frauen wurden gefoltert und verbrannt. Kurze Zeit später war der König selbst nach Dänemark gereist, um seine Braut nach Hause zu holen, und es war ihm auch tatsächlich gelungen. Jene langen Monate waren als die ›Zeit der Hexen‹ in die Geschichte eingegangen. Als Jakob nun mit seiner Frau nach England reiste, dessen König er geworden war, erinnerte man sich daran, daß sie beide das Opfer von Hexenkünsten gewesen waren.

Obwohl ich noch so klein war, machte mir die erste Hexe, die ich zu sehen bekam, einen gräßlichen und unauslöschlichen Eindruck. Es war eine alte Frau, die an einem Alleebaum hing und einen makabren, zugleich aber grotesken Anblick bot. Senara, Damask, ihr Verlobter, dessen Vater und ich machten gerade einen Ausritt, als wir die Alte sahen.

Ich hielt mein Pferd an. Im ersten Augenblick erkannte ich gar nicht, was dort an dem Baum hing. Dann überkam mich ein Gefühl der Übelkeit. Ich konnte nicht glauben, daß dieses armselig hin und her schwankende Etwas je einem Menschen Leid zugefügt haben sollte. Keiner von uns sprach ein Wort. Wir kehrten um und ritten so schnell wie möglich weg.

Senara wurde in dieser Nacht von Alpträumen geplagt und kam zu mir unter die Decke gekrochen. »Was ist los?« flüsterte ich, um Damask nicht aufzuwecken, die im gleichen Zimmer schlief. »Ich habe von der Hexe geträumt, Tamsyn.«

»Es war ja auch ein furchtbarer Anblick.«

»Aber...« Sie machte eine kleine Pause. »Ich habe auch noch geträumt, daß es meine Mutter war.«

»Es ist doch nur ein dummer Traum«, versuchte ich sie zu beruhigen.

»Ich habe gehört, was die Dienstboten über meine Mutter flüstern. Und... und es ist ja wirklich etwas Seltsames an ihr.«

»Sie ist jedenfalls die schönste Frau, die ich je gesehen habe.«

»Die Leute sagen, daß solche Schönheit vom Teufel kommt. Bisher war ich stolz auf sie. Aber seit heute nachmittag...«

»Die Menschen sind immer neidisch auf andere, die mehr haben als sie selbst«, wandte ich ein.

»Mein Traum war so deutlich, Tamsyn. Wir ritten... wie wir es heute in Wirklichkeit auch getan haben. Und dann zwang ich mich dazu, die Hexe genauer anzuschauen, und sah, daß es meine Mutter war.«

»Das könnte nie geschehen«, meinte ich beruhigend.

»Doch, es wäre wohl möglich!«

»Nein, nein, sie ist viel zu klug, um sich erwischen zu lassen...« Ich zwar ganz entsetzt über meine Äußerung und sprach hastig weiter: »Ich meine natürlich... wenn sie eine Hexe wäre. Aber das ist deine Mutter ja nie und nimmer.«

»Sie ist auch deine Stiefmutter, Tamsyn.«

Ich nickte. »Es ist alles bloß dummes Dienstbotengeschwätz und kommt daher, daß sie soviel schöner als alle anderen ist.« Wir schwiegen eine Weile. »Selbst wenn sie eine wäre, Tamsyn, würde das doch nichts zwischen uns ändern, oder?« fragte Senara ängstlich.

»Nichts kann je zwischen uns treten«, versprach ich ihr.

Senara schien etwas getröstet zu sein, wollte aber trotzdem nicht in ihr eigenes Bett zurückschlüpfen, sondern schlief bei mir.

Als ich fünfzehn war, entstand im Lande große Unruhe und Aufregung unter den Katholiken. Für uns, die wir fern vom Hof lebten, hatte die zweijährige Herrschaft des neuen Königs wenige Veränderungen gebracht. Es gab allerdings eine Neuerung, die wieder einmal die Hexerei betraf.

Es wurden mehr Hexen entdeckt denn je zuvor. Ständig wurden alte Frauen Untersuchungen unterzogen. Durch bestimmte Male an ihrem Körper sollte sich feststellen lassen, ob sie mit dem Teufel verkehrt und dadurch die Kräfte des Bösen erworben hatten. Beim Ausreiten trafen wir ab und zu auf eine Gruppe lärmender Leute. Ich wandte mich dann immer rasch ab und ritt davon, da ich wußte, daß sich in ihrer Mitte irgendeine arme alte Frau befand. Ich konnte den Gedanken nicht loswerden, daß man nur alt, häßlich oder bucklig zu sein brauchte, um als Hexe angeklagt zu werden. War man erst einmal beschuldigt worden, dann gab es so gut wie keine Möglichkeit, seine Unschuld zu beweisen. Unser neuer König verabscheute Hexen in ganz besonderem Maße, was auf seine Untertanen natürlich nicht ohne Einfluß blieb.

Wenn ich meine Stiefmutter betrachtete – es war ein Vergnügen, sie anzuschauen, da sie sich mit unvergleichlicher Anmut bewegte –, dachte ich oft, wie verschieden sie von jenen alten Weibern war, die verdächtigt, gefoltert und schließlich getötet wurden.

Am meisten litt Senara unter dieser Hexenverfolgung. Sie hatte Angst und versuchte jeden Gedanken an Hexen zu verdrängen. Sobald die Sprache darauf kam, holte sie ihre Laute oder ließ sich einen neuen Tanz beibringen – kurz, sie lenkte sich selbst ab.

England hatte sich jedoch nicht nur mit den Hexen herumzuschlagen. Eine größere Bedrohung sah man in den ›gefährlichen Katholiken‹. Das ganze Land geriet in Aufruhr, als ein geheimer Anschlag mit dem Ziel, das Parlamentsgebäude in die Luft zu sprengen, entdeckt wurde.

Senara und ich hatten die Erlaubnis, in der großen Halle zu speisen, wenn Gäste geladen waren. Dann lauschten wir aufmerksam der Unterhaltung und schauten hinterher beim Tanzen zu. Dickon wurde häufig hereingerufen, um einige Tänze vorzuführen, und erhielt immer viel Applaus dafür. Mehrere Male durfte Senara als seine Partnerin mittanzen. Darüber freute sie sich immer besonders, da sie ständig nach Bewunderung lechzte. Unentwegt mußte man ihr versichern, wie schön, reizvoll und begehrenswert sie sei.

Ich erinnerte mich noch gut an jenen Abend, an dem über die sogenannte ›Pulververschwörung‹ diskutiert wurde.

Wenn mein Vater sprach, drang seine dröhnende Stimme bis ans unterste Ende der Tafel, und die meisten Leute unterbrachen ihre Gespräche, um zuzuhören. Zu seiner und Marias Seite saßen die Ehrengäste. Dienstboten wurden bei Tisch nicht mehr geduldet; diesen Brauch hielt man inzwischen für veraltet.

»Guy Fawkes hat nach der Streckfolter ausgepackt«, sagte mein Vater. »Er hat alle Namen seiner Mitverschworenen verraten, und sie werden ihr Leben dafür lassen müssen.«

Senara und ich lauschten mit aufgerissenen Augen. Anscheinend waren ein gewisser William Catesby und seine Komplizen Sir Everard Digby und Francis Tresham die Rädelsführer. Ihnen hatte sich ein Verwandter der berühmten Percys von Northumberland und der ›Glücksritter‹ Guy Fawkes angeschlossen. Tresham schrieb seinem Schwager Lord Monteagle einen Brief, in dem er ihn davor warnte, an einem bestimmten Tag ins Parlament zu gehen. Monteagle zeigte dieses Schreiben Lord Cecil, der daraufhin die dortigen Kellergewölbe untersuchen ließ, wobei man zwei Oxhoftfässer und große Mengen Schießpulver entdeckte. Dies geschah um zwei Uhr früh. Man nahm Guy Fawkes fest, als er kam, um das Schießpulver anzuzünden. Erst nach stundenlanger Folter verriet er seine Komplizen. Das Parlament blieb unbeschädigt, und überall im Land sprach man von der wundersamen Entdeckung des Komplotts.

Natürlich richtete sich jetzt die volle Wut des Volkes gegen die Katholiken. Auch an unserem Tisch erregten sich einige über deren Niedertracht. »Nie werden wir hier Papisten dulden!« schrie Squire Horgan, einer unserer Nachbarn, dessen Gesicht vom Wein und auch vom Zorn gerötet war. »Verlaßt euch darauf!«

Meine Stiefmutter lächelte auf ihre geheimnisvolle Weise, und ich überlegte, von wo sie wohl in jener Nacht gekommen war, als meine Mutter sie am Meeresufer gefunden hatte. Ein hochmütiger Zug lag um ihren Mund, als ob sie ihre Tischgenossen verachtete. Es hieß allgemein, daß sie aus Spanien stammte, wo es besonders strenge Katholiken gab . . . Aber Hexen hatten sicher eine ganz andere Religion, überlegte ich mir.

Ich ärgerte mich über meine Gedanken. Wie kam ich bloß

immer wieder darauf, daß sie eine Hexe war? Übrigens hatte ich sie noch nie in unserer Kapelle gesehen, obwohl Connell, Senara und ich regelmäßig hingingen. Mein Vater war allerdings auch so gut wie nie dort anzutreffen.

Die Pulververschwörung sollte in gewisser Weise Auswirkungen auch auf unsere Familie haben, wie sich schon sehr bald herausstellte. Wir erhielten traurige Kunde aus Lyon Court. Ein Bote berichtete uns, daß mein Großvater gestorben war. Connell und ich sollten nach Lyon Court zur Beerdigung reiten.

Mein Vater erhob keine Einwände. Als Senara von unserer Reise hörte, wollte sie unbedingt mitkommen. Wie so oft zuvor war ich gerührt über ihre tiefe Zuneigung zu mir. Anscheinend fühlte sie sich ohne mich tatsächlich einsam und verlassen.

Wie traurig und still war Lyon Court ohne Captain Pennlyon! Nie mehr würde es so sein wie früher. Er war ein wahrhaft großer Mann gewesen!

Meine Großmutter wirkte auf einmal alt und geradezu eingeschrumpft. Zum ersten Mal sah man ihr die fünfundsechzig Jahre an. Der Tod dreier geliebter Menschen – ihrer Mutter, ihrer Tochter Linnet und nun ihres Mannes – hatte sie zerbrechlich und verwirrt zurückgelassen. Sie schien sich zu fragen, was sie auf der Erde eigentlich noch zu suchen habe.

Ich hegte die traurige Befürchtung, daß sie ihnen bald folgen würde.

Sogar Connell war niedergeschlagen, denn er war der besondere Liebling unseres Großvaters gewesen. Der alte Mann hatte an Knaben einen Narren gefressen; kein Mädchen bedeutete ihm so viel. Andererseits hatte er ohne leidenschaftliche Beziehungen zu Frauen nicht leben können. Er hatte unzählige Geliebte gehabt, doch nur meine Großmutter wahrhaft geliebt. Sie hatte so gut zu ihm gepaßt, da sie eine kühne Kämpfernatur war – weit mehr als meine Mutter oder ich.

Meine Großmutter führte mich in die Hauskapelle von Lyon Court, wo der Sarg aufgebahrt worden war. Zu beiden Seiten brannten Kerzen.

»Ich kann es einfach nicht fassen, daß er fort ist, Tamsyn. Alles kommt mir so leer vor und so sinnlos.«

Sie erzählte mir, wie er gestorben war. »Wenn die Pulververschwörung nicht gewesen wäre, würde er bestimmt noch leben, Tamsyn. Seine Zornausbrüche konnten furchtbar sein und er hat nie versucht, sich zu beherrschen. Ich habe ihn oft gewarnt, daß er eines Tages in einem Wutanfall tot umfallen würde. Und so ist es auch gekommen.« Sie schaute den Toten an.

»Natürlich hatte er von dem Komplott gehört. ›Papisten!‹ brüllte er. ›Die Spanier stecken dahinter. Wir haben sie in ehrlichem Kampf besiegt, doch sie kommen durch tückische Schliche zurück. Gott verdamm sie alle!‹ Dann fiel er um und war tot. Letzten Endes haben ihn also die Spanier doch noch umgebracht, Tamsyn.«

Meine Großmutter fand einen gewissen Trost darin, mir von ihm zu erzählen. Sie berichtete mir auch, wie sie sich kennengelernt hatten, wie sie ihn zuerst gehaßt, wie er sie verfolgt und wie viele Abenteuer sie erlebt hatte, bis sie ihn schließlich heiratete.

Am Begräbnistag kam auch Fenn Landor nach Lyon Court. Er war nun knapp sechzehn und glich kaum noch dem Jungen, der mir so vertraut gewesen war. Wir waren keine Kinder mehr.

Mein Großvater wurde in der Familiengrabstätte der Pennlyons beigesetzt. In den Tagen danach ritten Connell, Senara, Fenn und ich öfter gemeinsam aus. Fenn und mir gelang es immer, einander nahe zu sein, und dann erzählte er mir wieder viel von der Handelsgesellschaft, zu der er jetzt auch gehörte. Er wollte später den Platz seines Vaters einnehmen. Noch immer drehten sich viele Gespräche um den verschollenen Seemann.

»Eines Tages werde ich noch herausbringen, was wirklich passiert ist«, sagte er.

Senara war sehr unzufrieden mit mir. »Ständig steckst du mit Fenn Landor zusammen«, beklagte sie sich.

»Warum denn nicht?«

»Ich finde ihn langweilig. Deshalb!«

»Denk, was du willst. Das ändert nichts an meiner Meinung.«

Sie stampfte mit dem Fuß auf. »Wenn ich eine Hexe wäre, würde ich einen Zauberbann über ihn legen.«

»Sag so was ja nicht noch einmal!« erwiderte ich zornig.

»Und doch tät ich's«, sagte sie trotzig, sah mich aber ein bißchen furchtsam an. Gleich darauf umarmte sie mich und lächelte lieb. Niemand konnte so schnell seine Launen wechseln wie Senara. »Du wirst ihn doch nicht mehr mögen als mich, Tamsyn?« sagte sie flehend.

»Als ob ich das könnte!«

Doch ich machte mir so meine Gedanken. Ich hatte Fenn sehr, sehr gern und war traurig, daß ich ihn bald nicht mehr sehen würde.

»Ich werde dich demnächst im Schloß besuchen«, sagte Fenn.
»Und danach mußt du zu uns kommen.«

Wir ritten ein ganzes Stück gemeinsam zurück, da Fenn den gleichen Weg hatte wie wir. Trystan Priory lag nur wenige Meilen hinter Schloß Paling.

Meine Großmutter schüttelte zuerst den Kopf, als sie hörte, daß Fenn uns begleiten wollte. Doch dann zuckte sie die Achseln. »Warum eigentlich nicht? Er kann euch beschützen.«

Kurz bevor ich wegritt, nahm sie mich beiseite. »Die zwei Familien haben sich seit dem Tod der ersten Frau deines Vaters nicht mehr getroffen. Das war sehr unnatürlich, solange deine Mutter noch lebte. Schließlich sahen dein Großvater und ich die Landors häufig, da wir ja gemeinsame geschäftliche Interessen hatten. Aber Fenns Großmutter war nicht bereit, jemanden in ihrer Nähe zu dulden, der mit deinem Vater verbunden ist.«

»Warum denn nicht?« fragte ich verwirrt.

»Die erste Frau deines Vaters war Mistress Landors Tochter.«

»Ihre Tochter! Die, von der sie behauptet, daß sie...«

Sie unterbrach mich, bevor ich den Satz vollenden konnte. »Mistress Landor war vor Kummer ganz krank und weigerte sich, die Dinge so zu sehen, wie sie wirklich waren. Sie wollte jemandem die Schuld am Tod ihrer Tochter geben, da kam ihr dein Vater gerade recht. Dabei ist Melanie Landor im Kindbett gestorben.«

»Und dafür macht Mistress Landor meinen Vater verantwortlich?«

»Sie war der Ansicht, daß ihre Tochter viel zu zart war, um Kinder auf die Welt zu bringen. Er hätte sie ihrer Meinung nach schonen sollen.«

»Das kommt mir aber sehr unvernünftig vor.«

»Im Kummer sind die wenigsten Menschen vernünftig.«

»Mistress Landor machte eine eigenartige Bemerkung über meine Mutter, als ich damals zu ihr ins Zimmer ging, weil sie so schrecklich weinte. Erinnerst du dich, Großmutter?«

»Ja. Damals war kurz zuvor Fenns Vater spurlos verschwunden. Die arme Seele! Ich fürchte, der Schmerz um ihre Kinder hat sie den Verstand gekostet.«

»Was sie über meine Mutter sagte...«

»Ich mag gar nicht daran denken, Tamsyn. Meine liebste Linnet... sie war noch so jung.«

»Ihr Herz soll versagt haben...«

»Warum hat sie mir bloß verschwiegen, daß es ihr nicht gut-ging? Das größte Versäumnis meines Lebens ist, daß ich nicht bei ihr war, um sie zu pflegen.« Sie hob die Schultern, als wolle sie eine Last abwerfen, und wechselte dann unvermittelt das Thema.

»Der junge Fenn will also mit euch zurückreiten. Vermutlich wird er sogar ein, zwei Nächte bei euch bleiben. Ich bin sicher, daß dein Vater nichts dagegen hat. Du magst Fenn recht gern, nicht wahr?«

Sie lächelte plötzlich. »Es gab eine Zeit, da dachte ich, Fenns Vater würde deine Mutter heiraten. Fenn ähnelt ihm so sehr, daß ich manchmal fast glaube, Fennimore sei hier und du seist meine kleine Linnet, die ihn so gern mochte.«

»Hättest du dich gefreut, wenn sie diesen Fennimore genom-men hätte?«

Sie wandte den Kopf ab und gab keine Antwort. »Linnet wollte deinen Vater haben. Es war letzten Endes ja doch ihre Wahl.«

Auf unserem Heimritt unterhielt ich mich wieder hauptsäch-lich mit Fenn, der meinen Großvater offen bewunderte. »Er war ein großer Seemann! Aber ich glaube, daß er den Verlust von ›Landors Löwe‹ nie ganz verwunden hat. Es kommt einem ja auch recht merkwürdig vor, wenn ein Schiff spurlos verschwin-det, das schon in Küstennähe gesichtet wurde.«

Ich fürchtete, daß Fenn wieder auf seinen Vater zu sprechen käme. Dann würde er traurig. Eigenartigerweise mußte ich stän-dig daran denken, daß meine Mutter beinahe seinen Vater gehei-ratet hätte.

Bei diesen Grübeleien war mir ein Gedanke gekommen, der vermutlich schon lange in mir geschlummert hatte... Vielleicht würde ich eines Tages Fenn heiraten? Ich errötete vor Vergnügen, als ich mir das ausmalte.

Bestimmt wäre meine Mutter damit völlig einverstanden gewe-sen. Schließlich hatte sie ja Fenns Vater sehr liebgehabt, und er mußte diesem sehr ähnlich sein. Warum hatte sie wohl statt dessen meinen Vater geheiratet?

Auf diesem Ritt grübelte ich auch über meinen Vater nach. Wahrscheinlich sah ich ihn zum ersten Mal so wie er war. Im Grunde liebte ich ihn nicht. Ich hatte es mir bisher immer eingebil-det, weil es als selbstverständliche christliche Pflicht galt, den eigenen Vater zu lieben. Doch ehrlich gesagt war ich viel glückli-cher, wenn er nicht da war, und ich ging ihm möglichst viel aus dem Weg. Warum hatte meine Mutter ihn mehr geliebt als Fennimore Landor? Vielleicht hatte mein Vater sie dazu gezwungen. Er ließ andere Menschen nicht frei entscheiden und war hart und grausam. Ich hatte gesehen, wie Männer ausgepeitscht worden waren, weil sie ihm nicht gehorcht hatten. Im Hof vor dem Meeresturm stand der Schandpfahl. Alle Dienstboten lebten in Angst und Schrecken vor meinem Vater.

Was würde Fenn wohl von ihm halten, Fenn, der gut und freundlich war? Bestimmt würde er als Vater nie eines seiner Kinder offen bevorzugen, selbst wenn er es insgeheim lieber mochte. In gewisser Weise konnte ich aber auch froh sein, daß sich mein Vater nicht um mich kümmerte. Connell, sein erklärter Liebling, mußte viele Prügel einstecken, wenn er sein Mißfallen erregte. Ich bekam keine Schläge, da ich ihm weder gefiel noch mißfiel.

Mein Vater und meine Stiefmutter begrüßten unseren Gast. Ich sah, wie mein Vater den Mund verzog, als er Fenn betrachtete. Das bedeutete, daß er nicht viel von ihm hielt.

Meine Stiefmutter lächelte Fenn huldreich zu, und selbst Fenn schien von ihr geradezu überwältigt. Ich versuchte, sie ganz unvoreingenommen zu sehen. Ein ganz besonderer Glanz schien in ihren Augen, ihrem Lächeln zu liegen...

»Willkommen auf Schloß Paling«, sagte sie. »Wie reizend von Euch, einen Umweg zu machen, um meine Töchter auf ihrer Heimreise zu beschützen.«

Fenn stammelte, daß es ihm ein Vergnügen gewesen sei. Der Umweg sei nicht der Rede wert.

»Es ist lange her, daß wir einen Landor hier bei uns zu Gast hatten«, mischte sich nun mein Vater ein. Ich beobachtete ihn mit einer gewissen Besorgnis. Fenn schien vor meinem Vater Angst zu haben, und in mir regte sich wieder jener Beschützerinstinkt, der meine Mutter immer so gerührt hatte.

Hoffentlich machte mein Vater sich nicht über ihn lustig! Vermutlich würde es ihm diebisches Vergnügen bereiten, Fenn über die Ostindische Gesellschaft auszufragen und sich dann sehr abfällig und verachtungsvoll darüber zu äußern.

Mein Vater herrschte einen Diener an, er solle ein Zimmer für unseren Gast herrichten lassen und Wein bringen, damit wir einen Willkommensschluck nehmen könnten.

Beim Wein sprachen wir über den Tod von Captain Pennlyon. »Er war ein großer Seemann und dazu einer von den alten

Freibeutern«, sagte mein Vater. »Ich hätte gern so viele Goldstükke, wie er Spanier getötet hat.«

»Es war eine grausame Welt, in der er lebte«, sagte Fenn.

»Hat sie sich denn geändert, junger Mann? Ob die Männer nun Handel treiben oder Kriege führen, sie sind doch stets hinter Beute her. Blut und Beute gehören immer zusammen.«

»*Wir* versuchen friedlich Handel zu treiben.«

Mein Vater lachte in sich hinein. »Nun, das ist ja ein edler Vorsatz.«

Ich war sehr froh, als ein Diener kam und mitteilte, daß das Zimmer für den Gast bereitstehe.

»Es ist einer unserer besten Räume«, sagte mein Vater. »Vielleicht wird eine törichte Dienerin Euch gegenüber behaupten, daß es darin spukt. Aber das wird Euch doch sicherlich nicht stören.«

Fenn lachte. »In einem Schloß wie diesem muß es ja spuken.«

»Ja, ja, überall gibt's Gespenster. Auf den Treppen, in den Gängen und Winkeln. Dieses Schloß ist ein Spukgemäuer. Hier sind üble Dinge geschehen, und es heißt ja, daß das Spuren hinterläßt.«

»Oh, das macht mir nichts aus, Sir.«

»Ich wußte es ja, daß Ihr mutig seid. Euer Beruf erfordert es geradezu. Allerdings habe ich mir sagen lassen, daß Seeleute die abergläubischsten Burschen auf der Welt sind. Stimmt das?«

»Wenn sie zur See fahren, stimmt das. Schließlich gibt es so viele schreckliche Dinge, die mit einem Schiff geschehen können. Doch an Land sind sie im allgemeinen alles andere als furchtsam.«

Colum nickte. »Eine Magd wird Euch zu Eurem Zimmer bringen. Ihr habt noch eine Stunde Zeit bis zum Abendessen.«

Ich wußte genau, daß sie ihn in das Rote Zimmer brachte.

Das Abendessen verlief in heiterer Stimmung. Mein Vater war guter Laune, und meine Stiefmutter ließ all ihre Reize spielen, um Fenn zu gefallen. Zu meinem Mißvergnügen gelang ihr dies auch. Sie sang ein Lied – vermutlich ein spanisches –, in dem tiefe Leidenschaft mitschwang. Mein Vater beobachtete sie mit einem Gesichtsausdruck, als sei er behext. Bestimmt vermochte sich keiner der anwesenden Männer ihrem Zauber völlig zu entziehen.

Ich konnte nachts kaum schlafen, da ich dauernd an Fenn und die Andeutungen meiner Großmutter denken mußte. Inzwischen war ich mir sicher, daß ich Fenn liebte und heiraten wollte.

Ich sah nun alles mit jener neuen Klarheit, die ich auf meinem Heimritt von Lyon Court gewonnen hatte. Mein Zuhause war wirklich äußerst merkwürdig. Mein Vater wurde von seiner Schwiegermutter beschuldigt, den Tod seiner ersten Frau verursacht zu haben. Seine zweite Frau war auf ungeklärte Weise gestorben, und seine dritte galt als Hexe. Außerdem gingen in unserem Schloß nachts oft merkwürdige Dinge vor sich. Häufig gab es ein Kommen und Gehen, dessen Zweck ich nicht kannte. Ich war damit aufgewachsen und hatte mich daran gewöhnt, doch jetzt wollte ich die Augen nicht mehr davor verschließen.

»Tamsyn, bist du noch wach?« Senaras Stimme ließ mich aus meinen Gedanken hochfahren. Wir teilten wie bisher ein Zimmer. Natürlich hätten wir beide ein eigenes Zimmer haben können, doch Senara war dagegen. Sie mochte es zu gern, wenn sie nachts mit mir plaudern konnte. Unser Zimmer glich den anderen, bis auf eine Besonderheit: Einer unserer Vorfahren hatte nach französischem Vorbild einen Alkoven einbauen lassen, der mit einem schweren roten Vorhang vom übrigen Raum abgetrennt werden konnte. Senara hatte es schon immer großen Spaß gemacht, sich dahinter zu verstecken und mich durch ihr plötzliches Auftauchen zu erschrecken.

»Ja, ich bin wach«, erwiderte ich.

»Du denkst bestimmt wieder an ihn«, sagte sie anklagend.

»Wen meinst du denn?« fragte ich zurück, obwohl ich genau wußte, auf wen sie anspielte.

»Fenn Landor. Du magst ihn viel zu sehr, Tamsyn.«

Ich schwieg.

Sie setzte sich zu mir auf die Bettkante. »Tamsyn, niemand wird dich mir wegnehmen. Niemand!« Ihre Stimme klang unerwartet ernst.

»Bestimmt nicht«, versicherte ich ihr. »Du und ich, wir werden immer wie Schwestern sein.«

»Ich werde jeden hassen, den du mehr als mich magst.«

»Mach dir keine Sorgen, Senara. Geh jetzt wieder ins Bett, sonst erkältest du dich noch.«

»Vergiß es nie!« sagte sie.

Als ich Fenn am nächsten Tag auf dem Schloßgelände herumführte, kamen wir auch zu der Grabstätte in der Nähe der alten normannischen Kapelle. Ich zeigte ihm das Grab meiner Mutter und die beiden anderen Gräber, die etwas abseits der übrigen lagen.

»Ach, dies ist das Grab meiner Tante«, sagte er und kniete

240

nieder. »Meine Tante und deine Mutter liegen hier also nebeneinander. Wer ist in dem dritten Grab beerdigt?«

»Ein Seemann, der an unsere Küste geschwemmt wurde. Wir haben ihn hier begraben.«

»Wer das wohl war?« sagte Fenn nachdenklich.

»Ich wüßte es zu gern. Bestimmt hat er Hinterbliebene.«

»Es gibt viele Seeleute, die in Gräbern liegen, die ihre Angehörigen nicht kennen«, sagte Fenn traurig.

»Denkst du noch oft an deinen Vater?«

»Es ist zwar schon sechs Jahre her, daß wir ihn verloren haben, aber ich kann mich noch ganz deutlich an ihn erinnern. Wenn du ihn gekannt hättest, würdest du mich verstehen. Er war ein guter und gerechter Mann in einer Welt, die ganz und gar nicht gut und gerecht ist. Das machte ihn so außergewöhnlich. Meine Mutter behauptete immer, daß er in einer falschen Zeit lebte, weil er in eine Welt gehört hätte, in der die Menschen weiser und gütiger sind.«

»Wie schön, wenn eine Frau so von ihrem Mann spricht.«

»Ja. Er war obendrein noch ein guter Ehemann.« Fenn ballte plötzlich die Fäuste. »Ich weiß, daß ich eines Tages herausfinden werde, was ihm zugestoßen ist.«

Wir schwiegen eine Weile. »Würdest du etwas für mich tun, Tamsyn?« fragte er dann leise. Ich nickte.

»Pflanz doch bitte auch auf das Grab dieses unbekannten Seemanns einen Rosmarinstrauch. Das ist dann so, als ob du es für meinen Vater tätest.«

»Von Herzen gern, Fenn.«

Er stand auf und ergriff meine Hände. Dann küßte er mich auf die Stirn.

Ich war unendlich glücklich. Dieser Kuß neben dem Grab meiner Mutter und dem des fremden Seefahrers war wie ein Gelöbnis. Ich wußte ganz genau, daß ich Fenn liebte. Hoffentlich liebte er mich auch! Hoffentlich...

Fenn wartete mit seiner Abreise am nächsten Tag, bis ich den Rosmarinstrauch gepflanzt hatte. Er schien sich sehr darüber zu freuen.

»Du bist ein Mädchen, das sein Versprechen hält«, sagte er beim Abschied und versicherte mir noch, daß ich bald zu ihm nach Hause eingeladen würde.

Ich stieg zu den Zinnen hinauf, um ihm möglichst lange

nachschauen zu können. Gleich darauf stellte sich Senara neben mich.

»Du bist schrecklich verliebt in ihn«, sagte sie.

»Ich mag ihn gern«, gab ich bereitwillig zu.

»Du zeigst es viel zu sehr. Das ist nicht gut. Du solltest dich abweisend verhalten, während er ganz verrückt nach dir sein müßte. Trotzdem wird er sicher bald um deine Hand anhalten, Tamsyn. Dann ziehst du zu ihm, und ich werde dich nicht wiedersehen.«

»Was für ein Unsinn!«

»Du wirst mich hier zurücklassen, und das gefällt mir gar nicht«, klagte Senara.

»Falls ich je heiraten sollte, kommst du mit...«

Senara zog ein mißmutiges Gesicht und schüttelte den Kopf. Dann blitzte es plötzlich boshaft in ihren Augen auf. »Vielleicht mache ich ein Abbild von ihm und stecke Nadeln hinein. Wenn ich sie in sein Herz steche, wird er sterben. Und niemand würde es je wissen, wie er ums Leben gekommen ist... außer mir.«

»Senara, ich kann es nicht leiden, wenn du solches Zeug redest.«

»Kühe, Schafe... und auch Menschen sterben ganz plötzlich. Niemand weiß, wieso. Es gibt keinen Hinweis... aber es liegt am bösen Blick, glaub mir! Was ist, wenn ich deinen kostbaren Geliebten auf diese Weise aus dem Weg räume?«

»Das würdest du nie fertigbringen... selbst wenn er mein Liebster wäre, und das ist er nicht. Er ist nur ein guter Freund. Ich bitte dich herzlich, keine solchen Sachen zu äußern. Es ist gefährlich. Die Leute könnten es hören und ernst nehmen. Du mußt besser aufpassen.«

Sie streckte mir die Zunge heraus und lachte.

»Du bist kein Kind mehr, Senara. Benimm dich vernünftig!«

»Ich bin sogar mehr als vernünftig. Alle behaupten, meine Mutter sei eine Hexe. Nun gut, dann bin ich eben auch eine! Niemand weiß, woher wir gekommen sind. Woher willst du wissen, wer mein Vater ist?

»Senara, du bringst dich mit solchem Geschwätz ins Unglück. Deine Mutter war die einzige Überlebende eines Schiffbruchs und stand kurz vor der Niederkunft. Dann wurdest du geboren. Es ist alles höchst einfach.«

»Glaubst du das wirklich, Tamsyn?«

»Ja.«

»Du glaubst immer das, was du glauben willst. Alles ist gut und schön, wenn man dich reden hört. Andere Leute sind nicht der Meinung. Übrigens . . . denk bloß nicht, daß du die einzige bist, die einen Verehrer hat.«

»Was meinst du damit?«

Sie lachte hellauf. »Ach, das würdest du wohl gerne wissen, was?«

Ich fand es schon bald heraus. Mir wurde plötzlich deutlich bewußt, daß Senara den unerklärlichen Zauber ihrer Mutter geerbt hatte. Sie wurde von Tag zu Tag schöner. Ihre Gestalt war bereits die einer jungen Frau, in den sehnsüchtigen dunklen Augen glaubte man ein kostbares Geheimnis zu entdecken. Wenn sie mit Dickon tanzte, war sie von solcher Anmut, daß man sie immerfort ansehen mußte.

Dickon schien Senara anzubeten. Wenn er zur Laute selbstkomponierte Lieder sang, handelten sie eigentlich immer von zauberhaften dunkeläugigen Mädchen, die ihn verhexten und quälten.

Verzauberung! Verhexung! Diese Worte tauchten immer wieder in seinen Gesängen auf.

Eines Tages überraschte Maria ihre Tochter in den Armen Dickons. Senara erzählte es mir voll Aufregung, halb furchtsam, halb triumphierend.

»Dickon will immer mit mir schlafen«, sagte sie. »Wir sind beide leidenschaftliche Naturen. Du würdest so etwas natürlich nicht verstehen, weil du viel zu ruhig und langweilig bist. Oh, ich liebe Dickon! Er ist wunderschön, findest du nicht auch? Wenn wir zusammen tanzen, möchte ich am liebsten in seinen Armen dahinschmelzen. Ich bin bereit, ihm alles zu gewähren, was er von mir fordert, Tamsyn.«

»Du würdest dich da auf eine gefährliche Sache einlassen«, erwiderte ich bestürzt.

»Gefährlich? Natürlich ist es gefährlich! Deshalb ist es ja auch so aufregend. Wenn ich zur Musikstunde gehe, ziehe ich mich immer ganz besonders hübsch an und lasse mir von Merry die Haare kräuseln. Merry hat ihren Spaß daran. Sie weiß über alles Bescheid.«

Merry war eine Dienerin, die zu unserer persönlichen Verfügung stand. Sie kümmerte sich um unsere Kleider, frisierte uns und entsprach in allem der Zofe einer echten Lady. Merry, die nur etwas älter als ich war, liebte Jan Leward, einen der Diener. Sie hatte uns anvertraut, daß sie und er bald heiraten wollten. Senara horchte sie immer aus, um alle Einzelheiten der Liebesaffäre mit Jan Leward zu erfahren.

»Senara, bitte, nimm dich in acht!« bat ich sie, als sie mir ihre Gefühle für Dickon schilderte.

»In acht nehmen? Das überlasse ich lieber anderen. Es ist langweilig, und langweilige Dinge hasse ich am meisten. Nein, ich bin mutig und leichtsinnig. So gedenke ich mein Leben zu führen, Tamsyn. Ich finde, daß Dickon sehr anziehend ist, viel anziehender als dein Fenn Landor.«

Dann berichtete sie mir, wie ihre Mutter sie überrascht hatte. »Die Tür zum Musikzimmer ging auf, und meine Mutter stand vor uns. Wir saßen gerade am Tisch. Die Laute hatten wir beiseite gelegt, und Dickon umarmte mich leidenschaftlich. Wir küßten uns, doch plötzlich spürten wir beide, daß wir nicht mehr allein waren. Du weißt, Tamsyn, wie lautlos meine Mutter ein Zimmer betreten kann. Sie schaute uns stumm an. Dickon fing an zu zittern. Dann trat sie zu uns an den Tisch, und wir standen beide auf... Dickon mit hochrotem Gesicht. Er hat ja eine so wunderschöne helle Haut... Dann nahm meine Mutter die Laute und drückte sie mir in die Hand. ›Spiel ein Liebeslied, ein trauriges Liebeslied!‹ forderte sie mich auf. Als ich die Laute stimmte, sprach sie weiter: ›Spiel das Lied ›Meine Liebe ist vergangen, ew'ge Trauer mein Los‹.‹ Ich spielte und sang, und sie hörte mit unbewegter Miene zu. Gleich darauf stand sie auf und ging wieder hinaus. Wir wissen nicht, was sie vorhat, Tamsyn.«

Es sollte sich sehr rasch herausstellen: Dickon kam nie wieder ins Musikzimmer. Maria hatte ihn weggeschickt.

Senara war bald zornig, bald zu Tode betrübt. Sie weinte nachts viel und sprach ständig über Dickon. Ich hatte ihre Zuneigung für ihn als eher oberflächlich eingeschätzt, aber das war ein Irrtum gewesen. Obwohl die Monate vergingen, beklagte sie weiterhin voll Trauer und Bitterkeit ihren Verlust.

Senara veränderte sich nach diesem Zwischenfall. Sie versuchte ständig, mir eins auszuwischen. Ich glaube, daß eine ihrer Eigenschaften Neid war... ganz besonders, wenn es mich betraf. Die Bewunderung, die ihr von Dickon so reichlich zuteil geworden war, hatte ihr Wesen weicher und freundlicher gestimmt. Doch nun fehlte ihr diese Bestätigung.

Zum erstenmal vertraute sie einem anderen Menschen – Merry

– mehr an als mir, daß ich ja ›meinen‹ Fenn Landor hatte. Sie sprach von ihm und mir, als seien wir schon verlobt.

Mir gefiel der Gedanke so gut, Fenns Verlobte zu sein, daß ich Senara nicht besonders entschieden widersprach.

Meine Stiefmutter war durch Senaras Tändelei mit dem Musiklehrer Dickon anscheinend doch ziemlich beunruhigt worden. Sie kündigte jedenfalls an, daß wir nun alt genug seien, um in der Gesellschaft zu verkehren. Sie wollte die vornehmsten Familien der Gegend einladen, die heiratsfähige Söhne und Töchter hatten.

Mein Vater stimmte zu, wie er es eigentlich immer tat, wenn seine Frau einen Vorschlag machte. Nie hatte ich einen offenen Konflikt zwischen den beiden bemerkt. Im Grunde hielt ich eine Ehe wie die meiner Großeltern, in der gelegentlich gezankt wurde, für weitaus natürlicher als diese scheinbare Ruhe und Eintracht.

»Der junge Mann, der dich von deiner Großmutter heimgebracht hat, war sehr angenehm«, sagte meine Stiefmutter zu mir. »Soviel ich weiß, hat er auch eine Schwester. Was hältst du davon, wenn ich beide zu uns einlade?«

Ich war natürlich begeistert. In den nächsten Tagen hatte unsere Näherin alle Hände voll zu tun, um schöne Kleider für uns anzufertigen. Wenn ein neuer Herrscher den Thron bestieg, schien sich auch immer die Mode zu wandeln. Selbst bis zu uns auf dem Lande war die Kunde von den Reifröcken gedrungen, die sich unter dem knappen Mieder weit bauschten. Unter weiten, herabhängenden Ärmeln kamen enge Ärmel zum Vorschein. Die Röcke waren vorne geteilt und ließen gestreifte Unterröcke sehen, die meist viel kostbarer waren als das Kleid selbst. Statt der Halskrausen trug man jetzt hohe, steife Spitzenkragen, die den Hals freiließen. Im Nähzimmer sah es wie in einem Stoffladen aus; es gab Taft, Damast, Seide, Samt und ein Gemisch aus Seide und einem etwas dickeren Gewebe, das Leinendrell hieß, und außerdem noch Trippsamt.

Das Nähzimmer legte Zeugnis dafür ab, daß es im Schloß drei heiratsfähige junge Menschen gab und wohl bald Hochzeiten stattfinden würden. Es war erstaunlich, wie fröhlich das jedermann machte.

Merry, die sehr lebhaft und ganz besonders hübsch war, erzählte viel von ihrem Jan. Eines Tages trug sie einen Ring am Finger.

»Diesen Ring hat mir Jan als Unterpfand gegeben«, erklärte sie uns stolz.

Ihre Freude war jedoch nur von kurzer Dauer, denn Jan hatte den Reif anscheinend aus der Schatzkammer meines Vaters entwendet. Es gab große Aufregung im Schloß, als der Diebstahl entdeckt wurde.

Merry weinte, als ihr das Schmuckstück wieder weggenommen wurde. Doch noch größer war ihr Kummer, als Jan am Schandpfahl im Hof zehn Peitschenhiebe erhielt.

»Darüber wird er sein Leben lang nicht hinwegkommen«, schluchzte Merry. »Jan ist so stolz! Er hat den Ring doch nur genommen, um ihn mir zu schenken.«

Senaras Augen blitzten zornig.

»Fluch denen, die Jan schlagen«, rief sie aus. »Ihre Arme mögen abfallen und . . .«

Ich brachte sie zum Schweigen. »Derjenige, der Jan auspeitschte, handelte auf Befehl. Bitte, sag keine solchen Sachen, Senara!«

»Aber ich meine jedes Wort ernst«, rief sie empört.

Ich wußte genau, wer die Bestrafung angeordnet hatte. Es war mein Vater.

Senara bereitete eine Salbe, die wir Jan in den Meeresturm bringen ließen. »Dann weiß er, daß wir an ihn denken«, sagte sie. »Außerdem wird sie seinem Rücken guttun.«

Nach diesem Vorfall schien wieder Melancholie ins Schloß einzukehren. Bald darauf erhielt ich einen Brief von meiner Großmutter, die sich sehr freute, daß Fenn und seine Schwester uns besuchen würden.

Sie schrieb:

»Leider hätte es zu diesem Besuch wohl nie zu Lebzeiten der alten Mrs. Landor kommen können. Nun ist die arme Seele zur Ruhe gebettet, und ich hoffe, daß damit die Feindschaft zwischen den beiden Familien ein Ende hat. Ich kann mir vorstellen, wie gespannt Du darauf bist, Fenn wiederzusehen. Seine Schwester Melanie ist ein liebenswertes, reizendes Mädchen.

Liebste Tamsyn, natürlich würde ich Euch gern Gesellschaft leisten, aber die lange Reise wäre wohl zu anstrengend für mich. Hoffentlich kommst Du mich bald besuchen. In letzter Zeit ist es mir nicht gutgegangen. Edwina leistet mir jetzt häufig Gesellschaft. Schreib mir bitte ausführlich über Fenns Besuch . . .«

Im Hochsommer trafen Fenn, seine Schwester Melanie, seine Mutter und einige Bedienstete bei uns ein. Sie wollten eine Woche im Schloß bleiben, und meine Stiefmutter hatte alles ausgezeichnet vorbereitet. Offensichtlich hatte sie eine Vorliebe für die Familie Landor entwickelt. Ich wußte natürlich genau, daß der Grund dafür in deren großem Reichtum lag. Ihnen gehörten weite Ländereien um Trystan Priory, und auch der Seehandel hatte sich nach anfänglichen Geldeinbußen als sehr gewinnbringend erwiesen.

Fenn und Melanie wurden von meiner Stiefmutter aufs herzlichste willkommen geheißen, und auch mein Vater zeigte sich von seiner freundlichsten Seite. Fenns Augen leuchteten auf, als er mich sah, und das erfüllte mich mit tiefem Glück. Er war ein so offener und ehrlicher Mensch, daß er wohl nie seine Gefühle verbergen konnte, selbst wenn er sich noch so große Mühe gegeben hätte. Melanie sah ihm sehr ähnlich, und seine Mutter wirkte auf mich wie eine vollendete Lady.

Fenn wurde wieder im Roten Zimmer einquartiert, Melanie und ihre Mutter bekamen ein Zimmer daneben.

Das Abendessen wurde in einem der kleineren Räume eingenommen, damit wir uns ungezwungen unterhalten konnten, bevor die anderen Gäste eintrafen. Das Gespräch drehte sich um Politik, aber auch um die Handelsgesellschaft, von der Fenn mit Begeisterung sprach.

Senara und ich konnten nachts vor Aufregung nicht schlafen und plauderten stundenlang über unsere Gäste.

»Was für milde, sanfte Leute diese Landors sind«, meinte Senara erstaunt. »Sie sehen aus, als könnte nichts sie erschüttern. Am liebsten würde ich ihr Schlafzimmer in Brand stecken. Diese Melanie würde sich vermutlich im Bett aufsetzen und sagen: ›Seltsam, ich glaube, das Zimmer brennt.‹ Dann würde sie ruhig hinausgehen, als ob nichts geschehen sei. Soll ich ein kleines Feuer legen, um herauszukriegen, ob ich recht habe, Tamsyn?«

»Was für ein verrückter Einfall! Du denkst dir wirklich die merkwürdigsten Sachen aus.«

»Eines Tages werde ich sie bestimmt in die Tat umsetzen.«

»Hör auf, Senara! Du weißt doch, daß ich dieses Gerede nicht leiden kann.«

»Warum soll ich mich darum kümmern, was du magst oder nicht magst? Ich jedenfalls hasse es, wenn du diesen Fenn anschaust, als sei er Sir Lancelot oder ein anderer jener berühmten Ritter, die unwiderstehlich auf Frauen wirken.«

»Du scheinst ja sehr eifersüchtig zu sein.«

»Jeder Mensch, der etwas für einen anderen fühlt, ist eifersüchtig. Nur du und diese komischen Landors sind anders. Sie sind so ruhig, weil sie nichts fühlen. Gar nichts! Ihr seid alle keine richtigen Menschen, sondern Strohpuppen.«

Ich brachte sie noch mehr in Wut, weil ich sie einfach auslachte.

»Glaub bloß nicht, daß du die einzige bist, die verliebt ist!« Ihre Stimme klang wie unterdrücktes Schluchzen. »Was Dickon wohl macht?«

»Vermutlich hat er eine neue Stelle als Lehrer gefunden und bringt einem hübschen Mädchen Tanzen und Singen bei. Er sieht ihr tief in die Augen und komponiert Lieder für sie.«

»Sprich nicht so«, rief Senara mit Tränen in den Augen.

»Tut mir leid. Magst du ihn denn immer noch so gern?«

»Ach woher! Aber ich will nicht, daß du dich über ihn lustig machst.« Sie wechselte das Thema. »Diese Melanie wird bald ganz bei uns leben. Sie haben sie für Connell vorgesehen.«

»Was sagst du da?«

»Merry hat ein Gespräch belauscht. Es ist schon alles so gut wie abgemacht. Die beiden müssen einander bloß noch mögen. Bei Connell gibt es sicher keine Schwierigkeiten. Er tut, was sein Vater will. Solange er nur mit den Mägden herumschäkern kann, ist er bereit, jede Frau zu heiraten.«

»Wie kommst du bloß auf solche Gedanken?«

»Ich halte meine Augen eben offen, und die Dienstboten erzählen mir außerdem viel mehr als dir. Du bist viel zu ehrbar und ernst.«

»Connell und Melanie...«, sagte ich nachdenklich.

»Tu doch nicht so erstaunt! Es ist schließlich Zeit, daß Connell heiratet... schließlich soll er ja Söhne in die Welt setzen, damit das Geschlecht nicht ausstirbt. Connell wird sehr reich sein, wenn er das Schloß und alles übrige erbt... Und Melanie bekommt sicher eine stattliche Mitgift.«

»Ich glaube, Connell könnte keine bessere Frau finden.«

»Das sieht dir ähnlich. Aber wie steht's mit Connell? Er wird nicht viel Vergnügen an ihr haben, darauf möchte ich wetten. Aber Mägde zeigen sich immer recht willig, wenn es um den Schloßherrn geht, und das wird Connell ja irgendwann einmal sein.«

»Du hast ein viel zu loses Mundwerk, Senara!«

»Soll ich etwa meine Gedanken verbergen, wie du es tust? Aber ich kenne dich, Tamsyn Casvellyn. Ich lese in dir wie in einem Buch. Doch selbst wenn du nicht so leicht durchschaubar wärst, hätte ich so meine Mittel...«

Ich mußte laut lachen. »Oh, da spricht die Tochter einer Hexe!«

»Man sollte eine Hexe nie unterschätzen, Tamsyn!«

»Wie oft muß ich dich noch davor warnen, dich als eine Hexe zu bezeichnen? Es wird immer gefährlicher, so zu reden.«

»Wir sind hier doch ganz unter uns, Tamsyn. Du würdest mich ja schließlich nicht verraten, oder? Wir sind Schwestern... erinnerst du dich noch daran, wie ich dich gebeten habe, dein Handgelenk aufzuritzen, damit wir unser Blut vermischen? Wir haben uns damals geschworen, der anderen immer zu helfen, wenn sie in Gefahr ist.«

»Oh, ich erinnere mich gut. Du hast schon immer eine besondere Vorliebe für dramatische Gesten gehabt.«

»Natürlich! Das kommt daher, daß ich eine Hexe bin.«

»Nicht so laut...«

Senara lachte spöttisch. »Denkst du, die Hexenjäger sitzen hier irgendwo im Schrank und belauern mich? Meinst du, sie springen heraus und suchen meinen Körper nach Hexenmalen ab?«

»Schlaf doch endlich!«

»Ich kann nicht, weil ich dauernd an die Zukunft denken muß. Melanie wird hierherziehen, und du verläßt uns. Sie wollen euch einfach auswechseln. Du sollst als die Braut des ehrenwerten Fenn in Trystan Priory leben, und Melanie wird hier deinen Platz einnehmen. Aber das lasse ich nicht zu! Du bist meine Blutsschwester. Wohin du gehst, da will ich auch hingehen.«

»Natürlich könnte ich dich mitnehmen.«

»Aha, du hast dich also schon fest entschlossen wegzugehen! Ich dulde nicht, daß du zu deinem Geliebten übersiedelst. Entweder bekomme ich auch einen Liebhaber, oder du bleibst hier. Vielleicht nehme ich dir auch deinen Fenn weg und gehe selbst als Braut nach Trystan Priory. Dann kannst du mich dorthin begleiten. Nun, wie denkst du darüber?«

»Solch einen Unsinn habe ich noch nie im Leben gehört. Ich will jetzt endlich schlafen. Mach, was du willst!«

»Tamsyn«, jammerte sie flehend, doch ich gab ihr keine Antwort. Mir ging der Gedanke an eine mögliche Hochzeit Connells mit Melanie nicht aus dem Kopf. Ich glaubte leider ganz und gar nicht, daß sie mit ihm glücklich werden würde...

Am nächsten Morgen fragte mich Fenn, ob ich mit ihm ausreiten wolle. Ich stimmte begeistert zu und überlegte mit Herzklopfen, ob er mich auf dem Ritt bitten würde, seine Frau zu werden.

Bevor wir zu den Stallungen gingen, besuchten wir noch die Grabstätte. Der Rosmarinstrauch gedieh prächtig.

»Siehst du, wie er vom Grab meiner Mutter zu dem des unbekannten Seemanns hinüberwächst?« sagte ich.

»Bald werden die beiden Büsche eins sein.« Fenn nahm meine beiden Hände. »Dank dir, daß du dich auch um das Grab dieses Unbekannten kümmerst, Tamsyn. Du hältst mich sicher für wunderlich, aber in gewisser Weise ist dies hier ein Ersatz für die Stelle, an der mein Vater liegt.«

»Ich verstehe dich sehr gut. Du kannst ganz sicher sein, daß ich das Grab nicht vernachlässige.«

Er schaute mir tief in die Augen, und ich dachte, daß nun der große Augenblick da sei. Doch dann hörte ich Senara meinen Namen rufen. Sie blieb in einiger Entfernung von uns stehen. Ihr samtenes Reitkleid und der breitrandige Hut mit Feder standen ihr ausgezeichnet. Sie schien täglich schöner zu werden und ihrer Mutter mehr zu gleichen. Die geheimnisvolle Fremdartigkeit Marias fehlte ihr allerdings. Dafür ging von ihr eine heitere Lebenskraft aus, und dadurch wirkte sie menschlicher als ihre Mutter. Sie musterte uns mit spöttischem Lächeln.

»Oh, wie ich sehe, wollt ihr auch ausreiten. Warum machen wir nicht alle gemeinsam einen kleinen Ausflug.«

Andere Gäste trafen ein. Mein Vater ging mit einer Jagdgesellschaft ein paar Meilen landeinwärts auf Rotwildjagd. Auch Fenn schloß sich an. Sie blieben zwei volle Tage weg. Übernachtet wurde in einer Jagdhütte, die einem Freund meines Vaters gehörte.

In diesen zwei Tagen lernte ich Melanie und ihre Mutter besser kennen. Ich fühlte mich sehr zu Melanie hingezogen, während Senara sie abfällig als geistlos bezeichnete.

Als die Männer zurückkamen, brachten sie reiche Jagdbeute mit. Das Wild sollte bei der großen Tafelei vor der Abreise der Landors auf den Tisch kommen.

Am Nachmittag ritten Connell und Melanie zusammen aus. Senara schien fest entschlossen, mich nicht mit Fenn allein zu lassen. Ich konnte mich eines Lächelns nicht erwehren, da ich sicher war, daß Fenn sich von keinem Menschen davon abhalten lassen würde, etwas durchzuführen, das er sich vorgenommen hatte. War es nun tiefe Zuneigung zu mir, die Senaras Handeln bestimmte? Oder wollte sie mir nicht gönnen, was sie nicht haben konnte?

Unter angeregtem Geplauder kleideten wir uns für das Festbankett an. Senara trug ein rotes Seidengewand mit besticktem Damastunterkleid, das unter dem geteilten Rock sichtbar wurde. Das Mieder war mit goldenen Bändern geschnürt, und die dunklen Locken schmückte ein juwelenbesetzter Kopfputz, den sie von ihrer Mutter bekommen hatte. Als Senara fertig angezogen war, musterte sie mich eingehend mit schiefgelegtem Kopf. »Du siehst in dem blauen Samtkleid sehr hübsch aus«, meinte sie. »Wen von uns beiden findest du schöner, Merry?« fragte sie unsere Zofe.

Merry machte ein betretenes Gesicht. »Stellt mir bitte keine solchen Fragen, Mistress Senara.«

»Du bringst die arme Merry in Verlegenheit«, sagte ich. »Du weißt ganz genau, daß du die Schönere bist. Warum willst du Merry dazu zwingen, es dir zu bestätigen?«

»Es ist immer gut, die Wahrheit auszusprechen«, erwiderte Senara geziert.

Es wurde ein großartiges Fest. Würziger Duft nach gebratenem Fleisch durchzog die Gänge, die große Tafel in der Halle war mit allerlei Gerichten reich beladen. Es gab viele Arten Fleisch und natürlich all jene Pasteten und Backwaren, die gerade in unserer Gegend besonders beliebt waren. Vor dem Mahl wurde schon ausgiebig dem traditionellen Abschiedstrunk zugesprochen, so daß die ganze Gesellschaft bereits etwas angeheitert und bester Dinge war, als man sich zu Tisch setzte.

Als nach dem Essen die Musikanten ihre Instrumente stimmten, erhob sich mein Vater und sagte, daß er etwas anzukündigen habe, das ihm große Freude bereite.

»Meine Freunde, ihr feiert heute das Verlöbnis meines Sohnes Connell mit Melanie Landor, deren Mutter und Bruder ebenfalls meine Gäste sind. Leider kann ihr Vater nicht auch bei uns ein, doch ich verspreche, daß ich mich nach Kräften bemühen werde, ihn ihr zu ersetzen.«

Becher und Gläser wurden aufs neue gefüllt, Trinksprüche ausgebracht, und Connell und Melanie stellten sich neben meinen Vater und hielten sich nach altem Brauch bei den Händen.

Ich konnte Fenn ansehen, daß er sehr zufrieden war. Anscheinend schien jeder diese Verbindung für ausgesprochen passend zu halten.

Dann rief mein Vater den Musikanten zu, sie sollten aufspielen, und eröffnete mit Melanie den Tanz. Connell forderte Melanies Mutter auf, und Fenn wählte mich zur Partnerin. Einige Gäste schlossen sich uns an, während andere am Tisch sitzen blieben und uns nur zusahen.

»Du freust dich über die Verlobung deiner Schwester?« fragte ich Fenn lächelnd.

»Ja. Ich bin froh, daß unsere Familien nun miteinander verwandt werden. Leider hat es ja in der Vergangenheit einen Bruch zwischen uns gegeben. Es war nicht recht von meiner Großmutter, daß sie deinem Vater die Schuld am Tod meiner Tante Melanie gegeben hat. Doch das liegt nun alles hinter uns. Von jetzt an wollen wir in Freundschaft leben.«

Ich war sehr glücklich, daß ich mit Fenn tanzte. Bestimmt würden unsere Familien nicht nur durch diese eine Ehe miteinander verbunden sein, dachte ich und lächelte.

Doch plötzlich drangen durch das Stimmengewirr und die Musik gellende Schreie. Wir hörten zu tanzen auf, und auch die Musik schwieg. »Was hat das zu bedeuten?« rief mein Vater gebieterisch. Doch das Geschrei wollte nicht verstummen.

Mein Vater stürmte auf die Tür zu den Küchenquartieren zu und stieß sie wütend auf. Senara und ich waren ihm gefolgt.

Zwei der Dienstmägde wurden von einigen anderen gestützt, da sie völlig außer sich zu sein schienen.

»Ruhe!« brüllte mein Vater, als das Geheul anhielt.

Merry machte einen Knicks und erklärte, was die beiden so erschreckt hatte. »Master, sie haben etwas Fürchterliches gesehen.«

Alle unsere Gäste hatten sich inzwischen vor dem Kücheneingang zusammengedrängt. Mein Vater schien sich nur mühsam zu beherrschen. »Dies wird nicht ungestraft bleiben«, sagte er drohend. »Was fällt euch ein, meine Gäste so zu beunruhigen!«

Meine Stiefmutter legte ihm besänftigend die Hand auf den Arm. »Die Mädchen sind offensichtlich halb tot vor Angst. Ich möchte jetzt endlich wissen, was eigentlich geschehen ist.« Sie wandte sich an die beiden, die rote, verheulte Gesichter hatten. »Jane und Bet, ihr erzählt mir jetzt sofort, was euch zugestoßen ist.«

Die beiden schauten meine Stiefmutter verängstigt an. »Wir haben ein Licht gesehen, Mistress«, stammelte Bet.

»Ein Licht? Was für ein Licht denn?«

»Es . . . bewegte sich bei den Gräbern . . . hierhin und dorthin . . .
ganz geisterhaft. Das war kein richtiges Licht . . .«

»Ist das alles? Ihr habt ein Licht gesehen und macht ein solches
Geschrei deswegen?«

»Mistress, wir sind dann näher hingegangen, aber . . . ich trau
mich nicht, davon zu reden.«

Mein Vater mischte sich mit finsterem Gesicht ein. »Eine ist
dümmer als die andere. Aber diese Blödheit werde ich schon aus
euch herausprügeln! Was ist dann passiert? Nun, wird's bald?«

Ich konnte es nicht länger mit ansehen, wie die beiden armen
Dinger gequält wurden. »Am besten ist es, wir suchen das ganze
Gelände um die Gräber ab. Sicher treibt da irgendwer einen bösen
Schabernack.«

»O ja!« rief Senara mit blitzenden Augen. »Laufen wir rasch
hinüber und finden wir heraus, was die törichten Mädchen
erschreckt hat.«

Unsere Gäste amüsierten sich offensichtlich über den Vorfall.
Senara plauderte aufgeregt mit Squire Horgans Sohn, der den
ganzen Abend nicht von ihrer Seite gewichen war.

»Bestimmt ist es irgendein Geist«, rief Senara vergnügt. »Hier
wimmelt es von Gespenstern. Melanie, hoffentlich macht dir das
nichts aus, denn du mußt dich an sie gewöhnen, wenn du hier
lebst.«

Melanie lächelte nur. Als wir ins Freie kamen, breitete Senara
die Arme weit aus. »Wie hell der Mond scheint! Wir hätten die
Musikanten hier draußen aufspielen lassen sollen.«

»Das Kopfsteinpflaster wäre fürs Tanzen nicht gerade geeignet«, wandte ich ein.

»Warum brauchte der Geist denn eigentlich ein Licht?« fragte
irgend jemand. »Es ist ja fast taghell.«

Fenn, Senara und ich gingen zu den Gräbern hinüber. »Schaut
dorthin«, rief Senara.

Auf dem Grab des unbekannten Seemanns lag ein grauer Stein,
auf dem in großen schwarzen Buchstaben geschrieben stand:

ERMORDET IM OKTOBER 1600

Alle umringten das Grab, um einen Blick auf den geheimnisvollen
Stein zu werfen. Ich sah meinen Vater die Fäuste ballen. »Ermor-
det! Was hat das zu bedeuten?« fragte meine Stiefmutter in die
Stille hinein.

»Ein schlechter Scherz! Was für ein erbärmlicher Einfall! Aber der Schuldige wird dafür büßen müssen!« Mein Vater hob den Stein auf und warf ihn weit weg. Er fiel mit dumpfem Ton zwischen ein paar Brombeersträuchern zu Boden.

Dann wandte sich mein Vater an seine Gäste. »Dies ist das Grab eines Seemanns, der ertrunken an unsere Küste geschwemmt wurde. Meine Frau wollte, daß er ein anständiges Begräbnis bekommt. Aber jetzt sollten wir wieder in die Halle zurückkehren. Diesen dummen Mädchen wird es noch leid tun, daß sie uns die Stimmung verdorben haben!«

Er befahl den Musikern weiterzuspielen, doch die ausgelassene Fröhlichkeit kehrte nicht wieder. Mir fiel auf, daß der Zwischenfall Fenn anscheinend ganz besonders bedrückt hatte.

Wir setzten uns in eine Fensternische, da wir beide keine Lust mehr zum Tanzen hatten. Ich merkte, daß Fenn an nichts anderes als an den toten Seemann denken konnte, in dem er wohl seinen Vater vermutete.

Am nächsten Tag unterhielten wir uns ausführlich darüber. »Weißt du, Tamsyn«, sagte Fenn. »Es war doch gerade im Oktober 1600, als mein Vater spurlos verschwunden ist.«

Ich nickte. »In jenem Jahr, als der Seemann hier begraben wurde, starb meine Mutter am Weihnachtstag«, sagte ich traurig.

»Ich konnte heute nacht nicht schlafen. Immer, wenn ich die Augen zugemacht habe, sah ich den Stein mit den schwarzen Buchstaben vor mir. Wer hat ihn bloß da hingelegt, Tamsyn? Wer bringt denn so etwas fertig?«

Wir waren beide sehr erschüttert. Von Verlobung wurde natürlich nicht gesprochen. Als Fenn nach Trystan Priory zurückritt, war nach wie vor alles zwischen uns in der Schwebe.

Da Connells und Melanies Hochzeit jedoch in wenigen Wochen gefeiert werden sollte, würde ich ihn bald wiedersehen.

Halloween

Connell gefiel es ausnehmend gut, Mittelpunkt der Hochzeits-vorbereitungen zu sein. Ich war mir ziemlich sicher, daß er Melanie nicht liebte. Senara lachte nur, als ich ihr meine Befürchtung mitteilte. »Wie könnte er? Connell liebt nur sich selbst.«

Wir fanden nicht heraus, wer den Stein auf das Grab gelegt hatte. Merkwürdigerweise führte mein Vater keine so strenge Untersuchung durch, wie ich vermutet hatte. Die beiden Mägde wurden zwar nochmals befragt, konnten aber nichts Neues dazu sagen. Mein Vater zuckte daraufhin nur mit den Achseln und ließ die Sache auf sich beruhen. Vielleicht lag es an der allgemeinen Aufregung, die Connells Hochzeit mit sich brachte, daß der Zwischenfall verhältnismäßig schnell vergessen wurde. Auf jeden Fall galt von nun an auch die Gräberecke am Turm als verhexter Ort, wo Gespenster umgingen.

Senara, Merry, die Näherin und ich waren wieder emsig mit dem Anfertigen neuer Kleider beschäftigt. Ich freute mich schon sehr, Fenn so bald wiederzusehen, und Senara machte sich gehörig über mich lustig, wenn wir allein waren.

»Ich weiß schon, was in deinem Kopf herumspukt, Tamsyn. Du meinst, daß Fenn dich diesmal fragen wird, ob du ihn heiratest. Vielleicht tut er's auch. Alle halten das sicher für die beste Lösung: Melanie kommt hierher, du gehst nach Trystan Priory. Nur ich will es nicht so haben! Diese dumme, langweilige Melanie kann mir gestohlen bleiben!«

»Ich dachte, du fändest auch mich ziemlich langweilig.«

»Bei dir ist das anders. Stell dir nur einmal vor – wenn wir nach der Hochzeit hierher zurückkommen, wird sie uns begleiten.«

»Ich bin überzeugt, ihre Anwesenheit wird mir viel Freude bereiten.«

»Ich werde sie jedenfalls gar nicht beachten.«

»Ach, die Ärmste! Darunter wird sie aber sehr leiden!«

»Mach dich nicht über mich lustig! Mich kümmert eigentlich nur, ob dieser langweilige Fenn diesmal den Mut aufbringt, dich zu fragen. Ich weiß genau, daß du zu gerne ja sagen würdest. Noch nie habe ich erlebt, daß sich ein Mädchen einem Mann so an den Hals geworfen hat.«

»Das tu ich doch gar nicht!«

»Doch, doch! Du betest ihn ja förmlich an. Und die ganze Zeit flehst du ihn innerlich an, dich zu heiraten!«

»Ich möchte jetzt schlafen.«

»Das kannst du ja doch nicht!«

»Wir haben morgen den langen Ritt nach Trystan Priory vor uns, Senara. Ich will nicht todmüde auf dem Pferd sitzen! Laß mich jetzt in Ruhe. Bitte!«

»Deine Stimme bekommt schon einen anderen Klang, wenn du von Trystan Priory sprichst. Gib doch zu, daß du dort die Herrin sein willst!«

»Ich weigere mich, über solchen Unsinn mit dir zu reden.«

»Hör mir gut zu, Tamsyn Casvellyn! Du wirst diesen Fenn nicht heiraten! Eher heirate ich ihn. Das wäre ein Mordsspaß, was? Stell dir vor: Ich als Herrin auf Trystan Priory, während du hier in Schloß Paling versauerst, bis du alt und griesgrämig geworden bist. Und vor allem wird dich gräßlicher Neid plagen, weil deine Blutsschwester Senara den Helden deiner Träume geheiratet hat und mit ihren zehn Kindern glücklich und zufrieden lebt.«

»Gute Nacht, Senara.«

»Ich lasse mich nicht so abspeisen.«

»Nein? Nun, dann plappere nur ruhig weiter, ich werde trotzdem einschlafen.«

Sie redete wohl noch eine Weile vor sich hin, gab es dann aber auf, als sie keine Antwort von mir bekam.

Am nächsten Morgen wurden die Packpferde mit dem Gepäck und dem Hochzeitsstaat beladen, und dann machten wir uns auf den Weg nach Trystan Priory.

Dort erwarteten mich traurige Nachrichten: Fenn hatte nach Plymouth reisen müssen, weil sein Schiff vorzeitig in See gestochen war. Natürlich wäre er gerne bei der Hochzeit seiner Schwester dabeigewesen, aber die Abfahrt hatte sich nicht verschieben lassen. Er wurde frühestens in einem halben Jahr zurückerwartet.

Senara lächelte mich mit Verschwörermiene an. »Das habe alles ich so eingerichtet«, flüsterte sie mir zu. Ich wandte mich unwillig ab.

»Als unsere Königin aus Dänemark kam, haben die Hexen von Schottland und Norwegen heftige Stürme entfesselt, so daß die Ärmste sogar in Gefahr war, mit dem Schiff unterzugehen«, fuhr Senara fort. »Wenn diese Hexen so etwas zustanden brachten, warum sollte es dann unmöglich sein, deinen Fenn aufs Meer zu schicken?«

»Warum mußt du schon wieder solchen Unsinn reden?«

»Du sagst Unsinn, weil du nichts begreifst, Tamsyn. Hältst du Hexerei wirklich für Unsinn?«

»Du solltest nicht dauernd von Hexerei faseln, Senara. Weißt du denn nicht, daß du mit dem Feuer spielst?«

»Mit dem Feuer zu spielen, gehört zu den aufregendsten Dingen der Welt!«

»Wenn du dabei nur nicht eines Tages auf den Scheiterhaufen kommst!« fuhr ich Senara an. Die Enttäuschung über Fenns Abwesenheit hatte mir meine sonstige Gelassenheit geraubt.

»Nein, verbrannt werden andere«, erwiderte Senara rätselhaft.

Senara hatte es schon immer Spaß gemacht, andere Leute zu necken. Sie zog Merry mit Jan Leward auf und Jennet mit ihrem Liebhaber. Trotzdem begann mir ihre feindselige Einstellung zu Fenn und mir allmählich Sorge zu bereiten.

Die Hochzeit wurde zwei Tage nach unserer Ankunft gefeiert. Melanie war eine wunderschöne Braut. Das blonde Haar floß in weichen Wellen über das weiße kostbare Seidenkleid, dessen Rock mit Goldfäden durchwirkt war. Zwei Vettern geleiteten sie zur Kirche, wo Connell, geführt von zwei Jünglingen, schon auf sie wartete. Vor Melanie wurde der Brautbecher mit Rosmarin einhergetragen, geschmückt und umwunden mit vielfarbigen Bändern. Die Musiker des Priorats schritten hinter ihnen in die Kapelle, und alle jungen Mädchen – Senara und ich eingeschlossen – folgten ihnen nach. Da Senara und ich mit dem Bräutigam nahe verwandt waren, trugen wir die großen Hochzeitskuchen.

Die Zeremonie war eindrucksvoll; Melanie sah überglücklich aus, und auch Connell wirkte äußerst zufrieden.

Als das Paar sich das Treuegelöbnis gab, flüsterte mir Senara zu: »Wer ist wohl als nächstes dran? Du? Sei nicht so sicher, Tamsyn Casvellyn! Vielleicht bin ich's!«

Nach der kirchlichen Feier begannen die irdischen Festlichkeiten, die den ganzen Tag über andauerten. Dann wurde das Pärchen von allen zu Bett gebracht. Dabei gab es allerlei deftige Späße zu hören. Mein Vater rief, daß er Enkelsöhne erhoffe, und das unverzüglich, wie er hinzufügte.

Connell wirkte zum ersten Mal etwas linkisch. Mich erstaunte am meisten Melanies Gelassenheit.

Senara behauptete hinterher, daß Melanie völlig ahnungslos ins Brautbett gestiegen sei.

Drei Tage später ritten wir mit Melanie in unserer Mitte nach Schloß Paling zurück.

Durch Melanies Anwesenheit änderte sich nicht viel bei uns. Sie war so still und zurückhaltend, daß sie wenig Beachtung fand. Nach Senaras Meinung war sie ein völliges Nichts. Connell und seine junge Frau sah man tagsüber so gut wie nie zusammen, aber er teilte jede Nacht das Lager mit ihr.

»Sobald sie schwanger ist, wird er sich sein Vergnügen anderswo suchen«, meinte Senara.

»Du bist unanständig«, sagte ich vorwurfsvoll.

»Meine liebe Tamsyn! Ich bin eben nicht so unschuldig wie du.«

»Ich hoffe doch sehr, daß du noch unschuldig bist.«

Senara kreischte vor Vergnügen. »Das würdest du wohl gerne wissen!«

»Ich bin mir ganz sicher.«

»Du weißt überhaupt nichts, weil du blind durch die Welt gehst. Du bist fast so schlimm wie Melanie. Dein Fehler ist, daß du nicht genug tratschst und klatschst, denn von den Dienstboten erfährt man sehr viel. Und außerdem verfüge ich natürlich noch über meine ganz besonderen Kräfte.«

»Du brauchst mir nichts davon zu erzählen. Sie existieren nur in deiner Einbildung.«

»Eines Tages wirst du schon noch die Wahrheit entdecken«, sagte sie geheimnisvoll. »Ich könnte eigentlich ein bißchen zaubern, um's dir zu beweisen. Dein Fenn ist jetzt irgendwo auf dem Meer. Wenn ich nun einen Sturm entfeßle, wie es die Hexen von Schottland taten? Was wäre dann, wie?« Plötzlich wurde mir ganz übel vor Angst, und Senara brach in perlendes Gelächter aus.

»Nun, du glaubst mir ja doch!« sagte sie triumphierend.

Ich schüttelte sie, denn sie hatte mich wirklich beunruhigt. »Falls hier in der Gegend die Angst vor den Hexen wächst, falls Hexenjäger auftauchen, gerätst du wegen deines unvorsichtigen Geredes bestimmt in Gefahr. Du und…«

»Meine Mutter«, vollendete sie meinen Satz. Plötzlich lächelte sie mich lieb und zärtlich an. »Du magst mich doch gern, oder?«

»Du bist für mich wie eine leibliche Schwester.«

»Ganz gleich, was ich tue?«

»Es hat leider den Anschein«, gab ich seufzend zu.

Darauf umarmte sie mich stürmisch. »Ich necke dich nur deshalb, weil wir zusammengehören, Tamsyn. Nie werde ich es ertragen können, dich zu verlieren.«

Nach dieser Unterhaltung war Senara für eine gewisse Zeit so bezaubernd und liebevoll, daß ihr kein Mensch widerstehen konnte. Wenn sie doch nur immer so gewesen wäre! Sie hatte mir einmal zugeflüstert: »Ich bestehe eigentlich aus zwei Personen. Die eine ist eine Hexe...«

Ungefähr eine Woche nach unserer Rückkehr von Trystan Priory ging ich zu den Grabstätten hinüber, um die Rosmarin-sträucher zu gießen, denn es hatte schon lange nicht mehr geregnet. Das Wetter war ungewöhnlich heiß für Cornwall.

Seit jener Nacht, als der Stein gefunden worden war, wagten sich nur wenige Leute in die Nähe der Gräber. Angeblich fanden ertrunkene Seeleute häufig keine Ruhe und geisterten bei Dunkelheit herum. Die Dienstboten behaupteten auch, daß man nachts Schreie von den *Devil's Teeth* hörte, wo schon so viele Schiffe zerschellt waren.

Als ich mit der Gießkanne an das Grab meiner Mutter trat, sah ich als erstes den Stein. Es war derselbe, den mein Vater damals voller Zorn in die Brombeerbüsche geworfen hatte. Nun lag er auf dem Grab meiner Mutter. Die Buchstaben tanzten vor meinen Augen: ›Ermordet im Oktober 1600‹. Als ich den Stein aufhob, erinnerte ich mich deutlich an den Tag, als ich ins Zimmer meiner Mutter gelaufen war, wo sie still und bleich auf dem Bett gelegen hatte.

Hatte irgend etwas vor ihrem Tod sie geängstigt? Ich hatte bei ihr geschlafen, weil es sie zu beruhigen schien. Warum war sie einmal mit einem Entsetzensschrei aufgewacht, als ich nachts zu ihr gekommen war? Hatte sie etwa befürchtet, daß jemand sie ermorden wollte?

Sie ermorden? Ich hätte zu gerne gewußt, wer den Stein hierher gelegt hatte. Es war nun schon sieben Jahre her, seit meine Mutter begraben worden war.

Dann kam mir in den Sinn, wie ärgerlich mein Vater gewesen war, als er den Stein gesehen hatte. Das war auch ganz verständlich, da die heitere Feststimmung gestört worden war. Er hatte den Stein weit weg geschleudert. Wer hatte ihn dort gesucht und gefunden?

Ich überlegte, was ich mit dem Stein tun sollte. Nachdem ich geistesabwesend die Pflanzen begossen hatte, hob ich den Stein auf und nahm ihn mit ins Schloß. Dort wickelte ich ihn in einen alten Unterrock ein und versteckte ihn in der hintersten Ecke meines Schrankes.

Den Rest des Tages versuchte ich, mir die letzten Monate im Leben meiner Mutter zu vergegenwärtigen. Wie hatte man sie ermorden können? Wer könnte es getan haben? Warum? Und vor allem: wie? Schließlich hatte man an ihrem Körper keinerlei Zeichen von Gewaltanwendung festgestellt. Ich nahm mir vor, am nächsten Tag auszureiten, den Stein irgendwo zu vergraben und die ganze Angelegenheit zu vergessen. Doch ich wußte jetzt schon, daß mir das nie gelingen würde.

Ich konnte den Stein nicht wegwerfen, denn am nächsten Vormittag, als ich ihn herausholen wollte, war er verschwunden. Der Unterrock lag zwar noch an derselben Stelle, doch der Stein war fort.

Es war völlig unbegreiflich! Kein Mensch hatte gewußt, daß ich den Stein im Schrank versteckt hatte. Ich kniete auf dem Boden, den Unterrock in der Hand, und spürte, wie es mir kalt über den Rücken lief. Konnte es wirklich sein, daß eine geheimnisvolle, übermenschliche Macht den Stein auf die beiden Gräber gelegt hatte?

Zwei Hände schlossen sich um meine Kehle, und ich schrie vor Schreck laut auf. Mein Kopf wurde nach hinten gedrückt, und ich sah über mir Senaras lachendes Gesicht.

»Warum streichelst du denn diesen alten Unterrock?« fragte sie neugierig. »Ich habe dir wohl Angst eingejagt? Hast du solch ein schlechtes Gewissen?«

»Du... du hast mich überrascht!« stammelte ich.

»Ich habe dich schon einige Sekunden lang beobachtet und nicht verstanden, weshalb du ständig diesen alten Fetzen anstarrst.«

Ich stand auf, und sie musterte mich ängstlich. »Du bist hoffentlich nicht krank, Tamsyn. Du siehst gar nicht gut aus.«

»Aber nein! Mir fehlt nichts...«

Nach diesem Vorfall verfolgten mich ständig die Erinnerungen an meine Mutter. Ich wünschte, ich hätte damals mehr auf alles geachtet. Doch ich war erst zehn Jahre alt gewesen und hatte so vieles nicht verstanden. Mir fiel ein, daß Senara die Dienstboten als die besten Quellen für Klatsch jeder Art bezeichnet hatte. Mir fiel Jennet ein, die trotz ihres hohen Alters immer noch bei uns war. Als meine Mutter gestorben war, hatten wir zuerst angenommen, daß Jennet nach Lyon Court zurückkehren würde, doch sie war bei uns geblieben.

Sie und meine Großmutter hatten viele abenteuerliche Dinge miteinander erlebt. Da Jennet ein Kind von meinem Großvater bekommen hatte, war meine Großmutter ihr gegenüber immer ein wenig streng gewesen. Sie schätzten sich wohl gegenseitig, aber Jennet war offensichtlich lieber mit mir zusammen.

»Mistress Linnet hätte sicherlich gewollt, daß ich auf ihre kleine Tamsyn aufpasse«, hatte sie damals behauptet.

Und sie hatte auf mich aufgepaßt. Erst seit kurzem machte sich bei ihr das Alter bemerkbar, doch sie ertrug es mit ähnlicher Gelassenheit wie alle früheren Schicksalsschläge.

Als ich sie nun bat, mir von meiner Mutter zu erzählen, war sie gerne bereit. »Mistress Linnet war manchmal ein wildes Ding und hat sich gegen ihren Vater zur Wehr gesetzt«, begann sie ihre Erinnerungen. »Doch sie hatte keinen solchen Kampfgeist wie ihre Mutter. Du mußt wissen, Tamsyn, daß der Captain keine Töchter haben wollte, doch deine Großmutter konnte ihm anscheinend keinen Sohn schenken. Das hat er sein kleines Mädchen spüren lassen. Plötzlich haben die beiden sich dann doch gut verstanden. Er war stolz auf sie. ›Meine Tochter Linnet ist soviel wert wie ein Sohn‹, sagte er. Und dann traf sie deinen Vater, und wir zogen hierher.«

»War sie hier glücklich?« fragte ich.

»Glücklich... was ist schon glücklich? Die meisten Menschen sind in der einen Minute glücklich und in der nächsten traurig.«

Ich nickte. »Wie war meine Mutter... kurz vor ihrem Ende?«

Jennet runzelte die Stirn. »Sie wurde sehr, sehr still, als ob... als ob etwas...«

»Ja, Jennet? Sprich bitte weiter! Als ob etwas...?«

»Als ob da was wäre, das sie unsicher machte.«

»Hat sie je etwas Näheres darüber gesagt?«

»Mir nicht. Vermutlich hätte sie's nur einem Menschen auf der Welt erzählt, und das ist deine Großmutter.«

»Warum nicht... meinem Vater?«

»Na ja, wenn's nun mit ihm zusammenhing?«

»Was meinst du damit?«

»Ich weiß nicht. Aber sie wird doch wohl nicht mit ihm darüber reden, wenn sie sich seinetwegen Sorgen macht, oder?«

»Hast du eine Ahnung, warum sie seinetwegen in Sorge war?«

»Ehefrauen haben ständig Kummer mit ihren Männern. Es gibt immer Gründe. Deine Großmutter...«

Ich unterbrach sie, denn ich wollte mich nicht vom Thema ablenken lassen. »Was für einen Eindruck hat sie in den letzten Wochen auf dich gemacht, Jennet? Ich habe gespürt, daß etwas nicht stimmte.«

»Sie hat immerzu geschrieben. Ich hab sie öfter dabei erwischt.«

»Erwischt?« wiederholte ich fassungslos.

»Ja, so hat's jedenfalls gewirkt. Sie saß an ihrem Pult und schrieb. Wenn ich reinkam, hat sie's zugedeckt, und ich habe keine Ahnung, wo das ganze geschriebene Zeug hinkam.«

»Sicher waren es Briefe.«

Jennet schüttelte den Kopf. »Sie hat nicht viele Briefe abgeschickt. Aber es war schon merkwürdig. Nie hab ich rausgekriegt, wo sie's versteckte.«

»Was hat sie wohl geschrieben?« sagte ich nachdenklich.

»Ich glaube, es war so 'ne Art Tagebuch.«

»Wie spannend! Wo es jetzt bloß sein mag?«

»Ich bin fest davon überzeugt, daß sie's gut versteckt hat.«

Nach dieser Unterhaltung ließ mich der Gedanke nicht mehr los, daß ich im Tagebuch meiner Mutter – falls sie wirklich Aufzeichnungen der täglichen Ereignisse gemacht hatte – einen Hinweis auch darauf finden könnte, was in den letzten Wochen vor ihrem Tod in ihr vorgegangen war.

Ich wollte in Ruhe über alles nachdenken und ging an der Küste spazieren. Das gleichmäßige Geräusch der Wellen wirkte friedlich und wohltuend auf mich. Als ich zu den grauen Mauern des Schlosses hinaufsah, dachte ich: Einer dort drinnen weiß, was mit meiner Mutter geschehen ist. Mein Vater hatte schon drei Monate nach dem Tod seiner Frau wieder geheiratet. Viel zu früh, wie einige Leute meinten, doch das Gerede der anderen hatte ihn noch nie gekümmert.

Seine jetzige Frau hielten viele für eine Hexe. Konnte es sein, daß sie durch irgendeinen bösen Zauber meine Mutter hatte sterben lassen? Hatte mein Vater seine Frau Linnet loswerden wollen, um Maria heiraten zu können? Wünschte meine Stiefmutter damals ihren Tod herbei, um meinen Vater zum Mann zu bekommen? Hatte meine Mutter ein gefährliches Geheimnis entdeckt?

Falls sie ihr Tagebuch sorgfältig geführt hatte, konnte man sicher einige wichtige Anhaltspunkte darin finden. Was war in der letzten Nacht passiert? Hatte sie vor dem Zubettgehen Eintragungen gemacht?

Ich mußte das Tagebuch unbedingt finden! Wo konnte es wohl versteckt sein? Im Schlafzimmer, das sie mit meinem Vater geteilt hatte? Nein, das war unwahrscheinlich, denn sie hatte es vermutlich auch vor ihm geheimhalten wollen. In einem der kleinen Wohnzimmer hatte sie viel Zeit verbracht. Jetzt wurde es kaum noch benutzt. Dort wollte ich meine Suche beginnen.

Es war ein düsterer kleiner Raum, denn durch die Fensterschlitze drang nur wenig Licht. Als ich eintrat, erinnerte ich mich ganz genau daran, daß meine Mutter besonders gerne am Fensterplatz gesessen hatte – ich zu ihren Füßen.

Auf dem Tisch lag ein Buch, und daneben stand eine Art Schreibpult aus Sandelholz. Ich öffnete es. Der Teil, auf dem man schrieb, konnte hochgehoben werden. Darunter befand sich eine Öffnung, in der lediglich einige unbeschriebene Blätter lagen.

Ich schaute mich im Zimmer um. Die alte Truhenbank stammte nach Ansicht meiner Mutter noch aus dem vorigen Jahrhundert – lange vor der Niederlage der Armada. Es war im Grunde eine Truhe, deren Deckel als Sitz diente. Als ich ihn hochhob, entdeckte ich einige alte Kleider und auch einen Hut mit Federn, den meine Mutter getragen hatte, wie ich mich entsann. Aufregung packte mich. Der Raum war offensichtlich nach dem Tod meiner Mutter unverändert gelassen worden. Bestimmt würde ich hier irgendwo das Tagebuch finden.

In solche Truhen waren oft Geheimfächer eingebaut worden... Ich nahm alle Kleider heraus, um das Möbelstück genauer untersuchen zu können. An beiden Seiten schien die Außenwand dicker zu sein. Als ich mit dem Knöchel dagegenklopfte, klang es hohl. Bestimmt gab es irgendwo eine verborgene Feder.

Während ich vor der Truhe kniete, hörte ich jemand den Gang entlangkommen. Wie gebannt schaute ich zur Tür. Langsam und völlig geräuschlos wurde sie geöffnet.

Meine Stiefmutter stand auf der Schwelle. Ich wußte, daß die Dienstboten große Angst vor ihr hatten, und mir erging es im Augenblick nicht anders. Sie musterte mich einige Sekunden schweigend. Was war eigentlich das Furchteinflößende an ihr? Mir fiel zum ersten Mal auf, daß ihr Gesicht immer maskenhaft wirkte. Plötzlich hatte ich das Empfinden, daß etwas Böses in den Raum getreten war.

»Räumst du die Sachen deiner Mutter auf?« fragte sie mich schließlich.

Sie kam näher. Die Tür hatte sie hinter sich geschlossen. Ich spürte den Drang hinauszulaufen, um nicht mit ihr allein zu sein.

»Ja... anscheinend sind die Sachen seit Jahren nicht herausgenommen worden«, stammelte ich.

»Hast du etwas gefunden, wonach du vielleicht suchtest... etwas Bestimmtes?«

»Hier drin sind nur alte Kleider.« Ich stand auf.

»Nichts sonst?«

»Nichts.«

Sie hob einen hochhackigen, vorn abgerundeten Schuh mit Korksohle hoch.

»Abscheulich! Was man heute trägt, ist doch sehr viel schöner, findest du nicht? Sieh dir nur diese Halskrause an! Die Spitze ist ja hübsch, aber die Mode war unkleidsam. Dennoch hatte sie einen Vorteil. Die Damen mußten den Kopf sehr hoch tragen, wie man so sagt.«

Rasch räumte ich die Kleidungsstücke zusammen und legte sie in die Truhe zurück.

»Ich dachte, du hättest einen besonderen Grund, die Sachen deiner Mutter durchzusehen, Tamsyn. Vielleicht würden sich die Dienstboten über das eine oder andere Stück freuen... Allerdings legen selbst sie einen gewissen Wert auf Mode.«

Ich schloß den Deckel der Truhe.

»Es ist ein hübscher Raum. Wir sollten ihn mehr benützen. Oder meinst du, es sollte so bleiben, weil es das Zimmer deiner Mutter war?«

»Ja, das wäre mir viel lieber!«

»Dann soll es so sein«, sagte sie und ging hinaus.

Ich flüchtete mich in mein Schlafzimmer. Zum Glück war Senara nicht da. Verwirrt grübelte ich darüber nach, weshalb ich so erschrocken war, als mich meine Stiefmutter beim Kramen überrascht hatte.

Jennet hatte wieder einmal den Mund nicht halten können. Ich erfuhr es durch Senara.

»Deine Mutter hat anscheinend tagtäglich in ein Buch geschrieben, Tamsyn. Wußtest du das?«

»Jennet hat es neulich erwähnt. Dir hat sie's also auch erzählt?«

»Nein. Merry sagt, daß Jennet in der Küche darüber redet. Es soll alles ziemlich geheimnisvoll klingen.«

»Wieso ist es geheimnisvoll, ein Tagebuch zu führen?«

»Im Grunde natürlich nicht! Aber deine Mutter hielt es offensichtlich für nötig, die Aufzeichnungen zu verstecken.«

»Wer behauptet das?«

Sie schaute mich neugierig an. »Vielleicht hast du's sogar schon gefunden, Tamsyn? Ja, sicher hast du's längst gelesen.«

»Ich habe es nicht gefunden und folglich auch nicht gelesen.«

»Man vertraut seine geheimsten Gedanken einem Tagebuch an«, fuhr Senara fort. »Wenn deine Mutter gewollt hätte, daß du's liest, hätte sie's dir sicher gezeigt.«

Ich ärgerte mich darüber, daß Jennet unvorsichtigerweise über das Tagebuch meiner Mutter geplaudert hatte. Aber nicht genug damit: Jennet hatte auch noch erwähnt, daß meine Mutter es versteckt habe, da sie offensichtlich befürchtete, jemand könne es lesen.

Senara ließ sich durch mein Schweigen nicht beeindrucken.

»Deine Mutter war irgendwie seltsam, kurz bevor sie starb. Das bilde ich mir doch nicht nur ein, oder?«

»Was meinst du mit... seltsam?«

»Du hast beinahe jede Nacht bei ihr geschlafen. Warum?«

»Mir war danach zumute...«

»Es war nicht nur das. Du hast die Beschützerrolle spielen wollen. Offenbar macht es dir besondere Freude, wenn du jemanden bemuttern kannst. Hunde oder Vögel... Erinnerst du dich noch an die Möwe, die du nach Hause brachtest? Sie hatte einen gebrochenen Fuß, und die anderen wollten sie zu Tode picken. Du hast sie hierhergeholt und gepflegt, obwohl es nutzlos war. Sie ist gestorben. Und die Pfauen in Lyon Court fütterst du auch ständig! Du hattest also bestimmt einen Grund, warum du bei deiner Mutter geschlafen hast. Du wärst auch bei ihr gewesen, wenn mir nicht so elend vom Glühwein geworden wäre. Oh, Tamsyn, nimmst du mir das eigentlich noch übel?«

»Aber nein! Natürlich nicht!«

»Ich werde nie mehr soviel Glühwein trinken! Es war gräßlich! Aber mich würde wirklich sehr interessieren, wo deine Mutter das Tagebuch versteckt hat. Wär das ein Spaß, wenn wir's fänden!«

Da wurde mir plötzlich klar, daß meine Stiefmutter genau gewußt hatte, wonach ich gerade suchte, als sie mich überraschte.

Bald war Halloween. Im Schloß herrschte wie immer eine gewisse Spannung, da meine Stiefmutter in dieser Nacht aufgetaucht war – fünfzehn Jahre war es jetzt her. Jennet erinnerte sich noch sehr gut daran und sorgte dafür, daß es nicht vergessen wurde.

Der Herbst war die Jahreszeit, die ich besonders reizvoll fand. Meine Mutter hatte den Frühling am meisten geliebt und die Namen aller wilden Blumen gekannt. Für mich bedeutete der rotgoldene Farbenrausch der Wälder den Höhepunkt des Jahres. Ich liebte den leichten Frühnebel und die frische Kühle der Luft. Außerdem freute mich die Gewißheit, daß Weihnachten dann näher rückte – Weihnachten mit seinen Festlichkeiten, bei denen die ganze Familie fröhlich und gut gelaunt war.

Jennet erzählte mir, als meine Mutter noch lebte, sei an Halloween ein großes Freudenfeuer angezündet worden, um die Hexen fernzuhalten, wie es hieß. Die Asche wurde eingesammelt und aufbewahrt, da sie gegen den bösen Blick schützen sollte.

Je weiter der Herbst voranschritt, desto undurchdringlicher wurde der Nebel. Ich mußte oft an die armen Seeleute denken, die bei diesem Wetter unterwegs waren. Wann kam Fenn wohl zurück? Ich hatte mir inzwischen angewöhnt, darauf zu achten, daß die Laternen in den beiden Türmen am Meer nachts immer angezündet waren.

Halloween kam, und Erregendes lag in der Luft. Meine Stiefmutter schien insgeheim zu lächeln, als wisse sie genau, daß alle etwas Unvorhergesehenes erwarteten und sie der Mittelpunkt war. Es geschah beim Abendessen. Senara kam nicht zu Tisch. Sie war zwar oft unpünktlich, hütete sich aber davor, wenn mein Vater anwesend war, denn Unpünktlichkeit brachte ihn zur Raserei. Der Schuldige wurde meist ohne Essen auf sein Zimmer geschickt und manchmal sogar geohrfeigt.

Nach dem Essen stieg ich zu unserem Schlafzimmer hinauf. »Hast du Mistress Senara gesehen?« fragte ich Merry.

Sie schüttelte den Kopf. »Sie ist schon am frühen Nachmittag weggeritten, Mistress Tamsyn. Jan hat sie wegreiten sehen, als ob sie vom Teufel besessen sei, so schnell war sie.«

Es wäre wirklich besser, Merry würde keine solchen Ausdrukke gebrauchen, dachte ich. Noch dazu an Halloween! Mir war völlig klar, was in ihrem Kopf vorging. Meine Stiefmutter galt bei den Dienstboten immer noch als Hexe, und Senara war schließlich ihre Tochter.

»Hat sie erwähnt, wohin sie wollte?« fragte ich weiter.

»Nein, Mistress. Sie hat sich das Reitkleid übergestreift, ihren besten Hut aufgesetzt, und schon ging's los.«

»Welcher von den Pferdeknechten hat sie begleitet?«

»Ich habe keinen gesehen, Mistress.«

Obwohl wir fast alle Nachbarn, deren Familien und Gefolgsleute kannten, war es gefährlich, allein auszureiten, denn immer wieder tauchten Straßenräuber in unserer Gegend auf. Es war uns verboten worden, ohne männlichen Schutz unterwegs zu sein.

Und dennoch war Senara ausgerechnet an Halloween ganz allein weggeritten.

Ich stieg in die Halle hinunter, um meiner Stiefmutter und meinem Vater Bescheid zu geben. Es mußte unbedingt etwas unternommen werden! Mir war sehr ängstlich ums Herz.

Unten angekommen, hörte ich lautes Stimmengewirr aus dem Hof. Ich eilte mit klopfendem Herzen hinaus. Einer der Knechte hielt eine Laterne hoch, in deren Schein ich einen fremden Reiter erkannte.

Mein Vater und meine Stiefmutter standen bei ihm. »Kommt herein«, sagte mein Vater gerade. »Ihr müßt erschöpft sein.«

»Senara ist nicht im Schloß, Vater«, rief ich dazwischen.

»Ich weiß es bereits«, erwiderte er. »Dieser ehrenwerte Gentleman ist hergekommen, um uns mitzuteilen, daß sie in Sicherheit ist. Sag den Dienstboten, sie sollen Glühwein und etwas zu essen auftischen, damit sich der Gentleman stärken kann.«

Voller Erleichterung lief ich ins Haus.

Der Fremde hieß Carl Deemster. Er hatte erst vor kurzem von Squire Northfield ein Herrenhaus erworben, das fünf Meilen landeinwärts lag. Mr. Deemster war ziemlich düster, aber ordentlich gekleidet. Sein Akzent war mir fremd. Er erklärte, daß Senara vom Weg abgekommen sei und nun auf Einladung seiner Frau bei ihnen die Nacht verbringe, da der Nebel immer dichter werde.

Mein Vater zeigte sich von seiner gastfreundlichsten Seite. Er bestand darauf, daß Carl Deemster erst am nächsten Morgen zurückreiten solle, und dieser erklärte sich einverstanden.

Unser Gast aß nur äußerst wenig und trank keinen Tropfen Alkohol, doch die Unterhaltung zwischen ihm und meinem Vater war sehr angeregt. Carl Deemster verstand offensichtlich viel von der Seefahrt.

Als ich in mein Schlafzimmer ging, war der Nebel durchs Fenster eingedrungen. Merry half mir beim Auskleiden.

»Sie ist also in Sicherheit«, sagte sie. »Gott sei Dank!«

»Natürlich ist sie das«, erwiderte ich. »Was hast du denn erwartet?«

»Weil heute Halloween ist, habe ich mir so meine Gedanken gemacht, als sie plötzlich weggeritten ist. Jennet meinte, daß es sie daran erinnert, als...«

»Jennet fühlt sich ständig an etwas erinnert«, unterbrach ich sie.

»Jennet sagt, es war genauso ein Tag wie heute, als die Mistress verschwand.«

»Du meinst...«

Sie bekreuzigte sich hastig. »Ich spreche natürlich von der jetzigen Mistress... Sie kam an Halloween und ging an Halloween. Mistress Senara ist ihre Tochter, und da dachten wir...«

Ich konnte das Wort Hexerei nie hören, ohne um Senara zu fürchten. In gewisser Weise war sie selbst daran schuld, daß sie ab und zu bei den Dienstboten in Verdacht geriet, eine Hexe zu sein. Warum mußte sie auch ausgerechnet an Halloween diesen einsamen Ausritt machen! Es war ihr anscheinend nicht klar, wie gefährlich das für sie werden konnte.

Ich stand am nächsten Morgen sehr früh auf und fragte unseren Gast, der schon zum Aufbruch bereit war, ob ich ihn begleiten dürfe. Ich wollte zwei Reitknechte mitnehmen und Senara abholen.

Der Nebel hatte sich gehoben, die Luft war fast frühlingshaft lind. Leyden Hall war ein sehr schönes Gebäude, das wohl zu Beginn von Königin Elisabeths Regierungszeit erbaut worden war. Es sah von weitem fast wie Lyon Court aus.

Doch wie wenig glichen sich die beiden Landsitze bei näherer Betrachtung. Mein Großvater und auch dessen Vater hatten Prachtentfaltung geliebt. Mir war es immer so vorgekommen, als ob alles in Lyon Court darauf angelegt sei, Eindruck zu machen. Die Einfachheit von Leyden Hall erstaunte mich sehr, denn ich hatte das Haus schon einmal besucht, als es noch Squire Northfield gehört hatte. Alles Schmückende war offensichtlich entfernt worden. Die Hausherrin Priscilla Deemster begrüßte mich in einem schlichten Kattunkleid ohne Bänder oder Spitzen.

Auch die beiden verheirateten Söhne der Deemsters lebten mit ihren Frauen in Leyden Hall und waren äußerst schlicht gekleidet.

Zwischen ihnen wirkte Senara in dem blauen Reitkleid wie

einer der Pfauen Lyon Courts. Ich hatte sie noch nie so schön und erregt gesehen wie jetzt. Ihre Schönheit war ebenso atemberaubend wie die ihrer Mutter.

»Wir haben uns große Sorgen um dich gemacht«, sagte ich.

»Der Nebel war an allem schuld«, erklärte sie mit verschleierter Stimme. »Aber ich habe mich in diesem Haus sehr wohl gefühlt. Es ist für mich eine einzigartige Erfahrung gewesen.«

Da es inzwischen fast Mittagszeit geworden war, wurde ich zum Essen eingeladen. Ich nahm gerne an. Mich interessierten unsere Gastgeber, und vor allem wollte ich herausfinden, weshalb Senara so entzückt über ihr merkwürdiges Abenteuer war.

Eine große Holzplatte auf Schragen diente als Tisch. Er stand mitten in der Halle, die ich als äußerst vornehm und prunkvoll in Erinnerung hatte. Das Essen war sehr einfach. Aufgetischt wurde vor allem Gemüse aus dem eigenen Garten. Dazu gab es Pökelfleisch. Alle Bewohner von Leyden Hall versammelten sich um die Tafel, und nun verstand ich Senaras freudige Erregung. Einer unserer Tischgenossen war Richard Gravel, genannt Dickon, unser einstiger Musiklehrer.

Senara schaute mich triumphierend an. »Du erinnerst dich doch noch an Dickon, Tamsyn?«

Er lächelte mir zu. Dickon hatte sich ebenso sehr verändert wie dieses Haus. Er war früher fast ein Dandy gewesen. Nun trug er ein schlichtes Lederwams und braune Hosen aus einem groben Gewebe. Sein einstmals lockiges Haar war ganz kurz geschoren und glatt gebürstet, als schäme er sich seiner Schönheit. Er war ein äußerst vergnügter, unternehmungslustiger Bursche gewesen, doch jetzt saß er mit niedergeschlagenen Augen und einer demütigen Miene da, die nicht ganz echt wirkte.

Vor dem Essen wurde vom Hausherrn ein langes Tischgebet gesprochen. Alles schmeckte fade und langweilig im Vergleich zu dem, was wir auf Schloß Paling vorgesetzt bekamen.

Dickon berichtete mir, was er vermutlich schon Senara erzählt hatte. Nachdem unser Vater ihn vor die Tür gesetzt hatte – ganz zu Recht, wie er dank seiner neuerworbenen Demut fand –, war er zwei Tage lang durch die Gegend geirrt, ohne einen Bissen zu essen. »Als ich mich ganz erschöpft am Wegesrand ausruhte«, fuhr er fort, »kam ein Mann vorbei, der gleichfalls ohne einen Penny war. Er sagte mir, daß er nach Leyden Hall wolle, wo keiner von der Schwelle gewiesen werde. Ich war sofort bereit, dort ebenfalls mein Glück zu versuchen. Und so kam ich hierher.«

Senara hörte ihm mit einer Aufmerksamkeit zu, die ungewöhnlich für sie war.

»Als ich die Güte und heitere Gelassenheit der Bewohner von Leyden Hall kennenlernte, die so ganz anders waren als alles, was ich bisher erlebt hatte, bat ich darum, hierbleiben zu dürfen. Ich bot an, jede Arbeit zu leisten, die getan werden mußte.«

»Ihr unterrichtet also nicht mehr Tanz und Gesang?«

»Nein, das ist vorbei. Es gehört zu meinem sündigen früheren Leben. Solch frevelhaftes Tun findet vor dem Angesicht des Herrn keine Gnade. Ich werde nie wieder tanzen oder singen.«

»Wie schade! Ihr wart ein Meister darin.«

»Nichtigkeiten«, meinte er abfällig. »Hier mache ich mich im Garten nützlich. Das Gemüse, das heute auf den Tisch kam, wurde von mir gezogen.«

»Du siehst, aus Dickon ist ein guter Mensch geworden«, sagte Senara zu mir.

Ich hätte gerne etwas erwidert. Natürlich war es nicht gottgefällig, die Tochter des eigenen Brotherrn verführen zu wollen. Aber ich hielt weder Tanz noch Gesang für etwas Verwerfliches. Die Engel sangen schließlich auch ... Doch ich versagte mir eine Antwort. Wir waren sehr freundlich empfangen worden, und unser Gastgeber hatte die Liebenswürdigkeit besessen und uns davon benachrichtigt, daß Senara in Sicherheit war. Deshalb wollte ich nichts sagen, was ihn und die Seinen möglicherweise hätte verletzen können.

Als das Mahl vorüber war, brachen Senara und ich auf. Es war erst ein Uhr, denn in Leyden Hall saß man nicht so lange bei Tisch wie bei uns. Hier wurde das Essen keineswegs als ein Vergnügen, sondern als eine Notwendigkeit angesehen. Nachdem wir uns vielmals bedankt hatten, ritten wir los.

»Jetzt hätte ich gerne eine Erklärung, wie das Ganze zustande gekommen ist«, sagte ich als erstes. Senara lächelte mir verschmitzt zu. »Ich habe dir doch schon erklärt, daß ich mich im Nebel verirrte und in Leyden Hall Unterschlupf fand.«

»Es kommt mir äußerst merkwürdig vor, daß du dich ausgerechnet in jenes Haus geflüchtet hast, in dem Dickon nun lebt.«

Als wir im Schloß ankamen, warfen die Dienstboten Senara scheue ängstliche Blicke zu. Eine Magd bekreuzigte sich sogar, als sie sich unbeobachtet glaubte. Ich war sehr beunruhigt. Leider schien es Senara wieder großen Spaß zu machen, den Aberglauben der Dienstboten zu unterstützen.

»Du hast wohl geglaubt, ich sei auf meinem Besen davongeritten?« rief sie einer Magd zu, die sie mit offenem Mund anstarrte. Senara trat ganz dicht an die Magd heran und kniff drohend die Augen zusammen, so daß die Ärmste ganz bleich wurde. »Vielleicht tu ich's im nächsten Jahr an Halloween.«

Als wir allein im Schlafzimmer waren, schalt ich sie. Doch sie lachte mich nur aus. Sie war so aufgeregt, wie ich sie selten erlebt hatte.

»Man stelle sich vor: Dickon ist ein Puritaner geworden!«

»Glaubst du, daß es ihm ernst damit ist?«

»Dickon nimmt alles ernst. Was er auch tut, er glaubt von ganzem Herzen daran... jedenfalls für kurze Zeit. Das mag ich besonders gern an ihm. Er hat mir das Gefühl gegeben, daß auch ich eine Puritanerin werden könnte.«

»Du! Du bist eine Heidin, genau das Gegenteil!«

»Warum sollte ich mich nicht wandeln können? Dickon hat mir viel davon erzählt. Es ist in gewisser Weise sehr beeindruckend.«

»Ausgerechnet das Puritanertum beeindruckt dich also!« Ich mußte lachen. »Ich kenne niemanden, der den Luxus so sehr liebt wie du. An einem Tag willst du eine Hexe sein, am nächsten eine Puritanerin!«

»Dickon hat mir von der Sekte berichtet. Es sind sehr edle Menschen. Die Deemsters schätzen und lieben Dickon wie einen Sohn. Als er zu ihnen kam, war er ein eitler junger Fant, der auf dem Weg zur Hölle war. Sie haben seine Seele gerettet.«

Senara hatte einiges über die Puritaner erfahren. Die Deemsters kamen aus Lincolnshire, und Master Deemsters Mutter war Holländerin gewesen. »Sie sind der festen Ansicht, daß das Leben ganz einfach geführt werden solle«, erklärte Senara. »Außerdem verabscheuen sie jede papistische Abgötterei.«

»Das tun wir auch.«

»Für die Puritaner ist die Religion das wichtigste in ihrem Dasein. Sie wollen bescheiden, einfach und demütig leben. Eitelkeit halten sie für eine Beleidigung Gottes. Sie würden für ihren Glauben sogar sterben.«

»Hoffentlich kommt es nicht dazu! Der König ist gegen sie eingestellt und will sie verfolgen.«

»Ja, das wissen sie sehr wohl.«

»Der König glaubt, daß sie den schottischen Presbyterianern ähneln, mit denen er einige Erfahrung hat. Er behauptet, daß sie mit der Monarchie so gut harmonieren wie der Teufel mit Gott.«

Senara lachte, als freue sie sich darüber. Vermutlich gefielen ihr die Puritaner deshalb so gut, weil sie der Gefahr trotzten, indem sie ihren Glauben unbeirrt verteidigten.

»Der König hat auf der Hampton-Court-Konferenz angedroht, die Puritaner aus dem Land zu jagen, falls er nicht noch Schlimmeres vorhat. Sie müssen sich entweder in den Rahmen der anglikanischen Staatskirche einfügen oder aber die Folgen tragen.«

»Ja, ja, das wissen sie alles längst, Tamsyn. Aber sie machen sich nichts aus seinen Drohungen. Auf keinen Fall werden sie ihre Religion aufgeben, das steht fest.«

Ich war noch stärker beunruhigt, als ich entdeckte, daß Senara von Dickons Anwesenheit in Leyden Hall schon vor ihrem Besuch gewußt hatte. Einer der Bediensteten hatte es erfahren und ihr erzählt. Senara mußte ihr kleines Abenteuer natürlich ausgerechnet an Halloween durchführen – sie war wirklich ein furchtloses Ding! Sie hatte so getan, als hätte sie sich im Nebel verirrt, damit sie Dickon wiedersehen und mit ihm sprechen konnte.

Von nun an war Dickon wieder Senaras beliebtestes Gesprächsthema. Sie besuchte ihn häufig in Leyden Hall und erfuhr immer mehr über die Puritaner, ihren Glauben und ihre Ziele. Wer Senara kannte, dem mußte das höchst merkwürdig vorkommen.

Die Lichter im Turm

Am Weihnachtstag wurde mein achtzehnter und Senaras sechzehnter Geburtstag gefeiert. Meine Stiefmutter hatte Gäste aufs Schloß geladen. Anscheinend war ihr sehr daran gelegen, Ehemänner für uns zu finden.

Während der vorhergehenden Wochen pflegte Senara viel allein auszureiten – vermutlich nach Leyden Hall. Sie schien sich immer mehr für die neue Sekte – die Puritaner – zu begeistern. Ich fand dies erheiternd, denn niemand glich weniger einer Puritanerin als Senara.

Manchmal unterhielt sie sich ganz ernsthaft mit mir darüber. »Eine Religion sollte doch wirklich einfach sein, findest du nicht? Gott will diese ganzen komplizierten Zeremonien sicher nicht. Man sollte ihn auf die schlichteste Weise anbeten. Die Kirche ist natürlich gleich bereit, all jene zu verdammen und zu verfolgen, die ihr nicht Gefolgschaft leisten. Wie unchristlich!«

»Du scheinst ja wirklich Anteil zu nehmen, Senara. Irgendwie hast du dich verändert, seit du in Leyden Hall verkehrst. Ich weiß übrigens, daß du alles eingefädelt hattest.«

»Ja, das hab ich. Ich konnte es einfach nicht glauben, daß aus Dickon ein Puritaner geworden sein sollte. Ich mußte mich mit eigenen Augen davon überzeugen.«

»Er macht hoffentlich keine Puritanerin aus dir.«

»Kannst du dir das vorstellen... ich eine Puritanerin?«

»Nein, dazu reicht meine Phantasie nicht aus«, gab ich zu. »Du scheinst dir aber sehr viel aus Dickon zu machen.«

»Er ist so schön, Tamsyn! Selbst in dieser häßlichen Kleidung und mit den kurzgeschorenen Haaren gefällt er mir besser als jeder andere Mann... auch viel besser als dein Fenn, der weggefahren ist, ohne sich dir zu erklären.« Diesen Seitenhieb konnte sie sich nicht verkneifen.

»Du bist ja von Dickon verhext!«

»Du vergißt, daß ich es bin, der jemanden verhexen kann. Trotz seiner neuen puritanischen Ideen scheint er von mir bezaubert zu sein. Ich bin ja schließlich auch ein zauberhaftes Wesen.«

»Du jedenfalls glaubst das.«

»Mir gefällt diese puritanische Sekte auch deshalb besonders, weil alles so gefährlich ist. Jedenfalls seit der Hampton-Court-Konferenz.«

»Du solltest eine Religion meiden, die so gefährlich ist.«

»Wie kannst du so etwas sagen! Das klingt ja geradezu zynisch. Wenn man wahrhaft an etwas glaubt, muß man diesen Glauben doch auch verteidigen, selbst wenn dabei das eigene Leben gefährdet wird.«

»Unser Land und meine Familie haben durch die Glaubenskämpfe gelitten. Einer meiner Vorfahren wurde unter Heinrich VIII. enthauptet, ein anderer starb auf dem Scheiterhaufen während der Regierungszeit der katholischen Maria. Ich will keinen neuerlichen religiösen Konflikt innerhalb der Familie.«

»Du bist feige, Tamsyn!«

»Meinetwegen! Doch ich bleibe bei meiner Ansicht.«

»Sie reden davon, wegzugehen.«

»Wer? Dickon und die Deemsters?«

»Ja. Sie wollen nach Holland, wo Religionsfreiheit herrscht. Vielleicht ziehen sie eines Tages auch ganz weit weg und gründen einen eigenen Staat.«

Ich lachte. »Was findest du denn so lustig?« fragte Senara.

»Daß ausgerechnet du dich mit Puritanern eingelassen hast. Ich vermute allerdings, daß es nicht die Puritaner sind, die dich so anziehen. Dir geht es bloß um Dickon!«

»Was käme für mich dabei heraus? Ich würde ja doch nie die Erlaubnis bekommen, einen Mann zu heiraten, der einmal unser Musiklehrer war und jetzt Gemüse für die Deemsters anpflanzt.«

»Ich kann mir dich auch schlecht als Frau eines Mannes von solch niedrigem gesellschaftlichem Rang vorstellen.«

»Ich noch weniger. Schließlich stamme ich aus hochadligem Geschlecht, viel edler als alles hier ringsum.«

»Woher weißt du das denn?«

»Meine Mutter hat mir erzählt, daß sie in Spanien am Königshof verkehrte. Folglich hast du recht, daß ich Dickon nicht heiraten kann.«

»Mach kein so trauriges Gesicht. Heute ist schließlich der erste Weihnachtsfeiertag. Du wirst für unsere Gäste singen und tanzen und fröhlicher sein als alle anderen.«

»In Leyden Hall feiern sie ganz anders Weihnachten.«

»Das kann ich mir vorstellen. Es wird eine ernste religiöse Feier sein... kein Tanz, keine Fröhlichkeit, keine alten Bräuche, keine Weihnachtssänger. Hier ist doch alles mehr nach deinem Geschmack!«

»Du hast ja recht«, stimmte sie seufzend zu. An diesem Abend sah sie in ihrem blauen Samtgewand besonders schön aus. Das dunkle Haar hatte sie mit einem goldenen Band zusammengefaßt.

Mehrere junge Männer schienen sie wie ich als die Schönste von allen anzusehen. Vermutlich würde jeder von ihnen um ihre Hand anhalten, wenn er nur ein wenig dazu ermutigt würde.

Da gab es Thomas Grenoble, jung, gutaussehend, reich. Er verkehrte in London am Hof. Ich wußte, daß meine Stiefmutter ihn für Senara ausersehen hatte. Er brachte Senara die neuesten Tänze bei, und sie lernte sie rasch.

Melanie war von ihrer Mutter zu einer ausgezeichneten Hausfrau erzogen worden. Ich glaube, nie zuvor an Weihnachten war alles so wie am Schnürchen abgelaufen. Connell kümmerte sich nicht viel um Melanie, sondern machte lieber einigen jungen Frauen aus der Nachbarschaft schöne Augen. Melanie jedoch schien ihm das nicht übelzunehmen.

Ich fragte sie einmal, ob sie wisse, wann Fenn zurückkommen werde. Vermutlich schon im Frühjahr, lautete ihre Antwort.

Das gab mir neue Hoffnung. Wenn es doch nur bald Frühjahr würde!

Nachdem ich überall vergeblich nach dem Tagebuch meiner Mutter gesucht hatte, kam ich zu der Ansicht, daß Jennet sich alles nur eingebildet hatte. Vermutlich gab es überhaupt kein Tagebuch.

Wahrscheinlich war meine Mutter eines ganz natürlichen Todes gestorben...

Doch kurze Zeit darauf änderte ich meine Meinung wieder. Ich konnte den Stein nicht vergessen, den ich auf dem Grab meiner Mutter gefunden hatte. Und wer hatte ihn wohl aus seinem Versteck im Schrank herausgeholt?

Ich konnte mir nicht vorstellen, wo die Aufzeichnungen im Wohnzimmer versteckt sein könnten. Immer wieder hatte ich alles durchsucht. Vielleicht aber war das Versteck auch ganz woanders?

Da gab es die beiden Räume im Krähenturm und in Nonnas Turm. Nur wenige Leute setzten je den Fuß hinein. Wer weiß? Ich beschloß, mich dort umzusehen.

Die Möblierung war sehr alt und abgenutzt. Am vielversprechendsten waren einige Stühle, die unter der Sitzfläche ein Fach hatten, in dem man kleinere Gegenstände aufbewahren konnte. Wenn ich in die Turmkammern kam, schaute ich zuerst immer aufs Meer hinaus, wo die zackigen Spitzen der *Devil's Teeth* aus dem Wasser ragten. Ein unheilvoller Anblick! Es überraschte mich nicht, daß die Felsen als verhext galten.

Hoch oben in der Wand der seewärts gelegenen Turmseite gab es schmale Fensterschlitze, in denen Laternen hingen. Man konnte über Trittleitern zu ihnen hinaufsteigen. Diese Laternen waren von einem meiner Vorfahren vor vielen Jahren angebracht worden. Er hatte den Beinamen ›guter Casvellyn‹, im Gegensatz zu so vielen Familienmitgliedern, die wohl alles andere als gut gewesen waren. Die *Devil's Teeth* waren die Ursache vieler Schiffskatastrophen – früher und auch heute noch. Der ›gute Casvellyn‹ hatte Abhilfe schaffen wollen. Wenn die Seeleute bei Sturm die brennenden Laternen in den beiden Türmen von Schloß Paling sahen, wußten sie, daß sie ganz in die Nähe der mörderischen *Devil's Teeth* geraten waren und rasch einen anderen Kurs einschlagen mußten.

Mir gefiel der Gedanke, daß die menschenfreundliche Tat eines meiner Vorfahren vielen Seeleuten das Leben gerettet hatte. Leider kam es trotz der Warnlichter immer wieder vor, daß Schiffe auf die Felsen aufliefen.

Einer der Diener, die im Meeresturm lebten, hatte die Pflicht, darauf zu achten, daß in jeder Nacht die Laternen angezündet wurden.

Obwohl ich die beiden Turmgemächer schon nach dem geheimnisvollen Tagebuch durchsucht hatte, beschloß ich nach Weihnachten, dort noch einmal nachzusehen. Je mehr ich darüber nachdachte, desto sicherer war ich mir, daß das Buch in einem Geheimfach verborgen war, welches sich in einem der Stühle befand. Ich nahm mir einen nach dem anderen vor und fand auch tatsächlich ein geheimes Fach. Als ich es mit großem Herzklopfen öffnete, war es aber leer.

Ich setzte mich völlig erschöpft auf den Boden. Es gibt wohl kaum etwas Ermüdenderes, als nach einer Sache zu suchen, von der man nicht einmal weiß, ob sie überhaupt existiert.

Plötzlich lief mir ein kalter Schauer über den Rücken. Ich hatte das Gefühl, daß mich jemand beobachtete. Rasch stand ich auf. Es war jedoch niemand zu sehen.

»Wer ist da?« fragte ich in besonders scharfem Ton, der meine Angst Lügen strafte.

Keine Antwort. Ich lief zur Tür und stieß sie auf. Vor mir lag die Wendeltreppe. Kein Mensch war zu sehen, aber ich hörte leichte Schritte.

Warum hatte der- oder diejenige nicht geantwortet, als ich rief? Und warum hatte mich jemand heimlich beobachtet?

Dann kam mir der Gedanke, daß jemand wußte, wonach ich suchte, und fürchtete, ich hätte es gefunden.

Es wurde langsam dunkel. Schon bald würde der Diener erscheinen, der die Laternen anzünden mußte. Ich wollte nicht, daß er mich hier antraf. Die Schritte auf der Treppe hatten mich beunruhigt. Warum lag jemandem soviel daran, ob ich die Aufzeichnungen fand oder nicht?

Wenn irgendwer tatsächlich Angst davor hatte, dann gab es nur einen Grund: In dem Tagebuch stand etwas, was ihn belastete.

Wer könnte das sein? Der Mörder meiner Mutter?

Thomas Grenoble wurde ein häufiger Besucher im Schloß. Senara spielte ihm auf der Laute vor und sang sehnsüchtige Liebeslieder.

Doch sie hatte noch einen anderen Verehrer, und der sah ebenso fremdländisch aus wie sie. Er lebte als Gast von Squire Marden, war um ein sorgfältiges Englisch bemüht und von ungemein leidenschaftlichem Temperament. Sein Name klang englisch – Lord Cartonel –, doch war er kein Brite.

Er erzählte uns, daß er unter der verstorbenen Königin Jahre in verschiedenen Gesandtschaften im Ausland verbracht hatte. Meine Stiefmutter bewunderte ihn offensichtlich. Wahrscheinlich zog sie auch ihn als künftigen Ehemann für Senara in Betracht.

Senara war entzückt über zwei so glühende Verehrer. »Es ist immer gut, Auswahl zu haben.«

»Und was ist mit Dickon?« erkundigte ich mich.

»Dickon! Du glaubst doch nicht im Ernst, daß er in Frage kommt.«

»Wenn er von edler Abstammung wäre ...«

Ihr Gesicht wurde zornrot. »Aber das ist er nun einmal nicht«, erwiderte sie und wechselte rasch das Thema.

Gegen Ende Februar teilte mir Melanie voller Freude mit, daß ihr Bruder heimgekehrt sei.

»Ich bekam einen Brief von meiner Mutter. Fenn wird eine

ganze Weile in England bleiben, bevor er zu seiner nächsten Fahrt aufbricht.«

»Meinst du, daß er uns besucht?« fragte ich.

»Bestimmt wird er das tun!«

Nun wachte ich jeden Morgen auf und sagte mir: »Heute werde ich ihn sehen.« Wann immer jemand in den Hof einritt, stürzte ich zum Fenster und schaute hinunter. Ich hatte unbändige Sehnsucht nach ihm.

Der Februar verstrich. Fenn war nun schon seit drei Wochen zu Hause, ohne bei uns vorbeizuschauen.

Auch Melanie konnte sich keinen Reim darauf machen. Selbst wenn Fenn mich aus irgendeinem Grund nicht treffen wollte, konnte er doch wenigstens seine Schwester besuchen.

Senara machte ein boshaftes Gesicht, wie immer, wenn wir auf Fenn zu sprechen kamen. »Warum kommt dein lieber Freund eigentlich nicht her, Tamsyn? Er soll ja schon wochenlang im Lande sein.«

Ich war viel zu bekümmert, als daß ich eine scharfe Antwort parat gehabt hätte. Also zuckte ich nur hilflos die Achseln.

»Er hat uns offenbar völlig vergessen. Seeleute sollen ja recht wankelmütige Gesellen sein.«

Einige Tage später erfuhren wir, daß Thomas Grenoble nach London zurückgekehrt war. »Er ist weg, ohne um meine Hand angehalten zu haben«, sagte Senara. »Was hältst du davon, Tamsyn?«

»Merkwürdig! Ich dachte, er sei unsterblich in dich verliebt.«

»Das war er auch. Aber ich wollte ihn nicht haben.«

»Er hat dich gar nicht gefragt, Senara!«

»Es hätte aber nicht viel gefehlt. Grenoble ist ein sehr reicher Mann, der eines Tages auch einen hohen Titel tragen wird. Kurzum, er war genau der Mann, den meine Mutter passend für mich gefunden hätte.«

»Aber er hat dir keinen Heiratsantrag gemacht.«

»Weil ich es nicht wünschte.«

»Hast du ihm das klar und deutlich gesagt?«

»Das hätte ihn kaum davon abgehalten. Ich mußte ihn aber unbedingt davon abbringen, denn meine Eltern hätten der Versuchung sicher nicht widerstehen können, einen so reichen Schwiegersohn zu bekommen. Also habe ich ein bißchen gehext.«

»Hör auf! Wie oft habe ich dich schon gebeten, nicht so zu reden.«

»Trotzdem habe ich meinen Willen durchgesetzt.«

»Manchmal fürchte ich, daß du verrückt bist, Senara.«

»Ach was! Ich bin so entzückt über den Erfolg meiner kleinen Zauberei, daß ich's dir erzählen möchte. Hast du je darüber nachgedacht, wieviel unsere Dienstboten für uns zu tun bereit sind, wenn man weiß, wie man sie behandeln muß? Ich habe das schon immer ausgenützt. Hör gut zu, Tamsyn. Du grübelst dauernd darüber nach, ob dein Fenn bald kommt. Er wird nicht kommen und will dich jetzt genausowenig haben wie Thomas Grenoble mich. Weißt du, was ich mit Grenoble gemacht habe? Ich habe unsere Dienstboten schwatzen lassen... natürlich mit seinen Dienern. Es war ganz einfach. Ich ließ sie von meiner Eigenartigkeit, von meinen Zaubereien und auch davon erzählen, wie ich geboren wurde. Er sollte glauben, daß die Dienerschaft Angst vor mir hat, daß ich einen Sturm auf hoher See entfesseln und einen Mann dazu bringen kann, mich als das schönste Wesen auf der Welt anzusehen... Er hat dem Dienstbotengeschwätz schließlich Glauben geschenkt, Tamsyn. Deshalb ist er so überstürzt nach London zurückgereist.«

»Das kannst du doch unmöglich getan haben!«

»Doch, doch! Ich wußte, daß man mich zwingen würde, ihn zu heiraten, wenn er mir einen Antrag macht. Und er stand kurz davor, denn er hatte sich rasend in mich verliebt. Doch seine Angst, mit Hexerei in Verbindung gebracht zu werden, war größer als seine Liebe zu mir. Die Menschen haben mehr und mehr Angst davor... Nun bin ich frei von Thomas Grenoble!«

Ich glaubte ihr nicht, sondern nahm an, daß sie gekränkt sei, weil er abgereist war.

Als ich ihr meinen Verdacht gestand, lachte sie mich aus. »Wir sollten uns gegenseitig trösten, Tamsyn«, meinte sie spöttisch. »Schließlich haben wir ja beide einen Liebsten verloren.«

Als ich mich heftig abwandte und wegging, verfolgte mich ihr schrilles Gelächter. Wenig später sah ich sie fortreiten. Vermutlich besuchte sie Dickon in Leyden Hall.

Wer es denkbar, daß sie Dickon wirklich liebte? Stimmte es, daß sie Thomas Grenoble auf die von ihr beschriebene Weise abgeschreckt hatte? Bei Senara konnte man nie wissen...

Der März kam mit heftigen Stürmen. Salzige Gischt sprühte gegen die Burgmauern. Die Wellen brandeten so hoch, daß es gefährlich war, am Meer spazierenzugehen. Viel zu leicht konnte man von einer Woge fortgerissen werden.

Als eines Abends der Sturm besonders heftig tobte, überfiel mich das merkwürdige Gefühl, die Laternen seien nicht angezündet worden. Ab und zu kam es nämlich vor, daß sie ausgingen. Bei solchem Wetter mußte man ganz besonders darauf achten, daß sie brannten.

Ich kletterte zum Turmgemach hinauf und nahm eine Kerze mit.

Zuerst wollte ich gleich zum Meeresturm laufen, um mitzuteilen, daß das Entzünden der Laternen vergessen worden war. Doch dann beschloß ich, lieber selbst für Licht zu sorgen. Ich konnte die Laternen ohne Mühe mit Hilfe der Trittleiter erreichen und zündete sie an.

Dann ging ich wieder in unser Schlafzimmer. Senara lag mit nachdenklichem Gesicht auf ihrem Bett.

Ich wollte gerade erzählen, was ich entdeckt hatte, da sagte sie: »Sie gehen bald fort.«

»Wer?« fragte ich.

»Die Puritaner wollen nach Holland, weil sie nur dort in Freiheit ihre Religion ausüben können.«

»Geht Dickon mit?« Senara nickte. Ich hatte sie selten so niedergeschlagen erlebt.

Dann setzte sie wieder zu einem langen Monolog über die Puritaner an. »Dickon fühlt sich einerseits sehr zu den Puritanern hingezogen«, sagte sie zum Schluß. »Andererseits wehrt sich sein ganzes Wesen dagegen. Es ist ein ständiger Kampf! Solche Kämpfe sind etwas Erregendes für mich. Du willst immer, daß alles friedlich ist. Das soll nicht heißen, daß es dir an Verstand fehlt, aber du bist keine abenteuerlustige Natur, Tamsyn. Du gehörst zu den mütterlichen Gestalten, die zum Lieben und Beschützen geboren sind. Ich bin anders. Ich möchte viel eher eine Geliebte sein... verführerisch, bestrickend und schwer zu ergründen.«

»Du hast dich gut beschrieben«, gab ich zurück. »Ich weiß jetzt, weshalb du diese Puritaner besuchst: nur weil es gefährlich ist. Bald schon wird die Verfolgung gegen sie einsetzen, denn die Menschen wollen immer diejenigen bekämpfen oder sogar töten, die anderer Überzeugung sind als die Masse. Die Katholiken wie die Puritaner – beide gelten als erklärte Feinde der anglikanischen Hochkirche.«

»Der König haßt sie alle. Puritaner, Hexen und Katholiken sollen versucht haben, sein Parlament in die Luft zu jagen. So sieht er es jedenfalls. Er ist ein merkwürdiger Mann... Manche behaupten, daß er einen ausgezeichneten Verstand hat. Er liebt die Vergnügungen ebenso sehr, wie die Puritaner sie hassen. Thomas Grenoble erzählte mir, daß der König viel Zeit beim Hahnenkampf verbringt. Außerdem ist er ein Feigling. Seine Kleidung ist dick gepolstert, damit ihn die Dolche von Mördern nicht treffen können. In Leyden Hall wird viel über all dies geredet. Die Deemsters werden nicht einfach davonlaufen, Tamsyn. Nein, sie schmieden großartige Pläne. In Holland wollen sie übrigens nicht für immer bleiben.«

Senaras Augen leuchteten. Bestimmt stellte sie sich vor, wie sie an Dickons Seite gefährliche Abenteuer bestand.

»Es ist schon einige Jahre her, seit Sir Walter Raleigh ein schönes Land entdeckt hat, das er nach unserer jungfräulichen Königin Virginia nannte. Dorthin wollen sie ziehen.«

»Virginia war eine Kolonie und ist nun verlassen«, wandte ich ein.

»Es ist ein fruchtbares Land mit großen Möglichkeiten. Vielleicht werden die Puritaner sich dort niederlassen und einen neuen Staat gründen, in dem alle Menschen frei ihre Religion ausüben können.«

»Vorausgesetzt, sie geraten nicht in Konflikt mit der puritanischen Glaubenslehre«, sagte ich spöttisch.

Senara brach in Gelächter aus. »Ach, Tamsyn, du weißt doch, daß es mir nicht um die Religion geht! Mir ist es gleichgültig, ob die anderen zwanzigmal am Tag das Knie beugen oder sich ständig bekreuzigen. Mir geht's um das Abenteuer! Stell dir vor, so aufzubrechen... ins Ungewisse hinein! Du weißt nicht, ob du dabei stirbst! Ständig muß man Gefahren trotzen. Das ist es, was mir gefällt.«

Und natürlich Dickon, dachte ich bei mir. Ich war sehr beunruhigt, als ich mir überlegte, was aus Senara würde, falls Dickon wirklich fortginge.

Am nächsten Tag legte sich der schreckliche Sturm vom Vortag. Im Hof des Meeresturmes wurde ein Bediensteter ausgepeitscht.

Merry erzählte es uns mit verzerrtem Gesicht. Bestimmt erinnerte sie sich daran, daß ihr Freund Jan Leward die gleiche Strafe erlitten hatte.

Alle Männer aus dem Meeresturm hatten den Befehl erhalten, sich im Hof zu versammeln, um bei der Auspeitschung anwesend zu sein. Die Frauen bereiteten inzwischen Salben und Binden vor, um den Ärmsten zu behandeln, wenn er vom Pfosten losgebunden und bewußtlos in seine Kammer getragen wurde.

Nur sehr selten wurde ein Bediensteter ausgepeitscht. Der letzte war Jan Leward gewesen. Ich wußte, daß Merry nie darüber hinweggekommen war. Mein Vater hatte den beiden zudem noch verboten, sofort zu heiraten. Sei sollten erst einmal beweisen, daß sie treue Dienstboten seien, bevor sie die Erlaubnis zur Eheschließung erhielten.

Ich hatte auf Merrys Gesicht manchmal tiefen Haß gesehen, wenn von meinem Vater die Rede war.

Ein paar Tage später bekamen wir Besuch. Ein Seefahrer wollte sich bei meinem Vater persönlich bedanken. In jener Sturmnacht sei er um ein Haar auf die *Devil's Teeth* aufgelaufen. In letzter Minute habe er die Warnlichter gesehen und gerade noch ausweichen können. Er hatte allen Grund, den Casvellyns dankbar zu sein. Die Schiffsladung war eine der kostbarsten gewesen, die er je an Bord gehabt hatte: Gold, Elfenbein und seltene Gewürze aus Afrika.

Er saß den ganzen Tag mit meinem Vater beim Wein und kündigte zum Schluß an, daß er einige Fässer Malvasier schicken werde.

Als ich darüber nachdachte, fiel mir ein, daß ich es war, die die Laternen angezündet hatte. Das mußte ich sofort Senara erzählen! Merry kam zufällig herein, während wir uns darüber unterhielten.

»Wie wunderbar, daß dieses Schiff doch noch gerettet wurde«, sagte ich. »Jemand hatte vergessen, die Laternen anzuzünden. Welch ein Glück, daß ein Gefühl mir sagte, ich solle auf den Turm steigen und nachschauen.«

Senara und Merry sahen mich unverwandt an. »Ihr wart es also«, sagte Merry schließlich.

»Du müßtest eigentlich den ganzen Malvasier bekommen«, rief Senara. »Sprich aber lieber nicht darüber. Es könnte Ärger geben.«

Ich glaubte zu wissen, was sie meinte. Natürlich würde es Ärger geben, denn schließlich hatte jemand aus Pflichtvergessenheit die Lichter nicht angezündet. Solch ein Versäumnis konnte viele Menschenleben kosten.

Ich wollte auf keinen Fall, daß noch jemand im Hof ausgepeitscht wurde.

Eine Woche später kam Nachricht aus Lyon Court. Meine Großmutter kränkelte und bat mich zu kommen.

Mein Vater erlaubte mir, zu ihr zu reisen. Zum erstenmal bestand Senara nicht darauf, mich zu begleiten. Sicher lag das daran, daß sie auf ihre regelmäßigen Besuche bei Dickon auf keinen Fall verzichten wollte.

Meine Großmutter sah zart und zerbrechlich aus, schien aber etwas aufzuleben, als sie mich sah. In Devonshire kommt der Frühling häufig sehr zeitig – so auch in diesem Jahr. Wir konnten schon im Garten sitzen, und ich bewunderte wieder einmal die schönen Anlagen, in denen die Pfauen herumstolzierten.

Meine Großmutter ließ sich von mir viel über das Leben auf dem Schloß erzählen. Als sie hörte, wie ich durch Zufall ein Schiff vor dem Untergang gerettet hatte, war sie begeistert. Sie fragte mich auch nach meinem Vater und meiner Stiefmutter aus und wollte wissen, ob sie glücklich miteinander seien. Ich erklärte, meiner Meinung nach machten sie einen glücklichen Eindruck. Allerdings wisse man nie genau, was in meiner Stiefmutter vorginge.

»Und wie geht's Senara?« erkundigte sie sich.

»Senara ist seit neuestem bei einer Nachbarsfamilie zu Gast, deren Mitglieder strenge Puritaner sind.«

»Senara und Puritaner! Wie paßt das zusammen?«

»Senara ist oft seltsam. Manchmal glaube ich sie gar nicht zu kennen, Großmutter.«

»Und dennoch habt ihr einander gern.«

»Ich liebe sie wie meine Schwester.«

»Und wie kommst du mit Melanie zurecht?«

»Oh, sie wächst mir immer mehr ans Herz. Hoffentlich ist Connell gut zu ihr. Er kümmert sich wenig um sie und geht ständig zur Jagd. Wie Vater!«

»Gibt es noch keine Anzeichen, daß sie ein Kind bekommt?«

Ich schüttelte den Kopf.

»Nun erzähl mir aber von Fenn Landor, Tamsyn.«

Ich senkte den Kopf und schwieg.

»Hat er euch nicht im Schloß besucht?« fragte sie behutsam.

Ich ließ meinen Blick über die blühenden Sträucher schweifen. »Nein, Großmutter. Er ist nicht zu uns gekommen.«

Sie runzelte die Stirn. »Dafür muß es doch einen Grund geben.«

»Vielleicht liegt es daran, daß es einige Spekulationen gab. Das gefiel ihm wohl nicht…«

»Spekulationen?«

»Ja. Alle schienen zu erwarten, daß wir heiraten... nur Fenn anscheinend nicht.«

»Da muß etwas geschehen sein! Ich könnte schwören, daß er in dich verliebt war«, sagte meine Großmutter nachdrücklich.

Ich zuckte hilflos die Achseln. »Bitte, laß uns von etwas anderem reden.«

»Es hat keinen Zweck, etwas beiseite zu schieben, nur weil es weh tut, wenn man's anschaut.«

»Er ist zur See gefahren, ohne mir ein einziges Wort zukommen zu lassen«, sagte ich kühl. »Nun ist er schon seit langem wieder zurück, ohne mich zu besuchen. Sagt das nicht alles?«

»Nein! Da ist etwas geschehen!«

»Du irrst dich! Er hat sicher die Anspielungen auf eine mögliche Hochzeit nicht mehr ertragen können. Das ist alles.«

»Ich werde ihm einen Brief senden und ihn bitten, mich zu besuchen«, schlug meine Großmutter vor.

»Wenn du das tust, reite ich sofort zurück aufs Schloß!«

Sie sah, daß ich es ernst meinte, und ließ ihren Plan fallen. Wie früher erzählte sie mir auch diesmal wieder viel von meiner Mutter. Ich glaube, daß sie mich manchmal mit ihr verwechselte, wenn sie nach einem kleinen Schlummer aufwachte.

Sie wollte mich wohl mit einigen jungen Männern bekannt machen, denn sie gab mehrere Einladungen. Einige Gäste hatten mit der Ostindischen Gesellschaft zu tun und kannten Fenn. Sein Name wurde öfter erwähnt. Ich entnahm den Reden, daß er allseits geachtet wurde; ich hatte es nicht anders erwartet.

Auch einige ältere Seeleute waren geladen, die früher für meinen Großvater gearbeitet hatten. Ich hörte mit Staunen, wie gern sie von den alten Abenteuern sprachen.

»Das Leben ist viel zu friedlich und langweilig geworden«, klagte der eine. »In den Tagen der alten Königin herrschte doch ein ganz anderer Kampfgeist.«

»Vor dem Sieg über die Armada war unser Dasein gefährlich, aber das war in gewisser Weise sehr gut so. Jeder war bereit, sein Bestes zu tun, um die Gefahr abzuwenden. Heute sind die Leute viel selbstsüchtiger und kümmern sich nur noch um sich.«

Mit großer Zuneigung wurde von der verstorbenen Königin und ihrer Eitelkeit, ihren Launen, ihrer Ungerechtigkeit und ihrer Größe gesprochen.

»Es hat noch nie eine so scharfsinnige Monarchin gegeben und wird sie auch nicht mehr geben«, lautete die allgemeine Ansicht.

Der jetzige König stand in keinem so hohem Ansehen. Er hatte schlechte Tischmanieren, war von liederlichem Äußerem, spielte den Leuten gerne gemeine Streiche. Das lag nach Meinung einiger Tischgäste daran, daß er von Schotten großgezogen worden war.

Daraufhin drehte sich das Gespräch um die Ränke der Maria Stuart, mit deren Hilfe sie gehofft hatte, den Thron zu besteigen, und darum, daß unsere Königin Elisabeth ihr immer um einen Schritt voraus gewesen war.

»Maria war eine Ehebrecherin«, sagte der eine.

»Und dazu eine Mörderin«, meinte ein anderer.

Nun rückte der Mord an Marias zweitem Ehemann, Lord Darnley, in den Mittelpunkt der Unterhaltung.

»Man fand ihn tot auf, doch an seinem Körper ließ sich kein Zeichen finden dafür, woran er eigentlich gestorben war«, sagte mein Tischnachbar, und ich hörte plötzlich mit großer Aufmerksamkeit zu.

»Da war nichts zu finden...«, fügte ein anderer vielsagend hinzu.

Mit klopfendem Herzen stellte ich eine Frage. »Wie ist so etwas denn möglich?«

»Oh, es gibt da etwas...«

»Was denn?« Ich konnte kaum noch atmen.

»Wenn man ein feuchtes Tuch fest auf Mund und Nase des Opfers drückt und nicht losläßt, bis es erstickt ist, kann man keinerlei Anzeichen von Gewaltanwendung entdecken.«

Die Worte sausten in meinem Kopf, so daß ich dem weiteren Gespräch nicht mehr folgen konnte. Auch am Körper meiner Mutter hatte es kein Zeichen eines gewaltsamen Todes gegeben. Keine Wunde, kein Mal... Bei Lord Darnley war es ebenso gewesen.

Ich hätte am liebsten mit meiner Großmutter darüber gesprochen, wagte es aber nicht, da sie so alt und gebrechlich wirkte. Ich wollte sie nicht unnötig aufregen.

Meine Mutter war also getötet worden. Und sie hatte zudem geahnt, daß jemand einen Mordanschlag auf sie verüben wollte.

Wenn sie ein Tagebuch geführt hatte, dann mußte sie etwas niedergeschrieben haben, das niemand lesen durfte.

Ich mußte dieses Tagebuch unbedingt finden.

Erst im April kehrte ich aufs Schloß zurück. In unserem Schlafzimmer stellte ich fest, daß Senaras Sachen fehlten. Doch schon kam sie hereingestürzt und umarmte mich. »Wie schön, daß du wieder da bist! Ich muß zugeben, daß es ohne dich etwas einsam hier war.«

»Was ist hier los?« fragte ich.

»Ich hielt es für an der Zeit, daß wir getrennte Zimmer haben. Solange wir noch klein waren und Angst vor der Dunkelheit hatten, war es natürlich hübsch, zusammen zu schlafen.«

Ich war ein wenig gekränkt und dachte daran, wie oft wir uns unterhalten hatten, bevor wir eingeschlafen waren. Früher war Senara immer traurig gewesen, wenn ich nicht bei ihr war . . .

»Ich habe mir das Rote Zimmer ausgesucht«, sagte sie.

»Warum gerade das? Es gibt doch so viele andere.«

»Ich habe eben eine Vorliebe dafür.«

Ich zuckte die Achseln.

»Du bist mir doch nicht böse?« fragte sie.

»Nein. Aber ich wüßte gern, warum du es für nötig hieltest.«

Sie lächelte geheimnisvoll, und ich ahnte, daß es einen ganz bestimmten Grund gab. Weshalb hatte sie ausgerechnet das Rote Zimmer gewählt? Plötzlich kam mir ein Gedanke. Vielleicht hatte sie das Rote Zimmer ausgesucht, weil die Dienstboten es für verhext hielten? Wenn sie irgendein verdächtiges Geräusch hörten, dann glaubten sie wohl, es sei ein Geist.

Kam Dickon vielleicht nachts ins Schloß zu Senara? Ein Puritaner konnte so etwas natürlich nicht tun. Aber wie ernst nahm er seinen neuen Glauben überhaupt? Fest stand, daß Senara und er leidenschaftlich ineinander verliebt waren.

Die Lage war sehr gefährlich. Was würde aus Dickon werden, wenn mein Vater oder meine Stiefmutter ihn bei Senara überraschten?

Lord Cartonel hatte seine Besuche bei uns nicht eingestellt. Sicher würde er bald um Senaras Hand anhalten, und sie konnte seine Bewerbung unmöglich ausschlagen. Er stellte all das dar, was sich Maria schon immer für ihre Tochter erträumt hatte.

Ich wollte mich neuerlich auf die Suche nach dem Tagebuch machen. Aber wo? Außerdem wurden meine Gedanken ständig abgelenkt durch das Gerede über Hexerei. Die Dienstboten sprachen fast von nichts anderem. »Es heißt, daß hier ganz in der Nähe ein Hexensabbat sein soll, Mistress«, erzählte Merry aufgeregt. »Da geschehen schreckliche Dinge. Da beten sie den Teufel an, der mitten unter ihnen in der Gestalt eines Ziegenbocks sitzt.«

»Das ist alles blanker Unsinn«, wies ich sie scharf zurecht.

»Entschuldigung, Mistress, wenn ich widerspreche. Aber da passiert wirklich Fürchterliches. Ein Küchenmädchen war noch spät unterwegs und hat die Hexen gesehen. Sie hat sie heimlich beobachtet, und da haben sie splitternackt wild getanzt, als ob... als ob sie sich gegenseitig zu was Schlimmem anstiften wollten.«

»Woher hat denn das Mädchen gewußt, daß sie Schlimmes tun wollten?«

»Oh, das war deutlich zu sehen! Der Mond schien ja hell genug. Sie haben alle Kleider ausgezogen und zusammen getanzt. Und wenn sie dann erschöpft waren, haben sie sich zusammen hingelegt, und das war am allerschlimmsten.«

»Ich möchte das Mädchen gern selbst fragen, Merry.«

»Oh, das tät ich lieber nicht, Mistress. Das arme Ding hat furchtbare Angst, daß die Hexen sie beim Zuschauen bemerkt haben. Sie könnten ihr ja was Böses tun, weil sie sich dem Teufel verkauft haben und so mächtig sind wie Gott... bloß auf der falschen Seite.«

»Du weißt ganz genau, daß nichts Gutes aus solchem Geschwätz entstehen kann, Merry«, sagte ich sehr eindringlich.

»Man sagt, es wird erst dann wieder gut werden, wenn jede Hexe am Galgen hängt.«

»Meiner Meinung nach hat sich das Mädchen alles nur eingebildet, Merry. Was hat es überhaupt so spät nachts draußen zu suchen gehabt?«

»Sie hat ihre kranke Mutter besucht und dort warten müssen, bis Hilfe gekommen ist. Erst dann konnte sie zurückgehen. Sie hat dort beim Sabbat bekannte Gesichter gesehen, Mistress, und weiß jetzt, daß einige hier dem Teufel gehören.«

»Hat sie gesagt, wen sie gesehen hat?«

»Nein, sie hat zu große Angst. Jedesmal wenn sie den Mund aufmachen will, fängt sie an zu zittern, sagt sie. Aber man wird sie schon noch dazu bringen, es zu verraten. Viele Leute treffen sich nämlich, die dem Hexenspuk ein Ende machen wollen, und die werden sie schon zum Reden bringen. Es muß sein! Mistress Jelling hat ihr Kind verloren... tot geboren war's. Und unter dem Vieh ihres Mannes ist eine schreckliche Seuche ausgebrochen.«

Ich wußte, daß meine Worte nichts nützen würden. Ich wußte auch, daß die Dienstboten meine Stiefmutter heimlich beobachteten und nach wie vor glaubten, daß sie die Hexerei ins Schloß gebracht habe.

Ein schrecklicher Gedanke peinigte mich. Wenn das Volk zur Hexenjagd aufgehetzt wurde, wie es in anderen Teilen des Landes schon geschehen war, dann würde unser Schloß sicher als erstes heimgesucht werden.

Senara wirkte so unruhig und unglücklich wie nie zuvor. Bestimmt lag es daran, daß Dickon weggehen wollte. Immer häufiger ritt sie nach Leyden Hall hinüber, und ich war mir fast sicher, daß Dickon sich nachts zu ihr ins Rote Zimmer schlich.

Ich belauschte die Dienstboten, als sie über den Teufel in Tiergestalt redeten.

»Am wahrscheinlichsten kommt er als Katze oder Maus. Dann spricht er mit derjenigen, die er besucht, und sagt ihr, was sie Böses tun soll.«

Ich fragte mich, ob die Dienerschaft Stimmen im Roten Zimmer gehört hatte.

Ich liebte Senara von Herzen, auch wenn sie mich manchmal rasend machen konnte.

Uns verband tiefe Zuneigung. Wäre sie nur nicht so tollkühn, so unvorsichtig! Immer wieder flehte ich sie an, vorsichtiger zu sein.

Doch sie dachte gar nicht daran, obwohl sie genau wußte, daß hinter ihrem Rücken geflüstert wurde. Ich war auch klar, daß sie als Marias Tochter sehr verdächtig war. Es schien ihr geradezu Spaß zu machen, die Gefahr zu vergrößern.

Eines Tages kam sie erst spät nach Hause. Sie schien von einem inneren Feuer verzehrt zu werden und wirkte schöner denn je. Bestimmt war sie in Leyden Hall gewesen.

»Ich sah dich gerade auf Betsy hereinreiten«, sagte ich.

Sie verzog das Gesicht. »Natürlich! Was hast du denn erwartet? Daß ich auf einem Besenstiel daherfliege?«

Ich bemerkte, wie zwei Dienstmädchen die Ohren spitzten.

Im Schlund der Hölle

Merkwürdigerweise fand ich das Tagebuch in einem Augenblick, als ich nicht danach suchte.

Ich wollte einen Brief an meine Großmutter schreiben und benutzte dazu das Sandelholzpult im kleinen Wohnzimmer meiner Mutter. An der einen Seite der schachtelartigen Vertiefung hatten sich einige Bogen leeres Papier eingeklemmt. Als ich sie herauszuziehen versuchte, berührte ich offensichtlich eine geheime Feder, denn eine Holzklappe öffnete sich und dichtbeschriebene Blätter quollen hervor.

Ich traute meinen Augen kaum, als ich die Schrift erkannte. Es waren weit mehr Aufzeichnungen, als ich gedacht hatte.

Dann begann ich zu lesen. Die Niederschrift begann mit dem Treffen meiner Mutter und Fenns Vater und der Aussicht auf eine baldige Ehe. Dann kam der Zwischenfall mit meinem Vater in der Herberge und seine Folgen. Ich konnte mir alles ganz deutlich vorstellen...

Als nächstes beschrieb meine Mutter, wie sie Maria gefunden hatte. Diese Geschichte war mir schon oft erzählt worden.

Ich las in fieberhafter Eile weiter und kam zu der Stelle, wo die Machenschaften meines Vaters von meiner Mutter entdeckt wurden. Mein Gott! Das war ja schrecklich! Hätte ich die Aufzeichnungen nur nie gefunden! In Sturmnächten lockte er also in hinterlistiger Weise Schiffe auf die todbringenden Felsen! Mit einemmal wurde mir klar, daß in jener Nacht die Laternen absichtlich gelöscht worden waren. Jemand war ausgepeitscht worden, weil ich sie wieder angezündet hatte. Welcher Wahnsinn!

Was sollte ich bloß tun? fragte ich mich. Ich konnte unmöglich hierbleiben. Und vor allem mußte ich dem gräßlichen Treiben meines Vaters ein Ende bereiten.

Aber wie? Ich konnte ihn verraten... nur, an wen? Ich fühlte mich völlig hilflos. Sollte ich Fenn alles anvertrauen? Er würde sicher dafür sorgen, daß mein Vater kein Schiff mehr ins Unglück locken konnte. Nein, unmöglich! Fenns eigener Vater war im Jahre 1600 von meinem Vater ermordet worden und lag bei uns begraben.

Vielleicht wäre es das beste, zu meiner Großmutter zu reisen.

Sie war eine kluge, erfahrene Frau und konnte mir sicher sagen, was ich tun sollte. Doch dann erinnerte ich mich daran, wie alt und gebrechlich sie geworden war. Konnte ich sie mit diesen furchtbaren Enthüllungen belasten?

Ich mußte vor allem dafür sorgen, daß von nun an immer die Laternen angezündet wurden. Vermutlich wurden sie in Sturmnächten von irgendeinem Diener gelöscht, doch ich würde schon darauf achten, daß sie wieder brannten. Es war das wenigste, was ich tun konnte. Schließlich hatte ich dadurch immerhin schon ein Schiff vor dem sicheren Untergang gerettet.

Vermutlich würde bald entdeckt werden, was ich tat. Wie mein Vater es wohl aufnehmen würde, wenn er wußte, daß ich alles über seinen Gelderwerb herausgefunden hatte? fragte ich mich immer wieder. Er war ein jähzorniger Mann. Wenn er fähig war, Hunderte von Unschuldigen sterben zu lassen, nur weil er die Schiffsfracht haben wollte, dann war ihm eigentlich alles zuzutrauen.

Im Oktober 1600 ermordet! Ich glaubte, die Inschrift auf dem Stein immer noch deutlich vor mir zu sehen. Zwischen Entsetzen und Erregung schwankend las ich im Tagebuch meiner Mutter weiter.

Sie hatte Angst gehabt und einen ganz bestimmten Verdacht. Meine Gegenwart hatte sie beruhigt... In der Nacht, als ich nicht bei ihr war, starb sie eines geheimnisvollen Todes.

Ich hatte durch ihre Aufzeichnungen so vieles erfahren, daß mir fast schwindelte. Doch ich wußte noch immer nicht, wie meine Mutter umgekommen war.

Aber inzwischen war ich felsenfest davon überzeugt, daß sie ermordet worden war.

Nach der Lektüre des Tagebuchs war ich verändert. Senara fiel das sofort auf.

»Was ist mit dir los? Irgend etwas ist geschehen.«

Ich schüttelte den Kopf. »Wie kommst du darauf?«

»Das merkt man doch. Ich habe dich zweimal angesprochen, doch du hast nicht geantwortet, weil du nämlich vor dich hin träumst. Ganz offensichtlich hast du Sorgen, Tamsyn.«

»Deine Phantasie geht wieder einmal mit dir durch«, sagte ich.

»Bestimmt hast du irgend etwas entdeckt!« bohrte Senara weiter. »Weißt du jetzt etwa, weshalb Fenn dich nicht besucht?«

»Da gibts nicht viel zu entdecken, und warum sollte er mich auch besuchen?«

»Weil zwischen euch eine ganz besondere Zuneigung bestand.«

»Nur in der Einbildung anderer Leute«, erwiderte ich.

»Wenn's nicht um Fenn geht, dann können es nur diese geheimnisvollen Papiere sein. Ja, das ist's. Du hast sie gefunden.«

Ich zuckte unwillkürlich zusammen, und ihr entging das nicht.

»Ich hab recht, ich hab recht!« rief sie triumphierend.

»Die Blätter liegen immer noch in ihrem geheimen Versteck«, widersprach ich. Das war nicht einmal gelogen, denn ich hatte sie wieder in das Geheimfach in Sandelholzpult gesteckt. Dort waren sie noch am ehesten in Sicherheit.

»Mir kannst du nichts vormachen! Du hast alle Geheimnisse deiner Mutter gelesen und bist nun sehr, sehr nachdenklich. Du kannst ja doch nichts für dich behalten, Tamsyn.«

»Du würdest überrascht sein, was ich alles für mich behalten kann«, verteidigte ich mich.

»Ich werde es dir nie verzeihen, wenn du mir das Tagebuch vorenthältst, Tamsyn.«

»Dann muß ich wohl ohne deine Verzeihung weiterleben.«

»Du machst mich noch wahnsinnig! Aber jetzt weiß ich ganz genau, daß du gefunden hast, was du suchtest. Glaub bloß nicht, daß ich dich in Ruhe lasse, bevor du mir alles zeigst!«

Merry war unhörbar ins Zimmer gekommen, und ich fragte mich, wieviel sie gehört hatte. Es war wirklich schwierig, in einem so großen Haushalt ein Geheimnis zu bewahren. Ich wußte genau, daß nicht nur Senara der Meinung war, ich hätte das Tagebuch gefunden...

Ich bekam Angst. Schließlich besaß ich jetzt ein gefährliches Wissen. Mehrere Menschen hatten damit zu tun: Mein Vater gab den Befehl zu dem schrecklichen nächtlichen Unterfangen, die Männer aus dem Meeresturm waren seine Helfershelfer. Meine Stiefmutter war möglicherweise noch zu Lebzeiten meiner Mutter die Geliebte meines Vaters gewesen...

Die schwerste Schuld lag eindeutig bei meinem Vater, doch auch jetzt konnte ich den Gedanken nicht ertragen, daß er es gewesen sein sollte, der meine Mutter ermordet hatte. Allerdings hatte er ein Motiv. Meine Mutter hatte seine bösen Taten durchschaut, letztlich aber doch hingenommen. Ich war darüber entsetzt, aber vielleicht war ich noch zu jung, um ihre Gefühle gänzlich verstehen zu können. Ich wußte ja auch, daß meine

Großmutter die Piraterie ihres Mannes Jake verabscheut und immer wieder verurteilt hatte. Er pflegte sich selbst in meinem Beisein oft damit zu brüsten, wie viele Spanier er getötet hatte. Doch trotz alledem hatte meine Großmutter ihn geliebt. Ich empfand eine Art idealistischer Zuneigung für Fenn Landor, ahnte aber schon, daß dies mit wirklicher Liebe nicht viel zu tun hatte.

Falls ich recht damit hatte, daß meine Mutter ermordet worden war, dann glaubte ich auch zu wissen, wie es geschehen war. Wenn ein Mann, den jedermann kannte, auf eine bestimmte Art getötet wurde, so geriet dies nicht in Vergessenheit. Ich dachte an Lord Darnley, der dem ersten Anschlag auf sein Leben mit knapper Not entronnen war, doch im Garten von seinem Mörder überwältigt und mit einem feuchten Tuch erstickt wurde. Da man an seinem Körper keine verräterischen Spuren gefunden hatte, sprach man im Volk immer wieder über seinen Tod.

Ich mußte mir eines ganz klar vor Augen halten: Hier im Schloß gab es einen Mörder, und ich verfügte über gefährliche Kenntnisse. Ob und wie gefährlich sie waren, konnte die betreffende Person nicht wissen.

Am einfachsten wäre es, mich aus dem Weg zu schaffen!

Und deshalb hatte ich Angst. Ich hatte das Gefühl, meine Mutter wolle mich warnen. Noch immer hatte ich jene merkwürdige Gewißheit, daß sie über mich wachte.

Durch einen Zufall hatte ich das Gespräch über Lord Darnleys Ermordung im Hause meiner Großmutter mit angehört, und dies hatte meine Sinne geschärft. Ja, so war es möglich, einen Menschen zu töten, ohne daß es wie Mord aussah. Würde der Mörder – oder die Mörderin – es nochmals versuchen?

Ich sah alles ganz deutlich vor mir: Merry würde morgens in mein Zimmer kommen und mich so kalt und steif vorfinden, wie ich damals meine Mutter.

Es würde keinerlei Hinweis darauf geben, wie oder woran ich gestorben war. Und dann hieß es:

Anscheinend hat Tamsyn von ihrer Mutter eine geheimnisvolle Krankheit geerbt, denn sie ist auf dieselbe Art gestorben wie sie.

In Gefahr war ich nachts – das war mir bewußt.

Wie ich diesen Tag überstand, weiß ich nicht mehr. Wenn ich nur gewußt hätte, an wen ich mich wenden sollte! Wäre es nicht doch am besten, mich zu meiner Großmutter zu flüchten?

Die Dämmerung kroch allmählich ins Zimmer. Ich saß am

Fenster und sah zu den *Devil's Teeth* hinüber. Die Masten geborstener Schiffe ragten aus dem Wasser. Stimmte es, daß man nachts die geisterhaften Stimmen der Ertrunkenen hören konnte?

Ich stieg zum Turmzimmer hinauf, um mich zu vergewissern, daß die Laternen brannten. Sie waren noch nicht angezündet. Vielleicht war es noch nicht dunkel genug, doch ich entfachte eigenhändig die Flammen.

Ich stand noch auf der Leiter, als Jan Leward heraufkam und mich ansprach.

»Was tut Ihr da, Mistress?« fragte er. »Ich komme, um die Lichter anzumachen.«

»Ich dachte, es sei vergessen worden.«

Er warf mir einen eigenartigen Blick zu. «Nein. Aber es war noch zu früh.«

Vielleicht überlegte er sich jetzt, ob ich auch damals die Laternen angezündet hatte und einer seiner Freunde deshalb mit Peitschenhieben bestraft worden war.

Ich ging sogleich in mein Schlafzimmer. Es war nach der Lektüre des Tagebuchs für mich unmöglich, mich mit meinem Vater und meiner Stiefmutter zu Tisch zu setzen, ohne meine Gefühle zu verraten. Ich schützte starke Kopfschmerzen vor.

Jennet kam mit einem Heiltrank. Ich nahm ihn widerspruchslos ein, um sie gleich wieder loszuwerden. Als sie fort war, dachte ich ärgerlich, wie töricht ich wieder einmal gehandelt hatte. Wie dumm von mir, Unpäßlichkeit vorzuschützen! Das war der beste Vorwand für meinen Verfolger, mich auf die gleiche Weise aus dem Weg zu schaffen wie meine Mutter.

Wenn mich tatsächlich jemand umbringen will, dann wird er es bald versuchen, dachte ich. Bestimmt wird es nachts sein, wenn ich schlafe. Warum konnte ich mich nicht unauffällig verhalten? Ich hätte dafür sorgen müssen, daß die angeblich gefundenen Aufzeichnungen als bloßes Dienstbotengeschwätz abgetan wurden.

Aber so stark und kaltblütig war ich eben nicht.

Ich zog mich aus und schlüpfte ins Bett, hatte allerdings nicht vor zu schlafen. Ich war hellwach und grübelte weiter. Es könnte sogar schon in dieser Nacht geschehen, denn der Mörder war ja nicht sicher davor, daß ich in der nächsten Minute alles enthüllen würde, was ich aus den Papieren meiner Mutter ersehen hatte.

Ich durfte auf keinen Fall einschlafen!

Es war ziemlich dunkel, doch allmählich gewöhnten sich meine Augen daran, daß ich undeutlich die vertrauten Gegenstände im Zimmer erkennen konnte.

Während ich wartete, überdachte ich noch einmal alles, was ich gelesen hatte. Ich gelobte, daß ich im Falle meines Überlebens gleichfalls ein Tagebuch führen würde, damit ich mich und meine Handlungen später beurteilen konnte. Meine Mutter hatte es so ausgedrückt: ›Man muß sich selbst gegenüber aufrichtig sein, nur dann kann man das auch anderen gegenüber.‹

Mitten in meine Gedanken hinein hörte ich die Uhr im Hof zwölfmal schlagen.

Die Lider wurden mir schwer. Oh, wie ich mich danach sehnte, friedlich zu schlafen! Doch zum Glück hielt mich die innere Spannung wach. Ich war felsenfest überzeugt, daß ich nicht wieder aufwachen würde, falls ich einschliefe. Und dann könnte ich niemals erfahren, wer meine Mutter getötet hatte.

Ich mußte bereit sein!

Plötzlich – es war wohl eine halbe Stunde nach Mitternacht – hörte ich Schritte, die vor meiner Tür haltmachten. Vorsichtig wurde der Schnappriegel zurückgezogen.

O Gott! Ich flehte innerlich, daß es nicht mein Vater sein möge! Nicht mein eigener Vater!

Die Tür wurde geöffnet. Eine schattenhafte Gestalt schlich näher.

»Senara!« rief ich.

»Ja, ich bin's. Ich konnte nicht einschlafen und bin gekommen, weil ich dir etwas sagen möchte.«

Ich zitterte am ganzen Leib. Senara zog einen schweren Holzstuhl dicht an mein Bett. »Ich muß mit dir reden, Tamsyn. Es ist bei Dunkelheit einfacher für mich. Verstehst du das?«

»Du hast dir eine etwas sonderbare Zeit ausgesucht«, erwiderte ich. Jetzt sind wir zu zweit, falls der Mörder kommt, dachte ich erleichtert.

»Ja, es war früher viel einfacher, als ich noch hier schlief«, sagte Senara. »Ich brauchte dich bloß aufzuwecken und zum Reden zu bringen. Jetzt muß ich herüberlaufen.«

»Warum bist du ins Rote Zimmer gezogen?« fragte ich.

»Das weißt du doch.«

»Dickon kommt also wirklich nachts her?«

»Bist du darüber entsetzt?«

»Ich habe vieles entdeckt, worüber ich entsetzt bin.«

»Meinst du die Aufzeichnungen…«

»Nein, ich meine dich.«

»Ich kann meine Gefühle für Dickon nicht erklären«, fuhr Senara fort. »Schließlich ist er kaum mehr als ein Dienstbote.«

»Das ist sein Pech! Er ist ebenso sorgfältig erzogen wie du. Außerdem singt und tanzt er ausgezeichnet.«

»Das tut er jetzt nicht mehr . . . als Puritaner.«

»Und doch stattet er dir nächtliche Besuche ab.«

»Er versucht, ein guter Puritaner zu sein. Er will mich auch heiraten, Tamsyn.«

»Das ist völlig unmöglich!«

»Ich soll an Lord Cartonel verschachert werden.«

»Vielleicht mag dich der Lord nach der Affäre mit Dickon gar nicht mehr«, gab ich zu bedenken.

Sie lachte schrill. »Dickon geht fort . . . sie segeln schon in einer Woche ab. Stell dir das vor! Ich werde ihn nie mehr sehen. Oh, das kann ich nicht ertragen!«

»Es wird dir kaum etwas anderes übrigbleiben.«

»Doch. Ich könnte mit ihm gehen.«

»Du bist von Sinnen, Senara! Dann müßtest auch du dich dem puritanischen Glauben verschreiben.«

»Ich könnte es ja versuchen . . . so wie Dickon. Ich hätte vermutlich Rückfälle, aber das ist sicher bei allen so. Ich . . . ich möchte wirklich gerne . . . gut sein, Tamsyn.«

»Das wollen sicher die meisten Menschen. Leider sind ihnen dann letzten Endes andere Dinge doch wichtiger.«

»Tamsyn, ich muß dir etwas gestehen. Es geht um Fenn Landor.«

»Was?« Mir stockte der Atem.

»Ich konnte den Gedanken nicht ertragen, daß du heiratest und weggehst. Es ging alles so einfach bei dir. Fenn wurde von der Familie anerkannt, er war edel und gut und würde einen prachtvollen Ehemann abgeben. Ich hielt das für ungerecht.«

»Worauf willst du eigentlich hinaus, Senara?«

»Du bist wirklich töricht, Tamsyn. Immer glaubst du nur das Beste von anderen Menschen. Du hast keine Ahnung, wie das Leben wirklich aussieht. Und Fenn ist dir sehr ähnlich. Ihr beide geht unschuldig durch eine böse Welt. Sieh dir nur mal dieses Schloß an. Schau, wie es hier zugeht!«

»Du weißt es also?« sagte ich entsetzt.

»Aber natürlich! Ich habe beobachtet, was in Ysellas Turm geschafft wurde, und ich habe auch gesehen, wie die Männer mit

Maultieren loszogen, wenn die Lichter auf den Türmen nicht brannten. Sie locken Schiffe auf die *Devil's Teeth* und lassen keinen Menschen am Leben. Ich will raten: Du hast die Aufzeichnungen gefunden, in denen deine Mutter diese schrecklichen Dinge beschreibt. Du hast alles gelesen und weißt jetzt nicht, was du tun sollst.«

Ich schwieg. Senara hatte recht, dachte ich. Ich bin das reinste Unschuldslamm und sehe nicht, was rings um mich geschieht. Natürlich hatte ich an das Gute in jedem Menschen geglaubt. Aber jetzt war Schluß damit! Ich wußte schließlich, daß mich jemand ermorden wollte.

»Warum hast du's mir nicht schon längst erzählt?« fragte ich.

»Das wollte ich nicht. Aber ich habe meine Kenntnisse... ausgenützt. Darüber will ich dir jetzt berichten. Jan Leward haßt deinen Vater, seit er ausgepeitscht worden ist. Und Merry haßt ihn fast noch mehr. Die beiden sind gern bereit, alles zu tun, was ihm schaden kann. Ich habe sie vor ein paar Monaten gehörig ausgefragt und eine ganze Menge erfahren. Darunter auch, daß in dem Grab des unbekannten Seemanns in Wirklichkeit Fenns Vater liegt, dessen Schiff auf den *Devil's Teeth* zerschellt ist. Dann haben wir den Stein auf die Gräber gelegt... es war meine Idee. Jan und Merry dachten, es sollte deinen Vater treffen, doch ich hatte es auf Fenn abgesehen. Ich wollte ihm einen ordentlichen Schreck einjagen, denn ich habe genau gespürt – ich hab nämlich wirklich etwas von einer Hexe an mir, Tamsyn! –, daß er dich in jener Nacht bitten würde, seine Frau zu werden. Davon mußte ich ihn abhalten. Einerseits deshalb, weil es mich störte, daß bei dir alles so einfach ist. Andererseits wollte ich dich aber auch nicht verlieren. Als ich dann beobachtete, daß du den Stein in deinem Schrank verstecktest, habe ich ihn heimlich weggetragen und ins Meer geworfen. Er hatte seinen Zweck erfüllt. Dann schickte ich Jan los, der Fenn erzählte, was hier vor sich geht. Er glaubt nun, daß du über alles Bescheid weißt und es billigst.«

»Senara! Das ich nicht dein Ernst!«

»Doch, doch. Er verabscheut dich und deinen Vater und hat schon einen Kriegsplan ausgeheckt. Er wird hier lauern, wenn dein Vater wieder ein Schiff auf die Felsen gelockt hat, und ihn dabei überraschen. Dann werden wir ja sehen, was geschieht. Deshalb ist er nicht zu Besuch gekommen, Tamsyn. Hier hast du die Erklärung. Ich habe ihm durch Jan auch ausrichten lassen, wo sein Vater begraben liegt.«

Was ich nach Senaras Bekenntnis empfand, war Freude und Erleichterung. Es gab also einen Grund für Fenns Fernbleiben! Ich konnte mir vorstellen, wie entsetzt er über Jan Lewards Enthüllungen gewesen war. Wahrscheinlich war er ebenso ratlos gewesen wie ich jetzt.

Ich konnte ihm alles erklären und zum Glück auch beweisen, daß ich nichts vom nächtlichen Treiben meines Vaters gewußt hatte. Schließlich war ja ein Schiff nur dadurch gerettet worden, daß ich die Laternen angezündet hatte.

»Nun glaubst du mir wohl endlich, daß ich eine Hexe bin«, sagte Senara. »Ich stifte Unruhe und Verwirrung, während andere Hexen zum Spaß einen Sturm entfacht haben, als die Königin von Dänemark kam. Ich bin bösartig und durchtrieben. Du darfst ruhig behaupten, daß ich mich dem Satan verschrieben und Gott abgeschworen habe.«

»Und du sprichst davon, Puritanerin zu werden!«

»Du weißt, daß mir das nie gelänge. Ich rede oft dummes Zeug. Aber heute nacht ist etwas Merkwürdiges passiert. Ich wachte auf und wußte, daß ich gleich zu dir gehen und alles gestehen muß. Ich möchte auch, daß Fenn die Wahrheit erfährt.«

»Woher kommt dieser plötzliche Meinungswechsel?«

»Ich weiß, daß es dich ärgert, wenn ich mich als Hexe bezeichne, Tamsyn. Aber es stimmt. Ich reite nicht auf dem Besenstiel und habe auch nicht den satanischen Ziegenbock geküßt, aber ich bringe Unruhe ins Leben aller, die mit mir zu tun haben. Doch jetzt will ich, daß du mit Fenn Landor glücklich wirst. Ich bringe ihn dazu, wieder an dich zu glauben.«

»Das ist lieb von dir.«

Senara lachte. »Nun bist du wieder die alte vertrauensselige Tamsyn. Du hast mir verziehen, wie du immer alles verzeihst. Du glaubst, ich hätte mich gebessert, aber ich bin noch genauso tückisch. Nur heute nacht will ich ausnahmsweise gut sein.«

»Frierst du nicht?« fragte ich besorgt.

»Nein, mich wärmt meine eigene Güte und Tugend.« Sie lachte wieder hellauf. »Schon bald muß ich Dickon Lebewohl sagen. Dann heirate ich Lord Cartonel und führe ein gefährliches Leben!«

Während Senara weiterplauderte, dachte ich ständig an Fenn. Er würde kommen und mich von hier fortholen. Doch was sollte dann aus Schloß Paling und dem Bösen werden, das hier geschah?

Plötzlich glaubte ich ein Geräusch auf dem Korridor zu hören.

»Was ist das?« flüsterte ich.

»Nur der Wind«, sagte Senara, nachdem sie gelauscht hatte.

»Ich dachte, Schritte hätten sich genähert.«

Ich fröstelte und war sehr dankbar, daß Senara bei mir war. Sie sprach noch eine ganze Weile von ihrer Liebe zu Dickon, über die sie selbst am meisten erstaunt zu sein schien.

In der Morgendämmerung ging Senara in ihr eigenes Zimmer zurück. Das Schloß begann langsam zu erwachen. Nun erst schlief ich ein. Als ich erwachte, war es schon hoher Vormittag.

Am nächsten Tag erfüllte mich nur ein Gedanke. Was konnte ich tun, damit Fenn die Wahrheit erfuhr? Zu ihm hinüberreiten? Es war zu weit für einen Tagesritt... Mir fiel meine Großmutter ein, aber ich verwarf den Gedanken gleich wieder, denn der Schreck würde sie sicher töten. Wie sollte ich ihr die gräßlichen Machenschaften meines Vaters, das stillschweigende Einverständnis meiner Mutter und schließlich deren gewaltsamen Tod behutsam beibringen? Unmöglich!

Ich konnte es keine Minute länger im Schloß aushalten. Sicher war ich in der vergangenen Nacht nur durch Senaras Anwesenheit vor einem Mordanschlag bewahrt geblieben. Ich hatte deutlich Schritte gehört... Stundenlang lief ich am Meer entlang und dachte über meinen Vater nach. Merkwürdigerweise empfand ich immer noch einige Zuneigung für ihn. Dabei hatte er mir gegenüber nie väterliche Gefühle gezeigt. Vielleicht war es die Kraft und die angeborene Autorität, die ich an ihm bewunderte. Ich wußte, daß er grausam und böser Taten fähig war, und dennoch konnte ich ihn nicht hassen. Es wäre mir wohl auch unmöglich, gegen ihn auszusagen. Mein einziger Wunsch war, so rasch wie möglich von hier wegzukommen...

Doch zuerst mußte ich unbedingt noch eine weitere Nacht im Schloß bleiben, um nach Möglichkeit die Wahrheit herauszufinden.

Gestern hatte mich Senara vor einem Anschlag gerettet. Heute wollte ich allein und gut vorbereitet auf den Mörder warten.

Ich nahm wieder nicht am Abendessen teil und benutzte auch die gleiche Entschuldigung wie am Vortag – ich fühlte mich unpäßlich.

In meinem Zimmer überlegte ich, daß ich mich auf keinen Fall zu Bett legen durfte. Nein, ich wollte mich in der abgeteilten

Nische verstecken. Durch die Vorhänge konnte ich beobachten, wer ins Zimmer kam. Ich mußte den Mörder nur glauben machen, daß ich schlafend im Bett läge.

Ich nahm zwei Kissen und legte sie unter die Decke. Da die Nacht sehr dunkel war, würde die Täuschung hoffentlich gelingen. – Wie lang mir die Stunden wurden! Ich wartete hinter dem Vorhang und kämpfte mit der Müdigkeit. Es schlug elf Uhr.

Im Schloß herrschte völlige Stille. Hatte meine Mutter vor ihrem Tod keine bösen Vorahnungen gehabt? Ich war glücklicher dran als sie, denn mich hatte ihr Tagebuch gewarnt. Als ich an die Zukunft dachte, erfüllte mich trotz der Gefahr, in der ich schwebte, eine freudige Erwartung. Vielleicht würde Fenn mich wieder lieben.

Hatte ich eben ein leises Geräusch im Korridor gehört oder es mir nur eingebildet? Ich begann zu zittern, und jeglicher Mut schien mich zu verlassen.

Nein, nein, ich hatte mich geirrt! Vielleicht war eine harmlose Maus den Gang entlanggehuscht... Doch nun hörte ich wieder einen Laut, und mit Entsetzen sah ich, daß der Riegel zur Seite gezogen wurde.

Eine schattenhafte Gestalt glitt auf mein Bett zu.

Ich riß die Vorhänge zurück und trat hervor. Meine Stiefmutter fuhr hastig herum und starrte mich an. Zum ersten Mal machte sie einen verwirrten Eindruck.

Ich nahm ihr das schwere, feuchte Tuch aus der Hand. »Du hast meine Mutter umgebracht«, sagte ich.

Sie gab keine Antwort. Im Halbdunkel glich ihr Gesicht wieder einer unbeweglichen Maske. Sie hatte die erste Überraschung überwunden und war so ruhig und gelassen wie eh und je.

Wortlos drehte sie sich um und ging hinaus. Ich blieb unbeweglich stehen und hielt immer noch das feuchte Tuch, ihr Mordwerkzeug, in der Hand.

Ich verbrachte eine schlaflose Nacht. Was sollte ich tun? Ich wußte es nicht. Ich wußte nur, daß ich am nächsten Morgen meine Stiefmutter dazu bringen mußte, mir zu gestehen, wie sie meine Mutter getötet hatte.

Im Laufe der Nacht war Sturm aufgekommen. Mit dumpfem Laut brandeten die Wellen gegen die Felsen. Der Wind heulte klagend um die Schloßmauern.

Als ich früh am Morgen in die Halle hinunterkam, waren die

Dienstboten schon bei der Arbeit. Von meiner Stiefmutter war keine Spur zu sehen.

Sie blieb auch später unsichtbar, aber ich sah meinen Vater. Er kam allein vom Meeresturm zum Schloß herüber. Ich ging ihm entgegen und vertrat ihm den Weg. »Ich muß mit dir reden, Vater.«

Er starrte mich an. So wagte niemand sonst mit ihm zu sprechen. Aber ich fürchtete mich nicht mehr. Als er mich zur Seite stoßen wollte, ergriff ich seinen Arm.

»Ich habe etwas... Schreckliches entdeckt, Vater.«

Er zog finster die Brauen zusammen, und einen Augenblick lang glaubte ich, er würde mich schlagen. »Komm herein«, sagte er nach kurzem Zögern. »Hier können wir nicht reden.«

Ich ging vor ihm her zu meinem Schlafzimmer, denn dort wollte ich ihm alles erzählen – dort, wo ich in der vergangenen Nacht beinahe umgebracht worden wäre.

Ich blickte ihm furchtlos in die Augen, und da er Mut bei anderen immer geschätzt hatte, wurde seine finstere Miene um ein weniges freundlicher.

Doch sein Gesichtsausdruck veränderte sich jäh, als es aus mir herausbrach: »Heute nacht hat deine Frau mich zu ermorden versucht... auf die gleiche Art, wie sie meine Mutter getötet hat.«

Es traf mich wie ein Schlag, als ich an seinem Blick erkannte, daß er über den Mord an meiner Mutter Bescheid wußte.

»Ich hatte Maria im Verdacht«, fuhr ich fort und deutete auf die Nische. »Dort hinter dem Vorhang habe ich gewartet. Sie hat meine Mutter genauso getötet, wie Lord Darnley von seinen Mördern getötet wurde. Ich weiß, wie das gemacht wird. Man preßt dem Opfer ein feuchtes Tuch über Mund und Nase, bis er erstickt ist. Es gibt keine verräterischen Zeichen... nichts. So ist meine Mutter gestorben. Und du hast es gewußt, vielleicht auch dabei geholfen. Oder habt ihr den Mord gar gemeinsam geplant?«

»Nein, du irrst dich!« rief er mit großem Nachdruck, und ich war sehr froh, daß ich ihm wenigstens das glauben konnte.

»Aber du wußtest jedenfalls, daß sie es getan hat«, fuhr ich fort. Er gestand seine Schuld durch sein Schweigen ein.

»Du... du, ihr eigener Ehemann... mein Vater«, stammelte ich. »O Gott, mein eigener Vater!«

Ich hatte bisher niemals erlebt, daß er eine Lage nicht gemei stert hätte. Doch nun war er zutiefst erschüttert und nahezu hilflos. Ich las in seinem Blick sogar Schmerz. Da ich das Tagebuch gelesen hatte, wußte ich von der tiefen Leidenschaft, die er anfangs für meine Mutter empfunden hatte. Offensichtlich erinnerte auch er sich jetzt daran. Seit ihrem Tod war er wohl kein glücklicher Mann mehr gewesen, aber in mir regte sich nicht das leiseste Mitleid.

»Ich habe sie so geliebt«, sagte ich mit zitternder Stimme.

»Auch ich liebte sie«, antwortete er leise.

»Und dennoch...«

Mein Vater war wieder er selbst, alle Weichheit verschwunden. »Du kannst das nicht begreifen«, sagte er rauh. »Maria war unwiderstehlich. Meinetwegen magst du sie ruhig eine Hexe nennen. Sie hat mich jedenfalls verzaubert.«

»Obwohl du wußtest, daß sie deine Frau kaltblütig ermordet hat, hast du sie geheiratet.«

»Du bist zu jung, um das zu verstehen.«

»Oh, ich verstehe sehr gut – ungezügelte Leidenschaft...körperliche Lust«, sagte ich verächtlich.

»Es war viel mehr als das!«

»Für mich bist du ein Mörder... mitschuldig am Tod meiner Mutter«, erwiderte ich heftig.

»Es geschah, ohne daß ich davon wußte. Ich konnte nichts tun, um es zu verhindern...«

»Nein, du konntest Maria aber heiraten und das genießen, was nur durch ihr Verbrechen möglich geworden ist.«

»Du wirst es nie verstehen!«

»Im Gegenteil! Ich verstehe viel zu gut.«

»Hüte deine Zunge, Mädchen! Sonst schlepp ich dich in den Hof und peitsche dich dort eigenhändig aus.«

»Ja, dazu wärst du durchaus imstande«, sagte ich.

Er hielt mich nicht auf, als ich an ihm vorbei zur Tür ging und ihn allein in meinem Schlafzimmer zurückließ.

Ich wußte nicht, was ich tun sollte. Den ganzen Vormittag über hatte ich meine Stiefmutter gesucht, aber nicht gefunden.

Am Nachmittag kam Fenn in unseren Hof geritten.

Als ich seine Stimme hörte, fing mein Herz wild zu klopfen an. Ich lief zu ihm hinaus.

»Endlich bist du gekommen«, flüsterte ich.

Er sprang vom Pferd und ergriff meine Hände. »Ich habe dir

Unrecht getan, Tamsyn«, sagte er. Obwohl ich wahrhaft Grund hatte, über die Geschehnisse im Schloß tieftraurig zu sein, überkam mich bei Fenns Worten große Glückseligkeit.

»Ich muß mit dir reden«, fuhr er fort. «Wo sind wir ungestört?«
»Bei den Gräbern.« Wir gingen Hand in Hand dorthin.

»Es ist also mein Vater, der hier liegt«, sagte er und ballte die Fäuste. »Diese Mörder! Ich werde ihn rächen.«

»Ich war tief gekränkt, als du nicht mehr kamst, Fenn.«

»Wenn du wüßtest, wie elend erst mir zumute war. Am schlimmsten war der Gedanke, daß du bei allem stillschweigend mit im Bunde warst.«

»Ich habe nie etwas davon gewußt!«

»Ja, das weiß ich inzwischen. Du hast sogar eines von unseren Schiffen gerettet. Der Kapitän hat mir selbst erzählt, daß nur durch die Lichter ein Unglück vermieden wurde. Und du hast sie wieder angezündet, nachdem sie absichtlich gelöscht worden waren.«

»Ich erfuhr erst durch das Tagebuch meiner Mutter von dem schrecklichen Treiben meines Vaters. Sie wußte es, aber... sie war auch seine Frau.«

Er nickte. »Ich liebe dich, Tamsyn«, sagte er dann leise.

»Was für ein seltsamer Ort, um so glücklich zu sein!«

»Bevor ich zu dir von Liebe sprechen kann, muß ich etwas erledigen. Dein Vater ist schuld am Tod meines Vaters. Ich habe geschworen, daß er gerächt wird. Ich bin heute hier, um von Haß zu sprechen, nicht von Liebe. Tamsyn, ich kann niemals vergessen! Ich werde ihn töten. Er soll für das Leben meines Vaters und vieler unschuldiger Seeleute büßen.«

»Laß uns doch von hier weggehen, Fenn! Ich will dieses Schloß nie wiedersehen. Der Wind, der um die Mauern heult, das Böse, das hier geschehen ist – es macht mich krank. Laß uns bitte weggegehen«, wiederholte ich.

»Und was dann? Sollen sie weiterhin Unschuldige in den Tod locken dürfen?«

»Aber was können wir dagegen tun?«

»Dein Vater wird keine Schiffe mehr plündern, glaub mir!«

»Fenn, er ist in dieser Gegend der mächtigste Mann. Ich kenne keinen, der nicht vor ihm zittert. Willst du Klage gegen ihn erheben? Wo? Bei wem? Es würde nichts geschehen. Er ist zu mächtig, Fenn. Du kannst ihn nicht aufhalten. Er hat Mittel und Wege, sich dem Gesetz zu entziehen.«

Er nickte, und in seine Augen trat ein abwesender Ausdruck. »Es gibt nur eines, ihn von weiteren Greueln abzuhalten: Ich muß ihn selbst töten.«

»Aber du bist doch ein Mann des Friedens, Fenn!«

»Nur so wird Frieden einkehren, Tamsyn. Man muß manchmal einen Menschen beseitigen, wenn er die Gesellschaft, in der wir leben, untergräbt und zerstört. Wir mußten die Spanier töten, als wir gegen die Armada kämpften, und ich hatte kein Mitleid mit ihnen. Wir haben nur dadurch unser Land vor diesem grausamen Feind bewahrt. Ich würde immer wieder gegen jeden Spanier kämpfen, der England zu erobern versucht. Doch in diesem Fall liegt die Sache ganz anders. Da ist ein Kauffahrteischiff, mit reicher Fracht beladen. Dein Vater will diese Fracht für sich haben und lockt das Schiff dorthin, wo es auf die Felsen auflaufen muß. Er schickt Hunderte von Männern und Frauen in den Tod – Überlebende darf es nicht geben, sie könnten sein Verbrechen dort anklagen, wo es auch geahndet wird. Nein, es gibt wirklich nur eine Möglichkeit, Tamsyn.«

Ich schaute ihn ängstlich an. In seinem Blick lag fanatischer Haß, der so gar nicht zu ihm paßte.

»Ich werde deinen Vater töten«, sagte er hart.

»Nein, Fenn!« rief ich und schlang die Arme um ihn.

Er löste sich aus meiner Umarmung und nickte traurig. »Immer würde zwischen uns stehen, daß er meinen Vater umgebracht hat. Ich kann es nie vergessen oder gar vergeben! Und wenn ich deinen Vater töte, wirst du mir nicht verzeihen können.«

Er blickte noch einmal die drei Gräber an. Dann drehte er sich wortlos um und ging weg.

Ich lief hinter ihm her, denn ich mußte ihn unbedingt aufhalten. Er hatte mit tödlichem Ernst gesprochen. Fenn hatte seinen Vater vergöttert, und mein Vater war schuld an dessen Tod – auch wenn er ihm nicht ein Entermesser in die Brust gestoßen hatte.

Durch das Heulen des Sturmes hörte ich laute Stimmen.

»Er ist draußen«, schrie ein Mann.

Vier von den Leuten, die für meinen Vater arbeiteten, standen im Hof des Meeresturms beisammen.

»Er ist bei den *Devil's Teeth* draußen«, erklärte Jack Emms, ein derber Mann mit rohem Gesicht.

»Warum sollte er dort hinaus rudern?« rief Fenn. »Es liegt doch kein Wrack zwischen den Felsen. In den beiden vergangenen Monaten hat es meines Wissens kein Schiffsunglück gegeben.«

»Aber dort ist er, Master.«

Fenn hatte den Mann bei der Gurgel gepackt. Ich hätte nie geglaubt, daß er so jähzornig sein könnte.

»Sag mir jetzt sofort, wo er steckt!« schrie er den Mann an. »Oder es wird dir verdammt leid tun.«

Da erkannte ich, daß Fenn ebenso stark war wie mein Vater. Ich hatte ihn für sanft gehalten, und das war er in gewisser Weise auch. Überdies war er ein Idealist, wie sein Vater es gewesen war. Doch nun loderte gerechter Zorn in ihm.

»Er ist mit Jan Leward rausgerudert, Master. Es gibt immer noch Fracht, die in den gekenterten Schiffen bleibt. Drum müssen wir immer mal wieder raus, um sie zu holen«, keuchte Jack Emms.

»Ich werde ihn erwischen bei seinem scheußlichen Geschäft«, rief Fenn.

»Nein, Master! Nein!«

»Doch, ich tu's!« rief Fenn zurück.

Ich war wie von Sinnen vor Entsetzen. Mein Vater war da draußen inmitten der peitschenden Wellen und des heulenden Windes. Und Fenn wollte ebenfalls dorthin – mitten unter seine Feinde.

Ich mußte ihn anflehen, ihn zur Vernunft bringen... Jack Emms ist dein Feind, wie alle diese Männer, Fenn. Sie werden dich töten, weil du hier wie ein Racheengel auftauchst. Du willst ihnen ihren Verdienst nehmen, Fenn. Bitte, geh nicht! Doch ich wußte genau, daß ich ihn umsonst bitten würde. Er brannte darauf, meinem Vater ins Gesicht zu schleudern, daß er ihn für einen abscheulichen Mörder hielt. Er wollte ihn umbringen. Nein, Fenn würde nicht mit mir weggehen und weit entfernt von Schloß Paling leben. Er hatte recht – auch ich könnte es nicht. Bei Sturm würden wir immer an die unglücklichen Schiffe denken müssen, die in Gefahr waren, auf die *Devil's Teeth* aufzulaufen. Die Schreie der Ertrinkenden würden uns das ganze Leben lang verfolgen.

Ich hatte mich entschlossen. Wenn Fenn dort hinausfuhr, dann kam ich mit ihm. Rasch sprang ich ins Boot.

»Nein! Geh zurück!« schrie Fenn. Doch ich schüttelte den Kopf.

Fenn sah mich entsetzt an. Ich erkannte, daß die Angst um mich größer war als der rasende Haß auf meinen Vater.

»Mein Vater ist ein Mörder«, sagte ich. »Er ist schuld am Tod von Hunderten«. Ich dachte an meine Mutter, die er zwar nicht getötet, deren Mörderin er aber geheiratet hatte. Seine Strafe war gewesen, daß er seit ihrem Tod keine glückliche Stunde mehr gehabt hatte. Ich wolle nicht, daß Fenn jene Gewissensbisse quälten, die jeden Mörder, selbst den kaltblütigsten, heimsuchen. »Ich bitte dich, Fenn«, fuhr ich fort. »Belaste dein Gewissen nicht mit einem Mord.«

Sein Gesicht verhärtete sich. »Er hat meinen Vater getötet.«

»Ich weiß. Aber trotzdem sollst du nicht das gleiche tun. Die Erinnerung daran wird dich sonst dein ganzes Leben lang verfolgen. Fenn, wir haben einander. Denk doch daran!«

Er schüttelte den Kopf. Inzwischen waren wir bei den schrecklichen Felsspitzen angekommen, zwischen denen es gefährliche Strudel gab. Eine schwere Holzkiste mit Eisenscharnieren hatte sich zwischen den Felsen verklemmt. Mein Vater war hinausgefahren, um sie zu bergen.

»Colum Casvellyn! Ihr habt meinen Vater umgebracht – deshalb werde ich Euch töten!« schrie Fenn.

Mein Vater fuhr ruckartig herum und das Boot schwankte heftig. Völlig verblüfft starrte er uns einige Augenblicke an. »Was seid ihr für Narren! Fahrt an Land! Hier in den Felsen lauern tausend Gefahren. Dies ist kein Kinderspiel!« schrie er herüber.

»Ich weiß, wie gefährlich diese Felsen sind. Durch Eure Schuld waren sie das Verderben meines Vaters.«

»Geh weg, Dummkopf! Misch dich nicht in meine Angelegenheiten!«

Fenn war in seiner Erregung aufgestanden. »Fenn, sei vorsichtig, ich bitte dich!« flehte ich ihn an. Gleich darauf hörte ich das spöttische Gelächter meines Vaters.

»Ja, sei du nur immer vorsichtig... du Händler! Du verstehst dieses Geschäft hier nicht! Es ist viel zu gefährlich für dich, Junge.« Seine Stimme klang verächtlich.

Im nächsten Augenblick kippte meines Vaters Boot, und er stürzte seitlich über die Bordkante. Nun schwamm das Boot kieloben. Ich hörte einen Schmerzensschrei. Dann sah ich, wie mein Vater die Arme hochriß und in den schäumenden Wellen versank. Kurz darauf tauchte er wieder auf.

»Ich hole ihn«, rief Fenn.

»Nein, das ist zu gefährlich«, warnte ich ihn, doch Fenn war schon ins Wasser gesprungen und schwamm auf meinen Vater zu.

»Weg mit dir!« brüllte mein Vater. »Ich stecke fest. Die *Devil's Teeth* haben mich gepackt... kann mich nicht befreien. Du gehst dabei drauf, du Narr!«

Fenn kümmerte sich nicht um das Geschrei seines Todfeindes.

Minuten vergingen, während ich entsetzt beobachtete, wie sich das Wasser rötlich färbte. Ich werde beide verlieren! dachte ich.

»Fenn! Es nützt nichts! Du kannst ihn nicht retten!« rief ich in meiner Verzweiflung, doch er hörte nicht auf mich.

Es kam mir wie eine Ewigkeit vor, bis ich Fenn helfen konnte, den verstümmelten Körper meines Vaters ins Boot zu ziehen.

Mein kühner, grausamer Vater lag im Bett. Der Arzt hatte festgestellt, daß beide Beine schwer verletzt waren. Wie oft hatte mein Vater sich damit gebrüstet, die *Devil's Teeth* besser als jeder andere zu kennen. Aber nun hatten sie ihn besiegt. Die Strudel waren schon bei ruhigerem Wellengang gefährlich, doch bei Sturm zogen sie selbst einen starken und geübten Schwimmer in die Tiefe.

Es erfüllte mich mit großem Stolz, daß ausgerechnet Fenn ihm das Leben gerettet hatte. Fenn, der ihn hatte töten wollen! Er hatte sein eigenes Lebens gewagt, um ihn herauszuholen.

Als ich die zerschmetterten Beine meines Vaters gesehen hatte, wußte ich auch ohne ärztliche Kenntnis, daß er nie wieder würde gehen können.

Melanie übernahm die Pflege, die gute, tüchtige Melanie, der wir alle dankbar sein mußten, vor allem in den kommenden Jahren.

Mein Vater lebte als ein Schatten seiner selbst weiter. Nie mehr gehen zu können, war für diesen lebensstrotzenden Mann die ärgste aller Strafen. Die *Devil's Teeth*, die er als Mordwaffe gegen so viele Menschen benutzt hatte, waren sein Schicksal geworden.

Fenn kam zu mir, nachdem der Arzt das Schloß verlassen hatte. Wir sahen uns schweigend an. Dann legte er die Arme um mich, und ich wußte, daß wir immer zusammenbleiben würden.

Am nächsten Morgen fanden wir den Umhang meiner Stiefmutter am Strand. Er lag an derselben Stelle, wo meine Mutter sie einst gefunden hatte.

Es wurde vermutet, daß sie ins Wasser gegangen war.

Natürlich waren alle Dienstboten in heller Aufregung. Den

Herrn hatte ein rächendes Schicksal schwer geschlagen, und die Herrin war verschwunden... auf ähnlich seltsame Weise, wie sie aufgetaucht war.

Sie hatten es ja immer schon gewußt, daß sie eine Hexe war!

Fenn schlug vor, ich solle zu meiner Großmutter ziehen, bis wir heiraten könnten, doch ich lehnte ab. Ich wollte unbedingt noch eine Weile die schwangere Melanie unterstützen, die für meinen Vater sorgte.

Meine Stiefmutter war fort, mein Vater ein Krüppel. Die Familie Casvellyn war schwer bestraft worden.

Senara kam in mein Zimmer gestürmt. »Wie rasch hat sich alles gewandelt«, sagte sie. »Nun hast du deinen Fenn ja doch bekommen, und er konnte sogar noch beweisen, was für ein edler Mensch er ist. Er zieht aus, um jemanden zu töten, und rettet ihn statt dessen. Nun werdet ihr sicher als ein Herz und eine Seele für immer friedlich und glücklich zusammenleben.«

»Du kannst dich ruhig lustig machen, Senara. Aber ich werde mich wirklich wie im siebten Himmel fühlen.«

»Und was ist mit mir?«

»Ich hoffe sehr, daß auch du...«

»Dickon geht nach Holland. Kann ich ohne ihn glücklich sein?«

»Wenn ich verheiratet bin, solltest du bei uns leben, Senara, denn ich glaube nicht, daß du hier im Schloß dein Glück findest.«

«Und meine Hexenkünste würden dich nicht stören?«

»Schluß mit diesem Gerede!«

»Ich bin jetzt ganz allein. Meine Mutter ist fort...«

»Sie mußte das Schloß verlassen, Senara. Schließlich hat sie meine Mutter getötet und hätte auch mich auf teuflische Weise erstickt, wenn ich nicht rechtzeitig Verdacht geschöpft hätte.«

»Was ist deiner Meinung nach mit ihr geschehen, Tamsyn?«

»Ich glaube wie alle, daß sie ins Wasser gegangen ist.«

Senara lachte hellauf. »Du wirst dich nie ändern. Denkst du etwa, daß sie von Gewissensbissen gepeinigt wurde?«

»Nein. Ich glaube eher, sie fand, daß sie hier nicht länger bleiben konnte. Sie war als Mörderin entlarvt, mein Vater ein Krüppel für den Rest seines Lebens. Ihre Sünden haben sie zu schwer belastet.«

»Unsinn! Ich kenne ihre Lebensgeschichte, im Gegensatz zu dir. Sie stammte aus einem edlen spanischen Geschlecht und fuhr mit ihrem Mann, meinem Vater, auf jenem Schiff, das auf den *Devil's Teeth* zerschellte. Das hat sie nie verwunden, wie sie mir erzählte. Sie kam mit der festen Absicht hierher, die Familie des Mannes zu zerstören, der ihr Leben zerstört hatte. Sie bezauberte deinen Vater und war von Anfang an seine Geliebte. Er wurde ihr nie überdrüssig. Sie zog kurz nach meiner Geburt in ein Haus mitten im Walde, das dein Vater für sie erworben hatte. Dort besuchte er sie häufig und geriet immer stärker in ihren Bann.«

Ich hörte dieser erstaunlichen Geschichte fassungslos zu.

»Dann kehrte sie wieder zurück und schaffte deine Mutter aus dem Weg, um ihren Liebhaber heiraten zu können. Doch mehr und mehr bekam sie das Leben hier satt. Sie dachte häufig an das heiße Klima Spaniens, an die vielen Blumen und die vornehmen, galanten Höflinge. Lord Cartonel ist übrigens nicht meinetwegen so oft gekommen, Tamsyn. Nein, er wollte nur meine Mutter sehen. Und nun ist sie mit ihm weggegangen. Sie ziehen bestimmt nach Spanien, und wir werden nie mehr etwas von ihnen hören.«

»Sprichst du die Wahrheit, oder ist das eines deiner Hirngespinste?«

»Ein aufregender Bericht, nicht wahr? Du wirst übrigens feststellen, daß auch Lord Cartonel verschwunden ist. Ich glaube, er ist ein spanischer Spion.«

»Sie bringt es also fertig, ihre einzige Tochter zu verlassen und nie wiederzusehen?«

»Aber natürlich! Meine Mutter hat mich doch sogar allein gelassen, als ich noch ein kleines Kind war. Kinder paßten nicht in ihr Leben, Tamsyn. Sie hat mich nicht haben wollen...« Senara zuckte die Achseln. »Für dich ist das schwer zu verstehen, da du eine besonders liebevolle Mutter und Großmutter hattest. Wir sind anders. Sie war auf ihre Weise eine Hexe, und ich bin es auf meine Art.«

»Senara! Wann hörst du endlich mit diesem gefährlichen Gefasel auf?« sagte ich böse.

»Das Leben ist nun einmal nicht friedlich, Tamsyn. Selbst du müßtest das inzwischen erkannt haben. Auch wenn du deinen Fenn geheiratet hast und eure Kinder heranwachsen, ist es gefährlich.«

Natürlich hatte sie recht. Ich wollte jedenfalls gemeinsam mit Fenn all dem mutig entgegentreten, was das Schicksal für mich bereithielt.

Merkwürdigerweise war es ausgerechnet Melanie, die meinen Vater, der sich einfach nicht mit seinem Unglück abfinden wollte, am besten zu beruhigen und besänftigen verstand. Es war für uns alle eine Überraschung, wie stark die sanfte Melanie sein konnte. Auch mein Bruder Connell hatte sich verändert. Er war nun das ›Familienoberhaupt‹, denn der armselige Krüppel, zu dem mein stolzer Vater geworden war, konnte den vielfältigen Aufgaben natürlich nicht mehr gerecht werden. Connell schien durch die neue Verantwortung gereift, und erfreulicherweise sah er Melanie in ganz neuem Licht. Sie war nicht länger das langweilige kleine Ding, das er nur wegen der stattlichen Mitgift geheiratet hatte. Früher war ich sehr in Sorge, daß Connell meinem Vater immer ähnlicher würde, doch nun war er ein anderer. Ich war sehr froh für ihn und Melanie.

Eines Abend unterhielt ich mich mit Senara in meinem Schlafzimmer. Es wurde schon dunkel. Plötzlich sah ich in einiger Entfernung einige Lichtpünktchen. Eine Gruppe von Leuten mit Fakkeln kam den gewundenen Pfad zum Schloß herauf.

Als ich ihren Singsang hörte, lief es mir kalt den Rücken hinunter. »Heraus mit der Hexe!« krakeelten sie.

Senara stand mit aufgerissenen Augen neben mir. »Sie sind aufs Töten aus«, flüsterte sie. »Sie wollen meine Mutter holen.«

»Gott sei Dank, daß sie weg ist!«

»Ja, sie hat sie wieder überlistet.«

Die Fackeln warfen ihr helles, flackerndes Licht in die Dunkelheit, und die Stimmen drangen immer lauter und grölender herauf.

Merry kam ins Zimmer gelaufen.

»Sie wollen die Hexe holen, die Hexe aus dem Meer.«

»Wissen sie denn nicht, daß sie verschwunden ist?« fragte ich.

»Doch, doch...« Merry warf Senara einen furchtsamen Blick zu. »Wenn sie die Hexe vom Meer nicht haben können, wollen sie wenigstens ihre Tochter. Gott helfe uns allen! Wenn der Master noch ganz der alte wäre, würden sie's nie und nimmer wagen. Aber nun ist er nicht mehr als ein Wrack, das auf den *Devil's Teeth* zerschmettert wurde. Niemand wird sie aufhalten!«

Die abergläubischen Leute hatten die Hexe aus dem Meer schon immer gewollt. Sie hatten sie heimlich beobachtet und für jedes Unglück verantwortlich gemacht. Sie glaubten auch, daß sie meinen Vater verhext hatte, fürchteten ihn aber so sehr, daß sie nichts gegen sie zu unternehmen wagten, solange er da war, um sie zu beschützen.

»Sie werden mich finden, Tamsyn«, sagte Senara. »Dann werden sie mich auf einen Scheiterhaufen stellen und lebend verbrennen. Oder sie werden mich an einem Galgen aufhängen. Armer Dickon! Das Herz wird ihm brechen!«

Connell und Melanie kamen herein und stellten sich zu uns ans Fenster.

»Der Pöbel lungert vor dem Tor herum und schreit nach der Hexe«, sagte mein Bruder.

»Sie ist doch weg!« erwiderte ich verzweifelt.

Er schaute zu Senara hinüber. »Das Pack ist blutdürstig! Du mußt verschwinden und darfst nie mehr herkommen, denn hier bist du nicht sicher. Ich werde sie in Schach halten und ihnen zeigen, wer hier der Herr und Meister ist.«

Ich glaubte, meinen Vater sprechen zu hören. Rasch wandte ich mich an Senara und zog sie am Arm hinter mir her. »Komm! Wir verlassen das Schloß durch den Meeresturm. Dort sind sie bestimmt noch nicht. Wir nehmen uns zwei Maultiere.«

»Wohin wollt ihr?« fragte Connell.

»Nach Leyden Hall«, erwiderte ich. »Die Deemsters werden sie verstecken, bis sie gemeinsam nach Holland segeln.«

»Macht schnell!« sagte Connell.

Die Nachtluft kühlte unsere erhitzten Gesichter, als wir ein Stück am Meer entlang ritten.

Senaras Augen leuchteten. Ich wußte, daß sie selig war, mit Dickon fortziehen zu können. Das Schicksal hatte ihr die Entscheidung abgenommen.

Der Abschied von Senara fiel mir sehr schwer. Aber ich hatte eine gemeinsame Zukunft mit Fenn vor mir.

Sarabande

ANGELET

Besuch aus der Vergangenheit

Gestern, am 12. Tag des Monats Juni im Jahre 1639, war unser Geburtstag – meiner und der von Bersaba. Es trifft sich gut, daß wir im Juni geboren sind, unter dem Zeichen der Zwillinge, wir sind nämlich auch Zwillinge. In unserer Familie werden Geburtstage immer fröhlich gefeiert, dafür ist unsere Mutter verantwortlich. Es gibt Frauen, die dazu geboren sind, Mütter zu sein, und sie ist eine davon. Ich glaube, ich bin das nicht, und Bersaba schon gar nicht. Aber vielleicht irre ich mich auch, vielleicht ist das eine Qualität, die man erst im Stadium der Mutterschaft entdeckt. Eines habe ich gelernt: Man irrt sich oft! Eine der weniger erfreulichen Erkenntnisse während des Heranwachsens. Einmal habe ich Bersaba gesagt, daß unsere Mutter Gott an jedem Geburtstag dankt, daß er uns ihr geschenkt hat, und Bersaba antwortete, daß sie das täglich tue. Meine Mutter, Tamsyn Landor, war schon fünf Jahre verheiratet, bevor unser Bruder Fennimore auf die Welt kam, und dann vergingen noch einmal sieben Jahre, ehe sie uns – ihren Zwillingen – das Leben schenkte. Ich glaube, sie hatte sich immer eine große Familie gewünscht, aber jetzt sagte sie, sie hätte genau das bekommen, was sie sich gewünscht hatte. Sie ist nämlich eine Frau, die imstande ist, die Realität ihren Träumen anzupassen, und das ist – ich bin alt genug, das zu verstehen – eine seltene Gabe.

Unser Geburtstag wurde wie üblich gefeiert. Juni ist ein wunderschöner Monat für Feste, weil man bereits im Freien feiern kann. Es wurde zur Gewohnheit, daß wir an unserem Geburtstag, wenn das Wetter schön war, hinaus auf die Wiesen ritten und ein Picknick veranstalteten. Es bestand aus kaltem Geflügel und sogenannten West Country Tarts, Törtchen, gefüllt mit Früchten der Saison – in unserem Fall waren es Erdbeeren –, darüber eine Eiercreme oder Schlagsahne, eine ganz besondere Delikatesse. Natürlich hat es auch verregnete Geburtstage gegeben, an denen wir mit Freunden und Nachbarn, die uns besuchen kamen, im Haus bleiben mußten. Dann spielten wir Spiele wie Blindekuh und Verstecken, verkleideten uns, führten Charaden auf oder

Stücke, die die Komödianten zur Weihnachtszeit gespielt hatten. Wie immer auch das Wetter war, Geburtstage waren Tage, auf die wir uns freuten, und jedes Jahr wieder sagte ich zu Bersaba, daß wir zwei nur einen Geburtstag hätten, und der müsse besonders schön gefeiert werden. An unserem letzten Geburtstag hatten wir schönes Wetter gehabt, und wir spielten draußen auf der Wiese mit den jungen Leuten von Kroll Manor und Trent Park: Ballspiele und Kayles, ein Spiel, bei dem man mit einem Stock oder einem Ball Kegel umwerfen muß, und danach Verstecken. Plötzlich konnten wir Bersaba nicht mehr finden, was große Aufregung verursachte. Besonders Mutter hat immer Angst, uns könnte etwas Schreckliches zustoßen. Eine ganze Stunde lang suchten wir Bersaba, dann kam sie von selbst aus ihrem Versteck. Als sie sah, daß meine Mutter sich so große Sorgen um sie gemacht hatte, spielte sie die Reuevolle, aber ich kannte sie besser: Sie liebte es, wenn man sich Sorgen um sie machte. Bersaba ließ oft durchblicken, wie wichtig es für sie sei, unsere Zuneigung zu spüren. Danach gingen wir alle zusammen zurück nach Trystan Priory, wo wir zu Hause waren, und spielten und feierten weiter. Als es dunkel wurde, kamen Bedienstete aus Kroll Manor und Trent Park, um unsere Freunde heimzubegleiten. Das war wieder einmal das Ende eines Geburtstages, dachten wir, aber wir hatten uns geirrt.

Mutter kam in unser Zimmer. Wir hatten immer eins zusammen, aber manchmal dachte ich, jetzt, da wir größer werden, sollte jede von uns ein eigenes Apartment haben. Ich wartete darauf, daß Bersaba diesen Vorschlag machte, und vielleicht wartete sie darauf, daß ich es tat. Aber nachdem keiner von uns etwas unternahm, wohnten wir eben weiter in ein und demselben Zimmer.

Unsere Mutter wirkte ziemlich feierlich.

Sie setzte sich in den großen Sessel, um den Bersaba und ich uns früher immer gestritten hatten. Es war ein wunderschöner Sessel, mit geschnitzten Fabeltieren an den Armlehnen. Ich hatte stets ein herrliches Gefühl von Überlegenheit, wenn ich darin saß, aber nachdem Bersaba genauso empfand, hielten wir oft Wettrennen ab, wer zuerst dort war. Nun saß unsere Mutter da und sah uns mit zärtlicher Liebe an, die ich damals noch für selbstverständlich hielt und an die ich mich später mit Wehmut erinnern sollte.

»Siebzehn Jahre«, sagte sie. »Das ist ein Wendepunkt. Jetzt seid ihr keine Kinder mehr. Ist euch das eigentlich bewußt?« Bersaba saß ruhig da, die Hände im Schoß gefaltet. Sie war überhaupt sehr ruhig, was man von mir nicht behaupten konnte. Ich habe mich oft gewundert, warum die Leute uns nicht auseinanderhalten konnten. Obwohl wir uns völlig gleichsahen, waren wir so verschieden, daß man uns an unseren unterschiedlichen Charakteren hätte erkennen müssen.

»Nächstes Jahr seid ihr achtzehn«, fuhr meine Mutter fort. »Die nächste Geburtstagsparty wird anders sein. Ihr werdet erwachsen sein und keine Spiele mehr spielen wie heute.«

»Werden wir dann einen Ball geben?« fragte ich, und meine Stimme überschlug sich fast vor Aufregung, denn ich liebte es, zu tanzen, und tanzte auch sehr gut.

»Ja, und es werden mehr Leute kommen. Ich habe letztes Mal, als euer Vater zu Hause war, mit ihm darüber gesprochen, und er war einverstanden.«

Ob sie jemals verschiedener Ansicht waren? Darüber nachzudenken war müßig. Ich glaube nicht.

»Aber bis dahin haben wir noch ein ganzes Jahr Zeit«, sagte sie, als ob sie froh darüber wäre. »Noch etwas: In unserer Familie ist es Tradition, daß alle weiblichen Familienmitglieder ihr Tagebuch schreiben. Dieser seltsame Brauch geht lückenlos zurück bis zu eurer Ururgroßmutter, Damask Farland, die damit begonnen hat. Ihr könnt unsere Familiengeschichte an Hand dieser Tagebücher verfolgen. Jetzt, da ihr langsam erwachsen werdet, könnt ihr ihres und das eurer Urgroßmutter Catherine lesen. Ich könnte mir vorstellen, daß sie für euch von größtem Interesse sind.«

»Und das von Großmutter Linnet und deines?« fragte Bersaba.

»Das ist noch zu früh.«

»O wie schade!« rief ich aus, aber Bersaba machte ein nachdenkliches Gesicht und sagte ernst: »Wenn die Leute wüßten, daß andere das lesen, was sie schreiben, würden sie nicht die Wahrheit schreiben... oder zumindest nicht die ganze Wahrheit.«

Unsere Mutter nickte Bersaba leise lächelnd zu. Bersaba besaß eine gewisse Weisheit, die mir fehlte. Ich sprach immer aus, was mir in den Kopf kam, ohne groß darüber nachzudenken. Bersaba dachte immer erst gründlich nach, bevor sie den Mund aufmachte.

»Warum nicht?« fragte ich. »Wo ist der Witz an einem Tagebuch, wenn man nicht die Wahrheit sagt?«

»Manche Menschen sehen die Wahrheit so, wie sie sie haben möchten«, antwortete Bersaba.

»Wie kann es dann die Wahrheit sein?«

»Für sie ist es die Wahrheit, weil es das ist, was sie glauben oder empfinden. Und wenn sie für Leute schreiben, die dabei waren, worüber sie gerade berichten, erzählen sie eben ihre Version von dem Erlebten.«

»Auch darin liegt eine gewisse Wahrheit«, sagte meine Mutter. »Euer Tagebuch ist euer Geheimnis. Das muß so sein. Erst viele Jahre später wird es ein Teil des Familienbesitzes sein.«

»Wenn wir tot sind«, sagte ich, und mir lief eine Gänsehaut über den Rücken, denn ich dachte an all die Generationen, die über mein Leben lesen würden. Ich hoffte nur, es würde der Mühe wert sein, gelesen zu werden.

»Jetzt, da ihr langsam erwachsen werdet, schlage ich vor, ihr beginnt euer Tagebuch«, fuhr Mutter fort. »Morgen werde ich jeder von euch ein Tagebuch und einen Schreibtisch geben, in dem ihr es einschließen könnt, nachdem ihr eure Eintragungen gemacht habt. Sie sollen euer ureigenster Besitz sein.«

»Schreibst du auch immer noch an deinem Tagebuch, Mutter?« fragte Bersaba.

Sie lächelte freundlich. »Ja, manchmal. Früher habe ich ziemlich viel geschrieben. Das war, bevor ich euren Vater geheiratet habe. Damals hatte ich eine Menge zu schreiben.« Ihre Miene wurde ernst, ich wußte, sie dachte an den schrecklichen und geheimnisvollen Tod ihrer Mutter. »Jetzt schreibe ich nur noch selten. Es gibt nichts Dramatisches zu berichten. Das Leben ist in den letzten Jahren glücklich und friedlich gewesen, aber Glück und Frieden haben einen Nachteil – man kann nicht viel darüber schreiben. Ich hoffe, ihr werdet nur glückliche Dinge in euren Tagebüchern zu berichten wissen. Aber schreibt trotzdem, schreibt über die glücklichen, alltäglichen Begebenheiten eures Lebens.«

»Ich kann es kaum mehr erwarten, damit anzufangen«, rief ich. »Schon morgen beginne ich, ich werde alles von heute erzählen – unserem siebzehnten Geburtstag.«

»Und was ist mit dir, Bersaba?« fragte meine Mutter.

»Ich werde zu schreiben anfangen, wenn ich etwas Interessantes erlebt habe«, antwortete meine Schwester.

Meine Mutter nickte. »Ach, übrigens, es wird Zeit, daß wir euren Großvater wieder einmal besuchen. Wir werden nächste Woche reisen, ihr habt also noch genügend Zeit, euch darauf vorzubereiten.«

Sie gab uns einen Kuß und ließ uns allein.

Am nächsten Tag erhielten wir unsere Schreibtische und Tagebücher – und ich begann mit obenstehendem Bericht.

Es war nichts Ungewöhnliches daran, daß wir unseren Großvater in Schloß Paling besuchten. Das taten wir mehrmals im Jahr. Das Schloß liegt nicht weit von uns entfernt, nur ein paar Meilen weiter an der Küste. Wenn wir dahin aufbrachen, war ich immer aufgeregt. Schloß Paling war eigentlich ein Spukschloß; schreckliche Dinge hatten sich dort vor nicht allzulanger Zeit zugetragen. Meine Mutter hatte so etwas angedeutet, und sie mußte es wissen, sie hatte ihre Kindheit dort verbracht. Ihre Mutter – unsere Großmutter Linnet Casvellyn – war dort auf mysteriöse Art und Weise ums Leben gekommen. Ich glaube, sie ist ermordet worden, obwohl das nie jemand zugegeben hat. Unser Großvater lebt noch. Ein seltsamer Einsiedler, in seinem aufs Meer blickenden Turm, seinen Mitmenschen und besonders sich selbst eine ständige Prüfung. Onkel Connell und Tante Melanie lebten mit ihren vier Kindern in einem anderen Flügel des Schlosses. Sie wären eine ganz normale Familie gewesen, hätten nicht die extremen Kontraste zwischen der Gelassenheit meiner Tante Melanie und der Leidenschaftlichkeit meines Großvaters eine geradezu bedrohliche Atmosphäre geschaffen.

Da Schloß Paling nur fünf Meilen vom Meer entfernt liegt, ist die Nähe des Meeres eine der Attraktionen des Schlosses. Selbst innerhalb seiner dicken Mauern kann man das Rauschen der Wellen hören, besonders wenn die See stürmisch ist. Damit verglichen, schien unser Haus unendlich friedlich. Und für ein siebzehnjähriges, abenteuerlustiges Mädchen kann Friede gleichbedeutend sein mit Langeweile.

Unser Haus war ein schönes Haus, obwohl ich das erst bemerkte, als ich wegging. Die alte Propstei wurde zerstört, als die Klöster aufgelöst wurden, und unser Haus ist an derselben Stelle, mit den alten Steinen, wieder aufgebaut worden. Da es zu Zeiten von Königin Elisabeth erbaut worden ist, hatte man es – als Kompliment für die Königin und weil es zur Bauweise der damaligen Zeit gehörte – in der Form eines großen E errichtet. Es war voller geheimnisvoller Nischen und Gänge, mit Speise- und Geschirrkammern und einer schönen alten Küche. Besonders das Grundstück war herrlich. Es gab einen Rosengarten, einen großen Park mit einem Weiher, einen Küchen- und einen Kräutergarten. Meine Mutter kümmerte sich hauptsächlich darum, wie sie sich eigentlich um alles im Hause kümmerte, weil es das Heim ihrer heißgeliebten Familie war. Das merkte man besonders nach einem Besuch auf Schloß Paling, wo einen trotz Melanie – die ganz anders war als meine Mutter – das Gefühl von lauernder Gefahr nie verließ.

Bersaba spürte das genauso wie ich, aber es hatte unterschiedlichen Einfluß auf uns, was für unsere Charaktere bezeichnend war.

Am Tag nach unserem siebzehnten Geburtstag fragte ich Bersaba, ob sie sich freue, daß wir in der darauffolgenden Woche nach Schloß Paling reisen würden. Wir befanden uns gerade im Schulzimmer, wo uns unsere Gouvernante allein gelassen hatte, damit wir unsere Hausaufgaben machen konnten.

Sie zuckte mit den Schultern, senkte ihren Blick und biß sich mit den Vorderzähnen auf die Unterlippe. Ich kannte sie und ihre Angewohnheiten so gut, daß ich sofort wußte, sie war irgendwie beunruhigt. Vielleicht waren es aber auch nur gemischte Gefühle, denn es gab eine Menge Dinge, die sie an Schloß Paling haßte. Aber eines liebte sie: unseren Cousin Bastian.

»Ich möchte wissen, wie lange wir bleiben werden.«

»Höchstens eine Woche«, antwortete sie. »Du weißt ganz genau, Mutter haßt es, zu lange von zu Hause weg zu sein, aus Angst, Vater könnte in ihrer Abwesenheit zurückkommen, und sie wäre nicht da, ihn zu begrüßen.«

Unser Vater war oft fort, manchmal sogar monatelang. Er hatte eine Menge mit der East India Company zu tun, ein zu Beginn blühendes Unternehmen, das sein Vater unter anderem mit gegründet hatte. Jetzt, im Jahre 1639, war die Gesellschaft nicht mehr ganz so erfolgreich, aber für einen Mann wie meinen Vater war dies eine Herausforderung. Viele Leute, die etwas mit der Company zu tun hatten, besuchten uns in Trystan Priory. Immer gab es Anlaß, darüber zu diskutieren. Im Augenblick wurde viel von der neuen Niederlassung geredet, die die Gesellschaft am Ufer des Hooghly Rivers in Indien gründen wollte.

»Fennimore wird uns benachrichtigen, sobald das Schiff in Sicht ist«, erinnerte ich sie.

»Ja, schon, aber sie ist lieber hier.«

»Ich nehme meinen neuen Muff mit«, verkündete ich stolz.

»Einen Muff, im Sommer – du bist verrückt!« sagte Bersaba. Ich war niedergeschlagen. Der Muff war ein Geburtstagsgeschenk gewesen. Ich hatte ihn mir gewünscht, weil ich gehört hatte, daß die Damen an König Charles' Hof jetzt Muff trugen, was bedeutete, daß es große Mode war.

»Abgesehen davon, wo würdest du auf Schloß Paling schon einen Muff tragen? Ich nehme lieber meinen Zeichenblock mit«, sagte Bersaba.

Bersaba zog sich ein Blatt Papier heran und begann zu zeichnen. Das konnte sie sehr gut; mit wenigen Strichen gab sie ihre Eindrücke wieder. Zum Beispiel das Meer mit den Teufelszähnen, diesen düsteren, gefährlichen Felsen. Man hatte beinahe das Gefühl, auf Schloß Paling zu sein und aus einem der Turmfenster zu schauen.

Jetzt fing sie an, Großvater Casvellyn zu zeichnen. Was für ein furchterregender Mann er doch gewesen sein mußte, als er noch gehen konnte. Später wirkte er etwas pathetisch, weil er immer so grimmig dreinschaute. Dabei war er gelähmt und lag meistens auf der Couch oder saß in seinem Rollstuhl. Seit zwölf Jahren schon war er gelähmt, und uns schien, als hätte er schon immer in seinem Rollstuhl gesessen. Wie der Fliegende Holländer! Aber statt über das Meer zu segeln, war er dazu verdammt, seine schrecklichen Sünden in seinem Stuhl sitzend abzubüßen.

»Ich freue mich schon, unsere Vettern wiederzusehen«, sagte ich hinterhältig.

Bersaba zeichnete weiter, aber ich wußte, sie dachte an Bastian. Er war dreiundzwanzig Jahre alt und sah Tante Melanie erstaunlich ähnlich, war nett und freundlich und hatte nie diese gönnerhafte Haltung angenommen, die ältere Leute jüngeren gegenüber oft an den Tag legen. Unser Bruder Fennimore übrigens auch nicht. Mutter hätte das in unserem Haus auch nicht gestattet, aber Schloß Paling war anders. Ich glaube, Bastian mußte Bersaba bei irgendeiner Gelegenheit einmal vorgezogen haben, womit er ihre Zuneigung gewonnen hatte; denn sie reagierte spontan auf jede Art von Anerkennung.

Wir hatten drei Cousinen, Melder, die älteste, war schon sechsundzwanzig und einer Heirat abgeneigt. Sie liebte alles, was mit dem Haushalt zu tun hatte, und war die einzige, die gut mit Großvater auskam. Vor allem, weil sie ruhig blieb, wenn er sie und alles um sich herum verfluchte, und in aller Ruhe fortfuhr, das zu tun, womit sie gerade beschäftigt war. Danach kam Rozen, sie war neunzehn, und Gwenifer, siebzehn Jahre alt.

Nachdem die Schwester meines Vaters, Tante Melanie, den

Bruder meiner Mutter, Onkel Connell, geheiratet hatte, bestand zwischen uns eine doppelte Verbindung. Aber vielleicht war das auch Tante Melanies Verdienst, die eine sehr häusliche, familien-bewußte Frau war – genau wie meine Mutter. Beide waren der Ansicht, daß Familien zusammenhalten müssen.

Bersaba fing jetzt an, Bastian zu zeichnen.

»So hübsch ist er gar nicht«, protestierte ich.

Sie wurde rot und zerriß das Papier in zwei Hälften.

Sie liebt Bastian wirklich, dachte ich im stillen, aber im nächsten Moment hatte ich es wieder vergessen.

Eine Woche später machten wir uns auf den Weg nach Schloß Paling; meine Mutter, Bersaba und ich, drei Reitknechte und zwei Dienstmädchen. Eigentlich brauchten wir keine Dienstboten, denn auf Paling gab es genügend, aber die Straßen waren nicht sicher, und die Diener beschützten uns. Mein Vater hatte deshalb meiner Mutter das Versprechen abgenommen, niemals ohne Begleitung auszureiten. Obwohl wir die Straße zwischen Trystan Priory und Schloß Paling sehr gut kannten, fügte sie sich seinen Wünschen.

Bersaba sah hübsch aus an jenem Morgen. Der Juni ist ein wunderschöner Monat. Die Hecken waren voller wilder Rosen, und üppig blühender Ginster leuchtete in den Niederungen. Auf den Feldern kam schon der rote Sauerampfer zum Vorschein. Bersaba trug ihren dunkelroten Rock, den wir immer zum Reiten anzogen, und ich hatte einen blauen an. Auch wenn wir uns gleich anzogen, trugen wir doch nicht immer dieselben Farben. Das machte uns manchmal Spaß, weil wir gerne Leute an der Nase herumführten. Ich konnte Bersaba sehr gut nachmachen, und sie mich. Wir übten es regelrecht, und eine der großen Freuden unserer Kindheit war, Leute auf diese Weise hinters Licht zu führen. Wir konnten uns bis zur Hysterie amüsieren, wenn jemand zu ihr sagte: »Also wirklich, Miß Angelet, es hat keinen Zweck, so zu tun, als wärt Ihr Miß Bersaba. Ich erkenne Euch doch.« »Das verleiht uns eine gewisse Macht«, sagte ich damals zu Bersaba. Manchmal, in gewissen Situationen, hat uns das schon sehr geholfen. Also an jenem Tag trug sie ihren roten Rock und ich meinen blauen. Wir hatten dazu passende Umhänge und weiche braune Stiefel. Auf dieser Reise bestand also keine Gefahr, uns zu verwechseln, aber in Paling würden wir ab und zu gleiche Kleider anziehen und uns darüber freuen, die Leute hereinzulegen.

Wir ritten links und rechts von unserer Mutter. Sie war ein wenig nachdenklich. Wahrscheinlich dachte sie an unseren Vater und wo er sich in diesem Moment wohl aufhielt. Sie war immer ängstlich. So viele Gefahren drohten auf hoher See, und wir waren nie sicher, ob er wiederkehren würde.

Als ich dies ihr gegenüber einmal aussprach, sagte sie, wenn sie nicht so viele Ängste auszustehen hätte, würde sie sich nicht so freuen, wenn mein Vater endlich wieder nach Hause käme. Wir sollten immer daran denken, daß das Leben aus Licht- und Schattenseiten bestehe, und je dunkler der Schatten, um so heller das Licht. Meine Mutter war eine Philosophin und versuchte uns begreiflich zu machen, daß wir das Leben so nehmen müßten, wie es war. Sie glaubte, eine derartige Haltung wirke im Falle eines Unglücks wie ein Kissen.

Wären mein Vater und mein Bruder mit uns nach Schloß Paling geritten, wäre Mutter vollkommen glücklich gewesen. Ich dachte zärtlich an sie und fing an zu singen und Gott zu danken, daß er sie mir geschenkt hatte:

>Nimm unser Leben
mit Hey und mit Ho,
einem Hey nonny-no,
der Frühling krönt die Liebe...<

Meine Mutter lächelte mich an, als wüßte sie, was ich dachte, fiel in den Gesang mit ein und forderte die Diener auf, es ihr gleichzutun. Abwechselnd sangen wir die erste Zeile eines Liedes unserer Wahl, und die anderen stimmten ein. Als die Reihe an Bersaba kam, sang sie, ganz allein, Ophelias Lied:

>Wie soll ich dein Feinsliebchen
von einem anderen erkennen?
An seinem Hut, seinem Stock,
an seinen Wanderschuhen.

Er ist tot und dahin, Lady,
tot und dahin;
Zu seinem Haupte ein grüner Rasen,
zu seinen Füßen ein Stein.<

Bersaba hatte eine seltsam eindringliche Stimme, und als sie diese Worte sang, stellte ich mir vor, wie sie ertrunken im Fluß lag, ihr langes Haar auf dem Wasser treibend, ihr Gesicht weiß und tot. Bersaba hatte schon immer etwas Seltsames an sich, etwas, das ich nicht verstand, auch wenn die Leute noch so oft sagten, sie sei ein Teil von mir. Sie hatte eine Art, sich niemals einzumischen, und trotzdem konnte sie die Stimmung aller verändern.

Sie hatte es fertiggebracht, daß wir den Junimorgen vergaßen, die Sonne, die Blumen, die Lebensfreude, weil sie uns an den Tod erinnerte. Wir hörten auf zu singen und ritten schweigend weiter, bis das Schloß in unser Blickfeld rückte.

Der Granit glitzerte in der Sonne wie tausend Diamanten. Es war ein beeindruckender Anblick, der nie seine Wirkung auf mich verfehlte. Herausfordernd, kühn und arrogant, erschien mir das Schloß immer wie etwas Lebendiges, und jedesmal war ich stolz darauf. Unser Haus machte einen viel freundlicheren Eindruck, obwohl die Steine, aus denen es erbaut worden war, genauso alt waren wie die des Schlosses – oder fast so alt. Trystan Priory schien freundlich und anheimelnd, verglichen mit Schloß Paling. Seine vier Türme zeugten von der ehemaligen Festung, die sechs Jahrhunderte uneinnehmbar geblieben war. Erbaut zur Zeit von Wilhelm dem Eroberer, waren im Laufe der Jahrhunderte immer neue Trakte dazugekommen. Jedesmal, wenn ich es wiedersah, wurde meine Phantasie angeregt, und ich sah die Verteidiger des Schlosses, wie sie Öl und Pfeile auf ihre Feinde hinunterprasseln ließen, die es stürmen wollten. Auf einer schweren eisenbeschlagenen Eichentür am Pförtnerhaus waren heute noch Spuren zu sehen, die von Mauerbrechern stammten.

Wir näherten uns dem Schloß von Westen, deshalb konnten wir zwei der vier Türme nicht sehen – Ysellas Turm, in dem es spuken sollte, und den, der über das Meer blickte, in dem Großvater Casvellyn sein Unwesen trieb.

Ich warf meiner Mutter einen Blick zu. Sie war ernst geworden, und ich fragte mich, was sie wohl beim Anblick des Schlosses dachte. Eines Tages würde ich in diesem Schloß über ihr Leben lesen, das früher unglücklich und voller Abenteuer gewesen war. Das mußte auch der Grund dafür sein, daß sie jetzt so zufrieden war.

Auch Bersabas Miene hatte sich verändert. Sie hatte ein klargeschnittenes Profil, hohe Backenknochen und mandelförmige Augen mit goldenen Wimpern. Ich sah sie oft an und dachte, wenn ich sie beschreibe, beschreibe ich auch mich, denn ich sehe genauso aus. Nur durch den Ausdruck vermochte man unsere Gesichter zu unterscheiden. Unsere Mutter hatte einmal gesagt: »Wenn ihr älter werdet, werdet ihr euch weniger ähnlich sehen. Erfahrungen verändern ein Gesicht, und es ist kaum zu erwarten, daß ihr die gleichen macht.«

Vielleicht sehen wir uns schon jetzt nicht mehr ähnlich, dachte ich; denn Bersaba hatte sich verändert, seit wir auf Schloß Paling waren. Sie entfernte sich von uns, und ich hatte das Gefühl, dort gelang ihr, was sie immer versuchte – sie löste sich von mir. Es hat Zeiten gegeben, da wußte ich immer, was sie dachte, aber jetzt schloß sie mich aus. Ich habe mich oft gefragt, warum das ausgerechnet auf Schloß Paling so war.

Als wir über die Falltür in den Hof ritten, hörte ich Rozens Stimme rufen: »Sie sind da!«

Und dann kamen Tante Melanie, Melder und Gwenifer aus einer Seitentür des Schlosses gelaufen, und es folgte das übliche Durcheinander der Begrüßung, während unsere Pferde von den Reitknechten weggeführt wurden und die Dienstboten sich des Gepäcks annahmen.

Dann schritten wir durch die ehemalige Wachstube in die große Halle, an deren Steinmauern Hellebarden und Lanzen über Kreuz hingen sowie etliche Eisenrüstungen von unseren Vorfahren.

»Kommt erst ins Wohnzimmer«, sagte Tante Melanie, »und nehmt eine kleine Erfrischung. Dann könnt ihr auf eure Zimmer gehen. Schön, euch alle wiederzusehen! Die Zwillinge sehen gut aus.« Sie lächelte uns an, und ich sah ganz genau, daß sie nicht wußte, welche von uns wer war.

Wein und Kuchen standen in dem Zimmer bereit, das Tante Melanie ähnlich wie die in Trystan Priory eingerichtet hatte. Wenn ich die beiden zusammen sah, beschäftigte mich immer der Gedanke, daß Tante Melanies jetziges Zuhause früher das meiner Mutter war, und umgekehrt.

Wir schienen alle gleichzeitig zu sprechen, wie bei jedem Wiedersehen.

Anschließend begaben wir uns in unsere Zimmer. Bersaba und ich teilten uns eins, und Rozen und Gwenifer kamen und halfen uns beim Auspacken. Gwenifer erzählte viel von den Bällen, auf denen sie in der letzten Saison war. Obwohl sie noch nicht ganz achtzehn war, durfte sie, zusammen mit ihrer älteren Schwester, bereits ausgehen. Rozen glaubte, daß George Kroll um sie anhalten würde, und obwohl dies keine glänzende Partie war, wäre es doch immerhin eine, über die nachzudenken sich lohnte.

»Es gibt hier so wenig Menschen«, schmollte sie. »Ich wünschte, wir wären bei Hof!«

Bei Hof! Das Wort allein versetzte uns in Träume. Bälle, Bankette, glanzvolle Staatsempfänge, elegante Kleider und kostbare Pelze.

Rozen trug eine lockige Ponyfrisur, die wir alle bewunderten, und sie erzählte uns, sie hätte gehört, Königin Henrietta Maria hätte diese Frisur zur neuesten Mode gekürt. Rozen war fröhlich und mochte George Kroll eigentlich sehr gerne, obwohl er nicht ganz dem Galan entsprach, den sie sich erträumt hatte.

»Eine Menge Schwierigkeiten brauen sich in Hofkreisen zusammen«, sagte Bersaba.

Alle sahen sie erstaunt an. Das war typisch Bersaba, mit etwas Ernstem herauszuplatzen, wenn wir uns nur amüsieren wollten.

»Vater macht sich wegen der Schiffssteuern Sorgen«, fuhr sie fort.

»Schiffssteuern!« rief Rozen bestürzt. »Wir reden über die neueste Mode.«

»Meine liebe Cousine«, sagte Bersaba in überlegenem Ton, »wenn es Schwierigkeiten gibt zwischen dem König und seinem Parlament, gibt es auch keine neueste Mode mehr.«

»Wer von euch beiden bist du denn?« fragte Rozen ärgerlich. »Sicherlich Bersaba.«

»Natürlich«, antwortete ich an ihrer Stelle.

»Bitte, Angelet, mach, daß sie den Mund hält.«

Ich verschränkte meine Arme und lächelte meine Zwillingsschwester an. »Ich habe keine Macht über sie.«

»Es ist dumm, den Tatsachen nicht ins Auge zu schauen«, sagte Bersaba beleidigt. »Angelet, du weißt ganz genau, daß alle Leute, die Vater besuchen kommen, beunruhigt sind.«

»Sie sind immer beunruhigt«, sagte Gwenifer. »Die Leute von der East India Company beklagen sich ständig über irgendwas.«

»Sie leisten hervorragende Arbeit für unser Land«, unterstützte ich meine Zwillingsschwester.

»Ach, ihr zwei und eure Eltern mit dem Heiligenschein!« sagte Gwenifer. »Laßt uns über etwas Interessantes reden.«

»George Kroll wird also um Rozen anhalten?« fragte ich.

»Das ist schon so gut wie sicher«, erwiderte Rozen. »Und Vater wird ja sagen, denn die Krolls sind eine gute Familie. Mutter wird zustimmen, weil sie glaubt, George wird ein guter Ehemann.«

»Damit haben wir einen weniger auf der Liste«, bemerkte Bersaba lakonisch.

»Wie kann man darüber nur so reden!« rief ich aus.

»Es stimmt doch«, beharrte Bersaba. »Wir kommen auch bald an die Reihe.«

»Ich werde mir meinen Mann schon allein aussuchen«, sagte ich bestimmt.

»Ich auch«, antwortete Bersaba.

Wir sprachen also über Bälle, und unsere Kusinen schauten sich unsere Kleider an. Die Konversation bewegte sich weiter auf heiterer Ebene, was mir Spaß machte, aber Bersaba fand es ziemlich öde. Sie zog sich in ihr Schweigen zurück, was uns besonders rasend machen konnte, weil es so aussah, als verachte sie uns.

Wir dinierten alle zusammen in der großen Halle, eine große Gesellschaft von neun Personen. Auch Bastian und Onkel Connell, die draußen die Felder besichtigt hatten, waren am späten Nachmittag heimgekommen.

Als wir uns umzogen, schlug ich Bersaba vor: »Laß uns heute abend unsere blauen Kleider anziehen.«

Sie zögerte, dann glitt ein Lächeln über ihr Gesicht. »Wie du willst.«

»Wir könnten eine Menge Spaß haben«, sagte ich. »Du tust so, als wärst du ich – und umgekehrt.«

»Ein paar von ihnen kennen den Unterschied.«

»Wer?«

»Mutter, zum Beispiel.«

»Mutter kennt uns natürlich auseinander.«

Wir zogen also unsere blauen Kleider an, mit den mit Korsettstangen versehenen Leibchen, den blauen Schärpen und den geschlitzten Röcken, unter denen man unsere Satinunterröcke sehen konnte. Wir hatten sie letztes Jahr bekommen, und obwohl sie bereits damals nicht mehr der neuesten Mode entsprachen, standen sie uns doch sehr gut.

»Wir stecken uns die Haare hoch«, schlug Bersaba vor.

»Alle sagen, man trägt sie nicht mehr so.«

»Aber es sieht gut aus zu unseren hohen Stirnen«, gab sie zu bedenken, und damit hatte sie recht.

Wir standen Seite an Seite und lachten über unser Spiegelbild. Obwohl wir an unsere Ähnlichkeit gewöhnt waren, amüsierte sie uns doch von Zeit zu Zeit.

Unten in der Halle küßte uns Onkel Connell herzlich. Er gehörte zu den Männern, die Frauen immer mögen, ob alt oder jung, dick oder dünn. Er war groß und stark, ein bißchen wie Großvater Casvellyn. Man bekam eine Vorstellung, wie Großvater in seiner Jugend gewesen sein mußte. Trotzdem hatte man manchmal das Gefühl, daß sogar er vor Großvater Angst hatte. Und das war der Unterschied zwischen den beiden, denn Großvater hatte vor niemandem Angst. Connell hielt uns eng umschlungen und herzte und küßte uns. Er legte eine Hand unter mein Kinn und fragte: »Welche bist jetzt du?«

»Ich bin Angel«, antwortete ich.

»Na, ein Engel scheinst du nicht gerade zu sein.«

Alle lachten.

»Und du bist Bersaba, eh? Komm, gib deinem Onkel einen Kuß.« Bersaba zögerte, deshalb gab Onkel Connell ihr zwei Küsse, als ob diese Wiederholung es ihr schmackhafter machen würde!

Ich hatte gehört, daß Connell ein richtiger Casvellyn war, der mehrere Mätressen auf dem Lande hatte, und daß mehr als einer der Bastarde im Dienstbotenquartier von ihm gezeugt worden waren.

Oft überlegte ich mir, was Tante Melanie wohl dazu sagte. Sie ließ niemals durchblicken, ob es ihr etwas ausmachte. Auch mit Bersaba hatte ich darüber gesprochen, und sie meinte, sie nähme es als etwas Unabwendbares im Leben. Solange es nicht ihren Haushalt und ihre Familie beeinflußte, würde sie eben ein Auge zudrücken.

»Ich würde schon den Mund aufmachen, wenn ich an ihrer Stelle wäre«, erklärte ich. »Du nicht?«

»Ich würde etwas dagegen unternehmen«, antwortete sie. Da erschien Bastian. Ich fand ihn genauso hübsch, wie Bersaba ihn gezeichnet hatte. Er war groß wie sein Vater, und die Tatsache, daß er das Aussehen seines Vaters und den Charakter seiner Mutter geerbt hatte, machte ihn irgendwie interessant.

Er blickte von Bersaba zu mir und wieder zurück.

Bersaba mußte lachen und sagte: »Ich bin Bersaba.« Da küßte er sie als erste und dann mich.

Onkel Connell bat zu Tisch, und wir setzten uns. Er nahm am Kopfende der langen Tafel Platz, und meine Mutter und Melder setzten sich ihm zur Seite. Bersaba und ich ließen uns rechts und links von Tante Melanie nieder und Bastian neben Bersaba.

Hauptsächlich wurde über Landwirtschaft und Geschäfte gesprochen und alles, was es auf einem Gut so zu tun gab. Meine Mutter erwähnte die wachsenden Schwierigkeiten, mit denen die East India Company konfrontiert wurde, und die, wie sie hoffte, gemeistert würden, sobald die Niederlassung in Indien errichtet sein würde.

Bastian sagte: »Überall gibt es Schwierigkeiten. Die Leute scheinen sie bloß nicht zu bemerken. Sie schließen einfach die Augen. Aber eines Tages werden uns die Probleme über den Kopf wachsen.«

»Bastian ist ein richtiger Jeremias«, sagte Rozen.

»Es gibt nichts Dümmeres, als seine Augen vor Tatsachen zu verschließen, nur weil sie unangenehm sind«, gab ihm Bersaba recht und stellte sich damit auf Bastians Seite. Er lächelte sie vielsagend an, und sie errötete vor Freude.

»Der König und seine Minister liegen sich in den Haaren«, fing Bastian an.

»Mein lieber Sohn«, fiel sein Vater ihm ins Wort, »solange es Könige und Minister gibt, liegen sie sich in den Haaren.«

»Welcher andere König noch hat sein Parlament verabschiedet und regiert ohne einen einzigen Minister? Und das schon seit zehn Jahren!«

»Wir haben den Unterschied gar nicht bemerkt«, lachte Onkel Connell.

»Das wird schon noch kommen«, erwiderte Bastian. »Der König glaubt, er sei Regent von Gottes Gnaden. Es gibt Menschen, die da nicht mit ihm übereinstimmen.«

»Könige... Parlamente«, sagte Onkel Connell, »sie haben alle nur ein Interesse, nämlich Steuern und nochmals Steuern zu kassieren, um ihre Tollheiten bezahlen zu können.«

»Als Buckingham ermordet wurde, habe ich gedacht, das würde die Lage ändern«, sagte meine Mutter.

»Nein«, antwortete Bastian, »der König muß sich ändern.«

»Und wird er das?« fragte Bersaba.

»Er muß... oder er wird gestürzt«, antwortete Bastian. »Kein König kann lange ohne das Wohlwollen seiner Untertanen regieren.«

»Armer Mann«, meinte meine Mutter, »wie traurig sein Leben sein muß.«

Onkel Connell lachte. »Meine liebe Tamsyn, der König schert sich wenig um den Beifall seines Volkes. Er schert sich nicht einmal um die Meinungen seiner Minister. Er ist vollkommen davon überzeugt, im Recht und von Gott gelenkt zu sein. Wer weiß, vielleicht ist er es auch.«

»Wenigstens scheint sein Familienleben jetzt glücklicher zu sein«, sagte Tante Melanie. »Ich glaube, am Anfang war er alles andere als glücklich. Er ist ein guter Mensch und ein guter Vater, was immer er als König sein mag.«

»Es sollte ihm wichtiger sein, ein guter König zu sein«, murmelte Bastian.

»Man sagt, die Königin sei vergnügungssüchtig. Sie liebt Tanz und elegante Kleider«, bemerkte Rozen.

»Und sich in fremde Dinge zu mischen«, fügte Bastian hinzu.

»Immerhin ist sie die Königin«, sagte ich.

»Armes Kind«, sagte meine Mutter, »es muß schlimm sein, mit sechzehn aus dem Haus geschickt zu werden. Jünger als ihr Zwillinge seid.« Sie lächelte uns an. »Stellt euch das nur einmal vor: In ein fremdes Land, zu einem fremden Ehemann ... Und sie ist Katholikin, während der König aus einem protestantischen Land stammt. Kein Wunder, daß es Zwietracht und Mißverständnisse zwischen ihnen gegeben hat. Wenn sie sich jetzt endlich verstehen, sollten wir Gott für ihr Glück danken.«

»Das tue ich von ganzem Herzen«, wurde sie von Melanie unterstützt.

»Sie werden nie ihr Glück finden, solange der König nicht auf seine Minister hört und wir wieder ein Parlament haben, das unsere Gesetze macht«, sagte Bastian.

»Wir sind so weit vom Hof entfernt«, sagte Melanie, »was immer dort geschieht, uns berührt es kaum. Wir erfahren es doch erst Monate später.«

»Es ist wie das Kräuseln der Wellen«, erinnerte uns Bastian. »Irgendwann erreichen sie das Ufer doch.«

»Wie geht es Großvater Casvellyn?« wechselte meine Mutter das Thema.

»Wie gewöhnlich«, sagte Melanie. »Er weiß, daß ihr da seid. Ich schlage vor, wenn ihr fertiggegessen habt, geht ihr zu ihm. Sonst beschwert er sich wieder, daß ihr euch nicht um ihn kümmert.«

Meine Mutter nickte und lächelte.

»Melder wird mit euch hinaufgehen und darauf achten, daß ihr nicht zu lange bleibt.«

»Er hat heute seinen zänkischen Tag«, sagte Melder.

»Hat er den nicht immer?« fragte Connell.

»Heute ist er besonders schlimm«, antwortete Melder. »Aber er wird sich freuen, euch zu sehen.«

Ich lächelte vor mich hin, Bersaba auch. Keine von uns konnte sich erinnern, daß Großvater jemals Freude über unsere Anwesenheit gezeigt hätte.

Bersaba, Mutter und ich gingen mit Melder hinaus. Als wir durch den engen Gang zu Nonnas Turm am Meer schritten, fühlte ich, daß jemand meine Hand nahm. Bastian ging neben mir. Der Druck seiner Finger schien etwas zu bedeuten.

Großvater Casvellyn blickte uns finster entgegen. Obwohl ich auf ihn vorbereitet war und wußte, wie er aussah, verspürte ich immer einen kleinen Schock, wenn ich ihm gegenübertrat. Seine Beine waren unter einer Decke versteckt. Verkrüppelt, wie sie waren, wären sie sicherlich kein schöner Anblick gewesen. Seine Schultern waren breit; von der Taille aufwärts sah er stark und kräftig aus. Oft habe ich mir gedacht, wenn er klein wäre, wäre das alles gar nicht so schlimm. Er hatte einen durchdringenden Blick, und seine Augen schienen aus seinem Kopf zu treten, als ob er uns verschlingen wollte. Nie werde ich die Nacht vergessen, als er in einem Boot hinausgerudert war – einem starken und schönen Boot – und sich in den Teufelszähnen verfing, die aus ihm den Mann machten, der er heute war.

Er vollführte mit seinem Rollstuhl eine Kehrtwendung und fuhr auf uns zu.

»Da seid ihr ja«, sagte er und sah meine Mutter an.

»Ja, Vater.« Sie schien sich nicht ein bißchen vor ihm zu fürchten, was mich bei der sanftmütigen und friedliebenden Frau immer wieder verblüffte. Mir schoß ein Gedanke durch den Kopf: Vielleicht weiß sie etwas... etwas, wovon ihm lieber wäre, daß sie es nicht wüßte, und das ihr Macht über ihn gab. Wie ich unsere Mutter kannte, würde sie diese Macht nur soweit ausnützen, daß sie keine Angst vor ihm hatte.

»Und das sind deine Mädels. Wo ist dein Sohn?«

»Er hat zu Hause zu tun. Sein Vater kann jeden Tag zurückkehren. Jemand muß da sein, um ihn zu begrüßen.«

Ein höhnisches Lächeln erschien auf seinen Lippen: »Wieder nach Ostindien unterwegs, was?«

»Aber natürlich«, sagte meine Mutter gelassen.

»Und das sind die beiden Mädchen... gleich zwei auf einmal... wie ein paar Stiefel unter dem Bett. Das sieht dir ähnlich, zwei Mädchen in die Welt zu setzen. Wir brauchen Söhne! Und dein Bruder hier hat auch nur Mädchen und einen einzigen Sohn. Nach so vielen Ehejahren!«

»Es scheint in der Familie zu liegen. Auch du hattest nur einen Sohn, Vater, du kannst dich also nicht über Connell beschweren.«

»Weil unsere Frauen uns im Stich lassen.«

»Du hast keinen Grund, unzufrieden zu sein: Melanie ist dir eine gute Tochter, und Melder versorgt dich ausgezeichnet.«

»Ja, natürlich, ich muß mich in meinem eigenen Haus für eure Gnade bedanken. Ich muß dankbar sein, daß ich unter meinem eigenen Dach leben darf. Warum stehen diese Mädchen wie Strohpuppen herum? Kommt her und laßt euch anschauen!«

Mutter zog uns vorwärts.

»Müssen sie deine Hand halten, wenn sie sich in die Höhle des Löwen wagen?« brüllte Großvater. »Kommt mir nicht zu nahe, Kinder, ich könnte euch fressen!«

Dabei waren wir ihm schon erschreckend nahe. Seine Augenbrauen waren dicht und buschig und die Augen darunter stechend. Er streckte eine Hand aus und erwischte mich am Arm.

»Welche bist du?«

»Angelet«, antwortete ich schüchtern.

»Und die da?«

»Bersaba.«

»Ausländische Namen!«

»Schöne alte Namen aus Cornwall«, sagte meine Mutter. »Eine ist nach den Engeln benannt und die andere nach einer Weibsperson, die kein Engel war. Bathseba heißt das Original.« Er war sehr interessiert an alten Namen und ihrem Ursprung und alten Bräuchen. Linnet, seine Frau, stammte aus Devon, und er war stolz auf sein Cornwall-Blut. Er starrte Bersaba von oben bis unten an, als würde er ihre Qualitäten abschätzen. Furchtlos erwiderte diese seinen Blick. Dann versetzte er ihr einen kleinen Schubs und sagte: »Schon bald erwachsen, was? Heirate gut und krieg Söhne!«

»Ich werde mein Bestes tun«, antwortete Bersaba.

Er mochte sie, das konnte man sehen. Sie interessierte ihn mehr als ich. Was mich verwunderte – er bemerkte einen Unterschied zwischen uns, den andere nicht sahen.

»Und laß dir nicht zu viel Zeit. Ich möchte meine Urenkel noch sehen, bevor ich sterbe.«

»Die Zwillinge sind erst siebzehn, Vater«, wendete meine Mutter ein.

Er fing vergnügt an zu lachen und gab Bersaba noch einen Schubs. »Die sind reif genug.«

Bersaba wurde über und über rot.

»Wir bleiben ein paar Tage hier, Vater. Wir kommen dich noch einmal besuchen.«

»Das ist eine der Strafen, wenn man hierherkommt«, sagte mein Großvater. »Man erwartet von euch nicht nur, daß ihr euch mit der Familie amüsiert, nein, ihr müßt euch auch um den alten Menschenfresser kümmern.«

»Einer der Gründe, warum wir überhaupt kommen, ist, um dich zu sehen«, protestierte meine Mutter.

»Eure Mutter hat immer die Konventionen eingehalten«, sagte mein Großvater, »aber ich glaube nicht, daß ihr in ihre Fußstapfen steigt.« Dabei sah er Bersaba an.

Melder sagte: »Also gut, dann gehen wir jetzt hinunter.«

»Ja, natürlich«, schrie mein Großvater, »der Wachhund findet es an der Zeit, daß ihr geht, bevor ich meine Zähne blecke. Eure Kusine Melder ist das schrecklichste Frauenzimmer, das ich kenne. Und widerspenstig! Dieses Weib lehnt sich gegen jeden Mann auf! Sie hat etwas gegen uns, weil sie kein Mann zur Frau begehrt.«

»Also bitte, Vater!« protestierte meine Mutter. »Ich bin überzeugt...«

»Du bist überzeugt? Was dich anbelangt, bin ich nur von einem überzeugt: Du sagst, was du für richtig hältst, ganz egal, ob das der Wahrheit entspricht oder nicht. Diese Kreatur ist ein Witz! Frauen sind auf der Welt, um Männern zu gefallen und fruchtbar zu sein!«

Kein Anzeichen verriet, daß Melder von dieser Tirade verletzt gewesen wäre, er sah sie auch gar nicht an. Sein Blick ruhte auf uns, hauptsächlich auf Bersaba.

Plötzlich fing er an, lauthals zu lachen. Sein Lachen war so furchterregend wie sein Ärger.

Melder hielt die Türe auf.

»Morgen besuchen wir dich wieder«, sagte Mutter, als wäre dies ein durchaus angenehmes Wiedersehen gewesen.

Die Tür schloß sich hinter uns, und Großvater lachte noch immer. »Mal wieder schlechte Laune«, war der Kommentar meiner Mutter.

»Die hat er jeden Tag«, bemerkte Melder sachlich. »Der Anblick von jungen Mädchen veranlaßt ihn immer zu derartigen Ausbrüchen. Es scheint ein Ausgleich dafür zu sein, daß er sie nicht beschimpfen kann. Es bedeutet nichts ... es erleichtert ihn nur.«

»Du mußt morgen nicht mitkommen«, sagte meine Mutter. Innerlich mußte ich lachen. Ich wußte, sein Gerede vor uns über die weiblichen Körperfunktionen störte meine Mutter.

Sie wollte uns, solange sie konnte, vor der Welt beschützen, aber wir waren, wie die meisten Kinder, viel aufgeklärter, als unsere Mutter ahnte. Wie wäre dies auch zu vermeiden gewesen! Wir hörten die Dienstboten darüber reden, wir haben sie zusammen in den Wald gehen sehen, wir wußten, daß Bessie Camus schwanger geworden war und daß Mutter sie mit einem Stallburschen verheiratet hatte. Wir wußten, daß Babys nicht unter dem Wacholderbusch wuchsen und auch nicht vom Klapperstorch gebracht wurden.

Unser eigenes Zuhause, in dem das Leben ruhig verlief und vollkommene Harmonie zwischen unseren Eltern herrschte, war ganz anders als Schloß Paling. Unsere Kusinen wußten noch viel mehr über die Beziehungen zwischen den Geschlechtern als wir. Rozen hat einmal gesagt: »Vater ist seine ganze Ehe hindurch unserer Mutter untreu gewesen. Wenn ein neues Dienstmädchen ins Haus kommt, nimmt er sie sofort unter die Lupe. Er glaubt, als Schloßherr hat er ein Recht auf sie. Wenn er der erste war, sucht er dem Mädchen einen Mann und gibt ihnen eine Hütte; sozusagen als Aussteuer. Darum sind auch so viele Kinder hier unsere Halbbrüder beziehungsweise Halbschwestern.«

Es war schwer für uns, uns mit dieser Lebensart anzufreunden, aber wir wußten, daß diese Dinge eben passierten.

Als wir abends im Bett lagen, versuchte ich mit Bersaba über all dies zu sprechen.

»›Die sind reif genug‹«, äffte ich den Großvater nach.

»Großvater sieht in jeder Frau nur eine mögliche Bettgespielin für den Mann.«

»Glaubst du, er ist bereits jenseits von Gut und Böse?«

»Menschen wie er sind das wahrscheinlich nie.«

»Er hat dich die ganze Zeit angestarrt«, erinnerte ich sie.

»Unsinn!«

»Doch, das hat er. Als wäre ich überhaupt nicht vorhanden.«

»Ich will jetzt schlafen«, sagte Bersaba.

»Ich möchte nur wissen, warum er dich so angesehen hat.«

»Hat er gar nicht. Gute Nacht!«

Obwohl ich mich gerne weiter mit ihr unterhalten hätte, gab sie vor zu schlafen.

Zwei Tage gingen ins Land. Wir ritten mit unseren Kusinen aus, manchmal machten wir auch Streifzüge durch das Schloß. Ich ging hinunter ans Meer und suchte am Strand nach Muscheln und Halbedelsteinen. Wir hatten eine beachtliche Kollektion an Rohamethysten, Topasen und interessanten Quarzsteinen, die wir im Laufe der Zeit gefunden hatten.

Ich liebte es, am Strand zu stehen, wenn sich die Wellen tosend brachen und ihre Gischt über mich sprühten. Und ich schrie vor Vergnügen, wenn es mir gerade noch gelang, zurückzuspringen, bevor ich vollkommen durchnäßt wurde. Ich liebte es auch, mich an die Schloßmauern zu lehnen und ihre Stärke zu bewundern. Die Mauern und das Meer waren für mich wie zwei Gegner: das Werk der Natur und das Werk von Menschenhand. Natürlich war das Meer gewaltiger; es wäre ihm ein leichtes, dieses mächtige Gebäude wegzuschwemmen; aber selbst dann könnte es das Schloß nicht vollkommen zerstören. Großvater Casvellyn hatte das Meer herausgefordert, und das Meer hatte den Kampf gewonnen – aber nicht vollständig; denn er lebte immer noch in dem dem Meer zugewandten Turm und drohte mit den Fäusten.

Auch Bersaba hatte früher Steine am Strand gesammelt, aber jetzt hatte sie das Interesse daran verloren und fand es nur noch kindisch. Pferde waren ihr lieber – mir auch. Am ersten Tag ritten wir mit unseren Kusinen aus, und es dauerte nicht lange, da bemerkten wir, daß Bersaba nicht mehr bei uns war. Sie liebte es, zu verschwinden. Rozen, Gwenifer sowie zwei Reitknechte waren mit uns gekommen.

Ich sagte: »Entweder sie findet uns wieder, oder sie reitet zurück zum Schloß. Manchmal ist sie lieber alleine.«

Wir machten uns nicht viel Sorgen um sie.

Natürlich hatte ich recht: Sie kam zurück zum Schloß und sagte, sie hätte uns verloren, aber keine Lust gehabt, ihren Ausritt abzubrechen. Sie kannte die Gegend sehr gut und hatte keine Angst vor Räubern, weil sie davon überzeugt war, schneller zu reiten als sie.

»Du weißt, Mutter mag es nicht, wenn wir alleine reiten.«

»Meine liebe Angel, wir werden langsam erwachsen. Vielleicht werden wir bald noch mehr Dinge tun, die Mutter nicht gefallen.«

Sie entglitt mir. Das unsichtbare Band, das uns zusammenhielt, war dem Zerreißen nah. Sie war mir eine Fremde, ein Geheimnis geworden. Eines Tages, dachte ich, werden wir nur noch ganz gewöhnliche Geschwister sein.

Am nächsten Tag, als wir wieder ausreiten wollten, erwischte ich irrtümlich ihr Reitkleid und entdeckte Farnkraut und Schlammspuren daran.

»Wahrscheinlich ist sie gestürzt«, dachte ich.

Als sie mich sah, starrte sie ihren Rock an.

»Schau her!« rief ich. »Was ist passiert? Bist du gestürzt?«

»Unsinn!« sagte sie und riß mir den Rock aus der Hand. »Natürlich bin ich nicht gestürzt.«

»Schwester, dieser Rock hatte Bodenkontakt. Das ist so klar wie Wasser.«

Für den Bruchteil einer Sekunde schien sie nachzudenken. »O ja, ich weiß. Das stammt von meinem Ausritt gestern. Da war ein wunderschöner Teich, und es war still und friedlich, so daß ich Lust hatte abzusteigen und mich eine Weile hinzusetzen.«

»Das hättest du nicht tun sollen... schon gar nicht allein. Stell dir vor, jemand wäre gekommen... ein Mann...«

Sie lachte mich aus und drehte sich um.

»Eines Tages müssen wir erwachsen werden, Angelet«, sagte sie und bürstete ihren Rock aus. »Das war's«, meinte sie und hängte den Rock in den Schrank. »Und warum schnüffelst du in meinen Sachen herum?«

»Ich habe nicht herumgeschnüffelt. Ich habe gedacht, es ist mein Rock.« Verwirrt ließ sie mich zurück.

Am nächsten Tag geschah etwas Seltsames. Es war Mittag, und wir saßen in der großen Halle bei Tisch. Tante Melanie meinte, da wir so viele seien, wäre es besser, in der Halle als im Eßzimmer zu essen, das nur für kleinere Gesellschaften geeignet war.

Auf Schloß Paling hatte es immer eine große Tafel gegeben. Großvater Casvellyn liebte es, herzhaft zu essen, ebenso Connell. In der Familie meines Vaters dagegen gab es nur mäßige Esser, obwohl unsere Speisekammern wohlgefüllt waren. Auch wenn unerwarteter Besuch kam, haben wir nie so riesige Mahlzeiten verschlungen, wie es auf Schloß Paling der Brauch war. Tante Melanie war sehr stolz auf ihre Speisekammern, und Melder half ihr beim Kochen. Unentwegt zwang sie uns, irgendwelche Delikatessen zu versuchen, die sie und Melder sich ausgedacht hatten.

Meine Mutter und Tante Melanie sprachen über ihre Gewürz-beete, die sie mit so viel Sorgfalt bepflanzt hatten, und Tante Melanie erzählte, daß der Saft der Butterblumen Rozen so zum Niesen gebracht hätte, daß ihr Stirnhöhlenkatarrh dadurch geheilt worden sei.

Da plötzlich klopfte es draußen.

»Besuch«, sagte Onkel Connell und sah zu Tante Melanie.

»Ich möchte nur wissen, wer«, antwortete sie.

Tante Melanie stand auf und eilte aus der Halle; Onkel Connell hinter ihr her.

Bei Tisch hörten wir erstaunte Ausrufe von draußen, und gleich darauf kamen die beiden mit zwei Damen zurück – zwei sehr ungewöhnlichen Erscheinungen. Oft, wenn ich daran zurückdenke, glaube ich, das Leben wollte uns auf das Kommende vorbereiten, uns warnen.

Als ich damals bei Tisch saß und die beiden Neuankömmlinge musterte – eine der Damen war im Alter meiner Mutter, die andere etwa so alt wie ich –, hatte ich keine Ahnung, daß ihre Ankunft eines der wichtigsten Ereignisse in unserem Leben sein sollte.

Tante Melanie rief: »Tamsyn! Weißt du, wer das ist? Senara!«

Meine Mutter erhob sich, wurde erst weiß, dann rot. Die beiden älteren Damen starrten sich ein paar Minuten an und stürzten sich gegenseitig in die Arme.

Sie lachten, und meine Mutter war den Tränen nahe. Sie umklammerte die Schultern der Fremden und sah ihr forschend in die Augen.

»Senara!« rief meine Mutter. »Was ist geschehen?«

»Zu viel, um dir jetzt alles zu erzählen«, antwortete die fremde Dame. »Schön, dich wiederzusehen...« Sie zog ihre Kapuze zurück und schüttelte ihr prächtiges schwarzes Haar. »Nichts hat sich verändert... nicht ein bißchen. Und du, du bist immer noch die alte Tamsyn.«

»Und das...?«

»Das ist meine Tochter. Carlotta, komm und begrüß Tamsyn.« Das Mädchen mit dem Namen Carlotta trat zu meiner Mutter, aber als diese sie umarmen wollte, wich das Mädchen zurück und machte einen tiefen Knicks. Schon damals bemerkte ich ihre unendliche Anmut! Sie sah sehr fremdländisch aus, hatte dunkles Haar wie ihre Mutter, große mandelförmige Augen und so dichte Wimpern, daß sie mir im ersten Augenblick aufgefallen waren.

Ihr Gesicht war sehr weiß, bis auf die leuchtendroten Lippen und die kohlschwarzen Augen.

»Das also ist deine Tochter... liebe Senara, das ist wundervoll! Du mußt uns so viel erzählen!« Sie blickte sich nach uns um. »Meine Töchter sind auch hier.«

»Du hast Fennimore also doch geheiratet?«

»Ja, ich habe Fennimore geheiratet.«

»Und sie lebten glücklich bis an ihr Lebensende?«

»Ja, ich bin sehr glücklich. Angelet, Bersaba...«

Wir erhoben uns und traten zu unserer Mutter.

»Zwillinge!« staunte Senara. Ein fröhliches Lachen schien in ihrer Stimme mitzuschwingen, auch das hatte ich von Anfang an bemerkt. »Oh, Tamsyn, du und Zwillinge!«

»Ich habe auch einen Sohn. Er ist sieben Jahre älter als die Zwillinge.«

Senara ergriff meine rechte Hand und Bersabas linke und musterte uns aufmerksam.

»Eure Mutter und ich waren wie Schwestern... während unserer ganzen Kindheit, bis wir getrennt wurden. Carlotta, komm und begrüße diese beiden Mädchen, die ich ihrer Mutter wegen bereits ins Herz geschlossen habe.«

Carlotta sah uns abschätzend an und nickte uns anmutig zu.

»Bist du weit geritten?« fragte Melanie.

»Ja, wir kommen aus Plymouth. Gestern nacht haben wir in einem sehr mittelmäßigen Gasthaus übernachtet. Die Betten waren hart, das Schweinefleisch versalzen, aber ich habe es kaum bemerkt, so ungeduldig war ich, nach Schloß Paling zu kommen.«

»Was für ein Glück, daß du uns hier angetroffen hast. Wir sind nur zu Besuch hier.«

»Natürlich, du bist ja in Trystan Priory zu Hause, wie geht es dem guten Fennimore?«

»Zur Zeit ist er auf See. Wir erwarten ihn aber bald zurück.«

»Wie ich mich freue, euch alle wiederzusehen!«

»Erzähl uns alles, was geschehen ist!«

Melanie lächelte. »Ich weiß, was du empfindest, uns nach all den Jahren wiederzusehen, aber du mußt müde sein. Ich werde dir und deiner Tochter ein Zimmer herrichten lassen. Du bist doch sicherlich hungrig.«

»Ach, Melanie, du bist immer so lieb gewesen, so praktisch... Und Connell, ich hätte dich und die lieben Kinder fast vergessen... Ja, ich bin hungrig und meine Tochter auch. Wenn wir uns die Spuren der Reise von Gesicht und Händen waschen und etwas von diesen köstlichen Speisen versuchen dürfen... hinterher dann sprechen wir von alten Zeiten und der Vergangenheit.«

Connell stellte sich neben seine Frau und sagte: »Ruf die Dienstboten, sie sollen alles für unsere Gäste herrichten.«

Melder, als gute Hausfrau, die sie war, war bereits unterwegs, um die entsprechenden Anweisungen zu erteilen.

»Wir werden das Essen warm stellen«, sagte Melanie. »In der Zwischenzeit könnt ihr in mein Zimmer kommen und euch etwas erfrischen. Eure Zimmer sind noch nicht fertig.«

Sie und meine Mutter gingen mit den Neuankömmlingen hinaus, und Stille breitete sich an der Tafel aus.

»Wer sind diese Leute?« fragte Rozen. »Mutter und Tante Tamsyn scheinen sie ja gut zu kennen.«

»Die ältere ist hier auf Schloß Paling geboren«, erwiderte Onkel Connell. »Ihre Mutter ist das Opfer eines Schiffsunglücks gewesen und ist hier an der Küste an Land gespült worden. Senara kam ungefähr drei Monate später zur Welt. Sie hat ihre ganze Kindheit hier verlebt, und als unsere Mutter gestorben ist, hat unser Vater Senaras Mutter geheiratet.«

»Dann war sie also hier zu Hause?«

»Ja, sie war hier zu Hause.«

»Und sie ist weggegangen und hat nie mehr etwas von sich hören lassen?«

»Das ist eine lange Geschichte«, sagte Connell. »Sie ging fort, weil sie einen Puritaner heiraten wollte. Hinterher ist sie nach Holland gegangen. Wir werden es schon noch erfahren.«

»Und nach all den Jahren kommt sie jetzt erst zurück? Wie lange ist es her, daß sie weggegangen ist?«

Connell dachte nach. »Es muß an die dreißig Jahre her sein.«

»Sie muß sehr alt sein... diese Senara.«

»Sie war höchstens siebzehn, als sie ging.«

»Dann ist sie ja siebenundvierzig. Das ist doch nicht möglich.«

»Wahrscheinlich kennt sie Mittel und Wege, sich jung zu halten.«

»Wie denn, Vater?« fragte Rozen.

»Senara war schon immer schlau. Die Dienstboten dachten damals, sie sei eine Hexe.«

»Wie aufregend!« rief Gwenifer aus.

»Damals wurde eine Menge über Hexen geredet«, sagte Connell. »Manchmal kommen sie in Mode. Der letzte König war ein Fanatiker, was Hexen betraf. Die Leute hier dachten alle, Senaras Mutter sei eine Hexe, und das kann gefährlich sein. Also ist sie fortgegangen.«

»Was ist aus ihr geworden?«

»Das haben wir nie erfahren. Aber nachdem sie weg war, kamen die Leute ins Schloß und wollten Senara holen. Ihre Mutter ist an Allerheiligen an den Strand gespült worden, und an Allerheiligen ist sie auch verschwunden. Alles schien darauf hinzudeuten, daß sie eine Hexe war, und die Leute kamen und suchten sie. Als sie herausfanden, daß sie nicht mehr da war, wollten sie Senara an ihrer Stelle mitnehmen, und da ist sie geflohen. Seitdem haben wir nichts mehr von ihr gehört – bis jetzt.«

»Und du und Mutter habt ihr geholfen?«

»Natürlich, wir haben ihr alle geholfen. Sie war uns wie eine Schwester.«

»Und jetzt ist sie zurückgekommen«, flüsterte Bersaba.

Wir schwiegen eine Weile. Ich sah alles deutlich vor mir. Wie Senaras Mutter an Land gespült und als Hexe gebrandmarkt wurde, wie dieser furchterregende Mann da oben im Turm sie geheiratet hatte, nachdem Linnet gestorben war, und wie sie ihm dann davonlief, was mich überhaupt nicht erstaunte. Und der Mob, der Senara holen wollte ... die damals noch ganz jung war und Augen hatte wie ihre Tochter Carlotta. Und wer war Carlottas Vater? Wir würden es schon noch erfahren, davon war ich überzeugt.

Begleitet von meiner Mutter und Tante Melanie, kamen Senara und Carlotta zurück in die Halle. Die Wangen meiner Mutter waren gerötet, sie schien der neuen Gäste wegen glücklich und aufgeregt zu sein.

Ich konnte meinen Blick nicht von Carlotta wenden. Sie war das interessanteste Geschöpf, das ich je gesehen hatte. Ihr Haar schimmerte bläulich im Schein der Kerze, und ihre großen mandelförmigen Augen blickten geheimnisvoll. Ihre Haut hatte einen zarten, seidigen Glanz, und ihre Nase war schmal und wunderschön geschnitten. Sie hatte etwas Feines, Zerbrechliches an sich, was sie besonders attraktiv machte. Meine Kusinen konnten ihren Blick genausowenig von ihr losreißen wie Bersaba und ich. Ihre Mutter war immer noch eine schöne Frau, aber auch wenn sie

338

den Jahren getrotzt hatte, war die Zeit nicht ohne Spuren an ihr vorbeigegangen. Als sie so jung war wie Carlotta, mußte sie ebenso schön gewesen sein.

»Senara, setz dich zu mir«, rief meine Mutter. »Wie schön, dich hier zu haben! Fast könnte ich glauben, wir wären wieder jung. Du mußt uns alles erzählen.«

»Aber laß sie erst einmal essen«, bat Melanie lächelnd.

Eine dampfende Suppenterrine wurde hereingebracht. Senara erklärte, die Suppe sei wunderbar und sie könnte sich noch daran erinnern, daß Melanie genauso eine gekocht hatte, bevor sie fliehen mußte.

»Von Zeit zu Zeit tue ich andere Kräuter hinein. Wir versuchen immer, sie zu verbessern.«

»Sie war schon immer so gut, sie braucht gar nicht verbessert zu werden«, erklärte Senara. »Schau doch, wie ungeduldig Tamsyn ist! Gleich wird sie uns auszanken, daß wir über Suppen sprechen, wenn es doch so viel zu erzählen gibt.«

Meine Muter sagte: »Iß, Senara, du mußt halb verhungert sein. Wir haben alle Zeit der Welt, hinterher zu erzählen.«

Sie aßen herzhaft von der Suppe, danach gab es Lammpastete und als Nachtisch Erdbeeren mit Schlagsahne.

»Ich habe tatsächlich das Gefühl, nach Hause gekommen zu sein«, strahlte Senara. »Ist es nicht genauso, wie ich es dir prophezeit habe, Carlotta?«

»Madre, du hast von nichts anderem gesprochen als von Schloß Paling und deiner Schwester Tamsyn, seitdem du dich entschlossen hattest herzukommen.«

Wir konnten es kaum abwarten, bis die letzte Erdbeere verspeist war, und als die Dienstboten die Teller abgeräumt hatten, sagte Senara: »Ihr seid ungeduldig, ihr wollt hören, was geschehen ist. Ich werde euch einen kurzen Überblick geben. Ich kann euch nicht auf einmal von allen kleinen Einzelheiten berichten, die ein Leben ausmachen. Aber nach und nach werdet ihr alles erfahren. Ihr jungen Leute habt vielleicht von mir gehört. Als ich noch hier war, ist eine Menge über uns geredet worden... aber aus den Augen, aus dem Sinn. Mit meiner Mutter war es etwas anders. Sie ist auf höchst mysteriöse Art und Weise hier aufgetaucht, sie ist an Land gespült worden. Sie war eine noble Dame, die Frau eines Grafen, und sie trug sein Kind im Leib... mich. Ich bin hier geboren im Roten Zimmer. Existiert das Rote Zimmer noch?«

»Das ist doch das Spukzimmer!« rief Rozen.

»Stimmt«, fuhr Senara fort, »das Spukzimmer. Aber darin spukte es bereits, bevor meine Mutter auftauchte. Colum Casvellyns Frau ist darin gestorben, nachdem sie ein totes Kind zur Welt gebracht hatte. Das war, bevor er Tamsyns Mutter heiratete. Ja, schon damals spukte es in dem Zimmer, meine Mutter hat lediglich einen weiteren Geist hinzugefügt.«

»Nach Einbruch der Dunkelheit sind die Dienstboten nicht mehr dazu zu bewegen, es zu betreten«, warf Gwenifer aufgeregt dazwischen.

»Alles Unsinn«, erwiderte Melanie. »In dem Zimmer spukt es gar nicht. Irgendwann werde ich alle alten Möbel rausschmeißen und neue hineinstellen.«

»Schon andere hatten diese Idee«, sagte Senara. »Ist es nicht seltsam, daß niemand es wirklich getan hat?«

»Bitte, erzähl weiter«, bat Bersaba.

»Meine Mutter brachte mich auf die Welt und ging fort. Und ich wuchs zusammen mit Tamsyn auf. Als ihre Mutter starb, kam meine Mutter zurück und heiratete Colum Casvellyn. Wir waren immer zusammen, nicht wahr, Tamsyn? Wie oft habe ich dich schockiert, aber du hast mich immer als deine Schwester betrachtet.«

»Ja, immer«, gab ihr meine Mutter recht.

»Dann kam der Tag, da meine Mutter wieder wegging und Colum Casvellyn seinen Unfall hatte, der ihn an den Rollstuhl fesselte. Die Hexenjäger kamen und wollten meine Mutter holen, und als sie sie nicht vorfanden, wollten sie mich an ihrer Stelle mitnehmen. Aber Tamsyn und Connell schafften mich aus dem Schloß. Ich ging zu meinem alten Musiklehrer, einem guten Freund, der Puritaner geworden war und in Leyden Hall lebte. Ihr kennt den Ort natürlich.«

»Jetzt leben die Lamptons dort«, antwortete Rozen. »Wir kennen sie sehr gut.«

»Sie haben Leyden Hall gekauft, nachdem die Deemsters weggezogen waren«, antwortete Melanie.

»Dorthin bin ich geflohen, und die Deemsters haben mich aufgenommen. Nach einfachem puritanischem Brauch wurde ich mit Richard Gravel getraut. Zusammen mit Dickon, meinem alten Musiklehrer, gingen wir anschließend nach Holland. Amsterdam war damals das Refugium für alle, die einen anderen Gott anbeteten, zumindest glaubten wir das damals. Aber bald mußten wir entdecken, daß man nur glauben durfte, was den Puritanern gefiel. Ich war nicht aus Überzeugung Puritanerin, ich hatte nur Dickon zuliebe meinen Glauben gewechselt. So, zum Beispiel, besaß ich ein paar Schmuckstücke, aber Schmuck zu tragen wurde in unserer Sekte als Sünde angesehen. Zuerst trug ich ihn heimlich, und Dickon war so verliebt in mich, daß er nicht wagte, es mir zu verbieten; er wollte mich nicht kränken.«

»Ich hätte nicht gedacht, daß du eine Puritanerin werden könntest«, sagte meine Mutter mit einem liebevollen Lächeln.

»Du hast mich richtig gekannt. Wir verließen Amsterdam und kamen nach Leyden, einer Stadt, nach der die Deemsters ihr Haus benannt hatten, und dort verbrachten wir elf Jahre und schmiedeten Pläne, nach Amerika zu gehen. Elf Jahre – wie habe ich das nur ausgehalten!«

»Du hast Dickon geliebt.«

Senara lachte. »Meine liebe Tamsyn, du glaubst, wir sind alle wie du... gute, treue und fügsame Ehefrauen. Weit davon entfernt! Es dauerte gar nicht lange, da habe ich Dickon nicht mehr geliebt, ebensowenig seine Religion. Ich hatte nie viel Heiliges an mir. Das einzige, an das ich in all diesen Jahren gedacht hatte, war, daß ich Sehnsucht nach Paling hatte. Ich wollte wieder jung sein. Ich hatte Dickon nur haben wollen, weil er mir verboten war. Aber ich wußte, daß es der größte Fehler meines Lebens war, einen Puritaner zu heiraten... Nicht, daß er ausschließlich Puritaner war, manchmal konnte er seine Religion auch vergessen.«

»Sie haben dir zur Flucht verholfen, als du in Gefahr warst«, erinnerte sie meine Mutter.

»Das stimmt«, gab Senara ihr recht. »Ich wußte nicht, wohin ich gehen sollte, als ich in Gefahr war; es wäre mein Ende gewesen.« Sie machte eine Grimasse. »Wenn ich bedenke, damals hätte ich beinahe als Leiche am Baum in der Henkergasse gebaumelt. Erinnerst du dich, Tamsyn?«

Meine Mutter fühlte sich unbehaglich.

»Da werden immer noch Hexen aufgehängt«, sagte Rozen.

»Sind sie immer noch so verrückt hinter Hexen her wie früher, als ich fliehen mußte?«

»Hin und wieder blüht der Hexenfanatismus wieder auf«, sagte meine Mutter. »Dem Himmel sei Dank, daß wir in den letzten Jahren nichts mehr davon gehört haben. Ich dulde es nicht, daß die Dienstboten über Hexen reden. Das belebt nur das Interesse und ist schlecht. Ein armes altes Weib muß nur plötzlich

gebückt gehen, eine Warze auf der Backe bekommen oder irgendeinen Leberfleck haben, von dem man sagen könnte, er wäre ein
Zeichen des Teufels, und schon schleifen sie sie in die Henkergasse und knüpfen sie auf. Vielen unschuldigen Frauen ist das schon
passiert, und ich möchte, daß das aufhört.«

»Es wird immer Hexen geben«, sagte Onkel Connell. »Und ich
finde es ganz in Ordnung, daß sie zu ihrem Meister befördert
werden.«

»Ich werde alles tun, was ich kann, um Unschuldige zu retten«,
sagte meine Mutter grimmig. Sie reagierte immer ungestüm,
wenn es darum ging, jemanden zu beschützen, der es brauchte.
»Und«, fügte sie hinzu, »ich möchte gerne mehr über Hexen
wissen und warum sie ihre Seele dem Teufel verschreiben.«

»Beschmutz dir deine Hände nicht mit Hexerei«, warnte Onkel
Connell.

»Meine Hände beschmutzen?« rief Mutter. »Ich möchte nur
gerne mehr darüber wissen!«

»Das sagen viele: Sie wollen es nur wissen!«

»Tamsyn, du bist immer noch die alte«, rief Senara. »Immer
mußtest du dich um jemanden kümmern, wenn du dachtest, er
braucht deine Hilfe.«

»Bitte erzähl, was geschah, nachdem du nach Holland gekommen warst«, bettelte Bersaba.

»Also elf Jahre habe ich als Puritanerin gelebt. Ich wohnte ihren
Zusammenkünften bei und hörte mir ihre Pläne an. Sie wollten
zurück nach England und von dort aus nach Amerika segeln. Sie
haben ein Schiff gekauft, die ›Speedwell‹, das in Delfshaven lag. Es
sollte über Southampton nach Amerika segeln. Aber ich konnte
keinen Gefallen an der langen Seereise finden. Monatelang auf
hoher See... nichts als Gebete... endlose Gebete. Meine Knie
sind ohnehin schon rauh gewesen. Auch haßte ich die schmuck-
losen grauen Gewänder, die ich tragen mußte, und erkannte sehr
schnell, daß ich nicht zur Puritanerin bestimmt war.«

»Hattest du keine Kinder mit Dickon?«

»Doch, ich hatte einen Sohn, und ich nannte ihn Richard, nach
seinem Vater. Er war ein richtiger kleiner Puritaner. Schon mit
fünf Jahren hielt er mich dazu an, meine Eitelkeit abzulegen. Ich
bin an seiner Tugendhaftigkeit fast erstickt – ich konnte es nicht
mehr ertragen. Manchmal dachte ich, auch Dickon könnte es
nicht. Ich hielt alles für Schwindel, aber er war tiefer in seinem
Glauben verstrickt, als ich ahnte. Vielleicht hätte der Junge früher

alldem noch entkommen können... aber es war zu spät. Als sie dann nach England aufbrachen, bin ich nicht mitgegangen.«

»Du hast deinen Sohn ziehen lassen?« Meine Mutter war außer sich.

»Er war in erster Linie Dickons Sohn. Puritanisch erzogen, brannte er vor Begeisterung für das neue Leben in Amerika.«

»Dann bist du allein gewesen?«

»Später habe ich erfahren, daß Dickon gestorben ist, noch bevor sie Segel gesetzt hatten. Er ist in einer Taverne mit Matrosen in ein Streitgespräch über Religion geraten. Dabei hat er die Puritaner in Schutz genommen und ist erstochen worden.«

»Was für eine entsetzliche Geschichte«, rief Melanie.

»Ja, ich wünschte, ich wäre bei ihm geblieben. Wenn ich gewußt hätte, es würde nur noch wenige Wochen dauern... Ich mochte Dickon. Nur sein fanatischer Glaube hat zwischen uns gestanden. Den Jungen hatten sie mir entfremdet, nachdem sein Vater gestorben war, und ich war allein.«

»Allein in Holland!« rief meine Mutter aus. »Du hättest heimkommen sollen.«

»Ich hatte Freunde. Einer davon war ein Spanier. Er nahm mich mit nach Madrid, und dort habe ich ein paar Jahre in großem Stil gelebt. Als ich ihn verlor, machte ich mich auf, meine Mutter zu suchen. Ich wußte, sie war in Madrid. Und ich habe sie gefunden. Sie war mit einem Mann aus dem Hochadel verheiratet, einem Freund von König Philipp... Du wirst dich an ihn erinnern, er wurde dir als Lord Cartonel vorgestellt, und du dachtest, er mache mir den Hof.«

»Ich erinnere mich sehr wohl an ihn«, sagte meine Mutter ernüchtert.

»Meine Mutter ist nie sehr mütterlich gewesen. Sie hat mich nie gewollt. Ich war nur ein Hindernis oder besser, ich war von Anfang an eine Belastung für sie. Ich hätte nie auf die Welt kommen dürfen. Es war ein Wunder, daß es trotzdem geglückt ist, und daran ist deine Mutter schuld, Tamsyn. Sie hat sie halbtot am Strand gefunden und uns beide, zu ihrem eigenen Nachteil, ins Schloß gebracht.«

»Das ist schon so lange her«, sagte meine Mutter, »und du bist als meine Schwester hier aufgewachsen, Senara. Zwischen uns gibt es unzerreißbare Bande, und ich bin froh, daß du zu uns zurückgekommen bist.«

»Erzähl uns, was weiter geschah«, bat Rozen.

»Ich ging an den Hof und heiratete einen Edelmann von Rang und Namen. Wir bekamen ein Kind, Carlotta. Ich habe euch immer wiedersehen wollen, aber in letzter Zeit ist die Sehnsucht unerträglich geworden. Ich mußte zu euch und nach Schloß Paling, bevor ich zu alt werde, um zu reisen. Mein Mann stimmte mit mir überein, daß ich einen Besuch machen sollte, aber er konnte uns nicht begleiten. Er hat eine Stellung bei Hof. Wir sind in London angekommen... und mit der Postkutsche weitergereist. Das ist alles. Und jetzt sind wir hier und freuen uns schrecklich, euch zu sehen.«

»Du wirst lange bei uns bleiben, hoffe ich«, sagte meine Mutter.

»Ich habe keine Eile, hier wegzugehen. Irgendwann muß ich natürlich wieder zurück nach Spanien, aber für mich ist Schloß Paling mein Zuhause.«

Meine Mutter war tief gerührt und Tante Melanie auch. Onkel Connell schlug vor, auf die Wiederkehr von Senara und ihrer Tochter anzustoßen und darauf, daß sie Schloß Paling als ihr Zuhause betrachten sollten, solange sie wollten, worauf meine Mutter mit einiger Heftigkeit erwiderte: »Senara ist meine Schwester. Sie ist auch in Trystan Priory zu Hause, wann immer sie es möchte.«

Senara streckte meiner Mutter und Tante Melanie beide Hände entgegen.

»Gott soll euch beide segnen!« rief sie aus. »Ich bin so glücklich, bei euch zu sein. Ich habe mich so nach dem Schloß gesehnt. Solange ich hier gelebt habe, war Tamsyn meine Schwester. Wir haben sogar eine Zeitlang ein und dasselbe Zimmer geteilt. Erinnerst du dich, Tamsyn?«

»Bis du ins Rote Zimmer gekommen bist.«

Senara schloß ihre Augen und lachte. Ich wußte, sie und Mutter tauschten Erinnerungen aus.

»Du bist meine Schwester, und ich bin hergekommen um wieder mit dir zusammen zu sein. Aber das Schloß war mein Zuhause... all die Zeit, die ich hier gelebt habe. Ich werde für eine Weile mit dir gehen und dann zurück nach Schloß Paling kommen. Wie findet ihr das? Es könnte natürlich sein, daß ihr mich hier nicht haben wollt...«

»Dich nicht haben wollen!« rief Melanie aus. »Du bist hier zu Hause.«

»Wir haben uns verändert. Wie viele Jahre ist es her, Tamsyn?

Fast dreißig! Was hat die Zeit doch mit uns angestellt. Du siehst jünger aus, als du sein kannst. Du lebst in diesen entzückenden Zwillingen wieder auf.«

»Und du in deiner Carlotta. Frauen bleiben jung, wenn sie jung denken, jung fühlen und jung handeln, hat meine Mutter immer gesagt.«

Senara strich sich über ihr dichtes Haar, in dem nicht eine einzige weiße Strähne zu sehen war. »Ich habe immer auf mein Aussehen geachtet – wie meine Mutter. Sie hatte viele Geheimnisse.«

»Lebt deine Mutter noch?«

»Ja, in Madrid. In besten Verhältnissen. So, wie sie immer leben wollte. Sie war nicht gerne hier.«

»Und sie ist immer noch jung und schön?«

»Jung nicht – nicht einmal sie konnte das bewerkstelligen. Aber sie ist immer noch schön. Sie führt ihr Haus wie eine Königin, und man sagt, sie sei königlicher als unsere Königin selbst.«

»Ja, das kann ich mir vorstellen. Was sagte sie zu deiner Englandreise?«

»Sie hat kaum darüber nachgedacht. Vielleicht hielt sie mich für verrückt. Sie weiß, daß deine Mutter großen Einfluß auf mich gehabt hatte. Ihr habt mich sentimental gemacht und herzlich ... so, wie ihr selbst seid. Deshalb habe ich auch so seltsame Ansichten.«

Onkel Connell warf dazwischen: »Ich habe einen ausgezeichneten Schnaps aus schwarzen Kirschen. Ich werde ihn aus dem Weinkeller holen lassen. Damit feiern wir alle deine Heimkehr.«

»Du bist so lieb zu mir, Connell«, sagte Senara. »Nie werde ich vergessen, wie du mir geholfen hast, aus diesem Haus zu fliehen.«

»Glaubst du, ich hätte dem Pöbel gestattet, Hand an dich zu legen?«

»In dieser Nacht bist du wirklich Schloßherr geworden, und alle haben begriffen, daß der alte Herr verkrüppelt in seinem Rollstuhl sitzt und ein neuer seinen Platz eingenommen hat.«

Ich war fasziniert. Sie redeten, und ich versuchte, die Geschichte Stückchen für Stückchen zusammenzureimen. Eines Tages werde ich alles im Tagebuch meiner Mutter nachlesen können. Und in dem von meiner Großmutter Linnet, die die Hexe aus dem Meer gerettet hatte, die Hexe, die Senaras Mutter war.

Wir saßen um den Eßtisch, und keiner hatte Lust aufzustehen.

Sie unterhielten sich, und wir jüngeren hörten begierig zu. Während sie redeten, erhob sich ein Sturm. Der Himmel wurde schwarz, und wir hörten, wie der Wind die Wellen peitschte.

Melanie bat, mehr Kerzen anzuzünden, und die Dienstboten schlichen auf Zehenspitzen von einem Kandelaber zum nächsten. Der Sturm draußen wurde immer stärker.

Aber noch blieben wir sitzen. Niemand schien sich vom Tisch erheben zu wollen. Tante Melanie, meine Mutter, Senara und Onkel Connell sprachen von den alten Tagen, und das Bild ihres Lebens nahm immer mehr Gestalt an. Plötzlich flog die Türe auf, und wir hörten ein Gebrüll, das auszustoßen nur einer in der Lage war: Großvater Casvellyn.

Rasend vor Wut kam er in die Halle gerollt und blieb vor Senara stehen.

Melanie war aufgesprungen. »Vater ... was ist mit dir? Wie bist du aus dem Turm gekommen?«

Er blickte sie durchdringend an. »Das ist jetzt uninteressant«, brüllte er. »Ich bin gekommen. Man hat mich heruntergebracht. Getragen und hierhergebracht. Ich habe darauf bestanden. Wenn ich in einen anderen Teil meines Schlosses will, dann tue ich das auch. Man hat mir gesagt, daß sie hier ist. Sie ist wiedergekommen ... wie das Hexenmädchen vor vielen Jahren.«

»Vater«, sagte Connell, »das ist Senara. Die Tochter deiner Frau.«

»Ich weiß ganz genau, wer das ist. Man hat es mir bereits gesagt. Hier wagt niemand, mich anzulügen. Was willst du hier?« fragte er Senara und starrte sie finster an.

Sie erhob sich, ging auf ihn zu und lächelte ihn auf eine Art und Weise an, die ich nicht zu deuten vermochte. Sie kniete sich vor ihn hin und hob ihm ihr Gesicht entgegen. Im Kerzenlicht sah sie jung und wunderschön aus.

»Ich bin in mein altes Zuhause zurückgekehrt«, sagte sie. »Ich bin gekommen, um euch alle wiederzusehen.«

»Geh zurück, woher du gekommen bist. Du und deinesgleichen haben diesem Haus noch nie etwas Gutes gebracht.«

»Vater, wie kannst du nur?« rief Melanie.

»Nenn mich nicht Vater! Dazu hast du kein Recht. Nur weil mein Sohn dich geheiratet hat. Sie bringt uns Unglück. Sie ist wie ihre Mutter.«

»Das bin ich nicht«, rief Senara, »ich bin nicht wie meine Mutter.«

»Schickt sie weg. Ich will sie hier nicht sehen. Sie bringt nur Unglück. Ich will nicht an ihre Mutter erinnert werden.«

»Vater, du bist grausam«, sagte meine Mutter. »Senara ist sehr weit gereist, um uns zu sehen, aber wenn du sie hier nicht haben willst, soll sie wenigstens wissen, daß sie bei uns immer ein Zuhause hat.«

»Närrin!« schrie mein Großvater. »Du warst immer eine Närrin!«

»Ja, war ich das? Wenn ich eine Närrin bin, ist mir Klugheit fremd«, konterte meine Mutter geistesgegenwärtig. »Trotzdem habe ich in meinem Mann und meinen Kindern mein Glück gefunden, was klugen Männern wie dir – du hältst dich doch für einen klugen Mann – nicht gelungen ist.«

Er starrte sie böse an, aber ich sah in seinen Augen auch die Bewunderung, die er für sie hegte. Er war stolz auf sie, und das nicht zum erstenmal.

»Du solltest mehr Verstand haben.« Er zeigte auf Senara.

»Die da kommt aus einem bösen Schoß. Ihre Mutter ist hergekommen und hat uns alle verhext. Wäre sie nur nie geboren worden! Ich warne dich, Tochter, sei gescheit, höre auf mich! Ich weiß es. Ich habe das alles erlebt.« Plötzlich schien seine Stimme zu brechen; trotzdem schrie er: »Bei Gott, glaubt mir doch, ich erlebe das alles immer und immer wieder, oben in meinem Turm, wenn ich auf die Teufelszähne da draußen im Meer blicke. Und ich sage mir immer wieder, alles wäre anders gekommen, hätte das Meer nicht Maria, die Hexe, an diesen Strand gespült. Deine Mutter war genauso eine Närrin wie du. Sie hat die Hexe ins Haus gebracht, die ihr Leben zerstörte. Siehst du das denn nicht? Der Teufel hat sie geschickt, um dir dein Glück zu nehmen.«

»Vater«, sagte meine Mutter, »du hast so viel gelitten, du bist krank.«

»Jawohl, ein Narr, ein alter Mann, das wolltest du doch sagen! Bei Gott, ich würde dir eine mit der Peitsche überziehen, wäre ich nicht an diesen Stuhl gefesselt. Ich habe zwar die Herrschaft über meine Beine verloren, aber meinen Verstand beherrsche ich noch immer. Ich sage dir nur eines: Wenn du dieses Weib mit in dein Haus nimmst, wirst du den heutigen Tag noch verfluchen. Du wirst dich an diesen Moment erinnern, an dem ich es dir prophezeit habe.« Er fing an zu lachen, ein ungutes Lachen. »Schön, ich werde sie nicht hinauswerfen. Aber ich passe auf. Ich weiß, meine Worte werden sich bewahrheiten. Ich werde euch von meinem Turm aus beobachten, meine Worte werden sich erfüllen. Bringt mit nur die Tochter der Hexe ... bringt sie in mein Schloß! Ich werde euch schon zeigen, daß ich recht habe.«

Dann drehte er sich um und rief: »Binder! Binder!« Der zu Tode erschrockene Diener kam und schob den Rollstuhl aus der Halle.

Dann herrschte Stille.

Es war Carlotta, die als erste sprach: »Was für ein schrecklicher alter Mann«, sagte sie.

»Er war mit deiner Großmutter verheiratet«, sagte Senara. »Es war deine Großmutter, über die er mit soviel Haß gesprochen hat.«

»Er muß sie wirklich gehaßt haben.«

»Er war von ihr bezaubert.«

»Er ist verrückt, nicht wahr?«

»Wer würde da nicht verrückt werden? Ein Mann wie er, an einen Rollstuhl gefesselt!« sagte Senara.

»Ihr kommt mit uns nach Trystan Priory, wenn wir wieder abreisen«, sagte meine Mutter. »Du würdest jetzt doch nicht mehr hierbleiben wollen?«

Senara lachte. »Ich werde ihm nicht gestatten, meine Pläne über den Haufen zu werfen. Connell ist jetzt der Schloßherr. Wenn er möchte, daß ich bleibe, und Melanie auch, dann kümmere ich mich nicht um das Geschwätz dieses Verrückten. Ich werde nach Trystan Priory kommen, weil ich mit dir zusammensein möchte, verlaß dich darauf! Aber erst möchte ich eine Weile auf dem Schloß bleiben.« Melanie erhob sich. Sie war von der Szene, die mein Großvater gemacht hatte, sichtlich erschüttert.

»Es scheint, der Sturm wird sich nicht so schnell legen«, sagte sie. »Aber es gibt keinen Grund, warum wir weiter bei Tisch sitzen und darauf warten sollen. Ich bringe euch jetzt in eure Zimmer, die inzwischen bereit sein müßten. Ihr wollt euch sicher ein wenig ausruhen.«

»Ich könnte reden und reden«, sagte Senara. »Tamsyn, komm mit mir. Laß uns so tun, als wäre alles wie damals und wir wären wieder jung.«

Meine Mutter ging auf Senara zu, und sie umarmten sich herzlich. Alle redeten wieder, als wäre nichts geschehen. Schließlich und endlich waren wir an Großvaters Ausbrüche gewöhnt. Aber ich konnte den wilden Blick und seine Worte nicht vergessen, die mir immer noch in den Ohren klangen.

Die Veränderung machte sich schon am ersten Tag bemerkbar. Dieser Besuch war wie kein anderer zuvor. Früher hatten wir selten Pläne für den Tag gemacht. Wir kamen zum Frühstück, das aus einem Krug Bier, Brot und kaltem Speck bestand, und bedienten uns selbst. Dann ging jeder seiner Wege. Es hatte immer eine freie und ungezwungene Atmosphäre auf dem Schloß geherrscht. Manchmal ritt ich mit meiner Schwester aus oder mit einem der Mädchen, falls mich eines begleiten wollte, oder ich ging an den Strand, um meine Kollektion an Muscheln und Halbedelsteinen zu vergrößern. Hin und wieder machte ich auch einfach einen Streifzug durch das Schloß. Es gab soviel zu tun. Als wir klein waren, durften wir alle möglichen Spiele spielen, in allen Teilen des Schlosses, solange wir nicht Großvaters Turm betraten. Für uns war das Schloß immer ein verzauberter Ort gewesen.

Das war es zwar immer noch, aber anders.

Senara, meine Tante Melanie und meine Mutter schienen die ganze Zeit über nur von alten Zeiten reden zu wollen. Senara ging durch das Schloß und rief immer wieder: »Daran kann ich mich noch gut erinnern!« oder: »Schau dir das an! Daß das immer noch da ist!« Und Carlotta blieb uns überlassen.

Wir waren auf der Hut voreinander – besonders Bersaba. Carlotta sprach mit fremdländischem Akzent, der sehr reizvoll klang. Auch ihre Kleider wirkten fremd. Alles an ihr, ihre Stimme, ihre Manieren, ihre unvergleichliche Schönheit, stach von uns ab. Wenn sie sich dessen nicht so bewußt gewesen wäre, wäre vielleicht alles anders gekommen. Bersaba und ich nahmen sie mit Rozen und Gwenifer zu einer Schloßbesichtigung mit.

»Kommt es dir viel anders vor, als deine Mutter dir erzählt hat?« fragte ich.

»Ganz anders.«

»Sind wir auch anders?« fragte ich.

Sie lachte und schüttelte den Kopf. »Von euch habe ich ja gar nichts gewußt, deshalb habe ich mir euch auch nicht vorstellen können. Ihr seid anders als die Leute, die ich kenne.«

»Anders als die spanischen Mädchen?«

»Ja, in Spanien ist alles anders. Mädchen laufen nicht wie die Wilden herum, so wie hier. Sie üben sich in Anstand und Schicklichkeit, und sie haben eine Duenna.«

»Und wo ist deine?«

»Im Augenblick habe ich keine. Hier soll ich so leben wie alle.«

»Gefällt dir das besser?« fragte Bersaba.

Carlotta zuckte mit den Schultern. »Das kann ich nicht sagen. Es ist nicht so kultiviert, wie ihr lebt, aber ihr habt mehr Freiheit, und das finde ich gut.«

»Noch mehr Freiheit wäre uns lieber«, sagte Gwenifer. »Wir dürfen nicht ohne Reitknecht ausreiten.«

»Weil wir uns manchmal verirren«, sagte Bersaba.

Carlotta heftete ihren dunklen Blick auf meine Schwester.

»Aus einem bestimmten Grund?«

Meine Schwester zuckte die Achseln, und Gwenifer sagte: »Bersaba, kürzlich bist du mit Bastian zurückgekommen.«

»Ja, das stimmt. Ich hatte euch verloren und Bastian auch. Wir haben uns dann zufällig wiedergetroffen.«

Das erschien mir eine lange und unnötige Erklärung. Ich wußte ganz genau, daß Bersaba sich vorsätzlich verirrt hatte. Ich hätte nur gerne gewußt, ob auch Bastian absichtlich verschwunden war.

»Ach so, Bastian, der Bruder«, sagte Carlotta. »Er ist ein sehr angenehmer junger Mann. Obwohl ich Spanien und das gepflegte Leben dort vermissen werde, glaube ich, daß es mir hier gefällt... zumindest für eine Weile.«

»Wirst du nach Spanien zurückgehen?« fragte Rozen.

»Selbstverständlich.«

»Bist du schon verlobt?«

»Nein.« Carlotta schüttelte den Kopf. »Ich könnte es schon sein, aber der Mann gefiel mir nicht. Er war alt. Ein Edelmann von hohem Rang, mit großen Gütern. Aber ich habe nein gesagt. Für so eine Verbindung bin ich noch zu jung. Es muß doch jemanden geben, der mir gefällt.«

Wir sahen sie alle voll Bewunderung an.

Als wir zum Turm am Meer kamen, fragte sie: »Warum gehen wir nicht da hinein?«

»Den betreten wir selten«, sagte Rozen. »Da lebt unser Großvater mit seinen Dienern. Man muß einen ganz besonderen Grund haben. Zum Beispiel, wenn meine Tante mit ihren Zwillingen zu Besuch kommt. Sie muß am ersten Tag ihrer Ankunft einen Besuch machen und dann warten, bis sie wieder aufgefordert wird.«

»Dieser verrückte alte Mann!« rief Carlotta aus. »Was für eine

Szene er gemacht hat! Er haßt meine Mutter. Er will uns nicht hierhaben.«

»Er kann sehr wütend werden. Vielleicht, weil er schon seit so vielen Jahren gelähmt ist. Zuerst hat man gedacht, er würde sich das Leben nehmen, aber das hat er nicht getan. Und jetzt macht er jedem das Leben zur Hölle. Aber die Diener, die ihn versorgen, bewundern ihn trotzdem. Ich kann mir zwar nicht vorstellen, warum.«

»Höchste Zeit, daß er stirbt«, meinte Carlotta und verzog den Mund, als wollte sie etwas fortblasen.

Wir waren alle etwas schockiert. Auch wenn Großvater Casvellyn sich selbst und anderen Leuten eine Last war, solange er noch Leben in seinen Knochen hatte, war dieses heilig. Das hatten wir von unseren Eltern gelernt.

Carlotta spürte, was wir dachten. Sie hatte etwas Unheimliches an sich. Vielleicht war sie wirklich eine Hexe oder hatte bereits so viel Lebenserfahrung, daß sie wußte, wie kleine Mädchen aus der Provinz reagierten, und sie rief: »Ach, sprecht doch nicht von solchen Sachen! Ihr tut doch alle nur so, als würdet ihr ihn lieben, weil er euer Großvater ist. Wie kann jemand einen so schrecklichen alten Mann mögen. Er wollte uns hinauswerfen. Hat meine Großmutter ihn tatsächlich geheiratet? Sie ist so schön... die schönste Frau, die ich je gesehen habe! Sie soll ihn geheiratet haben?«

»Damals hat er zweifellos sehr gut ausgesehen.«

Sie dachte nach. »Groß, stark und mächtig... ein Schloßherr... ja, vielleicht. Aber jetzt wird es langsam Zeit, daß er stirbt. Was ich denke, sage ich auch.«

»Laß das niemanden hören«, sagte ich.

»Es ist mir ganz egal, wer es hört, kleiner Zwilling! Welche bist du denn? Wie können die Leute dich von deiner Schwester unterscheiden? Ihr müßt eine Menge Spaß haben deshalb.«

»Ja«, sagte Bersaba, »das haben wir auch.«

»Ich glaube nicht, daß ich gerne jemanden hätte, der mir so ähnlich sieht«, sagte Carlotta. »Ich bin gern anders... niemand soll so aussehen wie ich. Ich will ganz allein so sein... einzigartig.«

»Es gibt auch zwischen uns Unterschiede«, sagte ich. »Unsere Charaktere.«

»Eine ist wohl die Heilige und die andere die Sünderin«, lachte Carlotta.

»Das kann schon stimmen.«

»Und welche ist welche?«

»Unsere Mutter sagt immer, kein Mensch ist nur schlecht und keiner nur gut. So sauber kann man uns also gar nicht trennen«, gab ich zur Antwort.

»Ach, du zitierst deine Mutter!« sagte sie verächtlich. »Ihr müßt noch lernen, eure eigene Meinung im Leben zu bilden. Glaubt ihr, der alte Herr beobachtet uns jetzt?«

»Kann schon sein«, antwortete Bersaba. »Ich habe ihn schon oft auf Beobachtungsposten an seinem Fenster gesehen.«

Carlotta drehte sich um und blickte hoch zum Turm. Sie ballte eine Faust und schüttelte sie, was uns einen gehörigen Schreck einjagte. Sie aber lachte nur.

»Laßt uns reiten«, schlug sie vor, »ich möchte gerne die Gegend kennenlernen.«

»Wir dürfen nicht allein reiten«, sagte Rozen.

»Wir sind ja nicht allein, wir sind zu fünft.«

»Wir sind aber nur Mädchen. Wir müssen ein paar Reitknechte mitnehmen.«

»Was kann uns schon passieren?«

»Wir können von Räubern überfallen werden.«

»Die unser Geld rauben wollen«, sagte Gwenifer.

»Oder Schlimmeres«, fügte Rozen hinzu.

»Vergewaltigung?« fragte Carlotta mit dem komischen Lachen in ihrer Stimme.

»Ich nehme an, das ist es, was sie fürchten.«

»Kommt, wir verschwinden einfach ohne Reitknechte«, sagte Carlotta.

»Aber wenn wir überfallen werden, oder...«, begann Rozen.

»Dann sind wir eben um eine Erfahrung reicher«, antwortete Carlotta. »Kommt, wir ziehen unsere Reitkostüme an.«

»Hast du eines dabei?«

»Meine liebe Kusine, die Packpferde haben eine Unmenge Kleider für uns mitgebracht. Meine Mutter sagte zwar, auf Schloß Paling würden wir nicht die letzte Mode antreffen und die englischen Kleider ließen sich sowieso nicht mit unseren vergleichen, aber...«

»Die Toiletten bei Hof sind sicher phantastisch!« warf Rozen dazwischen.

»Prunkvoll, jedenfalls«, erwiderte Carlotta. »Wir wollen uns umziehen, dann könnt ihr mir die Umgebung zeigen.«

Während wir uns in unsere Zimmer begaben, um uns umzuziehen, sagte Bersaba zu mir: »Angelet, ich mag sie nicht. Ich wünschte, sie wären nicht gekommen.«

»Du kennst sie nicht.«

»Ich kenne sie zur Genüge.«

»Wie könntest du, in so kurzer Zeit? Du denkst an Großvater und das, was er gesagt hat.«

»Er hat ganz recht. Sie werden Schwierigkeiten machen... alle beide.«

Als wir uns im Stall trafen, schaute uns Carlotta spöttisch an. Ich nehme an, unsere Reitkostüme mit den weiten Röcken waren ihr nicht attraktiv genug. Ihr Kostüm war wunderhübsch geschnitten und betonte ihre schlanke biegsame Figur; auch der schwarze Hut stand ihr ausgezeichnet.

Sie bestieg das Pferd, mit dem sie zu uns gekommen war, und ich muß zugeben, sie stach uns alle aus. Als wir gerade aus dem Stall reiten wollten, kam Bastian mit seinem Pferd herein.

Er lächelte, und sein Blick blieb auf Carlotta haften.

»Wollt ihr ausreiten? Nehmt zwei Stallburschen mit.«

»Wir nehmen keine Stallburschen mit«, gab Carlotta zurück.

»Oh, aber...«

»Wir sind zu fünft.«

»Aber ihr solltet doch...«

Sie schüttelte den Kopf und lächelte ihn an. Bastian konnte den Blick nicht von ihr wenden.

»Dann komme ich mit euch«, sagte er.

»Wie du willst«, antwortete sie.

So ritten wir alle zusammen los.

Bersaba lenkte ihr Pferd neben das von Bastian, so daß er zwischen ihr und Carlotta ritt.

Carlotta fragte Bastian über die Umgebung aus, und er erzählte von den alten Bräuchen der Menschen in dieser Gegend.

Ich hatte nicht den Eindruck, daß sie sehr interessiert daran war, ihr Interesse galt Bastian. Und er schien von ihr fasziniert zu sein, er wich den ganzen Morgen nicht von ihrer Seite.

Er hatte gesagt, wir müßten zusammenbleiben, und das taten wir auch. Ich war erstaunt, daß Carlotta gehorchte, ich hätte gedacht, allein die Tatsache, daß man sie bat, sich nicht zu entfernen, hätte das Gegenteil zur Folge. Aber sie schien zufrieden neben Bastian zu reiten.

Auch Bersaba wich nicht von seiner Seite, aber Bastians Aufmerksamkeit war ausschließlich auf Carlotta fixiert, was mir ganz natürlich erschien, da sie neu für ihn war. Als wir zum Schloß zurückkamen, herrschte große Aufregung. Unsere Mutter kam uns durch die Halle entgegengelaufen.

»Das Schiff eures Vaters ist gesichtet worden! Fennimore hat einen Boten geschickt. Er ist, so schnell er konnte, von Trystan Priory herübergeritten. Wir müssen packen und sofort zurückreiten.«

»Wann wollen wir aufbrechen?« fragte ich.

»In einer Stunde. Tante Melanie weiß schon Bescheid und hilft uns beim Packen. Sobald euer Vater wieder weg muß, kommen wir zurück. Aber jetzt beeilt euch!«

Das war ein kurzer Besuch, dachte ich, aber sehr ereignisreich.

Als wir die Küste entlangritten, sahen wir ein Schiff auf den Wellen schaukeln und erkannten es sofort als das meines Vaters. Die Augen meiner Mutter strahlten vor Freude bei seinem Anblick. Das Schiff hieß ›Tamsyn‹, es war nach ihr benannt. Mein Vater hatte es vor fünf Jahren bauen lassen. Ich habe oft gehört, wie mein Vater es in den Himmel hob. Er sagte, es sei nach einer wunderbaren Frau benannt, also müsse es auch ein wundervolles Schiff sein; das schönste, das je die Meere besegelt hat. Von der Hecklaterne bis zum Kopf der Galionsfigur maß es zweihundertzwanzig Fuß und war vierzig Fuß breit. Es war mit Kanonen bestückt, falls es auf hoher See auf Piraten stoßen sollte oder Rivalen, die sich als solche ausgaben. Daß die Schiffe auf dem Rückweg mit kostbaren Seiden, Elfenbein und Gewürzen beladen waren, war immer ein Grund der Beunruhigung für meine Mutter. Die Galionsfigur der ›Tamsyn‹, eine wunderschöne Schnitzerei, stellte meine Mutter dar. Mein Vater sagte immer, so hätte er stets das Gefühl, sie wäre bei ihm. Er war sehr sentimental, aber sie führten eine selten glückliche Ehe.

Wir verließen die Küste und schlugen den Weg nach Trystan Priory ein. Unsere Pferde konnten uns nicht schnell genug vorwärts tragen. Mein Vater stand im Hof, als wir ankamen; er hatte uns bereits von einem der Türme aus erspäht. Er wußte ganz genau, daß meine Mutter, sobald sie die Nachricht von seiner Ankunft erhielt, keine Zeit verlieren würde, zurückzukehren.

Zuerst sah er nur sie. Er hob sie vom Pferd, und sie umarmten und küßten sich. Die Dienstboten beobachteten sie mit staunender Bewunderung. Für uns alle hatte die Liebe zwischen meinen Eltern etwas Heiliges. Bersaba fühlte es auch, wir hatten einmal darüber gesprochen und erklärt, wir würden nie heiraten; denn wo auf der Welt würden wir einen so wunderbaren Ehemann finden wie ihn? Plötzlich tauchten Carlottas große geheimnisvolle Augen vor mir auf. Ich fragte mich, was sie wohl dazu sagen würde, wäre sie hier. Ich war froh, daß sie es nicht war. Ich könnte ihren zynischen Kommentar oder ihre spöttischen Blicke, die ihre Gedanken über meine Eltern verraten würden, nicht ertragen. Ich war froh, daß sie auf Schloß Paling geblieben war. Aber eines Tages würde sie doch kommen. Dann würde irgend etwas geschehen und alles verändern, und das wollte ich nicht.

Jetzt wandte sich mein Vater an uns. »Meine Mädchen«, sagte er und fing uns beide in seinen Armen auf. »Ihr seid gewachsen«, warf er uns vor. »Ihr seid gar nicht mehr meine kleinen Mädchen.«

Unser Bruder Fennimore grinste wie ein Schaf, war aber genauso glücklich wie wir alle.

»Natürlich mußtest du ausgerechnet dann zurückkommen, wenn ich weg bin«, sagte meine Mutter. »O Fenn, ich wünschte, ich hätte es gewußt! Wir waren nur einen Tag dort ... wenn ich nur gewußt hätte!«

»Jetzt bist du ja hier, meine Liebe.«

»Ich muß in die Küche und nach den Dienstboten sehen. Fenn, wann bist du angekommen?«

»Vergiß die Küche! Bleib bei mir und laß uns reden!«

Wir gingen ins Haus, und für eine kurze Weile vergaßen wir Carlotta und ihre Mutter.

Wir speisten in dem intimen kleinen Speisezimmer – nur die Familie –, und Vater erzählte uns von seinen Abenteuern.

Der Handel blühte. Unsere großen Konkurrenten waren die Holländer. Sie waren tüchtige Kaufleute und suchten Absatzmärkte jenseits der Meere. Außerdem waren sie ausgezeichnete Segler – man mußte sich vor ihnen genauso in acht nehmen wie vor einigen Jahren vor den Spaniern. Sie waren auf ihre Art genauso gefährlich. Während die Spanier ihr Ziel, den Katholizismus über die ganze Welt zu verbreiten, nie aus den Augen verloren, strebten die Holländer die Oberherrschaft auf den Meeren an, was sie zu den größten und reichsten Kaufleuten der Welt machen würde. Und da die Engländer dieselben Ambitionen hatten, besonders die East India Company, war die Rivalität groß und erbittert.

»Sie wollen uns vom Meer vertreiben«, sagte unser Vater. »Wir lassen uns aber nicht verjagen. Warum die Menschen nicht in Frieden Handel treiben können, war mir immer schon ein Rätsel. Es gibt genügend Reichtümer auf der Welt, für alle.«

Meine Mutter war ganz seiner Meinung, und ich dachte, wenn alle Menschen so wären wie meine Eltern, wäre die Welt glücklicher.

Mein Vater erzählte uns Geschichten von Abenteuern in fremden Ländern. Er ließ vor unseren Augen palmengesäumte Inseln erstehen, deren Einwohner ein paradiesisches Leben führten und die kaum einen weißen Mann zu Gesicht bekommen hatten. Wie verschüchtert sie sein konnten bei dem Anblick eines großen Handelsschiffes, und wie feindselig manchmal! Aber er betonte immer, daß es keine wirklichen Gefahren gäbe und daß er immer heil von seinen Abenteuern zurückkommen würde. Ich hatte ihn in Verdacht, daß er seine Geschichten frisierte, denn das letzte, was er wollte, war, Mutters Befürchtungen zu bestärken. Wir sonnten uns in dieser Atmosphäre von Zufriedenheit, und weder Bersaba noch ich dachten über die Gegenwart hinaus. Wir verschlossen unsere Augen vor der Tatsache, daß Vater eines Tages wieder in See stechen würde. Während er zu Hause war, sollte alles harmonisch sein.

Keiner fragte an diesem Tag des Wiedersehens, wann er wieder segeln würde, auch Senaras Rückkehr erwähnten wir erst am nächsten Morgen.

Ein paar Falten erschienen auf seiner Stirn, und ich dachte bedrückt, daß auch er Senara nicht mochte.

»Hast du sie gut gekannt, Vater?« fragte ich.

»Nein, nicht sehr gut«, antwortete er. »Ich kannte sie lediglich. Sie ging fort, bevor eure Mutter und ich verheiratet waren. Ich habe sie einmal bei einem Besuch auf dem Schloß kennengelernt.«

Meine Mutter sagte: »Sie wird hierherkommen und eine Weile mit mir verbringen. Aber ich glaube, das Schloß übt eine besondere Faszination auf sie aus, denn nach ihrem Besuch bei uns will sie wieder dorthin zurückgehen. Es war ihr Zuhause. Sie ist dort geboren, wie ich auch.«

»Sie wird also hierherkommen?« fragte mein Vater gedehnt.

»Willst du etwa, daß ich sie nicht empfange?« fragte meine

Mutter, und kleine Lichter des Entsetzens erschienen in ihren Augen. Sollte dies die erste Meinungsverschiedenheit sein?

»Meine Liebe, wenn du sie hierhaben möchtest, dann mußt du sie natürlich einladen.«

»Mein lieber Fenn, sie ist mir wie eine Schwester.«

»Sie war nicht immer gut zu dir... zu uns...«

»Aber sie hat ein gutes Herz. Damals war sie ein wildes Kind. Sie hat Dinge getan, ohne darüber nachzudenken.«

Mein Vater nickte, aber ich spürte, daß er sich nicht wohl fühlte bei dem Gedanken, und ich fragte mich, warum er wohl gesagt hatte, Senara sei nicht immer gut zu ihnen gewesen.

Bersaba hat meine Mutter später danach gefragt. Sie hätte geantwortet:»Senara hat versucht, Vater davon abzuhalten, mich zu heiraten. Sie war eifersüchtig, das war alles. Sie wollte nicht, daß ich sie verlasse. Sie hat mich sehr liebgehabt. Das hat sie gestanden, und danach war alles wieder in Ordnung. Aber euer Vater hat das nie vergessen.«

Mein Bruder Fennimore hatte den Wunsch, mit meinem Vater zur See zu fahren, aber mein Vater wollte, daß er zu Hause blieb und sich um die Ländereien und besonders um meine Mutter kümmerte.

Meine Eltern redeten oft darüber. Ich sah sie, Arm in Arm im Garten, in ernste Gespräche vertieft, und konnte mir denken, worüber sie redeten. Mein Bruder Fennimore wollte genau wie sie das Beste für die Familie, aber es ist nicht leicht, wenn einem das, was man sich am meisten im Leben wünscht, verweigert wird.

Meine Mutter wußte das und versuchte meinen Vater zu überreden, ihn ziehen zu lassen. Sie fühle sich vollkommen sicher, erklärte sie; sie hätte gute Dienstboten, und Fennimores Herz hing an der Company genauso wie das seines Vaters.

Wenn mein Vater zu Hause war, kamen uns viele Leute besuchen. Manche Männer der East India Company gingen nie zur See, sondern waren in verschiedenen Kontoren, die über ganz England verstreut waren, mit der Verwaltung betraut. Einige kamen aus London. Es waren besonders aufregende Tage. Das ganze Personal war in der Küche beschäftigt, buk eifrig Pasteten nach allen möglichen Rezepten, und unsere Gäste waren jedesmal begeistert und verblüfft, denn von Taddage Pies, die mit ungeborenem Ferkel gefüllt waren, und von Mugget, das mit den Innereien von Schaf und Kalb zubereitet wird, hatten sie nie gehört. Meine Mutter machte sich manchmal Sorgen, ob diese Speisen den feinen Leuten aus London auch schmecken würden, aber sie schienen alles mit Begeisterung zu verspeisen und bekamen erst hinterher zu hören, woraus die Füllungen der Pasteten bestanden. Außer den traditionellen Speisen aus Cornwall gab es noch Rindfleisch, Hammel und Eberkopf oder aber Ente, Schnepfe, Rebhuhn und Taube. Fische, wie Neunauge, Stör und Hecht, wurden aufgetischt, und zum Nachtisch Früchte – Maulbeeren, Aprikosen, Mispeln und grüne Feigen. Meine Mutter war eine begeisterte Hausfrau und überwachte selbst die Herstellung der meisten Speisen, eifrig bemüht, Vaters Geschäftsfreunden den Aufenthalt möglichst angenehm zu machen.

Der Tag kam, an dem Vater nachgab; unser Bruder Fennimore durfte das nächste Mal mit auf See. Fennimore war kaum mehr ansprechbar vor Freude. Er war unserem Vater so ähnlich, er sagte auch nicht viel, aber wir sahen alle, wie glücklich er war.

Eine Woche war seit unserer Rückkehr verstrichen – eine Woche der großen Mahlzeiten in der großen Halle, denn es gab immer Gäste, und wir wußten nie, wann noch mehr eintreffen würden. Die meisten Zimmer in Trystan Priory waren besetzt, aber Bersaba und ich erinnerten uns, daß es immer so war, wenn Vater zu Hause war.

»Ich möchte gerne wissen, was Carlotta auf Schloß Paling tut«, bemerkte ich eines Tages.

»Sie werden erst kommen, wenn Vater wieder weg ist«, antwortete Bersaba. »Mutter hat sie bitten lassen, nicht früher zu kommen. Alle Zimmer seien von Vaters Geschäftsfreunden besetzt.«

Bersaba war immer gut informiert. Einmal habe ich ihr vorgeworfen, sie würde lauschen, und sie hat es nicht einmal abgestritten. Aber ich muß gestehen, ich war stets dankbar für ihre Informationen.

Bei Tisch wurde viel gesprochen, und wir erfuhren, daß sich diese Herren aus London große Sorgen machten über verschiedene Einflüsse, die sich im Lande bemerkbar machten. Die Popularität des Königs war am Erblassen. Er hatte einfach nicht die Gabe, sich zum Liebling des Publikums zu machen. Er war ein guter, treuer Ehemann – was man selten bei Königen findet –, aber er konnte nicht regieren, und seine Frau Henrietta Maria war, wenn auch katholisch, so doch sehr leichtfertig, was sie beim Volk auch nicht beliebter machte.

Daß der König das Parlament aufgelöst hatte und allein regierte, bestätigte nur seine Entschlossenheit, als ein von Gott auserwählter Herrscher anerkannt zu werden. Er ließ durchblicken, daß er kein Parlament brauche, daß er selbst in der Lage sei, Gesetze zu verabschieden. Bis jetzt hatte das Volk noch alles hingenommen, aber langsam wurde es ungeduldig. Lange würden sich die Leute das nicht mehr mit ansehen.

Nicht nur durch seine Religion entfremdete er sich seinem Volk, sondern auch durch unverantwortliche Besteuerungen, die eine direkte Bedrohung des Eigentums darstellten. Das Hauptthema waren die Schiffsgelder, von denen wir schon so viel gehört hatten. Aus Angst vor einem Krieg mit den Spaniern oder den Holländern – oder mit beiden – hatte Charles befohlen, daß die großen Häfen Schiffe zur Verteidigung Englands stellen sollten, und um diese Schiffe zu bauen, mußten hohe Steuern beziehungsweise Schiffsgelder entrichtet werden.

Ein donnernder Protest erschütterte das ganze Land. Puritaner, Protestanten und Katholiken, alle fühlten sich verfolgt und opponierten gegen den König. Charles hatte sich Schottland zum Feind gemacht, als er sich in Edinburgh von fünf Bischöfen hatte krönen lassen, eine Zeremonie mit viel Pomp, die die einfachen Schotten beleidigte und ihm ihre Sympathie entzog.

Ich kann mich noch gut an den Abend erinnern, als während des Abendessens über die Ausschweifungen der Königin und des Königs wachsender Liebe zu ihr gesprochen wurde.

Meine Mutter meinte, dies zeuge nur von der Güte des Königs, außerdem sei das glückliche Familienleben eines Monarchen immer ein gutes Beispiel für das ganze Land.

Mein Vater lächelte sie zärtlich an und antwortete: »Meine Liebe, es hat auch glückliche Familien gegeben, bevor dieser König den Thron bestiegen hat. Den idealen Partner zu finden, das wahre Geheimnis des Lebens zu entdecken, nämlich Glück zu geben und Glück zu empfangen, das ist etwas, das wir alle erlernen können, wenn wir es nur wollen.«

»Aber es ist so leicht, diese Gelegenheit zu versäumen. Was wäre, wenn ich dich verloren hätte?«

Plötzlich lag ein Schatten zwischen ihnen, und ich wußte ganz genau, daß Senaras Rückkehr ihnen in Erinnerung gebracht hatte, daß ihr Glück vielleicht nicht von Dauer sein würde.

Einer der Herren aus London sagte: »Wenn der König weniger unter dem Einfluß seiner Gemahlin stünde, wäre es besser für das

Land. Ihr größter Fehler war, sich mit William Prynne einzulassen.«

»Was ist aus William Prynne geworden?« fragte Bersaba.

»Ich vergesse immer wieder, wie abgeschnitten Ihr hier lebt und daß Euch all diese Dinge entgehen«, erwiderte der Edelmann. »Prynne hat ein Buch gegen Theaterstücke geschrieben.«

»Was hat er denn gegen Theaterstücke?« fragte meine Mutter. »Was können Theaterstücke für einen Schaden anrichten?«

»Prynnes Meinung nach verstoßen Theaterstücke gegen das Gesetz, weil sie unmoralisch und von der Heiligen Schrift verdammt worden sind.«

»Stimmt das?« fragte meine Mutter.

»Prynne hat Beweise erbracht.«

»Er ist ein Spielverderber«, sagte meine Mutter. »Selbst elend und traurig, möchte er, daß es allen anderen ebenso ergeht.«

»Das kann schon sein«, warf mein Vater dazwischen. »Aber jeder Mensch sollte die Möglichkeit haben, seine eigene Meinung zu äußern.«

»So denken viele«, meldete sich unser Gast wieder zu Wort. »Ein Mann kann im Recht sein oder im Unrecht, aber er muß die Freiheit haben, seine Meinung kundzutun. Die, die anderer Ansicht sind, können ihn ruhig verhöhnen, der Rest soll ihm applaudieren. Leute, die Partei ergreifen, wird es immer geben.«

»Und warum hat man ihn vor Gericht gestellt?« fragte meine Mutter.

»Der König ist verrückt in seiner Liebe zur Königin«, war die Antwort. »Prynne hat die Frauen attackiert, die auf der Bühne stehen. Er glaubt, Theaterstücke seien schon schlimm, die größte Sünde aber sei es, wenn eine Frau auf der Bühne auftrete. Die Königin aber liebt das Theater als Zuschauerin und Aktrice. Sie und ihre Damen haben vor kurzem William Montagues ›Shepherd's Paradise‹ aufgeführt. Der Angriff schien also auf sie persönlich gerichtet zu sein und gegen den König, denn ihm hat die Aufführung sehr gefallen, und er hat applaudiert. Deshalb hat man Prynne ins Gefängnis gesteckt, nachdem man ihm zuvor am Schandpfahl beide Ohren abgeschnitten hatte.«

»Die Ohren abgeschnitten?!« rief meine Mutter erschrocken.

»Madam«, sagte einer der Gäste. »Ihr lebt an diesem friedlichen Ort – betet zu Gott, daß Ihr immer hier bleiben könnt; denn in dieser Zeit vergiften fremde Einflüsse das Land, die das Volk nicht hinnehmen wird.«

Ich versuchte mir vorzustellen, wie ein Mann ohne Ohren aussah, und plötzlich überfluteten mich Angst und Schmerz, wie ich sie nie zuvor empfunden hatte.

Wenn ich ausritt, bemerkte ich jetzt, daß die Menschen nachdenklich aussahen, als wehe ein kalter Wind von Whitehall über das Land, den wir auch hier in Trystan Priory spürten.

Wir waren schon zwei Wochen zurück. Mein Vater wurde nach Plymouth gerufen, um Besprechungen über seine nächste Seereise zu führen. Meine Mutter wollte mit ihm gehen, und so blieb mein Bruder Fennimore mit der Verantwortung für das Haus zurück. »Wir bleiben nicht lange weg«, versicherte uns Mutter, und als sie wegritten, dachte ich, sie sieht aus wie eine Braut, die mit ihrem jungen Ehemann zur ersten Reise startet. Ohne sie schien das Haus leer zu sein. An die häufige Abwesenheit unseres Vaters hatten wir uns gewöhnt, die machte uns nicht mehr so viel aus, aber ohne Mutter schien das Haus verwaist.

Nachdem wir uns im Hof von ihnen verabschiedet hatten, stiegen Bersaba und ich auf einen der Türme und sahen ihnen nach, bis sie aus unserem Blickfeld verschwunden waren.

»Wenn ich einmal verheiratet bin, werde ich genauso wie Mutter sein«, erklärte ich Bersaba.

»Das wirst du nicht«, antwortete meine Schwester, »du bist nämlich nicht wie sie.«

»Ich meine, ich werde einen Mann haben, der nach dreißig Ehejahren immer noch glaubt, ich sei genauso jung und schön wie am Hochzeitstag.«

»Du wirst doch nicht einen Blinden heiraten!«

»Du weißt ganz genau, was ich meine. Genau das ist es, was Vater über unsere Mutter denkt.«

»Es gibt nicht viele Männer wie ihn.«

»Das wäre auch langweilig. Meine Ehe soll anders ein. Ihre Ehe ist überhaupt nicht aufregend.«

»Ich glaube, niemand kennt aufregendere Augenblicke als Mutter, wenn sie erfährt, daß Vaters Schiff in Sicht ist.«

»Es kommt natürlich darauf an, was du unter Aufregung verstehst«, wies mich Bersaba zurecht.

»Ach, du kannst die Dinge nie akzeptieren, wie sie wirklich sind. Du mußt immer alles heruntermachen und verderben.«

»Ich möchte gerne die Wahrheit wissen: Zum Beispiel, was auf Schloß Paling los ist.«

»Komisch, daß wir nichts gehört haben.«

»Glaubst du, Mutter wird Senara einladen?«

»Nicht, bevor Vater wieder weg ist. Er kann Senara offensichtlich nicht leiden. Sie hat versucht, ihn davon abzuhalten, Mutter zu heiraten. Sie war eifersüchtig... sie wollte nicht, daß irgend jemand zwischen sie und Mutter kam. Sie liebte sie zu sehr.«

»Ich würde sagen, sie wollte diejenige sein, die zuerst heiratet.«

»Es mußt aufregend gewesen sein, damals. Ich wünschte, wir könnten jetzt schon Mutters Tagebuch lesen. Darin steht sicher alles über Senara und ihre Mutter und über Großvater, als er noch jung war. Hast du schon angefangen, dein Tagebuch zu schreiben?«

»Nein«, antwortete Bersaba kurz.

»Wirst du es bald tun?«

»Wenn ich etwas weiß, das interessant genug ist, aufgeschrieben zu werden.«

»Findest du Senaras Rückkehr mit Carlotta nicht aufregend?«

»Das werden wir erst sehen.« Sie zögerte, dann sagte sie: »Ich werde dir etwas sagen: Ich schwöre, es dauert nicht mehr lange, und es kommt jemand aus Paling.«

»Wer sollte aus Paling kommen?«

Sie lächelte geheimnisvoll. »Vielleicht Bastian.«

Es war nicht Bastian, der kam, sondern Senara und ihre Tochter. Ob sie wohl wußten, daß meine Eltern abwesend waren?

Enttäuscht rief Senara aus: »Was, eure Mutter ist nicht da?« Wir sagten ihr, daß sie mit Vater nach Plymouth geritten sei.

»Aber wer trägt denn hier solange die Verantwortung?« fragte Senara.

»Mein Bruder Fennimore«, antwortete ich. »Und Bersaba und ich sind die Gastgeberinnen.«

»Es ist lieb von euch, uns willkommen zu heißen«, sagte Carlotta und lächelte hinterhältig, um uns daran zu erinnern, daß wir nichts dergleichen getan hatten.

Bersaba erzählte ihnen, daß Fennimore draußen auf den Feldern sei, und wir verständigten die Stallknechte, damit sie sich um die Pferde kümmerten, und geleiteten unsere Gäste in die Halle.

»Was für ein hübsches altes Haus«, sagte Senara. »Ich habe es schon immer gemocht. Das Schloß ist viel finsterer.«

»Aber größer«, fügte Carlotta hinzu.

»Mutter wird es bedauern, nicht hier zu sein«, sagte Bersaba.

Ich konnte mir allerdings nicht vorstellen, daß Mutter irgend etwas bedauern würde, solange sie mit Vater zusammen sein konnte.

»Wir lassen gleich ein Zimmer für euch herrichten«, sagte ich und ging, um entsprechende Anweisungen zu erteilen.

Als ich zurückkam, führte Bersaba unsere Gäste gerade in das kleine Eßzimmer, und eines der Mädchen brachte Wein und Kuchen, womit wir Reisende immer zu erfrischen pflegten.

»Ich war erstaunt, daß eure Mutter nicht darauf bestanden hat, wir sollten früher kommen.«

»Unser Vater ist zur Zeit zu Hause«, erklärte Bersaba, »und sie haben so viel miteinander zu reden, weil er doch so lange weg war. Sie müssen einfach zusammen sein. Das ist immer so gewesen.«

»Eure Mutter hat sich schon in ihn verliebt, als sie noch ein kleines Mädchen war ... Sie war jünger als ihr jetzt seid«, erinnerte sich Senara.

»Und sie liebt ihn noch«, verteidigte ich sie, als ob eine Notwendigkeit dazu bestanden hätte.

»Es war uns nicht allen beschieden, so viel Glück in der Ehe zu finden. Leider!« seufzte Senara. Sie lächelte Carlotta zu und fuhr fort: »Wir sollten den Zwillingen unsere Neuigkeiten berichten. Oder wäre es vielleicht besser, zu warten, bis eure Mutter zurückkommt? Sie sollte es eigentlich als erste erfahren. Aber ich sehe schon, ihr könnt es vor Neugierde kaum aushalten.«

»Was sind das für Neuigkeiten?« fragte Bersaba.

»Carlotta hat einen Heiratsantrag bekommen.«

»Schon? Von wem denn?« In Gedanken zählte ich die jungen Leute auf, die ich kannte: die Krolls, die Trents, die Lamptons ... Sicherlich würde Carlotta keinen von ihnen für gut genug erachten, nachdem sie sich solche Mühe gegeben hatte, uns von der verschmähten Verbindung zum Hof zu berichten.

»Sie muß noch darüber nachdenken, nicht wahr, Carlotta? Es ist keine Partie, wie sie sie erwartet hätte, wäre sie in Spanien geblieben, aber es wird die Familie noch enger miteinander verbinden, und ich habe mein ganzes Leben lang nicht die Tage vergessen, die ich hier verbracht habe.«

»Wer ist es?« fragte Bersaba in strengem Ton.

»Dein Vetter Bastian. Er hat um Carlottas Hand angehalten.«

Weil ich Bersaba so nahe stand, konnte ich den Schreck förmlich spüren, der sie durchfuhr. Ich verstummte wie sie und wußte, wie tief sie getroffen war.

Ich fing schnell an zu sprechen, um ihr diese Notwendigkeit zu ersparen, und sagte: »So schnell? Wie kannst du dir schon sicher sein? Wie kann Bastian seiner sicher sein? Was sagen Tante Melanie und Großvater dazu?«

»Sie sagen, das hat Bastian selbst zu entscheiden. Alt genug ist er ja. Er ist sein eigener Herr, und es besteht kein Zweifel daran, daß er wahnsinnig verliebt ist in Carlotta. Stimmt das nicht, Carlotta?«

»Er hat es sich in den Kopf gesetzt, mich zu heiraten.«

»Und du, willst du ihn auch heiraten?« fragte ich atemlos.

Ein Lächeln huschte über ihr Gesicht. »Ich bin mir noch nicht ganz sicher. Er muß auf meine Antwort warten.«

»Wir haben Paling verlassen, um Carlotta Gelegenheit zu geben, in Ruhe darüber nachzudenken«, erklärte Senara.

»Auch wollte ich wissen, wie ihr darüber denkt«, sagte Carlotta. »Würdet ihr mich gerne in der Familie haben?« Sie sah Bersaba an, die regungslos, mit niedergeschlagenen Augen dastand und kein Wort sagte. »Natürlich hat es keine Bedeutung, was ihr mir zu sagen habt. Ich werde selbst entscheiden, ob ich Bastian heiraten will oder nicht.« Wieder dieser komische Blick. »Ich glaube sowieso, daß ich es tun werde.«

Die Atmosphäre war ungeheuer gespannt. Mir ging es sehr nahe, wegen Bersaba. Ich sah Großvater vor mir und hörte seine anklagenden Worte: »Schickt sie weg. Sie bringt nur Unglück.«

Erfüllte sich diese Prophezeiung bereits?

BERSABA

Die Kröte

Ich bin verzweifelt, deshalb greife ich zur Feder. Ich habe gesagt, ich würde nur schreiben, wenn ich etwas Interessantes wüßte, aber ich hatte nicht angenommen, es würde mein gebrochenes Herz sein. Ich bin tief verletzt und gedemütigt, vor allem aber bin ich wütend. Und meine Wut ist, nur weil ich sie vor der Welt verstecken muß, nicht weniger heftig. Sie schwelt wie ein Feuer in meiner Brust, und ich glaube, ich bin imstande, das Weib umzubringen, das schuld ist an meiner Verfassung.

Ich rang die Hände; ich wünschte, ich hätte ihren Hals zwischen meinen Fingern. Meine Hände sind sehr stark. Ich war immer in der Lage, Dinge mit ihnen zu tun, zu denen Angelet nie fähig gewesen wäre.

Im Augenblick glaube ich es noch nicht wirklich. Ich sage mir, es kann nicht wahr sein. Aber tief in meinem Herzen weiß ich, daß es so ist. Großvater war ein Prophet, als er uns sagte, sie würde Unglück über uns bringen. Er hat an mich gedacht, das weiß ich, denn Großvater hat eine besondere Vorliebe für mich. Zwischen uns gibt es ein stilles Einverständnis, und ich glaube, ich weiß, was es ist: ein Bedürfnis, ein Verlangen, das von ihm auf mich übergegangen ist. Äußerlich erscheine ich ganz ruhig – ruhiger als Angelet –, aber innerlich bin ich es ganz und gar nicht.

Wäre ich nicht so, wie ich bin, wäre mir so etwas nie passiert. Ich wäre nicht mit Bastian im Wald gelegen und hätte nicht in jauchzendem Jubel geschwelgt, dem Bastian genausowenig widerstehen konnte wie ich. Wenn wir entdeckt worden wären, hätte man ihm die Schuld gegeben. Man hätte gesagt, er hätte mich verführt, er sei älter als ich und ich doch noch beinahe ein Kind. Aber das entspräche nicht der Wahrheit. Ich habe ihn in Versuchung geführt. Auch wenn er mich manchmal umarmt hat, ist er immer erschrocken, wenn ich seine Küsse erwiderte. Ich habe ihn gestreichelt, um sein Begehren zu wecken. Er dachte, es sei Naivität, die mich diese Dinge tun ließ. Er hatte nicht verstanden, daß ich, obwohl ich eine Jungfrau war, von dem wilden Wunsch erfüllt war, genommen zu werden.

Als ich vierzehn Jahre alt war, wußte ich schon, daß ich Bastian zum Liebhaber wollte. Er hatte mich zu seiner Favoritin auserkoren, dafür liebte ich ihn. Denn trotz der Ähnlichkeit mit meiner Schwester fühlen sich die Leute in Angelets Gesellschaft wohler. Nicht daß sie hübscher wäre als ich... wie sollte sie auch, wo nur wenige uns unterscheiden können. Es liegt an ihrer Art. Wenn ich so tue, als wäre ich sie, nehme ich ihren Charakter an: offen und gedankenlos. Sie redet, ohne zu denken, ist fröhlich, glaubt immer nur an das Gute im Menschen und ist deshalb leicht zu täuschen. Ich muß nur an diese Eigenschaften denken, schon bin ich sie. Ihr ist es nie wirklich gelungen, so zu sein wie ich; denn selbst wenn sie hundert Jahre alt würde, würde sie nie diese tiefe Sinnlichkeit empfinden, die die treibende Kraft meiner Persönlichkeit ist und derentwegen Bastian mein Geliebter wurde, als ich fünfzehn und er zweiundzwanzig Jahre alt war.

Zum erstenmal ist es passiert, als wir in der Nähe von Schloß Paling – wo ich mit meiner Mutter und Schwester zu Besuch weilte – durch die Wälder ritten. Wir kamen zu einem Dickicht, und ich sagte, die Pferde seien müde, wir sollten sie rasten lassen.

Bastian meinte: »Unsinn, wir sind kaum vom Schloß entfernt.« Aber ich stieg ab und band mein Pferd an einen Baum, und er tat das gleiche. Ich legte mich ins Gras und schaute zu ihm hoch. Plötzlich lag er neben mir. Ich nahm seine Hand und legte sie auf meine Brust. Ich weiß noch wie heute, wie sein Körper zitterte und sein Herz schlug und wie aufgeregt ich war. Er lag neben mir und sagte: »Wir müssen gehen, Bersaba. Liebe kleine Bersaba, wir müssen zurück.«

Aber ich hatte nicht die geringste Lust, zurückzugehen, legte meine Arme um seinen Hals und sagte ihm, daß ich ihn liebe, weil er mich Angelet vorzöge. Und alles, was er darauf sagen konnte, war:

»Nein, Bersaba, wir müssen gehen. Das verstehst du noch nicht.«

Ich verstand es sehr wohl – er war derjenige, der nichts verstand. Es gibt Menschen, die einen sechsten Sinn haben – ich bin einer davon. Wir hatten damals ein Dienstmädchen – wir nannten sie Ginny –, auch sie gehörte zu ihnen.

Ich hatte gehört, wie sich die Dienstboten erzählten, Ginny hätte, seit sie elf Jahre alt war, Liebhaber. Vielleicht war ich doch anders, ich wollte keine Liebhaber, ich wollte meinen Vetter Bastian.

Hinterher hatte Bastian Angst. Als wir neben unseren Pferden standen, nahm er mein Gesicht in seine Hände und küßte mich.

Und er sagte: »Das dürfen wir nie wieder tun, Bersaba! Aber wenn du alt genug bist, werde ich dich heiraten, und wenn es sein muß, auch schon früher.«

Ich war glücklich damals, aber Bastian war es nicht. Ich hatte Angst, man würde ihm ansehen, was zwischen uns passiert war, weil er einen so traurigen Eindruck machte. Eine Weile vermied er es, mit mir allein zu sein. Ich sah ihn mit verletzten, hungrigen Augen an, und eines Tages passierte es wieder. Und abermals schwor er: »Das darf nie wieder geschehen, nicht bevor wir verheiratet sind.«

Alles war vergebens, es wurde zur Gewohnheit. Hinterher hat er immer gesagt, daß er mich heiraten würde.

Den ganzen Tag mußte ich an Bastian denken. Mein Zeichenbuch war voller Skizzen von ihm. Ich konnte nicht mehr warten, bis ich alt genug sein würde, ihn zu heiraten.

Er sagte: »Wir werden an deinem nächsten Geburtstag heiraten und unsere Absicht sechs Monate vorher verkünden.«

Für mich stand immer fest, ich würde vor Angelet heiraten. Ein weiteres Charakteristikum von mir; fast so stark wie meine Sinnlichkeit ist mein Bedürfnis, alles besser zu machen als Angelet. Sie ist meine Zwillingsschwester, sie ist mir so ähnlich, daß uns viele nicht voneinander unterscheiden können, und ich brauche sie. Manchmal habe ich das Gefühl, sie ist ein Teil von mir. Ich liebe sie, weil ich sie brauche. Ich würde es nicht ertragen, wenn sie eines Tages wegginge, und trotzdem habe ich immer den verrückten Wunsch, sie zu übertrumpfen. Die Menschen müssen mich ihr vorziehen oder ich werde von Eifersucht verzehrt. Aber nachdem sie ein offenes, aufrichtiges und sonniges Gemüt hat und ich ein finsteres, abwegiges, kann es geschehen, daß sie sich ihr zuwenden.

Einmal, als wir noch sehr klein waren, kaufte uns Mutter Schleifen für unsere Kleider. Meine war rot und die von Angelet blau. »Jetzt werden wir euch endlich auseinanderhalten können«, sagte sie im Spaß. Und als ich Angelet mit ihrer blauen Schleife sah und zusehen mußte, wie die Leute sich zuerst an sie wandten und mehr mit ihr sprachen als mit mir, wurde die blaue Schleife zu einer fixen Idee für mich. Mir schien, als besäße sie

Zauberkraft. Ich nahm ihre blaue Schleife und gab ihr meine rote, aber sie wollte sie nicht haben, die blaue gehöre ihr. Eines Tages ging ich zu der Schublade, in der die Schleifen aufbewahrt wurden, und schnitt die blaue in kleine Stückchen.

Unsere Mutter war fassungslos. Sie sprach lange auf mich ein, fragte mich, warum ich das getan hätte, aber ich konnte meine Gedanken noch nicht in Worte fassen.

Dann sagte sie zu mir: »Du hast gedacht, blau sei besser, weil es Angelet gehört; du warst eifersüchtig auf ihre blaue Schleife. Siehst du, was du jetzt angerichtet hast? Es gibt sieben Todsünden, Bersaba!« Und sie zählte sie alle auf. »Die schlimmste ist der Neid. Bekämpfe deinen Neid, mein liebes Kind, denn er schmerzt die, die ihn hegen, weit mehr als die, denen er gilt. Gib zu, du bist viel unglücklicher über die blaue Schleife als deine Schwester.«

Und das stimmte. Angelet hatte die Schleife am nächsten Tag schon vergessen, während sie in meiner Erinnerung noch lange herumgeisterte. Aber der Zwischenfall half nicht, meinen Neid zu zügeln. Er wuchs und wuchs. Er ist wie ein Parasit, der um einen Baum wächst, und der Baum ist meine Liebe zu meiner Schwester und mein Verlangen nach ihr – denn ich liebe sie wirklich, sie ist ein Teil von mir. Ich glaube, die Natur hat gewisse Qualitäten unter uns verteilt – sie gab mir ein paar und ihr ein paar andere. In so vieler Hinsicht sind wir grundverschieden, es ist nur meine geheimnisvolle Art, die das nicht an den Tag kommen läßt. Ich bin davon überzeugt, kein Mensch hat eine Ahnung von den dunklen Gedanken, die mir durch den Kopf gehen. Nachdem Carlotta und ihre Mutter angekommen waren, kam Angelet in mein Zimmer herauf. Sie fühlte sich gar nicht wohl in ihrer Haut, denn obwohl sie keine Ahnung von der Art unseres Verhältnisses hatte, wußte sie doch, daß ich Bastian anbetete und immer seine Gesellschaft suchte und er die meine.

Sie sah mich ängstlich an. Was für ein Glück, daß ich nicht zu den Mädchen gehöre, die bei der kleinsten Herausforderung Tränen vergießen. Manchmal heule ich aus Wut, aber nie kommen mir die heißen sentimentalen Tränen, denen Angelet immer freien Lauf läßt. Wenn sie eine traurige Geschichte hört, steigt ihr das Wasser in die Augen. Aber schon nach kürzester Zeit hat sie vergessen, was sie zum Weinen gebracht hat.

»Was sagst du dazu?!« rief sie aus. »Carlotta und Bastian!« Ich zuckte mit den Schultern, aber nicht einmal Angelet ließ sich davon täuschen.

»Natürlich«, fuhr sie fort und gab sich Mühe, mich nicht anzusehen, »er wird langsam alt, und es wird höchste Zeit, daß er heiratet. Früher oder später mußte er ja doch heiraten. Aber wieso Carlotta! Sie ist doch kaum eine Woche hier. Was hältst du von ihr, Bersaba?«

»Nun, sie ist attraktiv«, erwiderte ich ruhig.

»Ja, auf eine eigene Art. Sie hat etwas Sonderbares an sich ... ihre Mutter übrigens auch. Ich möchte wissen, ob es stimmt, daß ihre Großmutter eine Hexe war.« Schreckliche Bilder tauchten vor mir auf; ich sprach nicht darüber, aber sie trösteten mich.

Eines Tages, als ich ungefähr zwölf Jahre alt war, bin ich mit meiner Mutter und ein paar Stallknechten ausgeritten, als wir auf lärmenden Pöbel trafen. In ihrer Mitte hatten sie eine Frau, die noch gar nicht alt war. Die Kleider waren ihr vom Körper gerissen worden – sie war halb nackt –, und der Ausdruck namenlosen Entsetzens stand in ihren Augen. Ich werde das nie vergessen können. Der Mob grölte: »Hängt die Hexe, hängt die Hexe!« Ich glaube, daß ich noch nie so viel Angst in einem Gesicht gesehen habe, weder davor noch danach.

»Wir gehen lieber«, hatte meine Mutter gesagt, und wir wendeten unsere Pferde und ritten in gestrecktem Galopp in entgegengesetzter Richtung davon. »Diese Dinge geschehen immer wieder, aber das wird nicht ewig so sein. Die Menschen werden langsam vernünftiger.«

Ich wollte ihr ein paar Fragen stellen, aber sie sagte: »Wir wollen nicht mehr darüber sprechen, Bersaba. Wir wollen es vergessen. Mit der Zeit werden die Menschen gescheiter werden. Wir können nichts daran ändern, wenn wir darüber reden oder darüber nachdenken.«

So war die Haltung bei uns zu Hause. Wenn es etwas Unangenehmes gab, dachte man einfach nicht darüber nach. Wenn Mutter einen Fehler hatte, dann war es der, daß sie so tat, als wäre in Wirklichkeit alles nicht so schlimm. Jedesmal, wenn mein Vater in See stach, sagte sie sich, daß er heil und gesund wiederkommen würde. Auf eine Art war sie weise, aber mir hat es nie gelegen, mir selbst oder anderen etwas vorzuspielen. Ich schaue mir direkt in die Seele und frage mich, warum ich das oder jenes wohl getan habe. Ich glaube, ich kenne diese Seite meines Wesens, die nach Wahrheit verlangt – wie unangenehm oder von Nachteil sie für mich auch sein mag. Ich kenne mich selbst besser, als Mutter und Angelet sich jemals kennen werden.

Später bin ich an diesen Platz zurückgegangen und habe die Frau an einem Baum hängen sehen. Es war ein scheußlicher Anblick. Sie wurde bereits von Krähen attackiert. Ihr Haar war lang, und es war immer noch zu erkennen, daß sie eine schöne Frau gewesen sein mußte. Es war bestialisch und niederträchtig und verfolgte mich lange Zeit. Das war die Wirklichkeit!

Und jetzt sah ich Carlotta in den Händen des Pöbels, der sie zum Baum zerrte. Ihre Großmutter war eine Hexe ... vielleicht war sie auch eine. Vielleicht war das der Grund, daß es ihr gelungen war, mir Bastian wegzunehmen: Sie hatte ihn verhext. Eine altbekannte Erregung bemächtigte sich meiner, und ich fühlte mich besser.

»Ist Hexenkunst etwas, das sich von der Großmutter auf die Mutter und immer weiter vererbt? Was meinst du?« fragte ich.

Angelet lächelte beglückt. In ihrer oberflächlichen Art, in allen Dingen nur das Angenehmste zu sehen, war sie zu der Überzeugung gekommen, daß meine kindliche Liebe zu Bastian doch nicht so tief saß, als sie befürchtet hatte. Eine der liebenswürdigsten Eigenschaften Angelets war, daß meine Sorgen auch ihre waren. Aber jetzt war ich voller Verachtung für sie – was wiederum nur eine andere Form von Neid war. Es mußte wunderbar sein, ohne derartige intensive Gefühle, wie sie Menschen wie mich bedrängen, leben zu können. Angelet antwortete: »Ja, vielleicht. Ich möchte nur allzugerne wissen, ob Carlotta eine Hexe ist.«

»Das herauszufinden, wäre allerdings nicht uninteressant.«

»Aber wie?«

»Wir werden drüber nachdenken«, schlug ich vor.

»Es gibt gute und böse Hexen«, sagte Angelet. Sie konnte einfach nicht umhin, in dem Mädchen, das mir meinen Liebsten gestohlen hatte, etwas Gutes zu sehen. »Die guten Hexen heilen Warzen und Gerstenkörner und brauen Liebestränke, mit denen man sich einen Liebsten unterjochen kann. Wenn ein Unglück geschieht, kann eine gute Hexe helfen, denjenigen zu finden, der dir Unglück wünscht. Ich habe letzthin mit Ginny darüber gesprochen, sie weiß eine Menge über Hexen. Sie glaubt immer, daß ihr jemand etwas Böses wünscht.«

»Wir werden mit Ginny reden«, beschloß ich. Alle möglichen Gedanken wirbelten in meinem Kopf herum. Aber es waren tröstliche Gedanken.

»Ich möchte wissen, ob Bastian überhaupt etwas davon weiß«, giggelte Angelet. »Vielleicht fragst du ihn lieber.«

»Warum nicht du?«

»Ach, er hat immer dich vorgezogen.«

»Hat er das gezeigt?«

»Das weißt du doch. Hat er sich nicht immer mit dir im Wald verirrt?«

Sie wußte es also. Ihre Worte schnitten mir in die Seele. Bastian und ich waren durch den Wald geritten... wir lagen zusammen im Gras, inmitten von Farnkraut... und seine Stimme: »Wir sind verrückt. Was, wenn wir gesehen werden?« Und mir war alles egal. Es war so wichtig für uns beide.

Und jetzt... Carlotta!

»Ich werde schon herausfinden, ob sie eine Hexe ist«, stieß ich leidenschaftlich hervor. Sie wird nicht mehr so vergnügt sein, wenn man sie zu einem Baum zerrt, ihr die Kleider vom Leib reißt und sie aufhängt.

Es war nicht einfach, zu verbergen, wie geschockt ich war. Carlotta wußte, daß ich Bastian sehr gerne hatte, aber wußte sie auch, wie weit diese Sympathie gegangen war? Je länger ich darüber nachdachte, um so wütender wurde ich. Diese Beleidigung! Diese Erniedrigung! Ich, Bersaba Landor, beiseite geschoben! Noch dazu vom eigenen Cousin! Er muß vollkommen verhext sein.

Carlotta spielte mit mir wie eine Katze mit der Maus; tatzelte nach mir, ließ mich ein Stückchen laufen und holte mich wieder zurück, mit ihren Krallen. Ich tröstete mich mit dem Gedanken, daß sie wenigstens nicht wußte, wie verletzt ich war. Sie dachte, ich hätte nur wie ein kleines Mädchen für Bastian geschwärmt und wäre ein bißchen beleidigt, weil er sich nicht mehr so um mich kümmerte wie früher.

Beim Abendessen saß Fennimore am Kopfende der Tafel, und Carlotta warf ihm einen ihrer trägen Blicke zu. Fennimore war wie sein Vater, und da Carlotta mit Bastian so gut wie verlobt war, käme es ihm nicht in den Sinn, ihrer Faszination zu erliegen. Genau wie meine Eltern verbreitete Fennimore ein Gefühl der Sicherheit und brachte es sogar fertig, mich davon zu überzeugen, daß – was immer auch geschehen würde – dies mein Zuhause bleiben würde.

Carlotta sprach über ihre bevorstehende Hochzeit und was sie für sie bedeuten würde.

»Ich zögere noch«, sagte sie, »ich bin mir nicht so sicher, ob ich auf dem Lande leben möchte.«

»Du wirst dich schon daran gewöhnen«, sagte Fennimore leichthin. »Bastian muß sich um die Ländereien kümmern, das ist eine zeitraubende Aufgabe, das kann ich dir versichern.«

»In Madrid waren wir oft bei Hof. Ich fange bereits an, es hier ein wenig langweilig zu finden.«

»Dann solltest du Bastian nicht heiraten«, gab Fennimore zu bedenken. »Es sei denn, du hast noch andere Interessen.« Angelet warf mir einen schlauen Blick zu, und ich dachte: Nein, Schwester, jetzt nicht mehr.

»Was gibt es schon Interessantes auf dem Lande?«

»Reiten, zum Beispiel. Auf dem Land kannst du weitaus besser reiten als in der Stadt. Es gibt auch noch andere aufregende Dinge... wie die Lustbarkeiten im Mai und zu Weihnachten, wenn wir das Haus mit Stechpalmen und Efeu schmücken. Manchmal veranstalten wir auch Bälle.«

»Und wennschon, ein Ball bei Hof ist etwas anderes, verlaß dich darauf!« antwortete Carlotta von oben herab.

»Trotzdem gibt es aufregende Dinge«, beteuerte Angelet. »Zum Beispiel, die Hexe im Wald aufzusuchen.«

»Wer soll denn das sein?«

»Man hat sie vor einiger Zeit aufgehängt«, sagte Angelet nüchtern. »Aber es gibt noch andere Hexen. Es wird immer Hexen geben.«

»Erzählt! Was wißt ihr darüber?« Carlotta war ganz Feuer und Flamme.

»Sie tun viel aufregende Dinge, nicht wahr, Bersaba?«

»Sie verkaufen dem Teufel ihr Seele – für spezielle Kräfte, die sie in die Lage versetzen, alles, was sie wollen, zu erreichen.«

»Seltsam, daß Hexen dann trotzdem immer alt und häßlich sind«, sagte Fennimore. »Wenn sie alles haben können, was sie wollen, könnte man doch annehmen, sie seien hübsch.«

»Vielleicht gibt es auch hübsche Hexen«, überlegte Carlotta.

Triumphierend dachte ich, daß sie eine ist. Ich war ganz sicher!

»Man hat behauptet, meine Großmutter sei eine Hexe gewesen, und ich habe nie eine schönere Frau gesehen«, fuhr Carlotta fort.

»Ich möchte nur wissen«, sagte ich langsam, »ob Hexenkunst vererbbar ist?«

Carlotta sah mich fest an. »Das ist sehr gut möglich«, antwortete sie, und ich wußte, sie wollte, daß ich glaube, sie hätte spezielle Kräfte, Kräfte, mit denen sie alles erreichte, was sie wollte.

Menschen in ihren Bann zu ziehen, zum Beispiel, sie denen wegzunehmen, die sie liebten, indem sie sich selbst unwiderstehlich machte.

Fennimore – wie typisch für ihn – hielt dieses Thema offensichtlich für seine jüngeren Geschwister nicht für passend und änderte es entschlossen.

Ich hörte dem Gespräch nicht mehr zu. Ich war erregt und fühlte mich besser, seit ich die Neuigkeit erhalten hatte.

Zwei Tage nachdem Carlotta und Senara in Trystan Priory eingetroffen waren, kam Bastian herübergeritten. Ich sah ihn von einem der Fenster aus und wußte nicht, was ich tun sollte. Einesteils wollte ich in mein Zimmer rennen und mich einsperren, aber es war auch Angelets Zimmer, andererseits wollte ich zu ihm hinuntergehen, um ihn zu beschimpfen und ihm zu sagen, daß ich ihn haßte.

Ich konnte natürlich keines von beidem tun. Ich habe nämlich noch eine Eigenschaft, von der ich nicht weiß, soll ich dankbar dafür sein oder sie verfluchen. Wenn etwas Angenehmes oder Unangenehmes passiert, stehe ich daneben und beobachte. Und was immer mein Gefühl ist, ich habe es unter Kontrolle und kann überlegen, was ich tun muß. Was bringt mir den größeren Vorteil? Angelet denkt nie nach, sie tut einfach, was ihr in den Sinn kommt. Wenn sie böse wird, geht ihr Ärger mit ihr durch. Dasselbe geschieht, wenn sie sich freut. Manchmal denke ich, ich hätte es viel einfacher, wenn ich so wäre wie sie. Dann hätte alle Welt gewußt, was ich empfinde. Aber ich bin ich, und deshalb muß ich – auch in meinem tiefsten Elend, auch in meinen Haßgefühlen, die so viel intensiver sind, als Angelet sie je empfinden könnte – äußerlich ruhig bleiben und mich fragen, was für mich das beste ist.

Ich überlegte hin und her und entschloß mich, das Haus zu verlassen, damit er mich nicht fände, wenn er mich suchte. Das würde ihm zu denken geben.

Ich zog mir rasch mein Reitkostüm an, ging hinunter in den Stall, sattelte mein Pferd und ritt aus. Der Wind strich über mein Gesicht und verfing sich in meinem Haar. Ich konnte die Feuchtigkeit der Erde riechen; denn es hatte in der Nacht geregnet. Ich spürte, wie mir die Tränen in die Augen stiegen, und wußte, würde ich weinen, würde ich erleichtert sein, aber ich weinte nicht. Statt dessen schürte ich meine Wut. Ich dachte daran, wie er meinen Stolz verletzt hatte, daß ich ihn geliebt habe, weil er mich meiner Schwester vorgezogen hatte, daß es mein Stolz gewesen war, der mich veranlaßt hatte, mich in ihn zu verlieben. Jetzt hatte er meinen Stolz getroffen, hatte meiner Liebe den Grund entzogen, jetzt haßte ich ihn. Ich wollte ihn verletzen, wie er mich verletzt hatte.

Ich hörte eine Stimme in mir, die sagte, ich hätte Bastian niemals geliebt, ich hätte nur mich selbst geliebt.

Und ich wußte, das war die Wahrheit, und wünschte, ich wäre wie Angelet, die sich niemals nach ihren geheimen Gedanken befragte.

Ich ritt den alten Reitpfad entlang, an dem die Schwarzbeeren blühten, die wir im Herbst pflückten, damit sie eingekocht unsere Speisekammer füllen sollten. Ich galoppierte vorbei an grünen Weizenfeldern und kam in den Wald, in dem ich mit Bastian gelegen hatte, wenn er auf Besuch nach Trystan Priory gekommen war. Der Fingerhut blühte. Angelet und ich pflückten einmal einen Strauß davon und brachten ihn nach Hause. Da sagte die alte Sarah, die in der Küche arbeitete, das wären giftige Blumen und Hexen wüßten, wie man daraus einen Trank braut, der einen in ewigen Schlaf versetzte.

Ich würde Carlotta gern in ewigen Schlaf versetzen!

Es war falsch von mir, in den Wald zu kommen, wo es so viele Erinnerungen gab. Ich dachte an das letztemal, da wir hier zusammen gewesen waren. Das war vor sechs Monaten – im Januar –, die Bäume waren kahl und streckten ihre nackten Äste gegen den Himmel. Trotzdem, wie schön sie waren! Schöner als im Sommer, hatte ich zu Bastian gesagt.

»Mir sind sie mit Blättern lieber«, hatte er geantwortet. »Jetzt ist es gefährlicher hier.«

»Unsinn, wer kommt schon im Winter in den Wald?«

»Wir, zum Beispiel.«

Es war kalt gewesen, ich erinnere mich noch. Der Wind war eisig, aber ich sagte zu ihm: »Was macht es, solange uns die Liebe wärmt.«

Und wir lachten und waren glücklich, und Bastian sagte: »Im Winter in einem Jahr werden wir unsere Verlobung verkünden.« Es war ein bezaubernder Nachmittag.

Als wir zurückritten, zeigte ich ihm die Knospen am Jasmin, der über das Dach einer Hütte ragte, an der wir vorbeiritten.

»Vorboten des Frühlings«, hatte Bastian gesagt. Das schien uns bedeutungsvoll. Die Zukunft schien überhaupt voller Versprechungen für uns.

Warum wollte ich nur hierherkommen und Erinnerungen auffrischen? Es wäre besser gewesen, ich wäre zu Hause geblieben.

Plötzlich sah ich einen Mann auf mich zureiten und erschrak, tat ich doch etwas Verbotenes – ich war allein ausgeritten. Ich gab meinem Pferd die Sporen, bog vom Weg ab und galoppierte über die Wiesen. Mein Schreck wurde noch größer, als auch der Mann vom Weg abbog und über die Wiese direkt auf mich zukam.

Du brauchst keine Angst zu haben, suchte ich mich selbst zu beruhigen. Warum sollte er nicht in diese Richtung reiten?

Mit war, als hörte ich meiner Mutter Stimme. »Ich möchte, daß ihr Mädchen nie alleine ausreitet. Es ist in Ordnung, wenn Fennimore oder Bastian bei euch sind oder zwei Reitknechte.«

Der Reiter war an mir vorbeigaloppiert und brachte sein Pferd zum Stehen. Seltsamerweise hatte ich überhaupt keine Angst mehr, aber eine sonderbare Erregung hatte mich ergriffen. Der Mann sah alles andere als schurkig aus. Er war außerordentlich elegant gekleidet und mußte ein Fremder sein, denn solche Herren kriegten wir auf dem Land nicht oft zu sehen.

Als erstes bemerkte ich seinen Hut; denn er zog ihn, drehte sich zu mir um und verbeugte sich. Der Hut war aus schwarzem Filz, hatte einen breiten Rand und war mit einer wunderhübschen weißen Feder geschmückt, die über die Krempe hinauswippte. Sein Haar – hellbraun, fast golden und leicht gelockt – fiel ihm bis auf die Schultern. Hier auf dem Land trug man das Haar nicht so. Ich habe allerdings gehört, daß dies die neueste Mode sei. Fennimore hatte darüber gelacht und gesagt, er würde sein Haar nie wie ein Mädchen tragen. Aber ich mußte zugeben, es wirkte überhaupt nicht feminin. Sein Wams war schwarz und hatte weite Ärmel mit Spitzen am Handgelenk, und seine Breeches aus schwarzem Tuch glänzten wie Satin. Er trug eckig geschnittene Stiefel, die ihm bis unters Knie reichten. Ich nehme an, seine Erscheinung prägte sich mir deshalb so deutlich ein, weil ich noch nie zuvor jemanden wie ihn gesehen hatte.

»Verzeiht, mein Fräulein«, sagte er, »könnt Ihr mir helfen? Lebt Ihr in dieser Gegend und kennt Euch hier aus?«

»Ja, das tue ich.«

»Ich bin auf der Suche nach Trystan Priory, das hier in der Nähe liegen muß.«

»Ihr habt Glück, mich getroffen zu haben. Ich lebe dort und bin gerade auf dem Weg zurück.«

»Tatsächlich? Dann ist dies ein glücklicher Zufall.«

»Wenn Ihr mit mir reiten wollt, bringe ich Euch hin.«

»Das ist sehr gütig von Euch.«

Unsere Pferde trabten Seite an Seite. Wir überquerten die Wiesen und ritten zurück zur Landstraße.

»Wahrscheinlich wollt Ihr meinen Vater sehen.«

»Ich habe geschäftlich mit Captain Fennimore Landor zu tun«, antwortete er.

»Er ist im Augenblick nicht in Trystan Priory.«

»Aber ich habe gehört, er wäre von seiner Reise zurückgekehrt.«

»Ja, das stimmt. Er ist nur nach Plymouth geritten und wird in ein paar Tagen zurück erwartet.«

»Das klingt schon besser. Dann werde ich nicht zu lange aufgehalten.«

»Habe ich recht in der Annahme, es handelt sich um Geschäfte mit der East India Company?«

»Ja, das ist richtig.«

»Es kommt oft Besuch. Kommt Ihr von weit her?«

»Ich komme aus London. Meine Diener habe ich in einem Gasthof zurückgelassen, samt meinem Gepäck, und bin losgeritten, um zu sehen, ob ich Trystan Priory finde. Ihr habt es mir sehr erleichtert.«

»Das freut mich! Mein Bruder wird sich mit Euch unterhalten. Er weiß Bescheid.«

»Wie interessant! Übrigens – darf ich mich vorstellen, mein Name ist Gervaise Pondersby.«

»Ich bin Bersaba Landor. Ich habe eine Zwillingsschwester, Angelet. Sie und mein Bruder werden sich sehr freuen, Euch kennenzulernen.«

Ich konnte mir Angelets Erstaunen gut vorstellen, wenn ich mit diesem eleganten Fremden in den Hof geritten kam. Ich war ihm sehr dankbar, denn er hatte mir geholfen, zumindest zeitweise den Schmerz zu vergessen, den Bastian mir zugefügt hatte.

Trystan Priory kam in Sicht.

»Was für ein bezauberndes Haus!« sagte Gervaise Pondersby. »Das ist also das Heim der Landors. Wie weit ist es zum Meer?«

»Fünf Meilen.«

»Ich dachte, es wäre näher.«

»Fünf Meilen sind nicht viel«, antwortete ich. Als wir die leichte Steigung hinauf und in den Hof ritten, erzählte ich ihm, daß das Haus mit den Steinen der Klosterruinen erbaut worden war.

Wir waren gesehen worden, und ich konnte mir die Bestürzung vorstellen, die wir verursacht hatten: Bersaba kommt mit einem Gentleman aus London nach Hause!

Ich rief einem Stallburschen zu, sich unserer Pferde anzunehmen, und als wir in die Halle traten, waren Fennimore und Bastian bereits da, uns zu begrüßen. Ich vermied es, Bastian anzusehen, und sprach nur mit Fennimore.

»Ich habe diesen Herrn auf der Landstraße getroffen. Er war auf dem Weg nach Trystan Priory, um Vater in einer geschäftlichen Angelegenheit zu sprechen.«

Der Fremde verbeugte sich gewandt und sagte: »Gervaise Pondersby, zu Euren Diensten.«

»Ach, Sir Gervaise!« rief Fennimore aus. »Mein Vater hat mir oft von Euch erzählt. Willkommen in Trystan Priory. Leider ist mein Vater im Augenblick nicht hier.«

»Eure Schwester hat es mir bereits erzählt. Zum Glück ist er nicht lange unterwegs.«

»Er muß in ein paar Tagen zurück sein. Darf ich Euch meinen Vetter vorstellen – Bastian Casvellyn.«

Bastian verbeugte sich. Neben diesem Mann wirkte er direkt unbeholfen, dachte ich und frohlockte innerlich ob dieser Tatsache.

»Darf ich Euch in das Arbeitszimmer meines Vaters bitten? Ich lasse gleich eine Erfrischung holen.«

»Ich nehme gerne einen Schluck Wein, während Ihr mir sagt, wann Euer Vater zurück erwartet wird.«

»Ich kann einen Boten nach Plymouth schicken und ihm ausrichten lassen, daß Ihr da seid«, sagte Fennimore. Ich war ziemlich stolz auf meinen Bruder, weil er überhaupt nicht beeindruckt schien von dem Fremden.

Als Fennimore ihn aus der Halle begleitete, lief ich die Treppe hinauf und Bastian hinter mir her. Aber ich war schneller.

»Bersaba«, flüsterte er.

»Ich habe dir nichts zu sagen«, zischte ich über meine Schulter.

»Ich muß dir etwas erklären.«

Ich rannte weiter, aber in der Galerie holte er mich ein. »Du mußt mir nichts erklären, ich habe dir zu gratulieren.«

»Versteh mich doch, Bersaba!«

»Ich verstehe alles. Du hast Carlotta um ihre Hand gebeten, da gibt es doch gar nichts zu verstehen.«

»Ich weiß gar nicht, wie das passieren konnte. Ich liebe dich, Bersaba.«

»Du liebst mich so sehr, daß du Carlotta heiraten wirst. Das ist doch ganz einfach.«

»Es geschah in einem Moment der Verwirrung. Ich weiß nicht, was über mich gekommen war... ich war wie verhext. Das ist wahr, Bersaba, du mußt mich verstehen! Wenn sie da ist...«

Jedes Wort war wie ein Stich in mein Herz. Ich fragte mich, wie ein einfacher Mensch wie Bastian so viel Schmerz verursachen konnte.

Ich stieß ihn von mir. »Dann geh doch zu ihr! Geh zu deiner Hexe! Ich kann dir nur eines sagen, es wird dir leid tun... unheimlich leid!«

Dann drehte ich mich um und rannte, bis ich meine Schlafzimmertüre erreicht hatte. Ich war froh, daß Angelet nicht da war. Ich sperrte ab. Bastian stand draußen, klopfte und flüsterte meinen Namen.

»Laß es mich doch erklären, Bersaba!«

Erklären... Was gab es da schon zu erklären? Daß sie unwiderstehlich war? Daß er sie haben wollte? Daß er bereit war, mich wegen ihr zu vergessen?

»Geh doch zu ihr zurück!« zischte ich giftig. »Geh zu deiner Hexe!«

Fennimore schickte sofort einen Boten nach Plymouth, der meinen Vater von Sir Gervaise' Ankunft unterrichten sollte. Und während sie Wein tranken, versuchte mein Bruder Gervaise zu überzeugen, daß er in Trystan Priory bequemer untergebracht wäre als im Gasthof, und bat ihn, mit seinen Dienern und seinem Gepäck hierherzukommen. In der Zwischenzeit wurden die Zimmer bereitgemacht.

Sir Gervaise nahm die Einladung dankbar an; aber erst, wenn mein Vater zurück sei.

Während des Abendessens sprachen alle über Sir Gervaise. Ich erklärte, wie ich ihn getroffen hatte, und wurde sofort gescholten, weil ich allein ausgeritten war. »Du weißt ganz genau, daß Mutter befohlen hat, immer einen Reitknecht mitzunehmen«, sagte Fennimore. »Es war leichtsinnig von dir, so zu handeln.«

»Ich bin kein Kind mehr«, antwortete ich spitz.

Ich merkte, Bastian schaute mich an und errötete, weil er sicher an unsere wenig kindlichen Spiele dachte. Er saß neben Carlotta, und selbst ich spürte den Bann, mit dem sie ihn belegt hatte. Er war verletzt und verwirrt von allem, was ihm widerfahren war, was bewies, daß er verhext war. Aber er konnte den Blick nicht von ihr lassen. Ich sah, wie er die Hand nach ihr ausstreckte, um sie zu berühren. Wie ich sie haßte, die beiden! Und ich mußte dasitzen und so tun, als wäre alles in Ordnung.

Carlotta sagte: »Mir schien er ein wohlerzogener junger Mann. Ich habe ihn allerdings nur vom Fenster aus gesehen, als er wegritt.«

»Er kommt zurück, wenn meine Eltern wieder da sind«, sagte Fennimore, »und dann wird er wahrscheinlich ein paar Tage bleiben.«

Wie ich diese Mahlzeit überstanden habe, weiß ich nicht. Wenn Bastian nicht bald heimging, würde ich zusammenbrechen. Ich konnte es nicht ertragen, ihn und Carlotta zusammen zu sehen. Das war einfach zuviel verlangt.

Nach dem Essen machten die Spielleute auf der Galerie gedämpfte Musik, und Thomas Jenson, unser Musiklehrer, sang Madrigale mit uns. Natürlich war auch die unvermeidliche Weise vom ungetreuen Geliebten darunter.

Sobald ich konnte, sagte ich, daß ich müde sei, und zog mich in mein Zimmer zurück. Aber meine Schwester mußte natürlich mit mir kommen und mir sagen, daß ich bleich und elend aussähe und daß es falsch von mir war, heute nachmittag alleine auszureiten. Diese zärtliche Schelte war mehr, als ich ertragen konnte, und ich flehte sie an, mich alleine zu lassen, damit ich meine Augen zumachen und versuchen konnte, einzuschlafen.

Schlafen... als ob ich schlafen könnte! Ich lag ungefähr eine halbe Stunde wach, da klopfte es an die Tür. Ich schloß meine Augen, denn ich dachte, Angelet käme zurück. Aber es war nicht Angelet, es war Ginny, die mir Milch brachte. Angelet hatte sie heraufgeschickt.

Ich sah Ginny an. Sie war einundzwanzig und sehr schlau. Sie hatte ein Kind, als sie vierzehn war. Es lebte mit ihr in einer der Dachkammern, denn meine Mutter stand auf dem Standpunkt, man dürfe eine Mutter nicht von ihrem Kind trennen. Seitdem hatte sie viele Liebhaber gehabt, aber kein Kind mehr. »Verrücktes Ding!« pflegte meine Mutter zu sagen. »Eines Tages wird sie wieder in Schwierigkeiten geraten.« Aber ich konnte Ginny verstehen. Sie war gar nicht so verrückt.

»Mistress Angelet hat gesagt, Ihr sollt das trinken, dann könntet Ihr gut schlafen.«

»Vielen Dank, Ginny.«

Sie reichte mir die Milch, die heiß war und wohltat.

»Bleib noch einen Augenblick, bis ich ausgetrunken habe.«

»Ja, Mistress.«

»Hast du schon einmal mit einer Hexe gesprochen, Ginny?«

»Oh, ja, ich bin zu einer Hexe gegangen, als ich in Schwierigkeiten war, aber sie hat nichts mehr für mich tun können.«

»Das war Jenny Keys, nicht wahr? Sie ist in der Henkergasse aufgehängt worden.«

»Ja, Mistress, das stimmt. Aber es war nichts Unrechtes an Jenny. Sie hat vielen Mädchen geholfen, die in Schwierigkeiten waren, und es war fabelhaft, wie sie Warzen wegzaubern konnte. Sie hat viel Gutes getan, o ja! Meine Großmutter hat immer gesagt: ›Es gibt gute und böse Hexen, Ginny, und Jenny Keys ist eine gute.‹«

»Nicht alle haben so gedacht.«

»Nein. Hier gibt es schlimme Menschen. Jenny Keys konnte einen bösen Zauber abwenden, wenn ich's Euch sage! Als mein Bruder Keuchhusten hatte, hat sie ihn geheilt, indem sie ihm einen Beutel mit Spinnen um den Hals hängte. Ich glaube nicht, daß Jenny je einen Menschen verzaubert hat. Manche Hexen tun das aber. Deshalb wird es immer Leute geben, die gegen Hexen sind. Egal, ob es eine gute oder eine böse ist.«

»Was ist mit Jenny Keys geschehen?«

»Es hat Leute gegeben, die haben sie gehaßt. Die haben angefangen, über sie zu reden – Stimmung gegen sie zu machen. Eine Kuh starb beim Kalben... auch das Kalb, und der Viehhirt, er war so böse, er hat gesagt, er hätte Jenny dabei erwischt, wie sie die Kuh verwünscht hat. Andere behaupten, sie wären um ein Heilmittel zu ihr gegangen und hätten sie in ihrer Hütte, mit ihrem schwarzen Kater zu Füßen, gesehen, wie sie gerade ein mit Stecknadeln gespicktes Ochsenherz briet und dabei sagte:

Nicht dieses Herz hier sollte brennen,
Jack Perran gelten meine Flammen.
Gönn ihm weder Rast noch Ruh,
Tod und Teufel schlagen zu.

Und als Jack Perran ganz plötzlich im Schlaf gestorben ist, fingen die Leute an zu flüstern. Sie fingen auch an, über andere Hexen zu reden, und wie zu Zeiten König James' veranstalteten sie regelrechte Hexenjagden. Man hatte angenommen, viele Hexen hätten sich damals unter die Erde verkrochen, aber nun würden sie sich wieder herauswagen, und man sollte ein Exempel statuieren. Es wurde geredet... Erinnerungen wurden ausgegraben... Und sie begannen Jenny Keys nachzuspionieren. Eines Tages haben sie sie dann abgeholt und in der Henkergasse aufgehängt.«

»Wenn sie wirklich eine Hexe war, war es vielleicht richtig.«

»Vielleicht, Mistress, aber man sagt, sie war eine gute Hexe.«

»Einmal hat es auch auf Schloß Paling eine Hexe gegeben. Hast du je von ihr gehört?«

Ginny erschrak und schaute heimlich über die Schulter.

»Aber natürlich, Herrin. Alle haben miterlebt, wie sie aus dem Meer gekommen ist. Meine Großmutter hat es mir erzählt. Es ist nie vergessen worden – sie kam und ist wieder zum Teufel gegangen. Später dann ist sie noch mal aufgetaucht und abermals verschwunden. Und niemand hat je wieder etwas von ihr gehört.«

Mir lief eine Gänsehaut über den Rücken.

»Friert Ihr, Mistress?«

»Jemand geht über mein Grab, Ginny, wie man so schön sagt. Kennst du die Damen hier?«

Ginny war irgendwie beunruhigt.

»Ja, Mistress.«

Ich gehe zu weit und bin unvorsichtig, dachte ich. Trotzdem machte ich weiter.

»Glaubst du, daß Hexenkunst vererbbar ist? Ich meine die dunklen Kräfte?«

Ginny, mit ihrer rauhen Stimme, war der geborene Verschwörer.

»Man behauptet das; ich habe es jedenfalls schon gehört.«

»Ich weiß nicht... Hier, nimm den Becher. Die Milch war gut und hat mich erwärmt. Ich glaube, ich kann jetzt schlafen.«

Jetzt brauchte ich nur noch abzuwarten, daß die Saat aufgehen würde.

Ich fühlte mich viel besser, seit ich einen Plan hatte. Er verfolgte mich direkt. Nachts wachte ich manchmal auf und war von einer wilden Erregung besessen. Das besänftigte meinen Haß und meine Bitterkeit. Ich verstand jetzt, was Homer gesagt hat: »Rache ist süßer als Honig.«

Ich träumte davon, wie der Mob Carlotta in die Henkergasse zerrte, und von all den Erniedrigungen, die sie dabei würde erdulden müssen. Ich stellte mir ihren halbnackten Körper vor und geile Männer, die sie anstierten, und Bastian, der hinterher vorbeikam und sie dort hängen sah.

Wie schlecht ich doch war! Aber der Schmerz saß tief, ich mußte ihn irgendwie betäuben. Tief im Herzen wußte ich doch, dies war nur Phantasie, nur ein Tagtraum, in dem man sich vorgaukelte, man besitze etwas, das nicht zu haben ist.

Carlotta verursachte viel Aufsehen in einem Haus wie dem unseren. Sie war so anders, mit ihren Allüren und ihren Reizen, sie war exotisch, und alles was fremd war, erregte Verdacht in den einfachen Menschen. Mit steigendem Interesse beobachtete ich das Benehmen der Dienstboten ihr gegenüber. Sie waren teilweise fasziniert, teilweise ängstlich, und ich tat alles, was ich konnte, diese Angst in ihnen zu schüren. Ich glaube, Ginny hat geredet und das Gesinde an die alte Geschichte von der Hexe, die aus dem Meer kam, erinnert.

Einmal, als wir zusammen ausritten, sah ich eine Frau davonlaufen, den Blick von Carlotta abgewandt, und ich frohlockte, denn die Saat, die ich gesät hatte, schien aufgegangen.

Bastian verließ uns am nächsten Tag wieder. Ich glaube, er konnte es nicht ertragen, mit Carlotta und mir unter einem Dach zu leben. Als er ging, habe ich mich nicht von ihm verabschiedet, sondern bin ihm ausgewichen. Aber ich habe ihm nachgesehen, als er wegritt. Von einem der Turmfenster sah ich, daß er sich immer wieder umschaute. Um noch einen allerletzten Blick auf Carlotta werfen zu können, dachte ich grimmig.

Manchmal, wenn ich allein in meinem Zimmer war, fürchtete ich mich vor mir selbst und vor dem, was ich im Begriff war zu tun. Ich wollte Carlotta töten, aber nicht auf dem direkten Weg, andere sollten es für mich tun. Es war ein feiner Plan.

Wenn ich mit ihr zusammen war, sagte ich mir, daß sie es nicht anders verdient habe. Sie hatte etwas Gottloses an sich... etwas Verruchtes. Ich war vollkommen davon überzeugt, daß sie eine Hexe war, denn nur einer Hexe konnte es gelingen, mir Bastian wegzunehmen. Und wenn sie eine war, war es besser, sie wurde beseitigt.

Niemand konnte ihr ihre Schönheit absprechen, aber nicht Schönheit allein ist es, die anzusehen Freude bereitet, sondern der Ausdruck von Güte. Ich habe immer meine Mutter in diesem Sinne schön gefunden. Carlottas Schönheit war des Teufels und zur Zerstörung ihrer Umgebung bestimmt. Zumindest redete ich mir das ein.

Senara, ihre Mutter, war stolz auf sie, aber ich glaube nicht, daß sie sie liebte, und Carlotta liebte niemanden außer sich selbst. Manchmal dachte ich wirklich, daß allein die Tatsache, mit ihr verheiratet zu sein, schon Strafe genug dafür wäre, mich so behandelt zu haben.

Die Diener mochten Carlotta nicht. Dazu behandelte sie sie viel zu arrogant. Sie ließ keinen Zweifel aufkommen, daß es unter ihrer Würde war, sie zu beachten, außer wenn sie etwas von ihnen wollte. Sie und ihre Mutter wurden von einem spanischen Mädchen bedient, das sie mitgebracht hatten. Anna war eine Frau Mitte Dreißig, hatte dunkles Haar, ein leichtes dunkles Oberlippenbärtchen und tiefliegende Augen. Sie war sehr still, ich habe sie nie sprechen hören, aber ich konnte mir vorstellen, daß sie eine fleißige und ausgezeichnete Kammerzofe war. Allein die Art, wie sie Carlottas Haar frisierte, war schon ein Wunder für sich. Sie war leise, man bemerkte sie kaum. Sie schlief in einer kleinen Kammer vor Carlottas Schlafzimmer.

Als meine Eltern zurückkamen und Sir Gervaise mit seinem Butler und seinen beiden Reitknechten eingezogen war, änderte sich unser Leben. Wir begannen in größerem Stil zu leben, denn einen Herrn wie Sir Gervaise im Haus zu haben, machte dies zu einer Notwendigkeit. Seine Geschäfte würden ihn eine ganze Woche in Anspruch nehmen, sagte er zu meinem Vater, und wenn Landor ihm solange Gastfreundschaft gewähren würde, wäre er dankbar. Natürlich hießen wir ihn willkommen, und mein Vater war entzückt. Sir Gervaise war mit dem gleichen Anteil wie mein Vater an der Gesellschaft beteiligt.

Sie ritten zusammen aus und hielten Unterredungen ab, gingen hinunter ans Meer und inspizierten Vaters Schiff. Sie sprachen über die Waren, die Vater von der Reise zurückgebracht hatte, und waren unentwegt zusammen.

Die Mahlzeiten waren zu zeremoniellen Ereignissen geworden. Wir hatten ja nicht nur Sir Gervaise zu Gast, sondern auch Senara und Carlotta. Zweifellos war unser Leben seit ihrer Ankunft großartiger und ereignisreicher geworden.

Es wurde viel über den Hof gesprochen, und darin hatten unsere Gäste viel Gemeinsames miteinander, da sie alle drei gewohnt waren, sich in diesen Kreisen zu bewegen. Und obwohl Sir Gervaise mit Whitehall verknüpft war und Senara mit Spanien, gab es doch eine Verbindung zwischen den beiden Höfen, da der König – damals war er noch ein Prinz – Spanien besucht hatte, um eine Heirat zwischen sich und der Schwester des spanischen Königs zu arrangieren.

Sir Gervaise erzählte, daß er, als er achtzehn Jahre alt gewesen war, eine kleine Stellung in der unmittelbaren Umgebung des Königs innegehabt hatte. Wahrscheinlich hatten er und Senara seinerzeit ähnliche Funktionen. Senara war König Charles einmal begegnet. Sie sagte, das sei vor dem Tod seines Vaters gewesen, als er noch Prinz und Thronerbe war. Sie hielt ihn für einen sehr gut aussehenden Mann, allerdings sei er zu klein für einen König. Er hätte großen Charme und fabelhafte Manieren gehabt, und wenn man jung und hübsch sei, machte man sowieso immer einen guten Eindruck.

Er sei allerdings weniger an einer Heirat mit der Infantin interessiert gewesen, als vielmehr an Hilfe für seine Schwester Elizabeth und ihren Gatten Frederick, die ihr Land verloren hatten.

»Der König hat seine jetzige Gemahlin in Paris kennengelernt«, erzählte Sir Gervaise. »Aber sie war damals noch ein Kind, und er hat sie nicht beachtet.«

»Ist es nicht seltsam«, meinte meine Mutter, »daß das Schicksal uns kein Zeichen gibt, wenn wir plötzlich einer Situation oder einem Menschen gegenüberstehen, die unser Leben verändern.«

»Du verlangst zuviel, meine Liebe«, sagte mein Vater.

»Es gibt Leute, die behaupten, sie hätten Vorahnungen«, warf Senara dazwischen und gestand: »Das habe ich manchmal auch.«

Daraufhin herrschte Stille rund um den Tisch, und meine Mutter legte ihre Stirn in Falten.

»Weil deine Mutter eine Hexe ist?« fragte ich.

»Aber, Bersaba, das ist doch alles Unsinn!« protestierte sie. »Ich kann mir nicht vorstellen, wo du so einen Unsinn hörst.«

»Aber es stimmt doch, nicht wahr?«

»Man hat es gesagt«, bestätigte Senara. »Damals, als sie hier war. Als ich sie später in Spanien wiedergefunden habe, ist nie mehr etwas Derartiges behauptet worden.«

»Manchmal geht die Phantasie mit den Leuten durch«, sagte

meine Mutter. »Ich bin froh, daß heutzutage über derartige Dinge nicht mehr gesprochen wird. Das ist gefährlich.«

Ich bemerkte, daß die Dienstboten, die uns bei Tisch bedienten, große Ohren bekamen. In der Küche würden sie wiederholen, was sie bei Tisch gehört hatten. Sie würden sich an die Hexe erinnern, die unter so mysteriösen Umständen nach Schloß Paling gekommen und wieder verschwunden war. Daß sie jetzt in Spanien lebte, würde sie in ihren Augen nicht weniger zur Hexe machen.

Ich beobachtete Carlotta. Wie schön sie doch war! Angelet sah neben ihr farblos aus, und das bedeutete, ich auch. Ich hatte schon bemerkt, daß Sir Gervaise sie nicht aus den Augen ließ – sie ihn übrigens auch nicht. Sie schien ihre Fäden zu spinnen, um ihn in ihrem Netz zu fangen, genau wie Bastian. Es war nicht zu überhören, wie oft er das Wort an sie richtete.

Nach dem Essen entfernten sich mein Vater und Sir Gervaise zusammen. Sie hatten Geschäftliches miteinander zu besprechen, und meine Mutter hat mir erzählt, daß es etwas mit der Niederlassung am Hooghly River zu tun hatte. »Sie machen sich natürlich Sorgen«, sagte sie, »weil es so viele Konflikte zwischen König und Volk gibt. Daß er ohne Parlament regiert, begreife ich sowieso nicht. Sir Gervaise sagt, so kann es nicht weitergehen, das wird sich so lange steigern, bis irgend etwas Schreckliches passiert, und wer weiß, was dann kommt.«

»Glaubst du, wir werden das hier auch merken?« fragte ich.

»Mein liebes Kind, dem werden wir nicht entkommen. Diese Schiffsgelder machen den Leuten in Plymouth echte Sorgen, und des Königs Überzeugung, daß er durch göttliche Fügung an der Regierung sei, macht das, was er tut, nicht besser.«

»Was glaubt Vater, was passieren wird?« fragte ich.

»Daß es früher oder später zu einer Verständigung kommen muß. Der König wird seinen Standpunkt fallenlassen müssen. Er behandelt die Puritaner zu hart; man sagt, das ist der Einfluß seiner katholischen Frau. Mir gefällt es gar nicht, wie sich die Dinge zur Zeit entwickeln, aber laß uns hoffen, daß rechtzeitig eine Lösung gefunden wird. Übrigens, Bersaba, ich möchte mit dir sprechen. Beim Abendessen ist über Hexen geredet worden.«

»Ja, Mutter?«

»Ich mag dieses Thema nicht, und ich glaube, du hast es aufgebracht.«

»Ich, wieso?« fragte ich scheinheilig.

»Ja, ich glaube schon, mein Schatz. Ich habe nie gerne darüber gesprochen. Nie werde ich den Tag vergessen, als sie meine Stiefmutter holen kamen.«

»Was ist damals geschehen, Mutter? War es sehr schlimm?«

»Ja, das war es. Ich hasse es, daran erinnert zu werden, noch lange danach habe ich davon geträumt... eigentlich bis ich Vater geheiratet habe. Diese Prozession hat mich bis in meine Träume verfolgt: Fackeln, singende Stimmen und diese gefühllosen, grausamen Gesichter der Menschen, die da auf das Schloß marschiert kamen. Nie mehr möchte ich so etwas erleben.«

»Glaubst du, die Leute schauen wieder nach Hexen aus?«

»Sag so etwas nie wieder! Hat Senara mit dir darüber gesprochen?«

»Nein, Mutter.«

»Ich kann mich noch erinnern: Als sie jung war, hat sie unentwegt von Hexen gesprochen und die Leute daran erinnert, daß ihre Mutter verdächtigt wird, eine zu sein. Sie wußte damals nicht, wie gefährlich das war. Und das könnte es immer noch sein.«

»Ich habe nicht viel drüber reden hören, Mutter.«

»Die Angst ist immer noch da... versteckt vielleicht... kann aber jeden Tag wieder aufbrechen. Die Leute glauben immer noch daran, obwohl wir sie nie ermutigt haben. Ich möchte nicht, daß die Leute anfangen, über Hexen zu reden, bloß weil Senara zurückgekommen ist. Also, Bersaba, sollte jemand dieses Thema anschneiden, übergehe es, bitte. Ich möchte keine Wiederholung erleben.«

»Natürlich, Mutter.«

»Weißt du, Hysterie kann so leicht entfacht werden. Ignoranten setzen sich zusammen und schüren das Feuer, du verstehst, was ich meine.«

»Ja, ich verstehe. Sie könnten nach Tryotan Priory marschieren, genau wie damals nach Schloß Paling. Noch immer werden Hexen gehängt und verbrannt, noch immer werden sie an Händen und Füßen gefesselt ins Meer geworfen oder in den Fluß.«

»Wir wollen nicht mehr darüber nachdenken, auch nicht mehr darüber sprechen. Wenn die Dienstboten dieses Thema anschneiden, sag ihnen, sie sollen aufhören. Es ist sehr gut möglich, daß sie sich an Carlottas Großmutter erinnern, aber das will ich nicht, Bersaba!«

»Ich werde daran denken, Mutter«, sagte ich zweideutig und hoffte, daß sie meine Erregung nicht bemerkt hatte.

Als ich in mein Zimmer hinaufging, traf ich eines der Dienstmädchen auf der Treppe. Sie hielt ein Taschentuch in der Hand. »Lady Carlotta hat es verloren«, sagte sie.

»Warum bringst du es nicht auf ihr Zimmer?«

Das Mädchen schaute mich verstohlen an. »Ich habe Angst, Mistress.«

»Warum?«

Das Mädchen senkte den Blick.

»Wovor hast du Angst?« verlangte ich zu wissen.

Sie konnte es mir nicht sagen. Da nahm ich ihr das Taschentuch ab. »Hast du Angst, sie könnte eine Hexe sein und dich verwünschen?«

»Oh, das habe ich nicht gesagt, Mistress Bersaba.«

Der Argwohn verbreitete sich rasch, dachte ich frohlockend und sagte: »Ich bringe es ihr aufs Zimmer, vorher aber werde ich mich bekreuzigen, wenn ich über die Schwelle trete. Das ist es doch, was man tun muß, nicht wahr?«

»Ich glaube, ja, Mistress, aber ich trau mich trotzdem nicht.«

»Schon gut, mach dir keine Gedanken! Ich bring es ihr.«

Ich nahm das Taschentuch und ging zu dem Zimmer, das meines Wissens nach Carlottas war. Ich klopfte an, und als ich keine Antwort erhielt, machte ich die Türe vorsichtig auf und trat ein. Auf dem Bett lag ihr Nachthemd, es war aus Seide, mit tausend Rüschen. Wie schön sie drin aussehen mußte, mit ihrem langen schwarzen Haar. Ein feiner Parfumgeruch hing in der Luft. Die Tatsache, daß es vorübergehend Carlottas Zimmer war, hatte es ganz verändert. Auf Zehenspitzen schlich ich zum Bett, nahm Carlottas Nachthemd, hielt es mir an und stellte mir vor, Bastian käme herein und ich wäre seine Braut. Dann aber sah ich Carlotta an meiner Stelle, und tiefes Elend erfaßte mich. Plötzlich hatte ich das Gefühl, beobachtet zu werden. Ich drehte mich um. Die Tür zum Vorzimmer stand offen, und Anna stand da und sah mich an.

Ob ich etwas wolle, fragte sie in gebrochenem Englisch.

»Ich habe das Taschentuch deiner Herrin gebracht; sie hat es verloren. Es liegt dort auf dem Tisch.«

Anna senkte den Blick, und ich fand es idiotisch, so mit dem Nachthemd dazustehen, also sagte ich: »Das ist ein wunderschönes Nachthemd!«

»Ich habe es gemacht«, sagte Anna.

»Ich gratuliere, du mußt ja eine Zauberin mit der Nadel sein!«

Die dunklen Augen schienen meine Gedanken erforschen zu wollen. Ich fühlte mich ertappt, als ob diese Frau meine Gedanken lesen könnte, meinen Haß und mein Sinnen nach Rache.

Sie ist mir unheimlich, dachte ich. Als ob sie wüßte, was in meinem Kopf vorgeht. Sie ist wie ein Wachhund.

Am nächsten Tag vergaß ich abermals das Verbot und ritt alleine aus. Ich wollte niemanden um mich haben, ich wollte nachdenken. Rache! Das füllte all meine Gedanken aus, und ich fand mich ungeheuer klug, weil ich einen Plan ausgeheckt hatte, der mich gegen jede Anschuldigung erhaben machen würde und meine Feindin vernichten mußte. Meine ganze Liebe und Sehnsucht nach Bastian war von diesem neuen Gefühl aufgesogen.

Ich war noch nicht sehr weit geritten, als ich bemerkte, daß meine Stute lahmte. Ich stieg ab und entdeckte, daß sie einen Huf verloren hatte. Zum Glück war es nicht weiter als eine Meile bis zur Schmiede, also entschied ich, sie unverzüglich dorthin zu bringen.

Auf dem Weg sprach ich beruhigend auf das Pferd ein, und bald waren wir angekommen. Weder Angelet noch ich gingen gern zur Schmiede, denn der Schmied war kein sehr angenehmer Mensch. Er war groß und feist, und wir sagten immer, wenn er über seinen Schmelzofen gebeugt dastand und guckte, als ob er alle Sünder aus seiner Nachbarschaft gerne zu ewigen Folterqualen hineinstoßen wolle, der Teufel müßte so ähnlich aussehen wie er.

Thomas Gast war ein leidenschaftlicher Mann. Er predigte jeden Sonntag in einer Scheune unweit der Schmiede, und eine ganze Anzahl Dorfbewohner ging hin, um ihm zuzuhören. Nicht so sehr, weil sie seiner Auffassung beipflichteten, sondern um sich die Gänsehaut bei seinen wilden Reden über den Rücken laufen zu lassen. Denn Thomas Gast war ein Puritaner. Er war davon überzeugt, Vergnügen sei immer Sünde. Ich habe einmal zu Angelet gesagt: »Thomas Gast kann sich über einen Sünder, der zu ewigem Höllenfeuer verdammt ist, mehr freuen als über tausend, die geläutert worden sind.«

Meine Eltern machten sich wegen seiner wilden Predigten Sorgen, weil sie fürchteten, er könnte damit Unheil in der Nachbarschaft stiften. Sie glaubten zwar, jeder Mensch hätte das Recht auf seine eigene Meinung, was die Religion anbelangte, aber sie fanden es weiser, diese für sich zu behalten.

Thomas Gast war nicht so. Er war ein Mann, der felsenfest daran glaube, er sei im Recht, und jeder, der seiner Meinung widersprach, war im Unrecht. Darüber hinaus genügte es ihm nicht, die Menschen ihrer Ahnungslosigkeit zu überlassen. Er züchtigte sie mit Worten, und wenn sich die Gelegenheit bot – bei seiner Familie zum Beispiel –, auch mit der Peitsche.

Er hatte zehn Kinder. Sie und seine arme kleine Frau lebten in ständiger Angst vor seinem Zorn, ein schlechtgewähltes Wort auszusprechen oder etwas zu tun, was er als sündhaft empfinden könnte.

Er war ein äußerst ungemütlicher Mensch, aber wie mein Vater sagte, der beste Schmied, den er kannte.

Als ich ihm meine Stute brachte, sah er mich mißbilligend an. Vermutlich, weil ich meinen Hut zu keck aufgesetzt hatte, oder aber meine Rachegedanken standen mir im Gesicht geschrieben.

Ich erzählte ihm, was geschehen war. Vorsichtig untersuchte er das Pferd und nickte grimmig.

»Wenn Ihr es gleich beschlagen könnt, wäre ich Euch sehr dankbar!« sagte ich.

Er nickte wieder und sah mich mit seinen glänzenden schwarzen Augen an. Ich konnte das Weiße um seine Pupillen sehen, was ihm ein starrendes Aussehen verlieh – etwas Fanatisches wie bei Großvater Casvellyn. Wenn Leute von ihrem Fanatismus zu weit getrieben werden, so wie er, kommt es dem Wahnsinn gleich.

»Ein wunderschöner Morgen, Thomas«, sagte ich. »An einem Tag wie heute hat man so richtig das Gefühl, lebendig zu sein.«

Mir war gar nicht wohl zumute, dazu war Bastians Verrat noch zu neu. Trotzdem saß mir der Schalk im Nacken. Ich wußte, wenn jemand ein Vergnügen empfand, und sei es bloß an Gottes eigener Natur, hatte das bei Thomas eine Predigt zur Folge.

»Ihr solltet lieber an die Sünden der Welt denken«, knurrte er bereits.

»Wieso an Sünden? Die Sonne scheint, die Blumen blühen, und Ihr solltet die Herbstrosen und Sonnenblumen in den Bauerngärten sehen und die fleißigen Bienen im Lavendel.«

»Ihr seid eine unbedachte junge Person. Wenn Ihr nicht die Sünde um Euch herum erkennt, werdet Ihr in der Hölle braten.«

»Ach, Mr. Gast«, sagte ich boshaft, »so viele von uns werden das. Ihr scheint der einzige Mensch zu sein, der nie sündigt. Ihr werdet Euch sehr einsam fühlen, wenn Ihr in den Himmel kommt.«

»Ihr solltet nicht über heilige Dinge spotten«, erwiderte er verbohrt. »Ihr werdet genau beobachtet, und alle Eure Sünden werden aufgeschrieben, vergeßt das nie! Eines Tages müßt Ihr Euch dafür verantworten.«

Ich dachte daran, wie ich mit Bastian im Wald gelegen hatte. Thomas Gast würde das für eine Todsünde halten, die ewige Verdammnis verdiente, und einen Augenblick lang war ich beunruhigt. Er war ein Mensch, der einen – solange man in seiner Gesellschaft war – glauben machen konnte, an seinen Doktrinen sei etwas dran.

Ich beobachtete ihn, sein vorsichtiger Umgang mit dem Pferd – sanft war er nur zu Pferden –, da begann er plötzlich zu deklamieren, wie vor seinem Publikum in der Scheune. Der Tag der Vergeltung würde kommen! Dann würden die, die sich heute brüsteten, ewiger Verzweiflung anheimfallen. Die Qualen der Hölle gingen über jede menschliche Vorstellungskraft, usw....

Ich glaube, er sah sich selber als Henker Gottes – eine Rolle, die ihm ausgezeichnet gefallen mußte, entschied ich.

Mir ging seine Kritisiererei langsam auf die Nerven, deshalb unterbrach ich ihn und sagte, ich würde einen Spaziergang machen und das Pferd abholen, wenn es fertig beschlagen sei.

Ich ließ den Schmied also stehen und schaute mir die Siedlung an. Die Häuser waren alle aus dem grauen Cornwallstein erbaut, der charakteristisch ist für diese Landschaft. Vor den Häusern waren schmale Gärten, dahinter kleine Beete, in denen die meisten Gemüse anpflanzten beziehungsweise ein Schwein oder eine Ziege hielten. Aber die Vorgärten waren voller Blumen, mit Ausnahme des Gartens vom Schmied. Er zog Gemüse in seinem Vorgarten, und hinter dem Haus hatte er Schweine. Ich war einmal bei ihm gewesen, als der jüngste Gast geboren worden war, und meine Mutter Angelet und mich mit einem Korb guter Sachen hergeschickt hatte. Alles im Haus war rein zum Gebrauch bestimmt, nichts zur Dekoration. Die Mädchen, es waren vier, trugen immer schwarze Gewänder mit eng am Hals abschließenden Krägen. Ihre Mutter trug dasselbe. Ihr Haar war unter Mützen versteckt, so daß es gar nicht so einfach war, sie auseinanderzuhalten. Angelet und mir haben die Gastkinder immer leid getan.

Als ich zu ihrem Haus kam, sah ich eine der Töchter im Garten. Sie jätete Unkraut. Ich habe gehört, jedes Kind habe seine Aufgabe, und wenn es diese nicht zur Zufriedenheit des Vaters erledigte, wurde es schwer verprügelt.

Im Näherkommen wünschte ich ihr einen guten Morgen. Sie richtete sich auf und schaute mir entgegen. Ich sah sie mir genau an und kam zu dem Schluß, sie mußte die Älteste sein. Sie war ungefähr siebzehn, also in meinem Alter. Ich bemerkte, wie sie mein Reitkostüm, das auf sie wahrscheinlich genauso elegant wirkte wie Carlottas auf mich, mit den Augen verschlang.

»Guten Tag, Mistress«, sagte sie.

Ich war sehr neugierig, wie das Leben im Hause des Schmieds vor sich gehen würde, obwohl ich es mir ungefähr vorstellen konnte. Wenn ich seine Tochter gewesen wäre, hätte ich ihm Trotz geboten, davon war ich überzeugt.

»Du arbeitest sehr schwer«, sagte ich. »Wer bist du denn?«

»Ich bin Phoebe, Mistress, die Älteste.« Ihre Augen füllten sich mit Tränen, und ich fragte: »Bist du unglücklich?«

Sie nickte, und ich fuhr fort: »Was ist los?«

»Bitte fragt mich nicht, Mistress!«

»Vielleicht können wir dir helfen?«

»Ihr könnt mir nicht helfen, Mistress. Es ist geschehen, da kann man nichts mehr machen.«

»Was ist geschehen, Phoebe?«

»Ich trau mich nicht, es zu sagen.«

Etwas Gemeinsames war zwischen uns, und ich dachte mir, daß es nur ein Mann sein könne.

Und wieder mußte ich an Bastian denken, und all meine Bitternis kam zurück. In diesem Moment spürten wir ein starkes Gefühl der Zusammengehörigkeit.

»Natürlich, dein Vater sieht nur Sünde, wo andere Menschen Freude empfinden.«

»Es ist aber Sünde!«

»Was ist Sünde? Wenn man andere Menschen verletzt... das ist Sünde, finde ich.« Und ich dachte daran, daß ich dabei war, Carlotta zu einem frühzeitigen Tod zu verhelfen.

»Aber wenn man niemanden verletzt... ist es auch keine Sünde.«

Sie hörte mir gar nicht zu, so gefangen war sie in ihrer Verzweiflung.

»Phoebe«, sagte ich leise, »bist du in... Schwierigkeiten?«

Jammervolle Augen richteten sich auf mich, aber sie antwortete nicht. Die Angst in ihrem Gesicht erinnerte mich an Jenny Keys.

»Ich helfe dir, wenn ich kann«, sagte ich voreilig.

»Ich danke Euch«, antwortete sie und jätete weiter.

Es gab nichts mehr, was ich ihr hätte sagen können. Wenn es stimmte, was ich dachte, dann war Phoebe wirklich in Schwierigkeiten. Ich habe in ihrem Gesicht entdeckt, was Großvater Casvellyn mir angesehen hatte. Ändert sich bei jungen Mädchen der Ausdruck, wenn sie sich einen Liebhaber nehmen? Sieht man ihnen den Verlust der Jungfernschaft an den Augen an? Ich war absolut davon überzeugt, Phoebe hatte einen Liebhaber und stand jetzt vor den Konsequenzen.

Ein Kind! Der Gedanke, dies hätte auch mir passieren können, betäubte mich beinahe. »Ich werde dich heiraten, wenn du alt genug bist, und wenn es sein muß, auch schon früher«, hatte Bastian gesagt.

Wir waren so rücksichtslos in unserem Liebesspiel gewesen, wir hatten die möglichen Folgen nicht ernsthaft überlegt. Ich wußte, so schockiert sie auch gewesen wären, meine Eltern hätten mir Liebe und Verständnis entgegengebracht. Auch Tante Melanie und Onkel Connell hätten gelacht und gesagt, Bastian wäre eben ein echter Casvellyn.

Wie anders aber war das für die arme Phoebe. Eine Schleife zu tragen, einen Knopf zu öffnen an einem heißen Sommertag, einen Gürtel zu tragen, der diesen formlosen schwarzen Sack ein wenig taillierte, das alles war schon Sünde. Aber mit einem Mann in den Feldern oder im Wald zu liegen...

Ich ging zurück in die Schmiede. Die Stute wartete bereits. Thomas Gast sah mehr denn je wie ein Jünger Satans aus, und ich mußte unentwegt an die arme Phoebe denken.

Gestern hörte ich, wie zwei Dienstboten sich miteinander unterhielten. Ich war gerade aus dem Stall gekommen, und sie wischten Staub in einem der Räume, die zur Halle führten. Mich konnten sie nicht sehen, also setzte ich mich hin und lauschte, weil mich ihr Gespräch interessierte. Die eine war Ginny, die andere Mab, ein Mädchen um die fünfzehn, der nachgesagt wurde, sie wäre reif für ein Abenteuer und mache den Männern schöne Augen.

Sobald der Name Jenny Keys fiel, horchte ich auf.

»...das war sie wirklich«, sagte Ginny, »sie war eine gute Hexe. Aber Gutes kann sich in Böses verwandeln... und vielleicht ist genau das mit Jenny geschehen.«

»Was hat sie denn getan, Ginny?«

»Sie hat viel Gutes getan. Wenn ich früher zu ihr gegangen wäre, wäre mir meine Schande erspart geblieben.«

»Aber jetzt würdest du den kleinen Jeff doch für nichts auf der Welt hergeben?«

»Jetzt nicht, aber damals schon.«

»Wie ist es überhaupt herausgekommen?«

»Du meinst, wie es bekanntgeworden ist, daß sie eine Hexe war? Ich werde es dir erzählen. Eines Tages sind zwei Mädchen von Trystan Priory zu ihr gegangen. Alles, was sie wollten, war ein Liebeselixier. Da war dieser Stallbursche, der die eine überhaupt nicht beachtete, sie aber wollte ihn haben. Und was sahen sie? Mitten auf Jennys Schoß saß eine Kröte, eine häßliche, schleimige Kröte. Aber es war keine gewöhnliche Kröte, haben sie gesagt, ihren Augen war anzusehen, daß der Teufel in ihr war. Beide zitterten wie Espenlaub, machten kehrt, gaben Fersengeld und rannten um ihr Leben. Es hat nicht lange gedauert, da wurde die eine krank. Sie schwor, die Kröte sei daran schuld. Man sagte, die Kröte sei Jennys ständiger Begleiter gewesen, und das bewies, daß sie eine Hexe war.«

»Woher weißt du, daß sie die Kröte im Haus hielt? Es gibt jede Menge Kröten bei den Teichen. Ich habe sie nachts quaken gehört, im Frühling, wenn sie ein Weibchen suchen. Und dann hüpfen sie an den Teich und legen dort ihre Eier.«

»Das sind gewöhnliche Kröten – die leben nicht im Haus.«

»Kröten sind scheußlich. Wahrscheinlich, weil es Nachttiere sind.«

»So ist es. Aber man sollte sie nicht verwechseln. Es gibt ganz normale Tiere. Nur wenn eine Hexe eine Kröte mit in ihr Bett nimmt, kann es sein, daß der Teufel in sie fährt und ihre Gestalt annimmt.«

»Wie bei der Kröte, die bei Jenny gesehen worden ist?«

»Vielleicht. Und als bekannt wurde, daß Jenny Keys eine Kröte im Haus hatte, die sie sogar in die Hand nahm, fing es an. Man sagte, sie trüge sie an ihrem Busen und ließe sie über ihren Körper krabbeln – und daß sie ihre Vertraute sei.« Mab fing an zu kichern, und Ginny schalt sie.

»Jetzt lachst du, aber du würdest nicht mehr lachen, wenn du wüßtest, daß dich die Hexen hören können.«

»Jenny Keys ist doch tot.«

»Aber Jenny ist nicht die einzige Hexe, erinnerst du dich nicht?«

»Wer sonst?«

»Du mußt nicht weit suchen.«

Ehrfürchtige Stille trat ein.

»Du meinst... sie...?«

»Warum nicht? Ihre Großmutter war eine. Und Zauberkräfte werden weitervererbt, nehme ich an.«

»Wir sollten unsere Augen offenhalten.«

Ich stand auf und lief leise die Treppe hinauf in mein Zimmer.

Angelet spürte, daß ich allein sein wollte. Sie hatte natürlich erraten, daß dies mit Bastian zu tun hatte, und ich habe gesehen, wie sie Carlotta fast mit Verachtung ansah, denn sie war mir treu ergeben.

Wenn wir nachts im Bett lagen, war es unsere Gewohnheit, über die Tagesereignisse zu sprechen. Und obwohl ich seit Bastians Treulosigkeit keine Lust hatte, mich mit ihr zu unterhalten, konnte ich doch nicht so plötzlich mit dieser Gewohnheit brechen.

Eines Abends, nachdem das Gespräch beim Essen besonders lebhaft gewesen war und Senara und Carlotta und Gervaise die Unterschiede zwischen dem englischen und dem spanischen Hof diskutiert hatten – was es uns ziemlich schwierig machte, daran teilzunehmen, sagte sie: »Ist dir aufgefallen, daß Sir Gervaise und Carlotta sich angefreundet haben?«

»Ich glaube, es liegt in Carlottas Natur, immer den männlichen Mitgliedern der Gesellschaft ihre Aufmerksamkeit zu schenken.«

»Da hast du recht. Natürlich ist sie wunderschön, das muß man ihr zugestehen, und daß sie bei Hof war, hat wahrscheinlich auch etwas damit zu tun. Ich möchte wissen, ob wir je an den Hof kommen werden?«

»Möchtest du denn?« fragte ich.

»Stell ich mir amüsant vor. Übrigens, irgendwann werden wir ja doch heiraten. Vielleicht hat Mutter das gemeint, als sie sagte, unsere nächste Geburtstagsparty würde anders ausfallen.«

Ich gähnte. »Bis dahin ist noch lange Zeit.«

»Es gibt die Trentjungs, die Krolls und die Lamptons. Einer von denen, nehme ich an. Ist es nicht langweilig, auf dem Land zu leben? Mir wäre lieber, ich würde meinen zukünftigen Mann nie vorher sehen, und plötzlich stünde er vor mir. Empfindest du auch so?«

Ich fühlte nur Wut in mir aufsteigen. Nein, ich hatte erwartet, Bastian zu heiraten, und den kannte ich schon mein ganzes Leben... ohne ihn wirklich gekannt zu haben. Ich hatte immer gedacht, er sei still und treu, und habe ihn damit aufgezogen. Dann fand ich heraus, daß dem gar nicht so war. Er mußte nur einen Blick auf Carlotta werfen, und schon waren alle Schwüre mir gegenüber vergessen. Wie wenig wir doch die Menschen kennen, von denen wir glauben, daß wir uns gut mit ihnen verstehen.

»Sag doch«, drängte Angelet, »du schläfst doch noch nicht.«

»Was ist los?« fuhr ich hoch und gab vor, bereits geschlafen zu haben.

»Ach, schlaf weiter!« sagte sie. »In letzter Zeit willst du überhaupt nicht mehr mit mir reden.«

Es war besser, allein zu sein; denn wenn ich mit Angelet zusammen war, konnten mich meine Gefühle verraten... Ich hatte Angst, irgendeinen Kommentar abzugeben, der mich, wenn die Zeit gekommen war, verraten würde.

Also ritt ich alleine aus, den Schwarzbeerpfad entlang, an der Schmiede vorbei. Ich schaute in Richtung der Häuser, dachte an die arme Phoebe und hätte gerne gewußt, wie sie sich fühlte. Ich konnte mir ihr Elend gut vorstellen und fragte mich, was Thomas Gast wohl tun würde, wenn meine Vermutungen richtig waren. Es war ein nebliger Abend, dunkler als gewöhnlich, als ich meine Stute zurück in den Stall brachte. Ich spazierte durch den Garten bis zum Teich, in dem die Wasserrosen blühten. Plötzlich hörte ich eine Kröte quaken und entdeckte sie auch, als ich näher kam.

Spontan nahm ich ein großes Taschentuch, beugte mich hinunter, wickelte die Kröte hinein und trug sie ins Haus. Ich ging geradewegs in mein Zimmer. Zu meiner Erleichterung war Angelet nicht da.

Ich war ziemlich aufgeregt. Ich wußte ganz genau, was ich mit der Kröte anfangen wollte, sie gehörte zu meinem Plan, und als ich sie dann vor mir sitzen sah, war ich auch gezwungen, sofort zu handeln.

Warum eigentlich nicht? Es gab keinen Grund, länger zu warten.

Am Abend gingen die Mädchen in die Zimmer, um die Betten für die Nacht zu richten und, wenn es kalt war, heiße, in Flanell gewickelte Ziegelsteine hineinzulegen.

Anna deckte Carlottas und Senaras Betten genausowenig auf, wie sie ihre Zimmer aufräumte. Das war Arbeit der Hausmädchen, und Anna würde dies als Kammerzofe für unter ihrer

Würde halten. Bettenmachen war Mabs Arbeit, was mich besonders amüsierte, weil sie es war, die ich mit Ginny belauscht hatte. Mir schien, als hätte das Schicksal seine Hand im Spiel, wußte ich doch, was sie finden würde, wenn sie Carlottas Bett aufdeckte. Im Korridor vor dem Zimmer stand ein Wäscheschrank, und als ich Mab heraufkommen hörte, folgte ich ihr in sicherer Entfernung und versteckte mich hinter dem Schrank.

Alles geschah so, wie ich es mir vorgestellt hatte. Es dauerte nicht lange, da hörte ich einen gellenden Schrei, und Mab kam aus dem Zimmer gestürzt, ihr Gesicht so weiß wie ein Lilienblatt. Sie sah mich nicht, denn sie hatte nur einen Gedanken, so schnell wie möglich das Weite zu suchen.

Ich schlüpfte aus meinem Versteck, ging in Carlottas Zimmer, und da, auf dem Kopfkissen, saß meine Kröte und sah mich mit unheilverkündenden Augen an. Schnell steckte ich sie wieder in das Taschentuch und wollte hinaus, als mir das Blut in den Adern gerann. Mein Herz begann so wild zu klopfen, als wäre es eine Trommel, die gegen mein Leibchen schlägt. Während ich noch am Bett stand, hatte ich plötzlich wieder das Gefühl, beobachtet zu werden. Ich drehte mich um und sah, daß die Tür zum angrenzenden Zimmer einen Spaltbreit offenstand. Aber sehen konnte ich niemanden.

Warum diese plötzliche Angst? Es schien doch alles so einfach. Alles, was ich zu tun hatte, war, die Kröte ins Bett zu setzen, damit Mab sie fand. Sobald sie hinausrannte, um die anderen herbeizurufen, würde die Kröte wieder verschwunden sein. Meiner Ansicht nach würde dieses Tier sich so verhalten.

Als ich noch im Zimmer stand und die Kröte im Taschentuch fühlte, hätte ich sie am liebsten fallen lassen und wäre davongerannt. Aber dann sagte ich mir, Carlotta ist eine Hexe. Sie hat Bastian verhext. Vielleicht ist diese Kröte tatsächlich eine Vertraute von ihr oder aber der Teufel in Krötengestalt! Nur, ich hatte sie doch selbst gefunden. Eine ganz harmlose Kröte... vom Teich im Garten. Ich war es, die sie ins Bett gesetzt hatte!

Ich hatte das Gefühl, daß mich ein Paar Augen beobachteten. Warum? Rasch ging ich zu der Tür zwischen den beiden Zimmern und schaute hinein, aber es war niemand da. Erst dann lief ich aus dem Zimmer, hinaus auf den Korridor. Schon konnte ich Mabs Stimme hören, die aufgeregt erklärte, was sie gesehen hatte.

Daraufhin vernahm ich Ginny: »Du irrst dich bestimmt. Du

hast geträumt. Das ist nur, weil wir uns über Kröten unterhalten haben.«

Und Mab: »Ich kann da nicht mehr reingehen. Lieber sterbe ich.«

Ich versteckte mich, bis die beiden in Carlottas Zimmer verschwunden waren, lief dann rasch die Galerie entlang, die Treppe hinunter und betete, niemandem zu begegnen. Ich stahl mich durch die Seitentür, über den Hof in den Garten.

Ich rannte zum Teich und legte das Taschentuch ins Gras. Einige Sekunden lang rührte sich die Kröte nicht. Ängstlich beobachtete ich sie und erwartete fast, sie würde sich jeden Moment in etwas Gräßliches verwandeln. Aber als sie merkte, daß sie frei war und sich auf heimischem Territorium befand, hüpfte sie vorsichtig an den Rand des Teichs und versteckte sich unter einem großen Stein.

Ich hob das Taschentuch auf und ging zurück ins Haus. Auf dem Weg begegneten mir ein paar Dienstmädchen, die sich aufgeregt miteinander unterhielten.

»Was ist denn los?« fragte ich.

»Es war Mab, Mistress Bersaba, sie ist ganz hysterisch.«

»Warum denn?«

»Weil sie etwas in Lady Carlottas Bett gefunden hat.«

»Im Bett?«

»Vielleicht hat sie sich's auch nur eingebildet«, sagte Ginny. »Als ich rauf kam, war da gar keine Kröte.«

Die Mädchen schwiegen, ihre Augen waren gebannt auf mich gerichtet.

»Warum sollte Mab sich so etwas einbilden?«

»Es ist nur Gerede, Miß Bersaba«, sagte Ginny.

»Ich habe sie gesehen!« Mab bestand darauf. »Sie war da... auf ihrem Kopfkissen. Und wie sie mich angeschaut hat... es war furchtbar!«

»Und wo ist sie jetzt?« fragte ich mit einer Spur von Ungeduld.

»Sie ist einfach verschwunden«, antwortete Ginny.

»Schön, das nenn ich Glück!« antwortete ich beiläufig und ging weiter.

Ich wußte, an dem Abend würde es unter den Dienstboten kein anderes Gesprächsthema geben als die Kröte, die Mab angeblich in Carlottas Bett gesehen hatte. Ich wußte auch, daß diese Geschichte nicht in Trystan Priory bleiben würde, sie würde die Runde durch das ganze Dorf machen. Ich fragte mich, was Thomas Gast wohl sagen würde, wenn er sie hörte.

In dieser Nacht träumte ich von Thomas Gast, wie er über dem Feuer seines Schmelzofens stand, und seine Augen schienen teuflisch zu lachen.

Ritt durch den Regen

Es war später Nachmittag, und ich lag in unserem Obstgarten, unter meinem liebsten Apfelbaum, dachte an Bastian und was er wohl um diese Zeit tun würde. Er hatte so unglücklich ausgesehen, als er uns verließ, und obwohl ich so getan hatte, als nähme ich ihn nicht zur Kenntnis, dachte ich nur an ihn. Ich hoffte, er würde unglücklich sein. Sollte er nur! Mich hatte er betrogen, und jetzt war er auch noch von Carlotta getrennt. Sie konnte sich nicht entschließen, ob sie ihn heiraten sollte oder nicht. Und wenn man ihre wachsende Freundschaft mit Sir Gervaise beobachtete, dem wohlhabenden Höfling, schien es nicht mehr wahrscheinlich, daß sie Bastian, den Landedelmann, nehmen würde. Ich haßte sie jetzt aus zwei Gründen: Erstens, weil sie mir den Geliebten genommen hatte, und zweitens, weil sie ihn nicht für würdig genug befand. Wann immer ich daran dachte, freute ich mich hämisch über die Krötengeschichte. Die Dienstboten sprachen kaum noch von etwas anderem, ich lauschte nämlich, wo ich nur konnte. Wie oft ertappte ich sie in meinem Zimmer, auf der Treppe oder im Garten, wie sie die Köpfe zusammensteckten und miteinander wisperten. Wenn ich mich näherte, stoben sie auseinander. Aber worüber sie sprachen, habe ich noch immer mitgekriegt.

Manchmal wurde ich ungeduldig. Was, wenn Carlotta sich doch entschloß, nach Schloß Paling zurückzukehren? Dann war sie fort... bei Bastian... und wenn die Leute sie nicht mehr sahen, würden sie auch ihren Argwohn vergessen.

Während ich vor mich hin brütete, kam Ginny in den Obstgarten.

»Ich habe Euch herauskommen sehen, Miß Bersaba«, sagte sie. »Da ist jemand, der möchte gerne mit Euch sprechen... unter vier Augen.«

Ginny sprach erregt und leise wie ein Verschwörer. Meine

Schuldgefühle wurden immer drückender. Wenn jemand mich ansprach, fuhr ich zusammen. Ich fürchtete, jemand könnte beobachtet haben, wie ich die Kröte ins Bett gesetzt und wieder herausgenommen habe, und wüßte über alles Bescheid, so daß die Leute erfahren würden, welche Rolle ich in diesem Drama gespielt hatte.

Ginnys Worte bekräftigten meine Befürchtungen ebenso wie sie mich verblüfften. »Es ist Phoebe Gast«, sagte sie.

»Was will sie denn?«

»Sie möchte Euch sehen, Miß Bersaba. Sie ist in der Scheune und hat mich gebeten, Euch zu fragen, ob Ihr vielleicht mit ihr reden würdet.«

Die Scheune war ein Gebäude aus Stein, in dem das Korn gespeichert wurde. Sie stand etwas abseits, und man mußte ein kleines Feld hinter dem Garten überqueren, um sie zu erreichen.

»Weiß jemand, daß sie da ist?«

»O nein, Mistress. Sie fürchtet sich zu Tode. Sie hat im Hohlweg auf mich gewartet, weil sie weiß, daß ich da entlang komme. Plötzlich kam sie auf mich zugestürzt und sagte: ›Richte Miß Bersaba aus, daß ich sie unbedingt sprechen muß.‹ Und dann sagte sie noch, sie gehe in die Scheune.«

»Ich werde sehen, was los ist«, sagte ich, aber ich wußte es schon und freute mich, daß sie ausgerechnet zu mir gekommen war.

Bei der Scheune angekommen, stieß ich das Tor auf, und wir schauten hinein. Das Knarren der schweren Tür brachte Phoebe auf die Beine. Aber als sie mich sah, schien sie erleichtert.

Ich fühlte mich der Lage gewachsen, was Angelet in meiner Situation nie gewesen wäre.

Ich sagte: »Ginny, geh zurück zum Haus. Sag niemandem, daß Phoebe hier ist. Wir sprechen uns später.«

Ginny rannte davon und schloß das Scheunentor hinter sich.

»O Mistress«, weinte Phoebe, »ich wußte nicht, zu wem ich gehen sollte. Da habe ich an Euch gedacht. Ihr wart so nett zu mir.«

»Ich habe doch gar nichts getan, Phoebe.«

»Aber wie Ihr mich angesehen habt, als ob Ihr alles verstehen würdet.«

»Komm, Phoebe, du warst mit einem Mann zusammen und bekommst jetzt ein Kind. Das ist es doch, oder nicht?«

»Ja, Mistress. Wieso wißt Ihr das?«

»Ich wußte es halt, ich kann Gedanken lesen.« Wahrscheinlich dachte sie, ich hätte geheime Kräfte. Das arme Ding war so verzweifelt, daß sie zu mir aufsah wie zu einer Göttin, die ihr aus ihren Schwierigkeiten helfen könnte. Es erfüllte mich mit großer Freude, daß sie so großes Vertrauen in mich setzte. Sonderbar, gerade erst hatte ich erwogen, einem Mädchen Unglück, womöglich sogar den Tod zu bringen, und jetzt freute ich mich, einem anderen helfen zu können. Vielleicht war das eine Art Sühne. Darüber hinaus empfand ich ein Machtgefühl, das außerordentlich beglückend war und wie Balsam wirkte auf die Wunde, die Bastian mir geschlagen hatte.

Ich setzte mich neben Phoebe. »Wie ist es passiert?« fragte ich.

»Er hat gesagt, ich sei hübsch, und er schaue mich gerne an, er könne seine Augen nicht von mir wenden. Nie habe ich gedacht, jemand könnte mich hübsch finden. Das hat mich wohl weichgemacht.«

»Arme Phoebe! Es muß schwer sein, mit deinem Vater unter einem Dach zu leben.«

Als ich ihren Vater erwähnte, fing sie an zu zittern.

»Ich habe Angst vor ihm, Mistress Bersaba.« Sie knöpfte ihr formloses schwarzes Kleid auf und zeigte mir Peitschenstriemen auf ihrer Schulter. »Das hat er mir verabreicht, weil ich am Sabbat ein Frühlingslied gesungen habe. Was er jetzt mit mir anfangen wird, darüber darf ich gar nicht nachdenken. Wahrscheinlich bringt er mich um. Vielleicht verdiene ich es sogar. Ich war so schlecht!«

»Warum hast du das getan, Phoebe?«

»Ich mußte, es hat mich einfach überkommen, Mistress.«

»Laß uns genau überlegen«, sagte ich. »Weiß er es?«

»So wahr mit Gott helfe, nein! Meine Mutter weiß es; möglicherweise prügelt er es aus ihr heraus. Er wird sie verantwortlich machen für meine Sünden. Er wird sagen, sie hätte von meiner Liederlichkeit gewußt und mich nicht dafür bestraft. Was soll ich nur tun, Mistress Bersaba?«

»Ich werde darüber nachdenken.«

»Ihr seid so freundlich zu mir. Nie ist jemand so freundlich zu mir gewesen.«

Irgendwie war ich beschämt. Nie hätte ich gedacht, daß mir das passieren könnte. Ich sah mich plötzlich selbst. Wie leicht hätte es mir genauso ergehen können. Auch ich hatte das Bedürfnis verspürt, und ich sah mich als Gasts Tochter. Aus diesem Grund auch war ich in der Lage, sie zu trösten; deshalb verstand ich sie so gut. Aber selbst in diesem Moment ging mir durch den Kopf, daß Angelet das nicht verstehen würde.

»Wird dich der Mann heiraten?«

Sie schüttelte den Kopf. »Er ist verheiratet, und ich hab es gewußt. Ich weiß nicht, was über mich gekommen ist.«

»Im wievielten Monat bist du?«

»Im sechsten – fast. Bald werde ich es nicht mehr verbergen können... ich kann es schon jetzt kaum noch.«

»Du bist also davongelaufen?«

»Ja, meine Mutter weiß es. Sie weiß es seit ein oder zwei Tagen. Sie ist außer sich. Immer sagt sie: ›Gast wird dich umbringen.‹ Er ist ein strenger Mann... aber ein guter Mensch. Er kann Sünde nicht ertragen, und dies ist eine der schlimmsten, die es gibt. Sie hat Angst um mich, da bin ich weggelaufen. Ich habe es für das beste gehalten.«

Sie sah mich flehentlich an, und ich sagte: »Hab keine Angst, Phoebe, mir wird schon etwas einfallen! Du darfst dich nicht zu sehr aufregen, das ist schlecht für das Baby.«

»Ich wünschte, das Baby wäre tot, Mistress. Ich wünschte es wirklich. Ich habe sogar daran gedacht, mich selbst umzubringen... aber ich konnte es nicht.«

»So darfst du nicht reden. Das erst ist Sünde. Hör zu, du bleibst heute nacht hier. Niemand weiß, daß du da bist, außer Ginny, und die wird es nicht wagen, etwas zu sagen, weil sie weiß, ich werde sonst sehr böse. Ich werde dir einen Wollmantel bringen, in den du dich einwickeln kannst, und etwas zu essen. Am Scheunentor ist ein Riegel. Wenn ich weg bin, schiebe ihn vor und mach niemandem auf außer mir. Morgen in der Früh sage ich dir, was wir tun werden.«

Sie fing an zu weinen. »O Mistress Bersaba, Ihr seid so gut zu mir! Ihr seid wie ein Engel; das werde ich Euch nie vergessen!«

»Schon gut! Du bleibst hier und wartest. Ich komme wieder.«

Ich schlüpfte aus der Scheune und hörte, wie sie den Riegel vorschob, genau wie ich ihr befohlen hatte. Ich frohlockte und fühlte mich stark, als ich ins Haus eilte.

Am nächsten Morgen war mir klar, daß ich Phoebe nicht endlos in der Scheune warten lassen konnte. Eigentlich hätte ich mich meiner Mutter anvertrauen müssen. Das hätte ich schon am Abend zuvor tun sollen. Ich wußte genau, wie sie reagieren würde. Niemals würde sie ein Mädchen in Phoebes Lage hinauswerfen. Zugegeben, ich hatte nur aus Lust an der Macht so gehandelt. Ich wollte den Ruhm, Phoebe gerettet zu haben, für mich allein, niemand sollte ihn mit mir teilen. Deshalb habe ich ihr auch selbst Decke und Nahrung hinuntergebracht und ihr Geheimnis eine Nacht lang für mich behalten.

Aber jetzt mußte ich es meiner Mutter erzählen, bevor Phoebe entdeckt wurde. Ich fand Mutter mit einer Dienstmagd in der Speisekammer, und als sie mich sah, freute sie sich. Sie hatte es gerne, wenn wir in die Speisekammer kamen, sie fand es gut für uns, die Geheimnisse des Konservierens – sowie die Kochkunst im allgemeinen – zu erlernen.

»Mutter, ich möchte mit dir sprechen.«

Ich muß sehr ernst ausgesehen haben, denn sie sagte sofort zu dem Mädchen: »Du machst weiter, Annie.« Und zu mir: »Komm mit mir in mein Schlafzimmer, Bersaba.«

Als wir oben waren, erzählte ich ihr, daß Phoebe ein Kind erwartete, daß sie von zu Hause weggelaufen war und daß ich sie über Nacht in der Scheune versteckt hatte.

»Das arme, arme Kind! Was soll nur aus ihr werden? Thomas Gast ist ein grausamer Mann. Warum bist du denn nicht schon gestern abend zu mir gekommen?«

»Sie war so verzweifelt, und ich wußte nicht, was du sagen würdest. Ich mußte sie wenigstens für eine Nacht beschützen. Ich habe ihr gesagt, ich täte, was ich kann. Wir müssen ihr helfen.«

»Natürlich müssen wir das. Zu dem Vater kann sie nicht mehr zurück.«

»Könnte sie nicht hierbleiben?«

»Das muß sie wohl. Wohin sollte sie sonst gehen? Aber was wird aus dem Kind?«

»Ginnys Kind lebt doch auch hier.«

»Ich weiß, aber Ginny war unser Dienstmädchen. Die Leute dürfen nicht glauben, sie können so viele Kinder bekommen, wie sie wollen, und Trystan Priory ist eine Art Heim für gefallene Mädchen.«

Ich wußte, daß sie überlegte, während sie redete. Abweisen würde sie sie niemals, sie würde auch das Kind hier behalten, weil sie der Auffassung war, ein Kind kann man nicht von der Mutter trennen. Ich sah das Entsetzen in ihren Augen, was bedeutete, sie stellte sich gerade Thomas Gast vor, sollte das Mädchen ihm in die Hände fallen.

»Mutter, sie ist halbtot vor Angst. Wenn du zu ihr gehst, mußt du sie trösten!«

»Mein liebes Kind, natürlich werden wir ihr helfen. Sie wird hierbleiben müssen, zumindest bis das Kind geboren ist, dann werden wir weitersehen.«

»Oh, ich danke dir, Mutter!«

Sie sah mich an, und ihre Augen waren voller Liebe und Anerkennung. »Ich bin sehr glücklich, Bersaba, daß du so mitfühlend bist.«

»Es war also nicht falsch, ihr Hoffnung gemacht zu haben?«

»Nicht anders hättest du handeln dürfen. Geh in die Scheune und bring sie ins Haus.«

Frohlockend lief ich hinunter.

Phoebe zog den Riegel zurück, als ich mich zu erkennen gab. Tiefe Schatten lagen um ihre Augen; sie waren immer noch voller Angst.

»Alles ist gut«, sagte ich, »du kannst hierbleiben. Ich habe mit meiner Mutter gesprochen. Sie sagt, du sollst dir keine Sorgen machen. Das Baby wird hier zur Welt kommen, und dann werden wir weitersehen.«

Phoebe fiel auf die Knie, nahm meine Hand und küßte sie.

Ich fühlte mich wunderbar und glücklich. Seit ich von Bastians Betrug gehört habe, habe ich mich nicht mehr so wohl gefühlt.

Es war natürlich unmöglich, Phoebes Gegenwart in Trystan Priory geheimzuhalten. Nicht, daß wir das versucht hätten, denn meine Eltern sagten, Thomas Gast muß es früher oder später doch erfahren, und je früher, um so besser. Man würde ihm das Verschwinden seiner Tochter erklären müssen. Es konnte sich nur um Stunden handeln, bis einer der Dienstboten mit jemandem im Dorf darüber sprechen würde, und Neuigkeiten wie die verbreiteten sich wie eine Feuersbrunst.

Es war deshalb überhaupt nicht erstaunlich, daß am nächsten Tag Thomas Gast bei uns erschien.

Phoebe hatte ihn kommen sehen. Zu meiner Freude kam sie direkt zu mir, als wäre ich diejenige, die sie am besten beschützen könnte.

Sie, Angelet und ich schlichen uns zu einem der Spione im Solarium, durch den wir hinunter in die Halle sehen konnten, ohne entdeckt zu werden, und wo wir auch hören konnten, was passierte. Angelet und ich hatten diese Spione während unserer

Kindheit oft mißbraucht, um zu beobachten, wenn unsere Eltern Gäste in der großen Halle bewirteten. Meine Schwester hatte sich gleich für Phoebes Fall begeistert. Nichts anderes hatte ich von ihr erwartet, sie war genauso entschlossen wie ich, Phoebe nicht mehr zu diesem feuerspuckenden Mann zurückgehen zu lassen. Mit dem für sie charakteristischen Enthusiasmus hatte sie abgelegte Kleidungsstücke gesucht, die sich Phoebe für ihren immer größer werdenden Umfang ändern konnte, und Stoffreste für Babykleidung.

In unserer Halle sah der Schmied weniger wild aus als in seiner eigenen Schmiede. Ich vermißte den Schein des Feuers auf seinem Gesicht und das Dröhnen des Ambosses, das bei ihm so teuflisch klang. Ich glaube, er war von der Großartigkeit unseres Hauses ein wenig eingeschüchtert. Gleichzeitig aber erregten unsere irdischen Schätze sein Mißfallen.

Mutter kam in die Halle herunter. Neben diesem kraftstrotzenden Mann sah sie fast zerbrechlich aus, aber sie strahlte so viel Würde aus, daß er davon beeindruckt zu sein schien.

»M'am, es ist mir zu Ohren gekommen, daß Ihr meine Tochter hier habt. Ich bin gekommen, sie abzuholen.«

»Aus welchem Grund?« fragte Mutter.

»Damit sie bekommt, was sie verdient, M'am.«

Phoebe zitterte wie Espenlaub. »Hab keine Angst!« flüsterte ich. »Du bleibst bei uns. Hör lieber zu.«

»Genau aus diesem Grund haben wir beschlossen, daß sie hierbleiben soll, zumindest bis das Kind geboren ist. Ein Mädchen in ihrem Zustand sollte nicht hart angefaßt werden, und wenn es nur wegen des ungeborenen Kindes ist.«

Thomas Gast war sichtlich verblüfft. Meine Mutter sprach, als ob es sich um ein zu respektierendes Wesen handelte, das da auf die Welt kommen würde. Aber plötzlich brach es aus ihm heraus: »M'am, ich kann Euch nicht folgen. Ihr wißt wahrscheinlich nicht...«

Meine Mutter nutzte die Gelegenheit und unterbrach ihn.

»Ich weiß ganz genau, was passiert ist. Die arme Phoebe ist von einem Mann verführt worden, der sie nicht heiraten kann. Sie ist noch jung, fast noch ein Kind. Wir müssen barmherzig sein. Da ist ein neues Leben, an das wir denken müssen. Ich bin davon überzeugt, daß sie ihren Fehler einsieht.«

Jetzt wurde der Schmied wütend. »M'am, sie ist meine Tochter! Ich wünschte, sie hätte sich an ihrer Nabelschnur erdrosselt, statt diese Schande über mich und die Meinen zu bringen. Ich will das Mädchen haben. Ich werde sie verprügeln, bis sie um Gnade wimmert. Das ist der einzige Weg, ihr die Sünden auszutreiben. Nicht, daß ihr je verziehen würde. Sie wird schon sehen, was sie getan hat, wenn sie in die Hölle kommt ... aber zuerst muß sie auf Erden einen Vorgeschmack davon bekommen.«

»Das hat sie längst bekommen«, sagte meine Mutter schroff. »Thomas Gast, deine puritanische Pietät hat deiner ganzen Familie nur Unglück gebracht. Wir werden dir Phoebe nicht ausliefern. Sie bleibt hier. Wir haben sie im Haushalt angestellt, und dabei bleibt es.«

Der Schmied benahm sich wie ein Löwe, dem man die Beute abgeluchst hat. »M'am, darf ich Euch daran erinnern, daß sie meine Tochter ist!«

»Das gibt dir noch lange nicht das Recht, sie schlecht zu behandeln.«

»Bitte um Verzeihung, M'am, aber Sie irren sich. Übergebt sie mir, damit ich ihr helfen kann, sich zu bessern, und vielleicht ihre Seele vor der Verdammnis rette.«

»Thomas Gast, wenn wir dir Phoebe zurückgeben und ihr oder dem Kind durch deine Bestrafung etwas zustößt, ist das Mord.«

»Ihr wollt mich nur verwirren, M'am, gebt mir meine Tochter zurück!«

Da trat mein Vater in die Halle. Er stellte sich neben meine Mutter und sagte ganz ruhig: »Thomas Gast, du wirst jetzt gehen. Deine Tochter bleibt hier, bis das Kind geboren ist. Ich verbiete dir, ihr etwas anzutun. Im übrigen begehst du Hausfriedensbruch, ich habe dir nicht erlaubt, diesen Boden zu betreten.«

»Ihr habt meine Tochter, Herr.«

»Deine Tochter ist hier und bleibt hier. Geh jetzt und denk daran: Die Schmiede gehört mir, und wenn du hier Schmied bleiben willst, mußt du dich meinen Wünschen fügen. Sollte deiner Tochter irgend etwas zustoßen, werde ich dich wegen Mordes vor Gericht stellen. Und das dürfte nicht besonders angenehm für dich werden.«

»Ich bin ein gottesfürchtiger Mensch, Herr, der nur den einen Wunsch hat, seinem Gott zu dienen und seine Pflicht gegenüber seiner Familie zu erfüllen.«

»Eine grausame Pflicht, Thomas Gast!«

»Das sind meine Kinder, ich bin Gott für sie verantwortlich.«

»Du bist Gott nur Rechenschaft schuldig für das, was du selbst tust«, erwiderte mein Vater.

»...was ich tue? Herr, weit und breit gibt es keinen gottesfürchtigeren Mann als mich. Ich verbringe jeden Tag vier Stunden auf meinen Knien und meine Familie auch, dafür sorge ich. Diese Tochter hat Schande über uns alle gebracht, und Gott schreit nach Vergeltung.«

»Gib acht, daß du durch deine Grausamkeit gegenüber deiner Familie keine Schande über dich bringst!«

Das erbitterte Thomas Gast so sehr, daß er in diesem Augenblick bereit gewesen wäre, aus Wut auf seine Schmiede zu verzichten.

»Es ist traurig, daß jemand wie ich von Leuten beschimpft wird, die Huren und Hexen unter ihrem Dach beherbergen.«

Damit drehte er sich um und stürzte hinaus.

Ich sah das Entsetzen in den Gesichtern meiner Eltern, wußte ich doch, daß ich dafür verantwortlich war. Zumindest für die Hexen.

Der Heiligenschein, der mich umgab, seit ich Phoebe in der Scheune untergebracht hatte, schien zu verblassen. Mein Vater hakte meine Mutter unter, und zusammen verließen sie die Halle. Es war offensichtlich, daß er sie zu beruhigen versuchte.

Die nächsten beiden Tage wagte sich Phoebe nicht aus dem Haus. Angelet und ich kümmerten uns um sie. Wir erinnerten unsere Mutter daran, daß sie einmal gesagt hatte, wenn wir achtzehn wären, bekämen wir ein eigenes Mädchen – jemanden, der sich um unsere Kleider kümmern, für uns nähen, uns frisieren und unsere Botschaften befördern würde. Wir waren zwar noch nicht achtzehn, aber bald.

Unsere Mutter war hocherfreut über die Sympathie, die wir Phoebe entgegenbrachten, und gab gern ihre Einwilligung. Zuerst fürchtete ich, Angelet mit ihrer gefälligeren Art könnte mir Phoebe abspenstig machen. Aber das geschah nicht. Phoebe wußte, was ich für sie getan hatte. Ich glaube, sie wird nie vergessen, daß ich sie gerettet habe.

»Ich werde Eure Sklavin sein, solange ich lebe, Mistress Bersaba.«

»Aber Phoebe, heutzutage gibt es keine Sklaven mehr«, sagte ich. »Es genügt, wenn du meine Zofe bist.«

»Es gibt nichts, was ich nicht für Euch tun würde«, gab sie mir zur Antwort. »Ihr habt mein Leben verändert. Ihr habt es sogar fertiggebracht, daß ich mich auf mein Baby freue.«

Das alles machte mich glücklich.

Ginny berichtete mir, daß Thomas Gast jeden Tag auf dem Dorfanger das Höllenfeuer prophezeite.

»Viele Leuten gehen hin und hören ihm zu, Mistress. Früher hat es nur wenige gegeben, die wie er jeglichem Vergnügen Einhalt gebieten wollten und den ganzen Tag lang nichts als Kirche und Beten im Sinn hatten.«

Ich beobachtete Carlotta mit Sir Gervaise. Oft ritten sie zusammen aus. Sie freundeten sich immer mehr an, was Senara zu gefallen schien. Ich hörte einmal, wie sie zu meiner Mutter sagte: »Er wäre eine gute Partie. Carlotta würde sich in der Einöde doch nie wohl fühlen.«

»Du warst einmal sehr glücklich hier ... ehe du weg mußtest.«

»Ich liebe das Abenteuer. Aber du hast recht, ich habe mich oft zurückgesehnt. Carlotta ist anders. Ich bin hier aufgewachsen. Der Ort, an dem man seine Kindheit verbringt, behält immer eine große Bedeutung.«

Eines Tages, als ich an meinem Schlafzimmerfenster stand und den Mond betrachtete, der beinahe voll war, kam Phoebe herein und stand schweigend hinter mir.

Ich drehte mich um und lächelte sie an. Ihre Ergebenheit mir gegenüber machte mir große Freude. Nur war ich erstaunt, daß mich das mehr tröstete als meine Rachepläne.

»Schau dir den Mond an, Phoebe, ist er nicht wunderschön?«

»Bald ist Vollmond, Mistress Bersaba.«

Als ich ihr kummervolles Gesicht sah, fragte ich:

»Was ist los, Phoebe? Es geht doch alles gut, oder?«

»Ich glaube, ich muß Euch etwas erzählen, Mistress. Etwas über den Mond.«

»Über den Mond? Was um Himmels willen meinst du?«

»Ich weiß, Ihr mögt sie nicht, deshalb habe ich auch bis jetzt nichts gesagt. Ihr müßt entscheiden, was geschehen soll.«

»Wovon sprichst du, Phoebe?«

»Seitdem ich hier bin, haßt mein Vater dieses Haus. Bei all seiner Tugend, dieser Mann ist voller Haß. Nie lacht oder singt er, weil er sagt, das ist Sünde. Er haßt die Sünde, und er tobt, weil Ihr mir Unterschlupf gewährt habt und er mich nicht bestrafen kann. Und er haßt Hexen. Er sagt, am liebsten würde er an jedem Baum eine Hexe baumeln sehen. Dann wären wir vielleicht von ihnen befreit.«

»In letzter Zeit ist zuviel über Hexen geredet worden.«

»O ja, Mistress. Seit die Damen gekommen sind und man sich an damals erinnert hat. Zuerst die eine, die sie vor langer Zeit von Schloß Paling holen wollten, und die dann geflohen ist. Und jetzt sind sie hinter der Tochter her. Sie hat den Blick des Teufels; sie hat den feinen Gentleman aus London verhext. Immer wird er mit ihr zusammen gesehen. Zuerst haben nicht viele auf meinen Vater gehört, weil sie aus Trystan Priory ist, und Hexen leben in Hütten. Manche wollten nicht glauben, daß die Dame eine Hexe ist... nicht, bis die Kröte auf ihrem Kissen gefunden worden ist.«

»Oje!« Es verschlug mir den Atem. »Und jetzt...?«

»Jetzt haben sie den Beweis, Mistress. Sie werden sie bei der nächsten Gelegenheit holen. Wenn Vollmond ist, wollen sie sie an den nächsten Baum knüpfen. Man will ihr unterwegs auflauern, um keine Schwierigkeiten mit Eurer Familie zu bekommen.«

Mein erster Gedanke war, daß alles funktioniert und ich es geschafft habe. Ich habe die Leute gegen sie aufgebracht, und niemand wird je erfahren, daß ich es war. Sie werden sie töten... auf die schrecklichste Art und Weise, und ich bin gerächt.

Dann sah ich sie vor mir, wie sie zum Weiher geschleift wurde. Wird man ihren rechten Arm mit ihrem linken Bein und ihren linken Arm mit ihrem rechten Bein zusammenbinden und sie ins Wasser werfen? Wenn sie sinkt, ist sie unschuldig, aber tot, und wenn sie schwimmt, ist sie schuldig und wird umgebracht.

Das war die perfekte Rache. Ein häßlicher Tod. Eine Erniedrigung. Carlotta, die würdevolle Lady, so einer Behandlung ausgeliefert!

Warum eigentlich nicht? Sie hat mir Bastian weggenommen und ihn dann wegen Gervaise sitzenlassen. Zumindest sah es so aus. Sie verdient es. Mir wird sie nicht leid tun.

Phoebe sah mich an. »Mistress Bersaba, Ihr seid gut, Ihr werdet es nicht geschehen lassen.«

Ich preßte ihre Hand und ging zu meiner Mutter.

»Ich muß sofort mit dir sprechen«, sagte ich. »Bitte, schnell, wir haben keine Zeit zu verlieren!«

Und wieder nahm sie mich mit in ihr Schlafzimmer.

»Sie wollen Carlotta holen«, sagte ich. »Wenn sie sie nicht schon vorher erwischen, holen sie sie in der nächsten Vollmondnacht. Sie wollen sie umbringen... an einem Baum aufhängen oder sie ertränken... Vielleicht...«

»Kind«, rief meine Mutter und drückte mich an sich. »Das habe ich befürchtet. Dieser Mann ist gefährlich. Er will Rache, und er glaubt, das sei Gottes Wille. Er hat nichts anderes im Sinn, als alle Welt der Folter auszusetzen. Es ist nicht das Reich Gottes, das er predigt, sondern das der Hölle.«

»Was sollen wir tun, Mutter?«

»Dank Gott, daß du das rechtzeitig herausgefunden hast. In zwei Tagen ist Vollmond. Sie müssen heute nacht noch fort. Dein Vater und ich werden alles arrangieren.«

In derselben Nacht noch verließen Senara und Carlotta unser Haus, ebenso Sir Gervaise. Er hatte die Geschäfte mit meinem Vater abgeschlossen und begleitete die Damen.

Fassungslos lag ich in meinem Bett. Ich konnte nicht einschlafen. Was hatte ich getan? So sorgfältig hatte ich alles geplant, und als meine Pläne Früchte trugen, habe ich alles verdorben.

Ich verstand mich selbst nicht mehr. Was war nur in mich gefahren? Ich haßte Carlotta, und doch habe ich sie gerettet. Meine Mutter kam ins Zimmer und stand an meinem Bett.

»Sie sind in Sicherheit«, sagte sie. »Bald sind sie auf Schloß Paling.«

Ich gab keine Antwort. Meine Mutter beugte sich über mich und gab mir einen Kuß.

»Du hast sie gerettet, ich bin stolz auf dich, mein Schatz!«

Als sie weg war, sagte Angelet zu mir: »Du bist bald eine Heilige. Mutter ist stolz auf dich, und Phoebe betet dich an.«

Angelet redete weiter über Hexen, aber ich tat so, als ob ich schliefe.

»Ich glaube, sie ist wirklich eine Hexe«, war Angelets Urteil. »Schließlich ist die Kröte in ihrem Bett gefunden worden. Wie sollte sonst eine Kröte in ihr Bett kommen? Und dann ist sie plötzlich verschwunden.«

Ich blieb still und fragte mich, was zum Teufel in mich gefahren war, so etwas zu tun. Aber ich wußte es nicht.

Die Vollmondnacht verlief ohne Zwischenfälle. Es dauerte nicht lange, da war allgemein bekannt, daß Carlotta mit ihrer Mutter und dem feinen Gentleman aus London abgereist war.

Das schien ein weiterer Beweis zu sein. Trotzdem hatte sich die fieberhafte Erregung gelegt. Es würde kein Hexenopfer geben, und die schwangere Tochter des Schmieds war Zofe in Trystan Priory, wo sie ihr Kind auf die Welt bringen würde. Es war nicht das erstemal, daß dieses Haus einem Mädchen in anderen Umständen Unterschlupf bot, aber im Laufe der Zeit würde auch das vergessen werden. Das Leben auf Trystan Priory ging wieder seinen gewohnten Gang. Wir aßen nicht mehr in der Halle, sondern nahmen unsere Mahlzeiten wieder im kleinen Eßzimmer ein. Mein Vater und Fennimore sprachen über ihre Geschäfte und die Ländereien und machten Pläne, wie das Gut verwaltet werden sollte, wenn sie beide auf hoher See wären. Ein ausgezeichneter Verwalter war bereits eingestellt worden, der immer mehr von Fennimores Pflichten übernahm. Alles würde zur vollsten Zufriedenheit laufen, und Fennimore konnte seinen Jugendtraum verwirklichen.

Meiner Mutter behagte der Gedanke gar nicht, zwei Männer auf See zu wissen, aber wie üblich unterdrückte sie ihre Befürchtungen und hoffte auf das Beste.

Ungefähr eine Woche nachdem Senara, Carlotta und Sir Gervaise uns verlassen hatten, bekamen wir Nachricht aus Schloß Paling. Carlotta hatte sich mit Sir Gervaise verlobt. Sie mußten bald zurück nach London, da er nicht zu lange aus der Stadt wegbleiben konnte, um seine Stellung bei Hofe nicht zu gefährden. Carlotta und er wollten gleich nach ihrer Ankunft in London heiraten, und Senara sollte sie begleiten und eine Weile bei ihnen bleiben, bevor sie nach Spanien zurückkehrte.

Ich dachte an Bastian und gab zu, sein Mißgeschick machte mir Spaß. Ich war überzeugt, er war unglücklich, nachdem Carlotta ihn derartig beschämend behandelt hatte.

Es dauerte auch keine zwei Tage, da kam Bastian nach Trystan Priory geritten.

Ich war gewarnt, denn ich hatte seine Stimme gehört und mich rechtzeitig in mein Zimmer zurückgezogen, um mich zu sammeln. Kurze Zeit später kam Angelet hereingestürmt.

»Wer, glaubst du, ist da? Bastian! Komm herunter und begrüße ihn.«

Ich wußte nicht, was ich tun sollte. Nicht hinunterzugehen, hätte so ausgelegt werden können, daß ich zu aufgeregt und durcheinander sei. Das wollte ich nicht. Mein Stolz war leidenschaftlich und groß, ich hatte nur Angst, daß ich, wenn ich

Bastian sähe, wieder die alte Beziehung mit ihm eingehen würde. Und das wollte ich erst recht nicht. Wenn ich ihm verzieh, könnte ich nie mehr sicher sein, daß er mir nicht wieder den Rücken kehren würde, wenn eine Attraktivere auftauchte.

Nein, ich konnte sein Verhalten nicht entschuldigen.

Ich ging in die Halle hinunter, und da war er... Bastian, der immer soviel Glück in mir erweckt hatte. Als er mich sah, glänzten seine Augen – vor Freude – wie früher, und ich war entzückt, daß es mich kaum berührte. Ich sah ihn immer nur mit Carlotta vor mir.

»Guten Tag, Bastian.«

Er ergriff meine Hände und hielt sie fest. Ich reagierte nicht darauf. »Bersaba, ich bin so froh, dich zu sehen.«

Angelet stand da und strahlte mich liebevoll an. Natürlich dachte sie, jetzt sei alles wieder gut. Carlotta ist aus dem Weg, und er ist wieder frei für Bersaba.

Nichts hätte mich wütender machen können. Bildete er sich ein, er könnte mich nach eigenem Gutdünken nehmen und fallenlassen? Meine Gefühle für Bastian hatten sich geändert. Mir wurde klar, daß es nicht so sehr Bastian war, den ich geliebt hatte, sondern seine Bewunderung. Und die Tatsache, daß er mich auserwählt hatte, mir vor Angelet den Vorzug gegeben hatte. Alle meine Gefühle drehten sich scheinbar um meine Schwester, weil sie aus dem übergroßen Verlangen kamen, genauso gut beziehungsweise besser als sie zu sein.

Sie, die arme einfältige Angelet, spürte nichts dergleichen. Sie war unkompliziert und berechenbar. Vielleicht auch war es das, was sie so viel liebenswerter machte als mich.

»Angenehm, dich wiederzusehen, Bastian.«

»Ich habe dir so viel zu sagen.«

»Du wirst uns allen von deiner geplatzten Verlobung erzählen wollen.«

»Ach, das habe ich nie wirklich ernst genommen.«

»Sie war immerhin ernsthaft genug, um auseinandergehen zu können.« Ich wandte mich an Angelet. »Ich werde Mutter sagen, daß Bastian hier ist.«

»Ich gehe schon«, antwortete Angelet.

»Nein, du bleibst hier und unterhältst dich mit Bastian.« Ich war schon halb auf der Treppe, ehe sie protestieren konnte. Ich ging und sagte es meiner Mutter. Sie begab sich in die Halle, aber ich begleitete sie nicht. Hinterher fragte ich mich, ob das nicht etwas übertrieben gewesen war. Was ich verdeutlichen wollte, war nur, daß mich Bastian nicht mehr interessierte.

Wir saßen beim Abendessen, und wir hatten uns immer noch nicht unter vier Augen gesehen. Ganz im Gegenteil, wann immer ich mit ihm zusammen war, achtete ich darauf, daß wir nicht alleine waren. Er sah mich flehend an, und ich genoß die Situation. Das war meine Rache. Sie war weitaus wirksamer als die, die ich an Carlotta zu nehmen geplant hatte. Schließlich und endlich war Bastian der schuldige Teil.

Es war unausweichlich, irgendwann mußte er mich einmal erwischen. Es geschah am nächsten Morgen. Ich war gerade in den Garten hinuntergegangen, um Blumen zu schneiden. Wenn ich ehrlich bin, hatte ich es absichtlich so arrangiert. Ich wollte, daß es bei Tageslicht und in der Nähe des Hauses geschah. Meiner Liebe zu Bastian war ich nicht mehr sicher, eigentlich basierte sie ja nur darauf, daß er mir den Vorzug gegeben hatte. Es war also nicht wirkliche Liebe, sondern nur das, was Phoebe mit ›Verlangen‹ bezeichnete. Und das war immer noch da. Ich stellte mir vor, mit ihm im kühlen Gras zu liegen, und der Gedanke war mir nicht unangenehm – im Gegenteil.

Aber mein Stolz mußte die Oberhand behalten. Also führte ich die Zusammenkunft im Garten herbei, bei der nichts anderes als ein Wortaustausch möglich sein würde.

»Bersaba«, rief er, »ich muß mit dir sprechen.«

Ich gab vor, nur an der Rose interessiert zu sein, die ich gerade abschnitt.

»Hör zu! Ich bin gekommen, um dich zu bitten, meine Frau zu werden.«

Ich hob meine Augenbrauen. Wie habe ich mich noch vor kurzem nach diesen Worten gesehnt! Ich war zwar noch nicht achtzehn, aber an meinem Geburtstag wollten wir heiraten. Jetzt war alles anders. Ich hatte Sir Gervaise aus London kennengelernt, und obwohl er mir lange nicht so gut gefiel wie Bastian, war ich von seiner eleganten Art zu sprechen und der Selbstverständlichkeit, mit der er seine Kleider trug, beeindruckt. Er hatte mir die Augen geöffnet, daß es außerhalb von Trystan Priory, wo wir bis jetzt unser Leben verbracht hatten, noch etwas anderes gab. All diese Gespräche über das Leben am Hof, die er und Carlotta so oft geführt hatten, haben mich fasziniert. Ich bin noch zu jung für die Ehe, dachte ich. Wenn ich Bastian jetzt heirate, bleibe ich mein

Leben lang hier. Möchte ich das? Möchte ich nicht in die Welt hinaus? Ich würde gerne nach London gehen und den König und die Königin sehen und die Leute, deren Namen bei Tisch gefallen waren. Die Ankunft Carlottas hatte wirklich alles verändert, auch mich. Eine Ehe bedeutete mehr als nur in Federbetten herumzuliegen – anstatt auf harter Erde –, war aber auch bindender. Sie bedeutete auch, erwachsen zu werden, sich zu ändern und das Leben von hundert verschiedenen Seiten zu betrachten. Ja, die Ereignisse der letzten Wochen hatten mir gezeigt, daß ich noch sehr jung und unerfahren war. Nachdem ich das erkannt hatte, wußte ich auch, wie ich Bastian eins auswischen konnte.

»Danke, Bastian«, antwortete ich. »Ich fühle mich wirklich geehrt. Es ist sehr lieb von dir, an mich zu denken, jetzt, nachdem Carlotta dich verschmäht hat. Außerdem, ich bin noch zu jung, um zu heiraten.«

»Bersaba, benimm dich nicht so albern! Außerdem sprichst du wie Gervaise Pondersby.«

»Wie interessant! Sie jedenfalls zog seine Sprache deiner vor.«

»Du bist eifersüchtig, Bersaba. Das mußt du nicht sein! Ich weiß nicht, was über mich gekommen ist. Ich war wie verhext. Ich konnte nichts dagegen tun.«

»Du hast vergessen, daß du auch mir die Ehe versprochen hast.«

»Ich habe nie etwas anderes gewollt, Bersaba . . . nach dem, was zwischen uns passiert ist.«

»Das können wir vergessen«, sagte ich scharf.

»Kannst du es vergessen?«

»Ja«, sagte ich kalt, »und was ich kann, solltest du auch können. Du hast es ja vorher auch vergessen.«

»Bersaba, meine liebste kleine Bersaba.«

»Ich bin nicht deine Liebste. Es gibt eine, die dir lieber ist. Du kommst nur zu mir, weil sie jemand anderem den Vorzug gegeben hat.«

»Ich bitte dich, mich zu heiraten. Hast du vergessen, was du mir geschenkt hast? Das sollte man nur seinem Ehemann schenken. Weißt du das nicht? Ich habe dich verführt, Bersaba. Was würden deine Eltern dazu sagen?«

»Nichts, weil sie es nicht erfahren werden. Aber nicht du hast mich verführt, Bastian, ich habe dich verführt. Ich wollte Erfahrungen sammeln. Das habe ich. Und was mich betrifft, ist diese Angelegenheit erledigt.«

»Du sprichst wie eine… eine…«

»Wie was denn?«

»Wie eine Kurtisane.«

»Vielleicht bin ich das auch. Du hast mich sowieso für nichts anderes gehalten. Sobald Carlotta auftauchte, hast du mich vergessen.«

»Ich habe dich nie vergessen, nicht ein einziges Mal. Und jetzt möchte ich mich mit dir versöhnen.«

»Versöhnen!« Ich wußte, meine Augen schossen Blitze.

»Das brauchst du nicht, Bastian. Gott sei Dank gibt es keine Konsequenzen. Es ist vorbei, ich will dich nicht mehr. Ich brauche dich nicht mehr. Kannst du das endlich begreifen?«

»Du bist so anders, Bersaba. Ich kann kaum glauben, daß du dieselbe bist.«

»Ach, es fällt dir wohl schwer, zu glauben, daß ich nicht verrückt bin nach dir. Das ist es doch, nicht wahr? Ich bin erwachsen geworden, Bastian, du hast mir geholfen, erwachsen zu werden. Du bedeutest mir nichts mehr. Ich bin dankbar dafür. Inzwischen weiß ich etwas mehr vom Leben. Ich werde meinem Mann nicht mehr als verschreckte Jungfrau begegnen… das verdanke ich dir, Bastian.«

»Du warst nie verschreckt, Bersaba.«

»Doch, zum Beispiel jetzt, vor dir, Bastian. Ich muß dich bitten, mich nicht mehr zu belästigen.«

»Ich werde mit deinen Eltern sprechen«, sagte er verzweifelt.

»Sie würden mich nie zwingen, jemanden gegen meinen Willen zu heiraten.« Ich schaute auf meine Hände hinunter. »Diese Dornen sind spitz.« Ich lutschte an meinem Finger, ohne Bastian anzusehen, und schnitt dann weiter Rosen. Er stand mir hilflos gegenüber.

Meine Mutter bat mich in ihr Wohnzimmer; sie hätte mir etwas zu sagen. »Bersaba«, sagte sie, als wir alleine waren. »Bastian hat um deine Hand angehalten.«

»Ich habe bereits nein gesagt, Mutter.«

»Ich weiß, wie du fühlst. Er war mit Carlotta verlobt, und sie hat ihn zurückgewiesen. Er ist ein bißchen ungestüm, er hätte warten sollen. Das müßte er sowieso, weil dein Vater und ich euch beide noch zu jung finden zum Heiraten.«

»Ihr müßt gar nicht darüber nachdenken, ich werde Bastian nicht heiraten.«

»Ihr wart doch immer ein Herz und eine Seele.«

»Er ist mein Vetter.«

»Das ist kein Grund.«

»Ich finde, Verwandte sollten nicht untereinander heiraten, es sei denn, sie lieben sich wirklich.«

»Ich habe immer gehofft, Bastian würde eine von euch heiraten.«

»Vielleicht tut dir Angelet den Gefallen.«

»Meine liebe Bersaba, das klingt ein wenig bitter. Nimm die Sache mit Carlotta nicht zu ernst. Sie ist ein faszinierendes Geschöpf. Du hast ja gesehen, sogar ein nobler Herr wie Sir Gervaise ist so verzaubert von ihr, daß er sie heiratet. Bastian war vorübergehend verwirrt, aber er hat mir gesagt, er hat immer nur dich geliebt und nur dich heiraten wollen.«

»Bis er sich mit Carlotta verlobt hat.«

»Aha, du bist verletzt. Ich verstehe. Aber es ist vorbei.«

»Mutter, bitte versteh mich doch! Ich habe etwas daraus gelernt: Wenn ich einmal heiraten werde, wird es bestimmt nicht Bastian sein. Niemals! Ich habe Bastian sehr gerne gehabt, aber ich liebe ihn nicht. Bitte, verlange nicht von mir, daß ich ihn heirate, denn ich tue es nicht ... ich tue es nicht!«

»Du weißt ganz genau, daß weder dein Vater noch ich dich zu einer Ehe zwingen würden, die du nicht willst.«

»Dann ist das Thema erledigt.«

»Lassen wir es eine Weile ruhen, Bersaba. Denk darüber nach. Bastian wäre ein guter und lieber Ehemann. Er würde dir sehr liebevoll begreiflich machen, was eine Ehe überhaupt bedeutet.«

Innerlich mußte ich über die Unschuld meiner Mutter lachen. Ich hätte gerne gewußt, was sie sagen würde, wüßte sie von unseren heimlichen Zusammenkünften. Für Phoebes Dilemma hatte sie zwar Verständnis, aber was würde sie sagen, wenn sie herausfände, daß ihre eigene Tochter in derselben Lage wäre.

»Ich werde Bastian nie heiraten. Davon bin ich felsenfest überzeugt.«

Sie seufzte und gab mir einen Kuß. Sicher dachte sie, eines Tages würde ich meine Meinung ändern.

Aber Bastian hatte begriffen, daß ich das nie tun würde. Er hatte gedacht, es wäre nur wegen seiner kurzen Liebschaft mit Carlotta. Das stimmte auch teilweise, aber das war es nicht allein. Ich hatte etwas dazugelernt, und zwar, daß ich eigentlich noch gar nicht soviel wußte, wie ich gedacht hatte. Das Leben ist verwirrend und kompliziert. Ich hatte noch viel zu lernen, und ich konnte es gar nicht abwarten, damit anzufangen. Von Bastian hatte ich alles erfahren, was mich interessierte.

Einige Tage gingen ins Land. Ich war kühl und unnahbar. Da es mir nichts mehr ausmachte, mit ihm allein zu sein, und da ich ihn nun mit Sir Gervaise vergleichen konnte, erschien er mir nicht mehr als der Unvergleichliche, der er früher für mich war. Ich fühlte auch nicht mehr den Drang, ihn zu umarmen und zu küssen.

Für den Augenblick wenigstens war ich von meinen feurigen Wünschen befreit.

Er verstand es besser als meine Eltern, da sie keine Ahnung hatten, wie weit unsere Beziehung gegangen war.

Bevor uns Bastian wieder verließ, fragte er meinen Vater, ob er nicht mit ihm und Fennimore zur See fahren könne.

Seine Entscheidung wäre übereilt, meinte mein Vater. Er sollte nicht denken, nur weil ich ihn abgewiesen hätte, daß sein Leben jetzt zu Ende wäre.

Bastian flehte ihn an, darüber nachzudenken, und schließlich sagte mein Vater, daß er das tun wolle.

So standen die Dinge, als Bastian uns verließ. Etwas später hörten wir, daß Carlotta Lady Pondersby geworden war und ein Leben in Saus und Braus führte auf einem Landsitz in der Nähe von London. Senara war noch bei ihr.

Mein Vater fand eine Aufgabe für Bastian, und im September, als Vater und Fennimore in See stachen, begleitete er die beiden.

Kurz bevor ihr Schiff auslief, kam ein Bote aus London mit Briefen von Sir Gervaise an meinen Vater. Darunter war auch einer von Senara an meine Mutter und einer an Angelet und mich von Carlotta.

Wir nahmen ihn aufgeregt mit hinauf in unser Zimmer und lasen ihn.

»Meine lieben Zwillinge,
ich wünschte, Ihr hättet zu meiner Hochzeit kommen können. Es hätte Euch sicher sehr interessiert, zu sehen, wie diese Dinge hier gehandhabt werden. Ich denke viel an Euch da draußen auf dem Lande und wie lustig es wäre, wenn Ihr uns besuchen kommen könntet. Ihr wolltet doch schon immer London kennenlernen. Nun, hier ist Eure Chance.

Senara wird Eurer Mutter auch schreiben und ihr sagen, daß das eine ernstgemeinte Einladung ist. Ich hoffe, sie kann Euch entbehren.

Die Reise nach London war sehr anstrengend, aber es war der Mühe wert. Meine Mutter und ich haben die Tage auf dem Land sehr genossen.

Ich hoffe, Euch beide bald zu sehen, und wenn Ihr nicht beide kommen könnt, dann wenigstens eine von Euch. Laßt mich bitte bald wissen, wann ich mit Eurem Besuch rechnen darf.

Carlotta«

Angelet und ich sahen uns mit leuchtenden Augen an.

»Nach London!« schrien wir vor Begeisterung.

Angelet warf sich in meine Arme, und ich sagte: »Wir reisen natürlich beide. Das geht nicht, daß eine zu Hause bleibt. Ich würde dich nicht allein gehen lassen.«

»Ich dich auch nicht.«

»Wir brauchen neue Kleider.«

»Wir nehmen Phoebe mit. Eine Zofe brauchen wir sicher.«

»Es wird wundervoll in London! Glaubst du, wir werden auch den König und die Königin sehen?«

»Carlotta hat uns nach London eingeladen, nicht an den Hof.«

»Ja, aber Carlotta verkehrt doch bei Hofe, oder nicht? Vielleicht nimmt sie uns einmal mit.«

Angelet riß alle ihre Kleider aus dem Schrank und probierte sie an. Sie war ganz aufgeregt.

Als Mutter eintrat, bemerkten wir, daß sie von der Idee gar nicht so begeistert war.

»Jetzt könnt ihr auf keinen Fall reisen«, sagte sie. »Noch nicht. Vater fährt weg und Fennimore auch.« Sie sah so jammervoll aus, daß Angelet ausrief: »Natürlich bleiben wir da, Mutter. Das habe ich ja vergessen: Du wärst ja ganz alleine.« Aber schon lächelte sie wieder. »Warum kommst du denn nicht einfach mit?«

»Ich muß doch hiersein, wenn dein Vater zurückkommt.«

»Aber er ist ja noch gar nicht weg, und dann dauert es Monate, bis er wiederkommt.«

»Wir werden ja sehen«, sagte sie, aber ich ahnte schon, sie wollte nicht, daß wir nach London gehen.

Als mein Vater wieder auf See war, machten wir einen Besuch auf Schloß Paling. Mutter und Tante Melanie sprachen ausführlich über Senaras Vorschlag. Meine Mutter sagte, sie fürchte die Beschwerlichkeiten der Reise und ließe ihre Töchter nicht gern allein reisen. Wenn sie mit könnte, wäre das natürlich etwas anderes, aber sie wüßte ja nie, wann mein Vater zurückkäme. Er sei zwar gerade erst losgesegelt, aber manchmal gäbe es Gründe, sofort wieder umzukehren. Sie hätte nie die Ruhe gehabt, Trystan Priory zu verlassen, solange Fenn weg war. Und wenn er da war, müßte sie sowieso bei ihm sein.

Ich weiß, daß es meiner Mutter wahnsinnig leid tat. Erstens, weil sie gewußt hat, wie gerne wir gegangen wären, und zweitens, weil sie es nicht über das Herz brachte, uns alleine gehen zu lassen.

Wir machten unseren Anstandsbesuch bei Großvater Casvellyn, der uns wie immer streng taxierte. Dann schrie er uns an, weil wir den Mund nicht aufmachten, aber wenn wir es täten, sollten wir etwas Vernünftiges sagen.

Sein Blick ruhte auf mir. Er bevorzugte mich, und ich war überzeugt, er wußte genau, wer ich war.

»Komm her«, sagte er zu mir und zog mich an sich, bis ich die Decke berührte, die seine gelähmten Beine bedeckte. Dann nahm er mein Kinn zwischen seine knochigen Finger und zwang mich, ihn anzusehen. »Was hast du gemacht?«

»Ich habe Tante Melanie Blumen pflücken geholfen.«

Er lachte. »Das habe ich nicht gemeint. Du bist mir eine ganz Schlaue.«

Und er gab mir einen kleinen Stups.

Meine Mutter sah uns zu und lächelte; sie schien entzückt, daß ihrem Vater ihr Kind gefiel. Sie ist eine ahnungslose Frau, meine Mutter, weil sie immer von allen nur das Beste denkt. Großvater Casvellyn war in seiner Jugend ein Schwerenöter. Es existierten finstere Geschichten über ihn und seine Heldentaten. Darin spielten auch Frauen eine Rolle. Ich war überzeugt, er versuchte mir zu sagen, daß er sich in mir wiedersah.

Vielleicht hatte er sogar recht.

Deswegen fühlte ich mich auch nicht recht wohl in meiner Haut. Ich hatte Angst, er könnte mich mit Bastian gesehen haben und erraten, was zwischen uns geschehen war.

Gwenifer und Rozen diskutierten auch unentwegt über die Einladung. Sie waren neidisch, weil sie keine bekommen hatten.

»Ich nehme an, sie will Bersaba damit danken, daß sie sie gerettet hat«, meinte Angelet. »Es hat doch ein Komplott gegen sie gegeben, man wollte sie entführen. Bersaba hat das erfahren und verhindert.«

Das interessierte die beiden sehr. Es ist erstaunlich, wie sehr es Menschen erregen kann, wenn von Hexen und Zauberkünsten die Rede ist.

Wir blieben eine Woche auf dem Schloß. Während der Heimfahrt regnete es den ganzen Tag, und wir kamen, bis auf die Haut durchnäßt, daheim an. Mutter bestand darauf, daß wir die Füße in Schüsseln mit heißem Wasser stellten, in denen Kräuter schwammen, die Erkältungen verhindern sollten.

Trotzdem wurde ich krank.

Phoebes Zeit rückte immer näher, und das sah man auch. Das Baby sollte Mitte September auf die Welt kommen. Aber die Tage vergingen, und das Baby war immer noch nicht da.

Dieses Kind interessierte mich mächtig. Angelet auch, aber mich besonders. Ich wollte, daß Phoebe ein gesundes Kind bekam, damit sie ihm eines Tages die Geschichte erzählen konnte, daß ich es war, dem es seine Existenz verdankte. Der September war fast vorüber. Jeden Morgen schaute ich besorgt nach Phoebe, die dicker und dicker wurde, ohne daß das Baby ein Zeichen gab.

Ginny meinte, Phoebe hätte sich einfach verkalkuliert. »Die Angst vor ihrem Vater hat ihr doch fast den Verstand geraubt.«

Am letzten Septembertag war das Baby immer noch nicht da. Es war ein dunkler Morgen. Schwerer Nebel lag in der Luft, und ich sagte zu Angelet: »Ich glaube, das Baby kommt heut auf die Welt.«

»Es muß! Es ist schon drei Wochen zu spät.«

Phoebe bekam es langsam mit der Angst zu tun.

»Ich habe das Gefühl, mir wird etwas Schlimmes passieren, Mistress Bersaba«, sagte sie. »Glaubt Ihr, der liebe Gott bestraft mich jetzt, weil ich so liederlich war?«

»Nein«, antwortete ich scharf. »Wenn er alle Menschen dafür bestrafte, dann hätte er sie nicht so erschaffen dürfen.«

Phoebe sah ganz verängstigt aus. Ich glaube, sie erwartete, der Himmel würde auf mich stürzen, um mich für diese Blasphemie zu bestrafen. Was konnte man schon von ihr erwarten? War sie nicht in der Schmiede herangewachsen?

Am Nachmittag fing es an zu regnen, große schwere Tropfen fielen zur Erde. Gegen vier Uhr sah ich, daß Phoebe richtig krank aussah. Sie hatte Schmerzen, also ging ich hinunter in den

Stall und befahl einem Reitknecht, ins Dorf zu reiten und der Hebamme zu sagen, sie solle unverzüglich kommen.

Phoebe sah in der Tat sehr schlecht aus. Ich war mir nicht sicher, waren es die Schmerzen oder die Angst, jetzt, da ihre Zeit endlich gekommen zu sein schien. Siebzehn Jahre hatte sie ihren Vater über die Rache Gottes predigen hören, kein Wunder, daß sie nur daran denken mußte.

Ich sagte ihr immer und immer wieder, sie hätte nichts zu befürchten. Eine ganze Menge Mädchen seien bereits in ihrer Lage gewesen und glücklich durchgekommen. Beinahe hätte ich ihr von meinen eigenen Erfahrungen berichtet, nur um sie zu beruhigen, aber ich konnte mich gerade noch zurückhalten.

Ich stand am Fenster, als ich das Geräusch von Pferdegetrampel im Stall hörte. Ich dachte, es sei der Stallknecht mit der Hebamme, und lief hinunter.

Es war der Stallbursche, aber ohne Hebamme.

»Wo ist Mother Gantry?« fragte ich ihn.

»Sie konnte nicht kommen, Mistress Bersaba.«

»Was soll das heißen, sie konnte nicht kommen? Du solltest sie doch mitbringen.«

»Ich habe an ihre Tür gehämmert, aber sie hat nicht geantwortet. Ich habe gerufen, daß sie in Trystan Priory gebraucht wird, daß eines der Dienstmädchen ein Kind bekommt.«

»Und was hat sie darauf geantwortet?«

»Sie ist nur ans Fenster gekommen und hat den Kopf geschüttelt. Dann hat sie die Läden geschlossen und gesagt: ›Geh weg, oder es wird dir noch leid tun.‹ Da bin ich zurückgeritten, Mistress, um es Euch zu sagen.«

»Du Narr!« schrie ich ihn an. »Wir brauchen eine Hebamme, warum, glaubst du, habe ich dich hingeschickt? Es ist doch nicht gleichgültig, ob sie kommt oder nicht. Sattle mein Pferd!«

»Mistress Bersaba...«

»Sattle mein Pferd!« Zitternd gehorchte er.

»Mistress Bersaba, ich komme mit...«

Ich sprang auf mein Pferd und preschte aus dem Stall. Es goß in Strömen, und ich hatte noch nicht einmal etwas auf dem Kopf. Meine Haare hingen mir bald in Strähnen über den Rücken.

Ich fühlte mich sehr wichtig bei dem, was ich tat. Ich hatte Phoebe vor der Rache ihres Vaters bewahrt und Carlotta vor dem Pöbel. Obwohl ich Carlotta selbst in diese Situation gebracht hatte, spielte ich noch immer meine heroische Rolle. Ich würde gerade noch rechtzeitig mit der Hebamme kommen, die dieser Narr nicht hatte bringen können. Nur weil sie zu müde oder zu faul war, sich wegen eines Dienstmädchens aus dem Hause zu bequemen.

Als ich an das Haus kam und an die Tür klopfte, hörte ich eine schwache Stimme, drückte die Klinke herunter und ging hinein.

»Miß Gantry . . .«

Sie saß auf einem Stuhl, und ich ging zu ihr und schüttelte sie. Da entdeckte ich erst, daß ihr Gesicht feuerrot war und sie ganz glasige Augen hatte.

»Geht weg!« rief sie. »Kommt mir nicht zu nahe! Ich warne Euch!«

»Miß Gantry, ein Baby kommt gleich auf die Welt.«

»Geht weg, Mistress, ich habe die Pocken.«

Jetzt verstand ich, warum sie dem Burschen nicht geöffnet hatte und daß ich selbst in Gefahr war.

Ich rannte aus dem Haus und bestieg mein Pferd.

Es schien mir eine Ewigkeit, ehe ich Trystan Priory erreichte. Naß und zerzaust, wie ich war, eilte ich hinauf in Phoebes Zimmer.

Meine Mutter war an der Tür.

»Bersaba, wo um alles in der Welt bist du gewesen?«

»Ich war bei Mother Gantry. Sie kann nicht kommen, sie ist krank. Sie sagt, sie hat die Pocken.«

»Hast du sie gesehen?«

»Ja. Ich bin ins Haus gegangen, um sie zu Phoebe zu bringen.«

»O Gott, Kind, du mußt dich ausziehen!«

»Und Phoebes Baby?«

»Ist tot.«

Ungläubig starrte ich sie an. Warum galt ihre ganze Sorge mir?

»Und Phoebe?«

»Sie ist sehr krank, aber sie hat eine Chance durchzukommen. Ich möchte, daß du diese nassen Kleider ausziehst. Komm mit mir.«

Ich fühlte mich schwach, ausgepumpt und zu Tode erschöpft.

ANGELET

St. Paul's Walk

Ich war traurig, als ich so dahinritt, denn dies war das erste Mal in meinem Leben, daß ich von Bersaba getrennt war. Mein Herz war voller Angst. Instinktiv wußte ich, daß es ein Wendepunkt in unserem Leben war. Danach würde nichts mehr so sein wie früher.

Wie oft hatte ich mich danach gesehnt, nach London zu gehen. Wie oft hatte ich mir diese Reise vorgestellt! Ich hatte das ungute Gefühl, daß gerade meine Sehnsucht an allem schuld war. Irgendwann einmal ist eine weise Frau – ich glaube, sie war eine gute Hexe – nach Schloß Paling gekommen, mit ihrem Mann, der ein fahrender Hausierer war. Tante Melanie bot ihnen Unterkunft für die Nacht an, und die Frau weissagte uns dafür die Zukunft, was uns Jüngeren ungeheueren Spaß gemacht hat. Ich werde nie vergessen, was sie mir prophezeite. Es klang so ähnlich wie: »Wenn Ihr Euch etwas sehr wünscht, müßt Ihr daran glauben, daß es in Erfüllung geht. Denkt immer daran! Wenn Ihr das tut, werdet Ihr erlangen, wonach Euer Herz sich sehnt. Aber vielleicht müßt Ihr dafür bezahlen.«

Daran mußte ich jetzt denken, auf dem Weg nach London, wegen Bersaba, die so krank war. Ich habe die Furcht in den Augen meiner Mutter gesehen. Sie wollte mich in Sicherheit wissen; denn als Phoebes Baby auf die Welt kommen sollte, hatte sich Bersaba bei der Hebamme angesteckt, sie hatte die Pocken. Natürlich wußten wir das nicht von Anfang an. Bersaba war losgeritten, um im strömenden Regen die Hebamme zu holen, ist ins Haus gegangen und hat die alte Frau geschüttelt, bevor sie auf ihrem Gesicht die entsetzlichen Spuren der Krankheit entdeckt hatte. Sie hat sie also berührt.

Als sie nach Hause kam und uns erzählte, was ihr zugestoßen war, hat meine Mutter sie selbst ins Bett gesteckt, und da mußte sie bleiben. Am nächsten Tag erfuhren wir, daß die Hebamme gestorben war und daß noch mehr Leute im Dorf die Pocken hatten.

Meine Mutter, die sonst so sanftmütig war, wurde zum Feldwebel. Sie versammelte ihre Truppen um sich und ging zum Angriff über, wild entschlossen, den Feind zu vernichten – in diesem Fall eine tödliche Krankheit.

Sie ließ mich holen, und ich merkte sofort, was sie wollte. »Du darfst nicht mehr in Bersabas Zimmer schlafen, deine Sachen werden in ein anderes Zimmer im Ostflügel geräumt.«

Das war das Zimmer, das am weitesten von dem, das ich mit Bersaba teilte, entfernt war.

»Ich möchte nicht, daß du zu deiner Schwester gehst, ehe ich es dir ausdrücklich erlaube.«

Ich war zu Tode erschrocken. Bersaba nicht sehen? Ich, die ich fast jede Stunde meines Lebens mit ihr verbracht hatte. Ich hatte das Gefühl, als würde ein Stück von mir getrennt.

»Wir müssen vernünftig sein«, sagte meine Mutter am nächsten Tag. Sie war sehr ruhig, trotz der Ängste, die sie durchstand. »Tatsache ist: Bersaba ist mit einer Frau, die die Pocken hatte, in Berührung gekommen. Gleichzeitig hat sie sich erkältet, also ist sie besonders gefährdet. In einer Woche ungefähr werden wir wissen, ob sie sich angesteckt hat. Wenn ja, möchte ich, daß du weggehst.«

»Weggehen von Bersaba? Wenn sie schwer krank ist?«

»Mein liebes Kind, hier handelt es sich um eine gefährliche Krankheit, an der man sterben kann. Wir müssen tapfer sein! Und man ist nicht tapfer, wenn man seine Augen vor der Wahrheit verschließt. Ich werde dich nach London schicken... wenn sie sich angesteckt hat.«

»Nach London... ohne Bersaba?«

»Ich möchte dich weit weg wissen. Es wird sehr schmerzlich werden, und wenn sie sich wirklich angesteckt hat, werden wir unsere ganze Kraft und Geschicklichkeit brauchen, sie gesund zu pflegen.«

»Dann sollte ich doch lieber hierbleiben und euch helfen.«

»Nein, das Risiko ist zu groß.«

»Aber was ist mit dir, Mutter?«

»Ich bin die Mutter. Du glaubst doch nicht, daß ich sonst jemandem gestatten werde, sie zu pflegen.«

»Und wenn du dich auch ansteckst?«

Meine Augen waren rund vor Entsetzen.

»Das werde ich nicht«, sagte sie vertrauensvoll. »Das darf ich nicht, weil Bersaba mich braucht. Aber im Augenblick wissen wir doch noch gar nichts. Ich möchte nur, daß du dich von ihr fernhältst. Darum habe ich dich auch in ein anderes Zimmer bringen lassen. Versprich mir, daß du nicht zu ihr reingehst.«

»Aber was wird sie von mir denken?«

»Bersaba ist vernünftig, sie weiß, was passiert ist, und versteht die Gefahr; deshalb wird sie es auch einsehen.«

»Aber Mutter, wie kann ich denn nach London gehen, wenn sie schwerkrank ist.«

»Du kannst, weil ich es dir sage. Ihr seid euch so nahe, ihr seid so daran gewöhnt, zusammen zu sein, ich hätte Angst, euch nicht voneinander fernhalten zu können.«

»Aber nach London... ohne Bersaba!«

»Ich habe die ganze Nacht wachgelegen und habe darüber nachgedacht, was wohl am besten wäre, und ich bin zu folgendem Entschluß gekommen: Auf Schloß Paling bist du mir zu nahe, und ein Tapetenwechsel könnte dir auch nicht schaden. In London ist alles neu für dich, da wirst du dich nicht so grämen.«

»Mutter, glaubst du, Bersaba könnte sterben?«

»Sie wird nicht sterben, aber wir müssen den Tatsachen ins Auge sehen. Sie schien mir nervlich ziemlich angespannt in den letzten Wochen... und dann diese Erkältung! Aber ich kriege sie schon durch. Ich habe Senara eine Botschaft geschickt, daß du dich wahrscheinlich in einer Woche auf die Reise machst, falls sie nichts Gegenteiliges hören läßt. Bereite dich also darauf vor. Ich fürchte, du wirst nur mitnehmen können, was du hast. Für neue Kleider ist wohl nicht mehr genügend Zeit. Kopf hoch, Angelet, vielleicht kommt es gar nicht soweit.«

Ich war fassungslos. Ich habe mich so danach gesehnt, nach London gehen zu dürfen, aber doch nicht ohne Bersaba. Ein Leben, das sie nicht teilt, konnte ich mir einfach nicht vorstellen.

Irgendwie ist diese Woche vorübergegangen. Jeden Tag sah ich meiner Mutter in die Augen, um darin zu lesen, was zu fragen ich nicht wagte. Das ganze Haus versank in Melancholie. Bersaba blieb in ihrem Zimmer, und nur meine Mutter durfte zu ihr. Sie erzählte mir, Bersaba verstünde, daß es so sein müsse.

Dann kam der Morgen, an dem ich die Wahrheit in den Augen meiner Mutter las. Die gefürchteten Anzeichen waren aufgetreten.

Und darum war ich auch an jenem Septembermorgen unterwegs nach London. Mab war bei mir, sie sollte mich als Zofe begleiten, und sechs Reitknechte, zu meinem Schutz und zur Überwachung des Gepäcks. Ich ritt vor mich hin und dachte an meine Schwester und ob ich sie wohl je wiedersehen würde.

An die Reise selbst kann ich mich nur wenig erinnern, weil ich in Gedanken unentwegt bei Bersaba war. Die erste Nacht verbrachten wir auf Schloß Paling. Das war eine traurige Gesellschaft; alle waren so schockiert über die Nachricht, was in Trystan Priory geschehen war.

Sie schienen sich keine großen Hoffnungen zu machen, was Bersabas Genesung betraf, und ihren Versicherungen – es handele sich sicherlich nur um einen schwachen Anfall, daß sie die beste Pflege hätte und man viel von der Krankheit heutzutage wußte und eine Menge Leute bereits geheilt worden waren – fehlte es an Überzeugungskraft.

Die Reise dauerte zwei Wochen. Mir schien es, als ritten wir von einem Gasthaus zum anderen. Sobald es hell wurde, ging es weiter, bis die Pferde mittags eine Rast brauchten. Und wieder ein Gasthof, wieder essen und wieder weiter.

Wir benutzten soviel wie möglich Seitenstraßen; der erste Reitknecht hielt sie für sicherer. Die Gefahr, daß da Räuber auftauchten, sei geringer. Das leuchtete mir ein. Obwohl wir genug Aufregungen hatten, bekam ich kaum etwas davon mit, weil ich mit meinen Gedanken nicht auf der Landstraße, sondern im Krankenzimmer meiner Schwester war. Wenn es regnete, bemerkte ich es kaum, und wenn die Straßen unpassierbar wurden und wir umkehren mußten, folgte ich wortlos.

»Ihr seid abwesend, Mistress«, sagte Mab. »Das ist es.«
»Ich bin bei meiner Schwester.«

Es war meine Schuld. Ich hatte mir diese Reise so gewünscht, und jetzt verwirklichte sie sich auf so tragische Weise. Meine Mutter hätte uns sicherlich nicht nach London gehen lassen. Sie hätte sich alle Gefahren vorgestellt, denen ihre Kinder begegnen könnten, und nicht nur auf der Landstraße, sondern auch in der Londoner Gesellschaft. Aber eine größere Gefahr als die, von der im Augenblick meine Schwester bedroht wurde, gab es wohl kaum, und meine Mutter hätte weiß Gott allem zugestimmt, nur um mich aus dem Weg zu haben.

Wir kamen gut vorwärts, durchquerten bei Gunislake den Tamar, ritten durch Devon nach Tavistock und weiter nach Somerset und Wiltshire, wo ich das in einen Hügel gemeißelte weiße Pferd sah, das noch aus vorchristlicher Zeit stammte. Als wir nach Stonehenge kamen und die beeindruckenden und äußerst seltsamen Steine sahen, dachte ich an die Riten, die hier lange bevor die Romanen nach England kamen, vollzogen worden waren. Das erinnerte mich wieder an das sonderbare Gerede über Carlotta, und ich fragte mich, ob sie nicht doch eine Hexe war. Seltsam, daß man eine Kröte in ihrem Bett gefunden haben sollte. Meine Mutter, die Gerede über Hexen nicht ausstehen konnte, weil die Menschen ihrer Meinung nach unschuldigen alten Frauen gegenüber so grausam seien und sich durch ihre Einbildungskraft in Raserei steigern konnten, hatte so getan, als gäbe es so etwas nicht. »Das bilden sie sich nur ein«, sagte sie. Ihre Erklärung für die Kröte war, daß sie irgendwie ins Haus gekommen sein mußte, falls Mab überhaupt eine gesehen hatte. Sie konnte sich das alles auch nur eingebildet und geglaubt haben, weil sie es glauben wollte. Schließlich erlaubte Mutter mir, Senara und Carlotta zu besuchen.

Über Stonehenge ging es weiter nach Basingstoke bei Reading. Ich wurde mir trotzdem einer freudigen Erregung bewußt, schämte mich aber sofort und schickte meine Gedanken wieder zurück in das Krankenzimmer nach Trystan Priory. Durch die Bäume erspähte ich Windsor Castle. Es sah prachtvoll aus, mit seinen grauen Türmen, seinen Zinnen und dem großen Park, der es umgab. Ich mußte an die Geschichtsstunden in Trystan Priory denken, in denen ich neben Bersaba saß und von Edward III. hörte, der beim Tanz ein Strumpfband aufgelesen und den Spruch geprägt hatte: »Honi soit qui mal y pense – Verachtet werde, wer Schlechtes dabei denkt« – eine Geschichte, der wir immer wieder gerne lauschten. Auch wie King John sich dort aufgehalten hatte, bevor er die Magna Charta unterzeichnete, und wo Henry VIII. auf die Jagd gegangen war. Dieses Schloß zu sehen, von dem ich so viel gehört hatte, erregte nicht nur mein Interesse, sondern auch eine gewisse Euphorie. Doch die Erinnerung an meine Schwester überschattete auch dies.

Immer wird Bersaba gegenwärtig sein, nie werde ich ihr entkommen. Seltsam, daß ich ›entkommen‹ dachte, das klang ja, als fühlte ich mich gefangen und versuchte, diesem Zustand zu entkommen.

London rückte immer näher, aber ich dachte nicht an das, was mich in London erwartete, sondern daran, wann eine Nachricht von Bersaba kommen würde.

Endlich erreichten wir Pondersby Hall, Sir Gervaise' Residenz, die in der Nähe des Dorfes Richmond lag. Auf dem nahegelegenen Fluß segelten Boote in allen Größen nach London und zurück.

Es war ein prachtvolles Haus. Aber aufgewachsen in Trystan Priory, dem Haus meines Vaters, und dem Schloß meines Großvaters, war ich an große Häuser gewöhnt. Es gibt nichts Aufregenderes als ein Schloß, mit seinen Zinnen und seiner Festung. Pondersby Hall aber sah anders aus als Trystan Priory oder unser Schloß. Es hatte etwas Anmaßendes, falls man so etwas von einem Haus überhaupt sagen kann, aber das war der Eindruck, den ich hatte. Gepflegt, ja; was man von den Häusern in Cornwall nicht sagen konnte. Ich nahm an, in dem sanfteren Klima im Südwesten von England waren die Menschen nicht so dem Sturm ausgesetzt wie wir, und das kalte und trockene Klima wirkte nicht so verheerend auf ihre Mauern. Pondersby Hall war nicht so alt wie die anderen Bauten, es mußte um 1560 herum erbaut worden sein, war also keine hundert Jahre alt und sah fast modern aus, was man von Schloß Paling nicht behaupten konnte.

Das Gras im Vorhof war kurz geschnitten, und die grauen Mauern waren so sauber, als ob sie frisch gestrichen wären – ein silbriges Grau im Gegensatz zu dem dunklen von Schloß Paling. Der prachtvolle Giebel, der auf maskenverzierten Kragsteinen ruhte, fiel mir sofort auf, ebenso das große Fenster mit der Butzenscheibe, die in vielen satten Farben leuchtete. Und wieder dachte ich an Bersaba und wie sehr ihr all das gefallen würde.

Als wir in den Vorhof ritten, kam uns ein Diener in grünblauer Livree entgegen, was, wie ich erfahren sollte, die Farben von Pondersby waren. Er verbeugte sich und sagte: »Guten Tag, Ma'am. Wir haben Euch seit gestern erwartet. Ich habe den Befehl, Euch willkommen zu heißen und in Eure Gemächer zu bringen. Ich werde die Stallknechte rufen, die Euren Dienern zeigen werden, wo sie logieren.«

Ich bedankte mich und fragte ihn nach seinem Namen.

»James, Ma'am. Ich bin der Verwalter. Falls Ihr mich braucht, sagt mir Bescheid.«

Steif von dem langen Ritt, stieg ich ab, und sofort fühlte ich mich besser. Ich hatte so das Gefühl, der fehlerlose James fragte sich, wer da wohl angekommen war, seine wunderschöne Halle zu besudeln.

Mab stieg auch ab und ging, wie es ihr zukam, hinter mir her. Die Männer folgten einem Stallknecht zu den für sie bestimmten Stuben.

James führte uns mit all der Würde eines Mannes, der ein

äußerst wichtiges Amt bekleidet, zwei Stufen hinauf zu einer Säulenhalle. Ich sollte bald merken, daß er alles so machte: Was immer es war, er mußte verdeutlichen, daß es der Aufmerksamkeit eines James nicht entging.

Wir folgten ihm in die Halle, in der das bunte Glas ein schmeichelhaftes Licht auf unsere müden Gesichter warf. Voller Bewunderung sah ich hoch zu dem Fenster und nahm gleichzeitig die schöne Stuckdecke und die Galerie für die Spielleute am anderen Ende der Halle wahr.

Eine Frau in blauem Gewand, über dem sie eine grüne Schürze trug, die gleichen Farben wie James' Uniform, erwartete uns bereits, und ich erkannte in ihr Anna wieder, die Carlotta nach Cornwall begleitet hatte.

»Unser Gast ist angekommen«, sagte James. »Bring sie und ihre Zofe in die Zimmer und versichere dich, daß Miß Landor alles hat, was sie braucht.«

Anna nickte. Sie schien von James' würdevollem Gebaren nicht ganz so beeindruckt zu sein wie wir.

»Wenn Ihr mir folgen wollt, Miß, bringe ich Euch auf Eure Zimmer«, sagte sie, »und wenn die Herrin zurückkommt, werde ich ihr Eure Ankunft melden.«

Wir folgten Anna die Treppe hinauf auf eine Galerie, wo unsere Zimmer lagen. Ein großes für mich und ein kleineres daneben für Mab. Mein Fenster war so wie das in der Halle – nur viel kleiner, mit einem Fenstersitz, und die Glasscheiben waren nicht getönt. Das Bett hatte vier Säulen und einen Baldachin, und der weiche Teppich war von demselben Blau wie die Vorhänge an Fenstern und Bett.

»Ganz schön luxuriös, Mab, findest du nicht auch?«

»Das kann man wohl sagen«, antwortete Mab.

»Ich bringe Euch gleich heißes Wasser«, sagte Anna, was sie auch unverzüglich tat.

Ich wusch mich, und nach einer Weile brachten zwei Diener – in der üblichen Livree – mein Gepäck herauf.

Ich fragte Mab, was sie von alldem hielt.

»Es ist alles sehr großartig, Mistress Angelet.«

»Nicht viel anders als zu Hause auch«, erinnerte ich sie.

»Es ist sehr vornehm hier, Mistress.«

Das war es, vornehm. Ich blickte auf meine staubigen Stiefel, die ziemlich unangebracht waren in diesem Zimmer, und überhaupt.

Mab packte meine Kleider aus, die in dieser Umgebung plötzlich altmodisch wirkten.

Es war Spätnachmittag, als Carlotta heimkehrte. Sie war ausgeritten, und ich hörte ihre Stimme bereits, als sie über den Hof schritt.

Ich schaute zu ihr hinunter. Wie elegant sie war! Ihr Reitkostüm war perlgrau, und den Hut schmückte eine große Feder.

»Sie sind also da?« Sie lachte, als wäre das besonders amüsant.

Sie kam in mein Zimmer, blieb auf der Schwelle stehen und sah mich an. »Angelet!« rief sie, nahm meine Hände und zog mich an sich. Es war kein Kuß, den sie mir gab, sie drückte nur ihre Wange an meine.

»Wie schade, daß deine Schwester nicht mitkommen konnte!« Ihr Mund verzog sich etwas, und ich hatte den Eindruck, daß sie Bersaba gerne hier gehabt hätte. Ich mußte daran denken, wie sie sich Bastian geangelt und Bersaba damit ziemlich verärgert hatte – obwohl die sich nichts hatte anmerken lassen. Vielleicht hatte sie deswegen ein besonderes Interesse an meiner Schwester.

»Gibt es schon Neuigkeiten aus Trystan Priory?« fragte ich.

Sie schüttelte den Kopf. »Das ist kaum möglich. Du selbst bist ja gerade erst angekommen.«

»Ich dachte, ein Bote wäre vielleicht schneller gewesen.«

Wieder schüttelte sie den Kopf. »Wie ist es ihr gegangen, als du abgereist bist?«

»Sie war sehr krank.«

»Manche überleben es«, sagte sie. »Mach dir keine zu großen Sorgen! Wo sind deine Kleider?«

»Mab hat sie in den Schrank gehängt.«

Sie ging zum Schrank, guckte hinein und stöhnte.

»Gefallen sie dir nicht?«

»Sie sind ein bißchen altmodisch. Du wirst neue brauchen.«

»Das ist alles, was ich habe.«

»Das werden wir schon ändern. Ich habe das vorausgesehen, bin also darauf vorbereitet. Anna hat bereits angefangen, dir ein Kleid zu nähen. Sie wird es dir gleich anprobieren, dann ist es morgen fertig. Ich werde dich nach London mitnehmen und dir ein paar modische Accessoires kaufen. Einen Fächer, Schönheitspflästerchen, Puder, Rouge und so weiter.«

»Schönheitspflästerchen und Puder?«

»Ja, wir müssen deine gesunde Gesichtsfarbe verschwinden lassen. So siehst du aus wie eine Landpomeranze.«

»Aber das bin ich doch!«

»Natürlich bist du das. Deshalb werden wir uns auch alle Mühe geben müssen, das zu kaschieren.«

Sie setzte sich in einen Sessel und lachte mich an.

»Du wunderst dich? Du bist jetzt in London. Die Gesellschaft hier ist sehr elegant; es ist alles anders als in Cornwall, das kannst du mir glauben.«

»Davon bin ich überzeugt. Vielleicht...«

»Vielleicht was?«

»Vielleicht passe ich hier gar nicht her? Vielleicht sollte ich wieder zurückgehen?«

»Wir werden dich schon hinkriegen, das ist alles nur eine Frage der Zeit. Du kannst übrigens gar nicht zurück. Deine Schwester ist krank, darum bist du ja hier. Ich bezweifle, daß dich deine Mutter sonst der Gottlosigkeit der großen Welt überlassen hätte.«

Wieder lachte sie, und ich sagte kühl: »Du scheinst dich über mich zu amüsieren.«

»Das tue ich auch. Du wirst dich auch noch amüsieren. In einem Monat werde ich dich daran erinnern, wie du heute warst, und du wirst dich halb tot lachen.«

»Es tut mir leid, daß du nicht mit mir zufrieden bist.«

»Macht nichts. Du wirst hier bald erwachsen werden. Das ist der ganze Unterschied. Du bist sehr jung für dein Alter.«

»Ich werde erst achtzehn.«

»Aber achtzehn in Trystan Priory ist nicht achtzehn in der großen Welt. Du wirst schon sehen.«

»Wo ist deine Mutter?« fragte ich.

»Sie ist augenblicklich auf Besuch bei Freunden. Sie wird entzückt sein, daß du da bist. Schon immer wollte sie etwas für Tamsyns Töchter tun. Sie hat gesagt, es sei jammerschade, daß ihr zu diesem Leben auf dem Land verdammt seid.«

»Und dein Mann?«

»Gervaise ist bei Hof. Wir haben auch eine Residenz in der Stadt, in der Nähe von Whitehall. Ich bin ziemlich oft dort. Auch hier sind wir nicht weit von Whitehall entfernt; es ist also nicht so, daß wir auf dem Lande lebten.«

»Bist du glücklich in deiner Ehe?«

»Das Leben ist amüsant«, war ihre Antwort.

»Ist das dasselbe wie glücklich sein?«

»Glaub mir, Kleines, das ist die Voraussetzung für Zufriedenheit.«

Ich fühlte mich nicht besonders wohl in meiner Haut. Ich hatte es nicht gerne, wenn man sich über mich lustig machte. Bersaba hätte viel besser gewußt, wie man mit so einer Situation fertig wurde. O Gott, wie ich sie vermißte! Erst jetzt wurde mir klar, wie sehr ich in meiner Unbeholfenheit von ihr abhängig war.

Carlotta bemerkte mein Unbehagen natürlich und schien sich daran zu ergötzen.

»Du wirst dich bald an alles gewöhnen«, sagte sie, »und dich freuen, daß du dem langweiligen Leben entkommen bist. Aber jetzt müssen wir praktisch denken.«

Später zeigte sie mir das ganze Haus, stellte mir ein paar Dienstboten vor, unterzog meine Garderobe einer gründlichen Untersuchung und warf das meiste davon raus.

Sie sagte, ich wäre wohl müde nach der weiten Reise und sollte früh ins Bett gehen. Morgen könnte ich mein neues Leben beginnen.

Wir aßen in einem kleinen Raum neben der Halle, wie wir das zu Hause auch taten, wenn wir unter uns waren. Die ganze Zeit erzählte sie von ihrem Leben, wie aufregend es doch war und wie anders ich es finden würde, und tat die ganze Zeit so, als wäre sie meine Gönnerin.

Sobald wir fertiggegessen hatten, sagte sie, ich solle in mein Zimmer gehen und schlafen, weil ich doch sicherlich todmüde sei. Ich war froh, ihr zu entkommen.

Mab kam herein und half mir beim Auskleiden. Aber als ich im Bett lag, konnte ich nicht einschlafen. Ich mußte daran denken, wie Senara und Carlotta auf Schloß Paling angekommen waren und Großvater Casvellyn wie ein zorniger Prophet aussah und meinte, ihre Rückkehr würde nichts Gutes für uns bedeuten.

Jetzt war Bersaba krank, und ich würde sie vielleicht nie mehr in meinem Leben wiedersehen. Ich fühlte mich verwaist, waren wir doch immer ein Herz und eine Seele gewesen. Wie sollte ich ohne sie weiterleben?

Ich konnte nicht aufhören, an sie zu denken, wie sie in dem Zimmer lag, in dem wir so viele Jahre zusammen gewohnt hatten. Bersaba, die sich im Fieber hin und her warf, im Delirium... nicht mehr meine ruhige, selbstsichere Schwester, von der ich geglaubt hatte, nie ohne sie sein zu müssen.

Einige Tage waren vergangen, an denen ich nichts unternommen hatte. Carlotta bestand darauf, daß ich nicht das Haus verließ, bevor ich anständig angezogen war und – wie sie sagte – meine Landmanieren etwas abgelegt hätte. Ich mußte lernen, mit mehr Würde zu schreiten, meinen Kopf hoch zu halten, mich graziös zu bewegen, mich zu verbeugen, einen Knicks zu machen und meinen Akzent abzulegen, der in der Londoner Gesellschaft nur belächelt würde.

Ich ließ mich belehren und fand sogar Spaß daran, hauptsächlich, weil es mich davon abhielt, darüber zu brüten, was wohl zu Hause vorging. Ich durfte nicht an Bersabas Gesicht auf dem Kopfkissen denken – fiebrig, mit geröteten Augen und den scheußlichen Merkmalen der Krankheit. Ich sagte mir immer wieder, daß es keinen Sinn hätte, mir den Kopf darüber zu zerbrechen, also ließ ich mich geduldig wie ein Lamm in ein Stadtfräulein verwandeln.

Carlotta genoß diese Operation offensichtlich. Ich wußte nicht, daß sie uns aus einem ganz bestimmten Grund dem Stadtleben anpassen wollte. Obwohl ich von Bersaba getrennt war, dachte ich immer noch im Plural, und ich fragte mich, ob Carlotta sich Bastian nicht lediglich an Land gezogen hatte, weil sie wußte, wie gerne Bersaba ihn hatte. Dies schien mir ziemlich typisch für sie.

Am dritten Tag nach meiner Ankunft kam Senara zurück. Sie umarmte mich herzlich, schien wirklich erfreut, mich zu sehen, und stellte mir eine Menge Fragen über Bersaba. Ich hatte den Eindruck, sie mochte Mutter sehr.

»Arme Tamsyn«, sagte sie. »Ich kann mir ihren Kummer gut vorstellen. Sie war mir immer mehr eine Mutter als eine Schwester, obwohl sie nur ein Jahr älter ist als ich. Sie bemutterte jeden, sogar ihre eigene Mama. Ich weiß, wie sie sich quälen muß. Ich bin froh, daß wir dich bei uns haben. Ich werde ihr einen Brief schreiben und ihr das sagen.«

Sie war weitaus sympathischer und verständnisvoller als ihre Tochter. Mit ihr konnte ich reden, ihr konnte ich gestehen, daß ich Heimweh hatte, daß ich mir überlegte, nach Hause zurückzukehren, da Carlotta offensichtlich fand, daß ich nicht in die Londoner Gesellschaft paßte.

Sie schüttelte den Kopf. »Du hast einen gewissen Charme, Angelet, mit dem du bei vielen Leuten Anklang finden wirst. Diejenigen, die der oft dummen gesellschaftlichen Manieren müde sind, werden deine unbefangene Art erfrischend finden.«

»Carlotta möchte mich anders haben.«

»Wir müssen aufpassen, daß ihr das nicht zu gut gelingt.«

Senara war wirklich ein Trost, besonders wenn sie mit mir über ihre Kindheit sprach, als sie und meine Mutter wie Schwestern zusammmen gewesen waren. »Ich weiß, wie du dich wegen Bersaba sorgst. Natürlich waren deine Mutter und ich keine Zwillinge, aber die Art und Weise, wie ich ins Schloß gekommen bin, bewirkte bei ihr das Gefühl, daß sie mich beschützen müßte, und die mütterliche Geborgenheit, mit der sie mich umgab, gefiel mir.«

Ich fühlte mich also viel besser, seit Senara zurück war, und wenn ich mit ihr den Fluß entlangritt, vergaß ich sogar für den Moment alles andere und staunte nur. Je näher man der Stadt kam, um so mehr Boote tauchten auf dem Fluß auf.

Senara gefiel mein Staunen. Sie erzählte mir, daß ich mich im größten Hafen der Welt befände und daß die Schiffe aus allen Teilen der Welt hierher kämen. Ich war ganz aufgeregt, auch Schiffe meines Vaters von der East India Company zu entdecken. Es gab mir das Gefühl, doch nicht so weit von zu Hause weg zu sein. Wie wundervoll sie doch aussahen! Wie stabil gebaut! Sie würden den Stürmen auf hoher See und den Piraten Trotz bieten. Ich dachte, was Vater wohl jetzt machte und Fennimore und Bastian, und hatte plötzlich Angst, es könnte ihnen etwas Schlimmes widerfahren. Und wenn Bersaba sterben sollte...

Senara sah mich an, sah den Kummer in meinen Augen und sagte freundlich: »Es wird schon alles wieder gut, das verspreche ich dir.«

»Wie kannst du mir das versprechen?«

»Ich weiß so etwas«, sagte sie. Ich dachte, weil sie doch eine Hexe ist. Und ich wollte daran glauben, um mir einreden zu können, sie hätte recht.

Sie zeigte mir die Kais, an denen die Schiffsladungen gelöscht wurden – einige Schiffe der Company und andere aus Amsterdam, Deutschland, Italien und Frankreich. Ich war einfach begeistert. Danach vergaß ich meine Angst etwas. Senara hatte gesagt, alles würde wieder gut, was bedeutete, meiner Familie würde nichts zustoßen. Ich glaubte Senara. Als Hexe wußte sie von solchen Dingen.

Die Tage, die mir zuerst endlos erschienen waren – nach der ersten Woche verflogen sie. Ich hatte jetzt eine neue Garderobe, und mir gefielen die lose fallenden Kleider besser als die, die wir auf dem Lande trugen. Anna, die eine ausgezeichnete Schneiderin war, erzählte mir, daß die steife Mode zuvor aus Spanien gekommen war. Reifröcke wurden nicht mehr getragen und die Röcke nicht mehr gestärkt. Auch Halskrausen gehörten der Vergangenheit an, ebenso hohe und steife Krägen. Elegant und schmeichelnd war es, tief ausgeschnittene Kleider zu tragen. Arme und Handgelenke wurden gerne gezeigt, und manche Kleider hatten sogar nur Ärmel bis zum Ellenbogen. Dazu trug ich lange, sorgfältig ausgesuchte Handschuhe.

Anna frisierte mich auch. Sie legte mir Locken, die jeden Tag mit der Brennschere eingedreht werden mußten.

Auch Mab mußte sich einer Umschulung unterziehen. Ich glaube, es machte ihr Spaß, denn sie fing plötzlich an, sich zu brüsten, und sprach geringschätzig von den armen Dienstmädchen in Trystan Priory, die keine Ahnung hatten, was Mode war.

Langsam bekam ich das Gefühl, daß – wenn nicht die Sorgen wegen zu Hause gewesen wären und Bersaba hätte bei mir sein können – meine Reise nach London ein großes Abenteuer hätte sein können.

Auch Sir Gervaise tauchte ein paar Tage nach meiner Ankunft auf. Er war sehr freundlich und erkundigte sich mitfühlend nach meiner Familie. Er machte sich offensichtlich Sorgen, und ich dachte, er ist viel freundlicher als seine Frau, und fragte mich, ob er in seiner Ehe wohl glücklich war. Ich konnte mir vorstellen, daß Carlotta eine anspruchsvolle, aber nicht sehr liebevolle Ehefrau war. Natürlich bewunderte er ihre Schönheit, die man nicht übersehen konnte. Wenn ich mich im Spiegel betrachtete, mit meiner eleganten Lockenfrisur und meinen knochigen Handgelenken, dachte ich immer, was für ein Kontrast zu Carlottas eleganter Erscheinung. Auch sie schien es zu bemerken, denn sie betrachtete mich immer mit großer Genugtuung.

Ich fing also an, mich etwas glücklicher zu fühlen. Senaras Zuversicht, alles würde wieder gut, und Sir Gervaise' Freundlichkeit waren mir eine große Hilfe.

Jeden Tag hoffte ich auf eine Nachricht von zu Hause, aber Senara sagte: »Es ist noch zu früh. Deine Mutter wird dich erst benachrichtigen, wenn sie sicher ist, daß die Krise vorbei ist. Ich verspreche dir, daß es so sein wird. Und vergiß nicht, der Bote braucht auch seine Zeit.«

Sir Gervaise erzählte mir, er kenne einige Leute, die die Pocken überstanden hatten. Sorgfältige Pflege, falls die Krankheit rechtzeitig erkannt worden sei, solle Wunder wirken. Alle taten, was sie konnten, um mich aufzumuntern, und ich ergab mich in mein Schicksal und vertraute ihrer Überzeugung.

Ich träumte von Bersaba. Es war, als wäre sie bei mir und lachte über meine Aufmachung und meine Scheu Carlotta gegenüber. Es war, als injizierte sie mir ihre Kraft. Manchmal dachte ich, wir seien ein und dieselbe Person, und ich glaubte, daß auch sie in diesem Moment in ihrem Krankenbett an mich dachte. So, als ob ein Teil von mir in ihrem Krankenbett läge und ein Teil von ihr hier bei mir wäre und etwas über Mode und die Londoner Gesellschaft lernte.

Ich liebte es, Sir Gervaise zuzuhören. Und er wußte, daß ich interessiert war, und schien sich darüber zu freuen, wenn ich ihm aufmerksam zuhörte.

Er erzählte mir, daß er sich Sorgen um unser Land machte. Der König schien nicht zu bemerken, daß er immer unpopulärer wurde, und die Königin tat auch nichts, um dem abzuhelfen.

»Die Leute hier trauen ihr nicht, weil sie Katholikin ist, und sie tut, was sie kann, um den Katholizismus im Land zu verbreiten. Nicht, daß ihr das gelingen würde; die Leute lehnen den Katholizismus ab. Seit dem Regime der Bloody Mary sind wir dagegen.«

Ich fragte ihn über den König aus, und er erzählte: »Er ist ein Mann mit großem Charme, gut aussehend – obwohl er von kleiner Statur ist –, mit perfekten Manieren. Aber er wird nie populär werden bei seinen Leuten. Er ist dem Volk fremd. Sie verstehen ihn nicht, und er versteht sie nicht. Er ist stolz und außerdem überzeugt, daß Gott es ist, der Könige auf den Thron setzt, und daß sein Recht, ihn zu behalten, unantastbar ist. Ich fürchte, es wird Unannehmlichkeiten geben, für ihn und für unser Land.« Er sah mich an und lächelte: »Ich ermüde Euch, verzeiht mir!«

»Das tut Ihr nicht«, versicherte ich ihm. »Ich möchte gerne wissen, was bei Hof geschieht.«

Nach und nach begann ich zu verstehen, was er damit meinte. Mit meiner eigentlichen Erziehung wurde am nächsten Tag begonnen. Carlotta nahm mich mit nach London, um Spitzen und andere Kleinigkeiten, wie Bänder, Handschuhe und Fächer, zu kaufen. In großartiger Aufmachung fuhren wir also los in die Stadt. Sir Gervaise war ein reicher und einflußreicher Gentleman und besaß eine Kutsche. Und da Carlotta die Fähigkeit hatte, ihm alles aus der Nase zu ziehen, konnte sie ihn auch dazu überreden, sie uns zu überlassen. Die Kutsche war gut gepolstert und geräumig und hatte hinten und vorne je zwei Sitze und ein Fenster mit Samtvorhängen, die man zuziehen konnte, wenn man keine Lust auf die Szenerie der Straße hatte. Auf der Tür war Sir Gervaise' Familienwappen angebracht. Vor das Kupee waren zwei edle weiße Pferde gespannt. Der Kutscher glänzte in der Pondersby-Livree, ebenso der Lakai, der hinten auf der Kutsche stand.

So stattlich machten wir uns auf den Weg, und als wir uns der Stadt näherten, wurde die Atmosphäre immer geschäftiger und aufgeregter. Es gab Leute zu Pferde und Leute zu Fuß. Alle benahmen sich so, als wären ihre Geschäfte von äußerster Dringlichkeit. Zum erstenmal sah ich eine dieser neuen Mietkutschen, die man für kurze Strecken mieten konnte. Ein Fuhrmann ratterte mit seinem Wagen an uns vorbei, wendete mit viel Geschrei und fuhr in den Hof eines Gasthofes. Auf dem Fluß gab es so viele Barken und andere Schiffe, daß man kaum das Wasser sehen konnte. Überall schienen Leute zu schreien, sich etwas zuzurufen, Witze zu erzählen, zu streiten oder zu handeln. Ich sah Herren und Damen in den ausgefallensten Kostümen. Die weitausgeschnittenen Kleider der Damen erschienen mir höchst unzüchtig. Zu Hause waren wir eben, was die Mode betraf, zwanzig Jahre zurück. Die Herren erstaunten mich noch mehr als die Damen. Sie trugen weiße Schärpen, und ihre Strumpfbänder hatten oberhalb des Knies große Schleifen an den Seiten. Auch auf ihren Schuhen prangten Schnallen und Rosetten.

Diese aufwendige Kleidung war allerdings nicht die Regel – es gab auch Bettler in Lumpen und einfache Bürger, die sich durch ihre schlichten, dunklen Gewänder sehr von der Pracht der zuvor Beschriebenen unterschieden. Männer in Stoffwämsen und dunklen Beinkleidern, mit schneeweißen Krägen und hohen Hüten ohne Schmuck. Die Frauen trugen einfache graue Gewänder, weiße Schürzen und weiße Kappen oder einfache hohe Hüte, ähnlich denen ihrer Männer. Sie gehörten einer ganz anderen Gesellschaftsschicht an, es waren Bürger, die schweigend ihrer Wege gingen und voller Verachtung für diejenigen, die in ihren auffälligen Gewändern an ihnen vorbeirauschten.

Ich fragte Carlotta, wer diese Leute seien.

»Ach, das sind Puritaner«, sagte sie. »Sie halten es für Sünde, das Leben zu genießen. Schau doch, sie schneiden sogar ihre Haare kurz.«

Das hatte ich schon gesehen. Was für ein Kontrast zu der Haarpracht der anderen!

»Langes Haar ist so viel schmeichelhafter.«

»Auf dem Land gibt es diesen krassen Unterschied nicht.«

»Das wird schon noch kommen. Die Mode erreicht euch auch noch, selbst in einem so abgelegenen Winkel wie Cornwall.«

Ich mochte diesen Ton nicht, wenn sie von meinem Zuhause sprach, sagte also nichts mehr und wandte meine Aufmerksamkeit wieder meiner Umgebung zu.

Solche Damen hatte ich noch nie gesehen! Ihre Gesichter waren ganz bunt, was nicht natürlich sein konnte, und viele von ihnen hatten schwarze Flecken beziehungsweise Schönheitspflästerchen im Gesicht. Zwei schienen sich zu streiten, denn plötzlich zog die eine die andere bei den Haaren, aber die Kutsche fuhr weiter, und ich konnte nicht mehr sehen, was aus der Affäre geworden ist.

Wenn wir anhielten, schauten Bettler zum Fenster herein und versprachen uns alles Heil auf Erden, falls wir ihnen ein bißchen Geld schenken würden, um wenigstens eine Brotrinde kaufen zu können. Carlotta warf ein paar Münzen hinaus, die über die Pflastersteine klapperten, und ein zerlumpter Junge, der höchstens fünf Jahre alt war, sprang vor und sammelte sie auf. Unter die Bettler kam Bewegung, aber die Kutsche fuhr schon wieder weiter.

Bei der St.-Paul's-Kathedrale stiegen wir aus, und Carlotta sagte dem Kutscher, er solle auf uns warten und gut auf die Kutsche aufpassen, während wir über St. Paul's Walk bummelten und einkauften.

Mit jeder Minute wuchs mein Erstaunen. Hier, auf der Hauptstraße, die zur Kathedrale führte, befand sich ein Markt, ein Treffpunkt für alle möglichen Leute.

Carlotta wollte, daß ich nahe bei ihr blieb, und ich begriff auch, warum. Wir wurden beobachtet, wenn wir vorbeigingen. Hie und da blieb eine der eleganten Damen bei Carlotta stehen und tauschte ein paar Worte mit ihr. Dabei stellte sie mich immer als ›Besuch vom Land‹ vor, worauf ich angelächelt und anschließend ignoriert wurde.

Es herrschte ein dichtes Gedränge, und neugierige Gesichter musterten uns. Alleine hätte ich Angst gehabt, aber die Promenade war hauptsächlich von Leuten wie wir bevölkert. Da es in den Läden Stoffe, Bänder und Schmuck der feinsten Qualität gab, waren die Kaufleute daran interessiert, eventuellen Kunden die Bettler vom Hals zu halten.

An den Säulen hingen Angebote für Arbeitsstellen aller Art. Darunter stand eine Frau mit gesenktem Blick und hielt ein Mädchen und einen Jungen an der Hand. Sie sahen alle erbarmungswürdig aus. Wahrscheinlich bot sie die Kinder als Diener für einen reichen Haushalt an. Und da war eine Frau mit einem bösen Gesicht, die auf einen jungen Dandy mit leuchtendrotem Umhang und goldenen Spitzen an seinen Beinkleidern einredete. Sie hatte ein sehr junges Mädchen bei sich, das ganz offensichtlich dem jungen Mann vorgeführt wurde. Selbst meine ländliche Unschuld konnte die Art dieses Handels erraten. Es war alles ziemlich erschreckend, aber aufregend. Der Ort schien sein eigenes Leben zu führen, wie ich es sonst noch nirgends erlebt hatte.

Carlotta verkündete plötzlich, sie könnte hier nicht finden, was sie sich vorgestellt hatte, wir würden jetzt zur New Exchange auf die Strand gehen. Wir bestiegen also wieder die Kutsche, aber es war nicht leicht, in dem Gedränge vorwärts zu kommen. Die Leute lachten über unser Fahrzeug, berührten es mit den Händen, schauten durch die Fenster und boten uns alle möglichen Waren an – von Silberketten bis zu seidenen Taschentüchern, von denen sicherlich etliche vor kurzem erst aus den Taschen unachtsamer Passanten geklaut worden waren.

Wir kamen zur New Exchange und stiegen an einer höher gelegenen Galerie aus, die von Läden gesäumt war, die Spitzen, Bänder, alle möglichen Stoffe, Puder, Rouge, Schönheitspflästerchen, Manschetten und Krägen, manche davon sehr fein mit Gold und Silber bestickt, zum Verkauf feilboten.

Carlotta machte ein paar Einkäufe, dann gingen wir zurück zur Kutsche.

Ich war fasziniert von der Strand und den großartigen Häusern dort, deren Gärten bis zum Fluß hinunter reichten, und war begeistert von den kleinen Gassen an den Kanälen. Ich mußte zugeben, daß ich mir nie etwas Ähnliches erträumt hatte, und die Tatsache, daß hinter all der Großartigkeit etwas Bedrohliches lauerte, machte das Ganze nur attraktiver.

Wir hatten die Strand hinter uns gelassen und näherten uns Whitehall, als ich etwas Schreckliches entdeckte: Zwei Männer am Schandpfahl. Ich hatte das zwar schon öfter gesehen. Wir hatten auch einen Pranger im Dorf, an den Missetäter gefesselt wurden, um sie dem Spott der Passanten auszusetzen und damit sie ihre Fehler bereuten. Aber so etwas wie dies hier hatte ich noch nie gesehen.

Beide Männer trugen dunkle Gewänder, die sie als Puritaner auswiesen. Sie waren kaum noch zu erkennen. Ihre Gesichter waren voller Blut, das auch auf ihre Hände gespritzt war, die aus dem Schraubstock ragten.

Entsetzt starrte ich hin, und Carlotta folgte meinem Blick.

»Puritaner. Sie haben wohl Unruhe gestiftet.«

»Was für Unruhe?«

»Vielleicht haben sie gegen den König oder den Hof gehetzt. Sie versuchen immer wieder, jeden Sport und jedes Vergnügen zu vereiteln. Vielleicht haben sie sogar die Königin kritisiert und ihr vorgeworfen, sie würde heimlich den Katholizismus ins Land bringen.«

»Und dafür...?«

»Hat man ihnen die Ohren abgeschnitten.«

Wir hielten nicht an. Die Kutsche schaukelte uns über grüne Felder, durch freundliche Dörfer nach Kensington und Barnes, und schließlich erreichten wir Pondersby Hall. Für mich waren all die bunten Eindrücke überschattet von dem Anblick der Puritaner am Schandpfahl.

Langsam verstand ich, was Gervaise meinte, wenn er von dem allgemeinen Unbehagen sprach.

Carlotta war entzückt. In einem der noblen Häuser in der Nähe von Whitehall wurde ein Ball veranstaltet, und sie und Sir Gervaise hatten eine Einladung erhalten, die auch für Senara und den Gast vom Land galt.

»Man hat dich also nicht übersehen«, sagte Carlotta. »Wir sind in das Haus von Lord Mallard geladen, einem Vertrauten des Königs. Es ist anzunehmen, daß Seine Majestät auch anwesend sein wird.«

Wegen der Garderobe herrschte große Aufregung, und selbst Carlotta war weniger träge als sonst. Anna wurde mit Arbeit überhäuft. Im letzten Moment kamen wir darauf, daß die Spitze für Carlottas Kleid nicht reichte und daß wir noch Bänder für mein Kleid brauchten.

Wir mußten also noch mal mit der Kutsche nach London. Meine Gefühle waren etwas gemischt. Ich war nervös bei dem Gedanken an den Ball, Carlotta hatte mich wegen meines Mangels an gesellschaftlicher Gewandtheit ziemlich verunsichert. Außerdem hatte ich die beiden Puritaner am Pranger noch nicht vergessen. Den Gedanken allerdings, noch einmal in die Stadt fahren zu können, fand ich sehr aufregend.

Zeitig fuhren wir in der Pondersby-Kutsche los. Unten am Fluß war es noch neblig, und die Landschaft schien wie verzaubert. Auf den Bäumen lag ein leichter blauer Dunst, der mich in Verzückung versetzte. Ich war fröhlich gelaunt, solange ich die Ängste vergaß, die mich stets bedrückten.

Wir kamen zum St. Paul's Walk, und wieder war ich fasziniert von den Leuten dort. Ich lauschte einem Geldverleiher, von dem ein elegant gekleideter Galan sich etwas borgen wollte. Anschließend wurde meine Aufmerksamkeit auf einen Pferdehändler gelenkt, der einem Interessenten die Vorzüge seines Tieres erläuterte. Dann saß da noch ein Mann, der nach dem Diktat einer Frau mit verängstigten Augen einen Brief schrieb. Was für eine Tragödie sie wohl hierhergeführt hatte? Carlotta war mit dem Spitzenverkäufer beschäftigt und hatte sich innerhalb des Ladens etwas von mir entfernt. Als ich so alleine dastand, trat eine Frau auf mich zu, die einen verzweifelten Eindruck machte.

»Lady«, flüsterte sie heiser, »bitte, gebt mir was! Mein Mann ist tot, im Fluß ertrunken, als sein Boot kenterte. Ich habe sechs hungrige Kinder. Seit zwei Tagen ist kein einziger Bissen mehr über ihre Lippen gekommen. Ihr habt ein gütiges Gesicht. Ihr werdet mir etwas geben, das weiß ich.«

Ich wußte ganz genau, wenn ich mich abwandte, wie Carlotta es von mir verlangt hätte, würde ich nie im Leben dieses Gesicht vergessen können. Ich nahm also meinen Geldbeutel heraus, machte ihn auf – und in dem Moment schoß ein Junge auf mich los – er konnte keine zwölf Jahre alt gewesen sein – und entriß ihn mir.

Ich schrie, aber da war er bereits in der Menge verschwunden. Ich lief, ohne nachzudenken, hinter ihm her, sah ihn hin und wieder in der Menge auftauchen, rannte und rief ihm nach: »Komm zurück! Gib mir meine Geldbörse wieder!«

Die vielen Menschen behinderten den Dieb genauso wie mich, aber ich hatte ihn immer noch im Blickfeld, bis er plötzlich abbog und eine enge Gasse entlanglief.

Ohne darüber nachzudenken, rannte ich ihm nach. Er verschwand um eine Ecke, ich hinter ihm her, aber er war bereits um die nächste Ecke verschwunden, und ich konnte ihn nicht mehr sehen. Ratlos blieb ich stehen, als plötzlich zwei Männer auf mich zukamen. Ich erstarrte vor Entsetzen. Sie sahen wenig vertrauenswürdig aus. Das unfrisierte Haar fiel ihnen ins Gesicht, Fetzen hingen an ihnen herunter, und durch die Löcher konnte man die schmutzige Haut sehen. Ihr Lachen wirkte schauerlich.

Ich drehte mich um und wollte weglaufen, aber es war schon zu spät. Gleichzeitig wurde mir bewußt, daß ich keine Ahnung hatte, wo ich mich befand.

Die Kerle nahmen mich in die Mitte – ihre lüsternen Visagen ganz nah an meinem Gesicht. Der eine riß an der Kette, die ich um den Hals trug und die mir meine Mutter geschenkt hatte, und ich protestierte laut. Da hielten sie meine Arme fest, und ich begann lauthals zu schreien.

»Du bist gefangen, meine Hübsche«, sagte der eine. Ich roch seinen faulen Atem und sah in seine häßlichen Zahnlücken.

»Laßt mich los! Laßt mich sofort los!« schrie ich wild.

»Noch nicht«, sagte der andere, und zusammen zerrten sie mich zur Tür eines Hauses, das ich zuvor nicht bemerkt hatte.

Ich begann zu beten. Nie im Leben hatte ich so viel Angst ausgestanden. Ich wußte, diese Männer würden mir Schlimmes antun, mich vielleicht sogar töten. Alles war so plötzlich geschehen. Vor einem Augenblick noch hatte ich nur an Spitzen und Bänder, Briefschreiber und Geldverleiher gedacht, und jetzt war ich gefangen. Selbst in diesem Augenblick mußte ich an meine Mutter denken und was sie sagen würde, wenn sie davon wüßte.

Plötzlich hörte ich laute Rufe von hinten: »Hände weg, ihr Schurken, oder ihr werdet es bereuen!«

Ein Mann kam die Gasse entlanggelaufen. Ich sah ihn nur flüchtig, aber ich schrie auf vor Erleichterung. Er hatte etwas Vertrauenswürdiges an sich, war elegant gekleidet, aber nicht stutzerhaft, und schwang ein Schwert in der Hand, dessen Schneide bedrohlich glänzte. Augenblicklich besannen sich die beiden Gauner eines Besseren, ließen mich los und rannten davon.

Ich zitterte am ganzen Körper, als ich stammelte: »O danke ... ich danke Euch!«

»Ich habe alles gesehen«, sagte er, »wie der Junge Euch die Geldbörse entriß und Ihr versucht habt, ihn zu fangen.«

»Ich bin Euch unendlich dankbar!«

»Ihr seid wohl noch nicht lange in London. Erlaubt mir, Euch aus diesem Viertel hinauszubegleiten. Es ist nicht gut, sich hier aufzuhalten.«

Er steckte sein Schwert zurück in die Scheide, nahm meinen Arm und führte mich in die Gasse, die ich gekommen war, zurück.

»Es war unklug, dem Jungen nachzulaufen.«

»Aber er hatte meine Geldbörse gestohlen.«

»Es war genauso unklug von Euch, Eure Geldbörse zu ziehen.«

»Aber die Frau hatte sechs hungrige Kinder.«

»Das bezweifle ich. Sie ist eine professionelle Betrügerin. Morgen wird sie einen sterbenden Mann oder eine sterbende Mutter haben. Sie erfinden immer neue Geschichten.«

»Jetzt verstehe ich, aber ich hatte ihr geglaubt.«

»Nächstes Mal werdet Ihr etwas vorsichtiger sein. Würdet Ihr mir Euren Namen nennen?«

Ich sagte ihm, wie ich hieß, und daß ich in Pondersby Hall wohnte.

»Ich habe vor einiger Zeit Sir Gervaise' Bekanntschaft gemacht«, erzählte er mir. »Ich bin Richard Tolworthy, Soldat in der Armee des Königs.«

»Ich möchte mich noch einmal bei Euch bedanken, Sir! Nie in meinem Leben habe ich so viel Angst ausgestanden.«

»Laßt es Euch eine Lektion sein!«

»Wenn Ihr nicht alles gesehen... wenn Ihr nicht gekommen wärt...«

»Ich war da, und es war eine Selbstverständlichkeit. Wohin möchtet Ihr?«

»Ich habe Lady Pondersby am Paul's Walk verlassen. Sie wollte dort Spitzen kaufen. Wir sind mit der Kutsche von Pondersby Hall in die Stadt gekommen.«

»Dann werde ich Euch zum Paul's Walk zurückbringen, und wir werden Lady Pondersby finden.«

Wir waren gleich da. Carlotta war immer noch mit ihren Einkäufen beschäftigt und sah sich gerade nach mir um. Da erblickte sie mich mit meinem Retter.

»Was ist los?« rief sie aus.

»Etwas Schreckliches ist passiert«, antwortete ich. »Ich habe meine Geldtasche verloren, ein Junge hat sie mir aus der Hand gerissen. Ich bin ihm natürlich nachgelaufen, und da waren zwei Männer... Dieser Herr kam mir zu Hilfe.«

Carlotta sah Richard Tolworthy groß an, und ich bemerkte eifersüchtig, daß er ihre Schönheit bewunderte.

Er verbeugte sich und sagte: »Richard Tolworthy, zu Euren Diensten, M'am.«

»Es sieht wirklich so aus, als hättet Ihr uns einen Dienst erwiesen«, lachte sie. »Mistress Landor ist erst vor kurzem vom Lande gekommen.«

»Das nahm ich an«, antwortete er.

Plötzlich fühlte ich mich ausgepumpt und traurig, Carlotta fuhr fort: »Nachdem Mistress Landor mich scheinbar nicht vorstellen will – ich bin Lady Pondersby, die Gattin von Sir Gervaise.«

»Ich hatte bereits das Vergnügen, seine Bekanntschaft zu machen. Darf ich Euch zu Eurer Kutsche begleiten?«

»Vielen Dank! Wie ich sehe, hat Miß Landor von dem Abenteuer einen Schock davongetragen.«

»Das fürchte ich auch«, sagte er und warf mir einen flüchtigen Blick zu. »Wenigstens weiß sie jetzt, wie man so ein Erlebnis vermeidet, sollte es sich – was Gott verhüte – wieder einmal zutragen.«

»Schrecklich, wenn Ihr nicht dagewesen wärt. Das hätte ich mir nie verziehen!« meinte Carlotta. »Hier ist die Kutsche. Kann ich Euch irgendwo absetzen?«

»Vielen Dank. Ich habe Geschäfte am Paul's Walk.« Er half uns beiden in die Kutsche, trat zurück und verbeugte sich.

Als wir anfuhren, sagte Carlotta: »Na, du hast wohl ein kleines Abenteuer gehabt?«

»Ich war halb tot vor Entsetzen, ehe er auftauchte.«

»Das kann ich mir denken. Zwei Männer, hast du gesagt? Mit bösen Absichten? Raub und Vergewaltigung, nehme ich an. Heute morgen hast du etwas mehr über London gelernt. Behalte es gut in Erinnerung.«

Es war charakteristisch für Carlotta, daß sie den Zwischenfall als ein Resultat meiner Dummheit und nicht ihrer Nachlässigkeit abtat und dadurch das Gefühl dummer Unwissenheit in mir verstärkte.

Aber sie war offensichtlich an meinem Retter interessiert.

»Ich habe seinen Namen schon einmal gehört«, sagte sie. »Ich glaube, er ist einer der Generäle des Königs.«

»Er sagte, er sei Soldat.«

»Ja, einer mit einem hohen Dienstgrad. Das sah man. Immerhin war es sehr galant, einzugreifen, findest du nicht?«

»Ja, das war es.«

Sie lehnte sich in die Polster der Kutsche zurück.

»Was habe ich nur wieder über ihn gehört? Irgend etwas, das mir gefiel. Ich glaube, da ist eine geheimnisvolle Geschichte im Umlauf, die Tolworthy betrifft. Ich muß Gervaise fragen.«

Lächelnd schloß sie ihre Augen. Sie schien tatsächlich von Richard Tolworthy fasziniert.

Der entsetzliche Augenblick, in dem diese beiden Männer vor mir aufgetaucht waren und mir ihre scheußlichen Absichten klar wurden, ging mir nicht aus dem Sinn. Ich konnte mir nicht vorstellen, was mir alles passiert wäre, wäre Richard Tolworthy nicht auf der Bildfläche erschienen. Meine Phantasie reichte dazu nicht aus.

Aber er ist gekommen! Ich kann mich noch an gewisse Dinge erinnern. Er hatte ein hartes Gesicht, aber eindrucksvoll – fast kalt. Ich nehme an, er verachtete mich, weil ich so dumm in die Falle getappt war. Ich hatte meine Geldtasche verloren, aber zum Glück war sehr wenig darin gewesen. Ich würde in Zukunft aufpassen, daß so etwas nicht mehr vorkam. Vielleicht war das Erlebnis schon deshalb den Preis wert, den ich mit meiner Angst gezahlt hatte.

Tolworthy war groß, seine Haut gebräunt, und so nahm ich an, daß er für den König in fremden Ländern gekämpft hatte. Ich fragte mich, ob ich ihn wohl je wiedersehen würde, und fühlte eine gewisse Erregung, da dies gar nicht so unwahrscheinlich schien. Wahrscheinlich bewegte auch er sich in Hofkreisen. Ob er mich wohl beachten würde? Carlotta hatte ihm deutlich gezeigt, für wie dumm sie mich hielt. Zuvor war er nett und verständnisvoll gewesen.

Als wir in Pondersby Hall ankamen, wurden alle Gedanken an diesen Mann und mein Erlebnis verdrängt, denn ich fand einen Brief meiner Mutter vor. Sofort rannte ich damit in mein Zimmer; ich hätte es nicht ertragen, ihn unter Carlottas prüfendem Blick zu lesen.

Meine Finger zitterten, als ich ihn öffnete. Die Angst vor dem, was ich eventuell lesen könnte, machte es mir im ersten Augenblick unmöglich, die Worte zu entziffern – sie tanzten vor meinen Augen.

»Meine liebste Angelet,
ich beeile mich, Dir die gute Nachricht zu übermitteln. Bersaba ist noch sehr schwach, aber...«

Der Brief entglitt mir, ich vergrub mein Gesicht in den Händen und begann zu weinen, wie ich noch nie geweint hatte. Tränen der Erleichterung, Tränen der Freude. Das Leben hatte wieder einen Sinn.

Senara kam und setzte sich zu mir. Auch sie weinte ein bißchen. Wir saßen nebeneinander und hielten uns an den Händen. In diesem Moment liebte ich sie, weil sie meiner Mutter wirklich zugetan war.

Immer wieder sagte sie: »Gott sei Dank! Gott sei Dank! Es hätte Tamsyn umgebracht. Das ist nur ihrer guten Pflege zu verdanken, darauf kannst du dich verlassen. Die Liebe der Mutter hat der fürchterlichen Krankheit getrotzt. Tamsyn ist eine der wenigen wirklich guten Frauen dieser Welt.«

Sie legte ihre Arme um mich und hielt mich fest.

»Hab' ich es dir nicht gesagt?«

»Ja, das hast du!« Aber ich dachte, sie ist doch eine Hexe. Mab war überglücklich.

»Ich hatte nie daran geglaubt, daß Miß Bersaba sterben würde«, sagte sie. »Dafür ist sie viel zu schlau.«

Über diese Beobachtung mußte ich lachen. Ein Lachen, geboren aus Erleichterung und Glück, weil die große schwarze Wolke endlich verschwunden und der Himmel wieder blau war.

»Jetzt kannst du aufhören, dich zu grämen, und anfangen, dich für alles zu interessieren«, sagte Carlotta. »Es war schlimm, zu sehen, wie du kaum etwas wahrnahmst von dem, was ich dir bieten wollte.«

Jetzt lachte ich auch über sie, und es war das gleiche glückliche Lachen.

Beim Abendessen erzählte Carlotta Sir Gervaise von meinem Abenteuer.

Er war zutiefst erschrocken.

»Meine liebe Angelet, das war das Dümmste, was Ihr tun konntet.«

»Das weiß ich jetzt auch, aber er hatte meine Geldbörse.«

»Ihr hättet weitaus mehr verlieren können!«

»Ein Glück, daß Richard Tolworthy aufgetaucht ist, Gervaise«, sagte Carlotta. »Du mußt ihn kennen. Was weißt du von ihm?«

»Er ist ein guter Soldat. Er hat in verschiedenen Feldzügen viel Erfolg gehabt.«

»Ich meine... persönlich«, sagte Carlotta mit einer Spur von Ungeduld.

Nachdenklich blickte er vor sich auf den Tisch. »Ja, da war noch etwas. Aber ich kann mich nicht mehr genau daran erinnern.«

»Bitte, versuch nachzudenken.«

»Ich weiß nicht. Ein etwas ungeselliger Bursche, wenn ich mich recht erinnere. Er geht nicht sehr viel in Gesellschaft. Seinem Beruf ergeben, natürlich, weil er ihn ausfüllt. Hat seine Frau verloren...«

»Er war verheiratet?« fragte ich.

»Ich glaube, ja.«

»Wie hätte er sonst seine Frau verlieren können«, bemerkte Carlotta leicht irritiert.

»Ich bin mir nicht ganz sicher. Viellicht ist das auch anders. Immerhin, es war gut, daß er zur rechten Zeit zur Stelle war. Wer weiß, was Angelet sonst zugestoßen wäre.«

Nachts lag ich noch lange wach und dachte an die Freude, die zu Hause herrschen mußte. Bersaba war nicht länger in Lebensgefahr, aber noch sehr schwach. Das würde sie auch noch lange sein, aber das war nicht schlimm. Meine Mutter würde sie schon wieder auf die Beine bringen, und wenn ich wieder nach Hause käme, würde sie dasein.

Endlich schlief ich ein und träumte davon, zu Hause zu sein: Bersaba und ich saßen in der Halle, und ein Mann kam herein. Er verbeugte sich, und ich sagte: »Das ist Bersaba, der meine Mutter das Leben gerettet hat, und das ist Richard Tolworthy, dem ich mein Leben verdanke.«

Er setzte sich zwischen uns, und wir waren sehr glücklich. Ich erwachte sehr ungern aus diesem Traum.

Die Verlobung

Ich vergaß das unangenehme Abenteuer und dachte nur an die aufregenden Dinge, die auf uns zukamen. Jetzt konnte ich mir – ohne die schreckliche Vorstellung, daß ich vielleicht nie mehr dazu in der Lage sein würde – sagen, das werde ich Bersaba erzählen. In anderen Worten, ich konnte endlich wieder sorglos glücklich sein und mich auf den Ball bei Mallards freuen. Ich bekam ein ganz besonders schönes Ballkleid, das Sir Gervaise mir schenkte. Es sollte mir helfen, allen Kummer der letzten Zeit endgültig zu vergessen. Er wollte, daß ich endlich glücklich sei.

»Gervaise möchte nicht, daß du bei dem Ball wie eine graue Feldmaus aussiehst«, sagte Carlotta und versuchte, wie üblich, meine Freude zu dämpfen. Geistesgegenwärtig antwortete ich, ich hätte den Eindruck, Sir Gervaise wolle nur nett zu mir sein.

Sie zuckte mit den Achseln. Das wichtigste waren die Ballroben. Meine sollte ein rosa Seidenleibchen bekommen und einen goldbestickten Rock über einem cremefarbenen Unterkleid. Selbstverständlich tief dekolletiert, um meinen langen Hals zu betonen, der – wie sogar Carlotta zugab – graziös und anmutig war. Aber mein unterentwickelter Busen mußte etwas kaschiert werden.

Anna, die die Kleider nähte, flüsterte mir zu, daß das, was Carlotta so geringschätzig abtat, nämlich meine jugendliche Unbefangenheit, auf viele einen großen Reiz haben würde. Ich sollte mir deswegen keine grauen Haare wachsen lassen.

»Viele ältere Damen werden Euch darum beneiden«, beruhigte sie mich.

Während die Kleider ihrer Vollendung entgegenschritten, merkte ich, daß Anna an mir interessiert war. Sie kniete neben mir und ermutigte mich zu sprechen, sie wollte alles über Bersaba wissen.

»Ihr seht Euch so ähnlich, und doch seid Ihr verschieden.«

»Die meisten können uns nicht auseinanderhalten.«

»Ich glaube, ich könnte es.«

Dann erzählte ich ihr, wie Bersaba zur Hebamme geritten war, weil sie sich Sorgen wegen einer Dienerin gemacht hatte, die ein Baby bekam, das überfällig war.

»Ich erinnere mich, sie hat uns gewarnt, daß im Dorf Gerüchte über meine Herrin im Umlauf waren... und doch...« Anna zögerte, und ich sah sie erwartungsvoll an. Sie sagte: »Ich hatte geglaubt, daß Miß Bersaba meine Herrin nicht mochte. Und doch hat sie sie gewarnt.«

»Natürlich hat sie sie gewarnt. Der Pöbel kann schrecklich sein! Ich habe einmal gesehen, wie sie eine Hexe aufgeknüpft haben. Das ist etwas Unheimliches! Ganz gewöhnliche Menschen werden plötzlich grausam, wenn sie sich zusammenrotten, und was sie als Gerechtigkeit bezeichnen, ist purer Wahnsinn.«

»Eure Schwester ist eine seltsame junge Dame.«

»Oh, ich kenne sie. Ich verstehe sie. Manchmal habe ich das Gefühl, wir sind ein und dieselbe Person; denn es sieht so aus, als hätte die Natur alle menschlichen Eigenschaften zwischen uns aufgeteilt und der einen nur die guten, der anderen nichts als die schlechten mitgegeben. Bersaba ist so viel klüger als ich. Ich wäre nicht auf die Idee gekommen, zur Hebamme zu laufen, obwohl ich auch gewußt habe, daß das Baby überfällig war. Wahrscheinlich bin ich gedankenlos und mache mir weniger Sorgen um meine Mitmenschen.«

»Ich glaube, Ihr habt sehr viel bekommen, Miß Angelet«, sagte Anna. »Es ist nicht wahr, daß Eure Schwester alle guten Eigenschaften hat. Es wäre falsch, so zu denken; denn wenn plötzlich etwas geschieht...«

Ich sah sie scharf an, und sie fuhr fort: »Ich rede zuviel. Schaut Euch den Schnitt des Leibchens an.«

Ich war verwirrt. Von ihren Worten ebenso wie von ihrem Verhalten. Es war, als wolle sie mir eine Warnung zukommen lassen. Vor Bersaba? Was für ein Unsinn!

Aber sie schien mich gern zu haben und mich beschützen zu wollen. Langsam bekam ich das Gefühl, liebe Freunde um mich zu haben. Senara tat alles, um mich glücklich zu machen, meiner Mutter zuliebe. Aber bald würde sie nach Spanien zurückkehren. Sie sagte mir immer wieder, wie glücklich sie über die Genesung meiner Schwester sei, und wenn Bersaba gestorben wäre, wäre sie mit mir zurückgegangen, um meiner Mutter beizustehen. Jetzt war alles wieder gut, Bersaba mußte nur wieder zu Kräften kommen, und ich hatte den Eindruck, daß nun, da die Gefahr einer Infektion gebannt war, ich bald wieder zurückgehen durfte. Die Ballnacht kam, und ich war entzückt, als ich mich in dem zauberhaftesten Kleid, das ich je besessen hatte, erblickte. Anna kam in mein Zimmer, um sich zu vergewissern, daß Mab alles richtig gemacht hatte. Sie flüsterte mir zu, daß sie gerne selbst meine Frisur gemacht hätte, aber ihre Herrin hätte sie voll in Anspruch genommen. Begeistert betrachtete sie mein Kleid und sagte, es stünde mir ausgezeichnet. Mit meinem Haar dagegen war sie nicht ganz einverstanden. Sie würde versuchen, Zeit zu finden, um es so zu frisieren, wie es sich gehörte. Sie kam auch und kämmte meine Stirnlocken anders und steckte mein langes dichtes Haar hoch.

Die Residenz der Mallards war ein großes Gebäude, mit einem Garten, der bis hinunter zum Fluß reichte. Unsere Gastgeber empfingen uns und warfen mir neugierige Blicke zu, bevor wir weitergereicht wurden. Viele Leute scharten sich um Sir Gervaise und Carlotta, die sehr bekannt zu sein schienen, und ich wurde einem jungen Mann vorgestellt, der äußerst sonderbar angezogen war. Er trug Beinkleider aus Satin, die aussahen wie der Blasebalg, den wir daheim benutzen, um das Feuer im Kamin anzufachen. Innerlich mußte ich über meinen Vergleich lachen.

Was würde er nur dazu sagen? Seine Beinkleider aus blauem Satin waren am Knie von bunten Bändern zusammengehalten.

Er tanzte etwas ungelenk, und ich fürchtete, nicht im Schritt zu bleiben, was ihn zu erstaunen schien. Deshalb war ich erleichtert, als die Musik abrupt verstummte und sich plötzlich Schweigen über den Ballsaal breitete. Dies kündigte die Ankunft des Königs und der Königin an. Die Gäste traten zur Seite und bildeten ein Spalier, durch das die königlichen Herrschaften schritten. Ich hatte das Privileg, aus nächster Nähe einen Blick auf die königlichen Hoheiten werfen zu können. Der König sah zweifellos gut aus, hatte feingeschnittene Züge, einen gestutzten Bart, und sein Haar fiel ihm in Locken auf die Schultern. Er sah freundlich aus, aber streng, und obwohl er nicht von imposanter Statur war, strahlte er so viel Würde aus, daß ich ihn in jeder Gesellschaft als den König erkannt hätte. Die Königin faszinierte vor allem durch ihre Vitalität, die sie mit ihren Bewegungen und ihrem Lächeln zum Ausdruck brachte. Sie war beileibe nicht hübsch zu nennen. Ihre Nase war zu lang, und ihre großen Zähne standen hervor. Aber ihre lebhaften Augen nahmen alle gefangen.

Ich war zutiefst beeindruckt, als sie an mir vorüberschritten und ich meinen Hofknicks machte, den Carlotta mir beigebracht hatte.

Mein langweiliger Galan hatte zweifellos die Gelegenheit ergriffen, sich eine intelligentere Partnerin zu suchen, und während ich ziemlich verloren herumstand und nach Senara und Sir Gervaise Ausschau hielt, hörte ich eine Stimme: »Wir treffen uns also wieder.« Und vor mir stand der Mann, der mich vor den Schurken gerettet hatte.

Mir stieg die Röte in die Wangen vor Freude, und ich verspürte eine prickelnde Erregung. »Ich hatte das Gefühl, daß wir uns bald wiedersehen würden«, fuhr er fort.

»Ich hoffe, ich habe mich hinreichend bei Euch bedankt.«

»O ja, das habt Ihr. Eure Dankbarkeit war nicht zu übersehen. Möchtet Ihr gerne tanzen?«

»Ich tanze gerne, aber ich habe nicht viel Erfahrung mit den Tänzen bei Hof.«

»Um die Wahrheit zu gestehen, ich auch nicht. Ich kann Euch nur mit Tänzen aus der Provinz dienen. Meiner Meinung nach beinhalten sie auch mehr Sinn. Mehr jedenfalls als die hier im Ballsaal. Was möchten Sie also tanzen: *Leap Candle, Salengers Round* oder *Barley Break* und *John Come Kiss Me*.«

Ich mußte lachen. »Die liebe ich! Die tanzen wir zu Weihnachten oder wenn wir die Ernte eingebracht haben. Und dann bauen wir Kornmänner, damit die nächste Ernte gut ausfällt.«

»Ihr macht mich neidisch auf die Freuden des Landlebens. Ich sage Euch, was wir jetzt tun werden: Wir gehen in den Garten. Dort werden wir sicherlich eine Bank finden, auf der wir uns unterhalten können. Möchtet Ihr das?«

»Mit Vergnügen.«

»Dann kommt, wir verschwinden heimlich.«

Er bahnte uns einen Weg nach draußen. Die frische Luft war wunderbar; glücklicherweise war es ein milder Abend. Der Garten war wunderschön, und man hörte das Plätschern des Wassers gegen die Steinstufen am Ufer des Flusses.

Er fand eine Bank, in einer Art Laube, mit Blick auf den Fluß. Das Spalier bot uns Schutz vor dem Abendwind.

»Erzählt mir vom Land«, sagte er. Also erzählte ich ihm von daheim und wie ich, wegen Bersabas Krankheit, nach London gekommen war.

Er gab seiner Erleichterung über ihre Genesung Ausdruck und fragte, ob ich bald wieder zurück müßte.

»Das nehme ich an«, war meine Antwort.

Er überlegte, daß meine Schwester nach der schweren Krankheit eine lange Rekonvaleszenzzeit benötigen würde. Er war sogar davon überzeugt, weil er, wie er sagte, einen Freund hatte, der auch das große Glück gehabt hatte, von dieser Krankheit geheilt worden zu sein. »Glaubt mir, das ist großes Glück und kommt nur sehr selten vor. Mein Freund hatte schon geglaubt, mit einem Fuß im Grabe zu stehen, und betrachtet es als ein Wunder, daß er noch lebt.«

Ich erschauerte, und er fragte mich, ob ich friere.

»Nein, ich habe nur daran gedacht, wie ein Leben ohne meine Schwester wäre.«

»Ihr seid Zwillingsschwestern? Sagt mir, sieht sie Euch ähnlich?«

»So sehr, daß meine Mutter die einzige ist, die uns jederzeit auseinanderzuhalten vermag.«

»Eure Schwester sieht aus wie Ihr? Sie spricht wie Ihr? Denkt sie auch wie Ihr?«

»Nun, das ist der Unterschied, und der ist groß. Sie ist viel klüger als ich. Sie hat immer meine Rechenaufgaben gemacht und meine Aufsätze geschrieben. Ich allerdings habe ihre Handarbeit gemacht. Das ist ungefähr das einzige, was ich besser kann als sie. Jetzt wißt Ihr alles über uns.«

»Nicht alles. Ich muß gestehen, ich bin sehr neugierig.«

Noch nie war ich so glücklich gewesen, seit ich von zu Hause weg war. Plötzlich hatte ich das Gefühl, die Welt sei neu und aufregend. Ein Wunder war geschehen. Bersaba war dem Tod von der Schippe gesprungen und würde bald wieder gesund und kräftig sein. Und ich saß hier in London, in einem bezaubernden Garten, und unterhielt mich mit einem königlichen General – einem bedeutenden Mann, der sich für mich zu interessieren schien und mich besser kennenlernen wollte.

Ohne mein schreckliches Erlebnis wäre ich ihm nie begegnet. Ohne Bersabas Krankheit und ihre glückliche Genesung wäre ich nie in solche Stimmung geraten. Es schien, daß jede noch so schlimme Erfahrung am Ende ihr Gutes hatte.

»Wir sprechen so viel über mich, warum erzählt Ihr mir nicht zur Abwechslung etwas über Euch?«

»Sagt, was Ihr zu wissen wünscht.«

»Ihr seid Soldat, Ihr müßt viel erlebt haben. Vielleicht sogar in fremden Ländern?«

»O ja, ich habe auch in Übersee Dienst getan. Nachdem ich meinen Abschluß in Cambridge gemacht hatte, bin ich in die Armee eingetreten. Das ist Tradition in unserer Familie. Mein Vater schickte mich in die Niederlande, um das Kriegshandwerk zu erlernen. Später habe ich dann in Frankreich und Spanien gekämpft.«

»Und im Augenblick ist Frieden für Euch?«

»Ein Soldat muß immer abrufbereit sein.«

»Geht Ihr bald wieder ins Ausland?«

»Nicht, solange es nicht nötig ist.«

»Jetzt bildet Ihr also Eure Männer aus und haltet Euch bereit. Lebt Ihr auf dem Lande?«

»Gleich außerhalb von London. Wir haben Besitzungen im Norden, die von meinem jüngeren Bruder verwaltet werden. Er ist kein Soldat. Ich wohne in Far Flamstead, westlich von Hampton. Aber ich habe natürlich auch eine Stadtwohnung.«

»Wie Sir Gervaise?«

»Ja, er ist auch am Hof, da braucht er das.«

»Euer Besitz ist ein altes Herrenhaus?«

»Nein, das kann man nicht sagen. Es ist erst im letzten Jahrhundert erbaut worden.«

»Und wenn Ihr Zeit habt, Euch des ländlichen Friedens zu erfreuen, geht Ihr dahin?« Er schwieg plötzlich, und ich sah ihn aufmerksam an. Sein Gesicht schien auf einmal zu einer Maske erstarrt zu sein, und er sagte: »Ich habe nicht oft Gelegenheit dazu. Meine Pflichten fesseln mich an die Stadt.«

Mir fiel ein, daß Gervaise gesagt hatte, es gäbe irgendwelche Gerüchte um ihn, an die er sich im Augenblick nicht erinnerte und daß der General seine Frau verloren hätte.

Ich konnte ihm natürlich keine Fragen stellen. Die freudige Stimmung war verflogen, die Ungezwungenheit verschwunden. Er schien sich in ein Geheimnis zu hüllen.

Ich erzählte von zu Hause und von Schloß Paling, obwohl ich lieber etwas über ihn erfahren hätte, aber er ermutigte mich und zeigte großes Interesse an meiner Vergangenheit. Wahrscheinlich, weil er nicht über sich selbst sprechen wollte.

Plötzlich hörten wir Schritte, und ein Herr und eine Dame kamen vorbei, die ihn offensichtlich kannten, denn der Herr sprach ihn mit seinem Namen an.

Sie wurden mir als Luke Longridge und dessen Schwester Ella vorgestellt. Beide betrachteten mich mit unverhohlener Mißbilligung. Zum ersten Mal fragte ich mich, ob ich vielleicht die Etikette verletzt hatte, weil ich hier im Garten allein mit einem Mann war.

Die Longridges waren weit weniger elegant gekleidet als die meisten der Gesellschaft. Luke Longridge sagte auch, er würde sich gerne zu uns setzen; und das taten sie auch.

Eine Weile sprachen sie von Blumen und wie mild die Nacht war, und Luke Longridge meinte, der König hätte einen so heiteren Eindruck gemacht, als wäre er sich des Gewitters, das sich über ihm zusammenbraute, nicht bewußt.

»Man kann kaum erwarten, daß der König bei dieser Gelegenheit einen anderen Eindruck hinterläßt«, erwiderte der General.

»Die Königin ist leichtfertig wie immer«, fuhr Luke Longridge fort. »Ich sage Euch, sie hat nichts anderes im Kopf als seichte Vergnügungen. Abgesehen natürlich von ihrer verhaßten Religion, die sie unter dem Volk verbreiten möchte, was ihr nie gelingen wird.«

»Nein, das wird es nicht«, pflichtete ihm der General bei.
Ella Longridge antwortete heftig: »Eine ganze Menge Leute werden das zu verhindern wissen!«

»Seine Majestät würde das nie gestatten. Er kennt die Wünsche seines Volkes«, antwortete der General.

»Seit Buckinghams Tod – Gott hab ihn selig – ist sie die erste Beraterin des Königs«, gab Luke Longridge zu bedenken.

»Das halte ich für übertrieben«, konterte der General.

»Er ist ihr fast kindlich ergeben. Nachdem er sie jahrelang ignoriert und die Ehe mit ihr gehaßt hatte, steht er jetzt unter ihrem Pantoffel und läßt sich an der Nase herumführen. Und wer hat ihm den Ring durch die Nase gezogen? Die frivole katholische Französin.«

»Der König ist glücklich in seiner Ehe, was ein gutes Beispiel ist«, meinte der General. »Ihr müßt zugeben, mein Freund, daß das sehr gut ist für unser Land. Es stimmt nicht, daß der König nur auf seine Frau hört. Seine Majestät hat großes Pflichtgefühl.«

»Haben wir deshalb so viele Unruhen im Land?« fragte Luke Longridge. »Die Leute werden sich das nicht bieten lassen, General. Gerüchte gehen um, das Land sei gespalten, und bei Gott, ich weiß, auf welcher Seite ich stehen werde ... es wird nicht die des Königs sein.«

»Das ist Hochverrat, Longridge, nehmt Euch in acht!« warnte der General.

»Ich sage, was ich denke«, antwortete Longridge.

»Sei vorsichtig, Luke«, warnte jetzt auch seine Schwester.

Ich hätte den General am liebsten gebeten, auch vorsichtig zu sein, aber er schien mich vergessen zu haben.

Luke Longridge brannte vor Leidenschaft. »Ich wünschte, ich könnte all dem ein Ende bereiten! Irgendwann wird es sowieso so weit kommen. Ein König, der ohne Parlament regiert!«

»Luke! Bitte!« flehte seine Schwester.

Plötzlich sah ich die beiden Männer am Schandpfahl vor mir. Eben noch hatte ich gedacht, dies wäre eine zauberhafte Nacht, und plötzlich war alles zu Ende. Ich hatte geträumt und war unsanft in die Wirklichkeit gerissen worden. Nichts war so, wie es mir erschien. Im Ballsaal huldigten die Untertanen ihrem König und seiner faszinierenden Frau, die nicht wußten, daß einige ihrer Leute, wie zum Beispiel Longridge, gegen sie hetzten. Oder wußten sie es doch? Was war mit den Männern am Pranger?

»Ihr habt den König beleidigt«, hörte ich General Tolworthy ausrufen, »und die königliche Armee! Dafür sollt Ihr mir Satisfaktion geben!«

»Ihr wißt ganz genau, daß ich nur die Wahrheit sage.«

»Ich weiß, daß Ihr den König und seine Armee beleidigt habt. Nennt mir einen Treffpunkt.«

»Ihr werdet von mir hören.« Luke Longridge verbeugte sich und schritt zurück zum Haus. Seine Schwester klammerte sich an seinen Arm.

»Es ist kühl geworden«, sagte der General. »Erlaubt mir, daß ich Euch zu Euren Freunden zurückbegleite.«

Eigensinnig blieb ich sitzen.

»Was soll das bedeuten? Ihr werdet Euch doch nicht schlagen wollen?«

»Er ließ mir keine Alternative.«

»Aber er hat doch nur seinen Standpunkt klargemacht.«

»Er hat die Krone beleidigt.«

»Aber das war doch nicht persönlich gemeint!«

»Meine liebe Miß Landor, ich bin General des Königs. Wer den König beleidigt, beleidigt auch mich.«

»Soll das heißen, es wird ein Duell geben?«

»Bitte, macht Euch keine Sorgen! Das ist eine ganz alltägliche Angelegenheit.«

»Die für einen tödlich enden wird.«

»Vielleicht. Vielleicht auch nicht.«

»Aber...«

»Kommt, es wird kühl.«

Er wollte nicht mehr darüber reden, und ich konnte nichts anderes tun, als ihm zu gestatten, mich ins Haus zu begleiten.

Er brachte mich zu Senara, die mit ein paar Leuten in ein Gespräch vertieft war, verbeugte sich und verschwand.

Ich war froh, als der Abend zu Ende ging, wir in der Kutsche saßen und niemand den Wunsch verspürte zu reden. Ich mußte unentwegt an diesen dummen Streit denken, der für einen der beiden den Tod bedeuten konnte.

Wenn Richard Tolworthy getötet würde, würde ich das mein Leben lang nicht vergessen.

Ich verbrachte zwei entsetzliche Tage. Richard Tolworthy würde entweder selbst getötet werden oder den anderen töten, und ich sah keinerlei Genugtuung darin. Wie hatte er den anderen nur auf so sinnlose Art herausfordern können? Luke Longridge hatte den König beleidigt. Schön, dachte ich wütend, soll der König seine Schlachten doch selber schlagen.

Aber Richard war ein Soldat, ein Mann mit Idealen. Natürlich hatte er recht, redete ich mir ein und dachte an Luke Longridge, den ich zu hassen begann, weil er dieses Duell provoziert hatte.

Ich fragte Carlotta, was passieren könnte, wenn ein Mann im Duell verwundet würde.

»Er kann sterben. Es kommt darauf an, wie schwer seine Verwundung ist.«

»Und der andere?«

»Muß wahrscheinlich fliehen. Denn er ist trotzdem ein Mörder.«

»Ich verstehe.«

»Warum fragst du?«

»Ich wollte es nur wissen. Ich soll doch mit den Gepflogenheiten dieser Gesellschaft vertraut gemacht werden, oder?«

»Das ist eine recht makabre.«

»Ich habe festgestellt, daß viele Bräuche makaber sind.«

»Ach«, spottete sie, »du entwickelst Beobachtungsgabe!«

Ich versuchte die ganze Angelegenheit zu vergessen und mir einzureden, wie dumm es war, mich um einen Mann zu sorgen, den ich nur zweimal gesehen hatte, wenn auch bei zwei ungewöhnlichen Gelegenheiten. Zuerst, als er mich aus einem schrecklichen Schicksal errettete, und dann, als er einen Mann zum Duell forderte.

Ich wünschte mir so sehr, Bersaba wäre bei mir, um mit ihr über meine Gefühle sprechen zu können. Wann würde mich meine Mutter endlich zurückholen? Sie müßte mich doch bei der Pflege von Bersaba gebrauchen können, zumindest, um ihr Gesellschaft zu leisten. Sie hatte mir in einem Brief geschrieben, daß es lange dauern könnte, bis Bersaba wieder die alte sei, und angedeutet, daß die Krankheit immer noch im Dorfe wütete und sie mich nicht zurückhaben wollte, ehe die Gefahr ganz vorbei war.

Falls General Tolworthy den Tod fände oder ins Ausland flüchten mußte, wollte ich umgehend nach Hause zurück. Dann könnte ich das ganze Londoner Abenteuer vergessen und es höchstens als seltsame Begegnung in meiner Erinnerung behalten.

Eine Woche nach dem Ball stattete Richard Tolworthy uns einen Besuch ab.

Zum Glück war Senara zu Besuch bei Nachbarn, um sich von ihnen zu verabschieden. Sie wollte uns in der folgenden Woche verlassen. Carlotta hatte sie begleitet, und Gervaise war in Whitehall. Der General wollte Sir Gervaise einen Höflichkeitsbesuch abstatten, und als er erfuhr, daß er nicht zu Hause war, fragte er nach mir.

Langer Rede kurzer Sinn, ich empfing ihn im Salon neben der Halle. Meine Freude war grenzenlos, als ich entdeckte, daß er weder verstümmelt aussah noch wie jemand auf der Flucht.

»Ich hatte gehofft, Euch sprechen zu können«, sagte er. »Ihr habt Euch auf dem Ball so große Sorgen gemacht.«

»Ja das stimmt. Ich hatte nicht verstanden, was plötzlich passiert war und weshalb es plötzlich auf Leben und Tod ging.«

»Ich hatte keine andere Möglichkeit. Unter den gegebenen Umständen mußte ich ihn zum Duell fordern. Wie dem auch sei, es ist nicht ausgetragen worden. Longridge hat die Beleidigung zurückgenommen, das Treffen fand nicht statt.«

»Ich bin froh darüber. Das war sehr gescheit von ihm.«

»In seinem Herzen ist er ein Puritaner und hält nichts vom Blutvergießen.«

»Meine Hochachtung den Puritanern!«

Er lächelte mich an. »Ihr habt ja richtig Angst gehabt.«

»O ja. Ich hatte Angst, er könnte Euch töten oder Ihr würdet ihn töten und müßtet ins Exil.«

»Ich danke Euch für Euer Mitgefühl!«

»Ihr braucht mir nicht zu danken.«

Aber meine Erleichterung war mir wohl anzusehen, und ich glaube, es freute ihn.

Wir unterhielten uns eine Weile, und er stellte mir wieder Fragen über zu Hause. Er wollte wissen, wie lange ich noch in London bliebe. Als ich sagte, daß ich eventuell schon bald zurück müßte – es hinge nur von dem Gesundheitszustand meiner Schwester und dem Abklingen der Seuche im Dorf ab –, hörte er aufmerksam zu.

»Ich hoffe, Ihr bleibt noch lange! Oder habt Ihr schon Heimweh?«

»Anfangs hatte ich Heimweh. Jetzt bin ich mir gar nicht mehr so sicher. Es gibt so viele interessante Dinge hier.«

»Abenteuer mit Bettlern, Duelle...«, zog er mich auf.

»Ich treffe interessante Menschen.«

»Die trefft Ihr doch sicherlich auch zu Hause?«

»Ja«, gab ich zu, »aber andere.«

Ich habe nie jemanden wie dich kennengelernt, dachte ich im stillen.

Als er ging, nahm er meine Hand und küßte sie.

»Ich melde mich wieder«, sagte er zum Abschied.

Als er wegritt, sah ich ihm nach. Dann ging ich hinauf in mein

Zimmer, weil ich allein sein und über ihn nachdenken wollte. Wenn ich jetzt sofort nach Cornwall zurück müßte, was würde ich empfinden? Wäre ich unglücklich, in mein geliebtes Heim zurückzukehren, meine Mutter und meine Schwester wiederzusehen? Was war nur mit mir geschehen?

Die Wochen vergingen wie im Fluge. Senara verließ uns, und es tat mir aufrichtig leid, mich von ihr verabschieden zu müssen. Ich hatte das Gefühl, eine Freundin zu verlieren. Wie versprochen, besuchte uns General Tolworthy wieder. Zuerst verstand das Sir Gervaise nicht. »General Tolworthy scheint plötzlich seine Sympathie für mich entdeckt zu haben«, war sein Kommentar.

Wir waren bei diesen Besuchen immer anwesend und nahmen an vielen Gesprächen teil. Carlotta dachte, er wäre in Leidenschaft für sie entbrannt. Sie machte viel Aufhebens von ihm und lud ihn immer wieder ein. Mich amüsierte das natürlich, denn in meinem Herzen wußte ich, daß nicht sie es war, für die er sich interessierte. Er war sehr verschlossen – fast geheimnisvoll, aber zwischen uns bestand ein stilles Einverständnis. Wir mußten nicht viel miteinander reden, er zog mich im Gespräch nicht einmal sonderlich vor. Aber in meinem Herzen wußte ich, daß ich es war, die er zu sehen kam.

Ich hatte nur Angst, meine Mutter würde schreiben, ich müßte zurück, und stellte mir vor, wie ich aus seinem Leben verschwinden würde. Ob er das zulassen würde? Sosehr ich mich auch nach meiner Familie sehnte, der Gedanke, ihn zu verlassen, war unerträglich.

»Meine liebste Angelet!« schrieb sie.
»Zuerst laß Dir sagen, daß es Deiner Schwester sehr viel besser geht, obwohl sie noch viel Geduld brauchen wird. Jetzt kann ich Dir ja gestehen, daß sie dem Tode sehr nahe gewesen ist. Sie ist immer noch so schwach, daß sie das Bett hüten muß. Ich soll Dir ganz liebe Grüße ausrichten, mein Liebling. Sie ist zu schwach, um selbst eine Feder in die Hand zu nehmen, aber sei versichert, wenn sie wieder kräftiger ist, wird sie das ganz gewiß tun.

Mein Ziel ist, sie wieder ganz gesund und kräftig zu pflegen. Die Ärzte sagen, das kann noch Monate dauern, und es sei ein Wunder, daß sie noch bei uns ist. Ich möchte, daß Du diese lange Trennung so gut es geht überstehst, meine Tochter. Ich möchte Dich jetzt noch nicht hier haben, und wenn Du mir versichern kannst, daß es Dir gutgeht und Du glücklich bist, werde ich mich damit zufriedengeben, mich auf Dich zu freuen, wie wir es alle tun...«

Ich las den Brief immer und immer wieder, denn er erfüllte mich mit Freude. Ich erwies meiner Mutter einen Gefallen, wenn ich hierblieb. Und nichts, was ich mir mehr wünschte, als hierzubleiben, wo ich jeden Tag mit dem Gedanken erwachte, daß es vielleicht heute geschieht – ich meine, daß General Tolworthy um meine Hand anhält.

Der Winter kam ins Land gezogen. Nie zuvor hatte ich Weihnachten weit weg von zu Hause verbracht. Meine Mutter hatte mir Seide für ein Kleid geschickt, mir geschrieben und mich gebeten, nicht allzu unglücklich zu sein, weil ich dieses Jahr nicht bei ihnen sein konnte. Die Festlichkeiten in Trystan Priory würden natürlich weniger umfangreich ausfallen wie gewöhnlich, weil Bersaba immer noch schnell ermüdete und täglich etliche Stunden im Bett verbringen mußte.

Die Spielleute würden allerdings kommen und die Choralsänger natürlich auch. Tante Melanie und Onkel Connell hatten sich bei ihnen angesagt, allerdings wären Vater, Fennimore und Bastian noch nicht zurück.

»Nächstes Weihnachten«, schrieb sie, »sind wir sicherlich wieder alle zusammen.«

Weihnachten feierte ich also in Pondersby Hall. Wir hatten zwar auch einen Weihnachtsmann, aber alles andere war viel aufwendiger als zu Hause. Zum Beispiel stellten wir ein Maskenspiel auf die Beine, ein spanisches Stück, das Carlotta inszenierte und in dem wir alle eine Rolle übernahmen. Wir probten zwei Wochen lang und spielten es am Weihnachtstag und am Dreikönigsabend. Carlotta hatte natürlich die Hauptrolle. Sie spielte mit Geschick und Charme, und viele junge Männer beneideten Sir Gervaise und bewunderten seine Frau. So war es nicht verwunderlich, daß Carlotta Richard Tolworthy zu ihren Verehrern zählte.

Tolworthy mußte gleich nach Weihnachten weg, und es vergingen Wochen, ehe ich ihn wiedersah. Ich hatte schon Angst, er hätte mich vergessen.

Januar kam und mit ihm der Schnee. In Cornwall schneite es so selten, daß ich mich nicht erinnern konnte, mehr als dreimal in meinem Leben Schnee gesehen zu haben. Was für eine Aufregung das jedesmal gewesen war! Wir haben uns mit Schneebällen beworfen, und ich weiß noch, daß es Bastian besonders auf Bersaba abgesehen hatte.

Hier war alles anders: Wir spielten nicht mit Schneebällen, wir liefen Schlittschuh auf den zugefrorenen Teichen. Das war auch lustig, aber ich dachte die ganze Zeit an Richard und ob ich ihn je wiedersehen würde.

Es war Anfang Februar, draußen war es schon dunkel, da kam er angeritten. Die Straßen, die unpassierbar gewesen waren, waren wieder offen. Alles, was vom Schnee übrigblieb, waren Schneehaufen auf den Feldern und an den Hecken am Straßenrand.

In der Halle brannte ein mächtiges Feuer, als Tolworthy hereinkam. Ich hörte, wie er einen Lakaien fragte, ob Sir Gervaise zu Hause sei. Ich lief in die Halle, tat aber so, als ob ich zufällig herunterkäme.

Ich streckte ihm meine Hand entgegen und sagte, so ruhig ich konnte: »Wir haben Euch lange nicht mehr gesehen, General.«

Er erwiderte, er hätte beruflich im Norden zu tun gehabt. Da tauchte Sir Gervaise auf, und ich zog mich zurück, während er ihn in den Salon führte. Er bat, Carlotta von unserem Besucher zu unterrichten.

Ich ging in mein Zimmer, ich wollte nicht zusehen, wie Carlotta ihm ihre besondere Aufmerksamkeit widmete, die sie nur Männern entgegenbrachte. Ich war zu dem Schluß gekommen, ich hätte mir nur eingebildet, was mein Wunsch gewesen war, und daß Richard Tolworthy nicht mehr Interesse an mir hatte als an jedem anderen jungen Mädchen, das er aus den Händen von ein paar Bösewichten befreit und das sich Sorgen wegen eines Duells gemacht hatte.

Ich kämmte mein Haar und hoffte, er würde sich nach mir erkundigen, aber das tat er nicht.

Ein paar Tage später kam er wieder. Diesmal war ich allein im Haus, und er ließ fragen, ob ich ihn empfangen würde. Also bat ich ihn in den kleinen Salon.

»Ich muß Euch etwas gestehen: Ich habe in Erfahrung gebracht, daß Sir Gervaise und seine Frau heute nicht zu Hause sind, und da bin ich vorbeigekommen, in der Hoffnung, Euch alleine anzutreffen.«

»Ihr wolltet mich sehen?«

Ich war außer mir vor Freude – die ganze Welt schien mit einem Mal verändert.

»Ich wollte aus einem ganz bestimmten Grund mit Euch sprechen.«

»Bitte, reden Sie!« sagte ich atemlos.

»Wollen wir uns nicht setzen«, meinte er. Ich nahm auf der Fensterbank Platz und faltete meine Hände im Schoß. Ich wagte nicht, ihn anzuschauen, aus Angst, meine Gefühle zu verraten.

»Ich glaube, wir sind gute Freunde geworden«, fing er an. »Seid Ihr auch meiner Meinung?«

»Ja, der Ansicht bin ich auch.«

»Ihr übertreibt zwar. Was bei unserem ersten Zusammentreffen geschehen ist, war nicht mehr, als jeder andere Mann auch getan haben würde.«

»Ihr habt Euer Leben für mich aufs Spiel gesetzt, das werde ich Euch nie vergessen.«

»Ach, betrachtet die Dinge so, wie sie sind: Schufte wie jene sind immer Feiglinge. Sie überfallen nur Frauen und Kinder. Und dann war ich bewaffnet. Ich versichere Euch, es war kein Risiko. Trotzdem meine ich, wir sind Freunde geworden. Ich habe lange gezögert, vielleicht hätte ich gescheiter sein und noch länger warten sollen. Ihr seid sehr jung, Angelet. Ich darf Euch doch beim Vornamen nennen?«

»Bitte. Ich freue mich, wenn Ihr es tut.«

»Es ist ein bezaubernder Name, und er steht Euch.«

»Oh, bitte, Ihr dürft keine zu gute Meinung von mir haben. Dessen könnte ich mich nie würdig erweisen.«

Ich erschrak. Das klang ja so, als ob ich glaubte, wir könnten immer zusammen sein. Ich wurde feuerrot im Gesicht.

Er ignorierte meinen Schnitzer und fragte: »Wie alt seid Ihr, Angelet?«

»Ich werde im Juni achtzehn.«

Er seufzte. »Das ist tatsächlich jung. Wißt Ihr, wie alt ich bin?«

»Ich habe nie darüber nachgedacht.«

»Wie charmant. Es ist auch gut so, da ich viel älter bin als Ihr. Ich werde im September vierunddreißig. Es besteht also ein großer Altersunterschied zwischen uns.«

»Spielt das eine Rolle ... bei Freunden?«

»Genau diese Frage habe ich mir in den letzten Wochen auch gestellt. Vielleicht hätte ich noch nicht mit Euch sprechen dürfen.«

»Meiner Meinung nach ist es immer besser, zu sagen, was man im Sinn hat.«

»Ich habe mir vorgenommen, Euch zu fragen, ob Ihr mich heiraten möchtet.«

»Oh!« Mehr brachte ich nicht heraus. Ich zitterte am ganzen Körper vor Freude. Es war tatsächlich eingetreten, ich hatte mich nicht geirrt. Und im stillen erzählte ich Bersaba, daß ich heiraten werde. Ich werde einen königlichen General heiraten, den wunderbarsten, galantesten Mann der Welt.

Bersaba hatte einmal gesagt: »Ich möchte gerne wissen, wer von uns beiden zuerst heiratet.« Sie wollte natürlich die erste sein. Sie wollte immer die erste sein, in allem. Ich wollte das eigentlich auch, aber es schien ihr Privileg.

Jetzt war es anders. Mehr als alles auf der Welt wollte ich Richard Tolworthy heiraten.

»Ich sehe, Ihr seid verwirrt«, sagte er. »Ihr wundert Euch, daß ich, der ich so viel älter bin, Euch den Antrag zu machen wage. Das meint Ihr doch, nicht wahr?«

Ich lachte. Ein seltsames, fast hysterisches Lachen. Warum konnte ich nicht so klug sein wie Bersaba? Was würde sie in so einer Situation sagen? Aber was nützte das schon – ich war ich, nicht Bersaba, und ich habe noch nie etwas anderes sagen können als das, was mir gerade durch den Kopf ging.

»Nein, das meine ich nicht«, rief ich. »Ich meine, ich bin sehr glücklich, daß Ihr es getan habt. Ich hatte gehofft, Ihr wäret an mir interessiert, und habe davon geträumt, Ihr würdet mich heiraten wollen... ich hätte es nicht ertragen, wenn es nicht so gekommen wäre.« Er kam auf mich zu, und ich stand auf. Ich nahm an, er würde mich in die Arme nehmen und festhalten. Aber das tat er nicht. Er nahm meine Hand und küßte sie, als ob wir uns gerade vorgestellt worden wären.

»Ihr seid reizend! Aber ein bißchen ungestüm. Meint Ihr das wirklich, was Ihr da sagt?«

»Aber ja!«

Er drängte mich freundlich auf den Fenstersitz und setzte sich etwas weiter weg von mir in einen Sessel.

»Ihr dürft keine übereilte Entscheidung treffen, meine Liebe.«

»Ich verstehe Euch nicht. Habt Ihr gehofft, ich würde nein sagen?«

Er lächelte mich an. »Ich habe Euch gefragt, weil ich hoffte, Ihr würdet ja sagen. Aber Ihr seid so jung.«

»Das«, sagte ich und benutzte eine etwas abgedroschene Redensart, »wird sich über kurz oder lang ändern.«

»Wenn Ihr älter werdet, werde auch ich älter, das heißt, wenn Ihr vierundzwanzig seid, bin ich vierzig. Denkt darüber nach!«

»Mit Zahlen könnt Ihr umgehen.« Vor Glück wurde ich immer vorlauter.

»Nein, laßt mich ernsthaft mit Euch sprechen! Habt Ihr je über die Ehe nachgedacht?«

»Nun, meine Schwester und ich haben manchmal darüber geredet. Wir machten uns Gedanken, wen wir heiraten würden und wer zuerst. Ihr müßt verstehen, weil wir Zwillinge sind, haben wir immer alles zusammen gemacht. Es gibt nicht viele heiratsfähige junge Männer bei uns, und wir nahmen an, wir würden beide jemanden aus der Nachbarschaft heiraten.«

»Und dann seid Ihr nach London gekommen und ausgerechnet mir begegnet.«

»Ich bin glücklich darüber! Über nichts war ich in meinem Leben glücklicher.«

»Ihr steht erst am Anfang des Lebens, meine Liebe, das wollen wir nicht vergessen! Ich möchte, daß Ihr genau wißt, wie Euer Leben sein wird, wenn Ihr mich heiratet. Ihr kennt dieses Haus, wart auf ein oder zwei Bällen und habt ein Maskenspiel mitgemacht. Kein Zweifel, daß Ihr das Leben hier aufregender findet als auf Eurem Landsitz. Das stimmt doch, oder?«

»Ja«, gab ich zu, »aber nicht wegen der Bälle und Maskenspiele.«

»Das freut mich zu hören, denn ich führe ein ruhigeres Leben.«

»Ich wäre glücklich, es mit Ihnen teilen zu dürfen.«

»Ihr seid sehr liebenswürdig. Ich glaube, Ihr könntet mich sehr glücklich machen... sollte diese Ehe zustande kommen.«

»Aber sie wird zustande kommen! Ihr habt mich gefragt, und ich habe ja gesagt, oder nicht?«

»Ja«, antwortete er ernst, »wenn wir beide es wollen und Eure Familie nichts dagegen hat.«

»Sie wollen nur mein Glück. Das haben sie immer getan.«

»Dann werde ich sie um ihre Einwilligung bitten. Ich werde mit Sir Gervaise sprechen, der Euer augenblicklicher Vormund ist, und ihn bitten, mich Euren Eltern zu empfehlen.«

Selig klatschte ich in die Hände.

»Aber zuerst«, fuhr er fort, »möchte ich, daß Ihr ganz genau wißt, was das für Euch bedeutet.«

»Ich möchte nur mit Euch zusammen sein«, sagte ich voller Leidenschaft. Meine Worte erfüllten mich selbst mit Erstaunen: Ich liebte diesen Mann wirklich.

»Ich habe Euch auf den Altersunterschied hingewiesen.«

»Ich habe ihn akzeptiert und bin froh darüber. Glaubt Ihr, ich wollte einen jungen Schnösel mit Beinkleidern wie ein Blasebalg und bunten Bändern am Knie?«

Er lächelte, und mir fiel auf, daß er das selten tat. Ein besonders ernster Mann, den ich da liebte, aber das würde sich schon ändern, ich würde ihn glücklich machen.

»Es gibt verschiedene Dinge, die Ihr über mich wissen müßt. Ich war schon einmal verheiratet.«

»Ist Eure Frau gestorben?«

»Ja, sie ist gestorben.«

»Das ist sehr traurig!«

»Ja, es war sehr traurig!«

»Wenn es Euch quält, sprecht bitte nicht davon!«

»Ich glaube, Ihr solltet Bescheid wissen.«

»Ist es schon lange her?«

»Zehn Jahre.«

»Das ist eine lange Zeit.«

»Habt Ihr nie wieder heiraten wollen? Bis jetzt?«

Erst schien er zu zögern, dann sagte er: »Einmal habe ich daran gedacht, aber mich dann nicht entscheiden können.«

»Habt Ihr sie nicht wirklich geliebt?«

»Ich hielt es für vernünftiger.«

Ich stand auf, stellte mich hinter ihn, legte meine Hände auf seine Schultern und mein Gesicht an seine Wange.

»Und jetzt haltet Ihr es für vernünftig?«

»Ihr könntet die Richtige für mich sein, aber ob ich der Richtige für Euch bin?«

»Das habe ich zu entscheiden«, stieß ich heftig hervor.

Er nahm meine Hände von seinen Schultern und preßte seine Lippen darauf.

»Wie Ihr seht, Angelet – ich bin kein sehr fröhlicher Mensch.«

»Ihr habt eine schwere Aufgabe. Ihr seid ein General des Königs, Ihr bekleidet einen hohen Rang in seiner Armee.«

»Der mich oft meinem Zuhause fernhält. Würde Euch das gefallen?«

»Es wird mir nicht gefallen, wenn wir getrennt sind, aber ich werde es akzeptieren.«

»Das Leben in Far Flamstead ist sehr ruhig, anders als hier. Ich gebe nicht viele Einladungen, das habe ich nie getan. Ich bin überhaupt kein sehr geselliger Mensch.«

»Ich fühle mich auf Bällen und Banketts auch nicht sehr wohl.«

»Manchmal werden wir die einen oder anderen Freunde besuchen, manchmal auch nach Whitehall müssen.«

»Dann werde ich die wenigen Gelegenheiten um so mehr genießen müssen.«

»Ihr seid davon überzeugt, daß Euch alles gefallen wird?«

»Ich glaube, das ist so, wenn man liebt.«

»Angelet, das sollte ich Euch nicht antun! Ihr seid zu jung. Ihr habt nicht die geringste Lebenserfahrung.«

»Ich werde meine Erfahrungen durch Euch machen. Ist das nicht sowieso die Aufgabe eines Ehemannes?«

»Ich habe Angst«, sagte er.

»Bitte, habt keine Angst, daß ich nicht zu Euch passen könnte.«

»Ich habe Angst, Euch zu enttäuschen.«

»Dies ist der sonderbarste Heiratsantrag, der je einem Mädchen gemacht worden ist. Erst bittet Ihr mich, Euch zu heiraten, dann zählt Ihr lauter Gründe auf, warum ich es nicht tun soll.«

»Ich möchte doch nur, daß Ihr Euch sicher seid und nicht hinterher entdecken müßt, daß Ihr einen schrecklichen Fehler gemacht habt.«

»Ich bin mir meiner Sache ganz sicher«, rief ich aus.

Endlich stand er auf, nahm mich in die Arme und küßte mich. Ich war noch nie von einem Mann geküßt worden, ich hatte also keinen Vergleich und dachte, er sei sehr zärtlich und daß ich sehr glücklich werden würde.

Am nächsten Tag kam er wieder und verlangte, Sir Gervaise zu sprechen. Sie unterhielten sich lange Zeit miteinander, währenddessen ich in fiebriger Ungeduld wartete. Ich wußte, nichts konnte schiefgehen. Die Entscheidung lag bei meinen Eltern, und ich war davon überzeugt, wenn ich meiner Mutter schrieb, daß ich diesen Mann liebte und ohne ihn nicht glücklich werden könnte, würde sie ihren Segen geben. Ich überlegte, ob ich nicht auf meinen Vater warten müßte, aber er hieß alles gut, wozu meine Mutter ihren Segen gab; und das wußte sie.

Gervaise ließ mich rufen. Als ich in den Salon kam, war Richard auch da.

Gervaise schien offensichtlich verwirrt. Ich habe ihn als einen Mann kennengelernt, der sich mir gegenüber verpflichtet fühlte und der diese Verpflichtung äußerst ernst nahm.

»Du weißt, meine Liebe, daß General Tolworthy um deine Hand angehalten hat. Ich glaube, du hast seinen Antrag angenommen.«

»Ja«, antwortete ich glücklich, »das habe ich.«

»Dann werde ich unverzüglich an deine Mutter schreiben. Du solltest das übrigens auch tun. Der General will seinen Brief noch heute auf den Weg bringen.«

»Ich höre, Angelets Vater befindet sich auf hoher See«, sagte Richard.

»Das ist er oft«, rief ich aus. »Und wir wissen nie, wann er zurückkommt. Meine Mutter wird für beide entscheiden.«

Richard warf Gervaise einen fragenden Blick zu, der darauf antwortete: »Ich glaube, das stimmt. Wir wollen die Briefe schreiben, damit sie unverzüglich weitergeleitet werden können.«

Ich ging in mein Zimmer, in meinem Kopf drehte sich alles vor Freude. Ich schrieb beiden, meiner Mutter und meiner Schwester, und hoffte, sie würden mein Glück zwischen den Zeilen lesen. Als ich versuchte, Tolworthy zu beschreiben, hatte ich Schwierigkeiten. Ich konnte nicht sagen, er sei wie dieser oder jener, weil es niemanden gab wie ihn. Er war anders als alle anderen Männer. Er war ein bedeutender Mann, ein General in der Armee des Königs. Er war ein Freund des Königs und der Königin, und er würde sie mit seinem Leben verteidigen. Er war seriös. Sie sollten nicht glauben, er sei ein Lebemann. Nein, er war ein verantwortungsbewußter, kluger Soldat, der nur eine große Sorge hatte, mich glücklich zu machen.

Ich wußte, meine Mutter würde mir ihren Segen geben, wenn sie diesen Brief las.

Carlotta war einigermaßen pikiert, als sie die Neuigkeit vernahm.

»Ich kann es einfach nicht glauben«, war ihr erster Kommentar. Und später: »Ich habe Richard Tolworthy schon immer für sonderbar gehalten.«

»Es gab eine Zeit, da hast du ihn ziemlich attraktiv gefunden«, bemerkte ich und fügte boshaft hinzu: »Nämlich, als du dachtest, er mache dir den Hof.«

»Das ist doch Unsinn«, sagte sie. »Jedenfalls bist du zu jung für die Ehe.«

»Ich bin bald achtzehn.«

»Du bist nicht reif genug für dein Alter«, erklärte sie und stolzierte aus dem Zimmer.

Ja, sie war wütend.

Anna flüsterte mir zu: »Sie ist außer sich, sie kann es nicht ausstehen, wenn man jemand anderem den Vorzug gibt.«

Mab sagte das gleiche, und ich wußte, sie hatten recht.

Richard mußte dienstlich fort und sagte, er würde ungefähr eine Woche weg sein, aber uns besuchen, sobald er wieder frei sei.

In der Zwischenzeit warteten wir. Ich lebte wie in einem Traum. Nicht, daß ich in die Zukunft schaute, es fiel mir sogar schwer, sie mir auszumalen. Da gab es ein Haus, Far Flamstead, das ich noch nicht kannte und das Richard nicht genauer beschrieben hatte. Beschreibungen waren nicht seine starke Seite, dachte ich liebevoll. Ich wußte ungefähr, wo es lag, aber er hatte mich nie mitgenommen, was etwas sonderbar war. Ich glaubte, er wollte lieber auf die Einwilligung meiner Eltern warten, bevor er uns als verlobt betrachtete.

Es erschien mir eine Ewigkeit, bis die Antwort auf die Briefe kam.

> »Liebste Angelet«, schrieb meine Mutter,
> »ich war wie vor den Kopf geschlagen, als ich die Neuigkeit las, aber ich habe Dein Glück zwischen den Zeilen gelesen. Ich wünschte, wir könnten nach London reisen, aber das kommt leider nicht in Frage, Bersaba ist noch nicht kräftig genug. Mein liebes Kind, ich verstehe Deine Gefühle. Was Dir jetzt geschieht, ist etwas Wunderbares. Sir Gervaise hat mir geschrieben, und General Tolworthy auch. Er scheint ein seriöser Mann zu sein und fest entschlossen, für Dich zu sorgen. Und Du liebst ihn; Du könntest Deine Gefühle nicht vor mir verbergen.
> Ich wünschte, Dein Vater wäre hier, aber wir wissen ja nie, wann er zurückkommt, und Fennimore ist auch nicht hier. Ich nehme an, Du willst nicht länger warten. Als ich in Deinem Alter war, habe ich genau das gleiche erlebt. Ich schreibe also Gervaise und General Tolworthy, daß Du den Segen der Familie zu dieser Eheschließung hast.
> Mein geliebtes Kind, wie anders habe ich mir doch alles vorgestellt! Ich hatte gehofft, Du würdest jemanden aus der

Nachbarschaft heiraten und in meiner Nähe leben. Aber Du willst es offenbar anders. Ich weiß, wie schmerzlich es für Dich wäre, würde ich meine Einwilligung nicht geben.
Werde glücklich, meine Liebe! Du darfst Dich verloben. Vielleicht könntet Ihr hier heiraten. Ob das möglich wäre? Bersaba will Dir auch schreiben. Es wird sicher nur ein kurzer Brief. Deine Schwester hat sich sehr verändert, aber langsam kommt sie wieder zu Kräften.

Ich hoffe, bald von Dir zu hören, mein Liebling.

All meine Liebe, wie immer   Deine Mutter«

Ich küßte den Brief. Er war typisch für Mutter. Ruhig und vernünftig. Alles kam anders, als sie es erhofft hatte. Wer hätte schon gedacht, Bersaba würde erkranken und ich nach London gehen, um dort einen Mann zu finden? Aber sie akzeptierte es. Das war das Leben, und sie erinnerte sich an die Zeit, da sie selbst jung und in meinen Vater verliebt gewesen war.

Bersaba schrieb:

»Liebe Angelet,
Du willst also heiraten. Sieh mal an! Ich habe immer gedacht, wir würden zusammen heiraten. Ich hoffe, Du wirst glücklich.
Wenn wir uns wiedersehen, wirst Du bemerken, daß ich mich sehr verändert habe. Ich war sehr krank, wie Du weißt, aber Du kannst Dir nicht vorstellen, wie sehr ich mich verändert habe. Ich muß viel ruhen, während Du auf Bälle gehst und interessante Menschen triffst. Und jetzt heiratest Du sogar!
Ich möchte Dich so gerne sehen, Angelet. Ich habe dir so viel zu sagen, aber ich kann nicht mehr schreiben, weil ich noch so müde bin, und sie warten auf den Brief.
Komm nach Hause und bring Deinen zukünftigen Gatten mit. Ich habe Sehnsucht nach Euch beiden.

Deine Dich liebende Zwillingsschwester
Bersaba«

Es war der erste Brief, den ich von Bersaba erhielt.

Sosehr ich es versuchte, ich konnte sie mir nicht schwach und hilflos vorstellen, sie, die auf ihre Art immer so lebenslustig gewesen war.

Aber ich war viel zu aufgeregt, um viel über mein Zuhause nachzudenken. Meine Zukunft lag hier.

Richard kam nach Pondersby Hall und besprach sich mit Gervaise. Später kam er in den Salon, wo ich auf ihn wartete.

»Das sind gute Nachrichten«, sagte er. »Wir haben den Segen Eurer Mutter, und sie versichert, daß sie auch im Sinne Eures Vaters handelt. Es gibt keinen Grund mehr, die Verlobung hinauszuschieben.«

Er nahm meine linke Hand und steckte mir einen Ring an den dritten Finger. Es war ein seltsamer Ring – geflochtenes Gold, fein ziseliert, mit einem viereckig geschliffenen Smaragd.

Er paßte wie angegossen.

»Ein gutes Omen«, meinte er. »Es ist ein Familienring, den immer die Braut des ältesten Sohnes getragen hat.«

Ich bewunderte ihn, er war wirklich ungewöhnlich.

Dann nahm Richard mich in seine Arme.

Wir speisten zusammen, und er und Gervaise sprachen ausführlich über den Aufstand in Schottland und den Vertrag, den die Schotten gegen die Regierung geschlossen hatten.

»Das gibt noch Unannehmlichkeiten«, sagte Richard. »Darauf müssen wir vorbereitet sein.«

»Überall gibt es Unruhen«, pflichtete ihm Sir Gervaise bei. »Was glaubt Ihr, was dabei herauskommen wird?«

»Das kann ich nicht sagen, aber wenn das so weitergeht, müssen wir uns auf alles gefaßt machen.«

Sir Gervaise nickte ernst.

Carlotta fand dieses Gespräch langweilig und lenkte das Thema auf angenehmere Dinge. Zum Beispiel auf die Affären von Leuten, die sie kannte, und Geselligkeiten, die in nächster Zeit stattfinden würden, was Richard – wie ich erheitert feststellte – genauso anödete, wie seine Interessen sie langweilten. Ich fragte mich, wie um alles in der Welt sie gedacht haben konnte, daß er an ihr interessiert sei. Ich wollte, daß er wußte, wie sehr ich wegen der ernsten Lage unseres Landes besorgt war, und verfolgte genau das Gespräch der beiden Männer.

Nachdem Richard uns verlassen hatte, zog ich mich in mein Zimmer zurück. Es dauerte nicht lange, da klopfte es an meiner Türe, und Carlotta kam herein.

Sie warf sich der Länge nach auf mein Bett und sah mich fragend an.

»Wie langweilig!« rief sie aus. »Ich nehme an, du wirst kein besonders amüsantes Leben mit diesem tapferen General führen.«

»Es ist das Leben, das ich mir ausgesucht habe.«

»Mein liebes Kind, du kannst kaum von einer Wahl sprechen. Es gab keine andere.«

»Ich brauchte auch keine anderen.«

»Dein erster Heiratsantrag... und du hast ihn angenommen! Wenn du wüßtest, wie viele ich bekommen habe, ehe ich Gervaise nahm.«

»Ich weiß nur von meinem Vetter Bastian.«

»Ach, das war doch nichts Ernstes.«

»Für ihn schon.«

»Ein Bursche vom Land! Er hat einfach nichts verstanden. Das war schließlich nicht mein Fehler.«

»Das würde ich schon behaupten.«

»Ach, meine Liebe, du plusterst dich auf. Das steht dir nicht, Angelet. Du hast dir deinen General durch dein Kleinmädchengetue geangelt... du bist ein Kind, das er noch formen kann. Er wird dich wie einen Rekruten seiner Armee abrichten, der, wenn er den General sieht, in die Knie geht. Glaubst du nicht, du solltest noch etwas nachdenken und nicht so voreilig handeln?«

»Ich habe nachgedacht.«

»Jetzt, da meine Mutter weg ist, fühle ich mich für dich verantwortlich.«

»Du erstaunst mich.«

»Du bist schließlich Gast in meinem Haus.«

»Für mich ist Gervaise mein Gastgeber.«

»Du hast auch eine Gastgeberin, meine Liebe, und du kennst Gervaise erst seit seiner Stippvisite in Cornwall. Aber wir zwei sind eigentlich Kusinen, nicht wahr? Keine Blutsverwandten, aber meine Mutter und deine Mutter sind wie Geschwister aufgewachsen. Ich habe deshalb das Gefühl, ich kann mit dir besser reden als der arme Gervaise.«

»Ich habe volles Vertrauen zu dem armen Gervaise.«

»Du meinst, er ist arm, weil er mit mir verheiratet ist. Ich will dir einmal etwas sagen, meine liebe Angelet: Gervaise ist sehr zufrieden in seiner Ehe. Es gibt noch mehr, weißt du, als in der Gesellschaft anerkannt zu sein. Ich habe in anderer Hinsicht – aber davon weißt du natürlich wenig – eine Menge zu bieten.«

Ich hatte so eine Ahnung, wovon sie sprach. Die Ehe hatte noch andere Seiten, und es stimmte, die hatte ich nie kennengelernt, ich wußte nur, da war noch etwas. Ich hatte zu Hause Liebende miteinander gesehen, die sich an versteckten Plätzen trafen. Umarmungen... und so weiter.

Ich gebe zu, sie hat mir Angst eingejagt, denn ich hatte keine Vorstellung, was das alles bedeuten sollte. Sie gab mir nun zu verstehen, daß sie und Sir Gervaise sich in dieser Beziehung gut verstanden.

Sie merkte, daß sie mich verunsicherte, und das machte ihr Spaß.

»Laß mich den Ring anschauen«, sagte sie.

Ich hielt ihr meine Hand hin, und sie streifte mir den Ring vom Finger.

»Da ist ein großes T eingraviert, siehst du?«

»Er ist immer von der Braut des ältesten Sohnes getragen worden, seit Generationen schon.«

»Macht es dir nichts aus, einen Ring zu tragen, den schon so viele vor dir hatten?«

»Es ist Tradition.«

Sie schaute auf den Ring in ihrer Hand.

»Dann ist er auch von deiner Vorgängerin getragen worden«, sagte sie langsam. »Man hat ihn ihr, als sie tot war, vom Finger gezogen.«

Lächelnd gab sie mir den Ring zurück.

»Gute Nacht«, sagte sie und fügte noch hinzu: »Und viel Glück!« Was offenbar bedeutete, daß ich es vielleicht brauchen könnte.

Nachdem sie gegangen war, saß ich in meinem Stuhl und starrte auf den Ring in meiner Hand. Ich stellte mir die Frau in ihrem Sarg vor und Tolworthy, der sich über sie beugte, um ihr den Ring vom Finger zu ziehen.

Es war ein unerfreuliches Bild und ging mir nicht mehr aus dem Kopf. So, daß es mich bis in meine Träume verfolgte und ich mitten in der Nacht zitternd erwachte. Ich glaube, ich hatte mir vorgestellt, selbst in dem Sarg zu liegen und Richard zu hören, wie er sagte: »Wir dürfen den Ring nicht vergessen. Den brauche ich noch.«

Danach fiel es mir schwer, wieder einzuschlafen.

Die Verlobung hatte Anfang April stattgefunden, danach begannen die Vorbereitungen für die Hochzeit, die im Mai gefeiert werden sollte.

»Ungefähr einen Monat vor deinem achtzehnten Geburtstag«, sagte Richard.

Ich mußte immer wieder an meinen letzten Geburtstag denken, an dem wir draußen auf den Wiesen bei Trystan Priory gespielt hatten. Es war auch Bersabas Geburtstag gewesen, und unsere Mutter hatte gesagt: »Der nächste Geburtstag wird anders. Wir werden eine große Party geben.«Und sie hatte uns unsere Tagebücher überreicht. Ich hatte gleich angefangen zu schreiben, während Bersaba erst damit beginnen wollte, wenn sie etwas Wichtiges zu berichten hatte. Arme liebe Bersaba! Jetzt hatte sie etwas zu schreiben. Wieviel war doch geschehen, in einem kurzen Jahr! Es gab kaum ein besseres Beispiel für die Licht- und Schattenseiten des Lebens: die Tragödie von Bersabas Krankheit und die Freude über meine Hochzeit.

Ich stickte ihr eine Tasche, die ich ihr zu ihrem Geburtstag schicken wollte. Sie war wunderhübsch, ich hatte mir auch große Mühe gegeben. Bersaba würde sie lieben, weil sie wußte, daß ich wegen meiner Hochzeit eine Unmenge zu tun hatte und mir trotzdem die Zeit für sie nahm.

Die plötzlichen Aprilschauer mit kurzem Sonnenschein machten haltbarerem Wetter Platz. Der Mai war dieses Jahr wunderschön – schöner als sonst, davon war ich überzeugt. Ein Duft von Weißdorn hing schwer in der Luft. Ich fand ihn berauschend, aber vielleicht nur, weil ich so glücklich war. Anna arbeitete sich die Finger wund für mich, Carlotta hatte es ihr großzügig gestattet. Die arme Mab war nicht sehr geschickt. Sie zitterte vor Aufregung über die bevorstehende Hochzeit und konnte ihr Glück immer noch kaum fassen, daß ausgerechnet sie mich nach London hatte begleiten dürfen, wo so viele aufregende Dinge sich ereigneten.

Regelmäßig fuhren wir in die Stadt, um einzukaufen, was wir brauchten. Ich begann an diesen Ausflügen Gefallen zu finden und mein unangenehmes Abenteuer zu vergessen. Ich beging nicht mehr die Dummheit, mich von meiner Begleitperson zu trennen, und wenn ich einen Schandpfahl sah, schaute ich einfach weg.

In der Stadt war immer etwas los. Ich sah die Leute um den Maibaum tanzen und wie sie ihre Maikönigin krönten; ich sah die Liebenden an sonnigen Nachmittagen in den Feldern, ich hörte sie lachen; ich sah sie auf der Themse und Arm in Arm auf den Straßen. Ich hörte die Händler ihre Waren feilbieten und beobachtete die fahrenden Hausierer, die Krankheiten und schmerzende

Füße zu heilen versprachen, oder Zahnbrecher bei der Arbeit und die feixenden Zuschauer. Es gab Zauberkünstler und Fiedler, und oft fand an irgendeiner Straßenecke ein Hahnenkampf statt, was mich mit Ekel erfüllte.

Und dann die Geschäfte, das Ziel unserer Ausflüge. So viele Stoffe mußte man begutachten, unter so vielen Bändern wählen. Anna und ich konnten Stunden mit dieser faszinierenden Beschäftigung verbringen. Sie sagte, das gehörte zu den Hochzeitsvorbereitungen. Vielleicht hätte ich mich auch in anderer Hinsicht vorbereiten sollen. Wenn nur Mutter oder Bersaba dagewesen wären, ich hätte mit ihnen reden können. Ich werde Schritt für Schritt alles lernen müssen, und Richard wird hoffentlich geduldig sein und meine Unerfahrenheit verstehen.

Wie sehr ich mich nach Bersaba sehnte!

Die Zeit verflog, bald nahte mein Hochzeitstag.

Von Richard hörte ich wenig; er war bei seiner Truppe. Die Unruhen in Schottland nahmen seine ganze Zeit in Anspruch. Es könnte Schwierigkeiten geben mit den Anhängern des National Covenant.

Als er mir die Situation erklärte, erschien mir alles sehr plausibel. »Weißt du, der Covenant hat in der Geschichte Schottlands eine sehr wichtige Rolle gespielt. Es ist ein vor ungefähr hundert Jahren geschlossenes Bündnis, als die Schotten ein Wiederaufleben der Papisterei befürchteten. Und dieses Jahr wollte der König die englische Liturgie in Schottland einführen, deshalb haben sich die Covenanters widersetzt.«

»Warum gibt es ununterbrochen Streit wegen der Religion?«

»Das war schon immer so«, gab er zur Antwort. »Das bedeutet natürlich, daß wir die Grenzen beobachten müssen. Falls es Schwierigkeiten geben sollte, muß ich mich bereithalten.«

Das verstand ich, obwohl ich es bedauerte, daß er nicht an den aufregenden Vorbereitungen teilnehmen konnte.

Eines Abends kam Carlotta wieder einmal zu mir ins Zimmer. Ich wunderte mich schon, warum sie immer die Abende wählte, wenn ich mich gerade zu Bett legen wollte. Ich nahm an, ihre Absicht war es, mich zu beunruhigen, weil sie mir mein Glück nicht gönnte. Ich kam immer mehr zu der Überzeugung, daß sie sich Bastian geangelt hatte, weil sie wußte, daß er mit Bersaba befreundet war. Natürlich war das nur eine kindliche Freundschaft, aber deshalb war sie den beiden nicht weniger wichtig gewesen.

Carlotta hatte etwas Böses an sich – sie liebte es, Unheil zu stiften. Vielleicht war sie doch eine Hexe?

Sie kuschelte sich in einen Sessel und musterte mich.

»Unser Bräutigam läßt sich nicht sehr oft blicken«, sagte sie.

»Meinst du meinen?«

»Nennen wir ihn einfach den Bräutigam. Ich frage mich, ob du wirklich so sicher sein kannst, daß er dein Bräutigam ist.«

»Wie meinst du das?«

»Ich habe darüber nachgedacht, seit ich es gehört habe, und mich gefragt, ob ich dich nicht besser warnen sollte.«

»Mich warnen... wovor?«

»Ich habe die Geschichte gehört. Damals hat sie ziemlich viel Staub aufgewirbelt. Das war vor fünf Jahren.«

»Was für eine Geschichte?«

»Er wollte heiraten und hat es sich im letzten Moment wieder anders überlegt.«

Eisiger Schreck fuhr mir in die Glieder. »Was erzählst du mir da?«

»Unser lieber Richard hat sehr jung geheiratet – seine Frau ist gestorben.«

»Du willst doch nicht etwa behaupten...«

»Was?«

»Daß sie... daß er...«

»Daß er sich ihrer entledigt hat? Nein, das habe ich nie gehört. Aber die Idee ist interessant. Irgend etwas stimmt nicht mit ihm. Er ist kalt wie ein Fisch. Ich habe kalte Männer noch nie ausstehen können.«

»Ich hatte das Gefühl, du warst eine Zeitlang ziemlich an ihm interessiert . . . damals, als du noch glaubtest, er gäbe dir den Vorzug.«

»Damals glaubte ich auch, er wäre normal. Vielleicht ein bißchen zu ruhig. Aber was ich dir erzählen wollte, war, daß er seine Meinung schon einmal geändert hat. Die Verlobung hatte bereits stattgefunden, die Hochzeitsvorbereitungen waren in vollem Gang – genau wie jetzt –, und plötzlich, ein paar Wochen vor der Hochzeit, war es aus.«

»Warum?«

»Das ist ja das Rätsel. Es gab keine Hochzeit. Ob sie ein dunkles Geheimnis entdeckt hat oder er sie sitzengelassen hat, das wissen wir nicht. Es war allen ein Rätsel. Aber ich finde, du solltest wenigstens darauf gefaßt sein.«

»Vielen Dank! Es ist nett von dir, so rücksichtsvoll zu sein.«

»Na ja, es wäre ziemlich peinlich, wenn dies wieder geschehen sollte, findest du nicht?«

»Wir möchten eine stille Hochzeit«, versuchte ich abzulenken.

»Natürlich. Das finde ich auch sehr klug von euch... unter diesen Umständen.« Sie erhob sich und schaute mich herablassend an. »Ich dachte nur, ich sollte dich warnen.«

»Das war sehr nett von dir«, flüsterte ich.

Und weg war sie. Ob es wohl stimmte, fragte ich mich. Nein, das war nicht möglich. Er will mich heiraten. Warum sollte er mich auch sonst um meine Hand gebeten haben? Carlotta war nur pikiert, weil er die Ehe mit mir einem Flirt mit ihr vorzog. Sie konnte es einfach nicht ertragen, ignoriert zu werden, und jemand, der ihr so etwas antat, mußte angeschwärzt werden.

Aber ich war beunruhigt. Je näher die Hochzeit rückte, desto weniger benahm sich Richard wie ein Bräutigam.

Mab war eifersüchtig auf Anna. Sie bekrittelte ihre Näharbeiten, fand sie nicht gut genug und brummte, daß sie es selbst viel besser gekonnt hätte. Sie war enttäuscht, weil ich sie nicht zu meiner Vertrauten gemacht hatte. Ich kam darauf, daß Mab eigentlich ein ziemlich dummes Mädchen war. Unentwegt versuchte sie, das Gespräch auf Babys zu bringen.

»Mistress Angelet, ich kann es kaum erwarten, bis das erste Baby kommt«, pflegte sie mir zuzuflüstern. »Ich hoffe, Ihr müßt nicht so lange darauf warten wie Eure Mutter.«

Dann erzählte sie von ihrer Schwester Emily, die ein uneheliches Kind bekommen hatte.

»Emily war halt so. Sie konnte die Männer nicht in Ruhe lassen und umgekehrt. Das wurde ihr zum Verhängnis. Meine Mutter sagt immer, wenn sie nicht aufpaßt, wird sie bald ein zweites füttern müssen. Einmal habe ich sie gewarnt. ›Emily, sei doch nicht albern‹, habe ich gesagt, ›du wirst wieder hereinfallen. Es wird dich wieder erwischen.‹ Und da hat sie gemeint, sie könnte es nicht ändern, sie könnte einfach nicht nein sagen.«

Mab sah mich immer etwas abschätzend an, das machte mich wütend. Hauptsächlich natürlich, weil ich so unwissend war, was die Ehe betraf, vor der ich mich, um die Wahrheit zu gestehen, sogar fürchtete.

Richard kehrte zurück und kam sofort nach Pondersby Hall, um mich zu besuchen.

Ich empfing ihn im Salon. Er nahm meine Hände und küßte sie. Ich war wieder glücklich und meine Zweifel verschwunden. Mir wurde bewußt, wie sehr Carlotta mich mit ihren Andeutungen, er könnte die Hochzeit im letzten Moment noch abblasen, beunruhigt hatte.

»Willst du mich immer noch heiraten, Richard?«

Er sah mich erstaunt an. »Warum um Himmels willen fragst du das?«

Ich schmiegte meine Wange an seine Brust. »Ich weiß nicht, ich habe Angst, es ist zu schön, um wahr zu sein.«

Er hob mein Gesicht zu sich empor und sah mir fest in die Augen.

»Du bist ein liebes Kind, kein Wunder, daß ich dich liebe.«

»Wir werden glücklich sein, nicht wahr?«

»Wir müssen alles daransetzen«, sagte er.

»Das werde ich.«

»Zweifelst du an mir?«

»Nein, nein! Nicht, wenn du hier bist.«

»Das darfst du nie, besonders wenn ich nicht bei dir bin. Du verstehst doch, daß ich manchmal lange von zu Hause weg sein muß.«

»Ja, das verstehe ich. Damit muß meine Mutter auch fertig werden.«

»Dann bist du darauf vorbereitet, oder?«

»Ja. Vielleicht werden wir auch Kinder haben, dann bin ich nicht so allein.«

Es herrschte einen Augenblick Stille. Ich sah zu ihm auf und bemerkte einen seltsamen Ausdruck in seinem Gesicht, den ich mir nicht erklären konnte. Er nahm meine Hand und hielt sie ganz fest.

»Das wünsche ich mir auch. Ja, das wünsche ich mir von ganzem Herzen.«

»Ich hoffe... ich werde dich nicht enttäuschen.«

Plötzlich schob er mich von sich, ging zur Tür und riß sie auf.

Mab fiel ins Zimmer. Sie hatte offenbar gelauscht.

Ich war sehr ärgerlich über sie.

»Was treibst du da, Mab?« herrschte ich sie an.

Unbeholfen kam sie auf die Beine und wußte nicht, was sie sagen sollte. Ihre Augen, die erst vor Schreck geweitet waren, schauten betrübt.

»Geh jetzt! Wir sprechen uns später«, fuhr ich sie an.

Sie lief hinaus und machte die Türe hinter sich zu. Bestürzt sah ich Richard an; auch er war wütend.

»Dieses Mädchen muß gehen«, sagte er. »Ich will sie nicht in Far Flamstead.«

»Gehen?« stammelte ich.

»Ja, schick sie zurück. Ich gestatte nicht, daß sie bei uns herumschnüffelt und durch Schlüssellöcher schaut.«

»Sie ist ein dummes Ding, ich werde ihr schon Anstand beibringen.«

»Nein, Angelet«, sagte er streng, »das genügt nicht. Ich will sie in Far Flamstead nicht haben. Du entläßt sie!«

»Das wird ihr das Herz brechen. Ich kenne sie. Sie ist seit ihrem elften Lebensjahr bei uns, und meine Mutter hielt sie für geeignet, mit mir zu kommen.«

»Sie ist nicht geeignet für Far Flamstead, und ich dulde sie nicht in meinem Haus.«

»Das war doch nur eine Dummheit. Sie ist ein einfältiges Mädchen – sie interessiert sich halt für uns.«

»Angelet, du entläßt dieses Mädchen! Wenn der nächste Bote mit Briefen kommt, soll er sie mit zurücknehmen.«

Er war unerbittlich. Es war ein Befehl, und obwohl ich empfand, daß er die arme kleine Mab zu streng behandelte, mußte ich mich fügen. Ich hatte Angst, ihm nicht zu Gefallen zu sein.

Also gab ich klein bei und sagte: »Gut, sie soll gehen, aber es wird ihr das Herz brechen, und ich habe mich an sie gewöhnt. Sie fängt langsam an, mich anständig zu frisieren.«

Er streichelte mich freundlich. »Wir werden dir eine bessere Zofe suchen. Sag ihr, daß sie sich darauf vorbereitet, bald abzureisen.«

Ich gab nach und versuchte, die Angelegenheit zu vergessen. Aber sie beunruhigte mich. Ich begriff nicht, warum er unbedingt darauf bestehen mußte.

Plötzlich schoß es mir durch den Kopf: An Türen lauschen... Spionieren... Es schien, als hätte er Angst, Mab könnte etwas entdecken. Gab es in Far Flamstead etwas zu verbergen?

Der armen Mab brach tatsächlich das Herz. Sie weinte bitterlich, als ich ihr sagte, sie müsse zurück nach Trystan Priory. Zuerst sah sie mich fassungslos an.

»Aber Mistress Angelet, ich bin doch immer bei Euch gewesen – Ihr könnt mich doch jetzt nicht einfach wegschicken.«

»Du mußt eben wieder das tun, was du getan hast, bevor wir nach London gingen. Ich bin sicher, Mutter wird dir das gestatten.«

»Aber was habe ich denn getan, Mistress?«

Ich versuchte wütend zu werden wie Richard.

»Du bist am Schlüsselloch erwischt worden. Warum hast du auch so etwas Dummes und Häßliches getan?«

»Es war nicht so böse, ich wollte doch nur wissen, ob zwischen Ihnen alles in Ordnung ist. Er ist so... so...«

Ich schüttelte sie. »So was?« fragte ich.

»Er ist so kalt... gar nicht wie ein Bräutigam. Ich habe mir Sorgen um Euch gemacht und wollte sichergehen...«

»Keine Entschuldigungen, Mab. Wir haben dich erwischt, und jetzt wirst du für deine Dummheit büßen.«

Ich hätte ihr so gerne verziehen und ihr gesagt, daß sie es in Zukunft halt bleibenlassen solle. Meine Mutter hätte das auch getan.

Noch einmal versuchte ich, mit Richard darüber zu sprechen, aber sein Mund wurde hart, als ich Mabs Namen erwähnte, so daß ich kein weiteres Wort mehr zu sagen wagte. Als die nächsten Briefe eintrafen, konnte ich es kaum erwarten, sie zu lesen. Die arme Mab mußte mit dem Boten zurück nach Cornwall.

Die kleine Torheit

Am zehnten Mai 1640 wurde ich Richard Tolworthys Frau. Unserem Wunsch entsprechend wurde es eine stille Hochzeit. Sir Gervaise übernahm die Rolle des Brautvaters, und Carlotta war meine Trauzeugin. Die Trauung fand in der kleinen Kirche von Pondersby statt, und nach der Zeremonie gingen wir ins Herrenhaus zum Essen.

Es war kein pompöses Mahl. Richard hatte darauf bestanden, am frühen Nachmittag mit mir nach Far Flamstead aufzubrechen.

Ich fand es etwas seltsam, daß ich mein neues Heim noch nie gesehen hatte, besonders da es gar nicht so weit von Pondersby Hall entfernt lag. Ich hatte vorgeschlagen, es einmal zu besuchen, und Richard hatte auch zugestimmt. Aber immer war etwas dazwischengekommen, das diesen Besuch vereitelte.

Zuerst hatte er gesagt, er ließe einige Renovierungsarbeiten vor meinem Einzug durchführen, und er wollte nicht, daß ich das Haus in halbfertigem Zustand sah. Und dann ist er plötzlich abberufen worden, und wir mußten es wieder verschieben.

»Mach dir nichts daraus«, hatte er gesagt, »wenn dir etwas nicht gefällt, kannst du es hinterher ändern.«

Mein Mann hatte die Gabe, das Ungewöhnliche als normal hinzustellen. Das lag in seinem Charakter. Durch diese Geschichte mit Mab hatte ich die Erfahrung gemacht, daß er gefühlsbetonte Szenen nicht leiden konnte.

Und ich wollte alles tun, die Frau zu sein, die er glaubte geheiratet zu haben. Ein guter Vorsatz für den Anfang einer Ehe.

Am frühen Nachmittag machten wir uns auf den Weg und nahmen zwei Stallburschen mit Packpferden mit. Der Rest meines Gepäcks – meine Garderobe, die ich mir zusammengestellt hatte und die meine Mitgift war – würde innerhalb der nächsten Tage nachkommen.

Richard sprach nicht viel, während wir nebeneinander herritten. Trotzdem spürte ich eine Ruhe in ihm, als wären jetzt alle Probleme zu seiner Zufriedenheit gelöst. Ich verspürte eine große Zärtlichkeit ihm gegenüber und war glücklich, weil ich wußte – was immer mich auch in meinem neuen Heim erwartete –, ich liebte meinen Mann.

Als sich der Nachmittag dem Ende zuneigte und wir die vertraute Gegend hinter uns hatten, änderte sich die Szenerie. Vielleicht bildete ich mir das auch nur ein. Ich bemerkte wilde Heckenrosen, und der purpurrote Felberich, der an einem Fluß wuchs, erinnerte mich an die Zeit, als ich mit Bersaba ganze Arme voll davon pflückte.

Wir führten unsere Pferde am Zügel, denn die Landstraße war steinig und schlecht. Mein Mann sagte: »Du bist so still, Angelet. Das sieht dir gar nicht ähnlich.«

»Heute ist ein ernster Tag«, erinnerte ich ihn.

»Und ein glücklicher, hoffe ich!«

»Ich bin nie glücklicher gewesen.«

»So richtig glücklich?«

»Ach, ich würde gerne meine Mutter und meine Schwester wiedersehen. Ich möchte, daß du sie kennenlernst.«

»Das werde ich sicherlich.«

Wir kamen nach Hampton, einem Dorf, in dem wir in einem Gasthaus Rast machten, um uns zu erfrischen. Wir wurden sofort in ein Privatzimmer geführt, wo man uns Bier und Rebhuhnpastete servierte, die köstlich aussah. Aber ich war nicht hungrig, und ich glaubte, Richard auch nicht.

»Es ist nicht mehr weit«, sagte er, und ich begriff nicht ganz, warum wir dann noch Rast gemacht hatten. Plötzlich hatte ich das Gefühl, als habe Richard es gar nicht so eilig, nach Hause zu kommen.

Es war schon spät am Abend, als Far Flamstead in Sicht kam.

»Dort ist dein Zuhause, meine Liebe«, sagte Richard.

Ich konnte nur staunen. Das Gebäude war groß – größer als Pondersby Hall –, ein roter Ziegelbau, dessen Grundriß einem E gleichkam; mit einem Mittelbau, einem Ost- und einem Westflügel. Ich sah noch verschiedene Nebengebäude und rundherum grünen Rasen.

»Es ist wunderschön«, sagte ich.

Das freute ihn.

»Ich hoffe, du wirst es lieben. Mein Bruder lebt auf Flamstead Castle in Cumberland, dem Familiensitz. Dies hier ist erst später erbaut worden. Wir haben es Far Flamstead genannt, weil es so viele Meilen vom Hauptschloß entfernt ist.«

»Wie interessant! Dein jüngerer Bruder hat also das Schloß und du Far Flamstead übernommen.«

»Als Soldat brauchte ich ein Haus im Süden.«

Als wir näher kamen, sah ich, daß das Haus von einem Wassergraben umgeben war, über den eine Brücke führte. Der Mittelbau war imponierend. Oberhalb des Eingangstors befand sich ein achteckiges Fenster, von dem aus man beobachten konnte, wenn sich in der Ferne jemand näherte. Ich hätte gerne gewußt, ob wir bereits gesichtet worden waren. Auf beiden Seiten erhoben sich die ausladenden achteckigen Türme des Ost- und Westflügels.

Wir ritten durch das Eingangstor und kamen in einen Hof, der von drei Seiten von einer Ziegelmauer mit zwei Ecktürmchen eingeschlossen war.

Kaum waren wir in den Hof eingeritten, erschien ein Mann. Er verbeugte sich, und Richard stellte ihn mir vor: »Das ist Jesson. Jesson, deine Herrin.«

»Willkommen in Far Flamstead, My Lady«, sagte der Mann. Er hatte eine scharfe, schneidende Stimme und etwas, das mir verriet, daß er ein alter Soldat sein mußte.

»Ist alles bereit?« fragte Richard, stieg ab und half mir aus dem Sattel.

»Ja, Sir«, antwortete Jesson. »Wir haben Euch seit dem Spätnachmittag erwartet.«

Richard nahm meinen Arm, und wir schritten durch eine Tür in die Halle. Das erste, was ich sah, waren die Leute, sie standen in einer Reihe, bereit, uns zu empfangen und die neue Herrin des Hauses auf traditionelle Art und Weise zu begrüßen.

Es waren acht Bedienstete im ganzen – nicht viel für so ein großes Haus, fand ich –, drei Frauen und fünf Männer.

»Wir sind weit geritten und müde«, sagte Richard, »aber erst muß ich euch meine Frau vorstellen.« Er fing bei Jesson an.

»Jesson hast du schon kennengelernt. Das ist Mrs. Cherry!«

Eine plumpe Frau trat vor und machte einen Knicks. Ihr Name paßte zu ihr. Sie war ziemlich rundlich, und ihre Wangen hatten die Farbe von Kirschen.

»Mrs. Cherry ist die Haushälterin, und das ist Cherry, ihr Mann.«

Ein Mann trat vor.

»Cherry hat früher mit mir gedient, bis er am Bein verwundet wurde. Jetzt ist er hier in Far Flamstead.«

Zwei Frauen, so um die Dreißig, hießen Meg und Grace Jesson und waren die Töchter des Mannes, den ich schon im Hof getroffen hatte.

Die anderen wurden mir auch vorgestellt, aber ich habe ihre Namen vergessen. Ich konnte mich des Gefühls nicht erwehren, eine Parade abzunehmen, was mich etwas amüsierte.

»Nun hast du sie alle kennengelernt«, sagte Richard, »laß uns jetzt hinaufgehen in unser Zimmer, dann werden wir essen. Du mußt hungrig sein.«

Ich spürte förmlich die acht Augenpaare, die mich von oben bis unten musterten, was eigentlich selbstverständlich war. Sie müssen sehr neugierig gewesen sein, zu erfahren, wen ihr Herr geheiratet hatte. Ich hatte den Eindruck, sie waren erleichtert, was zweifellos meiner Jugend zuzuschreiben war.

Die Halle war hoch und ungefähr fünfzig Fuß lang, die Decke, ähnlich wie in Pondersby Hall, holzgetäfelt. Der Fußboden war aus Marmor, die Wände, an denen eine stattliche Anzahl von Fahnen und Trophäen hingen, waren leuchtend weiß. Auf beiden Seiten standen Ritterrüstungen und in der Mitte ein prachtvoller Refektoriumstisch mit den dazugehörigen Bänken aus geschnitztem Eichenholz. Der Tisch war mit Zinngeschirr gedeckt, und ich bemerkte sofort, wie gepflegt und sauber alles war.

Die Dienstboten waren zurückgeblieben, nur ihre Augen folgten mir, als Richard mich durch die Halle und das Treppenhaus zu unserem Schlafgemach führte.

Ich zitterte vor Angst, als er mich in diesen Raum geleitete. Mein Blick fiel auf ein Himmelbett mit roten Samtvorhängen und einem Baldachin aus Satin im selben Rot.

Richard schloß die Türe, und wir waren allein.

Er nahm mein Cape ab und warf es auf das Bett.

»Was du für heute nacht brauchst, ist mit den Packpferden gekommen«, sagte er. »Morgen kommt das andere Gepäck.«

»Ja, ich habe alles, was ich brauche.«

Er nahm mich bei den Schultern und hob mein Gesicht zu sich empor.

»Du zitterst ja, hast du Angst?«

»Nein... nein, nicht wirklich. Ich hoffe nur, dich nicht zu enttäuschen.«

»Du bist süß!« sagte er.

»Ich muß aufhören, ein Kind zu sein, jetzt, da ich deine Frau bin.«

»Du sollst immer nur du selbst sein, mehr will ich nicht.«

»Das Haus ist ein bißchen...«

»Ein bißchen was...?« fiel er mir ins Wort.

»Wie soll ich sagen... überwältigend. So viele Diener!«

»Das kommt daher, weil ich Soldat bin. Sie haben alle irgendwann unter mir gedient. Das Vaterland ist nicht sehr gut zu Soldaten, die es nicht mehr gebrauchen kann.«

»Und du hast sie hierhergebracht?«

»Es sind alles Männer, denen ich vertrauen kann.«

»Dann werden wir nur vier Frauen in diesem Haushalt sein?«

»Möchtest du mehr? Du kannst dir entweder Meg oder Grace Jesson als Zofe nehmen. Laß dir ein oder zwei Tage Zeit, um dich zu entscheiden.«

»Was haben sie jetzt für Pflichten?«

»Das weiß ich nicht so genau. Mr. und Mrs. Cherry kümmern sich darum. Aber du brauchst ihnen nur zu sagen, was du willst.«

»Alles sieht so gepflegt aus.«

Er lächelte. »Das kommt vom Training in der Armee; darauf kann man sich verlassen. Jetzt möchtest du dir sicherlich die Hände waschen, dann werden wir essen. Du hattest einen außergewöhnlichen Tag.«

»Den einzigen Hochzeitstag meines Lebens«, sagte ich und

wünschte sofort, ich hätte es nicht getan. Es könnte ihn daran erinnern, daß er zwei gehabt hat – und beinahe sogar einen dritten, falls Carlotta recht hatte.

Er ließ mich einen Augenblick allein, und ich sah mich im Schlafzimmer um. Es war ein großer Raum mit einer geschnitzten Kommode und einem prächtigen Schrank, etlichen Stühlen, einem Tisch, auf dem ein Spiegel und zwei schwere Zinnkerzenhalter standen.

Ich übersah das große Himmelbett, weil ich Angst vor dem hatte, was darin von mir erwartet wurde. Ich fühlte mich dumm und unwissend und dachte, alles was ich tun kann, ist, mich zu fügen. Plötzlich meinte ich, Bersabas spöttisches Gelächter zu hören. Wie seltsam! Ein Zimmer wie dieses konnte einen schon zum Phantasieren verleiten. Ich mußte an all die Frauen und Männer denken, die hier bereits geschlafen hatten. Auch er hatte dies Bett mit seiner ersten Frau geteilt.

Ich trat ans Erkerfenster, das ursprünglich eine Schießscharte gewesen sein mußte. Darunter befand sich eine Fensterbank mit bestickten Samtkissen. Die schweren verzierten Samtportieren paßten zu den Bettvorhängen. Ich kniete mich auf die Fensterbank und schaute hinaus. Vor mir lag ein grüner Rasen und ungefähr 100 Yards weiter die mit Schießscharten und Türmen versehene Mauer eines Miniaturschlosses.

Es klopfte an die Türe. Eine der Jessontöchter brachte heißes Wasser.

»Der Herr hat gesagt, ich soll Euch Wasser bringen, My Lady.«

»Vielen Dank! Bist du Grace?«

»Nein, ich bin Meg, My Lady.«

»Danke, Meg.«

Ich wusch mir die Hände, da kam Grace mit dem leichten Gepäck herein, das ich mitgebracht hatte, und ich konnte endlich mein Reitkostüm gegen ein Kleid austauschen. Kaum war ich damit fertig, erschien Richard, um mich zum Essen zu führen, das, wie er sagte, bereits auf uns wartete.

Zusammen betraten wir das Eßzimmer.

»Ich werde mich hier sicher verirren.«

»Am Anfang vielleicht, aber es gibt genügend Leute, die dir den Weg weisen können.«

Auch das Speisezimmer war hoch und von einer schönen geschnitzten Decke gekrönt. Die Kerzen brannten bereits, obwohl es noch nicht ganz dunkel war. Zu beiden Seiten an den

Wänden hingen Gobelins, die in kräftigen Farben gewirkt waren. Auf dem einen war der Krieg der Rosen, auf dem anderen die Schlacht von Bosworth Field dargestellt. »Das wäre eine Handarbeit für dich, wenn ich weg bin«, fügte er hinzu.

»Du läßt mich doch nicht so schnell allein?« fragte ich ängstlich und versuchte mich in diesem großen Haus, umgeben von Fremden, vorzustellen.

»Ich glaube nicht. Aber ein Soldat muß immer bereit sein, wenn er gerufen wird.«

Das sollte wohl eine Warnung sein. Morgen, bei Tageslicht, würde alles anders aussehen, hoffte ich und mußte wieder einmal an Trystan Priory denken, wo alles so warm und vertraut war.

Das Abendessen wurde von Jesson und zwei anderen Dienern serviert, was mir seltsam vorkam, weil wir zu Hause immer nur Mädchen zum Servieren hatten, ebenso in Pondersby Hall. Aber alles geschah mit großer Genauigkeit und viel Geschick.

Es gab kalte Ente, Roastbeef, Hammel und Wild, zusammen mit Pasteten, die zu kosten ich nicht hungrig genug war. Richard überredete mich, ein wenig von dem Malvasier-Wein zu trinken, der in feinen venezianischen Gläsern serviert wurde. Nachdem ich getrunken hatte, legten sich meine Befürchtungen etwas, und während es immer dunkler wurde und ich meinem Mann über den Tisch zulächelte – sein Gesicht war ganz weich im Kerzenschein –, gewann ich die Überzeugung, hier glücklich zu werden. Alles ist fremd, sagte ich mir, ich bin so jung und unerfahren, und Trystan Priory, meine Mutter und meine Schwester sind so weit weg, aber wir werden glücklich sein.

Nach dem Essen gingen wir zurück ins Schlafzimmer. Mein Nachthemd lag auf dem Bett. Ich zog mich aus und schaute aus dem Fenster.

Ein halber Mond stand am Himmel, und die Nacht war klar. Wieder sah ich auf die Türme des Miniaturschlosses. Es wirkte geisterhaft im Mondlicht. Hätte ich es nicht schon bei Tageslicht gesehen, hätte ich es für unwirklich gehalten.

Plötzlich spürte ich Hände auf meinen Schultern.

Erschrocken fuhr ich herum; Richard stand hinter mir.

»Habe ich dich erschreckt?« fragte er.

»Ein bißchen. Was ist das da draußen... ein Schloß?«

»Das ist Flamstead Folly.«

»Was bedeutet das?«

Er nahm meine Hand und stellte sich neben mich. »Das bedeutet, daß ein Vorfahre von mir – mein Urgroßvater – es gebaut hat.«

»Ein kleines Schloß?«

»Er dachte, es wäre amüsant. Ursprünglich sollte es größer werden, aber dann wurden die Baukosten zu hoch, und er begnügte sich mit einem kleinen. Er hatte geschworen, eines Tages sein eigenes Schloß zu haben. Alle nannten es Folly, die kleine Torheit. Das Ganze war auch ziemlich töricht.«

»Darf ich's mir anschauen?«

»Nein, bitte nicht. Wie du siehst, ist eine ziemlich hohe Mauer darum gebaut worden, weil es baufällig ist. Es ist nie sehr stabil gebaut gewesen. Eines Tages werde ich es abreißen lassen. Bitte geh nicht in die Nähe; auf gar keinen Fall! Versprich mir, daß du es nicht tun wirst!«

»Natürlich verspreche ich es. Das klingt so... ernst.«

»Ich möchte nicht, daß eine Tonne Ziegel auf dieses schutzlose Haupt stürzt.«

»Tut mir leid. Es sieht so aufregend aus.«

»Du darfst da nicht hin, ich bestehe darauf. Versprich es mir!«

»Das habe ich doch schon getan.«

»Denk daran, bitte!«

Sein Gesicht sah so streng aus. Wie damals, als er darauf bestand, daß ich Mab hinauswarf.

»Komm«, sagte er, »es ist kalt«, und zog mich zum Bett.

Als ich aufwachte, schien die Sonne, und ich erinnerte mich plötzlich, wo ich war. Ich streckte meine Hand aus und spürte, daß ich alleine war.

Die Vorhänge um das Bett waren halb aufgezogen. Ich war so dankbar, ich hatte die Nacht überstanden. Daran denken wollte ich allerdings nicht, und es gab niemanden, mit dem ich darüber reden konnte. Vielleicht hätte ich es mit Bersaba gekonnt. Ob ich wohl schon in anderen Umständen war? Es wäre schön, ein Kind zu haben. Das würde mir Spaß machen. Die Tatsache, daß ich meinen Gefühlen auf diese Art und Weise Ausdruck verlieh, war schon ein Eingeständnis, daß es eine andere gab, die mir keinen Spaß machte. Ich zog an der Glockenschnur, dem Signal für Grace, mir heißes Wasser zu bringen, wusch mich, zog mein Reitkostüm an und ging hinunter.

Richard saß im Eßzimmer und frühstückte bereits. Es fiel mir schwer, ihn anzusehen, ich schämte mich so. Aber er erhob sich, legte seine Arme um mich und küßte mich.

»Guten Morgen, Liebste«, sagte er warm, und ich fühlte mich gleich wieder ein bißchen glücklicher.

Vielleicht war ich gar nicht so schlecht gewesen, dachte ich, und meine Stimmung hob sich.

»Wie ich sehe, bist du zum Reiten angezogen«, sagte er.

»Ich habe im Augenblick nur mein Reitkleid und das Kleid, das ich gestern abend getragen habe.«

»Deine Sachen kommen noch heute. Grace oder Meg kümmern sich darum. Nachher werde ich dir das Haus zeigen, damit du dich nicht verläufst. Vielleicht reiten wir auch noch ein bißchen durch die Gegend. Wäre dir das recht?«

Im Laufe des Tages dachte ich, ich hätte mir doch unnütze Sorgen gemacht. Die Nacht war noch weit, und Richard zeigte keine Anzeichen, daß sich seine Zuneigung zu mir verringert hätte. Zweifellos liebte er dieses Haus. Ich folgte ihm treppauf und treppab. Er machte mich auf die vierblättrigen Luken aufmerksam, durch die das Licht ins Treppenhaus fiel. Auch auf das Gewölbe, das sich wie eine fortlaufende Spirale nach oben zog. Eine ziemlich ungewöhnliche Konstruktion, sagte er. Liebevoll strich er über das Steingeländer und erzählte mir, daß es mit der Architektur dieses Hauses etwas Besonderes auf sich hätte. Das Stammschloß in Cumberland war ursprünglich ein Fort, das in den folgenden Jahrhunderten immer wieder angebaut worden war. Far Flamstead dagegen war für Menschen gebaut, die behaglich leben wollten.

Auf der Galerie befanden sich die Gemälde seiner Vorfahren. »Einige habe ich aus dem Schloß mitgebracht«, erzählte er mir. »Du siehst, es hat immer eine militärische Tradition in unserer Familie gegeben.«

Er zeigte mir die Kapelle mit den geschnitzten Kirchenstühlen und dem Tonnengewölbe und die Balken mit der Tudorrose. Plötzlich überlief es mich kalt, und während das Echo unserer Schritte auf den lasierten Kacheln widerhallte, überfiel mich eine böse Ahnung. Ich hätte losheulen können vor Sehnsucht nach Trystan Priory und meiner Familie.

Es war so schlimm, daß ich drauf und dran war, mich auf ein Pferd zu schwingen und Richtung Südwest davonzugaloppieren.

»Was ist los mit dir?« fragte Richard.

»Ich weiß nicht. Es ist kalt hier.«

»Ja, und zu dunkel.«

»Ich habe das Gefühl, als sei hier schon einiges geschehen.«

»Ein Priester ist dort oben am Altar ermordet worden. Eine meiner Ahnfrauen war Katholikin, unter Königin Elizabeth, und hatte hier einen Priester versteckt. Ihr Sohn hat ihn entdeckt und ihn ermordet.«

»Wie schrecklich! Glaubst du, er geistert noch durch die Kapelle... dieser Priester?«

»Er war auf der Stelle tot, und das war sein Ende.«

»Glaubst du nicht, daß Menschen als Geister zurückkommen und in einem Haus herumspuken, in dem sie eines gewaltsamen Todes gestorben sind?«

»Meiner Meinung nach ist das alles Unsinn. Überleg dir doch, wieviel Menschen eines gewaltsamen Todes sterben. Die Welt müßte voller Gespenster sein.«

»Vielleicht ist sie das auch.«

»Liebes, bilde dir doch nicht so etwas Dummes ein. Du magst die Kapelle nicht, und wir haben zur Zeit keinen eigenen Priester. Auch glaube ich nicht, daß der König ein Gesetz gegen die Katholiken erlassen kann, nachdem seine Frau eine so überzeugte Katholikin ist.«

»Aber Puritanern gegenüber ist er nicht sehr milde.«

»Ja, das ist etwas anderes.«

»Er ist intolerant.«

»Natürlich ist er das. Kümmern dich denn diese Angelegenheiten?«

»Nicht wirklich. Aber als ich noch in Cornwall war, hat es mehrmals großes Geschrei wegen Hexen gegeben.«

»Das gibt es nicht nur in Cornwall, das hat sich im ganzen Land über die Zeiten gehalten.«

»Wenn es wirklich Zauberkräfte gibt und die Menschen sie anwenden wollen, warum sollten sie es nicht tun?«

»Man sagt, sie beten den Teufel an, wünschen einem nur Böses und führen den Tod jener herbei, die sie beleidigen.«

»Ich glaube, es gibt auch gute Hexen. Sie verstehen sich auf die Heilkraft von Pflanzen und kurieren Kranke. Aber das nützt ihnen meist nichts.«

»Ungerechtigkeit wird es immer geben.«

»Aber Katholiken und Puritaner tun niemandem etwas zuleide.«

»Da hast du recht. Ich habe das Gefühl, all diese Sekten

versuchen, den anderen ihren Glauben aufzuzwingen, und da beginnt der Konflikt.«

»Vielleicht gibt es eines Tages eine Welt, in der alle Menschen glauben dürfen, was sie wollen.«

»Ich sehe, du bist eine Idealistin. Und daß du genug hast von der Kapelle. Komm, ich zeige dir jetzt das Solarium, den wärmsten Raum im Haus. Ich kann mir vorstellen, wie du dort an sonnigen Nachmittagen mit deiner Handarbeit sitzt. Du wirst einen Wandteppich wirken, den wir aufhängen und der Hunderte von Jahren überdauern wird.«

»Das würde mir Spaß machen.«

»Du mußt dir ein Thema auswählen. Was zum Beispiel?«

»Auf keinen Fall Krieg«, sagte ich mit Bestimmtheit. »Es gibt zu viele Kriege. Ich hasse Krieg.«

»Und hast einen Soldaten geheiratet?«

»Ich hoffe, du bist ein Soldat, der für das Recht kämpft.«

»Und ich hoffe, du wirst eine treue, liebevolle Ehefrau sein.«

»Ich werde mir Mühe geben, aber du mußt Geduld mit mir haben, denn ich habe noch viel über... hm... die Ehe zu lernen.«

»Liebste, wir haben beide noch eine Menge zu lernen.«

Im Solarium hob sich meine Stimmung wieder. Der Raum ging nach Süden, und die Sonne strömte durch die großen halbrunden Fenster. Die Vorhänge waren dunkelblau, mit goldenen Quasten versehen, ebenso die Kissen auf den Fensterbänken. Die Decke war besonders schön und reich verziert, mit Bildern von zwei Cherubinen, die auf Wolken dahinschwebten und zwischen sich das Familienwappen trugen. Das Solarium war voller Licht und Sonne, im Gegensatz zu der kalten dunklen Kapelle.

An einer Wand hing ein Teppich – und wieder war es der Krieg, diesmal die Schlacht von Hastings. Richard erzählte mir, daß es der ganze Stolz der Familie war, mit Wilhelm dem Eroberer nach England gekommen zu sein.

Vom Solarium kam man in das Königszimmer, das diesen Namen deshalb hatte, weil der König einmal eine Nacht darin verbracht hatte. Der Kamin aus roten Ziegeln war extra seinetwegen eingebaut worden. Liebevoll machte mich Richard auf die kunstvollen Säulen und Pfosten aufmerksam, die oben an der Decke zusammenliefen. Der König hatte seine Einwilligung gegeben, das königliche Wappen über der Türe anbringen zu lassen.

»Glaubst du, er wird irgendwann wiederkommen?« fragte ich.

»Das könnte schon sein.«

Ich versuchte, mich als Gastgeberin eines Königs vorzustellen, aber es gelang mir nicht.

»Die Manieren des Königs sind über jeden Zweifel erhaben«, erzählte Richard. »Er ist immer charmant. Du brauchst also keine Angst zu haben, falls er wirklich einmal käme. Aber im Augenblick ist er zu sehr mit seinen Problemen beschäftigt, um Sinn für Besuche zu haben.« Er drehte sich zu mir, zog mich an sich und küßte mich zärtlich auf die Stirne. »Du machst dir unnötige Gedanken, Angelet. Du hast Angst, deine Fähigkeiten wären nicht angemessen. Ich versichere dir ... bald schon wirst du dich selbst fragen, warum du überhaupt je Angst gehabt hast.«

Ich wußte, daß er mir damit sagen wollte, daß alles zwischen uns gut werden würde, und ich war plötzlich wieder so fröhlich wie an dem Tag, als er mich bat, seine Frau zu werden. Die Ehe erschien mir als das romantischste Abenteuer der Welt.

Während der ganzen Führung war ich voller Freude. Er zeigte mir so viele Schlafzimmer, daß ich irgendwann aufhörte zu zählen. Viele waren nach den Farben benannt, in denen sie eingerichtet waren, zum Beispiel das rote oder das graue Zimmer und so weiter. Dann gab es noch das getäfelte Zimmer, das Zimmer mit den Wandteppichen und das Pagenzimmer, in dem das Porzellan aufbewahrt wurde.

An einer Tür ging Richard vorbei, und ich fragte, wo die hinführe.

»Ach, das ist ein Zimmer wie die anderen; nichts Besonderes.«

Er öffnete die Türe, aber widerstrebend. Um so neugieriger war ich zu sehen, was dahinter war.

Er hatte recht gehabt, es gab nichts Besonderes in dem Raum. Ein Tisch stand darin, einige Stühle und ein großer geschnitzter Schrank.

»Wie heißt dieses Zimmer?«

»Ich glaube, Schloßzimmer.«

»Oh, ich weiß auch, warum: Man hat einen wunderbaren Blick auf das Schlößchen. Auf die kleine Torheit!«

Ich ging zum Fenster und schaute hinaus. Er stellte sich neben mich, und ich bemerkte eine gewisse Nervosität an ihm. Ich begriff, daß er nicht die Absicht gehabt hatte, mir dieses Zimmer zu zeigen. Wie in der Kapelle befiel mich eine quälende Unruhe. Von diesem Fenster aus hatte man einen besseren Blick auf das Schloß als sonst irgendwo. Die Schloßmauern waren sehr hoch und wirkten beinahe weiß im gleißenden Sonnenlicht. Dieses

Zimmer hieß wahrscheinlich Schloßzimmer wegen dieses Ausblicks.

»Ein Jammer, daß diese hohe Mauer gebaut worden ist«, sagte ich. »Sie sieht weniger alt aus als das Schloß.«

»Wie gut du beobachtest. Woran erkennst du das?«

»Sie sieht einfach nicht so alt aus. Wann ist sie gebaut worden?«

Er zögerte. »Vor ungefähr zehn Jahren.«

»Dann hast du sie bauen lassen?«

»Ja.«

»Wozu?«

»Vielleicht wollte ich das Schloß nicht mehr sehen.«

»Wäre es nicht einfacher gewesen, es abzureißen, nachdem es sowieso baufällig ist und du es offensichtlich nicht leiden kannst?«

»Habe ich gesagt, daß ich es nicht leiden kann?«

»Du hast es angedeutet... zum Beispiel nennst du es die kleine Torheit.«

»Nicht ich habe es so getauft. Es hieß schon so, bevor ich auf die Welt kam.«

»Ich nehme an, du wolltest nicht abreißen, was deine Vorfahren mit so viel Mühe gebaut hatten. Deshalb hast du eine Mauer darum bauen lassen, um es nicht mehr sehen zu müssen und um Leute davon abzuhalten, es zu betreten, da es gefährlich ist.«

»Ja, so ist es.« Daraufhin führte er mich weg vom Fenster, seine Art, zu verstehen zu geben, daß ein Thema für ihn abgeschlossen war. Ich sollte noch lernen, die kleinste Andeutung zu verstehen. Mein Mann verlangte bedingungslosen Gehorsam. Für einen Soldaten, der gewöhnt war, zu kommandieren, war das natürlich.

Ich musterte das Zimmer und sagte: »Es sieht bewohnt aus.«

»Bewohnt... was willst du damit sagen? Es wird nie benützt.«

»Dann habe ich mich getäuscht. Was befindet sich in dem Schrank?«

»Keine Ahnung.«

»Sollen wir nachschauen?«

»Laß, es gibt interessantere Dinge zu sehen. Ich möchte dir das Dach zeigen.«

»Das Dach? Das klingt aufregend.«

Fest schloß er die Türe zum Schloßzimmer und führte mich eine Wendeltreppe hinauf auf das Dach. Die Luft war warm und frisch, und ich atmete sie mit Genuß ein. Ich sah über die Gärten bis zu den bewaldeten Hügeln und weiter, bis zu einem Haus in der Ferne. Ich bewunderte die Ornamente an den Ecktürmchen und spähte nach dem Folly aus, aber von dieser Seite konnte man es nicht sehen.

Auf dem Weg hinunter kamen wir durch die lange Galerie, und ich blieb stehen und schaute mir die Gemälde an. Da hing ein sehr gutes Porträt von Richard und daneben das einer jungen Frau. Ohne zu fragen, wußte ich, daß dies seine erste Frau darstellte, und meine Neugierde erwachte. Sie war hübsch und sehr jung, noch jünger sogar als ich. Ihr schönes Haar war hochgesteckt, was ihr Gesicht sehr zart machte. Sie hatte große sprechende Augen und einen Ausdruck, der mich faszinierte. Es war, als flehe sie um Hilfe, als hätte sie vor etwas Angst.

»Ja, das ist Magdalena«, sagte er.

»Magdalena?«

»Meine erste Frau.«

»War sie sehr jung, als sie starb?«

»Neunzehn.«

Wieder hatte ich dasselbe ungute Gefühl. Wahrscheinlich, weil ich mir dieses Mädchen mit ihm zusammen vorstellte. Das sollte ich nicht tun.

»War sie krank?«

»Sie ist im Kindbett gestorben.«

»Ihr hattet ein Kind?«

»Es war eine zweifache Tragödie.«

Wieder dieser unausgesprochene Befehl: Wir wollen nicht darüber sprechen.

Aber ich konnte ihn verstehen. Danach führte er mich durch die Nebengebäude, und ich entdeckte, wie ausgezeichnet der Stall gehalten wurde. Auch das Waschhaus und der Weinkeller, alles zeugte von einem vorzüglich geführten Haushalt, dessen Herrin ich geworden war.

»Ich werde mich gleich hinsetzen und meiner Mutter und meiner Schwester alles über mein neues Heim berichten.«

»Das mußt du auch.«

»Und sobald es meiner Schwester wieder bessergeht, müssen sie kommen und uns besuchen.«

»Das sollen sie tun«, antwortete er herzlich, und glücklich malte ich mir die Ankunft aus.

»Wie stolz ich sein werde, ihnen alles zu zeigen!«

Erfreut drückte er meinen Arm.

Am Nachmittag ritten wir aus. Er wollte mir die Landschaft zeigen. Es war kein großer Besitz, kein Familiensitz wie in Cumberland, sondern nur das Haus eines Soldaten. Das Grundstück umfaßte allerdings verschiedene Gärten, Pferdekoppeln und ein paar mit Föhren bewachsene Hügel.

Wie am Abend zuvor nahmen wir das Abendessen zusammen ein, teilten das Bett.

Zwei Wochen lang verging ein Tag wie der andere. Jeden Morgen arbeitete er in der Bibliothek, und ich war mir selbst überlassen. Ich spazierte durch die zehn Morgen großen Gärten, wo es genug für mich zu sehen gab. Wir hatten einen Rosen-, einen Küchen- und einen Kräutergarten. Ich schrieb Briefe an Mutter und Bersaba. Mutter erklärte ich alle Einzelheiten über die Blumen, die hier wuchsen, und wie das kältere und trockenere Klima sich bei gewissen Pflanzen auswirkte. Ihr zu schreiben war einfach. Weniger einfach war es mit Bersaba. Ich stellte sie mir in ihrem Bett vor, in dem sie, um Kräfte zu sammeln, wie meine Mutter sagte, noch immer einen Großteil ihrer Zeit verbringen mußte, und hatte Angst, ihr begeistert von meinem Glück zu berichten. Ich war natürlich glücklich, aber es liegt in der Natur des Glücks, daß es einen schnell verläßt.

Die Nächte hatten ihren Schrecken für mich verloren, waren immer noch etwas beunruhigend. Ich hatte nie etwas von dieser Seite der Ehe gewußt und immer das Gefühl, der Mann, der mit mir schlief, sei nicht derselbe wie der, der mir tagsüber so beherrscht entgegentrat.

Ich liebte ihn innig, daran gab es keinen Zweifel, und die Tatsache, daß er oft weit weg zu sein schien, machte ihn nur noch attraktiver. Manchmal stellte ich mir vor, wie mir meine Mutter alles erklärt haben würde: »Du hast sehr jung geheiratet. Wärst du zu Hause gewesen, hätte ich mit dir sprechen und dich auf das, was dich erwartete, vorbereiten können. Aber alles ist so plötzlich, so unerwartet geschehen, und jetzt tappst du ein bißchen im dunkeln. Hab keine Angst, du liebst ihn, und er liebt dich. Er flößt dir Ehrfurcht ein, weil er einen so hohen Posten bekleidet, aber es ist gut, seinen Mann zu respektieren.«

Ob sie meinem Vater gegenüber auch so empfunden hatte? Wenn Bersaba nur hier wäre, dann könnte ich mit ihr reden! Aber meine intimsten Gedanken konnte ich einfach nicht zu Papier bringen.

Am Nachmittag, wenn Richards Arbeit getan war, ritten wir aus. Er liebte es, mir die Gegend zu zeigen, er liebte die Natur und er liebte die Bäume. Er zeigte mir jeden einzelnen und wußte alles über sie. Und es gab eine Menge verschiedener Bäume rund um Far Flamstead. Mit Richard zu reiten, war wie eine Botaniklektion. Bei einem Bach, an dem Trauerweiden wuchsen, hielt er an und sagte: »Schau, ihre Wurzeln reichen beinahe bis ins Wasser, sie lieben die feuchte Erde. Die männlichen und die weiblichen Blüten wachsen auf verschiedenen Stämmen. Warte, bis du erst die flauschigen silbrigen Knospen im Frühling aufbrechen siehst. Die männlichen haben goldene Samenstempel, die weiblichen grüne. Wenn sie ganz offen sind, sehen sie aus wie kleine weiße Wollknäuel.«

Er zeigte mir Kiefern und Eiben.

»Schau dir die Eibe an. Sie steht schon über hundert Jahre da. Stell dir das einmal vor! Stell dir vor, wieviel Veränderungen sie schon gesehen hat. Sie stand schon da, als Elizabeth den Thron bestieg, und noch früher, als ihr Vater die Klöster verbot und England sich von Rom lossagte.«

»Ich finde, Eiben sind unheimlich«, sagte ich.

»Sie sind giftig für das Vieh.«

»Sie haben etwas Bedrohliches, als hätten sie geheime Kräfte. Die Beeren sind doch nicht giftig, oder? Die Vögel fressen sie.«

»Meine kleine Angelet, du siehst überall nur Gutes. Ich hoffe, daran wird sich nichts ändern.«

Ich lauschte hingebungsvoll auf alles, was er erzählte. Ich wollte ihm zu verstehen geben, daß ich ihn verstand und das Leben so sehen wollte, wie er es sah.

Seiner Meinung nach waren Bäume das Schönste, was die Natur erschaffen hatte. Für ihn gab es keine Jahreszeit, in der ein Baum nicht schön war. Im Frühling war er eine Augenweide, mit seinen Blüten und dem Versprechen dahinter; im Sommer war er prächtig und voll; im Herbst waren die bunten Blätter eine Inspiration für jeden Künstler; im Winter aber war er am schönsten, wenn er seine nackten Zweige gegen den Winterhimmel reckte.

»Ich hätte nie gedacht, daß du so poetisch sein könntest.«

»Normalerweise habe ich Angst vor Spott.«

»Aber doch nicht bei mir.«

»Nein, bei dir nicht.«

Das machte mich glücklich. Dann zeigte er mir Eschen und Zitterpappeln, in denen leise der Wind raschelte.

»Man sagt, das Kreuz Christi sei aus Espenholz geschlagen

worden, und seitdem sei die Espe nie wieder zur Ruhe gekommen.«

»Glaubst du das?« fragte ich.

Er schüttelte den Kopf. »Ihre Blätter zittern, weil die Stengel so lang und dünn sind.«

»Hast du für alles eine logische Erklärung?«

»Ich hoffe.«

Ich lernte eine Menge von ihm. Am Abend erzählte er mir von den Schlachten, und ich wollte alles erfahren. Er hatte sogar Zinnsoldaten, Infanterie und Kavallerie, mit denen normalerweise Kinder spielten. Ich war ziemlich erstaunt, als ich sie zum erstenmal sah. Richard mit so etwas spielen zu sehen, war das letzte, was ich erwartet hätte. Aber man konnte es kaum Spielen nennen. Er zeigte mir, wie gewisse Schlachten gewonnen beziehungsweise verloren worden waren, indem er mir auf einem großen weißen Blatt Papier das Schlachtfeld aufzeichnete und seine Soldaten darauf plazierte.

Eine seltsame Erregung bemächtigte sich seiner, wenn er mit seinen Soldaten beschäftigt war. »Schau, Angelet, das Fußvolk kam von hier. Was sie nicht wußten, war, daß die feindliche Kavallerie hinter diesem Hügel auf der Lauer lag. Siehst du, sie waren strategisch so plaziert, daß man nicht mit ihnen rechnete. Das war ein Fehler des Kommandeurs. Er hätte Spähtrupps ausschicken sollen, um die Position des Gegners auszumachen.«

Ich bemühte ich, ihm zu folgen; ich wollte ihm gefallen. Es bewegte mich, ihm und seinen Miniatursoldaten zuzuschauen; es machte ihn so jung.

Ich wünschte, die Schlachten würden mich interessieren, aber ich konnte nur so tun als ob. Ich habe Gespräche über Kriegführung immer gehaßt. Meine Mutter pflegte zu sagen, Kriege werden nur durch die Torheit ehrgeiziger Männer angezettelt, und egal, wer den Sieg davonträgt, es hat selten gelohnt, einen zu führen. Natürlich war manchmal vom Untergang der Armada gesprochen worden, aber das geschah bei einer Seeschlacht, und wir fochten damals um unser Leben und unsere Freiheit.

So saß ich also geduldig da, wenn er abends seine Schlachten rekonstruierte oder mich zu einem Schachspiel animierte, ein Spiel, in dem ich noch nie sehr gut war. Manchmal hatte ich es mit Bersaba gespielt, sie aber nur sehr selten zu schlagen vermocht. Die Tage, an denen es mir gelang, konnte man an den Fingern einer Hand abzählen.

Nach dem Spiel lehnte sich Richard zurück, musterte das Schachbrett und erklärte mir, was ich falsch gemacht hatte. Oft stellte er auch die Figuren wieder auf und wollte, daß wir an diesem Punkt neu anfingen.

Er war dazu geboren, zu befehlen und zu lehren, es schien ihm auch besonderen Spaß zu machen, mir etwas beizubringen. Manchmal hatte ich das Gefühl, als betrachtete er mich als seine Schülerin, eine geliebte und geschätzte Schülerin, aber eben eine Schülerin, die noch eine Menge zu lernen hatte.

Das machte mir nichts aus, ich war glücklich und versuchte verzweifelt, ihm zu gefallen. Ich vergaß nie, daß ich ein Kind für ihn war. Ich mußte alles tun, um erwachsen zu werden und mich an den Dingen zu erfreuen, die ihn interessierten, ich mußte meine Schachzüge besser überdenken und verstehen lernen, warum die Infanterie vorwärts statt rückwärts hätte ziehen müssen – oder umgekehrt.

So spielte sich das Leben in den ersten zwei Wochen ab, eine Art Pflichtübung – ein zärtlicher Lehrer und seine Schülerin.

Dann kam eines Tages ein Bote. Er trug die Uniform der königlichen Garde und brachte einen Brief für Richard.

Der Captain und Richard schlossen sich lange Zeit in der Bibliothek ein, dann ließ er mich durch einen Diener rufen.

Ich ging hinunter, und Richard schaute mir ernst entgegen.

Er stellte mir den Captain vor und sagte: »Angelet, ich muß morgen weg. Ich muß für kurze Zeit in den Norden. An der Grenze sind Unruhen ausgebrochen.«

Ich durfte meine Enttäuschung nicht zeigen. Er hatte mich darauf vorbereitet, daß die Frau eines Soldaten auf plötzliche Abrufe wie diesen gefaßt sein mußte, also versuchte ich so zu sein, wie er es von mir erwartete, und sagte: »Was möchtest du, daß ich vorbereiten lasse?« Meine Stimme zitterte ein wenig, aber ich wurde mit einem beifälligen Blick belohnt.

Am nächsten Tag verließ er Far Flamstead.

Das Haus schien verändert ohne ihn. Ich hatte das komische Gefühl, es amüsierte sich heimlich über mich, weil ich ihm jetzt ausgeliefert war. Immer hatte ich in einer Traumwelt gelebt, mir fehlte das logische Denken.

Richard war am Nachmittag aufgebrochen, und ich hatte ihm vom Dach aus nachgeblickt, bis ich ihn nicht mehr sehen konnte. Dann stieg ich die Wendeltreppe wieder hinunter und blieb vor der Tür zum Schloßzimmer stehen. Meine Hand lag auf der

Klinke, aber ich zögerte noch. Aus irgendeinem Grund hatte er nicht gewollt, daß ich den Raum betrete. Was würde er von mir denken, wenn er wüßte, daß ich es doch tat, kaum daß er das Haus verlassen hatte? Entschlossen kehrte ich um und ging in unser Schlafzimmer.

Ich stand am Fenster, sah auf die Zinnen des Schlosses und fragte mich, warum er so ein ernstes Gesicht gemacht hatte, als er mir befahl, nicht weiter zu insistieren. Ich ließ mich auf die Fensterbank nieder und schaute auf das Himmelbett. Heute nacht würde ich alleine darin schlafen. Es hatte keinen Sinn, mir einzureden, daß ich nicht erleichtert gewesen wäre.

Aber ich würde mich schon noch daran gewöhnen, sagte ich mir. Ob ich bald ein Kind erwarten würde? Ich überlegte mir die Briefe, die ich nach Hause schreiben würde.

Es war seltsam, allein zu essen. Ich hatte das Gefühl, das Benehmen der Diener war anders, sie bedienten mich nicht mit derselben Achtsamkeit wie ihn. Ein weiterer Wesenszug von Richard war, daß er Unpünktlichkeit nicht ausstehen konnte. Er kam immer genau zur angegebenen Zeit. Bei ein oder zwei Gelegenheiten, als ich mich ein paar Minuten verspätet hatte, habe ich die Mißbilligung in seinen Augen gesehen, obwohl er nichts gesagt hat.

Nach dem Essen wurde mir der Abend lang, und ich begab mich in die Bibliothek. Die meisten Bücher befaßten sich mit militärischen Angelegenheiten. Ich tröstete mich damit, schließlich und endlich einen Soldaten geheiratet zu haben. Dann ging ich zu Bett.

Wie groß es plötzlich war... wie luxuriös und bequem!

Ich schlief wie ein Stein, aber als ich am Morgen erwachte, fühlte ich mich einsam und verlassen, weil er nicht da war.

Das Leben war voller Widersprüche, versuchte ich mir einzureden, voller Licht und Schatten, Freude und Geduld. Während des Tages vermißte ich ihn schrecklich, aber nachts war ich erleichtert.

Die Vormittage verbrachte ich wie immer im Garten und aß alleine zu Mittag. Nur die Nachmittage streckten sich bis ins Endlose. Sollte ich ausreiten? Wenn ich weit ritt, mußte ich einen Reitknecht mitnehmen, wie wir das auch zu Hause tun mußten, und dazu hatte ich keine Lust.

Ich ging die Wendeltreppe nach oben, um die Aussicht vom

Dach zu genießen, und als ich wieder am Schloßzimmer vorbei kam, überfiel mich die Neugierde mit solcher Macht, daß ich nicht mehr widerstehen konnte. Schon als ich auf der Schwelle stand, fühlte ich mich nicht wohl in meiner Haut; wahrscheinlich, weil ich etwas tat, was mein Mann nicht gutheißen würde.

Dabei war es ein ganz gewöhnliches Zimmer. Tisch, Stühle, ein kleiner Schreibtisch und der große Schrank. Was war daran so ungewöhnlich? Nur die Tatsache, daß man von hier aus einen guten Blick auf das Schlößchen hatte.

Das Schloß... dieses Zimmer... verbotenes Territorium! Warum wohl? Wenn das Schloß baufällig war und einzustürzen drohte, warum riß er es nicht ab? Es war völlig sinnlos, nur weil es ein Ahnherr erbaut hatte. Warum auch sollte sich mein logischer Mann darüber Gedanken machen. Ich hörte förmlich seine Stimme, wenn er sich über seine Zinnsoldaten beugte. »Die Infanterie hier einzusetzen war sinnlos... absolut sinnlos. Wären sie von hier aufmarschiert, hätten sie ganze Arbeit leisten können, und die Geschichte hätte anders ausgesehen.«

Anstelle des Schlosses konnte man doch etwas anderes bauen. Etwas Nützliches. Oder vielleicht Gärten anlegen.

Ich kniete mich auf die Fensterbank und schaute hinaus. Es war einfach absurd. Eigentlich war es nur ein kleines bescheidenes Haus, mit Wasserspeiern und kleinen Fässern, aus denen aber nie heißes Öl oder Pech auf Eindringlinge geschüttet worden war.

Ich wandte mich wieder dem Zimmer zu. Heimelig, dachte ich. Ja, es sah bewohnt aus. Ich hätte gern gewußt, von wem.

Ich versuchte die Schranktüren zu öffnen, aber sie waren abgeschlossen. Nur eine Schublade ließ sich aufziehen. Darin lag ein Schlüssel. Es war der Schlüssel zum Schrank, und ich sperrte ihn auf. Er war voll mit Stramin für Wandteppiche.

Das interessierte mich. Richard hatte gesagt, er wollte, daß ich anfing, einen Wandteppich zu machen. Das wäre genau das Richtige, die Stunden zu füllen, während er weg war. Und hier lag jede Menge Stickleinwand. Ich zog eine andere Schublade auf und entdeckte wunderschöne bunte Stickseiden.

Ich nahm die Stoffe heraus und breitete die verschiedenen Stücke auf dem Tisch aus. Da fiel ein bereits besticker Wandteppich zu Boden. Es war das Stück eines Musters, wie Kinder sie manchmal machen mußten als Lektion in Fleiß und Geduld. Eine hübsche Arbeit! Ich selbst hatte auch einmal so etwas sticken müssen, ebenso Bersaba. Ihres sah aus wie ein Flickwerk, und sie hatte Mutter gefragt, was für einen Sinn es hätte, dazusitzen und säuberliche kleine Stiche zu machen – obwohl ihre Stiche nie säuberlich zu nennen waren. Auf den Mustern waren meistens Buchstaben oder Zahlen, manchmal auch ein kleiner Vers vorgezeichnet, wie zum Beispiel: ›Selig sind die Einfältigen, denn ihnen gehört das Himmelreich‹, oder etwas Ähnliches, dann fügte man noch Datum und Namen hinzu. Meine Mutter sah Bersabas Einwand ein, und sie mußte nicht weitermachen. Ich stickte mein Bild zu Ende, und Mutter zeigte es Vater voller Stolz.

Dies hier sah ähnlich aus.

Buchstaben aus dem Alphabet, ein paar Zahlen und: ›Meine Lippen sprechen nichts Schlechtes, meine Zunge verleumdet nicht.‹ ›Der Preis der Wahrheit ist teurer als Rubine.‹ Und darunter: ›M. Heriot, im Jahre des Herrn 1629‹.

Magdalena, dachte ich, sie muß hier gewohnt haben. Dies war ihr Zimmer. Das war der Grund, warum Richard nicht hineingehen wollte.

Seit Richard weg war, hatte sich das Verhalten der Dienerschaft mir gegenüber sehr geändert. Mrs. Cherry unterhielt sich gerne mit mir, und wenn ich in die Küche kam, blieb ich immer eine Weile dort.

Richard wollte, daß ich die Pflichten einer Hausfrau erlernte, aber darin brauchte ich nicht sehr viele Instruktionen. Meine Mutter hatte sich immer ausgezeichnet um den Haushalt gekümmert und uns auch so erzogen. Das war eines der Dinge, in denen ich besser war als Bersaba. Ich habe meine Mutter oft in die Küche begleitet, wenn sie den Speisezettel für den Tag machte.

Mit Mrs. Cherry, die das merkte und respektierte, hatte ich also keine Schwierigkeiten.

Jeden Morgen ging ich hinunter in die Küche und sagte ihr, was ich zum Mittag- und Abendessen haben wollte. Leise summend setzte sie sich zu mir. Sie schien ein sehr zufriedener Mensch zu sein.

Sie nannte mich ›Herrin‹, wie die anderen Dienstboten auch, und vom General sprach sie nur im Flüsterton, was auf großen Respekt schließen ließ.

Ich fragte sie, ob sie früher viel gekocht hätte, und sie sagte, ja, es hätte Zeiten gegeben, da wäre das Haus voller Gäste gewesen. »Herren vom Militär«, sagte sie. »Sie kamen her und blieben ein paar Tage. Der General hat sie aus Whitehall mitgebracht. Sie hatten immer großen Appetit und waren meist starke Trinker. Deshalb hält sich der General auch einen wohlsortierten Weinkeller.«

»Ihr müßt mir erklären, was bei solchen Gelegenheiten geschieht, Mrs. Cherry, damit ich weiß, was ich zu tun habe, und daß es ein Erfolg wird.«

»Da könnt Ihr Euch auf mich verlassen und auf Cherry und Mr. Jesson auch. Wir werden schon aufpassen, daß sich die anderen anständig benehmen, wenn Ihr wißt, was ich meine. Es gibt nichts, was wir für den General nicht tun würden.«

»Es muß schwierig für ihn gewesen sein, all diese Jahre ohne Hausherrin.«

»Ich nehme an, Ihr werdet eine Hilfe sein, Herrin, aber diese Herren vom Militär lieben es, zu essen und zu trinken und ihre Schlachten bei Tisch zu schlagen. Dann sind sie zufrieden. Ich weiß noch, eines Abends kamen wir ins Eßzimmer, um den Tisch abzudecken, und da saßen sie ... meine beste Pastete war irgendein Fort und mein Eberskopf die feindliche Kavallerie. Stellt Euch das einmal vor! Über dem ganzen Tisch verstreut, so etwas habt Ihr noch nie gesehen! Und einer drehte Brotkügelchen und schoß sie durch die Gegend. Das waren die Kugeln und Granaten.«

Ich mußte lachen. Das konnte ich mir gut vorstellen.

»Ihr Beruf ist, zu kämpfen, Mrs. Cherry, und unser Land vor dem Feind zu bewahren.«

»Daran hege ich keinen Zweifel, Herrin. Aber wie gesagt ... gebt ihnen ein gutes Sirloinsteak und eine Hammelkeule, Rebhuhn, Hase oder Pfau und etwas Gutes zum Hinunterspülen, und sie sind zufrieden.«

»Es wird schon alles gutgehen.«

»Ihr könnt Euch auf mich verlassen, Herrin!«

»Danke.«

»Auf eines müssen wir immer gefaßt sein: Der General kann jeden Augenblick auftauchen. Glaubt mir, er kommt so schnell als möglich wieder. Er ist ja ein jungverheirateter Mann.«

»Mrs. Cherry, wie lange seid Ihr schon hier?« fragte ich.

»Schon bevor der General ... hm ... vor seiner ersten Ehe. Cherry war am Bein verwundet, und da der General große Stücke von ihm hielt und er keinen Dienst mehr machen konnte, hat er gesagt ... ich meine der General ... ›komm mit und werde mein Diener‹ ... das hat er gesagt, ›und Mrs. Cherry kann Haushälterin sein und für mich kochen.‹ Cherry hat sofort eingewilligt und ich auch. Er hat immer schon großen Respekt vor dem General gehabt... damals war er noch gar nicht General... das kam erst später.«

»Dann wart Ihr also schon bei seiner ersten Hochzeit hier?«

»O ja. Ich erinnere mich noch an den Tag, an dem er sie brachte. Erst neulich haben wir in der Küche darüber gesprochen... Eure Ankunft hat uns daran erinnert... die, die schon hier waren seinerzeit. Ich habe gesagt: ›Diesmal hat er keinen Fehler gemacht‹, und Cherry war ganz meiner Meinung.«

»Einen Fehler?«

»Ach, ich rede zuviel, sagt Cherry immer. Aber man muß gesellig sein. Nun ja, weil Ihr schon fragt, Herrin, es ist auch gut zu wissen, was früher passiert ist, nehme ich an. Sie war ein zartes kleines Ding und so jung.«

»Wie jung?«

»Siebzehn, noch nicht einmal achtzehn.«

»Oh!« sagte ich nur.

»Ich weiß, Ihr seid auch eine sehr junge Dame, aber sie wirkte noch jünger. Eine Heriot! Sie haben eine hohe Meinung von sich, die Heriots... eine der besten Familien im Norden. Die Hochzeit war von den Familien abgesprochen worden. Ich glaube, deshalb haben sie geheiratet, und der General brachte sie nach Hause. Sie verstand nichts vom Haushalt. Sie hatte vor ihrem eigenen Schatten Angst.«

»Sie hat gerne gestickt, nicht wahr?«

»Ja, das hat sie, Herrin. Sie saß oben im Schloßzimmer, da hatte sie ihren Wandteppich aufgespannt und stickte und stickte, und manchmal hörten wir sie sogar singen... oh, sie hatte eine sehr hübsche Stimme... wenn auch keine große, und sie spielte das Spinett. Es war hübsch, ihr zuzuhören. Ein Lied sang sie besonders gerne...«

»Was war das für ein Lied, Mrs. Cherry?«

»Letzthin haben wir erst versucht, uns daran zu erinnern, weil Grace gesagt hat, es war irgendwie komisch. Nicht, daß es einen zum Lachen brachte – das meine ich nicht –, es war seltsam, wenn Ihr so wollt. Das Lied besagte, daß sie in ihrem eigenen Grabe liege und hoffe, ihre Sünden würden ihr vergeben. Die letzte Zeile ging so: ›Erinnere dich an mich, aber vergiß, was mich so gemacht hat, wie ich bin‹, was schon seltsam genug war.«

»Ihr meint, weil sie so jung und unerwartet gestorben ist?«

»Unerwartet war es nicht. Sie hat die ganze Zeit gekränkelt. Die

Hebamme, Mrs. Jesson – damals war sie noch da, ein paar Jahre später ist sie gestorben –, hat mir wenige Tage zuvor gesagt, daß sie nicht glaube, die Lady würde überleben.«

»Dann war sie wohl sehr krank?«

»Viele Frauen haben Angst vor dem ersten Kind, das ist ganz natürlich. Viele geben sogar ihr Leben für das Kind. Die Natur ist nun mal so. Aber es ist nicht natürlich, so viel Angst zu haben. Das denke ich.«

»Und sie und ihr Baby sind gestorben?«

»Das war eine traurige Zeit, das kann ich Euch sagen! Der General war gerade verreist. Danach war das Haus tot und still, ein ganzes Jahr lang.«

»Wie traurig.«

»Jetzt ist alles anders. Ihr seid eine kräftige junge Frau, wenn ich mir diese Bemerkung erlauben darf. Ich nehme an, wenn Eure Zeit kommt...«

Sie sah mich prüfend an, und zum ersten Mal bemerkte ich an ihr etwas Lauerndes, das nicht ganz zu ihrer gemütlichen Rundlichkeit paßte. Ich nahm an, sie war einfach daran interessiert, ob ich bereits schwanger war. Frauen wie sie haben gerne Kinder im Haus.

Abrupt stand ich auf. Ich hatte genug geredet und außerdem das Gefühl, Richard wäre nicht damit einverstanden, daß ich soviel mit dem Personal plaudere.

Also sagte ich nur: »Es besteht keine Veranlassung, viel zu kochen, Mrs. Cherry. Ich bin alleine.«

»Natürlich nicht, Herrin. Sagt mir nur, was Ihr haben wollt, und ich verspreche Euch, es wird Euch schmecken.«

Die Tage vergingen. Nach drei Wochen kam ein Bote von Richard mit einem Brief, in dem er mir berichtete, er sei in Mittelengland und zöge bald nach Norden. Er nahm an, weitere sechs Wochen abwesend zu sein. Er käme, so versicherte er, so bald wie möglich zurück.

Das war seine Art, mir zu sagen, daß er mich liebte, und mir genügte es.

In der Zwischenzeit wollte ich alles über die Führung des Hauses lernen, um ihn bei seiner Rückkehr überraschen zu können. Es war ein einsames Leben; Besucher kamen keine. Seine Freunde wußten wohl, daß er weg war. Sobald er wieder da war, würde alles anders sein. Die ersten Wochen nach unserer

Hochzeit hatte man uns natürlich allein lassen wollen. Und jetzt wartete man sicherlich auf seine Rückkehr.

Ich unterhielt mich oft mit Mrs. Cherry, und die beiden Mädchen, Grace und Meg, kannte ich mittlerweile auch sehr gut. Ich nahm Meg zur Zofe. Nicht, daß ich sie aufgefordert hätte, sie arbeitete sich von selbst in diese Rolle. Ich erfuhr, daß Jesson schon genauso lange im Hause war wie die Cherrys und daß er Frau und Kinder mit in den Haushalt gebracht hatte. Ich war froh, daß es sie gab. Ohne die beiden und Mrs. Cherry wäre es ein reiner Männerhaushalt gewesen.

Meg war aufgeschlossener als Grace. Sie war siebenunddreißig und die jüngere, wie sie mir anvertraute. Stolz erzählte sie mir, daß sie in demselben Monat geboren sei, in dem die alte Königin gestorben war.

Auch sie erinnerte sich an die ehemalige Hausherrin. »Sie war sehr freundlich, sehr gütig«, erzählte sie mir. »Stundenlang saß sie im Zimmer und stickte. Eigenartig, genau wie Ihr. Ich habe sie immer frisiert, aber sie wollte kein Lockenpony. Sie hatte wunderschönes Haar und war blaß wie eine Lilie. Ich habe gerne zugehört, wenn sie auf dem Spinett gespielt und dazu gesungen hat, das war wunderhübsch.«

»Hat sie auch für den General gespielt und gesungen?«

»O ja, vor allem wenn Besuch da war. Aber sie machte immer einen traurigen Eindruck. Und dann sollte sie ein Baby bekommen...« Meg sprach nicht mehr weiter.

»Ja und, was geschah dann?«

»Oh, ich hatte nicht viel mit ihr zu tun«, wich sie mir aus.

»Aber du hast sie doch frisiert.«

»Ja... aber es war nicht mehr dasselbe.«

»Hat es den General sehr mitgenommen... das, was geschehen ist?«

»O ja, sehr. Er war sehr lange weg, und ein Jahr nachdem die arme Lady gestorben war, haben sie angefangen, die Mauer dort zu bauen.«

»Meinst du die Mauer um das kleine Schloß?«

»Sie macht den Garten so dunkel.«

»Ich glaube, sie ist gebaut worden, weil sich das Schloß in einem gefährlichen Zustand befindet.«

»Ja, das ist richtig, Herrin. Keiner von uns darf es betreten. Ich fürchte, eines Tages wird einer der Türme einstürzen.«

»Man sollte es abreißen.«

»Ach, so etwas sollte man einfach verrotten lassen, findet Ihr nicht?«

»Nein, meiner Meinung nach sollte man es einfach abreißen.«

»Ja, aber es geht das Gerücht um, daß der alte Ahnherr, der es gebaut hat, böse werden und zu spuken anfangen könnte. Nicht, daß das noch viel ausmachen würde. Ich glaube, es geistert schon längst da drinnen.«

»Wie kommst du denn darauf, Meg?«

»Nur so, Herrin, in solchen Häusern spukt es doch meistens.«

»Hast du schon einmal etwas Derartiges gesehen?«

Sie zögerte ein bißchen zu lange und preßte ihre Lippen zusammen, als wollte sie kein Wort mehr herauslassen.

Ich wußte jetzt, es gab ein Geheimnis um das Schloß, und irgend jemand – wahrscheinlich Richard – hatte Instruktionen gegeben, daß man mir keine Angst machen sollte.

Still verfloß die Zeit, und jeden Tag arbeitete ich ein paar Stunden an meinem Wandteppich. Meine Finger waren ganz begierig, endlich das vorgezeichnete Schloß sticken zu können. Fröhlich stichelte ich drauflos mit der grauen Wolle, die ich gefunden hatte und die ungefähr der Farbe der Schloßmauern entsprach. Ich liebte es auch, im Kräutergarten zu arbeiten, Kräuter zu pflücken und Heiltränke daraus zu brauen, wie meine Mutter es mich gelehrt hatte. In Far Flamstead gab es eine ausgezeichnete Speisekammer. Mrs. Cherry interessierte sich sehr dafür, sie wußte selbst viel über Kräuter. Vor kurzem hatte sie Jesson von Schmerzen kuriert, die ihrer Meinung nach davon kamen, daß er zuviel gegessen hatte. Ebenso kannte Meg ein Mittel gegen Kopfschmerzen, auf das ich schwor. Mrs. Cherry war ganz versessen darauf, die Rezepte meiner Mutter auszuprobieren. »Man lernt nie aus«, sagte sie.

Selten ritt ich aus, es gab immer etwas im Hause zu tun, und wenn ich doch dazu kam, dann ritt ich zur Pferdekoppel, um alleine zu sein.

Briefe trafen ein, von Mutter und Bersaba. Mutters Briefe waren voller Ratschläge für den Haushalt – und daß sie sich danach sehnte, mich wiederzusehen. Bersaba hatte sich kurz gefaßt. Sie ermüdete wohl immer noch rasch. Die intime Beziehung zwischen uns schien verlorengegangen zu sein. Ich nahm an, die Ehe hätte mich verändert. Ich hatte das Gefühl, die Welt meiner Kindheit weit hinter mir gelassen zu haben und ein neues

Leben beginnen zu müssen, aber ich hatte immerzu Sehnsucht nach meiner Familie.

Es wurde mir gar nicht bewußt, wie sehr ich auf mich selbst angewiesen war und daß mir meine Vergangenheit zur fixen Idee wurde. Da ich aber meinem Mann gefallen wollte, mußte ich ihn nicht nur verstehen, sondern auch alles, was ich konnte, über ihn in Erfahrung bringen. Und der wichtigste Abschnitt war sicher seine erste Ehe.

Während ich so an Magdalenas Wandteppich arbeitete und in ihrem Zimmer saß, bekam ich langsam das Gefühl, sie kennenzu-lernen. Sie war eine Heriot und kam aus einer sehr bekannten Familie. »Alle hatten hohe Positionen bei Hof«, erzählte mir Mrs. Cherry. »Es waren sechs Schwestern, für die Ehemänner gefun-den werden mußten. Meine Lady war die jüngste. Sie war immer so schüchtern.«

Arme kleine Magdalena, sie hatte solche Angst gehabt vor dem Kindbett. Ich würde keine Angst haben. Wenn ich nur ein Baby hätte, wäre alles der Mühe wert. Schließlich mußte man für alle guten Dinge im Leben hart arbeiten und bezahlen.

Ich liebte es, in der frischen Luft zu sein. An warmen Tagen nahm ich meine Stickerei und setzte mich in den Garten an den Teich. Ich fand es lustig, mitten in der Szenerie zu sitzen, die ich auf meinen Stramin stickte. Ich ging auch viel spazieren, beobach-tete das Wachstum der Blumen und beschloß, ein paar eigene Ideen durchzuführen. Vielleicht sollte ich erst Richard sagen, was ich vorhatte, bevor ich mich mit dem Gärtner auseinandersetzte. Aber Pläne machen konnte ich jetzt schon.

Meine Schritte führten mich oft in die Richtung des Schlosses, aber die hohe Mauer verhinderte, es aus nächster Nähe zu betrachten. Vom Schloßzimmer aus sah man allerdings, daß es von einem dichten Föhrenwäldchen umgeben war. Ich dachte viel darüber nach, wie es wohl von innen aussehen würde. Sicher gab es einen kleinen Raum für die Wache, Rüstungen, einen kleinen Spion, eine Wendeltreppe – Schloß Paling in Miniaturaus-gabe.

Die Föhren wuchsen auf beiden Seiten bis dicht an die Mauer. Einige davon waren noch ziemlich jung. Vielleicht wurden sie erst nach dem Bau der Mauer gepflanzt. Es handelte sich um eine Föhrenart, die schnell wächst. Innerhalb von wenigen Jahren wird aus einem Setzling ein buschiger Baum. Vielleicht waren gerade deshalb Föhren gewählt worden?

Je mehr ich darüber nachdachte, desto seltsamer kam mir alles vor. Natürlich war Richard mit seiner Karriere vollkommen ausgelastet. Es war ihm lästig, Arbeiter hier um sich zu haben, die das Schloß abrissen. Deshalb hat er sich wohl bis heute noch nicht darum gekümmert. Und weil es jahrelang vernachlässigt worden war, ist das Betreten jetzt lebensgefährlich geworden. Aber wozu eine Mauer darum bauen?

Ich konnte an nichts anderes mehr denken. Das Schlößchen war das erste, was ich sah, wenn ich in das Schloßzimmer kam, oder wenn ich durch die Gärten streifte, schienen mich meine Schritte – ohne daß ich es wollte – immer wieder dahin zu führen.

Eines Tages, als ich unter den Bäumen nahe an der Mauer herumspazierte, überlief mich plötzlich ein Schauer. Ich hatte das Gefühl, jemand wäre im Unterholz. Keine Ahnung, warum mich das derartig erschreckte, es konnte doch einer der Dienstboten sein. Aber was hätte der hier zu suchen? Was hatte ich hier zu suchen? Ich war hier, weil ich neugierig war und mich alles, was mit meinem neuen Zuhause zusammenhing, interessierte. Außerdem konnte ich mich mit der Erklärung meines Mannes, die dieses geheimnisvolle Schloß betraf, nicht zufriedengeben.

Ich horchte angestrengt. Ein Rascheln, als ob jemand einen Ast beiseite geschoben hätte, das Rollen eines Steines – vielleicht ein aufgeschreckter Hase? Aber das beängstigende Gefühl, nicht allein zu sein. Man beobachtete mich. Vielleicht jemand, der mich schon früher hierherkommen gesehen hatte und seine Neugierde verbergen wollte.

Das mußte ich herausfinden.

Schnell ging ich weiter, blieb aber immer wieder stehen, um zu lauschen.

Ja, da war es wieder, das unverkennbare Geräusch sich zurückziehender Schritte!

»Wer ist da?« rief ich.

Keine Antwort. Und dann sah ich ein Gesicht durch die Bäume. Einen Augenblick nur, im nächsten war es verschwunden. Wer immer es war, er mußte sich hinter einem der Bäume versteckt haben, und ich hatte ihn erblickt, als er kurz hervorspähte.

Es war ein Gesicht, das man nicht leicht wieder vergaß. Das dunkle Haar war tief in die niedrige Stirn gewachsen, die buschigen Augenbrauen pechschwarz und das Gesicht selbst ungewöhnlich blaß. Auf der linken Wange befand sich ein rotes Muttermal.

Es war ein Gesicht, vor dem man erschrecken mußte, besonders, wenn der dazugehörige Körper hinter den Bäumen versteckt blieb.

»Wer seid Ihr?« rief ich wieder.

Das Gesicht verschwand. Ein paar Minuten war es mir nicht
möglich, mich von der Stelle zu bewegen. Ich war zu erschrocken.

Ich ging weiter und rief in den Wald, wer immer es sei, er solle
stehenbleiben. Aber ich erhielt keine Antwort. Dann erreichte ich
die Mauer, die das Schloß umgab. Es war das erstemal, daß ich
mich ihr aus dieser Richtung genähert hatte, deshalb entdeckte
ich auch die kleine Pforte erst jetzt. Ich sah verstohlen nach dieser
Tür, denn jeden Moment erwartete ich wieder die unheimliche
Erscheinung. Eine Tür in der Mauer! Ein Torbogen hat sie mir
verraten, denn eigentlich war die Mauer von Gewächsen überwu-
chert, die den Eingang versteckten. Ich schob die Ranken zur
Seite und untersuchte die Pforte aus der Nähe. Sie hatte ein
Schlüsselloch für einen großen Schlüssel. Ich lehnte mich gegen
die Türe und versuchte, sie aufzustoßen. Sie war fest verschlossen.

Es war unheimlich, und als ich so da stand, bekam ich Angst.
Plötzlich fühlte ich mich einsam und vom Haus abgeschnitten.
Ich mußte unentwegt an das Gesicht denken, das mich durch die
Bäume angestarrt hatte, und den seltsamen Ausdruck der Augen.
Der Mann hatte nichts Bedrohliches an sich, weit davon entfernt,
eher schien er Angst vor mir gehabt zu haben. Das war wahr-
scheinlich auch der Grund, warum ich ihm so leichtsinnig nach-
gelaufen war. Aber jetzt wollte ich nichts wie raus aus dem
Unterholz. Ich fing an zu laufen und blieb nicht stehen, bis ich
mich draußen im Freien befand.

Ich war atemlos. Der erste, der mir begegnete, war Mrs.
Cherry. Sie kam aus dem Kräutergarten und trug ein paar Blätter
und Zweige, die sie gerade gepflückt hatte, in ihrer Schürze.

»Ihr seht ja ganz erschrocken aus, Herrin«, sagte sie.

»Ich ... ich habe jemanden im Unterholz gesehen.«

»Wieso im Unterholz, Herrin?«

»Ja, bei der Schloßmauer.«

»Oh!« Ihre runden Augen hatten einen erschrockenen Ausdruck angenommen. »Irgendein Eindringling?«

»Es war ein Mann mit dunklem Haar und buschigen Augenbrauen, und er hatte ein Muttermal auf der Wange.«

Sie zögerte einen Augenblick und starrte angestrengt ins Gras.

Dann hob sie den Kopf und lächelte. »Das war sicher Erdbeer-John. Er ist also da, sieh mal einer an! Dazu hat er kein Recht, der Schelm.«

»Erdbeer-John? Wer ist denn das?«

»Der hat so ein Muttermal auf der Wange. In der Erdbeersaison wird es rot wie eine Erdbeere. Man sagt, seine Mutter hätte eine Leidenschaft für Erdbeeren gehabt, als sie ihn unter dem Herzen trug, und dann ist er damit auf die Welt gekommen... Es sitzt mitten auf der Wange, man kann es nicht übersehen. Er spioniert immer überall herum, was er nicht tun sollte, wenn Ihr versteht, was ich meine. Ja, ich kenne Erdbeer-John.«

»Ich habe gerufen, aber er hat nicht geantwortet. Er ist fortgelaufen.«

»Er weiß, daß er in dem Wäldchen nichts zu suchen hat, darum. Ihr seht wirklich erschrocken aus. Aber vor Erdbeer-John braucht Ihr keine Angst zu haben!«

Die Gärten hatte ich bereits erkundet, jetzt wollte ich querfeldein, obwohl ich wußte, daß ich nicht weiter als bis zur Pferdekoppel reiten sollte. Da mußte ich an Bersaba denken, die so oft alleine ausgeritten war, und machte mich auf den Weg.

Ich schlug einen anderen Weg ein als den, den ich durch Richard kannte, ritt ungefähr drei Meilen einen hübschen Pfad entlang und kam zu einem Bauernhaus. Es sah groß und sah warm und bequem aus, hatte Steinmauern und ein Ziegeldach. Ein paar Hütten standen herum, die alle zu dem Bauernhof zu gehören schienen.

Neugierig ritt ich näher. Die Besitzer mußten unsere nächsten Nachbarn sein. Eine Frau kam aus dem Haus, ging zum Brunnen, um Wasser zu holen, und als sie mich auf meinem Pferd sah, rief sie mir einen Gruß zu.

Ich glaubte sie zu kennen, und genauso schien es ihr zu gehen, denn sie trat auf mich zu und sah mich neugierig an.

Da erkannte ich sie. Es war Ella Longridge, die Schwester des Mannes, den Richard zum Duell gefordert hatte.

»Sind wir uns nicht schon einmal begegnet?«

»Ihr seid Mistress Longridge, nicht wahr?«

»Und Ihr seid die neue Herrin von Far Flamstead. Wir haben uns auf einem Ball getroffen.«

»Ich kann mich noch gut erinnern. Ihr wart mit Eurem Bruder dort, und dann gab es einen bösen Zwischenfall.«

»Der sich, zum Glück, zur allgemeinen Zufriedenheit erledigt hat«, sagte sie. »Reitet Ihr allein?«

»Ja. Mein Mann ist in militärischer Angelegenheit unterwegs, und ich hatte es satt, immer nur zu Hause zu sitzen. Und einen Reitknecht mitzunehmen hatte ich auch keine Lust.«

»Möchtet Ihr einen Augenblick eintreten? Mein Bruder ist nicht zu Hause, aber er würde es nicht gutheißen, wenn ich Euch nicht hereinbäte.«

»Das ist sehr freundlich von Euch, ich komme gerne.«

Ich stieg ab, band mein Pferd an einen Pfosten und folgte ihr ins Haus. Mit entging nicht die Einfachheit ihres grauen Kleides, ihres weißen Kragens und ihrer Schürze. Ihre Schuhe sahen fest und praktisch aus, und ihr Haar war auf schmucklose Weise aus der Stirn gekämmt.

Wir befanden uns in einer großen Küche mit einem offenen Kamin und einem langen Tisch mit Bänken auf beiden Seiten und einem Armstuhl an jedem Ende. Auf einer Anrichte standen Zinngefäße, und über der Feuerstelle hing an Ketten ein großer schwarzer Kessel, in dem etwas Wohlriechendes kochte. Auch aus dem Backofen drang appetitlicher Duft.

Ich gab meinem Erstaunen, daß wir Nachbarn waren, Ausdruck.

»Unsere Familien verkehrten früher sehr freundschaftlich miteinander«, sagte Ella Longridge. »Plötzlich gab es Meinungsverschiedenheiten, und den endgültigen Zusammenstoß habt Ihr auf dem Ball selbst miterlebt. Mein Bruder hatte früher seiner Mißbilligung gewissen Dingen gegenüber nie so offen Ausdruck verliehen, und Euer Mann nahm ihm seine Ansicht übel. Es könnte sehr gut sein, daß er es nicht gern sieht, daß Ihr hierherkommt. Wir sagen einfach, dies war ein Treffen zwischen Frauen, die sich nicht für die Streitigkeiten von Männern interessieren.«

Sie sah mich an: »Ihr seht, wir leben sehr einfach. Mein Bruder verwaltet den Hof, aber das ist nicht seine einzige Beschäftigung. Er war selbst im Parlament, und jetzt verfaßt er Kommentare über unsere Politik. Manchmal fürchte ich, er ist zu freimütig. Er denkt nie über die Wirkung seiner Worte nach.«

Ich konnte nicht umhin, Ella Longridge gern zu haben, und der Gedanke, daß sie eine nahe Nachbarin war, hob meine Stimmung, denn jetzt erst merkte ich, wie einsam ich war.

Sie ging zum Backofen und zog ein Blech mit kleinen, appetitlich aussehenden goldbraunen Pasteten heraus.

»Wir werden sie probieren, solange sie noch warm sind. Wenn Ihr wollt, kann ich Euch selbstgebrautes Bier anbieten.«

Sie goß das Bier aus dem Faß in zwei Zinnkrüge und stellte sie auf den Tisch. Dann nahm sie zwei heiße Pasteten und legte sie auf einen Teller.

»Ich bekomme nicht jeden Tag Besuch«, sagte sie.

»Wir sind Nachbarn.«

»Über eine Abkürzung sind es nur eineinhalb Meilen bis zu Euch. Unsere Felder reichen fast bis Far Flamstead.«

»Lebt Ihr schon lange hier?« fragte ich und nippte an dem köstlichen Bier.

»Unser ganzes Leben. Wir haben ein Haus in London, das Luke benutzt hat, als er noch im Parlament war. Er hofft immer noch, daß sich dieser Zustand ändern wird; er und seine Freunde bemühen sich darum. Aber wir sind vom Land, wir sind Bauern, und manchmal glaube ich, es wäre besser gewesen für Luke, er hätte seine Finger von der Politik gelassen. In Zeiten wie diesen ist sie ein gefährliches Spiel.«

»In Cornwall sind wir so weit weg von alldem.«

»Luke denkt, der Sturm, der sich zusammenbraut, wird das ganze Land erfassen – sogar die entlegensten Dörfer.«

Mich schauderte. »Ich hasse Konflikte. Meine Mutter hat immer behauptet, unsere Familie hätte in der Vergangenheit genug unter den politischen Mißständen gelitten.«

»Das haben alle Familien, nehme ich an. Unser Land befindet sich in einem traurigen Zustand, meint Luke. Zu viele Menschen jagen dem Vergnügen nach, statt einfacher zu leben...«

»...und so bescheiden wie Ihr«, sagte ich. »Diese Pastete schmeckt ausgezeichnet.«

»Ich backe fast alles selbst. Wir haben nur zwei Mägde im Haus. Natürlich arbeiten noch ein paar Leute auf den Feldern, aber das zeige ich Euch später, wenn Ihr wollt. Wir haben ein eigenes Brauhaus, eine Molkerei, den Holzschuppen, Ställe für das Vieh und noch ein extra Backhaus, denn wir haben viele hungrige Mäuler zu stopfen.«

»Ihr müßt sicher schwer arbeiten, Mistress Longridge!«

»Ich bin zufrieden, dazu bin ich schließlich auf die Welt gekommen.«

Dann stellte sie mir Fragen über meine Familie, warum ich nach London gekommen war und über meine Ehe. Es war schön, wieder mit jemandem reden zu können.

Als wir fertig gegessen und getrunken hatten, zeigte sie mir das Gutshaus. Wir stiegen eine hölzerne Treppe hinauf und schritten durch mehrere Stuben, von denen einige ineinander übergingen. Sie alle hatten schwere Eichenbalken und Fenster mit Butzenscheiben, wirkten sauber und frisch geputzt, waren aber spärlich möbliert.

Ich sagte, daß ich gehen müßte, weil man sich sonst sorgen würde, wenn ich nicht rechtzeitig zum Mittagessen zurück sei.

Ella wollte mich nicht zurückhalten, aber wenn ich Lust hätte wiederzukommen, sei ich herzlich willkommen, denn sie hätte nur wenige Freunde auf dem Lande, weil Luke fast alle mit seinen Ansichten vergrault hätte. Die meisten waren anderer Meinung als er.

Ich wollte gerade mein Pferd besteigen, da kam Luke Longridge in den Hof geritten.

Er war erstaunt, mich zu sehen, aber wie seine Schwester erkannte er mich sofort.

»Wir haben ja Besuch«, sagte er, stieg ab und verbeugte sich vor mir.

»Ein Überraschungsbesuch. Mrs. Tolworthy ist zufällig vorbeigeritten und wollte sich den Hof ansehen. Ich habe sie erkannt und hereingebeten.

»Willkommen«, sagte Luke. Er trug eine einfache schwarze Weste, schwarze Beinkleider, und sein dunkles Haar war kurz geschnitten, was ganz unmodern war.

»Ich wollte gerade gehen. Ich möchte nicht, daß man sich Sorgen um mich macht.«

»Seid Ihr allein unterwegs?« erkundigte er sich.

»Ja. Es ist nicht weit, und ich wollte keinen Reitknecht mitnehmen.«

»Und Euer Gatte?«

»Er ist schon seit Wochen von zu Hause weg.«

»Dann müßt Ihr mir gestatten, Euch nach Hause zu begleiten.«

Ich konnte das Angebot nicht gut abschlagen. Darüber hinaus interessierte er mich, und ich fühlte mich verpflichtet, freundlich zu ihm zu sein. Meiner Meinung nach war es Richard gewesen, der ihn provoziert hatte, damals, als ich den Longridges zum ersten Mal begegnet war.

Er bestieg wieder sein Pferd, und wir ritten zusammen los. Ich sagte, ich hätte nicht gewußt, daß wir Nachbarn sind.

»Das sind wir schon ein Leben lang.«

Es hatte keinen Sinn, so zu tun, als erinnerte ich mich nicht an seine und Richards Auseinandersetzung, also sagte ich: »Ich bin froh, daß Ihr Euch nicht mit meinem Mann duelliert habt.«

»Das war eine Herausforderung, geboren aus der Hitze des Augenblicks. Ich würde niemals wegen einer solchen Lappalie Blut vergießen. Ich glaube, General Tolworthy hat das später auch eingesehen; er hat meine Entschuldigung akzeptiert.«

»Menschen ereifern sich eben über Dinge, die ihnen wichtig sind. Mein Mann dient der königlichen Armee, deshalb ist er Seiner Majestät natürlich treu ergeben.«

»Das ist auch richtig so. Aber ein Land kann wichtiger sein als ein König.«

»Ich habe Land und König immer als eine Einheit betrachtet.«

»So sollte es auch sein. Ich hoffe, General Tolworthy wird nichts dagegen haben, wenn Ihr uns auf unserem Hof besucht.«

»Sicher nicht.«

»Wenn er zurückkommt, müßt Ihr ihm erzählen, daß meine Schwester Euch ins Haus gebeten und ich Euch zurückbegleitet habe.«

»Ja, natürlich werde ich das tun.«

»Möglicherweise hat er etwas gegen diese nachbarliche Geselligkeit.«

»Ich bin überzeugt, er wird sich freuen, daß ich Freunde in der Nähe gefunden habe, nachdem er so oft von daheim weg ist.«

»Wir werden ja sehen. Meine Schwester wäre entzückt über Eure Freundschaft.«

»Und ich über die ihre. Ich finde, es war ein interessanter Morgen.«

Far Flamstead war inzwischen aufgetaucht, und Luke sagte, er müsse mich jetzt verlassen.

Er verbeugte sich, und ich wußte, er sah mir nach, bis ich im Stall verschwunden war.

Bald nach dieser Begegnung mit unseren Nachbarn hatte ich den Verdacht, in anderen Umständen zu sein. Ich war mir aber nicht sicher. Es konnte ja sein, daß ich es mir so brennend wünschte, daß ich es mir nur einbildete. Ich saß im Schloßzimmer, träumte von dem Baby und dachte, jetzt in einem Jahr würde es schon auf der Welt sein – wenn ich mich nicht irrte.

Meist war ich in Gedanken versunken, und natürlich wurde das bemerkt. Ich ertappte Mrs. Cherry eines Tages dabei, wie sie mich aufmerksam musterte. Ein anderes Mal beobachtete ich, wie sie mit Grace und Meg flüsterte und als ich eintrat, alle drei sofort auseinanderfuhren. Also nahm ich an, sie sprachen über mich. Mrs. Cherry behielt zwar ihre Fröhlichkeit, aber die beiden anderen sahen ziemlich verlegen aus.

Bald darauf, als Meg mein Haar frisierte, fragte sie mich, ob ich mich nicht wohl fühlte.

»Doch, natürlich«, antwortete ich, »warum fragst du? Sehe ich schlecht aus?«

»O nein, Herrin, Ihr seht gut aus, nur... anders.«

»Wie anders?«

Und wieder wurde sie verlegen.

»Ich, ich frage mich, Herrin, ich hoffe, Ihr seid mir nicht böse... ich kenne das von zu Hause... wir bemerken diese Dinge.«

Ich wurde ungeduldig.

»Ich weiß nicht, wovon du redest.«

Sie ließ den Kopf hängen, fühlte sich offensichtlich nicht wohl in ihrer Haut, aber da ich darauf bestand, mir zu sagen, was sie meinte, rückte sie endlich mit der Sprache heraus. »Es wäre doch schön, ein Kind im Haus zu haben. Darauf freuen wir uns schon alle.«

Ich spürte, wie mir das Blut in die Wangen schoß.

»Wie kommst du auf die Idee?«

»Grace vermutet es, Herrin.«

»Grace?«

»Na ja, sie hat es von meiner Mutter gelernt, sie wollte selbst eine werden. Sie macht es, wenn man sie braucht. Ich meine, sie kann das alles. Sie hat eine natürliche Begabung dafür.«

»Meg, ich habe nicht die leiseste Idee, wovon du redest.«

»Unsere Mutter war Hebamme, Herrin, und sie hat Grace alles beigebracht. Grace wollte auch Hebamme werden, aber dann sind wir hierhergekommen. Sie hat jetzt andere Pflichten, und sie ist wert, was sie verdient, das müßt Ihr doch zugeben!«

»Sicher, aber was ist mit Grace?«

»Sie sagt, daß Frauen sich verändern, wenn sie... na ja, Ihr wißt schon... und sie würde eine Wette abschließen, Herrin.«

»Vielleicht hat Grace recht. Ich hoffe es zumindest.«

Meg lächelte zufrieden.

Und Grace sollte recht behalten.

Bald würde der August ins Land kommen. Die Weizenfelder

auf dem Longridgehof wechselten bereits ihre Farbe und leuchteten goldbraun. Hafer, Gerste und andere Feldfrüchte breiteten sich wie ein bunter Teppich über das Land.

Wie sehr sehnte ich mich doch nach einem Kind! Im stillen sprach ich mit Mutter und Bersaba, aber ich zögerte, es ihnen zu schreiben, aus Angst, mich vielleicht doch geirrt zu haben.

Aber ich konnte nicht widerstehen, mich mit der klugen Grace zu unterhalten.

»Grace«, sagte ich, »ich bin mir fast sicher.«

»O Herrin«, erwiderte sie, »wie ich mich freue!«

»Ich bin schrecklich aufgeregt.«

»Neues Leben in die Welt zu setzen, ist das Aufregendste im Leben, Herrin.«

»Ja, ich glaube, das ist es.«

»Daran besteht kein Zweifel, Herrin.« Sie kam näher und sah mir in die Augen, dann legte sie ihre Hände auf meinen Leib.

»Ich würde sagen, Ihr seid im zweiten Monat, Herrin. Manche Frauen empfangen leicht. Ihr werdet eine leichte Geburt haben, das verspreche ich Euch. Ihr habt die richtige Figur dafür, schmale Taille und breite Hüften, das ist gut fürs Baby.«

»Das klingt beruhigend, Grace.«

»Oh, ich kenne mein Geschäft. In den Hütten von Longridge gibt es kein Kind unter acht, dem ich nicht auf die Welt geholfen hätte. Und den älteren hat meine Mutter geholfen. Ihr könnt Euch auf mich verlassen, ich werde bei Euch bleiben, bis es überstanden ist.«

»Bis dahin ist noch lange Zeit.«

»Habt keine Angst, Ihr seid schwanger. Es besteht kein Zweifel mehr. Meine Mutter, sie war die beste Hebamme im ganzen Land, hat mir alles beigebracht, was sie wußte. Die vornehmsten Damen im Land haben sie gerufen. Sie bestand immer darauf, mindestens ein oder zwei Tage bevor sie wirklich gebraucht wurde, da zu sein. Sie hielt nichts vom Erscheinen in letzter Minute, wenn es sich vermeiden ließ. So viel kann schiefgehen, wenn man nicht rechtzeitig zur Stelle ist. Meine Mutter war meistens schon eine Woche vorher zur Stelle.«

Grace hielt plötzlich inne, aber ich hakte sofort nach: »Dann war sie auch bei der ersten Frau des Generals?«

»Es war nicht ihre Schuld, daß die arme Lady gestorben ist. Sie hat zuvor schon gesagt, daß es keine einfache Geburt werden würde; denn die Herrin war sehr schwach, und meine Mutter wußte, daß keine Hoffnung bestand. Sie tat, was sie konnte, aber ihre Geschicklichkeit hat nichts geholfen. Die beste Hebamme der Welt kann nicht gegen das Schicksal an. Die erste Frau des Generals war ganz anders als Ihr. Ihr seid eine starke und gesunde Dame. Ihr müßt nicht an sie denken.«

»Ich würde gerne mehr über sie wissen, Grace.«

Grace preßte die Lippen zusammen. »Ihr sollt Euch keine Gedanken machen, Herrin, sondern Euch nur auf Euer Kind freuen. Ich nehme an, im nächsten April werdet Ihr es bereits im Arm halten und das Meisterstück der Schöpfung bewundern.«

Ich lächelte ihr zu. Sie spekulierte bereits auf eine Stellung als Kindermädchen. Das amüsierte mich, aber es war beruhigend zu wissen, daß sich die beste Hebamme im Land um mich kümmern würde, wenn meine Zeit gekommen war.

Ein Bote traf ein mit einem Brief von Richard. Im Norden waren – entgegen seinen Befürchtungen – keine Unruhen ausgebrochen, er hätte die Lage unter Kontrolle. Noch bevor der Monat zu Ende ging, wollte er wieder bei mir sein.

Ich hielt es für richtig, ihm die frohe Nachricht zu schicken; denn ich wußte, es würde ihn beglücken.

»... ich bin mir nicht ganz sicher, aber es könnte so sein«, schrieb ich. »Grace, eine zuverlässige Hebamme, ist vollkommen davon überzeugt und behandelt mich, als wäre ich aus chinesischem Porzellan. Wenn du nach Hause kommst, werden wir endgültige Gewißheit haben. Ich bin so glücklich! Tief in meinem Herzen weiß ich, daß es stimmt. Nach Trystan Priory habe ich noch nicht geschrieben. Meine Mutter wird ebenso entzückt sein wie besorgt. Das einzige, was ich möchte, ist, zuvor noch meine Mutter und Schwester sehen.«

Es dauerte keine Woche, da kam ein Antwortschreiben von Richard. Er mußte sofort nach Erhalt meines Briefes geantwortet haben. Er schrieb:

»Meine liebe Frau, Dein Brief erfüllt mich mit großer Freude! Ich bitte Dich von Herzen, die größte Vorsicht walten zu lassen. Ich werde, so bald ich kann, bei Dir sein, wahrscheinlich schon Ende des Monats. Dann hoffe ich, länger zu Hause bleiben zu können und daß nichts Unvorhergesehenes geschieht.

Vielleicht könnten uns Deine Mutter und Deine Schwester besuchen. Ich möchte nicht, daß Du ausgerechnet jetzt die Reise zu ihnen unternimmst, und je weiter die Zeit fortschreitet, um so vorsichtiger mußt Du sein! Vergiß nicht, daß ich immer an Dich denke, Du weißt, wie sehr ich Dich liebe!

Dein Mann Richard Tolworthy.«

Ich mußte lächeln. Es war kein leidenschaftlicher Brief, aber er war ernst gemeint, mit jedem Wort, und er klang aufrichtig. Und nicht anders hätte ich es haben wollen.

Eines Nachts konnte ich nicht schlafen. Ich lag in dem großen Bett und dachte an Richards Heimkehr, was er sagen und was für Pläne er für das Kind machen würde. Das Leben hatte für mich ein anderes Gesicht bekommen. Das hatte das Bewußtsein, Mutter zu werden, bewirkt. Ich fühlte mich älter und weiser, und das war auch richtig so, sollte ich doch bald über ein neues Leben bestimmen. Ob ich diesen Anforderungen gewachsen sein würde?

Was würde Mutter zu alldem sagen? Sie selbst hatte fünf Jahre auf meinen Bruder Fennimore warten müssen. Keine junge Frau hätte schneller empfangen können als ich.

Wenn ich im Bett lag, unterhielt ich mich oft mit Bersaba und erfand ihre Antworten. Es kam mir immer noch sonderbar vor, daß sich unser Leben getrennt hatte.

Und als ich so dalag und vor mich hin grübelte, hörte ich plötzlich einen seltsamen Lärm, der die Stille der Nacht zerriß. Ich war mir nicht klar, was es sein könnte; es klang wie Gelächter. Ein seltsames und schauerliches Gelächter. Ich setzte mich im Bett auf und schaute zum Fenster. Ein Licht flackerte auf und verschwand... und noch einmal.

Jetzt wußte ich auch, woher es kam: vom Schloß!

Innerhalb einer Sekunde war ich aus dem Bett, hatte mir einen Schlafrock um die Schultern geworfen und schaute zum Fenster hinaus. Wieder hörte ich das Gelächter, und dann folgte ein markerschütternder Schrei. Es war unheimlich.

Jemand mußte im Schloß sein!

Von meinem Fenster aus konnte ich nur die Türme und Zinnen sehen, aber ich wußte, wo man einen besseren Ausblick hatte.

Ich zündete eine Kerze an, stieg die Wendeltreppe hinauf und betrat das Schloßzimmer. Im blassen Mondschein sah es gespenstisch aus. Mit der Kerze am Fenster konnte ich nur mein eigenes Spiegelbild erblicken, also stellte ich sie auf den Tisch, ging zurück zum Fenster, kniete mich auf die Bank und beobachtete die Türme.

Plötzlich sah ich wieder das Licht. Es flackerte kurz auf und verschwand, als würde jemand eine Laterne an den Schießscharten vorbeitragen.

Ich machte das Fenster auf und lehnte mich hinaus. Auf einmal sah ich eine Gestalt zwischen den Zinnen, ein geisterhaftes Gesicht, das zu mir herüberblickte.

Das Blut in meinen Adern erstarrte. Die Fratze hatte wenig Menschliches an sich. Ein paar Sekunden schien sie mich anzustarren, dann verschwand sie und das Licht auch.

Dieses Gesicht hatte ich schon einmal gesehen, und zwar gehörte es dem Mann, dem ich im Wäldchen begegnet war. Ich hatte sein dichtes Haar und seine buschigen Augenbrauen wiedererkannt. Allerdings habe ich die Narbe auf seiner Wange nicht sehen können.

»Erdbeer-John«, flüsterte ich vor mich hin, und plötzlich lief es mir eiskalt den Rücken herunter. Denn während ich noch auf der Fensterbank kniete, wußte ich, ich war nicht allein im Zimmer. Ein paar Schrecksekunden dachte ich, etwas Unheimliches wäre um mich, und ich hatte Angst, mich umzudrehen. In diesem Augenblick war ich wie gelähmt, konnte mich nicht bewegen und zitterte vor Entsetzen.

Jemand war hinter mir, kam auf mich zu. Flüchtig erinnerte ich mich, daß es Richard nicht recht war, daß ich diesen Raum betrat.

Ich zwang mich umzuschauen.

Mrs. Cherry stand hinter mir. Sie sah nicht so aus wie am Tage. Ihr Haar war in zwei Zöpfe geflochten, die ihr über den Rücken hingen, und um die Schultern hatte sie sich einen braunen Wollumhang geworfen, den sie vorne zusammenhielt.

»Mrs. Cherry!« rief ich erstaunt aus.

»Herrin, was macht Ihr hier oben? Ihr werdet Euch den Tod holen, bei offenem Fenster!«

»Ich dachte, es wäre...« setzte ich an.

»Ich weiß, Ihr habt wahrscheinlich einen Alptraum gehabt. Was fällt Euch ein, hier heraufzukommen? Ich habe Schritte auf der Treppe gehört und dachte, Meg schlafwandelt wieder. Man muß auf sie aufpassen. Dann komme ich hier herein, und wen finde ich... Euch, Herrin... in Eurem Zustand!«

»Mrs. Cherry, irgend etwas geschieht...«

»Hört zu, Herrin, ich bringe Euch jetzt zurück ins Bett. Ihr zittert ja vor Kälte. Das sind ja schöne Geschichten! Kommt jetzt, es ist kalt hier! Ich bringe Euch ins Bett, und zwar schnell.«

»Da ist jemand im Schloß.«

»Unsinn, niemand kann hinein. Befehl vom General. Er sagt, es sei gefährlich, und hat uns allen strikt verboten, das Schloß zu betreten.«

»Ich habe ein Licht gesehen... und ein Gesicht.«

»Nein, Herrin, Ihr habt einen Alptraum gehabt. Was Ihr jetzt braucht, ist eine heiße Milch, die beruhigt. Ich hole Euch gleich welche.«

»Aber wenn ich Euch sage, ich habe nicht geträumt, ich war hellwach, ich habe den Lärm gehört... ein furchtbares Lachen. Dann habe ich das Licht gesehen und bin heraufgegangen, um zu schauen, was los ist. Und dann sah ich das Gesicht.«

»Das Licht hat Euch wahrscheinlich einen Streich gespielt.«

»Nein, das war es nicht... ich glaube, es war... der Mann, den ich im Wald gesehen habe.«

»Erdbeer-John?«

»Das Muttermal habe ich nicht gesehen, nur den Kopf und die vielen dunklen Haare.«

»Nein, Herrin, das ist unmöglich. Laßt mich Euch ins Bett bringen. An Eurer Stelle würde ich nachts nicht so herumspazieren. Die Treppen haben ihre Tücken, und ein Sturz in Eurem Zustand könnte Euch sehr schaden. Kommt jetzt! Ich habe keine Ruhe, bis ich Euch wieder im warmen Bett habe. Und ich bringe Euch gleich einen heißen Ziegelstein und eine heiße Milch. Morgen in der Früh werdet Ihr Euch frisch fühlen wie der Regen und einsehen, daß alles nur ein Alptraum war.«

Es hatte keinen Sinn, weiter mit ihr zu reden. Ich gestattete ihr also, mich zurück in mein Bett zu bringen. Ihre Gegenwart beruhigte mich einigermaßen. Ich weiß nicht mehr, was zu sehen ich erwartet hatte, als ich mich umdrehte und sie vor mir stand. Es war wie eine Erlösung, dieses runde rosige Gesicht zu sehen, das mich besorgt anblickte, nachdem ich auf etwas Gespenstisches gefaßt war.

Als sie mich in die Decke einpackte, zitterte ich noch immer.

»Wartet bitte einen Augenblick, bis ich den heißen Ziegelstein und die Milch gebracht habe. Wir werden ganz leise sein und nicht das ganze Haus aufwecken.«

Ich lag im Bett und wartete darauf, daß sie wiederkäme. Warum hat sie gesagt, es wäre ein Alptraum gewesen? Ich habe das flackernde Licht doch gesehen. Ebenso das Gesicht. Meine Phantasie war nicht derart, daß ich mir das hätte einbilden können.

Erst brachte Mrs. Cherry den Ziegelstein, der eine Wohltat war. Er war in weichen Flanell gewickelt und strahlte angenehme Wärme aus. Das Zittern ließ nach, und ich fing an, mich behaglich zu fühlen. »In einer Minute bin ich zurück«, sagte sie. Kurz danach trat sie mit einem kleinen Zinnkrug in der Hand an mein Bett und reichte ihn mir mit den Worten: »Trinkt, Herrin, in kleinen Schlucken wirkt er am besten. Ich glaube nicht, daß es viele Leute gibt, die mehr über die Geheimnisse der Kräuter wissen als ich. Wenn ja, würde ich sie gerne kennenlernen; es ist immer von Nutzen, sein Wissen zu vergrößern. Die nobelsten Gäste des Generals haben meine Stews gerühmt. Und was war es? Nichts weiter als eine Messerspitze Klette, Wiesenschaumkraut oder beißender Altherrnpfeffer. Man kann so viel mit Kräutern anfangen. Und alles steckt in der Erde – ein Geschenk Gottes! Alles, was wir zu tun haben, ist, sie richtig anzuwenden. In diese Milch habe ich einen Tropfen Thymian getan. Meine Großmutter hat herausgefunden, daß das süße Träume bringt, und diese Erkenntnis der Familie weitergegeben. Und ein kleines bißchen Mohn, damit Ihr besser einschlafen könnt. Schmeckt es Euch, Herrin?«

»Ja, sie ist süß, aber nicht zu süß und riecht angenehm.«

»Ich wußte, sie würde Euch schmecken. Gleich werdet Ihr fest schlafen.«

»Ich bin sicher, ich habe das Licht und das Gesicht gesehen. Ich lasse mir nicht einreden, daß das alles nur Einbildung war. Und ein Alptraum war es auch nicht, denn ich war hellwach.«

Einen Augenblick dachte sie nach, dann sagte sie: »Erdbeer-John, sagt Ihr. Das Gesicht sah ihm ähnlich?«

»Ich bin mir nicht ganz sicher. Es war Mondlicht, und selbst das hatte er gegen sich. Seine Kopfform habe ich erkannt.«

»Ich überlege gerade, ob dieser verrückte Erdbeer-John irgendwie in das Schloß eingedrungen sein könnte. Das wäre natürlich möglich.«

»Aber wie?«

»Über die Mauer.«

»Kann man darüberklettern? Oben liegen doch Glassplitter.«

»Das wißt Ihr also auch, Herrin?«

»Ja, das habe ich bemerkt, als die Sonne schien. Die kleinen Glassplitter haben geglitzert.«

»Der General besteht darauf, daß keiner das Schloß betritt. Aber Erdbeer-John ist nicht ganz richtig im Kopf, deshalb beachtet ihn auch niemand.«

»Er ist ein Wilddieb, sagt Ihr?«

»Ja, er wildert manchmal. Die Leute sind großzügig ihm gegenüber, sie haben Mitleid mit ihm. Wenn Ihr so überzeugt seid, ein Licht gesehen und sein Gesicht erkannt zu haben, frage ich mich, ob er nicht doch irgendwie hineingekommen sein könnte. Ich werde mit Cherry und Mr. Jesson sprechen. Sie sollen ihn stellen und das herausfinden. Es wird den General interessieren, ob es möglich ist, da einzudringen. Und wenn er erfährt, was sich hier abgespielt hat, wird er dem Spuk ein Ende bereiten, darauf könnt Ihr Euch verlassen.«

Ich war beruhigt, daß sie es für möglich hielt, Erdbeer-John könnte sich vielleicht doch im Schloß befinden. Sie hätte mich nicht davon überzeugen können, mir das alles nur eingebildet zu haben.

Langsam wurde ich schläfrig. Die Bettwärme und die beruhigende Milch taten ihre Wirkung.

»Danke, Mrs. Cherry, daß Ihr Euch um mich gekümmert habt.«

»Ich tue nur, was der General von mir erwartet, Herrin. Wir müssen gut auf Euch aufpassen... besonders jetzt.«

Sie schlich auf Zehenspitzen hinaus. Ich schlief gleich ein und erwachte erst wieder, als die Sonne in das Schlafgemach schien.

Am nächsten Tag hätte ich das Ereignis gern mit jemandem besprochen und dachte sofort an Ella Longridge. Ihre Bauernküche war so ganz anders als alles hier im Schloß. Sie war einfach. Nichts, was in diesem großen gemütlichen Raum nicht von Nutzen gewesen wäre. Und die beiden Longridges hatten etwas so Geradliniges an sich, sie waren vernünftige, ehrliche Menschen, die mit beiden Beinen auf der Erde standen.

Allerdings hatte Luke andere Ansichten, er war gegen den König eingestellt. Richard hingegen, als Soldat, war selbstverständlich äußerst loyal und königstreu. Wahrscheinlich würde er den König auch dann unterstützen, wenn er mit seiner Politik nicht einverstanden wäre. Richard hatte eine eigene Einstellung, von der er nie abweichen würde. Luke Longridge war da anders. Ich hätte gerne gewußt, was er in diesen Artikeln schrieb, die seine Schwester erwähnt hatte.

Aber es war nicht Luke, den ich gerne wiedersehen wollte, es war Ella. Und je mehr ich an die Küche mit den appetitanregenden Düften und dem frischen Bier dachte, desto größere Sehnsucht hatte ich danach.

Früh am Morgen ritt ich los. Ich wollte eine Stunde bei den Longridges verbringen und rechtzeitig zum Mittagessen wieder zurück sein. Niemand würde wissen, wo ich gewesen war. Immerhin hatten sie mich aufgefordert, sie zu besuchen, wann immer ich wollte. Wenn Richard hier wäre, würde er womöglich nicht wünschen, daß ich diese Freundschaft aufrechterhielt. Konnte man für einen Mann, den man zum Duell gefordert hatte, überhaupt freundschaftliche Gefühle hegen? Vielleicht war es nicht richtig für eine Frau, die erste Gelegenheit zu ergreifen, etwas gegen den ausdrücklichen Wunsch ihres Gatten zu tun. Aber ich wollte, daß die Longridges wußten, daß ich nur Freundschaft für sie empfand, ganz egal, ob ihre Ansichten mit denen meiner Familie übereinstimmten oder nicht. Meine Mutter hat viel über Toleranz gesprochen. Sie glaubte daran und hat auch mich überzeugt.

Bald kam das Bauernhaus in Sicht. Ich ritt in den Hof und wollte gerade absteigen, da überfielen mich plötzlich wahnsinnige Krämpfe.

Es gelang mir gerade noch, vom Pferd zu kommen, dann wurde mir schwindlig. Ich merkte, daß ich mich nicht auf den Beinen halten konnte, und ließ mich zu Boden gleiten. Da fand mich einige Zeit später eine Dienstmagd.

»Ihr seid krank, Mistress«, rief sie und rannte ins Haus.

Ella kam besorgt heraus. »Das ist ja Mistress Tolworthy«, rief sie. »Jane, hilf mir, sie ins Haus zu bringen.«

Sie halfen mir in die Küche, und bald lag ich auf einer langen, mit Fellen bedeckten Holzbank. Das Schwindelgefühl ließ nach, aber die Schmerzen blieben.

»Ich weiß nicht, was mit mir los ist«, stammelte ich. »Ich wollte Euch einen Besuch machen...«

»Macht Euch jetzt keine Gedanken«, sagte Ella. »Bleibt ruhig liegen und ruht Euch aus.«

Mehr wollte ich gar nicht. Bald wußte ich auch, was mit mir los war: Ich verlor mein Baby.

Ella Longridge brachte mich ins Bett und schickte jemanden nach Far Flamstead, um Grace zu holen, die meine Befürchtungen bald bestätigte.

»Euch ist nichts geschehen, Mistress«, sagte Grace. »Nicht der Rede wert. Nur schade, daß Ihr das Baby verloren habt. Aber Ihr werdet Euch bald erholen und wieder eins bekommen. Dies war eine Warnung für uns, daß man besonders gut auf Euch aufpassen muß. Ihr habt wohl einen Schock erlitten, was?«

Sie hatte Kräutermedizin mitgebracht und ordnete an, mich heute nicht von der Stelle zu rühren. Morgen würde ich mich wieder kräftig genug fühlen, um nach Hause zu kommen. Davor aber wollte sie noch einmal nach mir sehen. Ella forderte Grace auf, die Nacht hier zu verbringen und mich morgen nach Hause zu begleiten. Sie wäre beruhigter, wenn Grace auf dem Gutshof bliebe.

Da lag ich also in diesem kahlen Schlafzimmer, mit seinen nackten Dielen und düsteren Farben, und dachte darüber nach, was der Verlust meines Babys für mich bedeuten würde. Meine Träume waren dahin. Just in dem Moment, als ich seiner Existenz sicher war, habe ich es verloren. Ich war froh, es nicht meiner Mutter und Schwester geschrieben zu haben. Es tat mir leid, daß ich Richard ins Vertrauen gezogen hatte. Ich mußte ihm schreiben und ihm erzählen, daß ich es verloren hatte.

Ella kam und setzte sich zu mir ans Bett. Sie brachte ihr Nähzeug mit, keine Stickerei – Sticken fand sie überflüssig –, sondern einfaches Leinen, aus dem sie Kleidungsstücke für sich und ihren Bruder nähte.

Sie versicherte mir, wie leid ihr alles täte, und obwohl sie eine alte Jungfer wäre, die keinerlei Absicht hätte, noch zu heiraten, könnte sie mich doch gut verstehen.

»Ich möchte wissen, was schiefgegangen ist?« überlegte sie.

Ich erzählte ihr, was sich in der Nacht abgespielt hatte.

»Das ist die Erklärung«, meinte sie, »es war der Schock.«

»Aber ich habe nichts gespürt.«

»Das hat nichts zu sagen. Ich möchte nur wissen, wer wirklich im Folly war?«

»Habt Ihr schon von Erdbeer-John gehört, Mistress Longridge?«

»Ja. Ein seltsam aussehender Bursche. Ich glaube, er ist stark wie ein Löwe. Sein Vater war ein ungewöhnlich kräftiger Mann, und John hat seine Stärke geerbt. Er hat ein Muttermal im Gesicht, an dem er leicht zu erkennen ist. Man hört nicht viel von ihm. Auch weiß ich nicht, wo er lebt. Ich glaube, das weiß keiner.«

»Mrs. Cherry nimmt an, er hat einen Zugang zum Schloß gefunden.«

»Das scheint mir eine einleuchtende Erklärung zu sein. Was für ein Jammer, daß Ihr davon aufgewacht seid.«

»Ich weiß nicht, was mein Mann sagen wird, wenn er nach Hause kommt. Er hat befohlen, daß niemand das Schloß betreten darf, weil es baufällig ist.«

»Ich nehme an, er wird es irgendwann abreißen lassen.«

»Da bin ich mir gar nicht so sicher. Ich glaube, er hat das Gefühl, das dürfe er nicht, weil es seinem Ahnherrn so viel bedeutet hat.«

Es war angenehm, mit Ella zu reden. Am Nachmittag kam ihr Bruder zurück. Aber da sie darauf bestand, daß ich liegenblieb, und die Longridges es nicht schicklich fanden, einen Herrn zu mir ins Schlafzimmer zu lassen, bekam ich ihn nicht zu Gesicht.

In dieser Nacht schlief ich tief und fest, und am nächsten Morgen fühlte ich mich wieder wohl genug, um aufzustehen.

Grace meinte, ich sei transportfähig, aber Luke Longridge ließ mich nicht mein Pferd besteigen. Er brachte Grace und mich mit seinem Wagen nach Far Flamstead.

Mrs. Cherry stürzte auf mich zu, murmelte etwas über mein Abenteuer im Schloßzimmer, das an allem schuld sei, und bestand darauf, daß ich sofort zu Bett ginge.

Ich fühlte mich ein bißchen schwach und deprimiert, also ließ ich sie gewähren.

Ich war todtraurig. Erst jetzt wurde mir bewußt, wie sehr ich mit diesem Baby gerechnet hatte. Ich dachte an all die Nächte, die ich in Furcht verbracht hatte und die ich während Richards Abwesenheit vergessen wollte. Es wäre der Mühe wert gewesen, wenn ich dafür ein Baby bekommen hätte.

Diese Gedanken konnte ich niemandem erklären, und während Meg und Grace mir immer wieder versicherten, ich würde bald ein zweites erwarten, dachte ich nur an die unumgänglichen Maßnahmen davor.

Ob ich unnatürlich veranlagt war? Ich konnte es nicht glauben. Ich habe oft verheiratete Frauen miteinander flüstern hören, daß es die Pflicht einer Frau sei, sich den Bedürfnissen ihres Mannes zu unterwerfen, wie unangenehm, abscheulich und geschmacklos die auch sein mögen. Jetzt wußte ich, worüber sie gesprochen hatten.

Ich war deprimiert und dachte immer mehr an Trystan Priory. Mehr als alles andere wollte ich meine Schwester wiedersehen und mit ihr sprechen. Freilich würde sie nicht alles verstehen. Wie sollte sie auch! Eine Jungfrau, ein unverheiratetes Mädchen! Aber es wäre so tröstlich, mich mit ihr zu unterhalten!

Endlich kam Richard nach Hause.

Er war sehr betroffen von dem, was passiert war.

Er kam mir plötzlich viel größer vor und ganz anders, als ich ihn in Erinnerung hatte, und er schien sich zu schämen, mir seine Zuneigung zu zeigen.

Ich war dankbar, als er sagte, ich müßte erst wieder zu Kräften kommen, bevor wir daran denken könnten, wieder ein Kind zu haben. Er wollte kein Risiko eingehen.

Während der ersten Woche nach seiner Rückkehr schlief ich im blauen Zimmer, das nach den blauen Möbeln benannt war und auf derselben Etage lag wie unser Schlafzimmer.

»Es wird geruhsamer für dich sein, allein zu schlafen«, war sein Kommentar. »Für den Anfang wenigstens.«

Ich hoffte, daß er meine Erleichterung nicht erriet, und fürchtete, sie nicht verbergen zu können.

Natürlich erzählte ich ihm von der Nacht vor dem Unglück, daß ich ein Licht gesehen hatte und glaubte, das Gesicht von Erdbeer-John auf den Zinnen erspäht zu haben. Sein Gesicht wurde schneeweiß, und sein Blick nahm einen rätselhaften Ausdruck an.

»Ist es möglich, daß du dir das alles nur eingebildet hast?« fragte er, und es klang fast flehend.

»Nein«, antwortete ich bestimmt. »Ich war hellwach und all meiner Sinne mächtig. Ich sah das Licht und hörte ein Geräusch. Es gibt keinen Zweifel, da war jemand auf den Zinnen.«

»Und du hast das Gesicht erkannt?«

»Nun, ich bin mir nicht ganz sicher. Das Licht war nicht gut. Aber ich habe diesen Erdbeer-John schon einmal gesehen, im Wäldchen beim Schloß.«

»Ich möchte nur wissen, ob das überhaupt möglich ist, aber ich werde es herausfinden.«

»Wäre es nicht besser, das Schloß abzureißen?« fragte ich.

»Nein, das kann ich nicht.«

»Aber wenn es doch gefährlich ist und man hineinkann?«

»Man kann nicht hinein, das ist es ja, was ich nicht verstehe. Aber ich werde der Sache auf den Grund gehen. Du hättest nie aufstehen und nachschauen dürfen. Das war sehr dumm von dir.«

»Ich fand das ganz natürlich. Schließlich möchte ich wissen, was in meinem Haus vorgeht.«

»Ich werde mir diesen Erdbeer-John bei der ersten Gelegenheit vorknöpfen. Ich bitte dich, keine Angst mehr zu haben. Solltest du ihn zufällig wiedersehen, komm sofort zu mir, ich werde dann die notwendigen Schritte einleiten. Ich wünsche nicht, daß du auf eigene Faust und ohne mir etwas zu sagen auf Entdeckungsreisen gehst. Bitte denk daran, Angelet!«

Das war ein Befehl. In diesem strengen Ton sprach er mit seinen Soldaten, dachte ich.

»Es ist ein schmerzliches Thema«, fuhr er fort. »Höchstwahrscheinlich hast du durch diesen nächtlichen Spaziergang das Kind verloren. In Zukunft mußt du besser aufpassen. Vielleicht wäre es vernünftiger für dich, nach Whitehall zu kommen und eine Weile in London zu bleiben.«

Ich schwieg, ich war zu deprimiert.

Dann kamen die Abende, an denen er seine Kameraden mit nach Hause brachte und sie ihre Schlachten schlugen. Nicht immer wünschte er dabei meine Gesellschaft. Manchmal verzog er sich auch in seine Bibliothek und versenkte sich in ein Buch. Hie und da spielten wir Schach, aber ich fürchte, mein Spiel hat sich nicht sehr verbessert; unsere Schachbrettschlachten waren nicht sehr aufregend für ihn.

Und bald würde ich wieder mit ihm in unserem Bett mit den roten Samtvorhängen liegen.

Eines Tages sagte er zu mir: »Du scheinst nicht sehr glücklich zu sein, Angelet. Sag mir, was dir Freude machen würde?«

»Wenn ich meine Schwester wiedersehen könnte«, antwortete ich wie aus der Pistole geschossen. »Wir haben unser ganzes Leben zusammen verbracht, bis ich nach London gekommen bin. Ich vermisse sie sehr.«

»Warum kommt sie uns nicht besuchen?«

»Meinst du, ich könnte sie einladen?«

»Aber ja, wieso denn nicht?«

Am selben Tag noch schrieb ich an Bersaba.

»...bitte, liebe Bersaba, komm! Ich habe Dich schon so lange nicht mehr gesehen. Es gibt so viel, worüber ich mit Dir sprechen möchte. Ich habe schreckliche Sehnsucht nach Dir und Mutter. Auch wenn nur Du alleine kommen kannst, wäre es mir eine große Hilfe. Bersaba, ich brauche Dich! Du bist zwar wieder gesund, aber bist Du auch kräftig genug für diese Reise? Ich hoffe es. Und ich hoffe auch, daß Du kommen möchtest, wenn ich Dir sage, wie sehr ich Dich brauche.«

Als ich den Brief beendet hatte, las ich ihn noch einmal durch. Er klang wie ein Hilfeschrei.

BERSABA

Dem Tod entronnen

Ich habe mich verändert. Es hilft nichts, sich etwas vorzumachen, fast wäre ich gestorben, und nur durch ein Wunder – das die aufopfernde Pflege meiner Mutter und Phoebes bewirkt hat – bin ich am Leben geblieben. Diese schreckliche Krankheit hat ihre Spuren hinterlassen. Aber wer wäre dem Tode je unversehrt entronnen? Ich weiß noch, Phoebe und meine Mutter haben abwechselnd Tag und Nacht an meinem Bett gewacht, und nicht einmal sind sie dabei eingeschlafen. Abwechselnd haben sie die langen Nächte bei mir verbracht.

Nur ihnen habe ich es zu verdanken, daß ich nicht ganz und gar entstellt bin. Auf meiner Stirn habe ich ein paar scheußliche Narben, auch am Hals und eine auf meiner rechten Wange; aber Mutter und Phoebe haben mich vor dem Schlimmsten bewahrt. Es gibt kaum Menschen, die diese schlimme Krankheit überstanden haben und mit so wenigen Pockennarben wie ich davongekommen sind. Meine Mutter hat mir die Hände festgebunden, damit ich die furchtbaren Pocken im Schlaf nicht aufkratzen konnte. Sie haben mich in Ölen, die meine Mutter selbst zubereitet hat, gebadet. Sie fütterten mich mit Milch und Rinderbrühe und ließen mich nicht in den Spiegel schauen, bis die entstellenden Spuren vernarbt waren.

Obwohl ich dankbar bin, bin ich nicht mehr dieselbe. Ich bin dünn, und meine Augen sind zu groß geworden für mein Gesicht. Meine Mutter behauptet zwar, das hätte meinem Aussehen nicht geschadet, aber ich frage mich, ob dies die Wahrheit oder die Liebe einer Mutter ist, die ihren Blick verschleiert. Noch Monate nachdem die Infektion abgeklungen war, fühlte ich mich müde und abgespannt. Ich wollte nichts anderes als auf meinem Bett liegen und lesen. Ich grübelte und haderte mit meinem Schicksal. Warum, ausgerechnet, mußte mir das passieren?

Als mir meine Mutter eröffnete, daß sie Angelet weggeschickt hatte, war ich zuerst erleichtert, weil ich genau wußte, wie groß das Risiko für alle im Haus war, sich mit der Seuche anzustecken, die ich mir bei der Hebamme geholt hatte. Später stimmte es mich ärgerlich. Es schien mir nicht fair, daß Angelet fröhlichen Abenteuern nachjagen durfte, während ich diese schreckliche Zeit überstehen mußte. Nur wenn Phoebe mich voller Bewunderung anblickte, fühlte ich mich getröstet. Für sie war ich Heilige und Amazone zugleich, eine Göttin der Kraft und Tugend. So etwas gefällt mir. Mein Bedürfnis nach Bewunderung erschreckt mich oft selbst. Deshalb wollte ich Angelet auch immer übertrumpfen. Jetzt ist sie mit einem bedeutenden Mann verheiratet. Wie es scheint, mit einem General der königlichen Armee, und meine Mutter sagt, daß er allen unseren Gästen wohlbekannt ist, und findet, daß Angelet eine gute Partie gemacht hat. Und alles nur, weil ich mich angesteckt habe! Sonst wären Angelet und ich immer noch zusammen in Trystan Priory und, nachdem unser achtzehnter Geburtstag vorbei ist, würde sich unsere Mutter um passende Ehemänner für uns bemühen. Wer hätte schon gedacht, daß Angelet selbst einen finden würde?

Ich denke oft an sie und was sie wohl gerade macht. Wir waren so eng befreundet gewesen, immer hatten wir alles zusammen unternommen... nun ja, nicht alles. Sie weiß nichts von meiner Affäre mit Bastian. Und jetzt sind wir meilenweit getrennt, nicht nur durch die Distanz, sondern auch durch all die Erfahrungen, die sie in ihrem neuen Leben gemacht haben muß.

Ich habe wieder angefangen, täglich zu reiten. Als ich zum erstenmal nach meiner Krankheit wieder im Sattel saß, habe ich wie ein Anfänger Angst gehabt zu stürzen, aber das ging rasch vorbei, und meine Mutter hat eingewilligt, daß ich jeden Tag ein wenig ausreiten dürfte. Manchmal begleitete sie mich, manchmal nahm ich einen Reitknecht mit.

Mit meinen Pockennarben kann ich mich nicht abfinden.

»Man sieht sie doch kaum«, meint meine Mutter. »Kämm dir die Locken in die Stirn. Angelet schreibt, das ist jetzt große Mode.«

Phoebe schnitt mir Fransen und drehte sie ein, aber wann immer ich in den Spiegel schaue, sehe ich nur die Narben. Manchmal bin ich wütend, wenn ich an all die Abenteuer denke, die Angelet erleben durfte und die in einer Ehe gipfelten. Und ihre Haut ist so glatt und rein geblieben, wie meine einmal war.

Es ist, als wäre sie immer bei mir. Ich habe ihre Briefe wieder und wieder gelesen. Sie hat mir Far Flamstead und das wunderliche Schlößchen Folly so lebhaft beschrieben, daß ich es deutlich vor mir sehe. Und wenn sie von ihrem Mann schreibt, merkt man, wie wunderbar sie ihn findet. Gleichzeitig aber scheint mir, daß sie etwas verheimlicht. Ich kann nicht umhin, sie mir immer wieder zusammen vorzustellen... so wie Bastian und ich zusammen gewesen sind, und bitterer Neid erfüllt mich.

Kurz nach meinem achtzehnten Geburtstag kam das Schiff meines Vaters zurück. Große Freude herrschte im ganzen Haus. Meine Müdigkeit verschwand, denn nicht nur mein Vater war zurückgekommen, sondern auch mein Bruder Fennimore. Und Bastian.

Als die Nachricht eintraf, daß das Schiff gesichtet worden war, begannen wieder einmal all die aufregenden Vorbereitungen und Geschäftigkeiten, die ich so gut kannte. Meine Mutter strahlte, und der ganze Haushalt erwachte zu neuem Leben. Erst in diesem Augenblick schienen ihr alle Gefahren einer solchen Reise bewußt zu werden. Ich beneidete sie um diese glückliche Begabung.

Wir ritten zum Ufer, um die Heimkehrenden zu begrüßen, sobald sie an Land kämen.

Als erste umarmte mein Vater meine Mutter, als würde er sie nie mehr loslassen, dann erst sah er sich nach seinen Töchtern um. Es war schwierig, ihm so viel in ein paar kurzen Sätzen zu erklären, aber meine Mutter hatte sich offenbar überlegt, wie sie es ihm beibringen konnte, ohne daß er unnötige Ängste ausstehen sollte.

»Wir sind alle gesund und glücklich, Fenn. Aber so viel ist geschehen, seit du weggegangen bist. Unsere Angelet hat geheiratet... sie ist sehr glücklich. Und Bersaba war krank, aber jetzt ist sie über den Berg. Ich kann dir jetzt nicht alles erzählen, es ist einfach zuviel.«

Mein Bruder Fennimore und Bastian umarmten mich. Bittere Scham trieb mir die Röte in die Wangen, als ich an meine Pockennarben dachte.

»Laßt uns zurück zum Haus gehen«, schlug meine Mutter vor. »Ich bin so froh, daß ihr heil und gesund wieder da seid.«

Wir ritten zurück nach Trystan Priory, und Fennimore und Bastian nahmen mich in die Mitte.

Ich erzählte ihnen alles, so kurz ich konnte. Daß ich die Pocken bekommen hatte, daß Angelet zu Carlotta geschickt worden war und dort ihren Mann kennengelernt hatte, daß wir vor kurzem erfahren hatten, daß sie geheiratet hat, und alle von der Partie begeistert waren.

»Du hast die Pocken gehabt, Bersaba? Und bist wieder gesund? Aber das grenzt an ein Wunder!« rief mein Bruder.

»Ja, ein Wunder der Liebe«, gab ich zu. »Du kannst dir nicht vorstellen, was Mutter alles für mich getan hat. Und Phoebe hat ihr geholfen. Die Tochter des Schmieds, erinnerst du dich? Ihr Vater hat sie aus dem Haus gejagt, und ich habe sie nach Trystan Priory gebracht. Sie glaubt, mir ein Leben lang dafür dienen zu müssen.«

Bastian sagte nichts, aber ich fühlte seine Erschütterung und war stolz. In diesem Moment fing ich wieder an zu leben.

Und wieder gab es die uns so vertrauten Festlichkeiten in Trystan Priory. Mein Vater war glücklich, zurück zu sein, und gleichzeitig bestürzt über all das, was in seiner Abwesenheit geschehen war. Als wir das Haus betraten, hielt er mich rechts im Arm, meine Mutter links, preßte meinen Arm, und ich wußte, er war glücklich, daß ich überlebt hatte.

Wir mußten ihm jede Einzelheit berichten: Wie ich zur Hebamme geritten bin und wie mich meine Mutter gesund gepflegt hätte. Er ließ Phoebe kommen und bedankte sich bei ihr für alles, und sie sagte, das wäre gar nichts im Vergleich zu dem, was ich für sie getan hätte, und daß sie ihr Leben für mich hingeben würde.

Alle hatten Tränen der Rührung in den Augen, ich kam mir wie eine Außenstehende vor, die zusah. Und die ganze Zeit war ich mir Bastians Gegenwart bewußt.

An dem Abend speisten wir in der Halle. Es war wieder wie in längst vergangenen Zeiten, auch die Dienerschaft saß wieder bei Tisch. Nur das massive Weinfaß fehlte, das vor hundert Jahren mitten auf dem Tisch stand und die Familienmitglieder und ihre Gäste vom Gesinde trennte. Jetzt stand es in der Küche, als Dekoration und Erinnerung an vergangene Tage. Vater saß am Kopfende und Mutter neben ihm, Fennimore links von meiner Mutter, ich links von meinem Vater und Bastian neben mir.

Alle waren glücklich, auch die Diener, denn sie liebten meinen Vater und betrachteten ihn als den besten aller Herren. Einmal habe ich Angelet gegenüber bemerkt, daß ihre Bewunderung teilweise darauf basierte, daß sie ihn nur selten zu Gesicht bekamen. Ich erinnere mich noch, wie entsetzt sie darüber war und wie wir uns über Vater und die Dienstboten gestritten haben und über unsere unterschiedlichen Charaktere.

»Du bist unglaublich sentimental, Angelet.« Mit dieser Bemerkung beendete ich die Diskussion. Ich mußte jedesmal das letzte Wort haben. Schon immer konnte ich sie mit Worten in Verlegenheit bringen. Aber jetzt war sie mir entschlüpft, jetzt war sie diejenige, die die schönen Abenteuer erlebte, und diejenige, die eine gute Partie gemacht hat.

Es war ein fröhliches Mahl, außer daß mein Vater bedauerte, daß meine Schwester nicht bei uns weilte. Er hätte es lieber gesehen, sie würde in unserer Nachbarschaft leben und bei diesen Gelegenheiten mit ihrem Mann bei uns sein. Ich fragte Bastian, wie ihm die Reise gefallen hätte, und er antwortete mir, daß es ein tolles Abenteuer gewesen sei, daß er es aber nicht zu wiederholen wünschte.

Er sah mir tief in die Augen und sagte: »Ich möchte hierbleiben. Hier hält mich so viel.«

Ich hätte gerne gewußt, ob er meine Pockennarben bemerkt hatte. Die schlimmsten verdeckte mein Haar, und meine linke Wange hielt ich vorsorglich von ihm abgewandt.

»Wenn ich bedenke, wie krank du gewesen bist, Bersaba, und ich habe nichts davon gewußt! Du hättest sterben können!«

Meine Mutter meinte, er würde sicher bald zu seiner Familie aufbrechen, aber er wollte lieber erst ein paar Tage in Trystan Priory bleiben, falls sie nichts dagegen hätte.

Sie schalt ihn, überhaupt gefragt zu haben, und hoffte, er würde Trystan Priory als sein Zuhause betrachten.

Mein Vater sagte, geschäftliche Dinge kämen jetzt auf sie zu, die er gerne mit meiner Mutter, Fennimore und Bastian besprechen würde. Bastian schien das zu genießen, und ich wußte, er beobachtete mich.

Am nächsten Morgen bat er mich, mit ihm auszureiten.

Es war ein wunderschöner Morgen. Vielleicht erschien er mir nur so schön, weil ich wieder begann, Interesse am Leben zu finden. Ich fing wieder an, mich wohl zu fühlen, vielleicht weil Bastian bei mir war. Er war offensichtlich immer noch in mich verliebt. Auch bemerkte ich wie früher die Schönheiten der Landschaft, die ich lange nicht beachtet hatte. Ich war entzückt von den leuchtendgelben Blüten der Wicke, die wir Damenfinger nannten und die an den Abhängen blühten, und von den hellblauen Glockenblumen am Bach. Dort wachsen auch die Nachtschattengewächse mit ihren gelben und purpurfarbenen Blüten, die mich besonders faszinierten, weil sie schön und gleichzeitig so giftig waren. Wir sind als Kinder immer davor gewarnt worden und haben sie deshalb die Bittersüßen genannt.

Das schien mir an diesem Tag von besonderer Bedeutung; denn auch meine Stimmung war bittersüß.

»Ich habe oft an dich gedacht, Bersaba«, sagte Bastian. »Ich kann mich noch an alles erinnern...«

»Du solltest es vergessen«, antwortete ich kurz angebunden.

»Das werde ich nie«, brach es leidenschaftlich aus ihm heraus.

Ich zuckte die Schultern. »Du hast es schon einmal vergessen.«

»Nein, das habe ich nie.«

Ich lachte und gab meinem Pferd die Sporen. Sofort kam er hinter mir her, war neben mir und bat beinahe flehend:

»Bersaba, ich muß mit dir sprechen.«

»So sprich doch!«

»Ich möchte, daß du meine Frau wirst.«

»Jetzt, da Carlotta, die du als erste gewählt hattest, für dich verloren ist, bin ich gut genug.«

»Dich hatte ich als erste gewählt, Bersaba.«

»Meine Erfahrungen haben mich eines Besseren belehrt.«

»Laß es dir doch erklären.«

»Es ist doch alles ganz klar. Ich brauche keine Erklärungen mehr.«

»Wenn ich daran denke, was wir uns bedeutet haben...«

»Das macht es nur noch deutlicher«, gab ich spitz zurück. »Du wußtest das alles, und doch hast du Carlotta den Vorrang gegeben. Leider hat sie jemand anders vorgezogen. Armer Bastian! Jetzt ist es leicht zu sagen, wenn ich Carlotta nicht haben kann, nehme ich eben Bersaba. Leider ist Bersaba aber nicht jemand, den man fallenlassen kann, um sie dann wieder um ihre Gunst zu bitten.«

»Du hast eine scharfe Zunge, Bersaba.«

»Das ist einer der Gründe, warum es unklug von dir wäre, mich zu heiraten.«

»Deine Eltern wären entzückt.«

»Wirklich? Hast du sie gefragt?«

»Ich habe mit deinem Vater gesprochen.«

»Wir sind Vettern«, entgegnete ich ihm.

»Na und? Das hat dich früher auch nicht gestört.«

»Ich bin erwachsen geworden. Es gibt so viel, was du nicht weißt. Ich bin todkrank gewesen, Bastian. Ich habe mich verändert.« Ich brachte mein Pferd zum Stehen, riß mir mit einer dramatischen Geste den Hut vom Kopf und schüttelte meine Haare zurück. »Schau!« Und ich zeigte ihm die Pockennarben auf meiner Stirne.

»Ich liebe sie«, sagte er. »Dafür begehre ich dich mehr denn je.«

»Du hast einen seltsamen Geschmack, Bastian.«

»Bersaba, gib mir eine Chance.«

»Was willst du? Sollen wir in den Wald gehen und ein einsames Plätzchen suchen? Oder willst du heute nacht in mein Schlafzimmer kommen, wenn's keiner sieht?«

Ich sah, wie seine Augen aufleuchteten, und verspürte großes Verlangen nach ihm, aber meine Bitternis war ebenso heftig und mein Stolz so groß wie meine Sehnsucht.

Ich wandte mich von ihm ab und setzte meinen Hut wieder auf.

»Das könnte dir so passen, unser Verhältnis zu genießen, bis du ein Mädchen triffst, das begehrenswerter ist als ich und die du um ihre Hand bitten kannst.«

Ich gab meinem Pferd die Sporen. Als wir über den weichen Torf galoppierten, wurde mir plötzlich etwas klar: Ich hatte Bastian nicht wirklich lieb, ich brauchte ihn nicht. Ich war ein sinnliches Geschöpf und würde immer einen Mann brauchen. Ich verspürte mehr Begierde als andere Frauen, und ich dachte an Angelet und ihren Mann und wußte, dies war einer der Vorzüge – oder sollte ich es lieber Belastungen nennen.

Ich sollte nicht so oft mit Bastian alleine sein, das alte Verlangen würde sonst wieder aufleben und mich auf die Folterbank spannen. Ich liebte Bastian nicht; ich wollte von ihm nur, was andere mir auch geben konnten. Mein Verlangen hatte mir etwas vorgemacht. Während ich an Feldern vorbeisprengte, auf denen der rote Mohn zwischen den Kornähren leuchtete, als ich die weißen Schierlingsblüten und die roten Glocken des Fingerhuts im saftigen Gras sah, fing ich laut an zu lachen. Ich war um eine Erkenntnis reicher geworden.

Mein Vater hatte beschlossen, neue Bürohäuser in Plymouth zu bauen, und Fennimore hatte den Wunsch geäußert, die Verwaltung dort zu übernehmen.

»Fennimore ist kein Seemann mit Leib und Seele«, sagte mein Vater. »Ich bin froh, daß er diese Reise mitgemacht hat, sie war eine Offenbarung für ihn. Er ist der richtige Mann für unser Unternehmen in England. Das ist genauso wichtig wie meine Seereisen.«

Ich verstand seine Freude darüber. Er wollte nicht, daß Fennimore sich den Gefahren des Meeres aussetzte, ihm war lieber, er blieb zu Hause, damit Mutter nicht so alleine sein würde, jetzt, da Angelet nicht mehr im Hause war. Ihr Platz war natürlich bei ihrem Mann und nicht hier in Trystan Priory. Meine Eltern wußten, wie Bastian zu mir stand, und obwohl sie Zweifel an einer derartigen Verbindung haben mußten, sahen sie doch eine Menge Vorteile darin. Ich hätte nur zu ihnen gehen müssen und sagen, daß ich Bastian liebe, und sie hätten ihren Segen zu dieser Hochzeit gegeben. Bastian hatte sowieso schon mit meinem Vater gesprochen.

Das erheiterte mich sehr, weil ich wußte, alle warteten nur darauf, daß wir unsere Verlobung bekanntgaben. Meine Mutter schwelgte in Zufriedenheit. Ihr Mann war zu Hause, und es sah so aus, als ob er diesmal länger bliebe als sonst, weil er sein Vorhaben in Plymouth im Kopf hatte, um das er sich kümmern mußte. Vor allem würde Fennimore nicht mehr mit ihm auf See gehen. Angelet, die sie mit einem lachenden und einem weinen-den Auge vermißte, war zufriedenstellend und anscheinend auch glücklich verheiratet, und ich, Bersaba, bin um ein Haar dem Tod entronnen. Jetzt war ich wieder bei Kräften und hatte bei der ganzen Angelegenheit kaum Schaden genommen.

Alles, was meine Mutter zu ihrem persönlichen Glück brauch-te, war das Glück ihrer Familie. Jeden Tag wartete sie auf Briefe von Angelet, und wenn welche kamen, las sie sie vor. Auch mir schrieb sie, aber in ihren Briefen spürte ich etwas, was den anderen entging.

Angelet hielt etwas zurück. Meine Schwester hatte ein Ge-heimnis, und ich hätte alles darum gegeben zu wissen, was es war.

In der Zwischenzeit amüsierte ich mich mit Bastian. Ich spielte ein faszinierendes Spiel mit ihm, das nicht ungefährlich war, dafür um so reizvoller. Ich mußte mein eigenes Naturell zügeln. Es wäre so einfach gewesen, nachzugeben. Mit wiederkehrender Gesundheit spürte ich, daß mein Verlangen nach einem ganz speziellen Vergnügen eher größer geworden war. Das hatte, wie ich annahm, etwas mit zunehmender Reife zu tun.

Manchmal ließ ich Bastian glauben, ich gäbe nach, lächelte ihn verführerisch an und schlug vor, zusammen auszureiten. Ich quälte ihn; aber auch mich selbst. Wenn ich der Versuchung widerstand, war ich stolz auf mich. Allein das zu spüren, war der Mühe wert, mich der Gefahr auszusetzen. Oft, wenn das ganze

Haus schon schlief, stahl er sich aus dem Haus, stellte sich unter mein Fenster und warf Erde dagegen, um meine Aufmerksamkeit zu wecken. Manchmal tat ich so, als hörte ich nichts, manchmal machte ich auch mein Fenster auf und schaute hinaus.

»Bastian, geh weg!«

»Bersaba, ich muß dich sehen, ich muß!«

»Ich bin nicht Carlotta, vergiß das nicht«, gab ich zurück und schloß das Fenster.

Dann lachte ich und fühlte mich über alle Maßen erregt. Einmal kam er sogar an meine Schlafzimmertür, aber das hatte ich erwartet und den Riegel vorgeschoben.

»Geh weg«, zischte ich. »Willst du das ganze Haus aufwecken?«

Eines Tages kam ich auf die Idee, ihn einzulassen und so zu tun, als ließe ich ihn bei mir bleiben, nur um mich dann zu verweigern. Aber ich hatte Angst vor meiner eigenen Reaktion; mich hinzugeben, war das letzte, was ich wollte.

»Bastian scheint überhaupt keine Eile zu haben, nach Schloß Paling zu kommen«, wunderte sich meine Mutter. »Ich habe Melanie eine Nachricht geschickt, daß sie zurück sind und daß Bastian gesund und munter ist, und ihr erzählt, sie hätten in Plymouth zu tun.« Sie lächelte mich an. »Aber ich glaube, das ist nicht der wahre Grund.«

Sie hätte es lieber gehabt, ihre Tochter nur ein paar Meilen entfernt auf Schloß Paling zu wissen, denn wenn Bastian mich heiratete, würde ich eines Tages Herrin des Schlosses werden. Aber daran dachte sie nicht. Ihr Bruder sollte noch viele Jahre leben; sie wollte mich nur in der Nähe haben, um den Verlust von Angelet auszugleichen.

Während der Wochen, die Bastian bei uns blieb, amüsierte ich mich königlich. Ich wurde wieder richtig lebendig. Die Pockennarben hatten offenbar meiner Anziehungskraft nichts genommen, die Frauen wie ich auf das andere Geschlecht ausüben. Das Leben war wieder aufregend, und ich dachte oft an Angelet.

Ihr Mann, der General, schien streng und sonderbar – er spielte noch mit Zinnsoldaten. Und Schach! Die arme Angelet ist nie sehr gut in Schach gewesen. Eine unserer Gouvernanten hat einmal zu ihr gesagt: »Angelet, du hast ein Gehirn wie ein Spatz. Versuch dich zu konzentrieren, wie Bersaba.« Die liebe Angelet, nie hat sie sich konzentrieren können... zumindest nicht lange genug, um ein Schachspiel zu gewinnen.

Ich würde sie gerne sehen und diesen strengen alten Mann auch. Ich machte mir viel Gedanken über ihr gemeinsames Leben.

Dann kam der Brief von Angelet, daß sie eine Fehlgeburt gehabt hat. Sie hatte sich so auf ihr Kind gefreut, aber nicht gewagt, es uns zu schreiben, weil sie ihrer Sache noch nicht ganz sicher gewesen war. Alles sei so plötzlich passiert, aber jetzt wäre sie wieder vollkommen hergestellt. Trotzdem fühlte sie sich nicht wohl, und ihr Mann hatte gemeint, es wäre eine gute Idee, wenn ihre Schwester zu Besuch kommen könnte. Sein Beruf führe ihn viel von zu Hause fort, und Far Flamstead, obwohl nicht weit von London entfernt, lag auf dem Land.

Auch mir hatte sie geschrieben:

> »...bitte, liebe Bersaba, komm! Ich habe Dich schon so lange nicht mehr gesehen. Es gibt so viel, worüber ich mit Dir sprechen möchte. Manchmal passieren seltsame Dinge, und ich brauche jemanden, mit dem ich sprechen kann, jemand, der mich versteht...«

Der General versteht sie also nicht. Das erstaunte mich nicht. Er war sehr viel älter als sie, ernst und formell. Angelet hätte einen jungen, lebenslustigen Mann heiraten müssen.

Ich war über alle Maßen erregt. Ich hatte ihr übelgenommen, daß sie mich verlassen hatte, aber dies wäre eine Möglichkeit, der drückenden, wenn auch komfortablen und geliebten Atmosphäre von zu Hause zu entkommen. Und ich wollte etwas von der Welt außerhalb Cornwalls sehen.

Wie froh ich war, Bastians Werben nicht nachgegeben zu haben. Meine Mutter fragte: »Hast du auch einen Brief von Angelet bekommen?«

Ich bejahte und erzählte, daß Angelet darauf bestand, ich solle sie besuchen.

»Meine liebe Bersaba, vielleicht wirst du nicht wollen, wegen Bastian, aber Angelet braucht dich! So wie sie schreibt, braucht sie dich sogar dringend. Denk daran, bis vor kurzem seid ihr unzertrennlich gewesen. Aber sie muß natürlich ihr Leben leben und du das deine. Du mußt tun, was du für richtig hältst. Ich weiß, wie gerne du mit ihr zusammen bist, aber vielleicht ziehst du jetzt doch vor, hierzubleiben.«

»Ich muß darüber nachdenken, Mutter«, erwiderte ich. Wie

immer schämte ich mich, wenn ich sie hinterging, denn selbstverständlich hatte ich mich längst entschlossen, nach London zu gehen.

Bastian war wie vor den Kopf geschlagen.

»Du kannst jetzt nicht gehen! Was wird mit uns?«

»Ich werde sicher Carlotta treffen und ihr berichten, wie einsam du bist ohne sie.«

»Bitte, Bersaba«, flehte er, »sei vernünftig! Das war doch nur eine vorübergehende Geschichte, ein Irrtum. Bitte, versteh das doch endlich! Ich habe nur dich geliebt – immer nur dich!«

»Mir wäre lieber, du würdest die Wahrheit sagen. Auf Lügen kann man keine Ehe aufbauen.«

Das erweckte wieder neue Hoffnung in ihm. Ich glaube, er dachte wirklich, daß ich ihn heiraten würde.

Die menschliche Eitelkeit ist unverständlich. Wußte er denn nicht, daß er meinen Stolz so tief verwundet hatte, daß ich ihm nie verzeihen würde? Jene Narben waren ebenso unauslöschlich wie die Pockennarben. Er begriff nicht, daß ich keine Frau war, die verzeihen konnte. Ich wollte Genugtuung, ich wollte Rache. Und das war genauso aufregend, als hätte ich mich meinen fleischlichen Gelüsten hingegeben.

»Rache bringt kein Glück«, hat meine Mutter einmal gesagt, »nur Verzeihen.«

Das mag für sie richtig sein, mir lag es nicht, zu verzeihen.

»Die Bibel sagt, wir sollen verzeihen.«

Das mag schon sein, für mich aber gab es nur Auge um Auge, Zahn um Zahn; mit weniger würde ich mich nicht zufriedengeben.

Der Tag kam, an dem ich ihnen sagte, ich hätte mich entschieden, zu Angelet zu gehen. Und ich kostete meinen Triumph reichlich aus.

Bastian machte sich endlich auf den Weg nach Schloß Paling. Ich stand auf dem Dach unseres Hauses und sah ihm nach. Er wußte nicht, daß ich beobachtete, wie er sich umdrehte und mit schmerzverzerrtem Gesicht zum Haus zurückschaute.

Mit Bastian war ich fertig. Er litt jetzt genauso, wie ich gelitten hatte, denn er liebte mich wirklich. Ich habe die beglückende Erfahrung gemacht, daß ich eine Anziehungskraft besitze, der auch meine Krankheit nichts hat anhaben können. Darüber hinaus mußte ich meine Reisevorbereitungen treffen. Obwohl ich traurig war, meine Eltern verlassen zu müssen, konnte ich doch nicht umhin, mich auf die voraussichtlichen Abenteuer und auf das Wiedersehen mit meiner Schwester zu freuen. Ich liebte meine Familie, aber nicht mit derselben Hingabe wie sie. Meine eigenen Wünsche und Neigungen waren mir wichtiger als die der anderen. Ich glaube, viele Leute teilen diesen Charakterzug, aber nur wenige geben es zu. Meine Beziehung zu meiner Schwester allerdings war stärker als meine Bindung an die Familie. Es war ein mystisches Bündnis. Schließlich hatten wir unser gemeinsames Leben bereits vor unserem Erscheinen auf dieser Welt begonnen. Irgendwie brauchten wir einander, das spürte ich aus ihren Briefen. Sie hatte einen Mann, und ich war sicher, sie liebte ihn, aber das genügte ihr nicht. Sie brauchte auch mich, und auf meine Art brauchte ich sie. Ich versuchte, dies meinen Eltern zu erklären, denn ich war glücklich über diesen Zustand. Meine Mutter verstand mich und sagte, sie sei froh darüber.

Sosehr sie es auch haßte, mich ziehen zu sehen wie meine Schwester, unser Glück war ihr wichtiger als ihr Schmerz, und die Tatsache, daß dieses Band zwischen uns bestand, war schon immer eine große Beruhigung für sie gewesen.

»Dein Vater wird diesmal länger zu Hause bleiben«, sagte sie, »und Fennimore wird in absehbarer Zeit auch nicht wieder in See stechen. Damit gebe ich mich zufrieden, und wenn du mit Angelet glücklich sein kannst, Kind, ist das alles, was ich verlange.«

Ich sagte Phoebe, daß ich nach London ginge, erwähnte aber nicht, daß ich sie mitnehmen würde, und weidete mich ein paar Augenblicke an ihrer Verzweiflung, sich von mir trennen zu müssen.

Schließlich sagte ich: »Du dummes Ding, natürlich kommst du mit mir. Ich brauche doch eine Zofe. Kannst du dir vorstellen, ich nähme jemand anderen mit?«

Sie fiel auf die Knie – sie war etwas theatralisch veranlagt, die arme Phoebe – und küßte meinen Rocksaum. Ich sagte ihr, daß das eine höchst peinliche und würdelose Geste sei. Da erhob sie sich wieder, und ihre Augen glänzten vor Bewunderung.

Für mich hing der Himmel voller Geigen.

Ich schrieb Angelet, daß ich mich bald auf den Weg machen würde, worauf ich eine begeisterte Antwort erhielt. Sie könne es kaum erwarten, mich zu sehen, sie hätte solche Sehnsucht nach mir und hätte mir so viel zu erzählen.

Am meisten machte mir ein Brief vom General an meine Eltern

Spaß. Er war besonders gestelzt und peinlich korrekt geschrieben. Die Handschrift war klein und sauber, sah aber irgendwie anmaßend aus.

Er hieß mich willkommen, schrieb er. Ich würde ein großer Trost für Angelet sein, die gerade diese unglückliche Erfahrung hinter sich hatte, womit er diskret auf das Kind verwies, das sie verloren hatte. Den Reiseplan hätte er für mich ausgearbeitet, ich könnte mich in dieser Beziehung genau auf ihn verlassen, da er beruflich viel auf Reisen war und sich auskannte. Er zählte die angenehmsten Wirtshäuser auf, mit all ihren Vor- und Nachteilen.

Ich war sehr erheitert. ›The Monarch's Head‹ in Dorchester wäre der Mühe wert, aufgesucht zu werden, dort würde man die Pferde gut versorgen. ›The White Horse‹ in Taunton sei auch ein gutes Gasthaus, und so weiter. Meine letzte Raststätte sollte ›Bad-Faced Stag‹ im Dorfe Hampton sein, und wenn ich seiner Reiseroute Folge leistete, würde ich es am dreizehnten August erreichen, vorausgesetzt, ich würde an dem von ihm vorgeschlagenen Tag abreisen.

Meine Mutter sagte: »Er muß ein guter Ehemann sein. Er hat sich so viel Mühe gemacht, deine Reise zu erleichtern.«

Ich war, wie gesagt, erheitert. Arme Angelet! Kein Wunder, daß sie Trost braucht.

Der Saft des Mohns

Gehobener Stimmung trat ich meine Reise an. Mutter war ein bißchen traurig, aber entschlossen, es nicht zu zeigen, und da Vater bei ihr war, fiel es ihr auch nicht ganz so schwer. Die beiden und mein Bruder Fennimore begleiteten mich zum Hof, wo ich mein Pferd bestieg. Als ich mich umdrehte, um einen letzten Blick auf meine Mutter zu werfen, fragte ich mich bange, wann ich sie wiedersehen würde.

Phoebe war vollkommen aus dem Häuschen. Sie war bei mir, und das schien alles zu sein, was sie zu ihrem Glück brauchte. Ich glaube auch, sie war erleichtert, so viele Meilen zwischen sich und ihren selbstgerechten Vater legen zu können. Sie hatte immer in der Angst gelebt, er könnte sie einmal abfangen und wieder zu dem Leben zwingen, dem sie entflohen war.

Es war ein wunderschöner Morgen. Wann immer ich danach den starken Duft der Wasserkresse roch, erinnerte ich mich an diesen Tag, und wann immer ich dichtes Gebüsch in der Einöde wuchern sah, verspürte ich wieder diese wilde Freude, die mich an jenem Morgen erfüllte.

Phoebe und ich ritten nebeneinander, zwei Reitknechte vor uns, zwei hinter uns. Ich hätte am liebsten laut gesungen.

»Ich freue mich auf meinen Schwager«, sagte ich zu Phoebe, »obwohl ich glaube, daß er ein sehr strenger Herr ist. Ich frage mich, wie wir ihm gefallen werden.«

»Er wird Euch bewundern, Mistress Bersaba.«

»Das bezweifle ich.«

»Das muß er aber, weil Ihr der Dame seines Herzens wie aus dem Gesicht geschnitten seid.«

»Ja, aber sie ist nicht krank gewesen. Das ist der Unterschied.«

»Eure Krankeit hat Euch noch hübscher gemacht, Mistress.«

»Also Phoebe, jetzt gehst du zu weit.«

»Es ist wahr, Mistress, so komisch es klingt. Ihr seid schlanker geworden, und dadurch seht Ihr größer und graziler aus, und dann... ich weiß es nicht. Ich weiß nur, daß es stimmt.«

»Phoebe, du bist ein gutes Mädchen, aber ich höre lieber die Wahrheit, auch wenn sie mir nicht gefällt.«

»Ich schwöre es, Mistress, und Jem hat das gleiche gesagt. Er hat gesagt: ›Ehrenwort, die Krankheit hat Mistress Bersaba irgendwie schöner gemacht.‹ Ich weiß nicht, wieso das so ist, aber das ist die Wahrheit.«

»Jem?«

»Ja, der Stallbursche.«

Oh, dachte ich, ich wirke also auch auf Stallburschen.

Trotzdem machte es mich glücklich, denn wenn Phoebe auch voreingenommen war, der Stallbursche meinte, was er sagte! Und das war ein Trost, egal, woher er kam.

Unsere Reise verlief ereignislos, wenn man von den üblichen Pannen absieht, mit denen man auf einer Reise rechnen muß. Eines der Pferde begann plötzlich zu lahmen, und wir mußten es durch ein anderes ersetzen, das wir von einem Pferdehändler auf dem Roßmarkt in Wiltshire kauften. Einige Landstraßen standen unter Wasser, und wir mußten einen Umweg machen. Einen weiteren Umweg kostete uns die Warnung, Räuber lägen auf diesem Weg auf der Lauer. Die Straße durch die Ebene von Salisbury war vierzig Meilen lang, und wieder wurden wir aufgehalten, weil wir uns nicht zu weit weg von den Wirtshäusern und Dörfern wagen wollten. Das kostete uns weitere Meilen.

Ich war von der Genauigkeit der Instruktionen des Generals erstaunt, und als wir tatsächlich am dreizehnten August ›Bad-Faced Stag‹ erreichten, fühlte ich eine Art Triumph, als hätte ich eine Herausforderung angenommen und etwas Besonderes bewiesen.

Der Wirt erwartete uns bereits.

»General Tolworthy hat mir gesagt, Ihr würdet heute oder morgen eintreffen, und mich gebeten, die besten Zimmer für Euch zu reservieren«, erklärte er uns.

Mein Zimmer war wirklich angenehm. Es war holzgetäfelt, die Fenster hatten Butzenscheiben, und die Deckbalken waren aus schwerem Eichenholz gezimmert. Darin standen die übliche Kommode, ein Schrank, ein kleiner Tisch und zwei Stühle. Es war also ausreichend möbliert. Phoebe schlief im Nebenzimmer. Bequemer hätten wir es gar nicht treffen können.

Ein ausgezeichnetes Mahl erwartete uns, bestehend aus Stör, Taubenpastete und Roastbeef, dazu ein guter Malvasier-Wein. Ich war hungrig nach einem Tag im Sattel, und der Gedanke, daß die lange beschwerliche Reise ihrem Ende zuging und ich Angelet am nächsten Tag wiedersehen würde, machte mich fast verrückt vor Freude.

Ich zog mich auf mein Zimmer zurück, wo Phoebe alles, was ich für die Nacht brauchte, zurechtgelegt hatte, setzte mich ans Fenster, das auf den Hof blickte, und sah mir das Leben und Treiben an. Zum ersten Mal in meinem Leben sah ich eine Mietkutsche, die, wie ich gehört hatte, nur in London zu haben war und Fahrten innerhalb der Dreißig-Meilenzone der Stadt machten. Alle Reisenden mußten in bestimmten Gasthäusern Rast machen, wo die Pferde anständig versorgt wurden. Die aussteigenden Passagiere sahen müde aus. Ich nahm an, nur Leute, die sich nicht leisten konnten, auf andere Art und Weise zu reisen, benutzten eine Mietkutsche.

Da kam ein Mann in den Hof geritten. Er war groß und von gebieterischem Aussehen. Sein blondes Haar fiel ihm bis auf die Schultern, und er trug einen nach oben gebürsteten Schnurrbart. Er war elegant, aber nicht geckenhaft gekleidet und hatte eine gewisse Ausstrahlung, der ich mir sofort bewußt wurde.

Spontan öffnete ich das Fenster und beugte mich hinaus. In diesem Augenblick blickte er hoch und sah mich.

Ich kann nicht beschreiben, was dann geschah, weil ich es selbst nicht verstand und noch nie zuvor erlebt hatte. Mein ganzer Körper reagierte mit Macht auf seinen Blick. Es war absurd, daß ein Mann, den ich nicht kannte und den ich bis jetzt noch nie gesehen hatte, eine solche Wirkung auf mich haben sollte. Aber so war es. Wir schauten uns – wie mir schien – eine Ewigkeit in die Augen, aber in Wirklichkeit können es nicht mehr als wenige Sekunden gewesen sein.

Dann zog er seinen Hut und deutete eine Verbeugung an.

Zur Erwiderung nickte ich mit dem Kopf, zog mich zurück und schloß das Fenster. Ich ging zum Tisch, auf dem ein Spiegel stand, und schaute mich an. Die Narbe auf meiner Wange nahm sich weiß aus gegen die Röte, die mein Gesicht überzogen hatte.

Was war mit mir geschehen? Ich wußte nur, er hatte Gefühle in mir erweckt, die ich nicht begreifen konnte.

Ich ging zurück ans Fenster, aber er war bereits verschwunden. Wahrscheinlich war er schon im Haus.

Offensichtlich wollte er hier übernachten. Ich mußte ihn wiedersehen. Ich mußte herausfinden, was mit mir geschehen war. Man empfand nicht so einfach solche Gefühle – oder war es Begierde – für einen Mann, mit dem man noch nicht ein einziges Wort gewechselt hat. Und doch hatte ich das Gefühl, ihn irgendwie zu kennen. Er hatte nicht wie ein Fremder auf mich gewirkt.

Ich hätte gerne gewußt, was er gedacht hat, als er aufschaute und mich sah.

Ich brachte meine Ponyfransen in Ordnung und kämmte mein Haar. Leider bedeckten sie nicht die Pockennarbe auf meiner linken Wange. Als ich die Treppe hinunter kam, entdeckte ich ihn sofort. Auch er hatte mich gesehen; denn er kam lächelnd auf mich zu.

»Ich habe Euch sofort erkannt«, sagte er. »Die Ähnlichkeit mit Eurer Schwester ist erstaunlich.«

»Ihr seid...«

»Richard Tolworthy. Ich wollte euch entgegenkommen und Euch morgen nach Far Flamstead begleiten.«

Meine Empfindungen waren ziemlich gemischt. Was würde nun die Zukunft bringen? Ich kannte mich. Leider! Ich würde mit diesem Mann unter demselben Dach leben müssen, und er war der Mann meiner Schwester.

Richard Tolworthy hatte ein Zimmer reserviert, in dem wir uns unterhalten konnten. Der Wirt hatte ein Feuer gemacht, weil der

Abend kühl wurde, und brachte uns noch etwas von dem Malvasier-Wein, auf den er sehr stolz war.

»Ich bin sehr froh, daß Ihr gekommen seid«, sagte Tolworthy. »Angelet hat sich so nach Euch gesehnt. Und wie ähnlich Ihr Eurer Schwester seht! Ich könnte fast glauben, sie sitzt mir gegenüber. Aber natürlich besteht ein Unterschied zwischen Euch. Ein großer Unterschied.«

Ich konnte in seinen Augen nicht lesen, wie er das meinte. Er war kein Mann, der sich leicht verriet. Ich wußte also nicht, was für einen Eindruck ich auf ihn gemacht hatte. Von meiner Reaktion auf ihn hatte ich mich immer noch nicht erholt.

Ich beobachtete, wie sich seine Finger um das Glas legten. Feingliedrige, starke Hände, eigentlich nicht die Hände eines Soldaten. Goldene Härchen kräuselten sich auf seinem Handrücken, ich hätte sie am liebsten berührt.

»Ja, es gibt einen großen Unterschied zwischen uns. Meine Krankheit hat für immer Spuren in meinem Gesicht hinterlassen.«

Er stritt nicht ab, daß er die Pockennarben bemerkt hatte. Er war ehrlich, er würde niemals falsche Komplimente machen, das merkte ich.

Alles, was er sagte, war: »Ihr habt Glück gehabt, davongekommen zu sein.«

»Ich hatte ausgezeichnete Pflege. Meine Mutter hatte es sich in den Kopf gesetzt, mich wieder gesund zu pflegen. Ebenso meine Zofe.«

»Angelet hat mir darüber berichtet.«

»Sie muß Euch eine Menge über mich erzählt haben.« Plötzlich fragte ich mich, wie Angelet mich sah, wie gut sie mich überhaupt kannte. Ich habe immer geglaubt, ich kenne sie in- und auswendig. Kannte sie mich auch? Nein. Angelet würde nie in die geheimen Gedanken derer, die sie umgaben, vordringen. Sie sah alles schwarz oder weiß beziehungsweise gut oder schlecht. Liebte sie den General? Betete sie ihn an? Ich versuchte, sie mir zusammen im Bett vorzustellen.

»Sie hat mir von Eurer Krankheit erzählt und wie Ihr dazu gekommen seid.«

Sie hat natürlich versucht, eine Heldin aus mir zu machen, dachte ich. Ob er mich auch für eine hielt? Lange würde er das nicht tun. Er war ein Mann, dem man nicht leicht etwas vormachen konnte, das sah man.

»Ich freue mich sehr, daß Ihr gekommen seid. Angelet ist zur Zeit ziemlich deprimiert.«

»Ja, ich weiß, die Fehlgeburt. War sie sehr krank?«

»Nicht ernstlich, aber sie war natürlich enttäuscht.«

»Das müßt Ihr auch gewesen sein.«

»Es wird ihr bald wieder bessergehen. Wir führen im Augenblick ein sehr zurückgezogenes Leben. Meine Pflichten haben mich in den Norden geführt. Die Zeiten sind etwas unsicher.«

Das wußte ich. Politik hat mich schon immer mehr interessiert als meine Schwester.

»Ja, ich weiß, es gibt Elemente im Land, denen die Art, wie die Staatsgeschäfte geführt werden, nicht behagt.«

»Schottland bereitet uns im Augenblick große Sorgen.«

Ich war froh, während meiner Krankheit so viel gelesen zu haben. »Findet Ihr, daß der König das Recht hat, das Gebetbuch vorzuschreiben?«

»Der König ist der König«, gab er zur Antwort. »Er ist der Herrscher, und es ist die Pflicht seiner Untertanen, ihn als solchen zu respektieren.«

»Trotzdem erscheint es mir seltsam, daß es ausgerechnet in dem Land, dem sein Vater entstammt, zu Revolten kommt.«

»Die Stuarts sind Schotten, deshalb mögen sie die Engländer nicht. Und sie beschweren sich, daß der König einer der Ihren geworden ist. Es hat Unruhen da oben gegeben, und wir haben nicht genügend Geld, eine Armee auszustatten, die die Schotten in Schach halten könnte.«

»Das bereitet Euch natürlich große Sorgen und hat zur Folge, daß Ihr oft von zu Hause fort müßt.«

»Darauf muß ein Soldat immer gefaßt sein.«

»Mir scheint es unsinnig, über Religion zu streiten.«

»Viele Kriege wurden im Laufe der Geschichte deshalb geführt.«

Ich versuchte, mich intelligent über Staatsaffären zu unterhalten, und es gelang mir, weil ich meistens ihn reden ließ. So erfuhr ich immer mehr über ihn. Er war kein Mann, der oberflächlich Konversation führen konnte, und bald erzählte er von seinen Feldzügen in Spanien und Frankreich, und ich lauschte gespannt.

Wir unterhielten uns eine Stunde lang, und ich merkte, ich hatte Eindruck auf ihn gemacht, denn er schien erstaunt zu sein.

»Wie gut Ihr in diesen Dingen unterrichtet seid«, sagte er. »Das trifft man selten bei Frauen.«

»Ich habe heute abend eine Menge dazugelernt«, antwortete ich und meinte nicht nur die Kriege in Spanien und Frankreich.

»Ich bin gekommen, Euch willkommen zu heißen und Euch morgen nach Far Flamstead zu geleiten. Ich hatte keine Ahnung, daß ich einen so interessanten Abend verleben würde. Ich habe ihn sehr genossen.«

»Nur weil ich Eurer Frau ähnlich bin.«

»Nein, Ihr seid ganz anders. Das einzige, worin Ihr Euch ähnelt, ist Euer Aussehen.«

»Jetzt kann man uns auseinanderhalten«, sagte ich und berührte die Narbe auf meiner Wange.

»Ihr habt ehrenhafte Narben aus der Schlacht heimgebracht, Ihr solltet sie mit Würde tragen.«

»Was sonst sollte ich tun?«

Plötzlich beugte er sich vor und sagte: »Ich will Euch etwas sagen: Sie machen Euer Gesicht interessanter. Ich freue mich sehr, daß Ihr gekommen seid, und ich hoffe, Ihr werdet lange bei uns bleiben.«

»Ihr solltet mit Eurem Urteil hinter dem Berg halten, bis Ihr mich besser kennt. Gäste können manchmal sehr ermüdend sein.«

»Die Schwester meiner Frau ist kein Gast. Sie ist ein Mitglied der Familie und wird uns immer willkommen sein, wie lange sie auch zu bleiben wünscht.«

»General, das sind voreilige Worte, und ich hätte nie gedacht, daß Ihr Euch der Voreiligkeit schuldig machen könntet.«

»Woher wollt Ihr das wissen?«

»Dies ist kein gewöhnliches Zusammentreffen.«

Einen Augenblick lang sahen wir uns voll in die Augen. Seine waren kalt. Für ihn war ich nur die Schwester seiner Frau, und er war angenehm überrascht, daß ich intelligent war. Weiter ging er in seiner Vorsicht nicht. Aber das war nicht alles, nein. Vielleicht war ich erfahrener als er, trotz unseres Altersunterschieds. Ich glaube, daß Frauen wie ich schon mit dem Wissen um die Anziehungskraft zwischen den Geschlechtern auf die Welt kommen. Jedenfalls wußte ich, daß hinter seinem kalten Äußeren Leidenschaft pulsierte.

Ich dachte daran, wie ich Bastian an der Nase herumgeführt habe, wie ich der Versuchung mit ihm widerstand, und wußte jetzt, daß Bastian mir nie etwas bedeutet hat.

Aber das war erst der Anfang meiner Entdeckungen.

»Ich habe Euch durch meine Schwester kennengelernt. Sie schreibt immer über Euch. Ihr seid also kein Fremder mehr für mich. Und – meine Schwester und ich sind Zwillinge – zwischen uns gibt es ein enges Band; jede von uns weiß ob der Gefühle der anderen.«

Ich erhob mich, und er nahm meine Hand in die seine und sagte ernst: »Ich hoffe, Ihr werdet Euren Aufenthalt bei uns genießen.«

»Das werde ich«, versicherte ich ihm.

Er begleitete mich zu meinem Zimmer, wo Phoebe mich bereits erwartete und in einem tiefen Knicks vor dem General versank. Wir verabschiedeten uns, und ich ging zu meinem Bett und setzte mich. Phoebe kam und knöpfte mein Kleid auf.

»Der Herr gefällt Euch.« Es war eine Feststellung, keine Frage.

»Ja, der Herr gefällt mir.«

»Ihr wart alleine mit ihm?«

»Findest du das nicht richtig, Phoebe?«

»Mistress, das geht mich nichts an...«

Ich lachte. »Du machst dir zu viele Gedanken, Phoebe. Der Herr ist General Tolworthy, der Mann meiner Schwester und mein Schwager.«

Phoebe schaute mich einen Augenblick mit großen Augen an, dann senkte sie den Blick. Aber ich hatte ihre Befürchtung bereits erkannt.

Ich war ganz sicher, Phoebe wußte von meinen Abenteuern. Als Mädchen, das schon Erfahrung hatte, mußte sie meine seltsame Stimmung bemerkt haben und genau wissen, was das bedeutete.

In dieser Nacht fand ich keinen Schlaf. Immer wieder dachte ich an unser Gespräch. Sein Gesicht verfolgte mich: die feinen, aber ausgeprägten Augenbrauen; das kalte Glitzern seiner Augen – und dann sein korrektes Benehmen, das die Tatsache, daß ich eine Frau war, zu leugnen schien. Und doch war da etwas.

Ich versetzte mich in Angelets Situation – und umgekehrt: Angenommen, ich wäre Carlottas Einladung gefolgt und Angelet hätte die Pocken bekommen. Dann wäre ich heute seine Frau, oder nicht? Warum hat er ausgerechnet Angelet gewählt? Sie hat mir von ihrem Abenteuer in den Straßen von London berichtet. Ich konnte mir gut vorstellen, wie er sie gerettet und beschützt hat. Sie, in ihrer Hilflosigkeit. Wenn man mir die Geldbörse geklaut hätte, hätte ich auch versucht, sie wiederzubekommen. Wäre ich damals an Angelets Stelle gewesen, wäre ich seine Frau und Angelet läge jetzt in diesem Bett und käme zu Besuch.

Ich mußte unbedingt wissen, wie es zwischen den beiden stand. Liebte er sie? Und sie ihn?

Ich würde es bald herausfinden, wenn ich unter einem Dach mit ihnen lebte. Und was wird wohl das Resultat sein?

Im stillen sagte ich mir, daß ich nur zu heiraten bräuchte, und Phoebe wußte das. Vielleicht sollte sie auch heiraten. Sollte ich einen Mann für sie finden? Einen Mann, der mich dafür anbeten würde, daß ich ihm Gelegenheit gab, Phoebe zu heiraten und in meine Dienste zu treten? Warum wollte ich immer nur, daß mich die Leute bewunderten? Warum konnte ich nicht natürlich und unkompliziert sein wie Angelet? Aber vielleicht war sie gar nicht mehr so. Sie war verheiratet, sie hat mit einem Mann im selben Bett geschlafen. Sie hätte fast ein Kind geboren, wenn nicht irgend etwas schiefgegangen wäre. Sie mußte sich verändert haben!

Wußte ich das nicht selbst am besten? So lange war ich krank gewesen, und plötzlich bin ich wieder zum Leben erwacht. Ich habe wieder mit Bastian geflirtet, und obwohl es mir mein Stolz nicht gestattet hat, ihn mir als Liebhaber zu nehmen, hätte ich es doch gerne getan. Nun, es hätte nicht unbedingt Bastian sein müssen. Jetzt habe ich diesen Mann kennengelernt, und er war anders als alle Männer, denen ich bis jetzt begegnet bin. Er war nicht wie die Kroll-Buben und die Lamptons, mit denen ich aufgewachsen bin. Er war unerreichbar, das faszinierte mich. Ein erfahrener Mann, der die Welt kannte, der Schlachten geschlagen und dem Tod ins Auge gesehen hat. Das reizte mich.

Irgendwann schlief ich ein und wurde frühmorgens von Phoebe geweckt, weil wir das Wirtshaus Punkt sieben verlassen wollten.

Tolworthy und ich frühstückten zusammen und unterhielten uns mit derselben Leichtigkeit wie am Abend zuvor.

Er erzählte mir von seinem Elternhaus im Norden, und ich sagte, ich könnte mir gut vorstellen, wie sich seine Vorfahren gegen die Pikten verteidigt hätten. Er sah ein bißchen aus wie ein Däne, und ich meinte, seine Vorfahren seien sicher in langen Booten gekommen und hätten unsere Küsten unsicher gemacht.

»Das kann schon sein«, antwortete er, »aber sie haben immer behauptet, mit Wilhelm dem Eroberer ins Land gekommen zu sein.« Wir sprachen auch über den Krieg und daß es immer Kriege gegeben hat, und ich erklärte ihm, um wie vieles besser es doch wäre, wenn man Streitigkeiten anders schlichten würde.

Als Soldat konnte er sich natürlich nicht vorstellen, wie sie sonst geschlichtet werden sollten, denn Menschen, die ihr Wort nicht hielten, würde es immer geben, und der einzig richtige Weg, Gesetze durchzusetzen, war die Gewalt.

»Es ist schon seltsam, daß man, um Frieden zu schaffen, Krieg führen muß«, sagte ich.

Anschließend kam die Sprache auf Kräuter, und er erzählte mir, daß er sich oft nach Schlachten ihrer bedient hätte. So ging das Frühstück wie im Fluge vorbei.

Wir wollten pünktlich aufbrechen, und das taten wir auch. Seine Pünktlichkeit amüsierte mich. Ich erriet, daß Unpünktlichkeit für ihn unverzeihlich war, und fragte mich, wie Angelet damit fertig wurde. Pünktlichkeit war nie ihre Stärke gewesen.

Ich ritt neben ihm und dankte ihm für die freundliche Geste, zum ›Bad-Faced Stag‹ gekommen zu sein, um mich heimzubegleiten, was er sofort mit den Worten »Selbstverständlich mußte ich meiner neuen Schwester entgegenreiten« abtat. Sein Gesicht war sehr ernst. »Ich hoffe, es wird Euch in Far Flamstead nicht zu langweilig werden. Später ziehen wir um in mein Haus in Whitehall, dort werdet Ihr natürlich Leute vom Hof kennenlernen. Im Augenblick habe ich das Gefühl, Angelet muß noch Kräfte sammeln. Deshalb ziehe ich ein ruhiges Leben für sie vor.«

»Das verstehe ich. Ich lebe auch auf dem Lande und kann mir vorstellen, daß das Leben bei uns noch viel ruhiger ist als in Far Flamstead. In der Hinsicht müßt Ihr Euch keine Gedanken machen.«

»Ich bin davon überzeugt, Euer Kommen wird auf uns beide einen guten Einfluß haben.«

Er machte mich auf die Besonderheiten dieser Landschaft aufmerksam, und mir fiel der große Unterschied zwischen dieser und der heimatlichen Umgebung auf. Die Bäume bei uns tragen allesamt Spuren von den Kämpfen, die sie mit den Südweststürmen auszufechten haben, während hier, im Südwesten Englands, die Bäume – Linden, Platanen, Kastanienbäume – viel stattlicher aussehen; gleichmäßig gewachsen, als wären ihre Zweige getrimmt worden. Auch die Wiesen machten den Eindruck, als hätte man sie gerade gemäht. Über allem lag eine gewisse Eleganz, die unserem rauhen Cornwall fehlt.

Endlich erreichten wir Far Flamstead. Ich bemerkte seinen Stolz, als er mir den Landsitz von weitem zeigte. Ein elegantes Haus, offensichtlich in den ersten Regierungsjahren unserer großen Königin erbaut. Ein Fachwerkbau mit roten Ziegeln, von freundlichen Gärten umgeben.

Plötzlich erblickte ich einen grauen Turm und rief aus: »Das muß das Schloß sein, von dem Angelet mir geschrieben hat.«

Ich war mir seiner so bewußt und für seine wechselnden Stimmungen so empfänglich, daß ich sofort wußte, es war ein Fehler, das Schloß erwähnt zu haben. Etwas daran störte ihn.

»Es ist eine Ruine, oder nicht?«

»Kaum. Eine Torheit, wäre die bessere Beschreibung.«

»Oh... ja... natürlich.«

»Was bedeutet, daß es nutzlos ist.«

»Nimmt es denn keinen Platz weg, den man für etwas Vernünftigeres gebrauchen könnte?«

»Mein Vorfahre hat es gebaut, und es gibt eine Legende darüber: Man muß es lassen, wie es ist.«

»Weil es sonst Unglück über die Familie bringen könnte, oder warum?«

»Ja, ich nehme an.«

»Seid Ihr abergläubisch?«

»Sind wir das nicht alle? Die, die behaupten, sie wären nicht abergläubisch, sind es oft am meisten. Aberglaube ist ein natürlicher Instinkt. Stellt Euch vor, als der Mensch zu begreifen begann, bekam er Angst. Er hatte Angst vor dem Mond, Angst vor der Sonne, Angst vor wilden Tieren, die das Land durchstreiften, und aus der Angst wächst der Aberglaube.«

»Ihr glaubt also, wenn wir vor etwas Angst haben, werden wir abergläubisch. Ich weiß schon, die Legende besagt, solange das Schloß besteht, kommt kein Unheil über das Haus.«

Er schwieg, aber ich hätte allzugerne die Wahrheit über das Schloß gewußt.

Wir ritten in den Hof ein, und da stand auch schon meine Schwester.

»Bersaba!« rief sie. Ich stieg ab, und sie warf sich mir in die Arme.

Wir fingen gleichzeitig zu reden an. Es gab so viel zu erzählen. Sie mußte erfahren, was alles zu Hause geschehen war, seit sie uns verlassen hatte, aber ich war genauso ungeduldig wie sie zu erfahren, wie es ihr ergangen war.

Ich erzählte ihr, daß das Leben zu Hause mehr oder weniger seinen gewohnten Gang nähme, daß ich krank und ans Bett gefesselt gewesen sei. Unser Vater sei zurückgekehrt und mit ihm Fennimore, unser Bruder, und Bastian, und keiner der beiden jungen Männer wollte wieder zur See fahren.

Sie schilderte mir ihre Ankunft in Carlottas Haus und ihr Abenteuer in den Straßen Londons. Sie erzählte von der Zeit, da er ihr den Hof gemacht hatte, von ihrer Hochzeit und wie sie als Herrin nach Far Flamstead gekommen war.

Obwohl sie pausenlos redete, und das in aller Ausführlichkeit, sprach sie nie von ihrer Beziehung zu ihrem Mann. Ich spürte, daß es ihr widerstrebte, dies zu tun.

Sie führte mich in ein bezauberndes Zimmer, das sie das Lavendelzimmer nannte und das mir gehören sollte. Die Bettvorhänge waren mit lavendelfarbenen Zweigen bestickt, genau wie die Vorhänge an den Fenstern, und die Teppiche hatten die zarte Farbe der Malve.

Daneben lag das blaue Zimmer, in dem sie selbst manchmal schlief

»Nicht immer?«

»Nein.«

Sie schien leicht verlegen. »Ich schlafe darin seit... auf jeden Fall nicht immer. Aber nach der Fehlgeburt brauchte ich viel Ruhe, und wir beschlossen, daß ich ein Schlafzimmer für mich allein haben sollte.«

»Du schläfst nicht im ehelichen Schlafzimmer?« fragte ich fassungslos.

»Hm... nein. Dies ist ein sehr ruhiges Zimmer.«

Meine Schwester hatte immer noch etwas Jungfräuliches an sich. Es war kaum zu glauben, sie war doch verheiratet und wäre beinahe Mutter geworden!

Das blaue Zimmer war bezaubernd, ähnlich dem Lavendelzimmer. Ich hätte gerne gewußt, ob es Richard Tolworthys Idee war, daß Angelet alleine schlafen sollte.

Sie sprach über die Ereignisse, die zu ihrer Ehe geführt hatten, daß man munkelte, im Schloß spuke es, und daß sie eines Nachts ein Licht gesehen hätte und zum Schloßzimmer hinaufgegangen sei, um nachzusehen. Dort hatte sie irgend etwas gesehen. Aber sie wußte nicht genau, was. Ein Gesicht, dachte sie, das sie seltsamerweise schon früher einmal gesehen zu haben glaubte. Die Dienerschaft war davon überzeugt, sie hätte einen Alptraum gehabt, aber sie sei anderer Meinung. Auf jeden Fall war sie sehr erschrocken, und alle sagten, daß sie deshalb eine Fehlgeburt gehabt hätte.

Ich erinnerte mich an den seltsamen Ausdruck in Richards Augen, als er von dem Schloß sprach, und ich fieberte danach, mehr darüber zu erfahren. Ich hatte das Gefühl, daß ich dann mehr über ihn wüßte.

Die ersten Tage waren voll neuer Eindrücke. Ich ritt mit meiner Schwester aus, und sie zeigte mir den Longridgehof. Richard war eines Tages hinübergeritten und hatte sich bei ihnen für alles, was sie für Angelet getan hatten, bedankt, aber die Beziehung zwischen ihnen blieb gespannt. Sie erzählte mir auch, daß Richard Luke Longridge einmal zum Duell aufgefordert hatte.

»Zum Duell?« rief ich aus. Das schien mir ein neues Licht auf seinen Charakter zu werfen. Ich konnte mir weder vorstellen, daß er romantisch noch daß er voreilig war. »Wegen einer Frau?«

Angelet lachte. »Gewiß nicht. Luke Longridge hatte etwas Respektloses über den König gesagt.«

»Dein Mann ist offensichtlich ein glühender Anhänger des Königs!«

Sie war ein wenig nachdenklich geworden. »Er ist Soldat, und es ist seine Pflicht, dem König treu zu dienen.«

Ja, das war's, dachte ich. Er war ein Mann, der den alten Traditionen verbunden war. Möglicherweise bewunderte er den König nicht einmal, aber er diente ihm und würde ihn, falls nötig, auch mit seinem Leben verteidigen.

Er war ein Mann, der strikt am Überlieferten festhielt.

So ritt ich mit Angelet, spazierte mit ihr herum, und wir redeten. Manchmal, wenn es Abend wurde, entdeckte ich eine gewisse Nervosität in ihrem Blick. Dann schlich ich mich leise zu ihrer Zimmertür und schaute hinein. Wenn sie nicht da war, wußte ich, sie lag mit ihm im Ehebett.

Einmal verbrachte er eine Nacht außer Haus, und ich war fassungslos zu bemerken, wie erleichtert sie schien. Aber wenn sie von ihm sprach, leuchteten ihre Augen in tiefer Bewunderung, so daß jeder gesagt hätte, sie liebt ihn aufrichtig.

Ich versuchte, sie über ihre Beziehung zu ihm auszuhorchen.

»Bald werden wir hören, daß du wieder ein Kind erwartest«, sagte ich zum Beispiel, und Angelet überlief ein Zittern.

»Was ist los, Angelet? Du wünschst dir doch Kinder?«

»Selbstverständlich.«

»Und er... dein Mann?«

»Ja, natürlich wünscht er sich Kinder.«

»Nun, wenn ihr beide es euch wünscht...«

Sie wandte sich von mir ab, aber ich erwischte sie am Arm.

»Angelet, bist du glücklich?«

»Natürlich.«

»Die Ehe ist alles, was du dir gewünscht hast... alles!«

Ich zwang sie dazu, mich anzusehen. Sie hatte mich nie anlügen können. Ihr Blick war leer, und ich wußte, sie versuchte etwas vor mir zu verbergen.

»Es gibt Dinge in einer Ehe, von denen du nichts verstehst.«

Beinahe hätte ich laut gelacht.

»Zum Beispiel?«

»Das kann ich dir nicht erklären. Du mußt schon warten, bis du selbst verheiratet bist.«

Jetzt wurde mir klar – was ich befürchtet hatte. Diese quälende Leidenschaft, die mich oft überkam, Angelet hatte nichts davon. Vielleicht hatte die Natur gewisse Qualitäten zwischen uns ungleich verteilt.

Von diesem Augenblick an war mir die Situation klar: Nur gleichmütig ertrug meine Schwester die Vereinigung im ehelichen Bett, zu der sie laut Ehevertrag gezwungen war. Aber was sagte er dazu? Er mußte es bemerken, und viel Freude konnte er an ihrer Kälte nicht haben.

Ich freute mich immer auf die Abende, die er mit uns verbrachte. Ich spielte Schach mit ihm, hie und da schlug ich ihn sogar. Das erstaunte ihn zwar, aber es machte ihm auch Spaß.

Er zeigte uns, wie er Schlachten geschlagen und gewonnen hatte, und schob seine Zinnsoldaten auf einem improvisierten Schlachtfeld hin und her.

Ich beobachtete ihn gespannt und tat alles, um seine Aufmerksamkeit auf mich zu lenken. Ich stellte ihm Fragen über sein Vorgehen und gab auch meinen Zweifeln Ausdruck. Seine Augenbrauen zogen sich zusammen, wenn er mit mir sprach, als wäre er erstaunt über meine Verwegenheit in Fragen der professionellen Kriegführung.

Einmal nahm ich einfach die Infanterie und stellte sie woanders auf. Anstatt mich zu tadeln oder mir Einhalt zu gebieten, sagte er: »In diesem Falle hätte ich die Kavallerie hier aufstellen müssen.«

»Die Infanterie steht hinter dieser Hügelkette«, machte ich ihn aufmerksam. »Eure Kavallerie hätte gar nicht bemerkt, daß sie ihre Position geändert hat.«

»Das hätten sie gesehen.«

»Nein, unmöglich, es war Nacht.«

»Meine Spione hätten mich informiert.«

»Aber meine Spione haben Eure Spione längst erkannt, Ihr habt immer dieselben Männer geschickt. Sie haben Euch an der Nase herumgeführt. Während Ihr noch glaubtet, daß sie hinter dieser Hügelkette im Hinterhalt liegen, haben Sie heimlich ihren Standort gewechselt.«

Ich sah seine Augen aufleuchten, als er meinen Blick suchte.

»Was wißt Ihr von Schlachten?« fragte er.

»Um eine Schlacht zu gewinnen, muß man taktisch geschickt sein, und Frauen verstehen sich auf diese Kunst.«

Er war erheitert und... erregt, das merkte ich. So trugen wir unsere improvisierten Fehden aus.

Angelet saß in ihrem Sessel und sah uns zu.

Hinterher sagte sie zu mir: »Du hättest nicht so mit Richard sprechen sollen, du warst ziemlich arrogant, als verstündest du etwas von Schlachten.«

»Schlachten mit Zinnsoldaten!«

»Bei ihm ist das anders: Er rekonstruiert Schlachten, die er einmal gewonnen hat.«

»Dann ist es doch sehr gut für ihn, wenn er einen richtigen Gegner hat, einen General, der ihn überlistet.«

»Dich... Bersaba?«

»Ja, warum nicht?«

»Ich glaube nicht, daß ihm das gefällt.«

Natürlich hat es ihm gefallen, und wir spielten unsere Spiele auf dem improvisierten Schlachtfeld und dem Schachbrett weiter. Ich freute mich auf diese Abende, an denen wir uns so nah waren, und ich tat alles, ihn das spüren zu lassen. Nachts, wenn ich alleine war, dachte ich an ihn, und diese Faszination, die ich empfand, als ich ihn zum erstenmal sah, war nicht verblaßt, im Gegenteil.

Einmal sagte Angelet zu mir: »Richard hat gestern nacht von dir gesprochen.«

»Ach, was hat er denn gesagt?« fragte ich neugierig.

»Er sagte, wir müßten Einladungen geben. Allerdings würde er das lieber in London tun. Dort wäre die Gesellschaft interessanter.«

»Aber du behauptest doch, er habe von mir gesprochen?«

»Das hat er auch. Er hat gesagt, wir müßten einen Mann für dich finden.«

Jetzt war ich ernstlich wütend auf ihn. »Will er mich aus dem Hause haben?«

»Aber nein, Bersaba, so darfst du nicht denken. Er hat dich gerne hier, weil er weiß, daß ich dich jetzt brauche. Er sagt, du bist amüsant und attraktiv, du sollst heiraten. Er fürchtet nur, ich wäre noch nicht gesund genug für das aufreibende Stadtleben.«

So war das also, amüsant und attraktiv. Und einen Mann will er für mich finden!

Einerseits freute ich mich, andererseits war ich ärgerlich und frustriert.

Die Dienerschaft des Hauses beunruhigte mich. Wäre ich die Hausherrin gewesen, hätte ich mehr über sie wissen wollen. Die Hauptverantwortlichen natürlich waren die Cherrys und Jesson. Der letztere war leise und zurückhaltend, ein ausgezeichneter Mann, von dem man so wenig sah, daß man geneigt war, seine Existenz zu vergessen. Meg war Angelets Zofe, und Grace, ihre Schwester, nebenbei als Hebamme tätig. Das behauptete Angelet. Im Haus wurden ihre Dienste selten in Anspruch genommen, da der Großteil des Gesindes männlichen Geschlechtes war. Aber wenn Angelet sie einmal brauchen sollte, würde sich ihre Anwesenheit als nutzvoll erweisen. Sie hielt große Stücke auf Grace' Weisheit.

Es war nicht weiter erstaunlich, daß Richard sein Haus von männlichen Dienstboten führen ließ. Alle diese Männer hatten irgendwann einmal unter ihm gedient, nehme ich an, und waren aus irgendeinem Grunde aus der Armee ausgeschieden. Er war ihr Wohltäter, und sie würden ihm zweifellos besser dienen als irgendein anderer.

Mrs. Cherry und ihr Mann schienen kein außergewöhnliches Paar zu sein: Sie hatte die Küche unter sich, und er – zusammen mit Jesson – kümmerte sich um das Haus. Ich muß gestehen, der Haushalt funktionierte reibungslos.

Alle Uhren gingen auf die Minute genau, und die Mahlzeiten wurden mit dem Glockenschlag der vereinbarten Zeit serviert. Eigenartig, Angelet benahm sich gar nicht wie eine Hausherrin, sie hatte überhaupt keine Veränderung vorgenommen. Ich glaube, das hätte ich schon gemacht, und sei es nur, um diesen Leuten zu zeigen, daß ich die neue Herrin war.

Zweifellos betrachtete mich die Dienerschaft mit Interesse, wahrscheinlich sogar mit Argwohn. Oft ertappte ich Mrs. Cherry dabei, wie sie mich mit wachsamem Blick beobachtete.

Das Schloß hatte mich vom ersten Moment an fasziniert, auch nachdem Angelet mir erzählt hatte, daß man es nicht betreten dürfe, weil es eine Ruine sei und jeden Moment einstürzen könne. Richard hatte den strengen Befehl erteilt, nicht in die Nähe dieses Gemäuers zu gehen. Er würde sehr böse werden, meinte sie, wenn einer von uns seinen Befehl mißachte.

Sie nahm mich mit hinauf ins Schloßzimmer, das seine erste Frau bewohnt hatte. Die Ehe hatte nur ein Jahr gedauert, dann starb seine Frau im Kindbett.

Was sie von der Frau wüßte, fragte ich Angelet. Hatte sie irgend etwas über sie in Erfahrung bringen können?

»Sehr wenig«, antwortete sie. »Die Leute sprechen nicht über sie. Sie ist vor über zehn Jahren gestorben.«

»Und Richard? Hast du ihn nicht nach ihr gefragt?«

»Ich glaube nicht, daß er das möchte.«

»Du bist wirklich eine gute Ehefrau, Angelet. Tust du auch sonst alles, was er wünscht?«

»Natürlich. Warum lachst du?«

»Ich würde an deiner Stelle manchmal ein bißchen rebellieren.«

»Das würdest du nicht. Du warst noch nie verheiratet und verstehst nichts von den Beziehungen zwischen Mann und Frau. Selbstverständlich möchte ich ihm in allem gefallen.«

Die Stimme versagte ihr. Ja, ja, die kleine Schwester, dachte ich, du möchtest ihm in allem zu Gefallen sein, obwohl es dir schwerfällt, dich seinen Umarmungen hinzugeben.

Die Situation amüsierte mich und machte mich neugierig. Dazu kam das erregende Gefühl seiner Gegenwart. Den ganzen Tag über wartete ich nur auf diesen scheinbar ruhigen Abend, an dem Angelet bei ihrer Stickerei saß und ich mich mit ihm unterhielt oder wir unsere Schlachten schlugen.

In der Bibliothek fand ich ein paar Bücher, die ich lesen wollte, und eines Tages überraschte er mich dabei. Er trat ganz leise an mich heran und schaute mir über die Schulter.

»Was lest Ihr, Bersaba?« fragte er.

Ich zeigte ihm das Buch.

»Das interessiert Euch?«

»Ja, sehr sogar.«

»An Euch ist ein Soldat verlorengegangen.«

»Frauen werden leider nicht rekrutiert.«

»Ich kenne eine Frau, die es mit jedem Mann aufnehmen könnte.«

»Auf dem Feld würde ich mich wahrscheinlich weniger auszeichnen, aber den Schlachtplan entwerfen würde ich gerne.«

»Ihr würdet sofort zum General avancieren.«

Sein amüsiertes Gesicht war Belohnung genug, denn er war ein Mann, der selten lächelte. Ich hätte gerne gewußt, warum. War das Leben so schwer für ihn gewesen?

Ich war mir nicht so sicher, ob ich in ihn verliebt war, ich wußte nur, ich war gerne bei ihm und wünschte mir nichts anderes, als ganz mit ihm zusammen sein zu dürfen. Nichts sonst interessierte mich. Mit Bastian war es anders gewesen. Mein Vetter hatte nichts Geheimnisvolles an sich gehabt. Alles, was sich in seinem Leben abgespielt hatte, kannte ich. Aber hier war der Mann meiner Schwester, mit seiner ungeheuren Ausstrahlung, die durch seine Kühle nur noch aufreizender war. Jeden Tag erfuhr ich ein bißchen mehr über ihn, einfach deshalb, weil ich mich um nichts anderes mehr kümmerte. Er war stockkonservativ, dazu erzogen, an gewisse Ideale zu glauben. Niemals würde er davon abweichen, obwohl er in anderen Dingen außergewöhnlich logisch sein konnte. Königstreue und Familie waren unantastbar. Ich bewunderte ihn dafür, und doch verspürte ich den Wunsch, ihn von seinen Vorsätzen abzubringen. Er mußte etwas erlebt haben, etwas sehr Tragisches. Oft dachte ich, das Geheimnis wäre in diesem Haus zu finden. Ob seine Diener Cherry und Jesson etwas wußten? Sie standen schon so lange in seinen Diensten. Seine junge Frau war im Kindbett gestorben. Hatte er sie zärtlich geliebt oder gar leidenschaftlich? Was für eine Tragödie, die Frau und das heißersehnte Kind zu verlieren. Er war ein Mann, der sich Söhne wünschte, die die Tradition der Familie fortsetzten. Das Schloß im Norden war der Sitz seines jüngeren Bruders. Ob er ihn wohl auf seinen Reisen besuchte? Warum hat er zehn Jahre gewartet, sich wieder zu verheiraten, und warum ausgerechnet Angelet? Ist sie so hübsch? Es ist schwer, ein Gesicht zu beurteilen, das dem eigenen so ähnlich ist. Sie besitzt eine Unschuld, die mir fehlt und die sie ihr Leben lang behalten wird. Sie ist liebevoll, gefühlvoll, romantisch – aber ohne jede Leidenschaft. Wieder wurde mir bewußt, wie verschieden unsere

Charaktere waren. Das für dich, Angelet, das für dich, Bersaba. Freundlichkeit, Güte, Einfachheit für Angelet, und für Bersaba blinde Leidenschaft, die Befriedigung verlangt, mit allen Konsequenzen. Sie wird mein Leben immer beherrschen. Darüber hinaus bin ich selbstsüchtig, stolz und arrogant. Aber ich habe Phantasie und das Talent, das zu bekommen, was ich haben will.

Ganz schlecht bin ich also nicht, verteidigte ich mich. Ich berührte die Pockennarben auf meiner Stirn und dachte daran, daß mir Phoebe zu retten wichtiger gewesen war als alles andere, auch wenn ich nicht wissen konnte, welche Folgen das auf mein Leben haben würde. Wäre ich sonst auch gegangen? Sicherlich nicht.

Die Tage vergingen, und ich war bereits einen Monat in diesem Haus. Um nicht das Bett mit ihrem Mann teilen zu müssen, gab Angelet immer noch vor, schnell zu ermüden. Er würde nie darauf bestehen, das wußte ich.

Trotzdem wünschte sie, wieder schwanger zu werden. Sie wollte unbedingt ein Kind. Sicherlich würde sie eine gute Mutter sein, aber ich hatte sie in Verdacht, daß sie – sobald sie ein Kind bekommen würde – das als Vorwand nähme, sich den nächtlichen Umarmungen ihres Mannes wieder zu entziehen.

Plötzlich – und ohne Vorwarnung – packte mich die Versuchung.

Eines Tages erschien ein Bote. Richard mußte sofort nach Whitehall aufbrechen und sagte, er würde am nächsten Nachmittag wieder zurück sein.

Ich war deprimiert. Ein Tag ohne ihn war leer, und ich wußte nicht, wie ich ihn überstehen sollte. Ich konnte nicht wie Angelet stundenlang über einer Handarbeit sitzen bleiben. Ich las, solange das Licht noch gut war, ritt aus und ging ein bißchen spazieren. Ich liebte es, auf Entdeckungsreisen zu gehen, und oft ertappte ich mich dabei, wie ich um die Mauer streifte, die das Schloß umgab, und die – wie ich entdeckt hatte – oben mit kleinen Glasscherben bestreut war. Richard hatte keine Mühe gescheut zu verhindern, daß sich jemand Zutritt zum Schloß verschaffen konnte.

Am Nachmittag wollten Angelet und ich ausreiten, aber als ich gerade in meinen Reitanzug steigen wollte, kam Meg ins Zimmer und sagte, meine Schwester wolle mich sprechen. Sie lag auf dem Bett und tat sich leid. Ihre linke Wange war geschwollen.

»Zahnschmerzen«, sagte Meg, »schon den ganzen Morgen.«

Ich setzte mich zu ihr. Angelet hatte die Augen halb geschlossen und offenbar Schmerzen.

»Möchtest du etwas von Mutters Kamillenpräparat?« fragte ich sie. »Das wirkt immer!«

»Mrs. Cherry hat ein gutes Mittel«, sagte Meg. »Sie ist so geschickt mit Kräutern.«

»Ich werde sie darum bitten«, sagte ich.

Ich fand Mrs. Cherry beim Backen in der Küche. Sie warf mir einen argwöhnischen Blick zu, bevor ihre Züge wieder liebevolle Gutmütigkeit ausdrückten.

»Mrs. Cherry, meine Schwester hat furchtbare Zahnschmerzen, und Meg sagt, Ihr habt ein Mittel dagegen.«

»Gott segne Euch, Mistress, natürlich habe ich etwas. Ich habe meine eigene Apotheke und werde ihr etwas geben, damit sie einschläft. Das beruhigt den Zahn.«

»Meine Mutter hat immer ein Getränk aus Kamille, Mohnsaft und noch etwas gebraut. Das half immer sehr gut.«

»Genau. Es heilt schnell, aber sie wird eine doppelte Dosis brauchen.«

»Könnt Ihr es mir mitgeben?«

»Aber selbstverständlich, Mistress.«

Sie gab mir die Flasche mit dem Heiltrank, und gleich brachte ich ihn meiner Schwester. Er roch ein wenig anders als der, den meine Mutter zubereitete.

»Nimm das, Angelet, dann wirst du schlafen.«

Sie gehorchte, und ich saß eine Weile bei ihr, bis sie eingeschlafen war. Sie sah so jung und unschuldig aus, als sie in tiefem Schlaf in ihren Kissen lag. Das Haar war ihr aus der glatten weißen Stirn gefallen. Unwillkürlich faßten meine Finger an ihre eigenen. Wenn die Leute uns nebeneinander liegen sähen, könnten sie uns auseinanderhalten. Die mit den Narben ist Bersaba! Plötzlich erfaßte mich wieder wilder Neid, weil sie seine Frau war. Nichts gab es, was ich mir mehr gewünscht hätte. Ich mußte an den ängstlichen Eindruck denken, den sie manchmal machte, und an ihre Entschuldigungen, wenn es darum ging, abends in ihrem blauen Zimmer bleiben zu können. Und da tat sie mir wieder leid.

Ich ging hinunter in den Stall und bat den Burschen, mir mein Pferd zu satteln. Er wollte mitkommen, weil weder Angelet noch ich allein ausreiten sollten, aber ich wollte allein sein. Ich wollte darüber nachdenken, was ich hier sollte und wie lange ich noch bleiben konnte.

Wenn er zurückkam, würde er vielleicht sagen, daß wir nach Whitehall gingen. Dort würde er Einladungen geben und interessante Leute einladen. Vielleicht würde er einen Mann für mich suchen.

Zorn war in meinem Herzen, weil mich das Schicksal so ungnädig behandelt hatte. Zuerst hat es mir Narben beschert und mich dann dem Mann zugeführt, den ich begehrte, aber erst, nachdem er der Mann meiner Schwester geworden war. Ich brauchte Genugtuung, so weit kannte ich mich. Bastian bedeutete mir nichts, er hatte mir nie etwas bedeutet.

Richard Tolworthy verfolgte mich. Tag und Nacht dachte ich an ihn, und ein Tag wie heute, an dem er weg war, war ein Tag ohne Bedeutung. Ich nehme an, das ist es, was die Menschen Liebe nennen.

Ich ritt einfach los, ohne darauf zu achten, wohin. Ich mußte meiner Mutter schreiben; ich mußte nach Hause zurück. Ich konnte nicht mehr hierbleiben. Ich würde einfach sagen, Angelet ginge es schon viel besser und ich vermißte mein Zuhause.

Ein Mann zu Pferd kam mir entgegen, lüftete seinen Hut und verbeugte sich. »Guten Tag«, sagte er, »es ist schon lange her, daß Ihr uns besucht habt.«

Erstaunt starrte ich ihn an. Er erwiderte meinen Blick, und plötzlich fiel es mir ein.

»Ihr müßt mich mit meiner Schwester verwechseln. Ich bin Bersaba Landor.«

»In der Tat! Mistress Tolworthy hat erwähnt, daß sie eine Zwillingsschwester hat.«

»Ja, das bin ich.«

»Dann freue ich mich, Eure Bekanntschaft zu machen. Und vielleicht erweisen Sie meiner Schwester die Ehre, sie zu besuchen. Unser Bauernhof liegt nur eine halbe Meile von hier.«

An diesem leeren Tag war ich zu jedem Abenteuer bereit, und ich gab meiner Bereitschaft Ausdruck, die Bekanntschaft seiner Schwester zu machen.

Als wir weiterritten und er von Getreide und Ernte sprach, beobachtete ich ihn. Die Anliegen anderer Leute interessierten mich immer. Das war ein Talent, das mich für Angelets Liebenswürdigkeit entschädigte. Während sie höfliches Interesse geheuchelt hätte, wäre sie in Gedanken ganz woanders gewesen. Ich dagegen hatte echtes Interesse zu erfahren, was andere Leute machten. Das war einer der Gründe, warum mir manchmal ihre

Bewunderung zuteil wurde. Nichts entzückt sie so sehr, als wenn man ihren Sorgen Aufmerksamkeit widmet.

Ich begriff sofort, daß dieser Mann, der sich als Luke Long-ridge vorgestellt hatte, Puritaner war. Sein Gewand ließ ihn als solchen erkennen. Und als ich seine Schwester in ihrem einfa-chen grauen Kleid sah, war ich davon überzeugt.

Das Gutshaus war gemütlich. Sie boten mir selbstgebrautes Bier und warme Pasteten an, die vorzüglich schmeckten, und seine Schwester Ella erkundigte sich nach Angelet. Ich erzählte ihnen von ihren Zahnschmerzen, und sie baten mich, Angelet ihre besten Wünsche zu übermitteln.

Ich stellte eine Menge Fragen über die Landwirtschaft und erfuhr, daß der Monat Januar wegen des freundlichen Wetters sehr schlecht gewesen war, daß sie Kummer mit den Schafen hätten und wieviel Arbeit das Pflanzen der englischen Erbsen mache. Die Gerstenaussaat im März wäre gut über die Bühne gegangen, wie immer, auch die Aussaat von Flachs und Hanf, und natürlich die Kräuter in ihrem Küchengarten. Auch der Hopfen bringe guten Gewinn. Seit er unter Heinrich VIII. einge-führt worden sei, betrieben viele Bauern den Anbau von Hop-fen, obwohl er viel Pflege brauchte.

Dann sprachen wir über die Schwierigkeiten der Heu- und Getreideernte, für die sie extra Arbeitskräfte benötigten und fahrendes Volk zur Hilfe anheuerten.

Trotzdem spürte ich, daß das wirkliche Interesse in diesem Haus nicht der Landwirtschaft, sondern der Politik galt, und erkannte, daß Luke Longridge den brennenden Wunsch ver-spürte, seine Meinung zu äußern.

Er war ein Puritaner, soviel war sicher. Ich verglich ihn mit Richard Tolworthy, was ich mit allen Männern tat. Richards Ansichten waren klar und überschaubar. Das mußten sie sein. Er war stark und hatte feste Ideale. Luke Longridge war ein Rebell und gegen die Konventionen, an denen Richard festhielt.

Ich mußte daran denken, was Angelet mir über den Mann erzählte, den sie am Schandpfahl gesehen hatte, mit blutüber-strömtem Gesicht, weil man ihm die Ohren abgeschnitten hatte.

»Ich glaube, man sollte seine Meinung nicht zu laut in die Welt posaunen, sie könnte an die falsche Adresse gelangen«, sagte ich.

Er lächelte, und ich entdeckte ein fanatisches Leuchten in seinen Augen. Dieser Mann würde zum Märtyrer werden, wenn die Situation es verlangte. Ich habe Märtyrertum immer für idiotisch gehalten. Was half es schon, für eine Sache zu sterben? Es war doch besser, zu leben und im geheimen dafür zu kämpfen. Als ich das zu bedenken gab, bemerkte ich einen Ausdruck in seinen Augen, den ich nicht zu deuten verstand.

Ich fuhr fort und sagte, ich dächte, wir hätten endlich Frieden mit den Schotten, was die Religion anbelangte, die genügend Unruhen gekostet hätte, und er antwortete, daß das schottische Parlament die Gesetze des Unterhauses bestätigt hätte, was nur recht und gerecht wäre, und daß sie mit den führenden englischen Puritanern in Verhandlung stünden.

»Zu denen Ihr natürlich gehört«, sagte ich.

Er schaute an seiner einfachen Tracht hinunter und sagte: »Ich sehe, daß Ihr mich verstanden habt.«

»Da gibt es nichts zu verstehen.«

»Ihr kommt aus einem royalistischen Haus. Jetzt werdet Ihr uns sicher nicht mehr besuchen wollen.«

»Ich werde Euch ganz sicher wieder besuchen und mir Eure Argumente anhören. Wie kann man sich eine eigene Meinung bilden, wenn man nicht beide Seiten hört?«

»Ich bezweifle, daß der General es gerne sieht, wenn Ihr herkommt, um über Politik zu reden. Er hat seiner Frau zwar nicht verboten zu kommen, wahrscheinlich weil meine Schwester ihr geholfen hat, als sie so krank war, und er ist ein dankbarer Mensch. Aber ich bin davon überzeugt, daß er nichts von regelmäßigen Besuchen bei uns hält.«

»Der General kann seine Armee befehlen, aber nicht mich.«

Seine Wangen hatten Farbe bekommen, und es fiel ihm schwer, seinen Blick von mir zu wenden. Frauen wie ich, die sich von Männern angezogen fühlen, sind auch für Männer reizvoll. Irgend etwas geht von einem auf den anderen über. Und genau das geschah jetzt mit uns beiden. Obwohl Richard Tolworthy mich in Gedanken verfolgte, interessierte mich dieser Mann, und meine Stimmung hob sich, weil ich diesem eingeschworenen Puritaner nicht gleichgültig war.

Es war eine interessante Stunde, die ich in der Küche auf dem Longridgehof verbrachte. Danach bestand Luke darauf, mit mir zurückzureiten.

Er erklärte mir, daß es unklug von mir sei, allein auszureiten. »Hier gibt es Straßenräuber. Eine Lady allein ist eine leichte Beute.«

»Ich wäre nie eine leichte Beute, darauf könnt Ihr Euch verlassen!«

»Ihr habt keine Ahnung, wie brutal diese Männer sein können. Ich bitte Euch, nehmt Euch in acht.«

»Es ist nett, daß Ihr Euch Sorgen um mich macht«, sagte ich, und er antwortete: »Ich freue mich auf weitere Gespräche mit Euch. Glaubt Ihr, ich könnte Euch mit der Zeit bekehren?«

»Das bezweifle ich, obwohl ich keine festgefahrene Meinung habe.«

Bald erreichten wir Far Flamstead. Er verbeugte sich, sehr ernst, und als ich mich verabschiedete, sah ich wieder diesen Blick, den ich bei Männern kannte, und amüsierte mich. Er, der Puritaner!

Diese Begegnung hatte mir wieder bewiesen: Ob mit oder ohne Pockennarben, ich wirkte auf Männer immer noch attraktiv.

Ich ging hinauf ins blaue Zimmer, wo Angelet noch schlief. Meg saß bei ihr, und ich fragte, ob sie schon einmal aufgewacht sei.

»Nein, Mistress, sie hat die ganze Zeit tief und friedlich geschlafen.«

Abends schlief sie immer noch, und ich begab mich zu Mrs. Cherry hinunter.

»Die Medizin ist sehr stark gewesen«, sagte ich, »Mistress Tolworthy schläft schon den ganzen Tag.«

»Das ist der Mohnsaft«, antwortete sie gemütlich. »Nichts ist besser als Schlaf, wenn man krank ist.«

»Soll sie noch eine Dosis haben, wenn sie aufwacht?«

»Der Zahn wird sich wieder erholt haben; ich glaube nicht. Aber behaltet die Flasche, falls sie doch noch etwas braucht.«

Sie schlief die ganze Nacht durch, und als ich nach ihr sah, versicherte sie mir, daß sich die Zahnschmerzen gebessert hätten.

Am nächsten Morgen ritten wir zusammen aus, und am Nachmittag kam Richard nach Hause. Er hätte viel zu tun, ließ er uns ausrichten, und zog sich in seine Bibliothek zurück.

Wir aßen zusammen im kleinen Salon zu Abend, und Richard erzählte, daß er von nun an viel in Whitehall zu tun hätte und daß es besser für ihn wäre, dortzubleiben, um sich den Ritt von und nach Far Flamstead zu ersparen.

Ich fragte, ob die Schwierigkeiten mit den Schotten und mit den Puritanern etwas mit seinen Pflichten zu tun hätten.

»Unter anderem«, meinte er. »Die Armee ist der Situation nicht mehr gewachsen, und ich plädiere dafür, daß das geändert wird. Das heißt, es gibt viel mit dem König zu besprechen. Es hat zu viele Unannehmlichkeiten gegeben. Auch der Krieg mit Spanien war eine Katastrophe.«

»Darauf hat er sich doch nur eingelassen, um seinen großen Freund Buckingham zufriedenzustellen.«

»Es besteht kein Zweifel, daß Buckingham großen Einfluß auf den König hatte.«

»Der Mord an ihm kam England sehr gelegen.«

»Wer kann das sagen? Aber unsere Schwierigkeiten werden wegen des finanziellen Engpasses, der aus den Kriegen mit Frankreich und Spanien resultiert, immer größer. Das bedeutet, daß alle, die nichts damit zu tun haben, die Notwendigkeit einer stärkeren Armee nicht einsehen. Und meine Aufgabe ist es, ihnen das klarzumachen.«

»Wenn der König nicht wie ein unumschränkter Herrscher regierte, gäbe es diese Probleme vielleicht nicht.«

Richard sah mich ernst an. »Aber wer weiß das schon? Ich bedauere die Gerüchte, die gegen Seine Majestät im Umlauf sind. Sie können unserem Land nur schaden, und wir müssen gewappnet sein für das, was die Zukunft bringt.«

»Wie gescheit du doch bist, Bersaba«, sagte Angelet.

»Wenigstens gescheit genug, um zu wissen, wie wenig ich weiß. Ich lese viel und mache meine Ohren auf, wo immer ich kann, so sammle ich Informationen.«

Richard lächelte mich zustimmend an. Ich erinnerte mich an Luke Longridges leuchtenden Blick und wurde zuversichtlich. Wahrscheinlich war es das, was später mein Handeln beeinflußte.

Angelet aß, und plötzlich faßte sie sich mit der Hand an die Wange.

»Der Zahn?« fragte ich.

Sie nickte und sagte: »Ich hatte Zahnschmerzen, während du weg warst. Richard. Mrs. Cherry hat mir einen Heiltrunk gebraut. Ich muß sagen, er hat ausgezeichnet gewirkt.«

Er zeigte sich besorgt, weil sie gelitten hatte, und war erfreut, daß Mrs. Cherry ihr helfen konnte. Wir sprachen noch von den Auswirkungen der Schiffssteuer und ähnlichen Dingen, die Angelet vom Gespräch ausschlossen. Nach dem Essen kehrte er an seine Arbeit in die Bibliothek zurück.

Nachdem wir uns vom Tisch erhoben hatten, klagte Angelet erneut über Zahnschmerzen. Während des Essens hatte es wieder angefangen. Ich schlug ihr vor, noch eine Dosis von Mrs. Cherrys Arznei zu nehmen, und sie stimmte zu. Sie hatte schon einmal geholfen und würde auch diesmal nützen. Es war offensichtlich, daß sie die Zahnschmerzen als Vorwand nahm, um nicht bei Richard schlafen zu müssen. Der Gedanke beunruhigte sie zusehends. Ich fragte mich, ob sie tatsächlich froh war über diesen leidigen Zahn.

»Richte ihm bitte aus, daß mich mein Zahn plagt«, bat sie.

»Ich werde Meg schicken.«

Ich half ihr beim Ausziehen und goß etwas von der Medizin ins Glas. »Ich glaube, es ist etwas mehr als gestern«, sagte ich.

»Macht nichts. Dann schlafe ich noch besser.«

Sie trank alles aus, und es dauerte nicht lange, da tat der Mohnsaft seine Wirkung. Ich blieb noch eine Weile an ihrem Bett sitzen und schaute sie an. Und wieder war ich erschüttert von der kindlichen Unschuld in ihren Zügen. Ein zufriedenes Lächeln lag auf ihren Lippen, und ich wußte, sie lächelte, weil sie wieder einmal einer Situation entkommen war, die sie verabscheute.

Ich läutete nach Meg, um ihr die Botschaft für Richard zu geben, der noch immer in seinem Arbeitszimmer war. Aber sie kam nicht. Da fiel mir ein, daß Angelet gesagt hatte, Megs Glocke sei kaputt und müsse repariert werden.

Ich ging in mein Zimmer und war so beschäftigt mit dem, was sich zwischen Richard und Angelet tat, daß ich Meg vollkommen vergaß. Langsam zog ich mich aus und setzte mich vor den Spiegel. Ich sah nicht mein eigenes Spiegelbild, sondern Angelets unschuldiges Gesicht, mit dem Lächeln der Erleichterung auf den Lippen, und dachte, wie verschieden wir doch waren und was ich dafür geben würde, an ihrer Stelle zu sein. Plötzlich fiel mir ein, daß niemand Richard Bescheid gegeben und daß ich versprochen hatte, Meg zu schicken.

Spontan beschloß ich, es ihm selbst zu sagen. Ich ging rasch hinunter in die Bibliothek, aber er war nicht da. Das Haus war ganz still, als ich mich mit klopfendem Herzen auf den Weg zum Schlafzimmer machte.

Er mußte mich gehört haben, denn ich hatte die Hand noch nicht auf der Klinke, da ging die Türe auf. Er nahm mich bei der Hand und zog mich ins Zimmer.

Ich erzitterte am ganzen Leib, und mein Verlangen nach ihm ließ mich alles andere vergessen. Er sprach kein Wort. Es war, als hätte plötzlich ein Funke die Leidenschaft zwischen uns entfacht.

Er zog mich an sich, und da war es schon zu spät für mich, zu widerstehen.

»Angelet«, sagte er leise.

Das wäre der Moment gewesen, ihm alles zu erklären. Und beinahe hätte ich es getan... Natürlich, ich sah ja so aus wie sie! Im Kerzenlicht konnte er die Pockennarben nicht sehen.

Ich verabscheute mich, aber ich schloß einen Handel mit dem Schicksal: Laß es geschehen... nur ein einziges Mal. Dann gehe ich fort und komme nie mehr wieder. Nie mehr will ich ihn wiedersehen.

Unser Verlangen, unsere Ungeduld, als ich in seinen Armen lag, war so groß – keiner von uns hätte jetzt noch zurückgekonnt. Ich mußte mich hingeben, an nichts vermochte ich mehr zu denken. Bedauern würde ich erst morgen.

Erfahrungen einer Nacht

Mit dem ersten Sonnenstrahl wachte ich auf. Richard schlief neben mir. Plötzlich wurde ich mir der Ungeheuerlichkeit meiner Tat bewußt, und Entsetzen packte mich. Ich wünschte, ich hätte nur geträumt!

Leise schlüpfte ich aus dem Bett. Ich hatte panische Angst, ich könnte ihn wecken. Was sollte ich ihm sagen? Wie könnte ich es ihm erklären?

Zitternd öffnete ich die Tür und erreichte ungesehen das Lavendelzimmer. Zuvor schaute ich nach Angelet, die noch immer friedlich schlief.

Ich ging in mein Schlafgemach und legte mich hin.

Du hast das Vertrauen deiner Schwester mißbraucht, sagte ich mir und fragte mich gleichzeitig, ob er es bemerkt hatte. Oder war es mir gelungen, ihn zu täuschen?

Wie jung und unerfahren ich doch gewesen bin, zu glauben, ich hätte mit Bastian alle Lust erfahren. Was ich in dem Hof jenes Gasthauses erkannt hatte, war richtig gewesen: Wir waren füreinander bestimmt.

Was sollte nur werden? Ich war hin- und hergerissen zwischen Jubel und Scham. Wie könnte ich jemals meine Gefühle erklären? Wenn Besessenheit Liebe war, dann liebte ich ihn. Ich wollte mit ihm zusammen sein, mich mit ihm unterhalten, seine Bedürfnisse entdecken und stillen, alles erfahren, war er tat, und mein ganzes Leben an seiner Seite verbringen. Aber wie sollte ich mit ihm in die Schlacht ziehen? Ich hatte die lächerlichsten Vorstellungen und sah mich schon als Soldat verkleidet in seiner Armee. Heimlich in der Nacht würde ich mich ins Feldlager schleichen, so wie gestern in sein Schlafzimmer. Und immer wieder das Abenteuer der Liebe, der gegenseitigen Besessenheit.

Das Zimmer wurde langsam hell, und meine Phantasien wichen vor dem kalten hellen Tageslicht. Was ich getan hatte, war unverzeihlich. Ich hatte gewußt, daß meine Schwester einen Schlaftrunk genommen hatte, und bin doch zu ihrem Mann gegangen. Es war wie ein Gleichnis aus der Bibel, und die Strafe Gottes würde auf dem Fuße folgen. Ich habe die Sünde der Unzucht begangen und zugelassen, daß er, ohne es zu wissen, Ehebruch beging. Oder war es gar nicht so? Woher wußte ich, wie er mit Angelet war? Was hat er gedacht, als er bemerkte, daß seine sonst frigide Frau plötzlich leidenschaftlich und fordernd war?

Er muß es gemerkt haben. Was würde er jetzt tun? Ich hatte keine Ahnung. Obwohl ich wußte, daß er der einzige Mann auf der Welt für mich war, kannte ich ihn nicht.

Dann kam Phoebe ins Zimmer. Sie warf einen Blick auf das Bett und war erleichtert, mich darin zu finden. Sie wußte es also. Sie mußte es bemerkt haben, daß ich nicht in meinem Bett geschlafen habe. Vielleicht hat sie auch während der Nacht hereingeschaut. Von Phoebe hatte ich nichts zu befürchten; sie würde mich immer decken.

»Ein wunderschöner Tag heute«, sagte ich und versuchte so normal wie möglich zu klingen.

»Ja, Mistress, sehr schön.«

Sie stand mit dem Rücken zu mir und setzte das heiße Wasser ab. Ich hatte das Gefühl, sie wollte mich nicht ansehen. »Ich hoffe, der Zahn meiner Schwester hat sich beruhigt«, sagte ich. »Gestern abend sah es bös aus.«

»Ich habe Meg auf dem Weg hierher getroffen: Mistress Tolworthy schläft immer noch.«

»Eine ruhige Nacht wirkt oft Wunder.«

Während ich mich anzog, fragte ich mich, ob man mir etwas ansah. So ein Erlebnis muß doch Spuren hinterlassen. Was wird sein, wenn ich ihm gegenübertrete? Ich redete mir ein, ich würde sofort erkennen, ob er sich dessen, was geschehen, bewußt war. Aber ein Mann wie er hätte doch etwas gesagt!

Seine Reaktion war überwältigend gewesen, wie ein Strom, der über die Ufer tritt.

Richard saß im Eßzimmer am Frühstückstisch.

»Guten Morgen«, sagte ich.

Er stand auf und verbeugte sich. Seine Augen konnte ich nicht sehen.

»Guten Morgen, Bersaba.«

»Ein schöner Tag heute.«

»Ja, ein wunderschöner Tag.«

»Die arme Angelet hat wieder Zahnschmerzen bekommen. Sie ruht noch.«

»Das tut mir leid.«

Ich hatte Angst, seinem Blick zu begegnen. Erstaunt stellte ich fest, daß ich Hunger hatte, und nahm mir einen Krug Bier, Brot und kalten Speck.

»Ich muß heute nach Whitehall«, sagte er, »ich breche in ungefähr einer Stunde auf.«

»Seid Ihr schon wieder abberufen worden?«

»Ja. Wir leben in unruhigen Zeiten.«

»Werdet Ihr lange wegbleiben?«

»Ich denke nicht. Ich werde bald Vorbereitungen treffen, Angelet und Euch nachkommen zu lassen. Ich denke, Ihr werdet es genießen. Es ist ein bißchen ruhig hier für Euch.«

»Ich... bin glücklich hier«, sagte ich. Meine Stimme zitterte ein wenig, weil ich jetzt nichts mehr begreifen konnte. Sein Blick war leer. Das war nicht der Mann, mit dem ich noch kurze Zeit zuvor das Bett geteilt hatte.

Er kann es nicht wissen, sagte ich mir und war krank vor Enttäuschung. Vielleicht nahm er an, Angelet hätte sich plötzlich verändert. Ich hätte gerne gewußt, was er davon hielt, daß sie sein Bett so wortlos verlassen hat. Vielleicht dachte er, die Zahnschmerzen hätten sie geweckt und sie wäre leise aufgestanden, um Mrs. Cherrys Medizin zu nehmen. Das war natürlich möglich. Er könnte mich unmöglich so leidenschaftslos ansehen, wenn er auch nur den geringsten Verdacht hätte. Und doch... wie sonst könnte es sein. Irrte ich mich etwa? Hatte ich mich in Angelet getäuscht? Nein, ich wußte genug über diese Dinge, um zu wissen, daß sie hölzern und ohne Leidenschaft war. Aber wie konnte er dann glauben, daß sich eine Frau über Nacht so änderte? Und wie konnte er sich dann jetzt von ihr losreißen und nach Whitehall gehen – er mußte sie doch mitnehmen wollen.

Er war mir ein Rätsel, und ich verstand ihn nicht besser als zuvor.

»Ihr sagt, Angelet schläft noch?« fragte er.

»Ja, es ist die Medizin.«

»Dann will ich sie nicht stören. Vielleicht könnt Ihr ihr ausrichten, daß ich abberufen worden bin.«

»Ja, das werde ich tun.«

Er erhob sich und machte eine Verbeugung. »Bitte entschuldigt mich jetzt, ich habe noch ein paar Vorbereitungen zu treffen.«

Verstört schaute ich ihm nach. Und das nach diesem leidenschaftlichen Abenteuer.

Als Angelet aufwachte, war er schon weg. Ich ging zu ihr ins Zimmer, und sie sah mich – noch etwas benommen – an.

»Wie lange hast du eigentlich geschlafen?« fragte ich. »Kein Zweifel, die Medizin von Mrs. Cherry ist äußerst wirksam. Was machen die Zahnschmerzen?«

»Sie sind weg.«

»Das macht der Schlaf. Er erfrischt. Übrigens, Richard ist abberufen worden.«

»Oh... nach Whitehall?«

»Ja, ich habe ihn beim Frühstück getroffen. Er sagte, er wollte dich nicht stören, und bat mich, es dir auszurichten.«

»Wie lange wird er wegbleiben?«

»Er wußte es nicht genau. Er sprach davon, daß wir auch nach Whitehall kommen sollen.«

Sie setzte sich auf. Wohl und ausgeruht sah sie aus und sehr jung. Auch ihre Wange war nicht mehr geschwollen.

»Das sollten wir wirklich tun«, sagte sie. »Ich möchte einen Ehemann für dich finden.«

»Da spricht die Matrone! Bist du so gerne verheiratet, daß du möchtest, alle Menschen sollten in diese Falle gehen?« Ich beobachtete sie gespannt und bemerkte eine flüchtige Röte unter ihrer Haut. Ich habe ihr nichts weggenommen, redete ich mir ein. Ich habe mir nur genommen, was sie sowieso nicht haben will.

»Du solltest heiraten«, sagte sie. »Mutter erwartet das.«

»Mutter wäre es lieber, wenn ich jemanden aus der Nähe heirate. Sie hat keine Lust, uns beide zu verlieren.«

»Nicht, was besser für sie wäre, will sie, sondern was besser für dich ist. Hier kannst du eine ganz andere Partie machen, und ich glaube, Mutter sähe es gerne, könnten wir zusammenbleiben.«

Auch wenn sie alles wüßte? Unsere Mutter, deren Liebe so ruhig und reibungslos verlief. Wie entsetzt wäre sie, wüßte sie, was letzte Nacht geschehen war.

»Möchtest du das auch, Angelet?«

»Das weißt du doch. Wenn du nicht da bist, habe ich das Gefühl, daß ein Teil von mir fehlt.«

»Ja, wir sind uns sehr nahe. Wir sind wie ein und dasselbe Geschöpf.«

»Das ist wahr, und deshalb finde ich es auch richtig, wenn wir zusammenblieben. Ich hoffe, du wirst jemanden bei Hof heiraten. Du würdest eine großartige Ehe führen, Bersaba.«

»So großartig wie deine?«

»Oh, viel großartiger. Du mußtest mich doch immer übertrumpfen, habe ich recht? Hast du nicht immer gedacht, du würdest vor mir heiraten?«

»Aber dann hast du mich übertrumpft, während ich danieder lag.« Ich strich meine Haare aus der Stirn. »Und schau mich jetzt an.«

»Das tut deiner Schönheit keinen Abbruch. Wirklich nicht. Die Narben machen dich nur interessanter. Bedenke doch, wie du sie bekommen hast...«

»Auf dieser Ruhmeswelle kann ich nicht in aller Ewigkeit schwimmen«, erwiderte ich scharf. »Es ist ganz egal, wie man zu Narben kommt. Alles, was die Welt sieht, ist, daß sie da sind.«

»Richard hat gesagt, wir müssen einen Mann finden, der deiner würdig ist.«

»Tatsächlich? Wann hat er das gesagt?«

»Vor einiger Zeit. Er schätzt dich sehr, Bersaba. Er sagt, du würdest einem Mann eine große Hilfe sein. Du seist klug und solltest einen höheren Beamten bei Hof heiraten. Außerdem wärst du Meisterin im Ränkeschmieden. Ja, das hat er gesagt.«

»Hat er das wirklich?«

»Oh, er hat das nett gemeint. Er hat wirklich großen Respekt vor dir. Ich weiß, er will, daß wir nach Whitehall kommen, damit du einen anständigen Mann findest.«

»Nett von ihm, so aufmerksam zu sein«, sagte ich kalt.

Er weiß es nicht, dachte ich nur. Er kann es nicht wissen. Und doch, wie ist es möglich, daß er es nicht weiß?

Eine ganze Woche blieb Richard in Whitehall. Hielten ihn Armeegeschäfte dort fest, oder wußte er es doch und ging dieser Situation aus dem Weg?

Ich mußte fort, das war klar. Aber ich hatte solche Sehnsucht nach ihm. Ich war soweit, zu ihm zu gehen und alles zu beichten. Ich fühlte mich entsetzlich schlecht, Angelet gegenüber, und ich wagte nicht, mir auszumalen, wie fassungslos sie wäre, wenn sie wüßte, was geschehen war. Ich mußte immer an das erleichterte Lächeln auf ihren Lippen denken, nachdem sie ihre Medizin genommen und ihren Verpflichtungen entkommen war. Und ich tröstete mich damit, mir nur genommen zu haben, was sie verschmäht hatte und fürchtete. Aber es beruhigte mich nicht wirklich. Ich schlug vor, hinüber zum Longridgehof zu reiten, was wir auch taten. Wir wurden herzlich willkommen geheißen. Luke nahm uns mit in sein Arbeitszimmer, wo er uns ein paar seiner Pamphlete vorlas. Ich fand sie interessant, weil sie mir einen Einblick in den Charakter dieses Mannes gaben. Er war ein Puritaner, ein Fanatiker, tief religiös und gegen den König, der sich als Herrscher von Gottes Gnaden aufspielte und – wie Luke meinte – sich selbst mit Gott verglich. Leidenschaftlich wetterte er über die Extravaganzen bei Hofe und die Schlechtigkeit der Königin, deren Ziel es war, den Katholizismus ins Land zu bringen.

»Aber das werden wir nie dulden!« rief er aus und schlug mit der geballten Faust auf den Tisch. Ich konnte mir vorstellen, wie er vor einer versammelten Menge predigte.

Seine Doktrin faszinierte mich bis zu einem gewissen Grad, aber mehr noch faszinierte er mich selbst. Er war ein überzeugter Puritaner, der für ein spartanisches Leben, voller Demut, eintrat. Er schimpfte auf unser Gold und unsere Juwelen und auf unsere blauen Umhänge mit dem Seidenfutter. Andererseits entging mir nicht, daß er diese Feinheiten bewunderte, und ich spürte, daß ich ihm nicht gleichgültig war. Wenn er sprach, ließ er seinen Blick nicht von mir, und obwohl meine Gedanken bei Richard waren und ich mich nach ihm sehnte, schmeichelte mir die Bewunderung dieses Mannes, besonders weil es gegen seinen Willen geschah. Aber er konnte nicht umhin, meine brennende Sinnlichkeit zu spüren, auch wenn er dagegen ankämpfte. Es war das Weib in mir, das ihn ansprach.

Als wir nach Hause ritten, war ich in Hochstimmung.

Angelet sagte plötzlich: »Luke Longridge ist fasziniert von dir.«

»Bist du etwa schon auf der Jagd nach einem Ehemann für mich?«

»Dort wirklich nicht«, antwortete sie lachend. »Ich sehe dich nicht als Bäuerin eines Hofes, dazu eines puritanischen. Aber Luke konnte seinen Blick kaum von dir reißen.«

»Doch nur, weil du eine verheiratete Frau bist und ich noch zu haben bin.«

»Nein, das ist nicht alles. Übrigens, auch Ella hat es bemerkt. Sie wirkte etwas beunruhigt. Aber ich glaube, sie sollte sich keine Sorgen machen.«

»Da hast du sicher recht«, sagte ich und lachte.

Wir ritten zurück nach Far Flamstead, wo es langweilig war und ungemütlich, weil Richard nicht da war.

Richard kam wieder zurück, und ich fragte mich, wie ich die Tage überleben sollte, vor allem die langen Abende, wenn Angelet an ihrem Stickrahmen und ich ihm gegenüber saß. Manchmal spürte ich, daß seine Augen auf mir ruhten, und ich blickte rasch hoch, um ihn dabei zu überraschen. Aber nie konnte ich seine Gedanken lesen. Er hätte genausogut meine Möglichkeiten auf dem Heiratsmarkt abschätzen können.

Einmal sagte ich zu ihm: »Denkt Ihr immer noch daran, mich zu verheiraten?«

»Eure Heirat ist eine Angelegenheit, die gut überlegt werden muß«, war seine Antwort.

»Wir überlegen die ganze Zeit, Bersaba«, rief Angelet. »Nicht wahr, Richard?«

Er nickte zustimmend mit dem Kopf.

»Es ist sehr nett von Euch, mir so viel Aufmerksamkeit zu widmen. Angelet hat keinen Menschen gesucht, das Schicksal hat ihn ihr zugeführt. Ich möchte es nicht anders haben.«

»Sei nicht dumm«, sagte Angelet. »Wenn du hierbleibst, wirst du niemanden kennenlernen. Was meinst du, Richard?«

Ob er es wohl mochte, daß sie sich immerzu auf ihn bezog? Wahrscheinlich, denn damit bewies sie, daß sie eine sanfte und fügsame Frau war.

»Ich bin gerne hier«, sagte ich und schaute ihn an.

Seine Lippen verzogen sich zu einem Lächeln. Das freute ihn also.

»Trotzdem, Bersaba, es wäre nicht fair Euch gegenüber. Ich werde etwas arrangieren.«

Ich wandte meine Aufmerksamkeit wieder dem Schachspiel zu, denn ich konnte es nicht ertragen, ihn reden zu hören, als wäre er nicht tief betroffen, wenn ich wegginge.

Ich begab mich in mein Zimmer, aber an Schlaf war nicht zu denken. Immerzu mußte ich daran denken, was ich getan hatte.

Was würde meine Mutter wohl sagen, wenn sie es jemals erfahren sollte? Sie würde eine Entschuldigung für mich finden, davon war ich überzeugt, aber tief in ihrem Herzen wäre sie schockiert und würde sich nie mehr davon erholen. Sie liebte meinen Vater aufrichtig, das wußte ich, aber wenn er damals eine andere Frau geheiratet hätte, hätte sie sich zurückgezogen und ein Leben voller Entsagung geführt. Möglicherweise hätte sie nie mehr geheiratet, vielleicht aber auch den Nächstbesten genommen.

Menschen wie meine Mutter, die grundanständig sind, würden nie eine alles überwältigende Leidenschaft begreifen können. Ich bin zwar stark, aber dieses Verlangen in mir ist stärker.

Am nächsten Tag ritt ich wieder hinüber zum Hof der Longridges, wo ich von Ella begrüßt wurde. Ihr Bruder sei geschäftlich unterwegs, sagte sie mir.

Wie sauber und förmlich sie in ihrem einfachen grauen Kleid mit der weißen Schürze aussah! Ich fragte mich, was sie wohl sagen würde, wenn sie von meiner Gottlosigkeit wüßte. Wahrscheinlich würde sie mich nicht mehr empfangen; denn Puritaner, die selbst ein keusches Leben führten, waren wenig nachsichtig, was die Sünden anderer betraf.

Sie sprach von den Tugenden ihres Bruders, und daß sie fürchtete, er könnte eines Tages seine Meinung zu laut aussprechen. Schreckliche Dinge geschahen mit Leuten, die schrieben, was als aufrührerisch galt, auch wenn es der Wahrheit entsprach.

»Ich muß immer daran denken, was ich über Dr. Leighton gehört habe, ein Schotte, der die Schriften verfaßt hat: ›Aufruf an das Parlament‹ und ›Klage gegen das Papsttum‹. Er ist zweimal öffentlich ausgepeitscht worden und stand zwei Stunden am Pranger. Seine Ohren hat man abgeschnitten, seine Nasenlöcher aufgeschlitzt und auf seine Wange wurde VA. gebrannt – Verbreiter von Aufruhr.«

Mir lief eine Gänsehaut über den Rücken. »Euer Bruder sollte dieses Risiko nicht eingehen.«

»Glaubt Ihr, er hört auf mich?«

»Nein, das bezweifle ich. Märtyrer sind so. Sie hören nie auf diejenigen, die sie schützen wollen.«

»Dr. Leighton ist aus dem Gefängnis entlassen worden.«

»Vielleicht kann er endlich in Frieden leben.«

Ungestüm fuhr sie mich an. »Was glaubt Ihr eigentlich? Zehn Jahre Gefangener des Königs! Er hat sein Augenlicht verloren, seine Lenden sind lahm, und er hört nichts mehr. Kann man das Frieden nennen? Und alles nur, weil er seine Gedanken zu Papier gebracht hat, um sie anderen mitzuteilen!«

»Wir leben in grausamen Zeiten, Ella.«

»Und um das zu ändern, riskieren Männer wie Luke ihr Leben.«

Für eine Weile schwiegen wir. Wie still und freundlich das Bauernhaus doch war. Meine Gedanken galten wieder Far Flamstead und Richard. Was passiert, wenn er Angelet gegenüber diese Nacht erwähnte? Was würde dann geschehen?

Luke Longridge kam herein, und es war nicht zu übersehen, daß seine Augen bei meinem Anblick aufleuchteten. Ich zog alle Register meiner Weiblichkeit, um ihn zu fesseln. Ablenkung war alles, was ich brauchte. Ich mußte aufhören, über die Situation in Far Flamstead, die ich verschuldet hatte, nachzudenken.

»Schwester, du siehst so ernst aus«, sagte er und ließ seinen Blick auf mir ruhen.

»Wir sprachen gerade von Dr. Leighton.«

»Oh, ja. Es hat viel Aufregungen seinetwegen gegeben, aber jetzt ist er wieder ein freier Mann.«

»Nach zehn Jahren«, sagte Ella bitter. »Sein Leben ist zerstört. Ich bezweifle, daß er seiner Sinne noch mächtig ist.«

Ich blickte Luke in die Augen und sagte: »Das sollte eine Warnung für Euch sein, denen, die an der Macht sitzen, am Zeug zu flicken.«

Er setzte sich an den Tisch. In seinen Augen brannte das fanatische Vergnügen, das ihm derartige Gespräche vermittelten.

»Nein«, rief er aus, »er ist uns allen ein Beispiel.«

»Ein Beispiel, dem man nicht folgen sollte«, antwortete ich.

»Mistress Landor...«

Ich unterbrach ihn. »Bitte, nennt mich Bersaba. Wir sind doch gute Freunde, oder nicht?«

»Das zu denken, macht mich glücklich. Bersaba, es gibt eine Menge Arbeit für uns, und wenn wir wankelmütig werden, wenn unsere Anführer umfallen, dann sind wir des Kampfes nicht würdig.«

»Vielleicht wäret Ihr eines friedlichen Lebens mit Familie und Kindern, die in Sicherheit heranwachsen, würdig?«

»Es gibt keine Sicherheit, wo Tyrannei herrscht.«

»Habt Ihr keine Angst, einen Tyrannen durch einen anderen zu ersetzen?«

»Wir müssen dafür sorgen, daß dem nicht so ist. Wenn man Gott demütig dient, gibt es keine Tyrannei.«

»Für die, die ihm nicht demütig dienen, schon.«

»Ihr sprecht wie ein Abgeordneter Eurer Partei, Bersaba.«

»Was für einer Partei? Ich habe nicht gewußt, daß ich irgendeiner Partei angehöre. Ich sage, was ich denke. Ich will frei sein, mir meine eigene Meinung bilden und lasse mir weder von der einen noch von der anderen Partei etwas vorschreiben.«

»Damit würde man Euch für genauso gefährlich halten wie mich.«

»Nein! Weil ich meine Gedanken nicht zu Papier bringe und nicht versuche, sie anderen Leuten aufzuzwingen.«

Ella brachte uns eine Erfrischung. Sie setzte sich, stützte sich auf ihren Ellbogen und beobachtete uns. Luke war lebhaft und sehr erregt, und ich sagte: »Ich habe das Gefühl, Erzbischof Laud höchstpersönlich zu sein.«

»Ihr seid viel zu sehr Individualist, um mit jemand verglichen werden zu können.«

Ich spürte, wie mir die Röte ins Gesicht schoß, und die Erinnerung, die ich so verzweifelt zu verscheuchen suchte, stürzte wieder über mir zusammen. Es war mir aber gelungen, mich für jemand anderen auszugeben. Was Luke wohl sagen würde, wenn er wüßte, was ich angestellt hatte! Ich sah schon, wie er sein puritanisches Gefieder sträubte.

Aber meine Schamröte tat seiner Bewunderung keinen Abbruch.

»Ich hasse es, rot zu werden, dann sehen meine Narben noch schlimmer aus.«

»Sie sind kein Makel. Von Eurer Schwester weiß ich, wie Ihr dazu gekommen seid.«

»Genau wie andere auch«, antwortete ich. »Ich habe mich angesteckt.«

»Sie hat uns genau erzählt, wie.«

»Haltet mich nicht für eine Heldin. Wenn ich es gewußt hätte, wäre ich sicher nicht hingegangen.«

»Das hätte auch keinen Sinn gehabt«, bemerkte Ella.

»Die Tatsache, daß Ihr es aus Sorge um Eure Zofe getan habt, beweist, daß Ihr ein guter Mensch seid... trotz Eurer Anstrengung, das zu leugnen«, fügte Luke hinzu.

»Luke, was wird jetzt geschehen?«

»Das Parlament wird verabschiedet, und noch ehe das Jahr zu Ende ist, werden wir ein neues haben. Pym und Hampden werden den Vorsitz führen, und dann sind Konflikte zwischen dem König und dem Parlament nicht mehr zu vermeiden. Es wird sich zeigen, ob das Volk von denen regiert werden möchte, die es gewählt hat, oder von einem Dickschädel, der glaubt, er sitze der heiligen Vorsehung halber auf dem Thron.«

»Sei vorsichtig, Luke!« warnte seine Schwester.

Ich unterbrach die Unterhaltung und sagte, daß ich jetzt gehen müßte. Warum meine Schwester nicht mitgekommen sei, wollten sie wissen.

»Sie hat Zahnschmerzen.«

»Hat sie das nicht schon einmal gehabt?«

»Ja, hie und da tritt es wieder auf. Aber Mrs. Cherry hat eine gute Medizin, dank der sie fest schläft.«

»Sie wird hoffentlich bald wieder wohlauf sein!« sagte Ella.

»Einen lästigen Zahn läßt man am besten gleich ziehen«, fügte Luke hinzu.

»Ich werde es meiner Schwester ausrichten.«

Luke brachte mich zurück und ließ mich wissen, wie sehr er sich über meine Besuche freute und wie sehr ihn meine Meinung interessierte.

»Obwohl sie nicht mit der Euren übereinstimmt?«

»Vielleicht sogar gerade deshalb. Und weil Ihr sie mit so viel Klarheit, Logik und Verstand vorbringt.«

»Vielleicht könnte ich Euch von meiner Ansicht überzeugen?«

»Nein, Ihr seid eine geborene Royalistin. Das ist mir ganz klar. Ich bin Puritaner. Ich weiß, daß uns nur der Weg durch Opfer und Verzicht zum Himmel führt.«

»Da kann ich Euch nicht recht geben. Warum sollte Freude und Vergnügen Sünde sein?«

»Nur Einfachheit und ein religiöses Leben bringen Befriedigung und Rechtschaffenheit.«

Ich konnte nicht antworten, ich hätte am liebsten gelacht. Ich sah in seinen Augen, daß er mich begehrte, und fand ihn nicht einmal abstoßend, obwohl für mich nur ein einziger Mann existierte. Ich habe noch so viel über mich zu lernen. Aber es wäre amüsant, ihm zu beweisen, wie unrecht er hatte.

Wir erreichten Far Flamstead, und ich sagte: »Ihr habt recht, Luke, Ihr seid zu rechtschaffen für mich. Ich fürchte, ich bin eine

Sünderin, und das werde ich auch immer bleiben. Ich finde zu sehr Gefallen an den schönen Dingen, die der Herr uns gegeben hat. Ich kann mir nicht vorstellen, warum er sie erschaffen haben sollte, wenn er erwartet, daß wir ihnen den Rücken kehren. Das erscheint unwürdig und kleinlich. Es wäre, als lade ein Gastgeber zu reichem Mahl und erwarte, daß die Freunde hungrig von dannen ziehen. Lebt wohl, Luke, ich muß zurück in mein sündiges Leben.«

»Bersaba«, sagte er, aber ich hatte mich schon abgewandt. Ich hob meine Hand und winkte, aber ich drehte mich nicht mehr um.

Ich betrat das Haus.

Richard war in der Halle.

»Seid Ihr ausgeritten?« fragte er vorwurfsvoll. Er schien sich Sorgen gemacht zu haben, was mir gefiel, auch wenn sie nur brüderlicher Art waren.

»Ich bin lediglich zum Longridgehof geritten, und Luke Longridge hat mich zurückbegleitet.«

»Ihr besucht die beiden regelmäßig?«

»Ich bin gerne mit ihnen zusammen.«

»Ihr solltet ihm raten, sich in acht zu nehmen. Er wird eines Tages Schwierigkeiten bekommen, wenn er nicht aufhört, solche Pamphlete zu verfassen.«

»Das sage ich ihm schon die ganze Zeit, aber er hört nicht auf mich.«

Ich konnte es kaum noch ertragen, in seiner Nähe zu bleiben, und hatte Angst, etwas Unbesonnenes zu sagen. War es wirklich möglich, daß er nichts ahnte?

Noch am selben Nachmittag verließ er Far Flamstead. Im Norden gab es Unruhen. Einer der Gründe dafür war die Tatsache, daß der König den Adel und die besitzende Klasse so hoch besteuerte. Die Stadt London hatte sich geweigert, ihm das Geld zu geben, das er von ihr gefordert hatte. Richard sagte, die Armee bräuchte das Geld dringend, und die Forderungen des Königs seien berechtigt. Luke dagegen meinte, der König brauche überhaupt keine Armee und, hätte er nicht versucht, sich in Schottland in die Religion einzumischen, würde im Norden Ruhe herrschen.

Ich bemerkte Angelets Erleichterung, als Richard uns verließ. Sosehr sie ihn auch bewunderte und – wie sie sagte – liebte, war sie doch glücklicher, wenn er weg war und sie die Last ihrer ehelichen Pflichten abstreifen konnte.

Sie bedauerte den Verlust ihres Babys, das sie für alles entschädigt hätte. So hatte sie selbst es dargestellt.

»Du fürchtest dich vor den Nächten in dem großen Bett, habe ich recht?«

»Wie grob du dich ausdrückst, Bersaba. Wenn ich bedenke, daß du noch nicht verheiratet bist und nichts davon verstehst, wie kannst du überhaupt darüber sprechen?«

»Es gibt Dinge, die sogar eine Jungfrau begreift«, gab ich zurück.

»Du wirst nicht mehr lange Jungfrau bleiben, und dann wirst du es am eigenen Leibe erfahren.«

»Der springende Punkt ist doch, du willst ein Baby. Du bist ja auch bereit, die Unannehmlichkeiten einer Schwangerschaft auf dich zu nehmen, die dafür notwendigen Voraussetzungen dagegen nicht.«

Sie wurde rot und antwortete: »Ja... ja. Ich wünschte, es gäbe eine andere Möglichkeit.«

Das genügte mir.

Ihre Nächte verbrachte sie im blauen Zimmer. Zur Entschuldigung meinte sie, sie sei gerne in meiner Nähe, das erinnere sie an alte Zeiten.

»Wenn wir unsere Türen offenlassen, können wir uns noch miteinander unterhalten.«

Aber es war nur eine Entschuldigung, dem großen Himmelbett in ihrem gemeinsamen Schlafzimmer zu entkommen. Sie wollte seine Existenz vergessen, und das konnte sie im blauen Zimmer.

So verlief eine langweilige Zeit. Langweilig, weil Richard nicht da war. Hie und da sprachen wir von ihm und überlegten uns, wie es ihm wohl ginge.

»Es gibt so viele Unruhen heutzutage«, sagte Angelet und hoffte im stillen, sie würden Richard für eine Weile von Far Flamstead weghalten.

»Laß uns hoffen, daß diese Angelegenheit bald erledigt ist«, erwiderte ich und meinte es ehrlich, »damit er bald zu uns zurückkommt.«

Ein- oder zweimal ritten wir hinüber zum Longridgehof und wurden immer herzlich willkommen geheißen. Wenn Luke da war, sprach er nur mit mir. Meine Äußerungen, über was auch immer, griff er begierig auf, und ich muß gestehen, ich genoß diese Gespräche. Sie waren ein gewisser Ersatz für meine schmerzliche Sehnsucht nach Richard. Ich merkte, daß Luke sich langsam, aber sicher in mich verliebte, daß ihn seine Sehnsüchte verwirrten, die zu erwecken ich so gut verstand. Ich schonte ihn nicht, ich wollte ihm beweisen, daß seine Theorien falsch waren; ich wollte ihm beweisen, daß er genauso versessen war, am Leben und seinen Freuden teilzunehmen, wie ich.

Es gab Tage, da regnete es ununterbrochen, und das Haus war düster und drückend. Allerheiligen kam, und wir fragten uns, wie es Carlotta wohl ginge. Ich mußte daran denken, wie sehr ich sie gehaßt hatte; ich hatte sie umbringen wollen; beziehungsweise jemand anderes sollte es für mich erledigen. Aber dann hatte ich sie in letzter Minute gerettet. Das bewies wieder einmal, daß ich, die ich die Menschen so gut zu kennen glaubte, mich nicht mit mir selbst auskannte.

Ich erinnerte mich noch gut an den letzten Tag im Oktober. Vielleicht war ich unruhig, weil der Nebel so dicht lag, daß nichts mehr von der Landschaft zu sehen war und sogar ich zugeben mußte, daß es unvernünftig gewesen wäre, auszureiten.

Am Nachmittag begab ich mich in das Schlafzimmer, blickte auf das Bett und – in einem Augenblick der Verrücktheit – streckte ich mich darauf aus. Ich dachte an die Nacht, die wir miteinander hier verbracht hatten, und versuchte, jede Minute wiederzuerleben, mich an alles zu erinnern, was er gesagt und ich geantwortet hatte. Wir haben nicht viel gesprochen, wir brauchten keine Worte. Ich mußte nur unentwegt daran denken, daß ich eigentlich Angelet war.

Plötzlich hörte ich ein Geräusch... das leichte Klicken einer Tür... Schritte. Jemand war im Zimmer.

Der erste Gedanke, der mir durch den Kopf schoß, war, daß er zurückgekommen sein mußte.

Und er würde mich auf dem Bett finden und bestätigt wissen, was er vermutet hatte; denn einen Verdacht mußte er haben.

Es gab keinen Ausweg. Wenn wirklich jemand im Zimmer war, hinter den Vorhängen, mußte er mich sehen.

Ich hörte mein Herz klopfen, lag da und wartete. Dann wurden die Vorhänge aufgezogen, und Angelet blickte auf mich herab.

»Bersaba! Was machst du denn da?«

Ich richtete mich auf. »Oh, ich wollte einmal wissen, wie es ist... hier zu schlafen.«

»Wozu denn?«

»Nun, du schläfst doch hier... zumindest manchmal. Oder nicht?«

»Ja, natürlich tue ich das.«

»Ich wollte es nur einmal ausprobieren, das ist alles.«

»Ich wußte, daß jemand hier ist. Einen Augenblick lang dachte ich...«

»Daß Richard zurückgekommen sei?«

»Ja.«

»Du siehst so erleichtert aus.«

»Bersaba! Wie kannst du so etwas sagen?«

»Es ist die Wahrheit, stimmts?«

Jetzt lachte ich. Ich kam mir wie ein Beobachter dieser Szene vor. Das war typisch für uns. Ich wurde in einer peinlichen Situation erwischt, und prompt drehte ich den Spieß um und setzte meine Schwester ins Unrecht.

»Du weißt, daß ich all das – «, sie flatterte mit den Händen–, »nicht gern habe. Ich weiß, es gehört zur Ehe, und ich muß es akzeptieren.«

Ich sprang aus dem Bett.

»Jetzt weiß ich wenigstens, wie es ist, hier zu schlafen. Kopf hoch, Angelet. Das blaue Zimmer ist hübsch... und friedlich, und ich schlafe nebenan.«

Sie kam zu mir und nahm mich in die Arme. »Ich bin so froh, daß du da bist, Bersaba.«

»Ich auch«, gab ich zur Antwort.

Arm in Arm spazierten wir aus dem Zimmer.

Das half mir, mein schlechtes Gewissen zu beruhigen. Alles, was ich getan hatte, war, Angelet von dem zu befreien, was sie haßte. Gleichzeitig tat ich Richard und mir einen Gefallen. Ich habe jeder Konvention ins Gesicht geschlagen, ich habe Sünden begangen und Richard gezwungen, sie auch zu begehen. Schön, ich gestehe es, aber wir haben niemanden damit verletzt.

Natürlich war ich nicht beruhigt. Ich wußte, daß ich im Unrecht war und es keinen Sinn hatte, anderen Rat zu geben, der Wahrheit ins Gesicht zu schauen, wenn ich selbst es nicht vermochte.

In dieser Nacht, nachdem ich Angelet angenehme Ruhe gewünscht hatte, konnte ich nicht einschlafen, weil ich immer daran denken mußte, wie sie mich auf dem Himmelbett ertappt hatte. Später glitten meine Gedanken zu Carlotta und wie ich versucht hatte, die Leute gegen sie aufzuwiegeln. Es gab keinen Zweifel, ich war eine verwerfliche Kreatur. Was Luke Longridge wohl dächte, wenn ich ihm alle Sünden beichten würde, die ich schon begangen hatte. Er würde mich verachten und mir wahrscheinlich sein Haus verbieten. Schon aus Angst, ich könnte seine Schwester verderben. Aber es würde mir einen Riesenspaß machen, ihn zu einer Indiskretion zu verführen, um ihm zu beweisen, daß niemand von uns so gut ist, wie er selbst glaubt, und daß die, die den Mantel der Tugend so nach außen tragen, sehr gut diejenigen sein können, die am meisten zu verstecken haben.

Ich weiß nicht, warum ich überhaupt über Luke Longridge nachdachte. Es gab doch nur einen Mann, der mich interessierte. Wie gerne wäre ich bei ihm gewesen! Ich wollte, er würde gestehen, mich erkannt zu haben. Ich wünschte, daß er mir so zusetzte, wie ich früher Bastian. Ich wollte hören, wie er ungeduldig wiederholte: »Wann, wann, wann?« Wie Bastian es getan hatte.

Und trotzdem konnte ich an Luke denken.

Während ich schlaflos in meinem Bett lag, bildete ich mir ein, seltsame Geräusche im Haus zu hören.

Die Dielen knarren, beruhigte ich mich. Was sollte auch sein. Es ist nichts.

Plötzlich hörte ich einen wahnsinnigen Lärm, als polterte ein Kupferkessel durch ein Zimmer. Ich nahm an, es kam aus Richtung Küche. Jemand war in der Küche. Ich sprang aus dem Bett und griff nach meinem Schlafrock.

Im Treppenhaus blieb ich stehen, um zu lauschen. Und richtig... es waren Schritte... schleppende Schritte; jemand war in der Küche. Irgend etwas tat sich da.

Angelet kam aus ihrem Zimmer und stieß einen erleichterten Schrei aus, als sie mich sah.

»Was ist los, Bersaba? Ich habe Geräusche gehört.«

»Irgend etwas geht dort unten vor«, sagte ich. »Laß uns nachschauen.«

Mit lauter Stimme rief ich: »Ist da jemand? Was ist los?«

Mrs. Cherry erschien, sehr erregt, und meinte: »Es ist nichts, Mistress. Ein Kochtopf stand nicht auf seinem Platz.«

»Ja, es klang, als wäre ein Kessel auf den Boden gefallen.«

»Es machte einen so entsetzlichen Lärm.«

Sie stand uns auf der Treppe gegenüber, als wollte sie uns den Weg versperren.

»Jetzt ist alles vorbei«, fuhr sie fort und sah Angelet an. »Cherry hat schon alles wieder verstaut. Und diesmal sicher. Einer der Männer... Ihr wißt schon... stellt sie irgendwie hin, und dann erschrickt man nachts zu Tode.«

Jetzt erschien auch Cherry. Sein Gesicht war kreidebleich, und seine Augen blickten verlegen. »Verzeiht, Herrin, es tut mir leid. Es war... einer von denen... hat die Töpfe nicht richtig eingeräumt. Mr. Jesson wird denjenigen zur Rede stellen. Morgen.«

Da kam Mr. Jesson auch schon, Meg und Grace folgten ihm.

Ich hatte das komische Gefühl, sie steckten alle unter einer Decke und wollten uns daran hindern, hinunterzugehen. Ein dummer Gedanke, auf den ich sicher nur durch all die blöden Schlachten gekommen war.

»Sie können ganz beruhigt wieder zu Bett gehen, meine Damen«, sagte Mrs. Cherry. »Es tut mir wahnsinnig leid, daß Ihr gestört worden seid.«

»Dann ist also alles in Ordnung?« fragte Angelet.

»Ja, alles ist in Ordnung«, antwortete Mrs. Cherry fröhlich.

»Morgen früh werde ich jemandem eine Standpauke halten«, meinte Jesson, »das verspreche ich.«

Ich drehte mich um und sagte leichthin zu Angelet: »Auf dieses Versprechen hin könnten wir ja wieder schlafen gehen.«

»Gute Nacht, meine Damen.« Die Erleichterung, mit der dieser Wunsch ausgesprochen wurde, entging mir nicht.

»Gute Nacht«, sagten wir.

Wir begaben uns zuerst ins blaue Zimmer.

»Oh, Gott, ich war gerade eingeschlafen«, sagte Angelet.

»Erst jetzt? Schläfst du etwa nicht gut, Angelet?«

»In letzter Zeit nicht. Ich wünschte, ich könnte es! Ich hasse es, nachts wach zu liegen.«

»Auf Mrs. Cherrys Zahnschmerzkur hast du sehr gut geschlafen.«

»O ja, damals... stundenlang.«

»Tagelang. Das muß sehr erfrischend gewesen sein. Du weißt doch, was es war – Mohnsaft.«

»Ich wünschte, ich könnte jede Nacht so gut schlafen.«

»Das könntest du, wenn du die Medizin nimmst.«

»Das soll man doch nicht, oder? Es ist in Ordnung, wenn man schlimme Zahnschmerzen hat, aber man sollte es nicht nehmen, bloß weil man nicht schlafen kann.«

»Ich kenne Schlaflosigkeit nicht. Vielleicht würde ich es auch nehmen, wenn ich nicht schlafen könnte. Oder hie und da eine kleine Dosis, wenn ich wieder einmal eine Nacht durchschlafen möchte.«

»Wenn ich es noch hier hätte, würde ich jetzt etwas nehmen.«

»Soll ich Mrs. Cherry darum bitten?«

»Jetzt ist sie schon im Bett.«

»Aber sie schläft sicher noch nicht. Ich bin überzeugt, sie gibt mir den Saft mit Vergnügen; sie hat ein schlechtes Gewissen, wegen des Lärms. Das haben sie alle. Hast du bemerkt, wie peinlich es allen war?«

»Sie haben sich Sorgen gemacht, weil sie uns aufgeweckt haben.«

»Ich werde Mrs. Cherry morgen früh darum bitten, wenn du glaubst, heute ohne dieses Mittel die Nacht überstehen zu können.«

»Natürlich. Ich werde schon einschlafen.«

»Paß auf, du mußt vorsichtig sein mit diesem Zeug. Man darf es nicht zu oft nehmen. Nur zu gewissen Zeiten. Ich werde dein Doktor sein und es dir nur verschreiben, wenn du es wirklich brauchst.«

»Ach Bersaba, wie schön, daß du da bist.«

»Hoffentlich änderst du nicht einmal deine Meinung.«

»Meine Meinung ändern? Was meinst du denn damit?«

»Ich bin doch das schwarze Schaf der Familie. Ich bin nicht so wie du, Angelet.«

Den üblichen Einwand, daß ich Phoebe das Leben und Carlotta vor ihren Verfolgern gerettet habe, tat ich ab und sagte: »Es ist höchste Zeit, daß wir ins Bett gehen. Versuch die ganze Aufregung zu vergessen und schlaf. Das werde ich auch tun.«

Ich küßte sie auf die Stirn, und sie klammerte sich einen Augenblick an mich. Ich schüttelte sie entschieden ab und kehrte in mein Lavendelzimmer zurück.

Lange Zeit lag ich wach und dachte darüber nach, wie einfach es wäre, Angelet einzuschläfern, um ihren Platz neben Richard einzunehmen.

Dann träumte ich, daß er heimgekommen sei, nachdem ich Angelet eine hohe Dosis des Mohnsaftes verabreicht hätte. Und als ich bereits auf dem Weg zu Richard war, standen plötzlich Mr. und Mrs. Cherry, Jesson, Meg und Grace an der Treppe und versperrten mir den Weg.

Am nächsten Morgen lachte ich darüber, weil ich begriff, wie der Traum entstanden war.

Nachmittags ging ich hinunter in die Küche zu Mrs. Cherry, um mit ihr über ihre Kräutermixtur zu reden. Ich wollte sichergehen, daß dessen Genuß in kleinen Dosen nicht gefährlich war.

Als ich in die Küche kam, war keiner da. Das große Feuer brannte, und aus dem Backofen stieg der Duft von Gebackenem. Ein Stück Fleisch drehte sich am Spieß, aber er war wohl gerade erst aufgesetzt und konnte vorerst ohne die Aufsicht des Kochs garen.

Ich schaute mich um, und mein Blick fiel auf den Kessel, der uns nachts aufgeweckt hatte. Und plötzlich entdeckte ich etwas, was ich bisher nicht gesehen hatte: eine Tür, die einen Spaltbreit offenstand. Darüber hingen Schürzen und Geschirrtücher. Das war der Grund, warum ich sie noch nie bemerkt hatte. Nur die Tatsache, daß sie plötzlich offenstand, verriet sie. Sie hatte ein Schloß, aber das war kaputt. Rasch öffnete ich ganz und blickte in einen Wandschrank, in dem schwere Kleidungsstücke hingen. Mein Instinkt sagte mir, daß das kein gewöhnlicher Wandschrank war, und ich schob die Kleider beiseite. Meine Vermutung wurde bestätigt: Vor mir lag wieder eine Türe. Das Schloß schien aufgebrochen, dafür war ein Riegel vorgeschoben worden.

Ich bildete mir ein, Schritte zu hören, zog mich hastig zurück und schloß die Schranktüre.

Mrs. Cherry kam herein.

»Mir war, als hätte ich jemanden gehört«, sagte sie.

»Ich wollte mit Euch reden, Mrs. Cherry.«

Sie hatte Angst, das war nicht zu übersehen, und ihr Blick ging immer wieder zu der Tür, die ich entdeckt hatte. Sie mußte bemerkt haben, daß sie nicht ganz zu war und daß man sie bei näherem Hinsehen entdecken mußte. Ich hätte gerne gewußt, warum das so wichtig war.

Sie brachte einen Stuhl für mich, und ich setzte mich.

»Eure Herrin schläft nicht sehr gut«, begann ich, »ich mache mir Sorgen deshalb.«

Alle Angst wich jetzt aus Mrs. Cherrys Gesicht und machte einem besorgten Ausdruck Platz.

»Als sie Zahnschmerzen hatte, habt Ihr ihr von Eurem Schlafmittel gegeben, erinnert Ihr Euch?«

»Natürlich erinnere ich mich, Mistress. Sie hat mir auch gesagt, daß die Schmerzen danach wie weggeblasen waren.«

»Ihr versteht viel von Kräutern, nicht wahr, Mrs. Cherry?«

Die Grübchen in ihren Wangen vertieften sich.

»Ach, das macht die lange Praxis, Mistress Bersaba.«

»Deshalb komme ich auch zu Euch, Ihr müßt mir helfen.«

»Wenn ich etwas für Euch tun kann...«

»Ich wollte Euch fragen, ob sie etwas von Eurer Medizin in ihrem Zimmer behalten könnte, so daß sie sie immer griffbereit hat, wenn sie nicht einschlafen kann. Oder wäre das zu gefährlich?«

»Nun, Mistress Bersaba, solange sie nicht zuviel davon nimmt. Heilmittel soll man nie gewohnheitsmäßig einnehmen. Ein klein wenig ab und zu kann niemand etwas schaden. Ich sage immer, Gott läßt die Kräuter wachsen, damit wir sie gebrauchen, und es liegt an uns, das Beste daraus zu machen.«

»Und Menschen wie Ihr, die diese Kräuter kennen, sind für uns alle ein großer Segen.«

»Es ist mir ein Vergnügen, Mistress. Ich liebe meinen kleinen Kräutergarten, und wenn ich etwas Neues entdecke, oder ein neues Rezept finde, dann gibt es keinen glücklicheren Menschen als Emmy Cherry.«

Emmy Cherry! Der Name paßte zu ihr. Rund, hilfsbereit und immer diese wachen leuchtenden Augen, die sie so interessant machten.

»Also, Ihr gebt mir etwas von Eurer Medizin?«

»Ich meine, das ist ein Heilmittel gegen Zahnschmerzen, aber das braucht man nur, wenn man Zahnschmerzen hat. Ich habe aber noch etwas Gutes, das hauptsächlich aus Mohnsaft und frischen Kräutern besteht, mit ein bißchen Wacholder für den Geschmack. Ein kleiner Schluck davon, und sie schläft die ganze Nacht und es schadet nicht. Ich gebe es Euch gleich mit.«

Sie ging zu einem Wandschrank, und ich folgte ihr. Er glich einer Kammer und war das genaue Gegenstück zu dem, in dem die Mäntel hingen.

Rundherum waren Regale, auf denen eine Vielzahl von säuberlich beschrifteten Fläschchen standen. Eine zweite Tür gab es hier nicht.

Sie nahm eines der Fläschchen und reichte es mir.

»Hier, Mistress Bersaba. Damit wird sie gut schlafen. Es besteht immer die Gefahr, daß man einen Schluck nimmt, schläfrig wird und noch mal zur Flasche greift, weil man vergessen hat, daß man die Medizin schon genommen hat. Das wäre nicht das erste Mal, daß so etwas geschieht.«

»Ihr könnt Euch auf mich verlassen, Mrs. Cherry«, beruhigte

ich sie. »Ich werde aufpassen, daß sie es nur nimmt, wenn es unbedingt nötig ist. Am besten, ich behalte es in meinem Zimmer.«

Ich brachte die Flasche in mein Zimmer und stellte sie in den Schrank. Als ich Angelet wiedersah, erzählte ich ihr alles.

»Wo ist die Medizin?« fragte sie.

»Ich bewahre sie für dich auf. Wenn ich der Meinung bin, du brauchst sie tatsächlich, um schlafen zu können, werde ich dir davon geben.«

»Gib sie doch mir, Bersaba.«

»Nein«, sagte ich bestimmt, und sie lachte und war glücklich, daß ich mich um sie sorgte.

Ich konnte es kaum erwarten, das Geheimnis der Küchentür zu erforschen, und schlich mich in den Hof dahinter, um nachzusehen, ob es dort einen Eingang gab, der zu dem Wandschrank führen könnte.

Es wurde bereits dunkel und niemand war zu sehen, als ich, in meinen Umhang gehüllt, hinaustrat und langsam ums Haus schlich.

Hier müßte die Küche sein! Da war das Küchenfenster, aber eine Türe konnte ich nicht finden. Vielleicht war sie von außen zugemauert worden, dann müßte es allerdings Spuren geben. Ich fand keine.

Die Mauer des Schlößchens kam hier sehr nahe ans Haus heran. Wenn es sich wirklich um eine baufällige Ruine handelte, war es dann ratsam, sie so nahe am Haus stehen zu lassen, fragte ich mich. Sonst konnte ich nichts entdecken, also begab ich mich wieder auf mein Zimmer. Aber mir ging das alles nicht aus dem Kopf.

Wie endlos lange sich doch die Abende hinzogen. Bei Kerzenlicht konnte Angelet nicht genug sehen, um zu sticken, und ich nahm an, wenn Richard nicht da war, fühlte sie sich nicht verpflichtet, sich zu beschäftigen.

Wir sprachen von alten Zeiten und von Trystan Priory und überlegten, was Mutter wohl in diesem Augenblick machte. Und als Angelet Schloß Paling erwähnte, fiel mir mein Erkundungsgang wieder ein, und ich sagte: »Als ich unten in der Küche war, um mit Mrs. Cherry über deine Medizin zu reden, habe ich einen Wandschrank entdeckt, den ich zuvor noch nie gesehen habe. Ich habe hineingeschaut, und da war noch eine Tür. Leider war sie verriegelt. Wohin führt sie?«

»Keine Ahnung«, antwortete Angelet.

»Du bist doch die Herrin dieses Hauses. Es sollte keine Geheimnisse vor dir geben.«

»In der Küche mische ich mich nicht ein.«

»Das hat nichts mit Einmischen zu tun. Ich an deiner Stelle würde herausfinden wollen, warum es im Schrank eine Tür gibt.«

»Hast du Mrs. Cherry gefragt?«

»Nein, das habe ich nicht getan.«

»Wenn du so neugierig bist, dann frag sie doch selbst.«

»Warum gehen wir nicht hinunter und schauen nach?«

»Du meinst, wir sollen fragen?«

»Nein, ich will niemanden fragen. Ich möchte, daß wir es selbst herausbekommen. Findest du das nicht geheimnisvoll?«

»Geheimnisvoll... wieso? Was meinst du?«

»Wieso? Das eben sollten wir herausfinden. Ich habe so ein Gefühl...«

»Was möchtest du eigentlich?«

»Auf Entdeckungsreisen gehen.«

Ihre Augen glänzten. Das war fast wie früher, als wir noch Kinder waren, dachte sie bestimmt. War ich es nicht immer gewesen, die die Anführerin gespielt hatte, wenn wir etwas Außergewöhnliches unternahmen?

»Also schön, was schlägst du vor?«

»Wir warten, bis alle im Bett sind, dann gehen wir in die Küche hinunter und schauen nach, was hinter der Türe ist... wenn überhaupt etwas dahinter ist.«

»Was geschieht, wenn man uns erwischt?«

»Meine liebe Angelet, bist du die Herrin dieses Hauses oder bist du es nicht? Wenn du den Wunsch verspürst, mitten in der Nacht deine Küche auf den Kopf zu stellen, wer kann dich daran hindern?«

Sie fing an zu lachen.

»Du bist immer noch nicht erwachsen geworden«, warf sie mir vor.

»Vielleicht habe ich mir in manchem meine Naivität bewahrt«, gab ich zurück.

Der Abend schien kein Ende nehmen zu wollen. Wir begaben uns in unsere Zimmer und ins Bett, weil ich es besser fand, daß weder Phoebe noch Meg etwas bemerkten. Das sollte ganz allein unser Abenteuer sein.

Es war kurz nach Mitternacht, als wir unsere Schlafröcke

anzogen, eine Kerze nahmen und uns auf den Weg zur Küche machten.

Angelet ging dicht neben mir. Ich spürte, sie war ein bißchen nervös. Vielleicht hätte ich sie doch nicht mitnehmen sollen. Vorsichtig öffnete ich die Küchentüre, hob die Kerze so hoch, daß ihr Schein auf die Wand hinter dem großen Kamin fiel und auf das Regal, auf dem die Kupferkessel standen.

»Da ist der Kessel, der gestern Nacht heruntergefallen ist«, sagte ich, »und dort ist die Tür. Komm!«

Sie war abgesperrt, aber der Schlüssel steckte im Schloß. Ich drehte ihn um, und die Tür ging auf. Ich stand im Wandschrank.

»Halt die Kerze«, befahl ich Angelet, dann schob ich die Mäntel auseinander und legte den Eingang frei. Das Schloß war in der Zwischenzeit nicht repariert worden, und der schwere Riegel war vorgeschoben.

»Was tust du?« flüsterte Angelet.

»Ich werde den Riegel öffnen.«

Er ließ sich ganz leicht bewegen, was mich erstaunte. Ich hatte mir vorgestellt, er sei eingerostet, weil er seit Jahren nicht mehr benutzt worden war.

Als ich öffnete, strömte uns kalte Luft entgegen. Vor uns war es pechschwarz.

»Sei vorsichtig«, rief Angelet erschreckt.

»Gib mir die Kerze!«

Es war eine Art Korridor. Boden und Mauern waren aus Quadersteinen.

Ich machte einen Schritt vorwärts.

»Komm zurück«, schrie Angelet leise, »ich höre jemanden kommen.«

Und schon war ich zurück in der Kammer. Jetzt hörte ich die Schritte auch und machte die Türe hinter mir zu.

In dem Moment betrat Mrs. Cherry die Küche.

Sie schrie auf, aber Angelet beruhigte sie. »Alles in Ordnung, Mrs. Cherry.«

»Gott sei mir gnädig!« flüsterte sie.

Rasch sagte ich: »Wir dachten, wir hätten jemanden gehört, und da sind wir hinuntergegangen, um nachzuschauen.«

Alle Wärme war aus ihrem Blick verschwunden, sie mußte sich sehr erschrocken haben.

»Aber es scheint alles in Ordnung zu sein«, fuhr ich fort. »Vielleicht waren es Mäuse oder ein Vogel draußen . . .«

Sie sah sich um, und ich bemerkte, wie ihr Blick unauffällig das Regal absuchte.

»Ich nehme an, das kommt davon, wenn gewisse Leute die Kessel nicht richtig hinstellen.«

»Das wird es wohl gewesen sein. Aber wir haben uns wenigstens überzeugt, Mrs. Cherry. Kein Grund mehr zur Sorge.«

»Ich möchte nicht das Gefühl haben, daß irgend etwas in meiner Küche nicht in Ordnung ist«, sagte Mrs. Cherry.

»Es ist aber alles in Ordnung. Wir wünschen Euch eine gute Nacht, Mrs. Cherry. Es tut uns leid, wenn wir Euch gestört haben.«

Ich hakte mich bei Angelet unter und führte sie aus der Küche. Sobald wir im blauen Zimmer waren, stellte ich die Kerze ab, setzte mich auf das Bett und lachte.

»Gott, war das komisch!«

»Warum hast du ihr erzählt, du hättest Geräusche gehört? Warum hast du ihr nicht gesagt, was wir suchen?«

»Es war viel aufregender, das nicht zu tun.«

»Was hast du überhaupt gefunden?«

»Die Türe führt in einen Alkoven mit einem Steinboden.«

»Was ist so interessant daran?«

»So weit bin ich mit meinen Entdeckungen noch nicht gekommen, um dir darauf antworten zu können.«

»Bersaba, du bist verrückt. Das bist du schon immer gewesen. Ich möchte nicht wissen, was Mrs. Cherry jetzt von uns denkt.«

»Sie war aufgeregt, und ich möchte gern wissen, warum.«

»Kein Wunder, nach dem Schreck.«

»Was würdest du sagen, wenn ich herausfände, daß dahinter ein Weg zum Schloß führt?«

»Ich würde sagen, du phantasierst.«

»Nun, das wäre erst zu beweisen. Es gibt keinen anderen Zugang, nicht wahr? Ich meine, diese hohe Mauer mit den Glasscherben geht doch rundherum?«

»Richard hat die Mauer bauen lassen, weil das Schloß baufällig ist. Und es gibt schon eine Türe, ich habe sie eines Tages im Unterholz entdeckt. Warum aber sollte es eine Verbindung zwischen dem Haus und dem Schloß geben?«

»Ich weiß es nicht. Ich frage ja nur.«

»O Gott, heute nacht werde ich kein Auge zutun! Soll ich ein bißchen von dem Schlaftrunk nehmen?«

»Nun gut, vielleicht bist du ein bißchen überreizt.«

Ich holte die Flasche und verabreichte ihr die vorgeschriebene Menge. Bis sie eingeschlafen sei, würde ich bei ihr bleiben, versprach ich.

Nach fünfzehn Minuten war sie eingenickt. Eine Weile blieb ich noch sitzen und dachte über den Wandschrank und die verriegelte Tür nach. Ich war überzeugt, es gab einen unterirdischen Korridor, und ich hatte ihn entdeckt. Mitten in der Nacht wachte ich auf und ging hinüber in Angelets Zimmer. Sie schlief immer noch, und als ich sie am nächsten Tag in der Früh fragte, ob sie durchgeschlafen hätte, versicherte sie mir, ja, das hätte sie.

Bürgerkrieg

Am nächsten Tag erfand ich eine Entschuldigung, in die Küche zu gehen, und entdeckte, daß der Schlüssel zum Wandschrank verschwunden war. Ich nahm an, Mrs. Cherry oder sonst jemand hätte mein Interesse erraten und wollte meiner Neugier ein Ende bereiten.

Ich war sicher, daß ein Korridor von der Küche in das Schloß führte, und nachdem das Betreten wegen Baufälligkeit verboten war, sollte die Existenz eines unterirdischen Ganges natürlich ein Geheimnis bleiben.

Am Nachmittag kam Luke Longridge herübergeritten, und ich dachte nicht mehr darüber nach. Es war das erste Mal, daß er Far Flamstead einen Besuch abstattete, da Richard ihn nie dazu aufgefordert hat. Nachdem ihre Beziehung zueinander nach der Aufforderung zum Duell ziemlich gespannt gewesen sein mußte, wunderte mich das nicht. Allerdings hatte Richard nichts dagegen gehabt, daß wir bei den Longridges waren. Unsere Besuche waren allerdings nie formeller Art, vielmehr trafen wir den einen oder anderen rein zufällig.

Phoebe kam und sagte, daß Mr. Longridge gekommen war und mich sprechen wollte. Ich lief hinunter in die Halle, wo er mich mit sichtlichem Unbehagen erwartete. Es hatte den Anschein, als ob etwas Schlimmes geschehen wäre, und ich fragte ihn sofort.

»Nein, ich wollte nur mit Euch sprechen. Könnt Ihr Euch etwas überziehen und mit in den Garten kommen?«

»Können wir nicht hier miteinander sprechen?«

»Nachdem ich nicht sicher bin, ob ich in General Tolworthys

Haus willkommen bin, wäre es mir lieber, Ihr würdet mich nach draußen begleiten.«

Ich schickte Phoebe nach meinem Umhang.

Draußen führte ich Luke in den ummauerten Garten. Um sich zu setzen, war es zu kühl, also spazierten wir auf und ab.

»Ihr werdet Euch über die Dringlichkeit meines Anliegens wundern«, fing er an. »Aber was mich anbelangt, handelt es sich nicht um eine überstürzte Angelegenheit, ich denke schon eine ganze Weile an nichts anderes. Seit wir uns zum ersten Mal gesehen haben, geht Ihr mir nicht mehr aus dem Sinn. Jeden Tag habe ich gehofft, Ihr würdet vorbeikommen.«

»Ihr und Eure Schwester habt uns immer herzlich willkommen geheißen, und meine Schwester und ich haben unsere Besuche jedesmal sehr genossen.«

»Daß Ihr mir nicht gleichgültig seid, habt Ihr wahrscheinlich bemerkt. Ich habe noch nie an eine Ehe gedacht, weil es nebenbei so viel gibt, was ich tun möchte. Aber es ist nur natürlich für einen Mann, sich ein Weib zu nehmen. Ich hoffe, es kommt Euch nicht allzu ungelegen, aber ich bin gekommen, Euch um Eure Hand zu bitten.«

»Das ist doch nicht Euer Ernst?«

»Das ist mein heiliger Ernst. Ich bin kein reicher Mann, aber ich habe das Gut und etwas Vermögen. Wir sind zumindest nicht arm.«

»Ich schätze Menschen nicht nach ihren weltlichen Gütern ein.«

»Nein, das tut Ihr nicht. Dafür seid Ihr zu gescheit. Der Reiche von heute kann der Arme von morgen sein. Und nur Herz und Verstand bedeuten wahren Reichtum.«

»Warum wollt Ihr mich heiraten?«

»Weil ich Euch liebe. Ich könnte mit Euch glücklich sein und glaube, auch Euch glücklich machen zu können. Aber ohne Euch gibt es kein Glück für mich.«

»Ich dachte, Ihr glaubt nicht an Glück.«

»Ihr macht Euch über mich lustig.«

»Nein, ich möchte Euch gerne kennenlernen.«

»Es steht nichts davon in der Bibel, daß ein Mann nicht heiraten soll. Im Gegenteil, es ist eine verdienstvolle Tat.«

»Aber was geschieht, wenn Ihr Vergnügen an Eurer Ehe findet?«

»Wir würden Gnade finden vor den Augen Gottes.«

Ich war fassungslos und sagte: »Wir sind doch keine Kinder, wir müssen doch den Motiven für unsere Handlungen ins Auge sehen. Ich frage Euch jetzt deshalb, macht der Gedanke an die ehelichen Freuden Euch so glücklich, daß Ihr mit mir leben wollt?«

»Wie seltsam Ihr sprecht, Bersaba. Nicht wie eine...«

»Eine Puritanerin? Ich bin keine Puritanerin. Wollt Ihr mich besitzen, wie ein Mann eine Frau besitzen will; das würde ich gerne wissen.«

Er kam einen Schritt näher. »Ihr entzückt mich«, sagte er. »Ja, ich gebe zu, ich will Euch besitzen. Nur mit Euch kann ich glücklich sein. Bersaba, Ihr antwortet nicht. Wollt Ihr mich heiraten?«

»Nein«, sagte ich fast triumphierend. Ich hatte ihn dazu gebracht zuzugeben, fleischliche Begierden zu haben. Aber gleich danach tat er mir wieder leid. »Ich könnte nur einen Mann heiraten, den ich liebe und begehre, so wie es auch sein soll. Ich mache kein Geheimnis aus meinen Bedürfnissen. Aber so liebe ich Euch nicht. Ich respektiere und achte Euch als einen Freund, das ist meine Antwort, Luke. Mehr habe ich nicht zu sagen.«

»Bersaba, wollt Ihr es nicht erst bedenken?«

»Das würde nichts ändern.«

»Ich nehme an, man wird Euch nach London bringen, dort gibt es Bälle und Bankette...«

»Und andere Festlichkeiten«, fügte ich hinzu.

»Dort werdet Ihr einen Mann finden, der Euch reich machen wird.«

»Ich schaue nicht auf Reichtümer, Luke, das habe ich Euch schon einmal gesagt.«

Er wandte sich ab, und ich legte ihm meine Hand auf den Arm. »Es tut mir leid, Luke. Würdet Ihr mich wirklich kennen, würdet Ihr mich nicht mehr bewundern. Ihr begehrt mich, ja, das weiß ich, aber Ihr würdet nicht glücklich mit mir werden. Euer Gewissen würde Euch quälen. Ihr würdet Vergnügen an mir finden, aber Ihr seid Puritaner. Ich weiß nicht, was ich bin, das jedenfalls nicht. Ihr werdet eine Frau finden, die besser zu Euch paßt, Luke, und Ihr werdet mir und Gott für diesen Tag danken.«

»Ihr seid so anders als die Frauen, die ich kenne«, sagte er.

»Deshalb solltet Ihr mich auch meiden. Ihr kennt mich nicht. Ich bin nicht so wie Ihr. Versucht, nicht traurig zu sein. Ich werde Eure Schwester besuchen, wie immer, und wir bleiben gute

Freunde. Wir werden uns unterhalten, unsere verbalen Schlachten schlagen und gegenseitig unsere Gesellschaft genießen. Geht jetzt, Luke, ich meine es gut mit Euch. Es ist zu Eurem Besten, ich weiß es.«

Ich ließ ihn stehen und lief ins Haus.

Am nächsten Tag kam Richard zurück. Ich hörte Pferdegetrappel und lief hinaus auf den Hof, um zu sehen, wer es sein könnte. Und da war er. Er stieg gerade von seinem Pferd und übergab es dem Stallburschen.

Vor Freude, ihn wiederzusehen, vergaß ich alle Etikette und lief ihm mit weitausgebreiteten Armen entgegen. Er nahm meine Hände, hielt sie einen Augenblick fest und blickte mich forschend an. Alles in mir war in Aufruhr – ich war überzeugt, er wußte alles.

»Bersaba«, sagte er, und etwas war in seiner Stimme, als spräche er zu einer Geliebten. Aber gleich darauf war er wieder kühl und distanziert wie immer. »Ich komme nur kurz zurück«, sagte er. »Wo ist Angelet?«

Auch sie hatte ihn gehört und kam heraus auf den Hof. Er nahm sie bei den Händen und küßte sie auf die Wange.

»Geht es dir wieder gut?« fragte er besorgt.

»O ja, Richard. Und dir? Wie lange bleibst du bei uns? Sind alle Schwierigkeiten behoben?«

»Wie gewöhnlich weiß ich nicht, wie lange ich bleiben kann. Die Schwierigkeiten sind nicht behoben – im Gegenteil! Sie spitzen sich zu.«

Er hakte sie unter und reichte mir seinen Arm, und so betraten wir die Halle.

Ich durfte mir die Erregung, die mich ergriffen hatte, nicht anmerken lassen. Ich mußte daran denken, daß dies der Mann meiner Schwester war.

Wie gewöhnlich speisten wir im kleinen Salon. Angelet gegenüber schien er beinahe zärtlich zu sein.

»Bist du sicher, du fühlst dich auch wohl? Du siehst müde aus.«

»Sie schläft nicht sehr gut in letzter Zeit«, sagte ich.

Er machte sich sichtlich Sorgen, aber Angelet murmelte, es wäre nichts.

Während des Essens erzählte er uns, was sich draußen in der Welt tat. Ein neues Parlament war zusammengetreten, und viele seiner Mitglieder gehörten bereits dem im vergangenen April ernannten Short Parlament an; aber es gab auch neue Köpfe. »Sie sind fest entschlossen, alle Mißstände bei der Wurzel zu packen. Das bedeutet nichts Gutes für Männer wie Wentworth, den Earl of Strafford, und Erzbischof Laud.«

Wie zuvor sprach er über derartige Angelegenheiten nur mit mir. Nach dem Essen sagte er, er hätte noch zu arbeiten, und zog sich in die Bibliothek zurück.

Wir gingen beide in unsere Zimmer. Ich war erregt, und Angelet hatte Angst. Ich glaube, sie steigerte sich hinein in ihre Aversion. Jedenfalls war es nicht normal; denn sie bewunderte ihren Mann mehr als alle Männer auf der Welt, und sie war stolz, seine Frau zu sein. Sie wäre absolut glücklich gewesen, hätte man sie von ihren ehelichen Pflichten als Frau entbunden.

Natürlich wäre es auffällig, würde sie diese Nacht nicht mit ihm verbringen. Er war so lange weg gewesen.

»Angelet, was ist denn los?« fragte ich, obwohl ich es ganz genau wußte, und sie antwortete: »Ich weiß nicht, ich glaube, ich bekomme wieder Zahnschmerzen.« Sie sah mich flehend an und erinnerte mich an unsere Kindheit: Wenn sie damals Angst vor der Dunkelheit hatte, erfand sie alle möglichen Entschuldigungen, um nicht allein sein zu müssen.

Sie wollte ihn nicht, sie hatte Angst vor ihm. Das, wonach ich mich sehnte, fürchtete sie. Während unserer Kindheit war immer ich die Einfallsreichere gewesen, und auch heute wollte sie, daß ich einen Weg aus dem Dilemma für sie fand.

Mein Herz fing an, wie wild zu schlagen, als ich sagte: »Du mußt noch etwas von Mrs. Cherrys Heiltrank haben.«

»Er macht mich so schläfrig.«

»Das ist genau das, was du brauchst.«

»Aber Richard ist gerade nach Hause gekommen.«

»Er wird es verstehen.«

Ihre Augen erhellten sich, und sie sah mich anbetend an. Ich war wieder einmal die Schwester, auf die sie sich verlassen konnte.

»Ich gebe dir einen Schluck davon«, sagte ich rasch. »Leg dich schlafen, später gehe ich in die Bibliothek hinunter und sage es ihm. Morgen ist alles wieder besser. Das wird er verstehen.«

»Glaubst du, Bersaba?«

Meine Hände zitterten, als ich ihr einen Löffel voll von der Medizin gab.

Ich brachte sie ins Bett und saß bei ihr, bis sie eingeschlafen war. Sie sah so glücklich und entspannt aus im Schlaf, daß sich mein Gewissen beruhigte.

Ich werde es ihm sagen, nahm ich mir vor, ich werde beichten, was ich angestellt habe, und dann gehe ich nach Hause. Ich werde ihm erklären, daß Angelet Angst hat und daß sie Zeit braucht, sich an all das zu gewöhnen, was sie heute noch schreckt. Wenn ich es ihm richtig erklärte, würde er es verstehen.

Ich ging hinunter in die Bibliothek, aber er war nicht mehr da. Im Schlafzimmer würde ich ihn finden. Vielleicht war er auch in Angelets Zimmer gegangen, um nach ihr zu sehen. Oder würde er versuchen, sie aus ihrem tiefen Schlaf zu wecken? Ich hatte ihr versprochen, ihm alles zu erklären, also mußte ich es auch tun. Allerdings hatte ich viel mehr zu erklären, als sie sich vorstellen konnte. Morgen werde ich anfangen, Reisevorbereitungen zu treffen, und hoffen, daß sie mit der Zeit glücklich miteinander werden.

Ich ging zum Schlafzimmer und klopfte an die Türe. Fast augenblicklich ging sie auf. Er nahm mich bei der Hand und zog mich hinein.

»Angelet«, sagte er, und in seiner Stimme war ein Ton, den ich nie zuvor gehört hatte, wenn er ihren Namen aussprach.

Und wieder übermannte mich die Versuchung. Ich konnte mich verstellen! Nur noch einmal... dann würde ich alles erklären. Meine guten Vorsätze waren verflogen. Trotzdem zögerte ich und wußte, gerade das würde mich Angelet noch ähnlicher machen.

»Richard, ich muß mit dir reden«, rief ich.

»Später«, flüsterte er. »Wir haben alle Zeit der Welt, miteinander zu reden. Aber all die Wochen habe ich an dich gedacht und mich nach dir gesehnt.«

Seine Stimme, die Berührung seiner Hände ließen mich erzittern, und mehr als alles andere, wollte ich ihm gehören, ihn trösten, ihn glücklich machen. Wenn Angelet schon unter ihrer Gefühlskälte litt, wie mußte er erst leiden! Meine Liebe zu ihm überwältigte mich. Warum auch nicht? Nur noch heute nacht, dann gehe ich fort. Und so geschah es.

Er machte keinerlei Andeutungen, denen zu entnehmen war, daß er wußte, wer ich war.

Plötzlich wurde ich durch seltsame Geräusche aus dem Schlaf gerissen. Entsetzt schreckte ich hoch. Ich war im Himmelbett, und Richard lag neben mir.

Ich hätte die Geräusche nicht beschreiben können, aber ich wußte, es war jemand im Zimmer. Ich hörte Gepolter, als ob ein Stuhl umgestoßen würde, ein unheimliches, dämonisches Lachen und dann ein Knurren, wie von einem wilden Tier.

Richard warf die Vorhänge zurück und sprang aus dem Bett. Zögernd folgte ich ihm.

Er zündete eine Kerze an, und ich schrie auf vor Entsetzen. Ein Ungeheuer befand sich im Zimmer. Im ersten Augenblick hätte ich es nicht für ein menschliches Wesen gehalten, eher für einen zu Fleisch gewordenen Alptraum. Aber es war menschlich. Es war ein Kind mit wild zerzaustem Haar und Armen, so lang, daß sie beinahe den Boden streiften. Der Körper dieser abnormen Kreatur war stark, die Füße schien sie nachzuziehen. Die schlaffen, herabhängenden Lippen und der wesenlose Blick dieses Wahnsinnigen waren grauenerregend.

»Cherry!« rief Richard, aber Cherry war bereits an der Tür, und hinter ihm stand seine Frau.

Richard hatte dieses Individuum ergriffen, das aus Protest um sich schlug und zu heulen anfing wie ein Tier.

Mrs. Cherry murmelte: »Gott sei uns gnädig! Ich hole John.«

Die Kreatur riß sich los und rannte zu einem Stuhl, hob ihn hoch, aber Richard war rechtzeitig da, ehe sie ihn in den Spiegel schleudern konnte.

Der Kampf ging weiter, und Richard und Cherry mußten ihre ganze Kraft aufbieten, die um sich schlagenden Arme festzuhalten.

Ein Mann betrat das Gemach. Ich erkannte ihn sofort, weil Angelet ihn erwähnt hatte. Wegen seiner Narbe im Gesicht war er nicht zu verkennen: Es war Erdbeer-John.

»Komm schon, mein Junge«, sagte John. »Komm mein Freund, John ist bei dir.«

Die Arme hörten auf, um sich zu schlagen. Plötzlich packte ihn John von hinten und hielt den sich Aufbäumenden fest.

»Wenn du stillhältst, tue ich dir nicht weh. Das weißt du. Nur wenn du dich wehrst. Jetzt komm schön mit, John. S... so ist's gut. So ist's schon besser.« Das Zucken hatte nachgelassen, und der Mann mit der Narbe führte den Kretin geduldig und freundlich, aber mit fester Hand aus dem Zimmer.

Mrs. Cherry stand zitternd auf der Schwelle. »Ich kann mir nicht vorstellen... Sir... der Riegel war vorgeschoben. Cherry schiebt ihn immer vor.«

»Schon gut«, Mrs. Cherry«, sagte Richard.

Ich war im Hintergrund geblieben, aber jetzt, da das Handgemenge vorbei war, wurde ich mir der mißlichen Lage bewußt, in der ich mich befand. Gleich würde ich entdeckt. Ich versuchte mir einzureden, dies wäre nur ein böser Traum, aus dem ich jeden Moment erwachen mußte, aber leider wußte ich, daß es die Wirklichkeit war.

Als die schlurfenden Schritte in der Ferne verhallt waren, schloß Richard die Tür und lehnte sich dagegen.

Ich schüttelte mein Haar, um meine Narben auf der Stirn zu verstecken, und ohne es zu wollen, verdeckte ich mit der Hand die auf meiner Wange.

»Diese... Kreatur ist mein Sohn«, sagte er. »Jetzt mußt du es wohl erfahren.«

Ich antwortete nicht; ich hatte Angst, den Mund aufzumachen, weil ich nicht wußte, ob er mich vielleicht doch für Angelet hielt.

Eigentlich waren keine Erklärungen nötig. Ich verstand alles. Dieser Sohn war ein Idiot, ein Monster. Er lebte, eingesperrt im Schloß, mit dem starken Erdbeer-John, der auf ihn aufpaßte. Die Cherrys kannten das Geheimnis. Die Tür in der Küche war der Eingang zu dem geheimnisvollen Ort; und ich hatte den Riegel zurückgeschoben und vergessen, ihn wieder zu schließen. Der Kretin hatte diese Gelegenheit genutzt, ins Haus einzudringen.

Diese makabre Szene entsprach so ganz meinem eigenen Betrug.

Ich mußte schnell denken. Könnte ich Richard wirklich täuschen, könnte ich weiterhin so tun, als wäre ich Angelet? Nur die Narben könnten mich verraten.

»Ich verstehe, Richard«, sagte ich, »ich verstehe alles.«

Er kam zu mir, strich zärtlich mein Haar aus der Stirn und küßte meine Narben. Unglaubliches Glück erfüllte mich. Ich mußte ihn nicht mehr täuschen; er wußte alles.

»Hast du geglaubt, ich hätte es nicht bemerkt?« fragte er. »Bersaba, warum hast du das getan?«

»Weil ich schlecht bin, deshalb.«

»Niemals. Das letzte Mal bin ich fortgegangen. Ich sagte mir, das darf nie wieder vorkommen, und jetzt bin ich doch hier, weil ich mich nach dir gesehnt habe.«

»Ich dachte, du würdest mich hassen, wenn du es erfährst.«

»Ich werde dich immer nur lieben können, und ich werde nie

vergessen, was du damit für mich getan hast. Verstehst du mich? Ich werde dich immer lieben.«

Ich lehnte meinen Kopf an seine Brust und fühlte mich plötzlich ganz schwach. Ich wollte getröstet werden.

Er küßte mein Haar. Wie konnte ich nur denken, er sei kalt und ohne Leidenschaft? Seine Liebe zu mir war so tief und überwältigend wie die meine zu ihm.

»Vom ersten Augenblick an, als du in mein Haus gekommen bist, war mir klar, daß ich dich brauchte«, sagte er und streichelte mein Haar. »Jede Minute mit dir ist aufregend, ist ein Abenteuer. Warum bist du nicht nach London gekommen anstatt...«

Er war ein Mann mit Grundsätzen, ein Mann mit einem ausgeprägten Gefühl für Rechtschaffenheit, er brachte es nicht fertig, Angelets Namen über die Lippen zu bringen.

»Du hast meine Schwester geheiratet, du mußt sie doch geliebt haben?«

»Ich habe etwas in ihr gesehen. Sie ist jung, frisch und gesund. Ich dachte, wir könnten gesunde Kinder zusammen haben. Aber sie ist nur ein Schatten von dir. Ihr seht euch so ähnlich. Wie oft habe ich euch reiten sehen, euch beobachtet und wußte nicht, welche wer war. Nur wenn wir miteinander sprechen, wenn wir uns lieben, gibt es keine Ähnlichkeit mehr. Ich hätte dir so viel zu sagen, ich weiß nicht, wo ich anfangen soll.«

Er führte mich zum Bett, und wir setzten uns. Er legte den Arm um mich, und die Kerze auf dem Frisiertisch warf ein flackerndes Licht über den Raum.

»Zuerst zu dieser Tragödie: Laß mich von dem Jungen erzählen. Er ist elf Jahre alt... mein einziger Sohn. Seine Geburt brachte seine Mutter um.«

»Ich glaube, ich verstehe jetzt alles. Ich habe alles zusammengesetzt, wie ein Puzzle. Du hältst ihn im Schloß gefangen, und deshalb hast du allen verboten, in die Nähe zu gehen.«

Er nickte. »Schon als er geboren wurde, konnte man erkennen, daß etwas mit ihm nicht in Ordnung war. Mrs. Cherry hat ihn damals versorgt. Sie bestand darauf, und sie war auch sehr gut zu ihm. Ich verdanke den Cherrys, auch Jesson und seinen Töchtern sehr viel. Sie waren seinerzeit schon alle hier; sie kennen das Geheimnis und haben mir geholfen, es zu bewahren. Die anderen sind alte Soldaten, und alte Soldaten reden nicht, wenn sie es für unklug halten. Und dann Erdbeer-John, der wegen seines Muttermals so genannt wird. Alle Leute halten ihn für nicht ganz normal. Er hat ungeheure Kräfte, wie du eben gesehen hast, und paßt auf den Jungen auf. Er lebt mit ihm, seit dieser drei Jahre alt war und anfing, um sich zu schlagen. Niemand kann mit ihm fertig werden, außer Erdbeer-John. Aber der Junge wird immer stärker, er hat Arme wie ein Gorilla, er könnte jeden damit umbringen.«

»Kannst du ihn immer drüben wohnen lassen?«

»Solche Menschen leben nicht sehr lange, habe ich gehört. Ich habe derartige Fälle studiert und mich erkundigt. Normalerweise sterben sie Mitte Zwanzig oder Dreißig. Sie haben Kraft für zwei ausgewachsene Männer, aber nur die halbe Lebenserwartung.«

»Das ist immer noch lange genug.«

»Bis jetzt ist es gegangen. Alle haben geglaubt, er sei gestorben. Ach Bersaba, so viele Ausflüchte, so viele Lügen!«

»Und du bist ein Mann, der nichts mehr verabscheut wie Ausflüchte und Lügen«, sagte ich mit bedeutungsvollem Unterton.

»Ich habe eine Mauer um das Schloß bauen lassen, seitdem lebt er da. Ein anderes Kind ist unter seinem Namen begraben worden. Ein paarmal schon ist er ausgebrochen.«

»Und es muß ein Geheimnis bleiben.«

»Bersaba, er ist mein Sohn. Ich bin für ihn verantwortlich. Er soll kein unwürdiges Dasein führen, soweit ich das verhindern kann. Aber ich möchte noch andere Kinder haben... normale Kinder... die in diesem Haus aufwachsen und noch Generationen hier leben werden. Ich habe Angst, daß Angelet oder sonst jemand diese Geschichte herausbekommt. Sie würde Angst haben, unsere Kinder könnten auch so werden. Natürlich hat er den Wahnsinn geerbt, aber von wem?«

»Von seiner Mutter...«

»Sie war ein liebes Kind aus guter Familie. In ihrer Familie gibt es, soviel ich weiß, keinen Schwachsinn. Ich wußte, du würdest mich verstehen. Du verstehst mich immer. Ich will nicht, daß Angelet es erfährt. Wenn sie ein Kind bekommt, könnte diese Furcht für sie und das Baby zum Verhängnis werden, verstehst du das, Bersaba?«

Er hielt mich fest. »Bersaba, was sollen wir tun?«

»Was können wir tun?«

»Wir können uns nur trennen, was bedeutet, ich werde den Rest meines Lebens unglücklich sein.«

»Du hast deinen Beruf, und es sieht so aus, daß er dich die nächsten Jahre voll auslasten wird. Ich muß gehen.«

Er hielt mich fest an sich gepreßt und sah mich an. »Vom ersten Moment an, da ich dich im Arm hielt, habe ich es gewußt, Bersaba.«

»Und hast keinen Ton gesagt.«

»Ich habe es nicht gewagt.«

»Natürlich nicht, weil du ein rechtschaffener Mann bist. Du bist Adam: Das Weib hat dich verführt. Sag nicht nein; denn sie hat dich verführt! Siehst du, ich bin nicht gut, Richard. Das mußt du begreifen. Angelet ist wie meine Mutter: freundlich, lieb, immer bestrebt, das Richtige zu tun. Ich bin nicht freundlich. Ich bin nur innig, wenn ich liebe, und ich tue nur das Rechte, wenn es mir Spaß macht. Genauso ist es mit dem Bösen.«

»Ich habe nie eine Frau wie dich getroffen.«

»Bete, daß du keiner mehr begegnest.«

»Wenn du meine Frau sein könntest, würde ich nichts weiter vom Leben verlangen.«

Ich streichelte sein Haar. »Was jetzt, Richard?« Und ohne auf seine Antwort zu warten: »Ich muß fort, das wollte ich dir heute sagen, als ich kam. Und dann bin ich der Versuchung, noch einmal mit dir zusammen zu sein, erlegen.«

»O Gott, Bersaba, was sollen wir nur tun?«

»Es gibt nur eines: Ich muß weg.«

»Nein«, sagte er ruhig. »Ich lasse dich nicht gehen.«

»Wir müssen an Angelet denken.«

Er nickte.

»Du mußt versuchen, sie zu verstehen. Habe Geduld mit ihr. Mit der Zeit vielleicht...«

»Sie wird nie wie du sein.«

»Aber du hast sie geheiratet, Richard.«

»Warum bist du nicht dagewesen?«

»Es hat keinen Zweck, mit dem Schicksal zu hadern, wir müssen es nehmen, wie es kommt. Angelet bewundert dich; sie liebt dich. Man kann ihr ihr Wesen nicht vorwerfen, so wenig wie uns.«

»Seitdem ich dich besessen habe, kann ich nicht mehr ohne dich leben.«

»Doch! Du kannst, und du wirst! Denn es muß sein.«

Ich schüttelte den Kopf. »Ich bin keine gute Frau, wie du gemerkt hast, aber meine Schwester ist es. Wir müssen ein Ende machen. Ich reise ab und werde mir eine Entschuldigung einfallen lassen.«

»Du wirst mir und ihr das Herz brechen.«

»Diese Wunden heilen schnell, wenn man jemanden hat, der einen liebt. Ihr werdet euch gegenseitig darüber hinweghelfen.«

Er hielt mich fest, und ich rief aus: »Nein, ich muß weg. Ich darf nicht hierbleiben, nicht so. Du weißt, wie gefährlich es sein kann.«

»Ich kann dich nicht gehen lassen«, sagte er einfach.

»Und ich kann nicht bleiben!«

»Bitte, Bersaba, versprich mir eines: Geh noch nicht gleich, warte ein Weilchen. Laß uns darüber nachdenken, wie man diese Situation am besten meistert.«

»Wenn ich bleibe... wird es wieder geschehen.«

Er schwieg. Er versuchte, seiner Gefühle Herr zu werden. Es war nicht leicht, die Ruhe zu bewahren, aber ich mußte an Angelet denken.

»Ich glaube nicht, daß ich es ertragen kann, dich zu verlieren. Du weißt, wie meine Ehe aussieht. Seit du da bist, hat sich mein Leben verändert... es ist lebenswert geworden... du hast mich meiner Resignation entrissen.«

»Ich verstehe dich, aber wir sind jetzt überreizt. Laß mich gehen!«

Sein Gesicht sah im Kerzenlicht so verzweifelt aus, voller Sehnsucht, jung und verletzlich. Ich hätte ihn so gerne getröstet, ihm Versprechungen gemacht, die Angelet gegenüber ein Betrug gewesen wären. Gott weiß, ich hatte ihr bereits genug angetan. Ich mußte aufhören, nur an mich selbst und Richard zu denken.

»Versprich mir, daß du nicht gleich gehen wirst«, drängte er.

Ich versprach es ihm und riß mich von ihm los. Eilig verließ ich das Schlafgemach. Bevor ich mein Zimmer erreichte, sah ich noch zu Angelet hinein. Sie schlief ganz friedlich, mit einem Ausdruck der Zufriedenheit und Erleichterung in ihrem unschuldigen Gesicht

Es war nicht leicht, Angelet am nächsten Tag unter die Augen zu treten, aber mir gelang es besser als ihm. Und als am Nachmittag ein Bote eintraf, mit Depeschen vom Feldlager, schien er erleichtert, aufbrechen zu können.

Bevor er uns verließ, sah ich ihn kurz allein. »Wir werden einen Ausweg finden«, sagte er, aber ich wußte, es gab keinen.

Angelet winkte ihm nach und sagte stolz: »Er hat eine sehr wichtige Position. Täglich ist er im direkten Kontakt mit dem König.«

Ich dagegen wollte nur alleine sein und nachdenken. Ich spazierte durch die Gärten, setzte mich an den Teich, von dem aus ich das Schloß beobachten konnte, und dachte an seinen Kummer und an dieses monströse Geschöpf, das dort eingesperrt war.

Es war Dezember, und Angelet sprach viel über Weihnachten und Heiligabend zu Hause. Unser Vater war immer noch da. Mutter schrieb, der Bau der Bürohäuser beanspruche einen Großteil seiner Zeit, und sie hoffe, ihn Weihnachten noch zu Hause zu haben. Sie bedauerte nur die Abwesenheit ihrer Töchter. Ich dachte an das Weihnachtsfest in Trystan Priory, an die Chorsänger und die Spielleute, die kamen und Musik machten. Die Familie wollte ungefähr für eine Woche nach Schloß Paling gehen. Großvater Casvellyn war kränklich. Um Allerheiligen regte er sich immer besonders auf, weil es die Erinnerungen an Hexen in ihm weckte. Am liebsten würde er eigenhändig eine aufknüpfen.

»Ihr seht, meine Lieblinge«, schrieb meine Mutter, »nichts hat sich verändert. Ich bin so froh, daß Ihr zusammen seid. Angelet soll Richard überreden, Euch herzubringen. Ich weiß, die Zeiten sind schlecht, und ein Soldat muß sich immer bereit halten. Ich hoffe so sehr, daß sich die Unruhen bald legen und das Leben wieder in friedlichen Bahnen verläuft. Weihnachten werden wir an Euch denken.«

Wir werden ganz sicher an Mutter denken.

Mitte Dezember bestätigte sich ein Verdacht, den ich schon eine Weile hegte. Vielleicht sollte ich mich nicht wundern, aber ich erwartete ein Kind.

Als ich zu dieser Gewißheit gelangte, war ich ziemlich ruhig. Innerlich jubilierte ich. Aber dann überlegte ich all die Schwierigkeiten, die mein Zustand mit sich bringen würde. Woran dachte ich eigentlich? Ich war glücklich, weil ich ein Kind von Richard bekam. Aber wer war ich, es auf die Welt zu bringen?

Phoebe ließ mich nicht aus den Augen. Ich glaube, sie wußte mehr, als ich wahrhaben wollte. Sie hat immer auf mich aufgepaßt, und ich hatte den Verdacht, daß sie genau wußte, warum ich ein paarmal erst in früher Morgenstunde in mein Zimmer zurückgekehrt war.

Ich lag im Bett und versuchte der Wahrheit ins Auge zu blicken. Was sollte ich jetzt tun? Ich mußte es ihm sagen. Aber wie würde er darauf reagieren? Einerseits wäre er sicherlich entzückt, andererseits aber wüßte er ob der enormen Schwierigkeiten, die auf ihn zukamen. Was anderes bliebe ihm übrig, als nach einem Ausweg zu suchen?

Ich könnte natürlich zu meiner Schwester gehen und ihr sagen, daß ich ein Kind von ihrem Mann bekomme. Sie hatte ihn nicht gewollt, also habe ich ihn mir genommen. Und das ist das Resultat.

Selbst für mich, die ich sie so gut kannte, war es schwer, ihre Reaktion vorauszusehen.

Ich kannte den Ausweg, den Richard mir anbieten würde: Ich sollte fortgehen. Wir müßten uns natürlich einen Grund ausdenken. Ich sollte irgendwo – zurückgezogen – sein Kind auf die Welt bringen, und er würde uns manchmal besuchen kommen.

Warum hatte ich nicht schon früher daran gedacht? Warum nicht er? Unsere Leidenschaft hat uns für alles andere blind gemacht, bis auf das Verlangen, sie zu stillen.

Das war typisch für mich: Wenn sich ein möglicher Ausweg zeigt, zögere ich nicht mehr. Immer habe ich zu schnell gehandelt, und meine Mutter hatte mich oft deshalb gescholten. Ich bin von Natur aus ungeduldig und impulsiv. Vielleicht hat mich deshalb mein Verhalten so oft in Situationen gebracht, aus denen wieder herauszukommen schwierig war.

Natürlich, warum war mir das nicht schon früher eingefallen? Warum sollte ich, eine heißblütige Frau, nicht fruchtbar sein? Ich hatte lediglich über die Niedertracht und Leidenschaft meiner Beziehung nachgedacht, darüber hinaus aber keinen weiteren Gedanken verschwendet. Oder ich habe mich im Unterbewußtsein dagegen gewehrt, derartige Folgen in Erwägung zu ziehen.

Tatsache blieb, ich war schwanger, und bald würde man meinen Zustand erkennen. Ich mußte etwas unternehmen! Ich ritt hinüber zum Longridgehof, saß mit Ella im Herrenhaus und unterhielt mich mit ihr, bis Luke hereinkam. Er freute sich offensichtlich, mich zu sehen. Ich beschloß, mit ihm zu sprechen, und als er mich nach Far Flamstead zurückbegleitete, kam ich ohne Umschweife zum Thema.

»Ihr habt mich gebeten, Eure Frau zu werden. Gilt dieser Antrag noch immer?«

Er zügelte sein Pferd und sah mich an. Ich erwiderte seinen Blick, ohne mit der Wimper zu zucken. »Wenn ja«, fuhr ich fort, »nehme ich ihn an! Ich möchte Eure Frau werden.«

»Bersaba!« Seine Freude war nicht zu übersehen.

Ich winkte ab. »Ich möchte, daß Ihr die Gründe kennt. Ich erwarte ein Kind, und unter den gegebenen Umständen hätte ich einen Ehemann sehr nötig.«

Es fiel ihm schwer, meinen Worten zu folgen. Er glaubte einfach nicht, was ich ihm da sagte.

»Es ist wahr«, sagte ich. »Als Ihr um mich anhieltet, habe ich abgelehnt, weil ich es noch nicht wußte. Ich habe Euch gern, Ihr fasziniert mich, ich mag unsere Diskussionen. Aber ich möchte, daß Ihr wißt, warum ich Euer Angebot akzeptiere. Natürlich könnt Ihr dann Eure Meinung ändern. Ihr, ein Mann mit puritanischer Lebensauffassung, wollt sicherlich kein Weib zur Frau, wie ich es bin. Ich passe nicht zu Euch, das wissen wir beide, aber Ihr habt gesagt, daß Ihr mich liebt, und ich befinde mich in einer sehr peinlichen Lage und muß bedenken, was ich tue, um für andere und mich die Situation erträglich zu machen. Deshalb erscheint mir eine Ehe als der einzige Ausweg. Das ist mein Angebot.«

Er schwieg immer noch, und ich fuhr fort: »Ja, ich verstehe Eure Antwort, ich habe nichts anderes erwartet. Denkt nicht mehr daran. Ich bin eine Frau mit lockerer Moral, ich gebe Euch recht – jemand wie ich verdient es nicht, Eure Frau zu sein. Euer Schweigen ist Antwort genug. Wir brauchen keine weiteren Worte. Was ich Euch angeboten habe, war übereilt, eine Beleidigung, und ich verdiene es nicht mehr, Euch meinen Freund zu nennen. Lebt wohl!«

Ich wendete mein Pferd und wollte losgaloppieren, da rief er meinen Namen.

Ich hielt inne und sah ihn an.

»Ihr ... Ihr verwirrt mich«, sagte er.

»Es ist mir klar, daß ich mich sehr unkonventionell benommen habe. Lebt wohl.«

»Nein, gebt mir Zeit, ich möchte nachdenken.«

»Je mehr Ihr darüber nachdenkt, desto mehr werdet Ihr erkennen, wie unmöglich mein Vorschlag ist. Ich habe ihn nur gemacht, weil Ihr gesagt habt, daß Ihr mich liebt. Ihr habt mit solcher Leidenschaft gesprochen, und da eine Ehe der einzige

Ausweg für mich wäre, bin ich darauf zurückgekommen. Aber ich sehe jetzt, es ist ganz außer Frage. Guten Tag.«

Ich hörte seine Worte noch, als ich dem Pferd die Sporen gab – »Gebt mir Zeit!«

Noch am selben Nachmittag kam Luke nach Far Flamstead geritten. Phoebe kam und sagte, daß er unten sei und mich zu sprechen wünschte. Wieder gingen wir in den Garten. Ich liebte ihn beinahe, weil ich mir vorstellen konnte, was ein Mann mit seiner puritanischen Einstellung von mir hielt. Er mußte mich wirklich lieben. Oder war es nur wieder die Anziehung, diese vielversprechende Leidenschaft, die Männer spürten?

»Und Ihr seid bereit, das Kind eines anderen Mannes anzuerkennen?«

»Ja, nachdem es auch Euer Kind ist.«

»Luke, entweder seid Ihr ein besonders nobler Mann, oder Ihr liebt mich wirklich.«

»Ich liebe Euch wirklich.«

»Ist es eine zärtliche Liebe oder ein unwiderstehliches Verlangen?«

»Beides. Wer ist der Vater?«

»Meint Ihr, daß Ihr das wissen solltet?«

»Ich weiß es sowieso. Es gibt nur einen, der in Frage kommt. Der Mann Eurer Schwester.« Seine Lippen wurden bleich vor Zorn. »Warum? Wie konntet Ihr nur . . . Wie konnte er?«

»Aus demselben Grunde, wie Ihr, als Puritaner, entgegen Euren Prinzipien handelt. Ihr wollt eine Frau wie mich heiraten. Hättet Ihr das für möglich gehalten . . . bevor Ihr mich kennengelernt habt?«

Langsam schüttelte er den Kopf.

»Dann fragt nicht mehr. Es ist geschehen, weil es geschehen mußte. Wir sind so, wie wir erschaffen wurden, und manchmal sind unsere natürlichen Impulse so stark, daß wir nicht dagegen ankämpfen können. Meine, seine und Eure. Wenn ich Euch heirate, darf es keine Beschuldigungen geben. Von dem Tag an, da wir unser Gelübde ablegen, wird mein Kind das Eure sein, und Ihr dürft nicht anders darüber denken. Glaubt mir, daß ich zu würdigen weiß, was Ihr für mich tut. Dafür liebe ich Euch, Luke. Ich verspreche Euch, ich werde Euch eine gute und treue Ehefrau sein, und ich werde Euch einen eigenen Sohn schenken . . . Ihr dürft mir nur nicht verübeln, falls es eine Tochter wird.«

»Ich möchte Euch heiraten«, sagte er schlicht. »Alles soll so sein, wie Ihr sagt. Wegen des Kindes müßte die Hochzeit bald stattfinden.«

»Ganz unter uns?«

»Ja, und unverzüglich. Alle müssen glauben, daß wir längst verheiratet sind. Ella werde ich es natürlich erzählen müssen, aber sie wird glauben, daß es mein Kind ist.«

»Ihr wollt mich nicht nur heiraten, Ihr wollt auch für mich lügen?«

»Ja, das will ich. Ich habe bekommen, wonach ich mich gesehnt habe, ich darf mich nicht über das Wie beschweren.«

Ich gab ihm meine Hand. »Ihr werdet ein guter Mann für mich sein, Luke, und ich werde mein Bestes tun, Euch eine gute Frau zu sein. Das schwöre ich!«

Es war eine einfache Zeremonie in der guten Stube des Herrenhauses. Ella war ein wenig schockiert, weil sie glaubte, wir hätten unser Ehegelübde vorweggenommen, aber der Gedanke an ein Kind entzückte sie so sehr, daß sie bereit war, jede Mißbilligung zu vergessen. Ich glaube auch, insgeheim freute sie sich, eine zweite Frau ins Haus zu bekommen, besonders da sie wußte, ich war nicht der Typ, mich in ihre Wirtschaft einzumischen.

Nach der Zeremonie ritt ich zurück nach Far Flamstead. Es war zwei Tage vor Weihnachten.

»Ich muß dir etwas sagen, Angelet. Ich bin verheiratet.«

Sie starrte mich ungläubig an.

»Mit Luke Longridge«, fuhr ich fort.

Das konnte sie nicht fassen. »Du machst Witze! Du bist verheiratet... mit einem Puritaner?«

»Ja, warum denn nicht? Puritaner sind gute Menschen. Ich glaube, sie sind auch gute Ehemänner. Aber das werden wir ja sehen.«

»Seit wann?« fragte sie.

»Nun, ich bekomme bereits ein Kind.«

»Du hast heimlich geheiratet? Warum lebst du dann noch nicht in seinem Haus? Dein Mann ist dort, und du bist hier? Ich glaube es einfach nicht.«

»Frag nicht soviel. Ich erwarte ein Kind, die Hochzeit hat also schon vor einiger Zeit stattgefunden.«

»Ein Kind... wann?«

»Im August wahrscheinlich.«

»Bersaba!«

»Mutter hat immer gesagt, bei mir wüßte man nie, wie man dran ist, stimmt's?«

»Was wird Richard sagen?«

Jetzt wurde ich rot. Was würde er schon sagen! Mein Elend zwang mich fast in die Knie. Es war vorbei – das wundervolle Abenteuer, das ich erlebt habe und niemals wieder erleben würde.

»Es geht ihn nichts an«, antwortete ich kühl.

»Aber er hat dich doch gern. Er hat sich immer als dein Beschützer betrachtet. Und du hast sogar ohne den Segen unserer Eltern geheiratet! Nicht einmal uns hast du etwas gesagt!«

»Es ist geschehen. Jetzt kann niemand etwas dagegen tun. Und ich werde ein Kind bekommen.«

»Das ist wundervoll!« sagte sie jetzt ganz freundlich und fuhr fort: »Und du wirst in meiner Nähe sein, wir müssen uns nicht trennen. Jeden Tag werde ich zum Gutshof reiten, oder du wirst herkommen. Ich werde bei dir sein, wenn das Baby auf die Welt kommt, und werde dir helfen, es zu versorgen.«

»Ja, Angelet«, sagte ich. »Ja.«

Und sie umarmte und küßte mich.

»Aber Luke Longridge, der Puritaner! Richard wird es nicht gefallen.«

»Vielleicht nicht.«

»Er mag die Longridges nicht. Er sagt, die Puritaner stiften im ganzen Land Unruhe. Zu viele Puritaner sitzen im Parlament, und pausenlos schreiben sie Pamphlete. Beinahe haben sie sich duelliert!«

»Was für ein Glück, daß sie es unterlassen haben, sonst hätte jetzt eine von uns keinen Mann.«

»Aber Richard hat dich gern, Bersaba. Das weiß ich.«

»Ja, ich glaube, du hast recht.«

»Er wird eure Unterhaltungen vermissen, die abendlichen Schlachten, sein Schach und all das. Du bist so viel gescheiter als ich. Du mußt oft zu uns kommen.«

»Ich werde bei meinem Mann sein müssen, und wir sollten auch die Animosität zwischen meinem und deinem Mann nicht vergessen.«

»Das betrifft uns aber nicht.«

»Nein, wirklich nicht.«

Und wieder küßte sie mich und redete über das Baby.

Ich trug Phoebe auf, meine Habseligkeiten zu packen. Wir würden von nun ab auf dem Longridgehof leben.

Was für ein seltsamer Weihnachtstag! Angelet kam herüber, um ihn bei uns zu verbringen. Am Morgen beteten wir. Das ganze Haus versammelte sich, und wir alle knieten nieder und sprachen Luke das Gebet nach.

Wie sehr unterschied sich dies Weihnachten von den Festen, die wir in Trystan Priory oder auf Schloß Paling gefeiert hatten. Weihnachten war hier kein Tag für Vergnügungen, wir feierten – ohne Freude – die Geburt Gottes und nichts sonst, und unentwegt wurde von seinem Tod gesprochen.

Auch die Tafel war nicht geschmückt mit erlesenen Speisen wie bei uns zu Hause. Es gab nur einfaches Schweinefleisch mit etwas Lerchenpastete, dazu tranken wir selbstgebrautes Bier. Vor dem Essen wurde das Tischgebet gesprochen, und alles geschah mit religiösem Ernst.

Nach dem Essen sprachen wir von der Bedeutung des Weihnachtsfestes, und ich konnte es mir nicht verkneifen, von den Festlichkeiten zu erzählen, in denen wir zu Hause geschwelgt hatten, Angelet schloß sich an und erklärte, wie wir am Dreikönigstag den *Lord of Misrule* wählten, der von den stärksten Gästen auf die Schultern genommen wurde, um Kreuze auf die Balken zu malen, die Glück für das kommende Jahr bedeuteten.

Luke und seine Schwester hielten das alles für barbarisch, Weihnachten hätte nur eine Bedeutung, eine einzige.

Es machte mir Spaß, Luke zu hänseln. Das wußte er und hatte nichts dagegen, weil er spürte, es war ein Zeichen meiner Sympathie. Ich mochte ihn wirklich. Bis zu einem gewissen Grad teilte ich sogar seine Leidenschaft, was unglaubwürdig sein mag nach meinem Wehklagen über Richard. Richard war der Mann für mich, er war meine große Liebe. Aber so wie ich veranlagt war, hinderte mich das nicht daran, mich für einen Mann zu erwärmen, der mich körperlich anzog; und das tat mein Mann. Und es war Dankbarkeit in meinen Gefühlen für ihn. Ich vergaß nicht, daß er all seine Skrupel über Bord geworfen hatte, um mich zu besitzen. Und für eine Frau meines Charakters bedeutete das sehr viel.

Ich fing auch an, mich für das Kind zu interessieren, darüber nachzudenken und mich auf seine Geburt zu freuen. Sie würde mich verändern, das wußte ich. Vielleicht war ich nicht so mütterlich veranlagt wie meine Mutter, vielleicht würde mein Gatte immer wichtiger sein als das Ergebnis unserer Liebe. Mit Richard wäre das so gewesen – mit Luke würde es vielleicht anders sein.

Mich interessierte das Leben und die Menschen. Selbstverständlich war ich mehr an mir interessiert als an irgend sonst jemand. Und wenn ich neue Seiten meines Charakters entdeckte, faszinierte es mich ungemein.

Ich weiß, Angelet ist ziemlich verwirrt nach Far Flamstead zurückgekehrt. Sie konnte nicht fassen, was ich getan hatte. Der Januar kam, und ich wurde mir des Lebens, das in mir wuchs, immer mehr bewußt, was viel dazu beitrug, die Qual zu lindern, die ich wegen des Verlustes des Mannes empfand, den ich in meinem Leben am meisten geliebt habe.

Im Januar kam auch Richard zurück. Ich stellte mir vor, wie er heimritt und an mich dachte, und ich überlegte, wie wir es bewerkstelligen könnten, um zusammenzukommen. Es hatte mich schockiert, damals, als er gestand, meine Täuschung sofort durchschaut zu haben. Ich hatte zwar immer wieder gedacht, daß er es gemerkt haben mußte, aber nie hatte er sich verraten, was besagt, daß er eigentlich ein Geheimniskrämer war. Aber er mußte so verschlossen sein.

Richard hat mich tatsächlich aufgesucht. Er kam zum Longridgehof geritten, betrat aber nicht das Haus. Ich sah ihn vom Fenster aus vorbeireiten, warf mich in mein Reitkostüm, sattelte mein Pferd und ritt los, um ihm zu folgen. Unsere Pferde standen sich gegenüber. Ich sah den Ausdruck des Schocks und der Verwirrung in seinen Augen.

»Bersaba!« rief er aus. »Du hast Luke Longridge geheiratet, wie konntest du nur! O mein Gott, ich verstehe! Angelet hat es mir erzählt, du erwartest ein Kind.«

»Ja, das stimmt, Richard. Es war der einzige Ausweg, und ich habe mich dafür entschieden.«

»Unseres Kindes wegen?«

»Ja, wegen unseres Kindes.«

»Wir hätten einen anderen Ausweg gefunden.«

»Ja, du hättest mich fortbringen und mich hie und da besuchen können. Aber das ist nicht das Leben, das ich im Sinn habe.«

»Aber was geschieht jetzt mit uns?«

»Was soll schon mit uns geschehen? Für uns gibt es keine Zukunft. Wir müssen wahnsinnig gewesen sein... ich zumindest, wenn du so willst, ich nehme die ganze Schuld auf mich. Ich habe dich dazu gebracht, mitzuspielen. Nun gut, was geschehen ist, ist geschehen. Und Luke wird meinem Kind ein Vater sein, deshalb habe ich ihn geheiratet.«

»Eines Tages wird er es vielleicht erfahren.«

»Er weiß es. Ich habe ihm gesagt, warum ich ihn heiraten wollte.«

»Weiß er auch, daß ich der Vater des Kindes bin?«

»Ja, er sollte es wissen. Immerhin spielt er eine tragende Rolle in diesem Stück; er muß wissen, worum es geht.«

»Und er ist damit einverstanden?«

»Er liebt mich und ist mir ein guter Ehemann. Ich werde ihm nicht gestatten, einen kleinen Puritaner aus dem Kind zu machen. Aber das kommt später.«

»Bersaba, du bist so...«

»So schamlos, so anders, als junge Damen sein sollten? Ich bin, wie ich bin, Richard, und ich entschuldige mich auch nicht dafür. Wir können unsere Probleme nicht lösen, indem wir sie zu vergessen suchen, denn sie lassen sich nicht beiseite schieben. Ich habe gesündigt und werde ein Kind auf die Welt bringen. Und ich habe Luke versprochen, daß ich ihm eine treue Ehefrau bin und ihm selbst Kinder schenken werde. Ich werde mein Versprechen halten. Es wäre einfacher, wenn wir uns so wenig wie möglich begegneten.«

Er ließ den Kopf hängen. »Das wird nicht einfach sein.«

»Nein, das wird es nicht. Du bist der Mann meiner Schwester, und wir werden uns notgedrungen manchmal begegnen. Wir müssen verhüten, noch einmal der Versuchung zu erliegen. Beide sollten wir uns glücklich preisen. Das Kind wird mich immer daran erinnern, was ich einmal mit dir geteilt habe. Nichts wird mehr so sein für mich, wie es einmal war; das ist vorbei. Leb wohl, mein Geliebter, wenn wir uns wiedersehen, wirst du nur noch Richard sein, der Mann meiner Schwester.«

Ich wendete mein Pferd und sah ihn nicht mehr an. Armer Richard, mit der ungeliebten Angelet und seinem Geheimnis um sein Schloß!

Im August 1641 kam mein Kind auf die Welt. Ein Mädchen. Ich nannte es Arabella. Luke und Ella wollten es gerne Patience, das heißt Geduld, beziehungsweise Mercy, was soviel wie Gnade bedeutet, nennen. Aber ich behauptete mich gegen sie und setzte meinen Willen durch, wie bei fast allem im Haus.

Es war ein prachtvolles Kind und wurde bald wunderschön. Ich hatte nie einen Gedanken daran verloren, mein Kind könnte mißgestaltet zur Welt kommen. Im Gegensatz zu Richard. Dieses

Damoklesschwert hing seit der Geburt des monströsen Kindes über ihm, und sicherlich hat er sich gefragt, ob er mit irgendeinem Makel behaftet war, daß er so ein Kind zeugen konnte.

Sobald mir meine Tochter in den Arm gelegt wurde, untersuchte ich ihren kleinen Körper und war entzückt. Schon nach kurzer Zeit stellte sich heraus, daß sie außergewöhnlich intelligent war. Ich weiß, alle Eltern denken das von ihren Kindern, aber wenigstens konnte ich mir sagen, mütterliche Voreingenommenheit hin oder her, meine Arabella war ein ganz normales Kind.

Ella betete sie an, Luke dagegen betrachtete sie mit etwas mehr Skepsis. Aber das war zu erwarten. Was mich betraf, ich liebte sie abgöttisch. Mein kleines Mädchen hatte also jede Menge Liebe.

Angelet war außer sich vor Freude, wenn sie das Kind in den Arm nehmen konnte. Sie entdeckte Ähnlichkeit mit unserer Mutter und mit uns. Arme Angelet, wahrscheinlich wäre sie eine bessere Mutter geworden als ich, und wenn ich sie mit meinem Kind im Arm sah, war ich beschämt, denn dieses Kind hätte das ihre sein müssen.

Ich war froh, daß es ein Mädchen geworden ist. Ein Junge hätte vielleicht mehr Ähnlichkeit mit seinem Vater gehabt, und ich wollte nicht, daß Luke an Richard erinnert wurde. Er hat so viel für mich getan, und ich gewann ihn immer lieber. Wir argumentierten viel, und ich gestehe, ich widersprach ihm nur, um ihn zu provozieren.

Das wußte er und genoß es. Seltsamerweise führten wir eine glückliche Ehe, was bei unseren verschiedenen Charakteren ein Wunder war. Daß sie ein Erfolg war, verdankten wir der gegenseitigen physischen Anziehung, was Luke als Puritaner gerne übersah.

Für England war es ein sehr bedeutungsvolles Jahr. In meiner neuen Häuslichkeit hatte ich mich von der Politik etwas distanziert. Selbst eine Frau wie ich ändert sich, wenn sie ein Kind bekommt. Während der Monate vor und nach der Geburt war Arabella mir wichtiger als alles andere.

Eine der ersten Amtshandlungen des neuen Parlaments war, Anklage wegen Hochverrats zu erheben gegen Thomas Wentworth, Earl of Strafford, der als einflußreichster Berater bei Hofe galt. Vor allem im Konflikt mit Schottland, als die siegreichen Schotten über die englischen Grenzen gekommen waren und den ganzen Norden besetzt hielten. Strafford hatte – ohne jede Rücksicht auf das Wohl des Volkes – sehr fragwürdige Methoden vorgeschlagen. So zum Beispiel Anleihen im Ausland, Abwertung der Währung und das Heranziehen einer irischen Armee sowohl gegen Schotten als auch gegen Engländer, die ihre Unzufriedenheit zum Ausdruck brachten. Der König und Strafford arbeiteten eng zusammen, und der Graf war zum Generalleutnant der Armee avanciert.

Oft, wenn ich diese Dinge hörte, wünschte ich mir, mit Richard in der Bibliothek zu sitzen und über alles diskutieren zu können. Ich wußte, das alles würde ihm Sorgen bereiten. Strafford wurde schuldig gesprochen und zum Tode verurteilt. Die Tatsache, daß er Iren heranzog, um eventuelle englische Rebellen in Schach zu halten, brachte ihn wegen Hochverrats vor Gericht. Der König geriet in schwere Konflikte: Er wollte seinen Freund retten, dessen Politik er bejaht hatte, und als ihm das Todesurteil vorgelegt wurde, zögerte er lange, es zu unterschreiben.

Luke pflegte im Schlafzimmer auf und ab zu gehen und darüber zu reden. »Strafford muß sterben«, erklärte er immer und immer wieder. »Aber an seinem Todestag möchte ich nicht in der Haut des Königs stecken.«

Schließlich unterzeichnete der König das Todesurteil, und Strafford wurde hingerichtet.

Das war im Mai, drei Monate bevor Arabella geboren wurde. Ich wußte zu genau, was im Lande vor sich ging, um nicht zu begreifen, daß dieses Ereignis bisher das schicksalsschwerste war und daß das Unwetter, das am Horizont aufgezogen war, sich über uns zu entladen drohte.

Aber ich war eine Frau, deren Kind in drei Monaten auf die Welt kommen sollte. Und das schien mir wichtiger als alles andere.

Die Ereignisse hielten Richard von zu Hause fort. Ob er seinem Haus länger fernblieb als nötig, weiß ich nicht. Aber er hat Angelet nie mehr vorgeschlagen, mit ihm nach Whitehall zu kommen. Sie sagte, die Situation sei zu ernst, um daran denken zu können, Einladungen zu geben. Er sei unentwegt mit den anderen Generälen auf Konferenzen.

Einmal kam er herüber auf das Gut geritten. Er muß auf mich gewartet haben. Ich sah ihn, und wie damals ging ich hinaus, um ihn zu begrüßen. Das war im Mai 1642. Arabella war neun Monate alt, ein Kind, so gesund, wie man es sich als Mutter nur wünschen konnte.

Richard sah mich sehnsüchtig an, und all die alten Wünsche waren zur Stelle. Ich lehnte mich über den Zaun, um mit ihm zu reden.

»Ich mußte dich sehen«, sagte er. »Wir stehen am Rande eines Krieges, und Gott allein weiß, was aus uns werden wird.«

»Ich weiß. Und du und mein Mann stehen auf verschiedenen Seiten.«

Er tat diese Bemerkung als unwichtig ab.

»Das Kind...«, sagte er.

»Es ist ein schönes Kind.«

»Und gesund?« erkundigte er sich ängstlich.

»Warte einen Augenblick.« Ich ging ins Haus und brachte sie ihm.

Er sah sie fast anbetend an, während sie ihn ernst betrachtete.

»Sie ist vollkommen«, sagte er, und ich wußte, er dachte an das Monster, das im Schloß eingesperrt lebte.

»Es sieht dir ähnlich«, fuhr er fort, »mir zu beweisen, daß ich ein normales Kind haben kann.«

»Ich habe nie daran gezweifelt, daß mein Kind gesund sein würde«, entgegnete ich.

»Bersaba... ich danke dir für dieses kurze Glück.«

»War es denn ein Glück?«

»Ja. Für ein paar Stunden schon.«

»Zumindest ist es uns einmal widerfahren. Aber jetzt ist es vorbei. Sie wird mich immer daran erinnern.«

Ich hielt sie fest an mich gedrückt und dachte, daß sie mein ganzer Trost war. Armer Richard, diesen Trost hatte er nicht.

»Bist du zufrieden in deiner Ehe?«

»So zufrieden, wie ich fern von dir sein kann.«

»Bersaba, deine Worte erfüllen mich mit Entzücken... und Hoffnungslosigkeit.«

»Du hast Angelet. Sie ist ein Teil von mir. Sie ist gut, was ich nicht bin. Versuch daran zu denken.«

»Ich versuche, gut zu ihr zu sein. Nur wünschte ich, sie würde mich nicht immer an dich erinnern. Jedesmal, wenn ich sie ansehe...«

»Leb wohl, Richard.«

»Ich weiß nicht, wann wir uns wiedersehen. Es wird bald Krieg geben... einen schlimmen Krieg, Bersaba. Ich kämpfe gerne, wenn ich gegen die Spanier kämpfen darf oder gegen die Franzosen, aber gegen meine eigenen Landsleute! Das Land ist gespalten. Der Norden und der Westen, Wales und Cornwall sind für den König, und hier im Südwesten und im Industriegebiet sind sie für das Parlament. Wir werden den Feind bald besiegen, hab keine Angst, aber es wird einen bösen Kampf geben.«

Ich verließ ihn und trug mein Baby ins Haus.

Ich hatte ihn verloren. Die Liebe, die allein er mir geben konnte, nie wieder würde ich sie erleben. Und er... er war ein trauriger, einsamer Mann, der in einen Konflikt gezogen wurde, den er verabscheute. Nie würde ich seine Augen vergessen, als er unser Kind sah, unsere Arabella!

Wenigstens habe ich etwas für ihn getan.

Im August desselben Jahres – Arabella wurde ein Jahr alt – beorderte der König seine Truppen nach Nottingham. Zu diesem Zeitpunkt trug ich Lukes Kind unter dem Herzen.

Luke war außer sich vor Freude. Das, wogegen er so lange gekämpft hatte, schien endlich bezwungen zu werden. Er war von dem Sieg der Parlamentarier überzeugt, genau wie Richard von der Sache der Royalisten.

Die Leute begannen von Royalisten und Rundköpfen zu reden. Als Royalisten wurden diejenigen beschimpft, die für den Hof und seine Offiziere waren und für Whitehall. Es war ein beleidigendes Wort, das aussagte, daß diese Herren lose Sitten hatten und ihre Tage in Müßiggang verbrachten.

Der Name Rundkopf soll während einer der immer zahlreicher werdenden Überfälle geprägt worden sein, als ein Offizier das Schwert gegen den Mob gezogen hat. Er soll geschrien haben, daß er diesen rundköpfigen Hunden an die Kehle ginge, wenn sie den Bischof anbellten.

Zu diesem Zeitpunkt schien alles zum Vorteil der Royalisten zu stehen. Die ausgebildete Armee war royalistisch, während das Parlament nur Männer hatte, die mit dem großen Glauben an die Rechtschaffenheit ihrer guten Sache in den Kampf zogen. Als religiöse Männer waren sie überzeugt, Gott würde ihnen helfen. Sie sahen sich als sein Volk, aber Gott gab keine Antwort. Die Schlachten von Edgehill und Brentford endeten unentschieden, und im darauffolgenden Frühling beschlagnahmten die Royalisten von Cornwall den gesamten Westen für den König.

Lukes Sohn wurde im Februar geboren, und ich nannte ihn Lukas. Er ähnelte seinem Vater, trotzdem waren sie verschieden. Die Freude an meinen Kindern füllte mich vollkommen aus.

Angelet kam zum Gutshof herüber, wann immer sie konnte, um mit ihnen zusammen zu sein. Sie wußte nie, wann Richard auftauchen würde. Auch geschah es nicht oft. Er war zu sehr mit dem Kampf beschäftigt.

Es war wie immer bei solchen politischen Auseinandersetzungen: Begeisterung und Hoffnungen, mit denen sie beginnen, verfliegen, was bleibt, ist Resignation. Es war inzwischen klargeworden, daß es für keine der beiden Seiten einen einfachen Sieg geben würde. Ich selbst war in diesem Konflikt hin- und hergerissen. Einerseits war ich für die Sache der Royalisten, obwohl ich wußte, daß der König schwach war, daß er idiotisch gehandelt hatte, dickschädelig war und zur Vernunft gebracht werden mußte. Andererseits aber wollte ich nicht, daß unser Land von Leuten regiert wurde, die Freude als Sünde betrachteten. Ich verspürte ein gewisses Verlangen, Lukes Sache zu unterstützen, was mich selbst erstaunte. Er hatte mich mit seinem Enthusiasmus angesteckt, und es gab viele überzeugende Argumente auf seiner Seite. Ich stand dazwischen und wußte nicht, welcher Partei ich den Sieg wünschen sollte.

Luke war von der allgemeinen Lage deprimiert. Er sagte immer wieder, wir benötigten ausgebildete Soldaten, die den disziplinierten Einheiten der königlichen Armee die Stirne bieten könnten. Er trug sich mit dem Gedanken, eine eigene Truppe aufzustellen. Viele waren bereit, dabei mitzumachen. Sie wurden auf unseren Feldern gedrillt und erlernten die Kunst der Kriegführung.

Viel Gerede gab es zu diesem Zeitpunkt über einen Mann namens Oliver Cromwell, Hauptmann bei der Armee. Ein Mann, mit dem man rechnen mußte. Luke sprach mit glühender Bewunderung von ihm. Denn dieser wollte eine Armee organisieren, aus einem versprengten Haufen waffenloser Männer ohne Qualifikationen und wenig mehr als ihrem Glauben an Gerechtigkeit eine richtige Truppe aufstellen. Der Glauben an das Recht muß sein, aber Erfahrung auch »Hauptmänner müssen gute und ehrliche Manner sein«, soll Cromwell gesagt haben, »dann werden ihnen auch gute und ehrliche Männer folgen. Mir ist ein einfacher Hauptmann im rotbraunen Waffenrock, der weiß, wofür er kämpft und der mit ganzem Herzen dabei ist, lieber als das, was ihr einen Gentleman nennt und der weiter nichts ist.« Solche Worte begeisterten, und im ganzen Land organisierten sich diejenigen, die daran glaubten, richtige Soldaten zu werden.

Die Monate vergingen, und wir steckten bereits mitten im Krieg. Luke war mit seiner Truppe ins Feld gezogen, und niemand von uns wußte, was kommen würde.

Jene düsteren, langweiligen Kriegsjahre, sie machten mich krank! Der Krieg konnte beiden Seiten nichts Gutes bringen. Ein Großteil des Landes lag brach. Während der ersten Monate lebten wir in einem Stadium quälender Erwartung, mit der Zeit aber blieb nur mehr Gleichgültigkeit. Ein Teil der Ernte war ruiniert. Die Puritaner zerstörten viele alte Kostbarkeiten, weil Schönheit als gottlos galt. Der Mensch sollte nicht etwas ansehen und dabei in Verzückung geraten, weder bei der Architektur noch bei der Malerei oder Bildhauerei. Was Freude bereitete, war gottlos.

Wenn ich von solchen sinnlosen Zerstörungen hörte, war ich ganz Royalistin. Wenn ich dagegen an die Extravaganzen des Hofs und an den sturen Charakter des Königs dachte, war ich für das Parlament. Aber noch öfter verspürte ich den Drang, beide zu verfluchen.

Ich dachte ununterbrochen an Richard, der sich in konstanter Gefahr befand. Jeden Tag befürchtete ich die Nachricht von seinem Tod oder seiner Gefangennahme. Auch Luke, der mit seinen Truppen in den Kampf gezogen war, befand sich in Gefahr. Es konnte sehr gut sein, daß sich eines Tages beide in derselben tödlichen Schlacht gegenüberstehen würden.

»Es ist so sinnlos, sich gegenseitig totzuschlagen, nur um Differenzen zu beseitigen«, empörte ich mich.

»Gibt es einen anderen Weg?« fragte Angelet.

»Wir sind doch der Sprache mächtig! Warum benutzen wir sie nicht?«

»Sie würden sich nie einigen. Sie haben es mit Worten versucht und Schiffbruch erlitten.«

»Ja, Luke hat es mit seinem Pamphleten versucht, aber er konnte immer nur eine Seite des Konfliktes sehen. Und Richard ist nicht besser.«

So warteten wir. Die Tage waren lang, und es gab wenig Besucher, aber alle Gespräche drehten sich um den Krieg. Mal sprach man über die Royalisten, mal über die Puritaner oder daß Cromwell und Fairfax bald ihre eigenen Köpfe auf der London Bridge bewundern könnten – beziehungsweise der König bald keinen Thron mehr haben würde.

Die ganze Zeit über warteten wir auf Neuigkeiten.

Angelet und ich sahen uns regelmäßig. Sie kam öfter zu uns

aufs Gut als ich zu ihr, wegen der Kinder. Sie betete sie an. Arabella wurde mir immer ähnlicher – eigenwillig und entschlossen, das, was sie wollte, auch zu bekommen. Lukas war noch zu klein, als daß man hätte sagen können, wie er sich entwickeln würde. Aber er war ein süßer kleiner Engel. Arme Angelet! Sie sehnte sich so sehr danach, eigene Kinder zu haben, und wäre sicher eine bessere Mutter als ich. Wie ungerecht die Natur doch war.

Seltsamerweise mochten die Kinder mich sehr. Sobald Lukas in der Lage war, sich auf seinen Beinchen zu halten, hing er an meinen Röcken. Selbstverständlich hatten die Kinder auch Tante Angelet sehr gern, aber ich war der Mittelpunkt ihrer kleinen Welt.

Als Lukas ein Jahr alt war, kam Phoebe zu mir und sagte, Thomas Greer, einer der Feldarbeiter, hätte um ihre Hand angehalten und sie würde ihn heiraten, wenn ich meine Einwilligung gäbe. Ich fand das ideal und schlug ihr vor, weiter für mich zu arbeiten, auch wenn sie verheiratet wäre. Der einzige Unterschied würde sein, daß sie in Zukunft in seiner Hütte lebte, statt im Hause zu schlafen. Phoebe heiratete also und wurde unmittelbar darauf schwanger.

Angelet und ich machten uns Sorgen um Cornwall und das, was sich dort tat, obwohl laut Meldungen dieser Teil des Landes fest in der Hand der Royalisten war. Es gab natürlich keine Nachrichten, denn es war schwierig, in einem Land, das vom Bürgerkrieg zerrissen war, Botschaften von einer Seite der Insel zur anderen zu transportieren.

Also warteten wir und hofften auf Nachrichten. Von Zeit zu Zeit sickerten ein paar Meldungen durch, aber es war immer dasselbe: mal siegten die einen, mal die anderen, aber ein Ende des Krieges war nicht abzusehen.

Im Juli 1644 war Lukas ein Jahr und fünf Monate alt und Arabella drei. Der Tag begann wie jeder andere. Der Himmel war bleiern, die Luft schien stillzustehen. An diesem Tag hatte ich Angelet noch nicht gesehen. Ich beschäftigte mich mit meinen Kindern und machte mir Sorgen, ob das wenige Getreide, das es in diesem Jahr gab, rechtzeitig eingebracht werden konnte. Vor dem Krieg war der Longridgehof vom Wetter abhängig, jetzt von den Royalisten. Luke war bei seinen Feinden ein wohlbekannter Mann, der die Sache des Parlaments mit Eifer vorangetrieben hatte. Ich dachte oft, daß sie eines Tages kommen und Rache üben würden an diesem brillanten Kämpfer. Nachts behielt ich die Kinder meist bei mir und wachte selbst über sie, seit Phoebe bei ihrem Mann in der Hütte schlief. Ich mußte Tag und Nacht bereit sein, zusammen mit den Kindern vor der Rache von Lukes Feinden zu fliehen.

Ich hatte einen leichten Schlaf, wie Menschen, die gewohnt sind, Posten zu stehen. Eines Nachts wurde ich plötzlich von dem Geräusch flüsternder Stimmen unter meinem Fenster geweckt.

Sofort war ich aus dem Bett, warf einen Blick auf die schlafenden Kinder und eilte zum Fenster.

Drunten standen Leute.

O Gott, dachte ich, die Royalisten sind gekommen, um Rache zu nehmen.

Gerade wollte ich die Kinder wecken, da hörte ich, wie die Türglocke gezogen wurde. Dieser Fluchtweg war mir also verschlossen. Ich mußte ihnen entgegentreten. Ich würde ihnen sagen, daß General Tolworthy mein Schwager und ich keine Puritanerin sei, auch wenn ich mit einem verheiratet war.

Mutig ging ich zur Tür.

Ein Mann stand davor. An seinem einfachen Gewand und seinem kurzen Haar erkannte ich ihn sofort als Rundkopf.

»Seid Ihr Mrs. Longridge?« fragte der Mann.

»Ja, das bin ich.«

»Euer Mann ist hier... wir sind den ganzen Weg vom Moor heruntergekommen. Er ist verwundet und wollte, daß wir ihn Euch bringen.«

Ich rannte an dem Boten vorbei – und da war Luke. Er wurde von zwei Männern aufrecht gehalten. Blut klebte an seinem Wams, und sein Gesicht war totenbleich.

»Luke!« rief ich aus.

Ein Lächeln huschte um seine bleichen Lippen.

»Bersaba«, flüsterte er.

»Tragt ihn hinein«, bat ich die Leute. »Er scheint schwer verwundet zu sein.«

»Das ist er, Mistress.«

Ich führte sie ins Haus, und sie brachten Luke hinauf in eines der Schlafzimmer.

Ella kam aus ihrem Zimmer.

»Sie haben Luke nach Hause gebracht. Er ist schwer verwundet«, erklärte ich ihr.

Die Männer legten ihn aufs Bett.

Einer von ihnen schüttelte den Kopf und sagte: »Es hat ihn schlimm erwischt, Mistress.«

»Wir haben keine Zeit zu verlieren. Weckt die Dienstboten. Wir brauchen heißes Wasser und Bandagen, ich muß die Wunden behandeln.«

Ella sagte: »Bleib bei ihm, er braucht dich jetzt. Ich kümmere mich um alles.«

Ich konnte mich auf sie verlassen.

Lukes Hand tastete nach meiner, und ich gab sie ihm. »Luke«, flüsterte ich. »Du bist wieder zu Hause. Du wirst gesund werden, ich werde dich pflegen. Und du bleibst zu Hause und gehst nie wieder in diesen verfluchten Krieg.«

»Das tut gut«, murmelte er.

»Zu Hause zu sein, Luke?«

»Bei dir zu sein.«

Ich beugte mich zu ihm herab, seine Haut war feucht und sehr kalt.

»Wir werden dich gesund machen, Ella und ich pflegen dich.«

Er schloß die Augen.

Einer der Männer sagte: »Wir kommen vom Marston-Moor, Mistress. Es hat dort oben viele Tote gegeben, aber es war ein Sieg – ein Sieg für uns und Cromwell.«

»Vom Marston-Moor?« rief ich erschrocken aus.

»Ja, ein langer Weg, aber er hat uns dazu überredet. Er hat gesagt, er muß Euch noch einmal sehen, bevor er stirbt.«

»Er wird nicht sterben«, sagte ich fest, »wir werden ihn gesund pflegen.«

Sie antworteten nicht und sahen mich nur mitleidig an. Erst als wir ihm seine Kleider auszogen, erkannte ich das schreckliche Ausmaß seiner Verwundung. Ella sah mich an und murmelte: »Es ist Gottes Wille! Er hat für das gekämpft, was er für richtig hielt.«

»Ich werde ihn durchbringen«, rief ich aus. »Das werde ich!«

Als ob ich dem Schicksal gedroht hätte – oder Gott! Ich wollte mich seinem Willen nicht unterwerfen! Ich wollte ihm nicht gestatten, ihn mir zu nehmen! Es war so sinnlos für ein junges Leben, auf diese Weise abberufen zu werden. Es war natürlich verrückt von mir, was konnte ich schon gegen die Naturgewalten ausrichten?

Ich blieb bei ihm, meine Gegenwart war die einzige Erleichterung, die ich ihm geben konnte. Ella ließ uns allein, sie verstand ihren Bruder nur zu gut.

Bevor er starb, sprach er noch etwas Unzusammenhängendes, aber ich verstand, was er mir zu sagen hatte.

»Wir werden gewinnen... dies wird nicht vergessen werden... die Schlacht im Marston-Moor... Cromwell... Sieg... Das Ende der Regierung der Gottlosen... Bersaba... meine liebe Bersaba...«

»Ja, Luke, ich bin bei dir. Ich werde immer bei dir sein, wenn du mich brauchst.«

»Es war gut... nicht wahr, Liebes?«

Ich legte meine Lippen an sein Ohr und sagte leise: »Ja, es war gut.«

»Der Junge, der kleine Lukas... hab ihn lieb!«

»Er ist mein Sohn, Luke, mein und dein Sohn.«

»So viel Glück... vielleicht war es Sünde...«

»Niemals!« rief ich leidenschaftlich aus. »Wie könnte es Sünde gewesen sein, wenn Lukas uns geschenkt wurde?«

Er lächelte.

»Die gute Sache hat gesiegt«, sagte er. »Es war die Mühe wert... alles... auch du, Bersaba...«

»Ja, Luke, hier bin ich.«

»Ich habe dich geliebt. Vielleicht war das falsch.«

»Es war richtig... ganz richtig. Ich liebe dich, Luke.«

»Bleib bei mir«, bat er.

Und ich blieb bei ihm, bis er starb.

Ich war Witwe, und mein Haß auf den Krieg war groß, Luke hatte mir unendlich viel bedeutet, ich war außer mir vor Schmerz.

»Was interessiert mich schon, wer gewinnt! Wenn sie nur aufhören würden!«

Ich trauerte um Luke und dachte an Richard, der noch im Kampfgetümmel stand.

Angelet kam herüber, um mit mir zu trauern.

»Arme, arme Bersaba. Ich verstehe dich so gut. Aber Richard ist noch da.«

»Ja«, antwortete ich voller Ironie. »Richard ist noch da.«

»Die Kinder sollen unseren Kummer nicht sehen.«

Sie hatte recht. Die Kinder waren unsere Rettung.

Arme Ella, das war die größte Tragödie ihres Lebens. Sie hatte ihren Bruder sehr geliebt, sie waren immer zusammen gewesen. Aber sie hatte wenigstens ihren Glauben an die Sache, der sie aufrecht hielt.

»Er hat sein Leben im Marston-Moor gelassen«, sagte sie, »aber er hat es im Kampf für das Recht verloren, und diese Schlacht wird die Entscheidung herbeiführen.«

Und Richard? dachte ich. Was wird aus Richard?

Angelet wollte, daß wir das kommende Weihnachtsfest bei ihr verbringen sollten, aber das wollte ich nicht. Ich konnte von Ella nicht verlangen, Weihnachten in einem royalistischen Haus zu verbringen, wenn ihr Bruder gerade gefallen war.

»Und du, Bersaba?« fragte Angelet.

»Mir sind beide Parteien egal«, antwortete ich. »Aber du bist meine Schwester. Ich glaube, ich kann mich nur für Menschen und nicht für Ideen begeistern. Zweifellos sind Fehler auf beiden Seiten gemacht worden, und wir können nicht erwarten, daß Utopia gewinnt. Ich weiß nicht, welcher Seite ich den Vorzug gebe – der Mißwirtschaft des Königs oder der unbarmherzigen Strenge des Parlaments –, vielleicht doch ersterer; denn ich bin keine Puritanerin. Aber das kann man erst sagen, wenn man es erlebt hat. Nein, ich möchte nur, daß sie diesen sinnlosen Krieg beenden, dieses Ausrotten von Familien.«

»Bersaba, du hast recht. Du hast immer recht. Du bist so gescheit. Ich wünschte, man würde deinen Rat an höherer Stelle hören.«

Ich lachte sie aus. »Ach, ich bin genauso blödsinnig wie alle anderen.«

Ich bat sie, Weihnachten zu mir zu kommen, damit wir alle zusammen sein könnten. Und später, im Frühling, würde ich die Kinder für ein paar Tage nach Far Flamstead bringen. Auch Phoebe würde ich mitbringen und ihren jungen Mann Thomas; denn sie waren unzertrennlich.

»Du solltest dir eine neue Kammerzofe anschaffen, jetzt, da Phoebe verheiratet ist und ein Baby hat«, meinte Angelet.

»Niemand kann mir so dienen wie Phoebe. Ich werde sie, solange ich kann, halten. Die Kinder werden entzückt sein, nach Far Flamstead zu kommen. Ich glaube, sie sind echte Royalisten.«

So, das war abgemacht.

Richard kam im Mai nach Hause. Ich bekam ihn nicht zu Gesicht; er blieb nur wenige Tage. Nachdem er wieder weg war, kam Angelet auf den Longridgehof. Sie sah strahlend aus. Daran ist sein Besuch schuld, dachte ich.

»Ich habe dich nicht aufgefordert, ihn zu begrüßen«, sagte Angelet, »aber ich hätte es getan, wenn er länger geblieben wäre.

Er sagt, die Dinge stünden schlecht für die Armee des Königs. Männer wie Cromwell und Fairfax machen Soldaten aus ihren Anhängern und ihr Glaube gibt ihnen etwas, das unseren professionellen Soldaten fehlt. Das behauptet er. Wann kommst du nach Far Flamstead? Du hast versprochen, mir die Kinder zu bringen, erinnerst du dich?«

Ein paar Tage später machten Phoebe, die Kinder und ich uns auf den Weg.

Ich saß mit den Kindern und Angelet im umzäunten Garten, als einer der Diener herausgelaufen kam. Sein Gesicht war völlig erstarrt. Noch ehe er sprach, ahnte ich, daß etwas Katastrophales geschehen war.

»Ein Arbeiter ist eben vom Longridgehof gekommen. Er sieht schrecklich aus!« rief er mir entgegen.

Böse Ahnungen erfüllten mich. Der Schock jener Nacht, in der sie Luke sterbend nach Hause gebracht hatten, saß mir immer noch in den Knochen. Alles konnte geschehen, nichts war mehr ausgeschlossen. Irgend etwas tat sich auf dem Gut, und ich war froh, daß die Kinder sicher in Far Flamstead waren.

Den Mann erkannte ich sofort. Es war Jack Treble, einer der Feldarbeiter.

Als er mich sah, rief er: »Sie sind gekommen, Mistress! Sie sind auf dem Gut. Sie haben alles kurz und klein geschlagen. Ich habe mich versteckt und bin entkommen. Es ist aus, Mistress, aus!«

»Beruhige dich, Jack«, antwortete ich. »Erzähl mir, was geschehen ist.«

»Es waren die Royalisten, Mistress. Sie sind gekommen, und ich habe sie schreien hören, dies sei das Haus von Luke Longridge, diesem Hetzer, und sie würden ihm eine Lehre erteilen.«

»O du mein Gott!« rief ich. »Hat er noch nicht genug gebüßt!?«

»Ich glaube, sie haben gewußt, daß er tot ist, Mistress. Trotzdem haben sie das Haus verwüstet... und die, die sich ihnen mutig in den Weg gestellt haben... sind tot...«

»Und Mistress Longridge?« fragte ich.

»Ich weiß es nicht, Mistress. Ich habe mich im Gebüsch versteckt... dicht auf die Erde gepreßt... ich habe nicht gewagt, mich zu bewegen... ich habe nicht gewußt, würden sie mich jetzt finden oder nicht... und hab mich nicht gerührt... Ich habe sie gehört... der Lärm war gräßlich, und die Schreie, Mistress... es war unmenschlich. Sie müssen alle abgeschlachtet haben, die versucht hatten, das Haus zu verteidigen. Jetzt sind sie weg. Heute morgen ist es passiert. Ich bin dort gelegen, mindestens eine halbe Stunde, und habe nicht gewagt mich zu bewegen. Dann bin ich hierher gekommen... zu Fuß. Es gibt keine Pferde mehr, sie haben alle mitgenommen. Sie haben alles mitgenommen, was nicht niet- und nagelfest war.«

»Ich gehe mit dir zurück!«

»Nein«, sagte Angelet, die neben mir stand. »Du darfst nicht zurückgehen. Was ist, wenn sie noch da sind?«

»Ich gehe«, sagte ich, »ich muß Ella suchen.«

Sie versuchte, mich aufzuhalten. Die arme Phoebe war in Panik – Thomas Greer war zurückgeblieben.

»Warum ist er nicht mit Jack Treble mitgekommen?« fragte sie immer wieder. Die Antwort darauf war nicht schwer zu erraten.

Ich war wild entschlossen, zum Longridgehof zu reiten, und Angelet bestand darauf, mitzukommen. Es gelang mir nicht, sie umzustimmen, also machten wir uns beide auf den Weg, und nahmen zwei Reitknechte mit.

Welche Verwüstung bot sich uns! War das Longridge, unser schönes Herrenhaus? Es stand da, als ob es jedem Eindringling Trotz böte, aber als wir näher kamen, wurde die Zerstörung offenbar. Vor der Ruine des Hauses lagen die Leichen von zwei Feldarbeitern. In dem einen erkannte ich Thomas Greer. Ich stürzte auf ihn zu... aber er war tot. Arme Phoebe!

Ella lag mitten in den Trümmern auf dem Boden. Sie hielt noch eine Axt umklammert. Sie mußte versucht haben, ihr Heim zu verteidigen. Arme, tapfere Ella! Wie ausgeliefert sie diesen Soldaten gewesen sein muß!

Das Bierfaß lag auf der Seite, und sein Inhalt hatte sich über den ganzen Küchenboden ergossen. Sie haben alles, was sie konnten, zerschlagen. Die Balken waren heruntergerissen – nur die Mauern des Hauses standen noch.

Ich kniete neben Ella nieder, und wilder Zorn erfüllte mich. Ich haßte sie! Alle! Zuerst hatten sie Luke und jetzt Ella getötet. Ich wollte nichts mehr wissen von diesem grausamen Kampf. Wie kann überhaupt etwas erstrebenswert sein, wenn es nur auf diese Weise erreicht werden kann?

Ich konnte nicht in den ersten Stock gelangen, sie hatten die Stufen herausgerissen. In der Decke klaffte ein Loch, durch das ein Bettpfosten hing. Dieses Herrenhaus, seit Generationen das Heim der Longridges, war in einer einzigen Stunde zerstört worden.

Angelet stand neben mir, und die Tränen liefen ihr über das Gesicht.

»Bersaba, meine liebste Schwester«, schluchzte sie.

Ich legte meinen Arm um sie und wollte sie trösten, aber sie schluchzte weiter und ich sah mir die Verwüstung in meinem Haus an.

»Die Kinder sind in Sicherheit«, sagte ich. »Dafür wollen wir dankbar sein. Mein Mann ist tot, meine Schwägerin ist tot, mein Haus ist eine Ruine, aber ich danke dir, lieber Gott, daß du mir wenigstens meine Kinder gelassen hast.«

»Das ist Gotteslästerung, Bersaba!«

»Nein!« schrie ich. »Muß ich stillhalten und Gott für seine Gnade danken? Fändest du das besser? Mein Mann ist noch kaum unter der Erde... und jetzt das? Verstehst du denn nicht?«

»Du wirst immer wütend, wenn du Kummer hast.«

»Es ist so grausam, Angelet. Ich habe meinen Mann verloren, ich habe mein Zuhause verloren, ich habe so viel verloren, was mir lieb war.«

»Du hast immer noch mich, Bersaba, und solange ich am Leben bin, hast du auch ein Zuhause.«

Ich wandte mich ihr zu, und ich glaube, in diesem Augenblick habe ich auch geweint, obwohl ich mir dessen nicht bewußt war.

»Komm weg von hier, komm mit! Ich nehme dich mit zu mir. Mein Haus ist dein Haus. Wir werden uns nie mehr trennen, es sei denn, es wäre dein ausdrücklicher Wunsch.«

Sie führte mich fort, und wir kehrten nach Far Flamstead zurück.

Als wir über die Schwelle traten, sagte sie: »Warum ist alles so grausam?«

Und ich antwortete aus tiefster Überzeugung: »Das ist der Krieg!«

ANGELET

Die Angst geht um

Gestern ist Bersaba zurückgekommen, um in Zukunft in Far Flamstead zu leben. Ich muß immer noch an die Verwüstung des Gutshofes und den Ausdruck in Bersabas Augen denken, als sie so bitter von ihren Heimsuchungen gesprochen hat. Arme Bersaba! Sie hat Luke also doch geliebt. Ich habe mich oft darüber gewundert, und die Hochzeit war mir immer schleierhaft geblieben.

Er hat sie heiß geliebt. Einmal hat er zu mir gesagt: »Wenn Bersaba das Zimmer betritt, geht die Sonne auf.« Ich weiß, was er gemeint hat. Ich glaube nicht, daß er mir deutlicher hätte sagen können, wie sehr er sie geliebt hat.

Ich glaube, nichts im Leben ist ausschließlich von Nachteil. Nach allem, was passiert ist, haben wir immer noch die lieben Kinder: Arabella, Lukas und den kleinen Thomas der armen Phoebe. Ich liebe es, sie im Garten herumlaufen zu sehen und ihre Stimmen zu hören. Das muß auch für Bersaba beruhigend sein.

Ich bin so erleichtert, daß sie da ist. Manchmal jagt mir dieses Haus Angst ein, aber das hat es schon immer getan. Dann ist Bersaba gekommen, und ich habe keine Angst mehr gehabt. Selbst als sie weggegangen ist, konnte ich sie oft sehen. Aber jetzt ist sie wieder hier, und das bereitet mir große Freude.

Es ist etwas an diesem Haus, das mich frösteln macht. Zum Beispiel das Schloß. Wenn ich diese Mauer sehe, kommt mir alles mögliche in den Sinn. Ich werde nie den Alptraum vergessen, den ich in jener Nacht hatte. Ich dachte, ich hätte das Gesicht eines Mannes auf den Zinnen gesehen, aber alle sagen, es muß ein Alptraum gewesen sein. Mit der Zeit habe ich es selbst geglaubt.

Inzwischen bin ich überzeugt, daß sich hinter den Mauern des Schlosses etwas verbirgt. Dieser Gedanke verläßt mich nie und beunruhigt mich. Ich habe Richard danach gefragt, aber er wurde ungehalten und hat gesagt, es könnte gefährlich sein, es zu betreten, deshalb hätte er die Mauer gebaut.

Ich habe jetzt ein Geheimnis, das ich noch niemandem erzählt habe, nicht einmal Bersaba. Allerdings nehme ich an, daß sie es mir schon bald aus der Nase ziehen wird.

Es kann sein, daß ich ein Baby bekomme. Als Richard das letztemal zu Hause war, habe ich gebetet und gebetet, und ich glaube, meine Gebete sind erhört worden.

Alles hätte plötzlich einen Sinn. Wenn ich Bersaba und Phoebe mit ihren Kindern sehe, werde ich richtig neidisch. Alles würde ich für ein Kind geben.

Ich bin sicher, Richard möchte es auch. Es würde die Dinge zwischen uns vielleicht erleichtern. Ich habe ihn nie wirklich verstanden; wir sind uns nie nahe gewesen... so wie Luke und Bersaba. Sie hat ihn immer mit allem aufgezogen, was ihm heilig war, mit ihm gestritten, versucht, ihn in die Enge zu treiben – und er schien es genossen zu haben, was mir zwar seltsam vorkam, aber ihre Zusammengehörigkeit bewies. Ich bin nie wie sie in der Lage gewesen, mit Worten zu jonglieren. Und als Luke mir sagte, für ihn gehe die Sonne auf, wenn sie den Raum betrete, wußte ich, was sie ihm bedeutete.

Es ist ein schreckliches Unglück für sie, daß sie ihn verloren hat, aber, wie ich ihr immer begreiflich zu machen versuchte, sie hat noch ihre Kinder.

Und jetzt, glaube ich, werde ich auch eines haben.

Es ist ein seltsames Gefühl, das mich zwingt, dieses Geheimnis zu wahren. Ich habe komische Angewohnheiten. Vielleicht ist es dieses Haus. In Trystan Priory habe ich das nie gehabt. Aber hier im Schloßzimmer habe ich das Gefühl, Magdalena sei anwesend, sie sei mein Freund. Nicht, daß ich Stimmen hören würde – das wäre verrückt –, nur dieses Gefühl! Als ich dort bei meiner Stickerei saß – an dem Tag, an dem mir zum ersten Mal der Verdacht kam, ich könnte in anderen Umständen sein –, hatte ich das bestimmte Gefühl, Magdalena sei bei mir.

Halte es geheim, schien sie mir zu sagen, halte es geheim, solange du kannst.

In der Kapelle hatte ich dasselbe Gefühl. Ich muß gestehen, ich gehe oft in die Kapelle. Um zu beten, sage ich mir, aber das allein ist es nicht. Ich fühle mich von ihr angezogen. Vom ersten Moment an, da ich sie betrat, hatte ich einen Widerwillen gegen diesen Ort, und doch fasziniert er mich. Die Kapelle ist sehr kalt. Wegen des Steinfußbodens, sagt Meg. Aber für mich hat es etwas Besonderes auf sich mit dieser Kälte, die mich anzieht, einem aber gleichzeitig das Blut in den Adern gefrieren läßt.

Das wurde mir klar, als ich am Altar kniete.

Warte, erzähle es niemandem, schien sie mir einzuflüstern. Wahre dein Geheimnis, solange du kannst.

Es ist sehr schwer, eine frohe Botschaft, die man am liebsten von der höchsten Turmspitze in alle Winde schreien möchte, für sich zu behalten, aber der innere Zwang ist so stark, daß ich das Geheimnis bis jetzt bewahrt habe! Noch!

Bersaba ist jetzt schon eine Woche in Far Flamstead. Richard wird sich freuen, wenn er zurückkommt. Er wird natürlich einsehen, daß ich sie herholen mußte, weil sie ihr Heim verloren hat. Ich glaube, er fand es angenehm, als sie hier war. Er war so anders, als sie noch bei uns lebte. Er liebte die Spiele, die sie vor dem Krieg zusammen gespielt haben, und Bersabas Kriegslist hat ihn immer amüsiert. Selbst wenn sie ihn im Schach schlug, hatte er nichts dagegen. Ich habe ihn oft dabei beobachtet, manchmal hat er sogar richtig Farbe bekommen, so lebhaft ging es zu. Und wie er sie angesehen hat!

Kurz nach Bersabas Einzug haben wir Nachricht von meiner Mutter bekommen. Der Bote hatte Briefe zum Gutshof gebracht, ihn zerstört vorgefunden und ist nach Far Flamstead gekommen. Ich war so froh, daß er anschließend zu uns gekommen ist; denn ich kann mir die Verzweiflung meiner Mutter vorstellen, wenn der Bote zurückgekommen wäre und ihr erzählt hätte, was er vorgefunden hat.

Im West Country war es relativ ruhig, schrieb sie. Sie wünscht, wir könnten bei ihr sein. In Zeiten wie diesen sei es gut, wenn Familien zusammen wären. Sie wollte unbedingt Neuigkeiten von den Babys haben. Sie sehnte sich danach, sie zu sehen, aber sie würde sterben vor Angst, sollten wir jetzt versuchen, über Land zu reisen. Wir sollten ihre Befürchtungen verstehen und jede Möglichkeit nutzen, ihr Nachricht zukommen zu lassen.

Wir antworteten postwendend und erzählten von der Tragödie auf dem Gutshof. Von Lukes Tod wußte sie bereits. Es wird sie beruhigen, uns zusammen zu wissen.

Als der Bote wieder weggeritten war, redeten und redeten wir über zu Hause und unsere Eltern. Und als ich später in mein Zimmer ging, fand ich Grace vor statt Meg.

»Meg hat Kopfschmerzen, Mistress«, sagte Grace. »Ich bin für sie eingesprungen.«

»Arme Meg. Sie soll Mrs. Cherry um einen Heiltrank bitten.«

»Das wird sie, Mistress, wenn es schlimmer wird. Es ist traurig für Mrs. Longridge, aber ich habe zu Meg gesagt, ein Glück, daß sie jetzt bei uns ist.«

»Ja, ich bin froh, daß ich in der Lage bin, sie bei mir aufzunehmen. Sie hat so schrecklich viel durchgemacht.«

»Und es wird gut für Euch sein, sie hier zu haben, wenn Eure Zeit gekommen ist.«

»Wenn... meine Zeit gekommen ist?« wiederholte ich verblüfft.

»Nun, ich kann mich auch täuschen. Aber ich glaube nicht. Ich kenne die Anzeichen.«

»Du... weißt es?«

Sie nickte langsam.

Mit dem Geheimnis war es aus.

Ich wollte es zuerst Bersaba erzählen, also tat ich es noch am selben Tag. Eine Weile schwieg sie und sagte dann: »Es ist geschehen, als er im Mai zu Hause war?«

Ich nickte und bemerkte, daß sich ihre Mundwinkel nach unten zogen, fast als wäre sie ärgerlich. Mitleid erfüllte mich, wahrscheinlich dachte sie an Luke.

Schließlich lächelte sie und sagte: »Diesmal mußt du besser auf dich aufpassen, Angelet.«

»Das werde ich!«

»Ob es wohl ein Junge wird? Das würde ihm gefallen.«

Dann erzählte sie, wie sie Arabella und Lukas erwartet hatte, und es wurde noch ein gemütlicher Abend. Ich war glücklich, weil ich spürte, mein Zustand lenkte sie von ihren eigenen schrecklichen Erlebnissen ab.

Wegen des Krieges hatten wir jetzt sehr wenig Personal. Nur die Cherrys, Jesson, Meg und Grace waren noch da. Jesson kümmerte sich mit zwei jungen Männern vom Dorf um die Stallungen. Sie waren noch nicht alt genug, um in den Krieg zu ziehen, aber wenn er nicht bald zu Ende ging, würden wir sie wahrscheinlich auch verlieren.

Diese jüngste Vergangenheit hatte unsere Beziehungen zueinander verändert. Wir waren aufeinander angewiesen und uns menschlich viel enger verbunden. Mrs. Cherry war mehr eine Freundin als ein Dienstbote. Vielleicht, weil die Royalisten mehr und mehr Federn lassen mußten und ein Sieg des neuen Parlaments eine ausgleichende Gerechtigkeit in der Gesellschaft zur Folge haben würde.

Eines Tages kam sie in mein Zimmer und sagte, ich sähe ein bißchen spitz aus und sie hätte ein Tonikum, das mich aufrichten würde. »Es geht nichts über Kräuter. Ich habe immer gesagt, für jede Krankheit unter der Sonne gibt es ein Heilmittel.«

»Ich habe Angst, Medizin zu nehmen, Mrs. Cherry. Ich möchte, daß sich alles natürlich entwickelt.«

Ihr Gesicht überzog ein fröhliches Schmunzeln. »Wenn die Kräuter nicht das Natürlichste auf Gottes weiter Welt sind, möchte ich nicht mehr Emmy Cherry heißen! Ein kleiner Schluck kann Euch nur guttun.«

»Um die Wahrheit zu sagen, ich fühle mich sehr wohl. Wenn ich ein bißchen blaß bin, bedeutet das gar nichts.«

»Wir müssen gut auf Euch aufpassen. Zum Glück haben wir wieder Eure Schwester im Haus, sie wird ein Auge auf Euch haben.«

»Das wird sie. Und sie versteht etwas davon.«

»Und wir haben Grace. Welch ein Glück! Weiß es eigentlich der General schon?« Ihr Blick war plötzlich hellwach.

»Noch nicht. Ich kann ihn nicht erreichen. Wir wissen nicht, wo er sich aufhält. Dieser schreckliche Krieg!«

»Dann weiß er es also nicht.« Sie schüttelte den Kopf. »Wenn Ihr mit ihm Verbindung aufnehmen könnt, richtet ihm aus, diesmal wird alles gutgehen. Sagt ihm, daß Cherry und ich uns darum kümmern werden.«

»Das werde ich tun, Mrs. Cherry. Ihr habt den General sehr gern, das weiß ich.«

»Das ist vorsichtig ausgedrückt. Ich bin schon so lange hier, für mich ist er viel mehr als nur ein Herr.«

»Er ist ein Mann, der großen Respekt verdient.«

Sie senkte den Blick. Um ihre Gefühle zu verbergen, nahm ich an. Dann sagte sie strahlend: »Gut, aber solltet Ihr unter dem Wetter leiden, Herrin, kommt getrost zu mir. Ihr werdet nichts mehr über meine Kräuter kommen lassen, wenn Ihr ihre Wirkung einmal kennengelernt habt.«

Als sie wieder draußen war, ging ich zu Bersaba und erzählte ihr, Mrs. Cherry wolle, daß ich einen ihrer Kräutersäfte ausprobierte.

»Erinnerst du dich noch an ihre Medizin?« fragte ich.

»Nach der du so gut geschlafen hast?«

»Im Augenblick schlafe ich nicht sehr gut«, erklärte ich. »Manchmal habe ich so komische Träume. Ich habe dir doch erzählt, daß ich einmal ins Schloßzimmer gekommen bin und ein Gesicht gesehen habe... oder glaube, es gesehen zu haben. Ich bin mir dessen auch ganz sicher. Es war Nacht, und ich hatte eine Kerze. Mrs. Cherry hat mich dort überrascht. Sie dachte, ich wäre mondsüchtig.«

»Bist du das denn?« fragte Bersaba.

»Nein. Damals zumindest war ich es nicht. Ich sah von meinem Zimmer aus ein Licht im Schloß, und als ich hinaufkam, habe ich das Gesicht gesehen. Ich nahm an, es wäre Erdbeer-John, ein Mann, den ich einmal im Wald gesehen hatte. Aber keiner hat es mir geglaubt. Und dann habe ich mein Baby verloren.«

»Glaubst du, das hatte etwas damit zu tun?«

»Das haben alle behauptet. Ich bin sehr erschrocken seinerzeit, und das kann zu der Fehlgeburt geführt haben. Meinst du nicht?«

»Erzähl mir genau, was damals passiert ist«, bat Bersaba, und ich erzählte.

»Weiß denn Richard davon?«

»O ja. Er dachte, wie alle anderen, daß ich einen Alptraum gehabt habe.«

»Immer wieder dieses Schloß! Hat Richard je mit dir darüber gesprochen?«

»Nein. Es gibt Dinge, über die man mit ihm nicht sprechen kann. Da zieht er sich einfach zurück, und du weißt, daß es dann zwecklos ist, weiterzureden.«

»Du solltest dich nicht so dominieren lassen von ihm, Angelet.«

»Du kennst Richard nicht.«

Sie lächelte mich an. Fast zärtlich, kam mir vor.

»Denk nicht mehr an das Schloß«, fuhr sie fort, »denk nur noch an das Baby! Stell dir doch vor, wie glücklich Richard sein wird, wenn er das erfährt, und wie glücklich du sein wirst, wenn du das Baby erst im Arm hältst.«

»Ich versuche es ja, Bersaba, aber dann bestürmen mich wieder alle möglichen Gedanken. Ich mache mir Sorgen wegen Richard, ob er jemals zurückkommen wird, oder ob er wie Luke... und so viele andere...«

Sie ergriff meine Hand und drückte sie so fest, daß ich stöhnte.

»Hör auf, Angelet, er wird zurückkommen! Ich sage es dir, er wird zurückkommen!«

Das war typisch für Bersaba. Als könne ihre Zuversicht Wunder wirken.

Anschließend kam die Sprache auf Bábywäsche und daß wir sie selber nähen würden.

Es war wundervoll, Bersaba um mich zu haben.

Der August war sehr heiß. Wie eine summende Wolke umschwirrten die Wespen die Pflaumenbäume, und die Kinder waren gebräunt von der Sonne. Arabellas dominierende Stimme war nicht zu überhören. Wenn ich ihnen beim Spielen zusah, vergaß ich den Krieg, meine Angst um Richard, ich vergaß alles, nur nicht mein Kind, das im nächsten Jahr auf die Welt kommen würde.

Tagelang kann ich zufrieden sein, dann wieder schrecke ich nachts schweißgebadet aus dem Schlaf. Ich könnte nie erklären, was es ist, ich habe einfach das seltsame Gefühl, vor einer Gefahr gewarnt zu werden, und der erste Mensch, an den ich beim Erwachen denke, ist Magdalena – Richards erste Frau.

Vielleicht, weil auch sie in diesem Haus ein Kind erwartet hat, genau wie ich. Und plötzlich ist sie gestorben. Tief in mir sitzt wahrscheinlich die Angst, was ihr geschehen ist, könne auch mir widerfahren. Aber warum? Da ist etwas im Verhalten von Mr. und Mrs. Cherry, obwohl Mr. Cherry nie viele Worte gemacht hat, aber auch Jesson, Grace und Meg sind irgendwie verändert, seit bekanntgeworden ist, daß ich ein Kind erwarte. Als ob sie mich unentwegt beobachten und auf ein Zeichen oder weiß der Himmel was warten würden.

Ich stand auf und ging zum Fenster. Das Schloß konnte ich nicht sehen, weil ich im blauen Zimmer war. Ich wollte nicht ins Schlafzimmer, das ich sonst mit Richard teilte. Bersaba schläft im Lavendelzimmer nebenan, und die Kinder sind zusammen mit Phoebe in einem Raum, der an das ihre angrenzt. Wir sind also alle zusammen. Ich blickte auf den friedlichen Garten und dachte daran, was auf Gut Longridge vorgefallen war und daß jeden Moment Soldaten anmarschiert kommen können und auch mein Haus verwüsten.

Aber das sind nicht die Gedanken, die mich beunruhigen. Es ist etwas, das wie ein drohendes Unwetter über mir hängt, und nur über mir. Eine Angst, die man mit keinem anderen teilen kann.

Ich ging ins Lavendelzimmer, machte die Türe auf und schaute hinein. Bersaba schlief tief und fest, sie lag auf dem Rücken. Ihre Haare fielen über das Kissen, und ihre Narben waren ganz deutlich zu sehen. Immer versucht sie, sie zu verbergen. Aber sie hatten Luke nicht daran gehindert, sich in sie zu verlieben; viel leidenschaftlicher, als Richard mich je geliebt hat. Seltsam, daß Luke, ein Puritaner, zu einer so starken Liebe fähig war. Hatte das etwas mit Bersaba zu tun? Ich schloß die Türe und betrat leise das Kinderzimmer. Im Mondlicht sah ich Arabella und Lukas friedlich in ihren Betten, auch Phoebe und den kleinen Thomas.

Alle waren wohlauf. Warum bin ich nur mit dieser Angst im Herzen aufgewacht? Plötzlich hatte ich das Gefühl, beobachtet zu werden. Meine Nerven waren zum Zerreißen gespannt, wie damals im Schloßzimmer, als ich gedacht habe, ein Gespenst stünde hinter mir, und dann war es nur Mrs. Cherry gewesen.

Entsetzen packte mich, und ich hatte Angst, mich umzudrehen. Auf einmal hörte ich Bersaba leise lachen.

»Angel, was hast du bloß?«

»Oh!« Ich drehte mich um, und da stand, mit großen belustigten Augen, meine Schwester.

»Du wirst dich noch erkälten, wenn du so herumspazierst.«

»Es ist eine milde Nacht. Und was ist mit dir?«

»Du warst bei mir im Zimmer.«

»Du warst wach?«

»Nicht ganz. Aber als ich aufschaute, sah ich, daß mich meine Schwester ganz komisch ansah.«

»Was meinst du mit komisch?«

»Als ob du... irgendeinen Verdacht hättest. Hast du einen?«

»Wieso sollte ich dich verdächtigen?«

»Das mußt schon du mir sagen.«

»Du redest seltsames Zeug, Bersaba.«

»Mrs. Cherry ist ein altes Plappermaul. Hat sie mit dir gesprochen?«

»Sie hat mir nur ihren Kräutertrank angeboten. Sie scheint sich Sorgen um mich zu machen.«

»Komm in mein Zimmer«, sagte Bersaba, und wir gingen hinein und setzten uns auf ihr Bett.

»Alle scheinen sich Sorgen um mich zu machen.«

»Nur weil du dich in diesem Zustand befindest. Sie möchten, daß alles gutgeht.«

Sie sah mich aufmerksam an. »Sag mir, warum hast du es für nötig befunden, nach uns zu sehen?«

»Ich bin aufgewacht.«

»Doch nicht schon wieder der Zahn?« Hat das jetzt wie ein Spaß geklungen? Ich verstand sie nicht.

»Nein, der ist schon längst gezogen. Ich konnte nur nicht schlafen.«

»Aber du brauchst jetzt deinen Schlaf.«

»Meinst du, ich soll Mrs. Cherrys Schlaftrunk nehmen? Nie werde ich den vergessen, den du mir verabreicht hast. Du hast darauf bestanden, daß ich schlafe.«

»Wirklich?«

»O ja. Du hast darauf bestanden und ihn mir selbst verabreicht.«

»Und du hast lange und tief geschlafen und bist nicht nachts herumgewandert, stimmt's?«

»Natürlich nicht.«

»Schön... dann hat er seinen Zweck erfüllt. Ich finde, du solltest abends etwas trinken. Heiße Milch fördert den Schlaf. Ella hat mir immer heiße Milch gegeben, als ich Arabella und Lukas erwartet habe. Ich fand das ausgezeichnet. Weißt du was, ich sorge dafür, daß du jeden Abend heiße Milch bekommst.«

»Es ist schön, daß du dich um mich kümmerst.«

»Und hör nicht auf die Geschichten, die die Dienstboten erzählen.«

»Welche Geschichten?«

»Du kennst doch Dienstboten. Haben sie das Schloß einmal erwähnt?«

»Nein, schon lange nicht mehr.«

»Dienstboten haben manchmal komische Ideen. Aber mach dir keine Sorgen. Ich passe schon auf dich auf.«

Plötzlich stand sie auf und sagte: »Ich bringe dich zurück ins Bett. Komm jetzt.«

Und sie deckte mich zu und gab mir einen Kuß auf die Stirn.

Ich wünschte, ich könnte mich von dem Gedanken befreien, von allen beobachtet zu werden. Das macht mich nervös. Man sagt, Frauen kriegen seltsame Ideen, wenn sie schwanger sind. Was ist nur mit mir nicht in Ordnung? Grace verbringt die meiste Zeit bei mir, sie ergreift jede Gelegenheit, Megs Platz einzunehmen, und sie vermittelt mir den Eindruck, daß, von allen Fällen, um die sie sich jemals kümmern mußte, meiner der außergewöhnlichste sei.

Ich gehe oft ins Schloßzimmer hinauf, in dem auch Magdalena gesessen hat, und arbeite an ihrer Stickerei. Ich sehe die Türme des Schlosses und denke an jene Nacht. Aber warum komme ich überhaupt hierher, wenn doch meine Erlebnisse in diesem Zimmer schuld an diesem Unglück waren? Das darf nicht mehr passieren.

Und was, wenn ich das Gesicht noch einmal sehen würde? Diesmal würde ich nicht erschrecken. Ich würde mich vergewissern, daß es wirklich nur ein Gesicht ist. Manchmal habe ich die fixe Idee, irgend jemand lebt in diesem Schloß. Ist es Erdbeer-John, der den Weg hinein gefunden hat und es als eine Art Hauptquartier für seine Expeditionen als Wilddieb benutzt? Das könnte die Antwort sein.

Und was ist mit unserem Erlebnis, bei dem Bersaba und ich den komischen Wandschrank entdeckt hatten? Plötzlich fiel mir auf, daß, wann immer ich in die Küche kam, die Türe mit Mänteln und Schürzen verdeckt war.

Ich erwähnte das einmal Bersaba gegenüber, aber sie schien nicht daran interessiert zu sein. »Es ist nur ein großer Wandschrank«, sagte sie. »Ein sehr praktischer übrigens.« Ich nehme an, sie hat recht.

Sie macht sich große Sorgen um mich und läßt mich nicht aus den Augen. Die ganze Zeit ermahnt sie mich, vorsichtig zu sein. Jeden Abend geht sie hinunter in die Küche und bringt mir einen Becher warmer Milch. Manchmal trinke ich sie gleich aus, manchmal lasse ich sie auch neben dem Bett stehen, um etwas zu trinken zu haben, wenn ich nachts aufwache, was regelmäßig der Fall ist. Ich hatte von jeher einen leichten Schlaf, und oft hätte ich mich früher in Trystan Priory gerne mit Bersaba unterhalten, aber sie schlief immer fest.

Eines Nachts wachte ich auf und hörte gerade noch, wie meine Türe leise geschlossen wurde. Erschreckt setzte ich mich auf und blickte um mich.

Ein blasser Mond schien durch die Wolken, und in meinem Zimmer war es ziemlich finster. Ich starrte auf die geschlossene Türe, stand auf und öffnete sie und schaute hinaus in den Korridor. Dann schlich ich vorsichtig zum Lavendelzimmer. Ob Bersaba nach mir geschaut hatte? Leise öffnete ich ihre Türe, aber sie schien tief zu schlafen. Also legte ich mich wieder ins Bett.

Wahrscheinlich habe ich nur geträumt, redete ich mir gut zu. Das kommt davon, weil sie mich pausenlos bewachen und bemuttern! Wird um alle Frauen, die ein Kind erwarten, so ein

Theater gemacht? Sicher nicht. Es ist doch ein ganz natürlicher Zustand.

Ich nahm die Tasse mit der Milch und wollte schon trinken. Plötzlich beschloß ich, es nicht zu tun. Sie war kalt. Einschläfernd würde sie sowieso nicht mehr wirken. Eigentlich hing mir die Milch zum Hals raus. Durch Gedanken an das Kind und die Hemdchen, die ich morgen nähen würde, versuchte ich mich einzulullen. Eine Nadel hatte schon immer etwas Tröstliches für mich gehabt.

Soll Bersaba mir ruhig weiter Milch bringen. Ich lasse sie auf dem Nachtkästchen stehen, falls sie nachts hereinkommt, und in der Frühe gieße ich sie einfach weg.

Einmal hatten wir eine Gruppe von Royalisten im Haus. Sie waren hungrig und müde. Wir gaben ihnen zu essen und gewährten ihnen für eine Nacht Obdach. Sie hätten früher einmal unter General Tolworthy gedient! Über den Krieg berichten konnten sie uns nicht viel, sie meinten lediglich, daß es schwer zu sagen sei, welchen Ausgang er nehmen würde. An manchen Orten gäbe es Siege, an manchen Niederlagen, aber viel Hoffnung schienen sie nicht zu haben. Bersaba fragte sie, ob sie den General getroffen hätten, aber das hatten sie nicht. Er war bei der Schlacht im Marston-Moor gewesen, aber wohin es ihn anschließend verschlagen hatte, konnten sie nicht sagen, die Truppen wären sehr zersplittert. Sie könnten auch nicht länger bleiben, ihr Aufenthalt bei uns sei nur eine kurze Ruhepause für sie.

»Wir sind eine Gefahr für Euch«, erklärten sie uns. »Sollte der Feind vorbeikommen und uns hier finden, würde er Euer Haus in Schutt und Asche legen.«

»Das kann auch passieren, wenn Ihr nicht da seid«, erwiderte Bersaba bitter.

»Wollen wir hoffen, daß die Rundköpfe Respekt vor hilflosen Frauen haben«, war die Antwort. »Man sagt, sie seien gottesfürchtige Männer.«

»Sie haben vor nichts anderem Respekt als vor ihrer eigenen Rechtschaffenheit«, antwortete Bersaba, und ich erklärte, warum sie so verbittert war. »Das Haus meiner Schwester ist zerstört worden, ihr Mann ist gefallen, seine Schwester und ihre Diener sind umgebracht worden. Es war ein glücklicher Zufall, daß sie dem Gemetzel entkommen ist.«

»Es ist immer Zufall, wenn man entkommt«, wandte Bersaba

ein. »Mich interessiert nicht, wer diesen Krieg gewinnt, sondern nur, wann er vorbei sein wird.«

Die Soldaten zogen ab, und der Alltag nahm wieder seinen gewohnten Gang. Wir nähten, unterhielten uns und spielten mit den Kindern. Es schien unglaublich, daß nicht weit von uns Schlachten geschlagen wurden, Männer sich gegenseitig umbrachten und für ihre Sache starben.

Der Oktober kam ins Land. Jesson fuhr nach London, um Lebensmittel einzukaufen, und kam mit der Neuigkeit zurück, daß das neue Parlament und seine Truppen taktisch wichtige Erfolge erzielt haben, die sie hauptsächlich General Fairfax und Oliver Cromwell zu verdanken hätten. Sie bildeten die Leute gut aus, bezahlten sie anständig und – das Wichtigste – sie hielten eiserne Disziplin. Cromwell appellierte an das Gewissen seiner Männer und ließ sie ihr Ziel nicht vergessen: aus der Knechtschaft zu entkommen. Und Gott sei auf ihrer Seite. Mit diesem Verbündeten mußten sie siegen.

Danach sprachen wir sehr viel über Richard und zerbrachen uns den Kopf, wo er wohl sein könnte.

»Ich würde viel darum geben, wenn ich es wüßte«, sagte ich.

»Ich wünschte, er würde nach Hause kommen«, antwortete Bersaba leidenschaftlich.

Aber nichts geschah. Die Wochen vergingen, die Tage waren lang und ruhig und immer von einer drohenden Gefahr überschattet.

Langsam wurde mein Zustand sichtbar, und ich jubelte innerlich, weil ich die erste Hälfte meiner Schwangerschaft bereits überstanden hatte. Wenn ich stickend im Schloßzimmer saß, war ich beinahe glücklich. Es war gar nicht so leicht, die Gefahren rundum zu vergessen, aber ich sonnte mich in dem Bewußtsein, eine außergewöhnliche Mutter zu sein, die ihr erstes Kind erwartete.

Wie gesagt, es war schwer, wenn man von Tag zu Tag fürchten mußte, daß die Soldaten kommen. Und dies war ein royalistisches Haus, Eigentum eines der königstreuesten Generäle. Wir hatten allen Grund, uns vor Cromwells Männern zu fürchten.

Mehr denn je hielten alle im Hause ein Auge auf mich. Oft entdeckte ich Mrs. Cherry, wie sie mich sorgenvoll betrachtete. Grace und Meg genauso. »Fühlt Ihr Euch wohl, Herrin?«

»Ja, natürlich. Sehe ich etwa schlecht aus?«

»Nun, Mistress, Ihr solltet Euch ein wenig ausruhen.«

Ich mußte diesen aufmerksamen Blicken entkommen!

Alle waren so seltsam, sogar Bersaba. Sie war so behutsam, nie wollte sie mit mir über das Schloß sprechen. Ich sollte mich nicht damit belasten, meinte sie streng. Manchmal redete sie gerne über Richard, dann wieder wechselte sie abrupt das Thema.

All das beunruhigte mich. Mehr und mehr zog ich mich in die Stille des Schloßzimmers zurück.

Auch die Kapelle machte ihren Einfluß auf mich geltend. Immer wieder wanderte ich hinunter. Ich liebte es, auf einem Kirchenstuhl zu sitzen und mir all die Tolworthys vorzustellen, die hier gekniet haben. Ob auch Magdalena hier für ihr Kind gebetet hatte?

Ich jedenfalls wollte es tun und ging vor bis zum Altar. Das Altartuch war vor hundertfünfzig Jahren von einer der Frauen der Familie gestickt worden. Ehrfurchtsvoll betastete ich die feine Stickerei in den lebhaften Farben. Eines Tages, wenn mein Kind älter wäre, würde ich auch so eine Altardecke machen und genauso schöne Farben finden. Das Blau war besonders hübsch... Blau ist die Farbe des Glücks. So sagt man wenigstens. Und wie sorgsam sie gearbeitet war. Wie sie das wohl gemacht hatte? Ich drehte das Tuch in meiner Hand... und muß daran gezogen haben, denn klirrend polterte plötzlich der Weihwasserkessel zu Boden, ein Pokal hinterdrein, mir auf den Fuß. Dann entglitt mir das Tuch, und im nächsten Moment schlug ich auf den Steinfußboden. In diesem Augenblick spürte ich zum ersten Mal die Bewegung meines Kindes und verlor das Bewußtsein.

Mrs. Cherry stand über mich gebeugt, ebenso Bersaba. Mrs. Cherrys Gesicht war so weiß, daß die roten Äderchen auf ihren Wangen noch deutlicher als sonst zu sehen waren. Sie zitterte am ganzen Leib.

Bersaba kniete neben mir und versuchte sie zu beruhigen: »Ist ja gut. Es geht ihr schon besser.« Sie knöpfte mir den Kragen auf. »Schon gut, Angel, du bist ohnmächtig geworden. Das passiert in dem Zustand öfters.« Ihre Stimme schien von weit her zu kommen. »Beweg dich nicht. Bleib, wo du bist. Gleich wirst du dich wieder besser fühlen, dann bringe ich dich in dein Zimmer. Aber mach dir keine Sorgen, das ist nichts Außergewöhnliches.«

So blieb ich auf dem kalten Steinfußboden liegen, spürte das Leben in mir und wiederholte mir Bersabas beruhigende Worte.

Bersaba meinte, ich sollte mich eine Stunde ausruhen. »Es hat nichts zu bedeuten. Frauen fallen oft in Ohnmacht, wenn sie die ersten Bewegungen spüren. Nach einer Weile gewöhnt man sich daran. Wahrscheinlich wird es ein sehr lebhaftes Kind.«

Es war angenehm, so dazuliegen. Sie erzählte mir, wie es ihr ergangen war, als sie Arabella erwartet hatte.

»Was für ein Glück, daß du das alles schon hinter dir hast«, sagte ich.

»Und daß ich hier bin und mich um dich kümmern kann.«

»Ich hoffe, du wirst immer hier sein«, antwortete ich.

Ich hatte ein bißchen geschlafen, und sie mußte mich allein gelassen haben; denn als ich aufwachte, trat Mrs. Cherry gerade ins Zimmer.

»Ich wollte mich nur versichern, daß alles in Ordnung ist, Herrin.«

»Ich habe mir das Altartuch angesehen. Es ist wunderhübsch gearbeitet. Ich muß es heruntergezogen haben.«

»Habt Ihr am Altar gekniet?«

»Ja, das habe ich.«

Sie zog die Stirn in Falten. »Wißt Ihr, Herrin, wir machen uns alle Sorgen um Euch.«

»Das weiß ich, und ich wünschte, Ihr würdet es nicht tun. Mir geht es ausgezeichnet.«

»Oh, Herrin, das hoffe ich von ganzem Herzen«, versicherte sie warm.

Und schon wieder war ich unruhig.

Ich konnte einfach nicht schlafen. Man sagt, Frauen entwickeln eine blühende Phantasie, wenn sie ein Kind erwarten. In jener Nacht traf das auch auf mich zu. Es fing damit an, daß ich mir einbildete, vorsichtige Schritte auf der Treppe zu hören. Da ist nichts, beruhigte ich mich. Alte Balken und meine Phantasie.

Als Kind habe ich immer Angst im Dunkeln gehabt, ich war nur ruhig, wenn Bersaba in meiner Nähe war. Aber irgend etwas lag in der Luft, etwas, das Gefahr bedeutete. Wir lebten natürlich in gefährlichen Zeiten.

Ohne darüber nachzudenken, stand ich auf, schlüpfte in meinen Schlafrock und eilte in Bersabas Zimmer.

Mein Herz setzte aus vor Entsetzen: sie war nicht da. Die Decke vom Bett war zurückgeschlagen, als hätte sie es in aller Eile verlassen. Ich hatte doch Schritte auf der Treppe gehört! Bersabas Schritte!

Es war Vollmond, und im Zimmer war es fast taghell. Ich trat zum Fenster und schaute hinaus. Ich stand schon ein paar Minuten dort, als ich meine Schwester erblickte. Sie rannte durch das Gras, als liefe sie um ihr Leben.

»Bersaba!« schrie ich. »Was...« Mir blieb das Wort in der Kehle stecken. Sie wurde von etwas verfolgt – einer riesigen Gestalt, die mit großen unbeholfenen Schritten hinter ihr her lief. Sie sah nicht aus wie ein Mensch.

Ich rannte aus dem Zimmer und schrie: »Die Soldaten sind da!« und stürmte die Treppe hinunter. Ich hatte nur einen Gedanken: meine Schwester zu retten.

»Bersaba!« schrie ich wieder. Die Kreatur blieb stehen, drehte sich um und kam schwerfällig auf mich zugestolpert. Das Gesicht konnte ich nicht erkennen – das war vielleicht mein Glück –, aber ich ahnte, daß es etwas Böses, etwas Unheilvolles war und daß ich in unmittelbarer Gefahr schwebte.

Ich hörte Bersaba schreien: »Lauf, Angel!«

Beinahe gleichzeitig hörte ich einen Schuß, die Gestalt schwankte, hob die riesigen Arme, stolperte und fiel ins Gras.

Bersaba war schon neben mir, schlang ihre Arme um mich und hielt mich fest.

»Es ist alles gut, Angel«, murmelte sie beruhigend. »Jetzt ist alles gut. Ich dachte, ich hätte Richard hier unten gesehen, darum bin ich heruntergekommen, aber es war der da. Er hat mich gesehen und...«

Mr. und Mrs. Cherry kamen auf uns zugelaufen, und als sie die Gestalt erreichten, tat Mrs. Cherry etwas sehr Eigenartiges. Sie kniete sich daneben und drückte ihr Gesicht auf die Wange des Erschossenen.

Es war wie ein Alptraum. Die Kühle der Nacht, Bersaba und ich eng aneinandergeklammert, als hätte die eine Angst, die andere zu verlieren, und dann die Gestalt im Gras und Mrs. Cherry, die wie im Schmerz unzusammenhängende Worte murmelte.

Grace und Meg kamen mit Jesson aus dem Haus. Grace kniete sich hin und sagte: »Er ist tot.«

Mrs. Cherry heulte: »Cherry hat ihn erschossen. Er hat unseren Sohn erschossen.«

Cherry legte seiner Frau die Hand auf die Schulter und versuchte sie zu trösten.

»Wir sollten ihn ins Haus bringen«, meinte Cherry.

Ich sah das Blut, und mir wurde übel. Bersaba legte ihren Arm um mich. »Du solltest wieder ins Bett gehen, Angelet«, sagte sie. Ich hörte nicht hin. Zuerst mußte ich wissen, was hier vorgegangen war.

Als der Tote in der Waffenhalle aufgebahrt war, sah ich sein Gesicht. Es war unheimlich und entsetzlich. Dichtes Haar wuchs ihm tief in die Stirn, auch der untere Teil des Gesichtes war von Haaren bedeckt. Aber das Schlimmste war, er hatte etwas unaussprechlich Böses in seinen gebrochenen Augen, das nicht erst der Tod hineingeschrieben haben konnte.

Grace führte Mrs. Cherry weg, und Cherry, Jesson und ich blieben in der Halle zurück. »Was bedeutet das alles? Wer ist dieser Mann? Habt Ihr ihn erschossen, Cherry?«

»Ja, ich habe ihn erschossen«, antwortete Cherry. »Ihr habt Mrs. Cherry gehört: Es ist wahr, er war unser Sohn.«

»Woher kommt er?« fragte Bersaba. »Wie kommt es, daß er plötzlich hier auftauchen konnte?«

»Er ist entkommen, Mistress. Es ist schon das zweite Mal. Ein böser Schicksalsschlag. Er war in einer Irrenanstalt. Er ist so stark wie zwei ausgewachsene Männer, und er ist gemeingefährlich. Wir konnten ihn nicht im Haus behalten. Ich konnte nichts anderes tun... Aber ich wußte, ich würde es tun müssen... sollte er je wieder zurückkommen.«

Bersaba versuchte die Situation zu meistern. Sie ging in die Küche, brachte etwas aus Mrs. Cherrys Hausapotheke, goß es in ein Glas und gab es Mr. Cherry zu trinken.

»Ihr müßt Euch zusammennehmen. Was Ihr getan habt, habt Ihr in gutem Glauben getan.«

»Es war eine schreckliche Prüfung für uns... all diese Jahre... wir wußten nie, wann er wieder ausbrechen würde.«

»Ihr könnt nichts mehr dagegen tun«, sagte Bersaba, »er ist tot. Morgen bringt Ihr ihn aus dem Haus und begrabt ihn.«

Cherry nickte.

»Jesson wird Euch zu Bett bringen.«

»Ich habe es getan, um Euch zu retten, Mistress. Ich habe es getan, um das Haus zu retten. Ich weiß nicht, was passiert wäre, aber er ist verrückt. Er hätte das Haus anzünden können. Ich mußte es tun. Ich mußte! Mrs. Cherry wird das einsehen. Aber er ist ihr Sohn.«

Bersaba wandte sich an Jesson. »Jesson, bringt ihn in sein Zimmer und laßt ihn nicht allein. Ich kümmere mich um meine Schwester.«

Sie führte mich in mein Schlafzimmer, blieb bei mir, und wir redeten noch lange.

»Er hat das einzig Richtige getan«, sagte sie. »Du hast ja gesehen, daß er verrückt war. Sogar als er schon im Gras lag. Wenn er ins Haus gekommen wäre, hätte er uns vielleicht alle umgebracht. Cherry muß gewußt haben, was für ein hoffnungsloser Fall er war.«

»Seinen eigenen Sohn zu erschießen!« Ich konnte es nicht begreifen.

Die Kinder hatten zwar friedlich durchgeschlafen und von den beängstigenden Ereignissen nichts mitbekommen, aber die Erwachsenen im Haus fanden keinen Schlaf mehr. Am Morgen trugen Jesson und Cherry die Leiche weg und begruben sie in einer Ecke des Reithofs. Sie setzten einen Stein darauf, auf dem stand: Joseph Cherry. Und darunter das Datum.

Der alte Cherry beruhigte sich langsam wieder. Bersaba war wundervoll. Sie überzeugte ihn davon, daß er uns alle gerettet hatte, dadurch, daß er seinen Sohn opferte. Die Geschichte, die Cherry anschließend zu erzählen hatte, war grauenerregend. Sein Sohn war von Geburt an abnormal und schon als Junge gemeingefährlich. Das Quälen und Töten von Tieren bereitete ihm Vergnügen, und später hatte er den unkontrollierbaren Drang, das gleiche an Menschen auszuprobieren. Er mußte ins Irrenhaus gebracht und in Ketten gelegt werden. Schon einmal war er ausgebrochen und zu den Eltern nach Far Flamstead zurückgekehrt. Er wurde erst entdeckt, als er das Haus betreten hatte, und konnte gerade noch rechtzeitig aufgehalten werden, bevor er Brand legen konnte. Damals hatte sein Vater ihn in den Fuß geschossen. Das wollte er auch diesmal tun, aber der Schuß hatte das Herz getroffen.

»Ihr seid ein tapferer Mann«, sagte Bersaba, »jeder im Haus sollte Euch dankbar sein.«

Das Ereignis hatte alle durcheinandergebracht. Zuvor waren wir immer vor Soldaten auf der Hut gewesen, die uns das Haus über dem Kopf anzünden und uns töten könnten, und jetzt dieses schreckliche Erlebnis innerhalb der eigenen vier Wände. Wir zitterten beide bei dem Gedanken, was passiert wäre, wenn der Wahnsinnige das Zimmer, in dem die Kinder schliefen, betreten hätte, und wir konnten Cherry nicht dankbar genug sein.

Mrs. Cherrys Kummer bedrückte uns alle. Sie hatte einen Blätterkranz geflochten und ihn ihrem Sohn aufs Grab gelegt. Ich war sehr froh, daß sie keinen Groll gegen ihren Mann hegte, der genauso verloren und verwirrt war wie sie. Auch ihre Gesichtsfarbe hatte sich verändert, und sie war sehr still geworden. Eigenartig, wie Menschen solche Geheimnisse bewahren können. Welcher Kummer hatte sich über Jahre hinter diesem runden rosigen Gesicht, das so gut zu ihrem Namen paßte, verborgen.

Die Wochen vergingen, und wir hatten uns wieder dem Kriegsalltag angepaßt. Immer mußten wir darauf gefaßt sein, daß der Feind kam, aber wir sagten uns, daß die Rundköpfe nicht schlimmer sein könnten als der Verrückte, der beinahe ins Haus eingedrungen wäre.

Es war November. Ein Monat mit Nebel, kahlen Bäumen, grünen Beeren am Efeu und Spinnweben, die sich über die Hecken zogen.

Mein Baby sollte in drei Monaten auf die Welt kommen, und ich sehnte mich nach dem Frühjahr, dem ersten Jasmin, nach Schneeglöckchen. Es schien noch weit weg zu sein.

Im November kam ich zu der Überzeugung, daß jemand mich umzubringen versuchte.

Es gab Zeiten, da lachte ich über meine eigene Furcht, aber reden konnte ich nicht darüber, nicht einmal mit Bersaba. Immer tröstete ich mich damit, daß Frauen seltsame Gedanken haben, wenn sie in anderen Umständen sind. Sie sind unberechenbar, sehnen sich nach den komischsten Dingen und haben Gelüste und Einbildungen.

Und jetzt diese Hirngespinste, die Überzeugung, daß ich beobachtet und verfolgt wurde. Wenn ich mich in den ruhigeren Teil des Hauses begab – das Schloßzimmer, die Kapelle, die Wendeltreppe mit ihren Stufen, die in der Mitte ganz schmal wurden –, spürte ich Gefahr. »Paß auf diese Treppe auf«, sagte Bersaba oft. »Sie ist gefährlich. Wenn du stolperst, könnte das katastrophale Folgen für das Kind haben.« Einmal, es war Dämmerung und ich kam die Treppe herunter, hatte ich das Gefühl, jemand hinter mir beobachtete mich. Als ob ich ihn atmen hörte.

Ich blieb stehen und fragte: »Ist da jemand?«, und ich glaubte zu hören, wie dieser jemand die Luft anhielt und mit Stoff raschelte. Ich eilte hinunter, sah mich bei jedem Schritt vor, lief in mein Zimmer und legte mich aufs Bett, um mich von dem Schrecken zu erholen. Das Kind bewegte sich in mir, und beruhigend legte ich meine Hand auf meinen Leib. Ich würde schon dafür sorgen, daß alles gutging.

Später überlegte ich oft, was ich mir dabei gedacht hatte. Ich glaube, die Erinnerung an den Verrückten, der ums Haus geschlichen war, ging mir nicht mehr aus dem Kopf. Wie auch! Mrs. Cherry sah so traurig aus, und Mr. Cherry benahm sich, als trüge er an einer schweren Last. Ich konnte Cherrys Stimme noch hören: »Besonderes Vergnügen bereitete ihm das Quälen und Töten von Tieren, und später hatte er den unkontrollierbaren Drang, es auch an Menschen auszuprobieren.«

Er ist tot, sagte ich mir immer und immer wieder.

Aber so ein Ereignis mußte bei jemandem, der so nervös geworden war wie ich, seine Wirkung tun, und das Gefühl, beobachtet zu werden, verfolgte mich weiter. Ich gab es auf, ins Schloßzimmer zu gehen, weil ich die Wendeltreppe hinaufsteigen mußte. Ich werde zu unbeholfen, redete ich mir ein. Aber das war es natürlich nicht. Der Raum war zu abgelegen, und ich hatte Angst, alleine zu sein.

Und eines Nachts gab es keinen Grund mehr, zu zweifeln.

Bersaba hatte mir Milch gebracht. Ich döste zuerst vor mich hin, dann schlief ich ein. Ich träumte, eine Gestalt sei in mein Zimmer gekommen, habe sich neben mein Bett gestellt und etwas in meine Milch geschüttet, bevor sie rasch und lautlos wieder verschwand.

Ich schreckte aus dem Schlaf, und mir stockte der Atem; denn als ich die Augen aufschlug, wurde gerade die Türe zugezogen.

»Wer ist da?« rief ich erschrocken.

Die Türe klappte ins Schloß. Das habe ich ganz genau gehört. Ich sprang aus dem Bett und riß sie auf, aber auf dem Korridor war niemand.

Ich ging zum Bett zurück und schaute mir die Milch genau an. Irgend etwas war hineingegossen worden, das sich noch nicht ganz aufgelöst hatte.

Ich setzte mich auf die Bettkante und dachte nach: Jemand versuchte, mir etwas anzutun. Jetzt war es keine Einbildung mehr.

Ich legte mich zurück und kämpfte mit dem Impuls, zu Bersaba zu gehen. Von meiner Nervosität hatte ich ihr schon erzählt, aber sie meinte nur: »Das ist dein Zustand. Und vergiß nicht, du hast immer zu Nervosität geneigt.«

Sie würde sagen, ich hätte das alles nur geträumt.

Ich nahm die Milch und roch daran. Riechen konnte man nichts.

Dann schüttete ich die Milch aus dem Fenster.

Mein Entschluß stand fest. Das nächste Mal, wenn jemand in mein Zimmer käme und sich an meiner Milch zu schaffen machte, würde ich wach sein und fragen, warum er oder sie mir und meinem Kind Schaden zufügen wollte.

Mir schien, als hätte ich den Kontakt zu Bersaba verloren. Sie war so zerstreut. Manchmal sprach sie über Richard und wollte wissen, wie meine Beziehung zu ihm war. Aber mir fiel es schwer, darüber zu reden. Dann gab es wieder Zeiten, da sie überhaupt nicht über ihn sprechen wollte.

Wir waren alle nervös. »Ich nehme an, es ist der Krieg, der uns fertigmacht«, sagte Meg. »Man weiß nie, wann plötzlich Soldaten über die Wiese gerannt kommen.« Auf einmal schlug sie sich mit der Hand auf den Mund und sagte: »Oh, Herrin, das wird natürlich nicht vorkommen. Nicht hier. Das würden sie nicht wagen ... nicht das Haus des Generals.«

Sie war offenbar davor gewarnt worden, mich zu ängstigen. Ich schlief nach wie vor schlecht. Nie trank ich die Milch, die ich mir weiterhin ans Bett bringen ließ, denn ich wollte die Person erwischen, die ich verdächtigte. Auch hatte ich Angst, wenn ich keine Milch mehr kommen ließ, würde sie sich eine andere Methode ausdenken. Natürlich vergeudete ich Milch damit. Wir hatten zwei Kühe, die Cherry täglich melkte und die uns mit frischer Milch versorgten. Nur wenn die Gegend verwüstet würde, wüßten wir nicht mehr, wovon wir uns ernähren sollten.

Dann geriet ich in eine Phase, in der ich mir wieder einredete, daß alles nur Einbildung gewesen war, alles nur geträumt. Wenn ich es irgend jemandem erzählte, würde man mich auslachen und mir raten, mich zu schonen.

Immer wieder mußte ich über das Haus nachdenken, daß hier alles so eigenartig war und die Leute so anders, als ich sie anfangs eingeschätzt hatte. Besonders Mrs. Cherry, die immer so rundlich und zufrieden gewirkt hatte. Und dann stellt sich heraus, sie hatte einen Sohn, der wahnsinnig gewesen war und der in Far Flamstead Feuer zu legen versucht hatte. Das war vor über fünfzehn Jahren, und seitdem waren die Cherrys immer auf der Hut gewesen, falls er wieder ausbrechen und zurückkommen sollte.

Und ich begann mir über die Tür in der Küche Gedanken zu machen und darüber, ob das dahinter wirklich ein Wandschrank war. Irgendwie hatte es nicht so ausgesehen. Bersaba hatte mich erstaunt. Immer war sie die Abenteuerlustige gewesen, aber als ich absichtlich einmal den Wandschrank erwähnte, hat sie das Thema gewechselt und deutlich zu erkennen gegeben, daß sie nicht mehr darüber sprechen wolle.

Der Gedanke an den Wandschrank in der Küche ließ mich nicht mehr los, und ich fragte mich, warum unter den Mänteln der Eingang versteckt wurde. Wenn ich nicht selbst ginge und nachschaute, würde ich nie davon loskommen. Und immer wieder dachte ich an Cherrys Sohn und was alles hätte passieren können. Aber im Notfall wäre es ein gutes Versteck für die Kinder. Beinahe hätte ich mit Bersaba darüber gesprochen, aber sie wehrte sofort ab, als ich davon anfing, so daß ich es unterließ.

Warum sollte ich nicht meine eigene Küche inspizieren? Das waren ihre Worte! Nun, warum eigentlich nicht?

Es war Spätnachmittag. Ich hatte gerade einen kurzen Spaziergang ums Haus gemacht, und allzu weit weg wagte ich mich nicht mehr. Es war inzwischen Dezember geworden, und täglich konnte es schneien. Als ich in die Halle kam, bemerkte ich, wie still es war, und als ich an der Küche vorbei kam, schaute ich hinein. Niemand war zu sehen.

Ich nutzte sofort die Gelegenheit, ging hinüber zum Wandschrank und schob die Gewänder beiseite. Der schwere Schlüssel steckte im Schloß, und ich sperrte auf. Alles sah genauso aus wie in der Nacht, als Bersaba und ich auf Entdeckungsreise hier waren. Ich brauchte meine ganze Kraft, um den schweren Riegel zurückzuschieben. Kalte, modrige Luft schlug mir entgegen, als ich vorsichtig eintrat. Jedenfalls war es nicht nur ein Wandschrank. Es war eiskalt, ich konnte nichts sehen, ging zurück in die Küche und holte mir eine Kerze, zündete sie an und wagte mich dann in die Dunkelheit.

Plötzlich befand ich mich in einem unterirdischen Gang, einem ungefähr sieben Fuß hohen Tonnengewölbe mit dicken Steinmauern. Am Ende dieses langen Korridors war wieder eine Tür; auch diese war verschlossen.

Ich schob den Riegel zurück und stand in einem Hof. Sofort wurde mir klar, wo ich war, denn über mir war das Schloß.

Ich war schrecklich aufgeregt und hatte Angst. Ich dürfe nicht in die Nähe des Schlosses gehen, hat Richard gesagt. Es ist nicht sicher.

Ich wußte, ich sollte nicht bleiben, aber ich war so fasziniert, daß ich mich nicht bewegen konnte. Und plötzlich rief eine Stimme:

»Wer ist denn da?«

Ein Mann kam aus dem Schloß, groß, mit sehr breiten Schultern, einem bleichen Gesicht und einem leuchtendroten Muttermal. Das war das erste, was ich an ihm bemerkte. An irgend etwas erinnerte es mich: Ich hatte ihn schon einmal gesehen. Das muß Erdbeer-John sein.

»Geht zurück«, schrie er mich an.

»Warum denn?« stotterte ich.

Dann hörte ich ein seltsames Geräusch und etwas, das in den Hof polterte. Eine Gestalt, ein großer Junge. Seine Arme hingen ihm bis zu den Knien, er kam direkt auf mich zu. Er hatte etwas Menschliches an sich und doch wieder nicht. Meine Knie waren weich vor Schreck, ich war bewegungsunfähig. Wieder mußte ich an die Gestalt im Gras denken.

Erdbeer-John stürzte sich auf die Kreatur und hielt sie fest.

»Ist ja gut, Junge«, sagte er in seltsam zärtlichem Ton. »Alles in Ordnung. Es ist nichts, Junge, gar nichts.«

Die Kreatur lächelte Erdbeer-John an, der ihn jetzt bei der Hand nahm. Plötzlich sah sie gar nicht mehr bedrohlich aus.

Erdbeer-John gab mir zu verstehen, ich solle dahin zurückkehren, woher ich gekommen war, und ich flüchtete in den unterirdischen Gang.

Mit zitternden Fingern schob ich den Riegel vor. Die Kerze war mir im Hof entglitten, und ich befand mich in absoluter Dunkelheit, aber jetzt kannte ich den Weg, tastete mich an der Steinmauer entlang, bis ich schließlich in den Wandschrank gelangte.

Als ich herauskam, stand Mrs. Cherry vor mir, mit einem Gesicht so grau wie Asche.

»Ihr wart im Schloß?« rief sie aus.

»Ja, ich habe gesehen, wer dort ist, und möchte gern wissen, was das zu bedeuten hat.«

»Das müßt Ihr den General fragen«, antwortete sie, setzte sich an den Tisch und bedeckte ihr Gesicht mit den Händen. Ein paar Sekunden blieb sie reglos sitzen, dann stand sie auf und kam auf mich zu.

»In Eurem Zustand«, sagte sie. »Wenn das nur keine Folgen hat!«

»Wer ist das? Wer ist dieser... Junge... dieser Mann... wer ist er?«

»Das darf ich Euch nicht sagen«, stammelte sie.

»Aber Ihr wißt es, Mrs. Cherry?«

»O Herrin! Es ist unser Geheimnis... wir müssen es bewahren.« Plötzlich leuchteten ihre Augen, und sie sagte: »Ich kann es nicht länger mit mir herumschleppen. Wie könnte ich auch, wenn Ihr doch alles gesehen habt? Wir haben ihn die ganzen Jahre versorgt... wir alle, besonders Cherry und ich und Erdbeer-John. Es ist sein Sohn, Herrin – der Sohn des Generals.«

»Nein!« schrie ich auf. »Ihn hat Magdalena geboren?«

»Seht Ihr? Ich habe es Euch gesagt. Ich kann nichts dafür. Was hätte ich tun sollen, nachdem Ihr alles gesehen habt! Ich bringe Euch jetzt nach oben und rufe Eure Schwester.«

Ja, ich mußte mit Bersaba reden. Ich mußte diese schreckliche Entdeckung jemandem anvertrauen. Nie würde ich diesen wesenlosen, leeren Blick vergessen!

Sie brachte mich zurück in mein Zimmer. »Ihr dürft keine Angst haben, Herrin«, sagte sie. »Das wäre schlecht für das Kind. Die meiste Zeit verhält sich der Junge ruhig. Nur manchmal hat er schwere Anfälle. Er ist kein schlechter Junge. Er spielt viel. Erdbeer-John ist gut zu ihm. Er liebt ihn wirklich. Er glaubt, er kann eines Tages etwas aus ihm machen.«

»Holt mir meine Schwester«, bat ich.

Und sie ging.

Eine halbe Stunde ging vorbei, aber meine Schwester kam nicht. Auf einmal klopfte es, es war Mrs. Cherry. In der Hand trug sie einen Becher.

»Ich mach' mir solche Sorgen um Euch, Herrin. Ihr hättet da nicht hingehen sollen. Hier habe ich Euch etwas mitgebracht. Eisenkraut. Ihr habt so gezittert. Und Pimpernell, um Euch wieder aufzuheitern, und noch ein paar andere Kräuter, die nicht schaden können. Trinkt es aus.«

»Ich könnte jetzt nichts hinunterbringen, Mrs. Cherry. Laßt es hier stehen.«

Sie setzte den Becher ab und sagte: »Ich habe Mrs. Longridge nicht gefunden. Sie ist mit den Kindern irgendwo im Garten, um Stechpalmen und Efeu für Weihnachten zu pflücken. O Herrin, es ist schrecklich, zu sehen, daß Ihr so niedergeschlagen seid.«

»Hat Erdbeer-John sich schon immer um dieses Kind gekümmert?«

»Er ist ein eigenartiger Mensch. Manche sagen, er sei nicht ganz richtig im Kopf, andere behaupten das Gegenteil. Er hat eine gute Hand für Kranke. Ebenso für Tiere. Er hat sich von Anfang an um den Jungen gekümmert und ist immer gut zu ihm gewesen. Der Junge würde für ihn sterben, und umgekehrt. Es war sehr traurig für den General. Wir haben es schon bald nach der Geburt bemerkt, daß etwas mit dem Kind nicht stimmt. Und das Schloß schien der einzig richtige Ort zu sein. Der General konnte seinen Anblick nicht ertragen. Er hatte sich das Kind so gewünscht, und es war nur natürlich, daß er anfing, sich Gedanken zu machen, was mit ihm nicht in Ordnung sein könnte, daß so etwas passiert war.«

»Also hat er ihn eingesperrt, weil er ihn nicht sehen wollte.«

»Bei Erdbeer-John ist er in guten Händen.«

»Und in der Nacht, als uns der Lärm in der Küche geweckt hat?«

»Das war der Junge. Die Tür war offengelassen worden, und er ist durch den Gang gekommen. Er wollte nur spielen, und schmiß dabei die Töpfe und Kessel durch die Gegend. Meistens ist er ganz friedlich, sagt Erdbeer-John. Er hat mir auch gesagt, eines Tages würde es besser werden. Und es ist jetzt schon besser... er hat nicht mehr die furchtbaren Anfälle wie früher. Natürlich wird er immer anders sein als gesunde Kinder, aber eines Tages könnte er vielleicht in der Lage sein, in einem schönen Haus zu leben, wie es sich für den Sohn eines Gentleman gehört.«

Sie machte eine Pause und legte die Stirn in Falten. »Hat er es Euch nicht erzählt?« fragte sie. »Auch nicht in der Nacht, als der Junge ins Haus gekommen ist?«

»Er hat mir nie erzählt, daß er einen Sohn hat.«

»Für den General war es sehr hart. Wir haben gedacht, er würde nie mehr heiraten, weil er Angst hätte... daß er selbst eine solche Veranlagung in sich trägt. Immer hat er sich in der Bibliothek eingesperrt und seine Familiengeschichte studiert. Das wissen wir, weil Jesson die Papiere immer weggeräumt hat. Dann hat er Euch heimgebracht, und es schien, er könnte wieder einen Sohn bekommen. Aber als Ihr die Fehlgeburt hattet...« Sie sprach nicht weiter.

»Weil ich im Schloßzimmer diesen Schock erlitten habe. Ihr habt alle gesagt, es wäre nur ein Alptraum gewesen. Natürlich habe ich das Licht gesehen und das Gesicht auch.«

»Auf Befehl des Generals, Herrin. Dagegen durften wir nicht angehen.« Sie legte mir eine Hand auf die Schulter. »Ich hoffe, Ihr habt Euch nicht zu sehr aufgeregt.«

»Mir geht es gut.«

»Und jetzt, da Ihr alles gesehen habt... wollt Ihr doch nicht...«

»Was meint Ihr, Mrs. Cherry?«

»Ich meinte nur, Ihr wollt es jetzt doch nicht etwa loswerden?«
Entsetzt starrte ich sie an.

»Oh, verzeiht, Herrin, das hätte ich nicht sagen sollen. Aber
wenn Ihr auch so eines bekommt...«

»Hört auf, Mrs. Cherry, hört auf!«

»Ja, Herrin. Trinkt das. Das wird Euch beruhigen. Ihr werdet
gut schlafen, und wenn Ihr ausgeruht seid, werdet Ihr begreifen,
was das alles bedeutet.«

»Ich möchte nicht schlafen, ich möchte nachdenken.«

»Ja, natürlich, Ihr wollt nachdenken. Es gibt eine Möglichkeit... falls Ihr möchtet... falls Ihr das Gefühl habt, Ihr wollt es
nicht riskieren...«

»Mrs. Cherry, bitte! Ich will nichts mehr davon hören. Bitte
geht jetzt!«

»Trinkt diese Milch, Herrin. Ich möchte sehen, daß Ihr sie
trinkt, bevor ich gehe.«

»Nein, jetzt nicht. Später. Ich möchte jetzt nicht schlafen.«
Dann lag ich auf dem Bett und starrte zur Decke.

Bersaba kam herein. Ich war so erleichtert, sie endlich zu sehen.

»Was um Himmels willen ist passiert?« rief sie.

Ich erzählte ihr, wie ich durch den unterirdischen Gang in den
Schloßhof gelangt bin und Richards Sohn gesehen habe. »Ein
Idiot; das ist das Schloßgeheimnis. Deshalb durften wir nicht zum
Schloß.«

»Ja«, sagte sie.

»Wußtest du es?«

»Ja, ich wußte es.«

»Woher?«

»Richard hat es mir erzählt.«

»Er hat es dir erzählt und mir nicht?«

»Er hatte Angst, es könnte dich so erschrecken, daß du kein
Kind bekommen möchtest.«

»Damit hatte er recht. Ich habe...«

»Du darfst nicht darüber nachdenken«, sagte sie. »Wenn ein
Kretin gezeugt worden ist, bedeutet das noch lange nicht, daß das
nächste Kind auch einer werden muß.«

»Überhaupt, wieso gibt es solche Kinder?«

»Weil etwas schiefgegangen ist.«

»Vielleicht hat es etwas mit den Eltern zu tun.«

»Warum ausgerechnet mit Richard? Vielleicht war seine Frau daran schuld.«

»Er hat ihn verleugnet. Wie konnte er das seinem eigenen Sohn antun?«

»Wie kannst du das beurteilen? Wie sollte er diesen Jungen denn im Haus behalten? Er hat das Richtige getan. Er hat ihn in das Schloß gesteckt, eine hohe Mauer drumgebaut und ihm einen guten Wächter gegeben. Was sonst hätte er tun können?«

»Du verteidigst ihn auch noch?«

»Ich versuche, seinen Standpunkt zu verstehen. Um den Jungen hat man sich all die Jahre gut gekümmert.«

»Er muß fünfzehn Jahre alt sein«, überlegte ich.

»Warum bist du durch den Wandschrank gegangen?«

»Weil ich neugierig war.«

»Deshalb hast du immer wieder darüber gesprochen.«

»Du wolltest ja nicht mit mir gehen. Jetzt weiß ich auch, warum. Du wußtest ja Bescheid.«

»Ich wünschte, du hättest es nicht herausgefunden. Besonders jetzt, in deinem Zustand.«

»Was mir Sorgen macht, Bersaba... wenn mein Kind jetzt auch...«

»Mach dir nicht solche Gedanken. Es ist unvernünftig, so zu denken.«

»Das ist leichter gesagt als getan. Wie würdest du dich denn fühlen, wenn du an meiner Stelle wärest? Ich muß immer an den... Jungen denken. Sein Gesicht verfolgt mich. Ich habe wahnsinnige Angst, Bersaba. Wenn es einmal passiert ist...«

»Ausgerechnet jetzt mußtest du auf Entdeckungsreisen gehen. Warum hast du mir nicht gesagt, was du im Sinn hattest.«

»Die Cherrys haben das Geheimnis bewahrt. Überleg einmal! Alle in diesem Haus haben es gewußt, außer mir. Ich war die einzige, die im Dunkeln tappte.«

»Das war wichtig. Du solltest nichts davon wissen.«

»Ich, seine Frau, die ihm näherstehen sollte als irgend sonst jemand... mir hat er nichts gesagt!«

»Sei vernünftig. Du hast schon einmal sein Kind verloren. Es war wohlüberlegt, dir nichts davon zu erzählen. Schau dich jetzt an! Schau doch, wie dich das mitnimmt! Jetzt wirst du dir den Kopf zerbrechen und dir Sorgen machen...«

»Mrs. Cherry hat mir vorgeschlagen... man könnte etwas dagegen unternehmen.«

»Wovon redest du?«

»Sie sagt... sogar jetzt noch...«

»Du bist wahnsinnig! Mrs. Cherry ist wohl verrückt geworden. Ich werde sie zur Rede stellen. Wie kann sie es wagen, überhaupt an so etwas zu denken?«

»Entschuldige, Bersaba, aber die Herrin des Hauses bin immer noch ich, obwohl ich manchmal den Eindruck habe, du glaubst, du wärst es.«

Sie machte auf dem Absatz kehrt und verließ das Zimmer.

Ich konnte nicht einschlafen. Wie lang eine Nacht sein kann! Ich wagte nicht einzuschlafen, meine Träume würden entsetzlich sein. All die Befürchtungen und Schrecken der letzten Monate waren nichts gegen das, was mich jetzt quälte. Ich stellte mir vor, wie ich ein solches Kind auf die Welt brächte und Richard verlangen würde, daß es ins Schloß kommt.

In jener Nacht stand keine warme Milch an meinem Bett, aber Mrs. Cherrys Medizin. Ich hatte sie nicht angerührt. Fast hätte ich sie getrunken, aber ich wußte, dann würde ich einschlafen, und das wollte ich nicht, weil ich mich vor Alpträumen fürchtete.

Auf einmal bemerkte ich, daß sich die Tür lautlos öffnete.

Mein Herz begann wie wild zu hämmern. War das die Person, auf die ich gewartet hatte?

Bersaba blieb vor meinem Bett stehen.

»Angelet, du bist ja wach«, sagte sie.

»Wie kann ich schlafen, wenn ich an so vieles denken muß?«

»Machst du dir immer noch Sorgen um das Kind?«

»Würdest du das nicht an meiner Stelle?«

»Du steigerst dich da hinein, daß Richard nicht in der Lage sei, ein normales Kind zu zeugen.«

»Wenn du diese... diese Kreatur gesehen hättest! Er erinnerte mich an den toten Mann im Gras.«

»Angelet, ich habe die ganze Zeit nachgedacht, ob ich es dir erzählen soll. Es wird ein Schock für dich sein, aber ich bin überzeugt, es ist weniger schädlich, als wenn du um dein Kind zitterst. Was jetzt wichtig für dich ist... wichtiger als sonst irgend etwas... ist das Kind. Habe ich recht, Angelet?«

»Natürlich.«

»Richard kann gesunde Kinder haben... er hat bereits eines.«

»Ich verstehe nicht.«

»Arabella ist seine Tochter.«

Ich verstand kein Wort. Dann sagte ich langsam: »Arabella? Deine Arabella? Sie ist Richards Tochter?«

»Ja«, sagte Bersaba trotzig.

»Du und er...«

»Ja, er und ich. Hast du je ein prachtvolleres Kind gesehen? Ich nicht.«

»Bersaba!« entfuhr es mir entsetzt. »Du und Richard?«

»Angelet, du hast ihn nicht geliebt«, verteidigte sie sich, »nicht wirklich. Du hattest panische Angst vor ihm.«

»Aber du hast ihn geliebt.«

»Ja, das habe ich.«

»Und darum hast du Luke geheiratet, damit niemand erfährt, daß du Richards Kind unter dem Herzen trägst. Und Luke, was hat er dazu gesagt?«

»Er hat es gewußt und mir geholfen.«

»Du glaubst, die ganze Welt muß nach deiner Pfeife tanzen, Bersaba. Das hast du immer getan. Andere Menschen haben dir nie viel bedeutet, habe ich recht?«

»Du bedeutest mir sehr viel, Angelet! Und du wirst ein gesundes, kräftiges Kind zur Welt bringen.«

»Und wenn Richard heimkommt«, fragte ich, »was dann?«

»Dann wirst du ihm ein gesundes Kind in die Arme legen können.«

»Das hast du doch bereits getan.«

»Das ist vorbei, Angelet. Wenn dein Kind auf der Welt ist und Richard wieder zu Hause, gehe ich zurück nach Trystan Priory.«

»Richard wird dich nicht gehen lassen. Er liebt dich, nicht wahr?«

»Er ist ein Mann, der nur seine Frau und sein Kind lieben wird. Gute Nacht.«

Sie beugte sich über mich und gab mir einen Kuß.

Ich lag da und dachte über sie nach. Liebende! In diesem Haus! Mit mir unter einem Dach! Wieso habe ich das nicht gemerkt? Dann erinnerte ich mich. Sie hatte darauf bestanden, daß ich den Schlaftrunk nahm. Ich sah sie noch genau vor mir, mit ihrem schlauen Lächeln um den Mund. Sie hat mich außer Gefecht gesetzt und ist zu ihm gegangen.

Wie konnte sie nur? Ich dachte an meine Furcht vor dem großen Himmelbett und daß ich mich mit dieser Seite der Ehe nicht vertraut machen konnte. Und sie hatte das ausgenutzt! Ich erinnerte mich noch gut, wie Bastian ihr immer mit den Blicken gefolgt ist und wie wütend sie war, als Carlotta ihn ihr weggenommen hat. Später wollte Bastian sie heiraten, erzählte mir Bersaba, aber sie wollte ihn nicht mehr. Und dann kam sie hierher und nahm sich Richard. Luke hatte sie anscheinend um jeden Preis haben wollen, daß er dafür das Kind eines anderen Mannes in Kauf nahm. Oh, Bersaba! Meine Zwillingsschwester – was wußte ich schon von ihr? Sie war eine Fremde für mich geworden.

Plötzlich kam mir ein furchtbarer Gedanke. Sie liebte Richard! Sie hat ihn so sehr geliebt, daß sie vergessen konnte, daß ich seine Frau war.

Meine Gedanken überschlugen sich. Ich war wieder in meinem Zimmer in Pondersby Hall, und Anna stand neben mir. Was hatte sie damals gesagt? Seinerzeit war es mir seltsam vorgekommen. »Es wäre falsch zu denken, sie hätte nur gute Eigenschaften.«

Was hatte Anna über Bersaba gewußt? Tatsache blieb, daß sie mich vor meiner Schwester gewarnt hat.

Ich habe mir eingebildet, jemand vergifte meine Milch. Und wer hat mir die Milch gebracht? Wer hat mir den Schlaftrunk verabreicht?

Nie in meinem Leben war ich so von Entsetzen gepackt.

Könnte es wirklich sein, daß meine eigene Schwester meinen Mann so begehrte, daß sie mich umzubringen trachtete?

BERSABA

Der geheime Gang

Es war fast eine Erlösung, als die Soldaten kamen. Weihnachten war vorüber – ein müder Abklatsch der Festlichkeiten, wie wir sie gekannt hatten. Für die Kinder machte ich den halbherzigen Versuch, das Haus mit Stechpalmen und Efeu zu schmücken und den Tag für sie schön zu gestalten, aber sobald sie im Bett waren, nahm Trübsal das Haus in Beschlag.

Mrs. Cherry hatte ihre Fröhlichkeit verloren. Wann immer ich in die Küche kam, fand ich sie am Tisch sitzen und in die Ferne starren. Cherry sagte kaum noch ein Wort, die Erinnerung an den Sohn, den er getötet hatte, ließ ihn nicht mehr los. Das überschattete das ganze Haus.

Grace und Meg machten manchmal den Versuch, fröhlich zu sein, und Phoebe sehnte sich nach Longridge, wo sie mit ihrem Mann glücklich gewesen war. Ich wußte, sie machte sich Gedanken, so wie wir alle, wohin dies noch führen sollte. Am schlimmsten war die Entfremdung zwischen mir und Angelet zu ertragen. Sie konnte mir nicht verzeihen, daß ich ihr den Mann weggenommen hatte. Ich selbst konnte mich nicht mehr verstehen. Im gleichen Zimmer mit mir allein zu sein, fand sie unerträglich. Die Türen zum blauen Zimmer und zu meinem waren fortan verschlossen, was früher nie der Fall war. Oft hatte ich Angst, sie könnte nachts etwas brauchen.

Ich wußte, sie verdächtigte mich, sie umbringen zu wollen, so daß Richard für mich frei sei.

Bei jeder Gelegenheit versicherte ich ihr, ich würde nach Trystan Priory zurückgehen. Ich traf sogar erste Vorbereitungen für meine Reise.

»Dieser Krieg kann nicht ewig dauern. Es muß bald etwas geschehen.«

Nach den traurigen Weihnachtstagen kam das Fest der Heiligen Drei Könige, was wir nicht gefeiert haben. Angelet sperrte sich lange mit Grace in ihrem Zimmer ein. Ich machte mir Sorgen um sie, denn sie fühlte sich nicht wohl. Ich fürchtete, all die Dinge, die passiert waren, hätten ihr geschadet. Ich spielte sogar mit der Idee, Mutter zu uns zu bitten. Aber bei der allgemeinen Lage war das unmöglich.

Es war Mitte Januar. In einem Monat sollte Angelets Baby auf die Welt kommen. Der Teich war zugefroren, und aus dem Norden blies ein kalter Wind. Es war kein Tag, außer Haus zu gehen. Wir legten große Holzscheite aufs Feuer, dennoch kam keine Gemütlichkeit auf. Grace bereitete ein Zimmer für die Geburt vor, obwohl noch ein Monat Zeit war. Mrs. Cherry schüttelte den Kopf und sagte, daß sie sich vor diesem Tag fürchte.

Ich widersprach nicht; solange Angelet es nicht hörte, ging mich ihre Meinung nichts an.

Jesson ging am Nachmittag aus dem Haus, kam aber gleich darauf wieder zurückgeritten und sagte, ein paar Rundköpfe trieben sich in der Gegend herum. Sie wären gerade dabei, fünf Meilen von hier die Kirche zu brandschatzen, und zerstörten alles. Es gelte dem verhaßten Papsttum, behaupteten sie.

Ich bat Jesson, es nicht meiner Schwester zu erzählen. »Es kann sehr gut sein, daß sie überhaupt nicht zu uns kommen, und ihre Zeit ist so nahe, daß es unvernünftig wäre, sie grundlos aufzuregen.«

Aber ich war in Alarmbereitschaft; Phoebe auch. Ich trug ihr auf, bei den Kindern zu bleiben und bereit zu sein, sie jederzeit für die Flucht vorzubereiten.

Dann ging ich in die Küche und ließ Jesson und Cherry kommen.

»Vielleicht kommen sie gar nicht hierher, und wenn sie es tun, wäre es sinnlos, zu versuchen, das Haus zu verteidigen. Wir wissen, was auf Longridge geschehen ist. Wir können nur eines tun: Wir müssen alle hinunter in den geheimen Gang. Fangt jetzt schon an, Nahrungsmittel und Getränke dort zu deponieren. Da werden wir in Sicherheit sein, bis sich die Soldaten wieder aus dem Staub gemacht haben. Wir haben Glück, so ein Versteck zu haben.«

Beide Männer pflichteten mir bei, daß dies unsere einzige Chance wäre.

»Dann sind wir also bereit«, sagte ich.

Es war schon Nacht, als wir das Geschrei der Soldaten vernahmen. Jetzt waren sie da.

Leise befahl ich Phoebe, den Kindern zu sagen, wir wollten ein neues Spiel spielen, und sie hinunter in die Küche zu bringen. Im

Haus sollte es ganz dunkel sein, aber wir würden genügend Kerzen mit nach unten nehmen.

Ich ging zu Angelet und sagte ihr, daß die Rundköpfe innerhalb der nächsten fünf Minuten hier sein müßten. »Wir gehen alle in diesen unterirdischen Gang.«

»Bist also doch du die Herrin dieses Hauses?« war ihre einzige Antwort.

»Sei nicht albern! Du kommst jetzt unverzüglich mit mir!«

Ich legte ihr einen Mantel um die Schultern, und als wir in der Küche waren, hörten wir ganz in der Nähe Schreie.

»Wo sind die Kinder?« rief Angelet.

»Hier sind sie. Alle.«

Dann waren wir endlich in dem sicheren Kellergewölbe zwischen Schloß und Haus.

Wir blieben die ganze Nacht und den ganzen nächsten Tag dort. Die Kinder schliefen durch, und als sie aufwachten, waren sie immer noch von dem neuen Spiel fasziniert. Bald würden sie es müde sein. Als Lukas zu weinen anfing und sagte, er wolle nicht mehr Verstecken spielen, mußte ich ihm erklären, daß er ganz leise sein müsse, weil es doch kein Spiel sei; die Soldaten seien im Haus und wir versteckten uns vor ihnen. Ich mußte ihn zur Ruhe bringen, selbst auf die Gefahr hin, ihm Angst einzujagen. Schließlich hing unser aller Leben davon ab, daß niemand uns hörte.

Arabella blieb in meiner Nähe, aber weniger aus Angst als aus Neugierde. Ihre Augen leuchteten vor Aufregung im Kerzenlicht und erinnerten mich an Richard.

»Bald werden sie weggehen«, flüsterte ich, »und dann können wir wieder ins Haus zurück.«

Die meisten Sorgen bereitete mir Angelet. Sie sprach kaum ein Wort und mit mir nur das Nötigste. Ich konnte den Verdacht, ich wolle sie aus dem Weg räumen, um Richard heiraten zu können, nicht mehr ertragen.

Immerzu mußte ich an unsere Kindheit denken, als wir noch unzertrennlich und uns gegenseitig so wichtig waren. Ihre Feindseligkeit machte mir schwer zu schaffen. Ich wollte, daß sie sich an mich lehnte, wie sie es immer getan hat. Jetzt scheute sie vor mir zurück. Als ich mir Richard genommen habe, habe ich das Band zwischen uns zerschnitten.

Ich beschloß, sofort abzureisen, falls wir diesen Tag überstehen sollten. Um jeder Versuchung aus dem Weg zu gehen, wollte ich Richard nie mehr wiedersehen. Ich konnte es Angelet nicht erklären, weil sie diese Leidenschaft nicht begriff.

Wir sprachen nur im Flüsterton.

Plötzlich fiel Mrs. Cherry ein: »Was um Gottes willen ist mit dem Jungen und mit Erdbeer-John? Wir müssen sie holen! Die Soldaten werden in das Schloß eindringen, sie werden die Mauer einreißen. Was wird dann aus dem Jungen? Wir müssen zum Schloß! Wir müssen sie sofort holen!«

»Erdbeer-John wird sich um den Jungen kümmern«, sagte Cherry.

»Aber die Rundköpfe werden sie erwischen. Die beiden sind im Schloß, und die Rundköpfe lassen sich kein Schloß entgehen. Vor allem nicht, wenn es einem General des Königs gehört.«

Ihre Finger zupften am Rock, und ihr Gesicht sah wild aus vor Verzweiflung. Ich hatte Angst, sie könnte hysterisch werden und zu schreien anfangen oder zu brüllen oder versuchen, zu Erdbeer-John und dem Jungen zu gelangen.

Cherry versuchte, sie zu beruhigen. »Komm Emmy, verlier jetzt nicht die Nerven. Es wird ihm schon nichts passieren.«

»Dir ist das alles egal... du hast sogar deinen eigenen Sohn erschossen. Ja, das hast du getan, unseren Joseph... du hast ihn einfach über den Haufen geschossen!«

»Ich mußte es tun, Emmy. Du weißt ganz genau, was das letzte Mal passiert ist.«

»Da hast du ihn wenigstens nur ins Bein geschossen. Du hättest ihn diesmal auch nur unschädlich zu machen brauchen, oder nicht? Aber du hast ihn totgeschossen... unseren Sohn...

Und er hat nichts getan, vielleicht hätte er überhaupt nichts getan, vielleicht ist er nur zurückgekommen, um seine Mutter zu besuchen, wollte nichts anderes. Aber dann hat er sie in der Kapelle gesehen... er war ja schließlich ein Mann... und da war sie... er hat doch nur getan, was andere auch tun...«

Sie schwieg. Sie schien selbst entsetzt zu sein über das, was sie eben gesagt hatte.

Dann fing sie an zu weinen. »Hier kommen wir nie wieder heraus. Diese gottlosen Männer! Sie werden das Haus niederbrennen... das Schloß... und was wird aus uns? Der Eingang wird versperrt sein, und wir sind lebendig begraben. Ich möchte hier raus.«

»Ihr erschreckt die Kinder, Mrs. Cherry«, sagte ich streng. Und zu den Kindern: »Es ist nichts... gar nichts... Mrs. Cherry spielt nur.«

Eine Weile blieb es ruhig. Wir hätten gern gewußt, was oben vorging, aber wir konnten nur gedämpfte Geräusche vernehmen.

»Hier sind wir gut aufgehoben«, meinte Jesson.

»Fühlt Ihr Euch auch wohl, Herrin?« fragte Grace leise, und Angelet flüsterte zurück: »Was hat sie gesagt? Wer hat wen in der Kapelle gesehen?«

»Ach, nichts weiter, Herrin«, antwortete Cherry.

Aber Mrs. Cherry war in Fahrt. »Versuch mich nicht zurückzuhalten, Cherry. Hier kommen wir nicht mehr raus. Ich muß darüber reden.«

»Sei bitte still, Emmy«, fauchte Cherry, »sag nichts mehr!«

»Es währt schon so lange... und die Last ist zu schwer. Ich möchte ihn für mich haben. Der Junge gehört mir. Warum soll ich ihn auch verleugnen? Ich habe immer daran geglaubt, daß er eines Tages Fortschritte machen werde. Er ist lieb und freundlich, es sei denn, er hat einen Anfall. Joey war nie so; er war immer grausam. Dieser Junge nicht. Er ist liebenswert und ich wollte, daß es ihm gutgeht und daß er im Haus lebt, wie ein Gentleman. In seinem eigenen Haus... versteht Ihr, wie schlecht ich war?«

Langsam fing ich an zu begreifen. Stück für Stück. Aber ich wollte nicht, daß Mrs. Cherry vor den Kindern weitersprach. Ich hatte Angst, sie könnte sie erschrecken.

Der Junge im Schloß war gar nicht der Sohn des Generals. Nein, er war Mrs. Cherrys Enkelsohn. Der Verrückte war schon einmal zurückgekommen, hatte Richards erste Frau in der Kapelle gefunden, sie vergewaltigt und ihr ein Kind gemacht... diesen Jungen.

Warum hat Magdalena ihn nicht verraten? Warum hat niemand es gewußt? Allmählich wurde mir alles klar. Das junge Mädchen hatte damals genausoviel Angst vor Richard wie Angelet heute. Sie hatte Angst, es ihm zu erzählen. Aber Mrs. Cherry hat es gewußt, ebenso ihr Mann. Er hat ihn in den Fuß geschossen, aber da war es schon zu spät. Armes Ding! Wie schlimm mußten die Monate ihrer Schwangerschaft gewesen sein, wissend, wer der Vater des Kindes war, das sie zur Welt bringen würde, nämlich ein Wahnsinniger.

Fragend schaute ich zu Angelet. Begriff sie die Zusammenhänge? Sie starrte Mrs. Cherry an, als sähe sie sie heute zum ersten Mal und sei erstaunt über das, was sie sah.

»Ich wollte es ja nur für ihn«, schluchzte Mrs. Cherry. »Ich wollte es ja nur für den Jungen.«

»Sei doch endlich still!« sagte ihr Mann.

»Es hätte doch sein können, oder nicht? Ich wollte für ihn kämpfen... wenn er achtzehn geworden wäre, wollte mich für ihn einsetzen. Als Sohn... alle haben das gedacht... wer hätte es leugnen können? Oh, mein Gott, und was geschieht jetzt da draußen mit ihm? Die Soldaten, sie brennen alles nieder... und sie wissen, das Schloß gehört dem General... und mein Junge ist dort... der Sohn des Generals... alle glauben das!«

Plötzlich fing sie an, hysterisch zu lachen. »Ich wollte, daß er es gut hat, es hätte auch keine Schwierigkeiten gegeben...«, kreischte sie unvermittelt los.

Ich ging hin und schlug ihr ins Gesicht.

Augenblicklich war sie ruhig. Schließlich flüsterte sie: »Wir werden sterben... wie Ratten in der Falle werden wir sterben. Das ist der Krieg... darauf haben wir gewartet all die Monate. Jetzt wird niemand etwas davon haben, und mir liegt die Sünde schwer auf der Seele. Ich hätte sie umgebracht. Ich habe die erste unter die Erde gebracht, ich hätte auch die zweite aus dem Weg geräumt. Dem Jungen sollte es einmal an nichts fehlen.«

Beruhigend sprach Angelet auf sie ein: »Ist schon gut, Mrs. Cherry, jetzt verstehe ich alles. Und ich bin noch da. Wir haben alle die gleiche Chance. Ich weiß jetzt, warum Ihr das alles getan habt, und ich weiß, was Magdalena geschehen ist... Aber das hat jetzt nichts mehr zu sagen.«

Das darauffolgende Schweigen wurde von Arabella unterbrochen. »Bist du böse auf Mrs. Cherry?« fragte sie mich.

»Nein, nein.«

»Sie glaubt es aber. Sie weint.«

In der Stille dieser Gruft hörte man nur das unterdrückte Schluchzen von Mrs. Cherry.

»Bald ist alles vorüber«, sagte ich zu Arabella.

»Ist es noch immer ein Spiel?« fragte sie.

»Ja, es ist immer noch ein Spiel.«

»Ich möchte aber jetzt etwas anderes spielen.«

»Du mußt warten, bis das Spiel zu Ende ist. Dann werden wir weitersehen.«

Sie kuschelte sich an mich, und weil die anderen Kinder sahen, daß Arabella zufrieden war, waren sie es auch.

Jesson stahl sich leise nach oben, um nachzuschauen. Bald war er wieder zurück.

»Sie sind fort«, sagte er. »Das Haus ist leer, aber sie haben ihre Spuren hinterlassen.«

Wir eilten zurück ins Haus. Die Tapeten waren von den Wänden gerissen, die Zinn- und Kupfersachen verschwunden. Die Kapelle hatten sie in jeder Hinsicht entweiht. Ich rannte die Treppe hinauf zu den Schlafzimmern. Die schweren Vorhänge waren heruntergerissen und teilweise vollkommen zerfetzt, die wenigen gestickten Bettdecken, die sie zurückgelassen hatten, ruiniert.

Der Keller stand voller Wein. Das sie selbst keinen tranken, hatten sie alles darangesetzt, ihn auch uns vorzuenthalten. Auch unsere Lebensmittelvorräte hatten sie mitgehen lassen, und die meisten Fenster waren eingeschlagen. Ich setzte mich auf einen übriggebliebenen Stuhl und verfluchte den sinnlosen Krieg.

Ich dachte an Angelet und ihre baldige Niederkunft. Alles, was wir vorbereitet hatten, war entweder zerstört oder weggeschleppt worden. Ich war gerade am Überlegen, was wir am besten tun sollten, da hörte ich Grace in der Küche schreien.

»Mrs. Cherry ... sie ist übergeschnappt. Die Teufel waren auch im Schloß und haben alles kurz und klein geschlagen.«

»Und der Junge und Erdbeer-John?«

»Sie sind tot. Es sieht aus, als wären sie vom Turm heruntergesprungen. Erdbeer-John hätte das nie getan. Ich nehme an, der Junge wollte herunterspringen, und er hat versucht, ihn davon abzuhalten. Sie liegen beide da draußen. Geht nicht hinaus, haltet meine Herrin zurück. Es ist kein sehr schöner Anblick.«

Einen Augenblick fühlte ich mich schwach, unfähig zu planen, unfähig weiterzudenken. Nur daß dieses unselige Geheimnis endlich aus der Welt war.

Daß alles, was geschehen war, seine Folgen hatte, war unvermeidbar, und ich wunderte mich nicht, als bei Angelet die Wehen einsetzten.

Das Zimmer, das wir für die Geburt des Kindes so sorgfältig ausgestattet hatten, war völlig zerstört, und wir machten uns an die Arbeit, ein Provisorium zurechtzumachen. Grace war deshalb ziemlich beunruhigt. Das Baby kam vorzeitig, und das ist immer gefährlich.

Irgendwie war es gut für uns, etwas so Wichtiges zu tun zu

haben. Wir mußten froh sein: Wir hatten viel verloren, aber wir waren alle noch hier und gesund.

Wir legten Angelet in eines der Betten und suchten zusammen, was wir noch brauchen konnten, unter anderem ein Leintuch, das übersehen worden war. Jesson machte Feuer, und wir erhitzten Ziegelsteine, wickelten sie in Flanelltücher und steckten sie in das Bett. Jeder hatte seine Aufgabe. Die Kinder waren etwas verwirrt, aber ich übergab sie Phoebe und riet ihr, ihnen klarzumachen, daß sie jetzt tun mußten, was man ihnen sagte.

Zum Glück hatten die Soldaten die Kühe sowie einige Hofgebäude übersehen, wie zum Beispiel das Lager, in dem Mehl und Korn gestapelt waren. So konnten wir uns wenigstens etwas zu essen machen. Mrs. Cherry war zu erregt, um zu irgend etwas brauchbar zu sein, also übernahm Meg ihren Platz in der Küche. Die Männer verbarrikadierten die Fenster, damit die Kälte nicht hereinkonnte, und versuchten, den Schaden so gut wie möglich zu reparieren.

Unsere große Sorge galt Angelet. Sie sah sehr schlecht aus, obwohl die Geburt an sich nicht schwierig war. Innerhalb weniger Stunden war ihr Sohn zur Welt gekommen. Er war winzig, denn er hatte sich fast einen Monat zu früh gemeldet. Aber er war gesund. Grace meinte, der erste Monat würde schwierig sein, aber wenn er ihn überstehe, wäre alles in Ordnung.

Es war Angelet, die uns Grund zur Sorge gab. Ich saß Tag und Nacht bei ihr. Manchmal döste ich aus reiner Erschöpfung ein; aber sie sollte wissen, daß ich in ihrer Nähe war. Immerhin schien es sie etwas zu beruhigen. Mir tat es gut, wieder etwas für sie tun zu können, denn meine Sünden lasteten schwer auf meinem Gewissen. Andererseits wußte ich, böte sich mir die Gelegenheit, würde ich alles wieder genauso machen.

Ich wünschte, ich hätte es Angelet erklären können.

Sie lag ganz still, erschöpft, aber manchmal lächelte sie mich an, und wenn ich aufstand, blickten ihre Augen ganz ängstlich.

Vier Tage waren vergangen.

Das Baby machte Fortschritte, und Grace sagte: »Er sollte getauft werden. Ich könnte Cherry oder meinen Vater nach einem Priester schicken.«

Ja, sagte ich, das sollte sie tun.

Ich fragte Angelet, ob sie das Baby gerne Richard nennen wollte, und sie nickte erfreut. Das Kind wurde also getauft, und ich gab ihm den Kosenamen Dickon.

Grace hatte Bedenken: »Unser Dickon wird durchkommen, er nimmt schon zu. Er bekundet bereits Interesse am Leben. Aber meine Herrin ... es waren harte Zeiten für sie. Ich weiß nicht, ob wir sie durchbringen werden. Es fehlt an allem. Unsere Vorräte sind erschöpft. Ich wußte, es würde schwierig werden ... hätten wir es nur hinter uns bringen können, bevor die Rundköpfe gekommen sind!«

»Wir werden sie wieder auf die Beine bringen«, sagte ich energisch. »Sie wird leben, Grace.«

Grace schaute mich an, so wie Angelet es oft getan hat, als würde ich meine Kraft mit Gott messen wollen. Es schien tatsächlich, als würde Angelet langsam wieder zu Kräften kommen.

Sie sagte: »Es ist schön, daß du da bist, Bersaba.«

»Selbstverständlich bin ich da. Hier ist mein Platz«, erwiderte ich.

»Alles ist schiefgelaufen, nicht wahr? Du hättest nach London kommen sollen. Du hättest ihm begegnen sollen. Dann wäre er glücklich geworden, meinst du nicht?«

»Er ist glücklich«, sagte ich.

»Du hast dich früher immer damit gebrüstet, die Wahrheit zu sagen. Daran mußt du dich jetzt erinnern, Bersaba. Ich bin froh, daß nicht du es warst, die versucht hat, mich umzubringen. Aber ich hatte es vermutet.«

»Das konntest du nicht wirklich vermutet haben.«

»Doch, das habe ich. Ich wußte, irgend jemand wollte mich töten. Ich hätte das das erste Mal schon merken müssen, aber da hatte ich geglaubt, es wäre der Schock. Sie hatten mir das eingeredet. Aber jetzt erinnere ich mich wieder: Mrs. Cherry hat mir Milch gegeben. Da muß etwas drin gewesen sein, das die Fehlgeburt ausgelöst hat. Von Kräutern versteht sie eine Menge. Sie hat diesen Jungen geliebt; sie wollte alles nur für ihn. Wenn sie ein gesundes Kind auf die Welt bringt, dachte sie, wird es der Erbe seines Vaters.«

»Denk jetzt nicht mehr darüber nach. Es ist vorbei und vergessen. Du hast dein Baby, und es geht ihm gut, Angelet. Er wird einmal ein hübscher Junge, sagt Grace, und Grace versteht etwas davon.«

»Ich möchte aber darüber nachdenken. Ich möchte, daß es zwischen uns keine Mißverständnisse mehr gibt. Jetzt ist mir alles klar. Arme Magdalena! Was für ein schreckliches Erlebnis! Und neun Monate hat sie das Geheimnis mit sich herumgeschleppt.«

»Sie hätte es ihm sagen sollen.«

»Sie konnte nicht, Bersaba, das verstehe ich. Sie hatte Angst vor ihm, Angst, er würde sich von ihr abwenden. Du bist stark und deiner so sicher, du hättest gewußt, was du hättest tun müssen. Aber ich verstehe sie... und dann ist sie gestorben und hat diese... diese Kreatur hinterlassen. Und es war Mrs. Cherrys Enkelsohn. Wir dürfen nicht hart sein zu ihr. Alles geschah aus Liebe, Bersaba. Daran sollten wir immer denken.«

»Sie hat dein Leben in Gefahr gebracht.«

»Für ihren Enkel. Ich glaube nicht, daß sie mich umbringen wollte. Sie wollte nur, daß mein Kind nicht auf die Welt kommt. Versuch sie zu verstehen, Bersaba. Laß uns versuchen, alles zu verstehen.«

»Angelet, gute und schlechte Charaktereigenschaften sind ungleich zwischen uns aufgeteilt. Du hast alle guten abbekommen und ich alle schlechten.«

»Das ist nicht wahr. Du taugst viel mehr als ich. Richard denkt das auch. Und Luke und die Kinder. Laß uns ehrlich zueinander sein. Ich möchte, daß du Richard heiratest... wenn er da herauskommt.«

»Richards Frau wird gesund werden, und wenn er wiederkommt, wird sie ihm sein wunderschönes Kind zeigen, den kleinen Dickon. Er wird ein anderer Mensch sein. Vergiß nicht, dieses scheußliche Geheimnis hat jahrelang wie ein Damoklesschwert über ihm geschwebt. Das verändert den Charakter eines jeden Menschen.«

»Wird er je zurückkommen?«

»Dieser sinnlose Krieg kann nicht ewig dauern.«

»Und wenn die Rundköpfe gewinnen?«

»Es wird schon einen Ausweg geben.«

»Wenn er zurückkommt...«

»Wenn er zurückkommt, wirst du hier sein und auf ihn warten«, sagte ich mit Nachdruck.

»In seinem Haus, das nur noch eine Ruine ist.«

»Du wirst hierbleiben. Es kann nicht mehr lange dauern. Und Richard wird wissen, was dann zu tun ist...«

»Und du, Bersaba?«

»Ich habe mich entschlossen, nach Hause zu gehen. Die Kinder werde ich mitnehmen. Wir werden nach Cornwall zu unserer Mutter reisen. Zweifelst du etwa daran, daß sie sich freuen wird, uns zu sehen?«

»Sie wird jubeln, wenn sie dich wiedersieht, Bersaba.«

»Und ich werde ihr ausrichten, daß du auf deinen Mann wartest. Das wird sie beruhigen.«

»Und wenn er zurückkommt?«

»Werde ich weit weg sein. Sobald du wieder bei Kräften bist, werde ich mich auf den Weg machen. Du hast Grace, die sich um dich kümmert, und die anderen Dienstboten. Du wirst es schon schaffen, bis er wiederkommt. Die Soldaten werden nicht mehr auftauchen. Sie haben ihren Anstandsbesuch gemacht und ihre Spuren in dem schönen Haus hinterlassen. Das dürfte ihnen genügen. Ruh dich jetzt aus, Angelet. Ich bringe dir ein Glas Milch.«

Sie lächelte schief. »Immer wolltest du mir Milch bringen.«

»Und jetzt tue ich es noch immer. Wir haben zwei gute Kühe, die die Rundköpfe uns freundlicherweise gelassen haben.«

Ich beugte mich über das Bett und küßte sie. »Du wirst bald ganz gesund sein«, sagte ich, »und das macht mich glücklich.«

»Soll das ein Befehl sein?« fragte sie.

»Selbstverständlich!«

Zwei Tage später aber verschlechterte sich ihr Zustand zusehends. Grace befürchtete Fieber.

Ich war die ganze Nacht bei ihr. Sie gab keine Ruhe, wenn ich nicht ihre Hand hielt.

»Ist es nicht seltsam, Bersaba, daß es bald nur noch eine von uns geben wird?« grübelte sie.

»Nein, nein, das stimmt nicht.«

»Doch. Ich weiß es. Ich möchte ernsthaft mit dir reden, Bersaba. Kümmere dich um Dickon.«

»Das verspreche ich!«

»Heirate Richard... falls er zurückkommt. Du kannst ihn glücklich machen. Ich habe das nie gekonnt, ich bin nicht klug genug. Du hast ihn amüsiert, du bist die Frau, die er braucht. Denkst du wirklich, ich hätte nichts gewußt? Ich habe es bereits bemerkt, als ihr in der Bibliothek zusammen Schach gespielt habt. Mit dir war er so lebendig. Bersaba, du wirst glücklich sein. Jetzt gibt es keine Geheimnisse mehr zwischen uns, oder? Keine Gespenster, keine Verdächtigungen, keine Figuren aus der Vergangenheit. Es ist alles klar jetzt... also bitte, Bersaba, tu es.«

Ich wiederholte immer wieder: »Du wirst bald ganz gesund sein. Ein Leben ohne dich kann ich mir nicht vorstellen. Wir waren doch immer zu zweit.«

»Vielleicht ist es besser so. Ich bin glücklich, daß wir jetzt zusammen sind und uns verstehen. Ich bin so dumm gewesen. Als ich das von dir und Richard erfahren hatte, habe ich gedacht, du hättest mich umbringen wollen. Dafür verdiene ich zu sterben.«

»Ich habe noch nie einen solchen Unsinn gehört! Richard liebt dich. Ich gehe fort, ich lasse dich allein, damit du glücklich sein kannst. Du hast einen wunderhübschen Sohn, und ich habe meine Kinder.«

»Wir haben beide ein Kind von ihm, Bersaba. Das war uns wohl vorbestimmt. Natürlich mußten wir denselben Mann lieben, wir waren ja auch sonst ein und dieselbe, Bersaba. Ich kann glücklich sein bei dem Gedanken, daß du lebst und mein Tod einen Sinn hat.«

Ich versuchte sie zur Vernunft zu bringen. Ich konnte es nicht ertragen, sie so reden zu hören. Ich fühlte mich für so vieles, was sich hier abgespielt hatte, verantwortlich, und es half gar nichts, daß sie mir diese Bürde abnehmen wollte.

Ich saß die ganze Nacht bei ihr – in den frühen Morgenstunden dann ist sie gestorben.

Nie in meinem Leben habe ich mich so verlassen gefühlt.

Über das Meer

Noch drei Monate blieb ich in Far Flamstead, bis ich fand, der kleine Richard wäre jetzt alt genug für die Reise. Dann machte ich mich mit meinen Kindern, Angelets Sohn, Phoebe und ihrem Kind auf den Weg.

Zu der damaligen Zeit war das Reisen ein lebensgefährliches Unternehmen, aber es erschien uns unwahrscheinlich, daß zwei Frauen und eine Schar Kinder überhaupt angegriffen würden, egal von welcher Seite. Wir nahmen die beiden Stallburschen mit, die noch zu jung waren, um einrücken zu müssen, und zogen los.

Wir waren mehrere Wochen auf der Reise, weil wir viele Umwege machen mußten. Die meisten der Gasthäuser, die wir gekannt hatten, waren nicht mehr da. Manchmal suchten wir in Ruinen Zuflucht, um uns vor der einbrechenden Nacht zu schützen. Es war Mai und das Wetter gut. Frühling lag in der Luft, und meine Lebensgeister kehrten zurück, wenn ich die Rohrdommeln im Schilf vernahm und dem Ruf der Lachmöwen und Rotkehlchen lauschte. Der Weißdorn war voller Blüten und duftete verheißungsvoll.

Wir hatten keine Möglichkeit gehabt, meine Eltern von unserer Ankunft zu unterrichten, und ich werde nie den Augenblick vergessen, als wir in den Hof von Trystan Priory einritten. Das ganze Haus stand kopf. Meine Mutter und mein Vater umarmten mich und die Kinder. Dann aber kam der quälende Moment, als sie sich nach Angelet umsahen.

Es war schrecklich, es ihnen erzählen zu müssen. Ich hatte Angst, meine Mutter würde es nicht verwinden. Im stillen habe ich immer geglaubt, daß Mutter Angelet mehr zugetan war als mir, aber das kam wohl daher, weil sie als Mutter vollkommen war und ihre Aufmerksamkeit der zuwandte, die ihres Schutzes bedurfte.

Ich gab Phoebe ein Zeichen. Sie trat vor und legte meiner Mutter den kleinen Dickon in den Arm. Vielleicht würde das ihren Schmerz lindern helfen.

Von diesem Augenblick an war Dickon ihr Kind. Unter ihrer Aufsicht würde er heranwachsen, sie würde ihn erziehen, ihn stark und gesund machen. Mutter erklärte, daß er ihrer geliebten Angelet bereits ähnlich sähe.

So bin ich nach Trystan Priory heimgekehrt.

Was sonst geschehen ist, ist allgemein bekannt.

Bei der Niederlage von Naseby verlor der König seine halbe Armee.

Die Neuigkeiten sickerten nur langsam nach Cornwall durch, aber wir wußten, trotz unserer Loyalität war die Sache der Royalisten verloren. Das Parlament verlangte die Kontrolle über die Miliz und eine Presbyterialverfassung für ganz England. Als das abgelehnt wurde, mußte der König auf die Isle of Wight flüchten. In Carisbrooke wurde er gefangengenommen und nach London zurückgebracht.

Und es kam der traurige Tag im Januar 1649, an dem der König vor dem Banqueting House in Whitehall auf dem Schafott hingerichtet wurde.

»Nichts wird je wieder so sein, wie es einmal war«, sagte mein Vater.

Und so geschah es, alles war anders geworden. Jetzt mußten wir uns in dunkle Kleider hüllen, mußten regelmäßig in die Kirche gehen und uns den Verordnungen fügen.

Großvater Casvellyn, der ein sehr alter Mann geworden war, hat die Parlamentarier mit solcher Vehemenz verflucht, daß er einen Schlaganfall erlitt und starb. Das Leben auf Schloß Paling hatte sich also auch verändert. Die Mädchen waren verheiratet, Bastian nicht.

Sobald er erfahren hatte, daß ich wieder daheim war, kam er herübergeritten. Seitdem hat er mich schon dreimal gebeten, ihn zu heiraten. Jedesmal habe ich abgelehnt, aber ich habe das Gefühl, eines Tages werde ich's doch tun.

Meine Mutter wünschte es sich. Die Kinder brauchen einen Vater, glaubt sie. Alles war neu und düster in unserer Welt, und die Familie war der einzige Trost. Ich wußte, Trystan Priory ist mein Zuhause, solange ich will, aber ich glaube, insgeheim hoffte sie, ich würde Schloßherrin auf Paling werden.

Sie würde mich natürlich vermissen. Abends pflegten wir zusammenzusitzen und über die Tage zu sprechen, als Angelet und ich noch Kinder waren. »Du bist ihr so ähnlich«, sagte sie einmal, »daß ich manchmal glaube, sie lebt in dir weiter.«

Jim Stallik, der sich um die Pferde auf Trystan Priory kümmerte, machte Phoebe den Hof. Sie heiratete ihn, arbeitete aber doch für mich weiter. Ich war froh, sie wieder glücklich zu sehen.

Es war ein Jahr nach dem Tod des Königs, und der Krieg war noch nicht ganz vorbei. Der neue König, Charles II., war nach Schottland gegangen und versuchte, dort Boden zu fassen. Aber Cromwell war zu stark, und die Royalisten hatten wenig Hoffnung.

Eines Tages, ich war im Garten, traf ein Reisender ein.

Er hatte nach mir gefragt, und die Dienstboten haben ihn zu mir in den Garten geführt. Ich werde diesen Augenblick nie vergessen. Es war Richard.

Er war alt geworden. Wie viele Jahre war es her, seitdem ich ihn zum letztenmal gesehen hatte? Sechs oder sieben? Sieben harte Jahre des Versteckspiels, des Planens, der Flucht vor dem Feind.

Er nahm meine Hände in seine und sah mich an.

»Ich war in Far Flamstead. Dort haben sie mir erzählt, daß du hier bist.«

»Geht es dir gut? Du siehst erschöpft aus.«

»Ich bin weit geritten.«

»Komm ins Haus.«

»Es ist gefährlich für dich, einen Flüchtling aus der Armee des Königs zu empfangen.«

»Hier wirst du immer Zuflucht finden.«

Er schüttelte den Kopf. »Ich kann es nicht zulassen, daß du dich und deine Familie in Gefahr bringst. Es sieht schlecht aus. Der König ist geschlagen und wurde gezwungen, das Land zu verlassen. Wir müssen alle fort und irgendwo außerhalb Englands weiterkämpfen. Wir dürfen nicht aufgeben, bevor Charles II. wieder auf dem Thron ist. Ich gehe über das Meer, um diesen Tag vorzubereiten.«

»Du mußt hereinkommen, du mußt dich stärken und dich ausruhen.«

»Was ich brauche, ist ein Boot, das mich nach Frankreich bringt.«

»Du bist also nur gekommen, um gleich wieder wegzugehen.«

»Ich bin gekommen, um dich zu sehen.«

»Hat man dir erzählt, was in Far Flamstead alles passiert ist?« Er nickte.

»Dein schönes Haus...«

»Du bist in Sicherheit. Ich bin gekommen, um dich etwas zu fragen. Vielleicht ist es zuviel verlangt, es könnte gefährlich sein.«

»Das Leben hier ist eintönig«, sagte ich. »Ich hasse die Puritaner. Ich bin mir darüber klargeworden, daß ich eine glühende Royalistin bin.«

»Es wird nicht einfach werden, in Frankreich.«

»Nein?« fragte ich erregt. »Aber es gäbe etwas, wofür man kämpfen kann... ich muß natürlich die Kinder mitnehmen, Arabella und Lukas. Dickon muß bei meiner Mutter bleiben. Sie würde ihn nie hergeben.«

»Bersaba, du bist das einzige auf der Welt, was sich nicht verändert hat.«

Ich nahm seine Hände und schaute ihm in die Augen.

»Ich habe immer gewußt, was ich wollte. Mir ist, als hätte die Welt wieder angefangen, sich zu drehen.«

»Du wirst mit mir kommen?« fragte er.

»Seit wann stellst du so überflüssige Fragen?«

»Ich hatte Angst, du hättest dich vielleicht verändert.«

»Niemals!« sagte ich. »Niemals!«

Gestern sind wir in der Kirche getraut worden. Meinem Vater ist es gelungen, ein Boot für uns aufzutreiben. Morgen mit der Flut laufen wir aus; ich, Arabella, Lukas und Richard. Dies ist meine letzte Nacht in Trystan Priory, und ich sitze in meinem Zimmer, das ich früher einmal mit Angelet geteilt habe. Und während ich schreibe, habe ich das Gefühl, sie steht neben mir und ist zufrieden.

Ich schaue hinaus auf das Land, das mir seit meiner Kindheit so vertraut ist. Irgendwo dahinter, am Horizont, ist das Meer, und morgen, noch bevor es Tag wird, werde ich mit meinem Mann und meinen Kindern auf dem Weg nach Frankreich sein, wo uns eine neue Zukunft erwartet.

Victoria Holt
Pseudonyme:
Philippa Carr, Jean Plaidy
eine Meisterin des
historischen Liebesromans

Victoria Holt wurde 1906 als Eleanor Alice Burford Hibberts in London geboren. Ihre Zuneigung zu Büchern entdeckte sie durch ihren Vater, einen englischen Kaufmann. Von ihrer unerschöpflichen Phantasie inspiriert, begann sie unter Pseudonym zu schreiben.

Victoria Holt, bei uns auch unter den Pseudonymen Philippa Carr und Jean Plaidy bekannt, bedient sich der Vergangenheit, um den Leser in ihre Welt der menschlichen Schicksale zu entführen. Hoch über den Dächern von London schreibt die international bekannte Autorin ihre inzwischen zu Weltbestsellern gewordenen Bücher.

Spannungsgeladene Romane entstehen vor einem detailliert geschilderten, historischen Hintergrund. In farbenprächtigen Szenen läßt sie Geschichte lebendig werden. Durch eine Fülle ungewöhnlicher Konflikte gelingt es der Autorin in jedem ihrer Bücher, ihre Leser erneut zu fesseln. Ihr Einfallsreichtum und ihre Fähigkeit, menschliche Verhaltensweisen anschaulich und nachvollziehbar zu schildern, lassen Victoria Holts Bücher zu jener Art von Schmökern werden, die man bis zur letzten Seite nicht mehr aus der Hand legt.

Victoria Holt
Pseudonyme:
Philippa Carr, Jean Plaidy

Verzeichnis lieferbarer Titel
(Stand Mai 1990)

Die Ashington-Perlen
Die Braut von Pendorric
(01/5729)
Die Dame und der Dandy
(01/6557)
Die Erbin und der Lord (01/6623)
Der Fluch der Opale (01/5644)
Fluch der Seide
Die Frau aus dem Dunkel
Die geheime Frau (01/5213)
Geheimnis einer Nachtigall
Geheimnis im Kloster (01/5927)
Die Halbschwestern (01/6851)
Harriet – sanfte Siegerin
Das Haus der tausend Laternen
(01/5404)
Herrin auf Mellin
Im Schatten des Luchses
Im Schatten des Zweifels
(01/7628)
Im Sturmwind (01/6803)
Das Licht und die Finsternis
In der Nacht des
siebten Mondes
Die Insel Eden
Die Königin gibt Rechenschaft
Königsthron und Guillotine
Die Lady und der Dämon
Meine Feindin, die Königin
Die Rache der Pharaonen
(01/5317)
Sarabande (01/6288)
Der scharlachrote Mantel
(01/7702)
Das Schloß im Moor (01/5006)

Der Schloßherr
Die Schöne des Hofes (01/7863)
Die siebente Jungfrau (01/5478)
Sommermond (01/7996)
Der springende Löwe (01/5958)
Sturmnacht (01/6055)
Tanz der Masken
Der Teufel zu Pferde
Treibsand
Unter dem Herbstmond
Die venezianische Tochter
(01/6683)
Verlorene Spur
Das Vermächtnis der Landowers
Der Zigeuner und das Mädchen
(01/7812)
Das Zimmer des roten Traums
(01/6461)

2 bzw. 3 Romane in einem Band:

Die Ashington-Perlen /
    Meine Feindin, die Königin /
    Der Schloßherr
Die Braut von Pendorric / Die
    siebente Jungfrau / Die Rache
    der Pharaonen (23/6)
Der Fluch der Opale / Das Haus
    der tausend Laternen /
    Die geheime Frau (23/18)
Geheimnis im Kloster /
    Der springende Löwe (23/36)

Die Bandnummern der Heyne-Taschenbücher sind jeweils in Klammern angegeben.